东湖年鉴

DONG HU NIAN JIAN

(2016)

《东湖年鉴》编纂委员会 编

方志出版社
Publishing House of Local Records

图书在版编目（CIP）数据

东湖年鉴. 2016 /《东湖年鉴》编纂委员会编.—
北京：方志出版社，2017.2
ISBN 978-7-5144-2364-8

Ⅰ. ①东… Ⅱ. ①东… Ⅲ. ①区（城市）—南昌—
2016—年鉴 Ⅳ. ①Z525.61

中国版本图书馆CIP数据核字（2017）第043193号

东湖年鉴(2016)

编　　者：《东湖年鉴》编纂委员会
责任编辑：章　瑾
出 版 人：翼祥德
出 版 者：方志出版社
地址　北京市朝阳区潘家园东里9号（国家方志馆4层）
邮编　100021
网址　http://www.fzph.org
发　　行：方志出版社发行中心
电话(010)67110500
经　　销：各地新华书店
印　　刷：南昌康宇彩色印刷有限公司
开　　本：889X1194　1/16
印　　张：25.875
字　　数：820千字
版　　次：2017年2月第1版　2017年2月第1次印刷
印　　数：001~500册

ISBN 978-7-5144-2364-8　定价：236.00元

东　湖　区

孔目湖大街
英雄大桥
赣江大桥
扬子洲互通立交
湖
扬子洲镇
万家嘉苑
凤凰洲管理处
凤凰花园（西区）
凤凰花园（东区）
凤凰家园
绿地外滩公馆
省重竞技运动管理中心
市紧急救援中心
凤凰城凤鸣苑
香逸澜湾
省人民医院（在建）
凤凰城上海外国语学校
天赐良园
南昌日报社（新吉花园酒店）
南昌市房产服务中心
丰和新城北苑
红谷滩国际广场
丰和新城
九颂山河
南昌昌北港
中航国际广场（格兰云天国际酒店）
世茂天城
博泰江滨
圣淘沙花园
市国税局
赣
八一大桥
红原星城
锦苑春天
紫金城
东湖区人民政府
青山路立交桥
彭家桥街道
光明学校
市第一医院（北院）
香江家具城
百大青山店
南昌市公路管理局
市国税局稽查局
樟树林文化生活公园
锦和嘉园
方志敏广场
滨江宾馆
省人民医院
区
省委
洪都宾馆
豫章街道
省公安厅
蓝天碧水购物广场
董家窑街道
贤士湖公园
南京路立交桥
贤士湖管理处
阳光假日酒店
市建筑设计院有限公司
南昌供电局
省儿童医院
省政协
瑞颐大酒店
滕王阁
八一公园
东湖
百花洲街道
公园街道
八一广场
南昌大学一附院
江西宾馆
人民公园
省体育馆
千花仟花鸟市场
省人才市场
观园楼酒店
省文化厅
省科学技术厅
省人大省政府
大院街道
省博物馆
省科技馆
民德桥
中山桥
八一起义纪念馆
西湖街道
广润门街道
丁公路街道
洪城大厦
丽华购物广场
电信大楼
八一南昌起义纪念塔
省国税局
省文通厅
恒茂国际华城
江
抚河
西
湖
区
华润万家（孺子店）
市第六医院
南浦街道
省国土厅
滨江一号
世纪大厦
新四军旧址

政　区　图

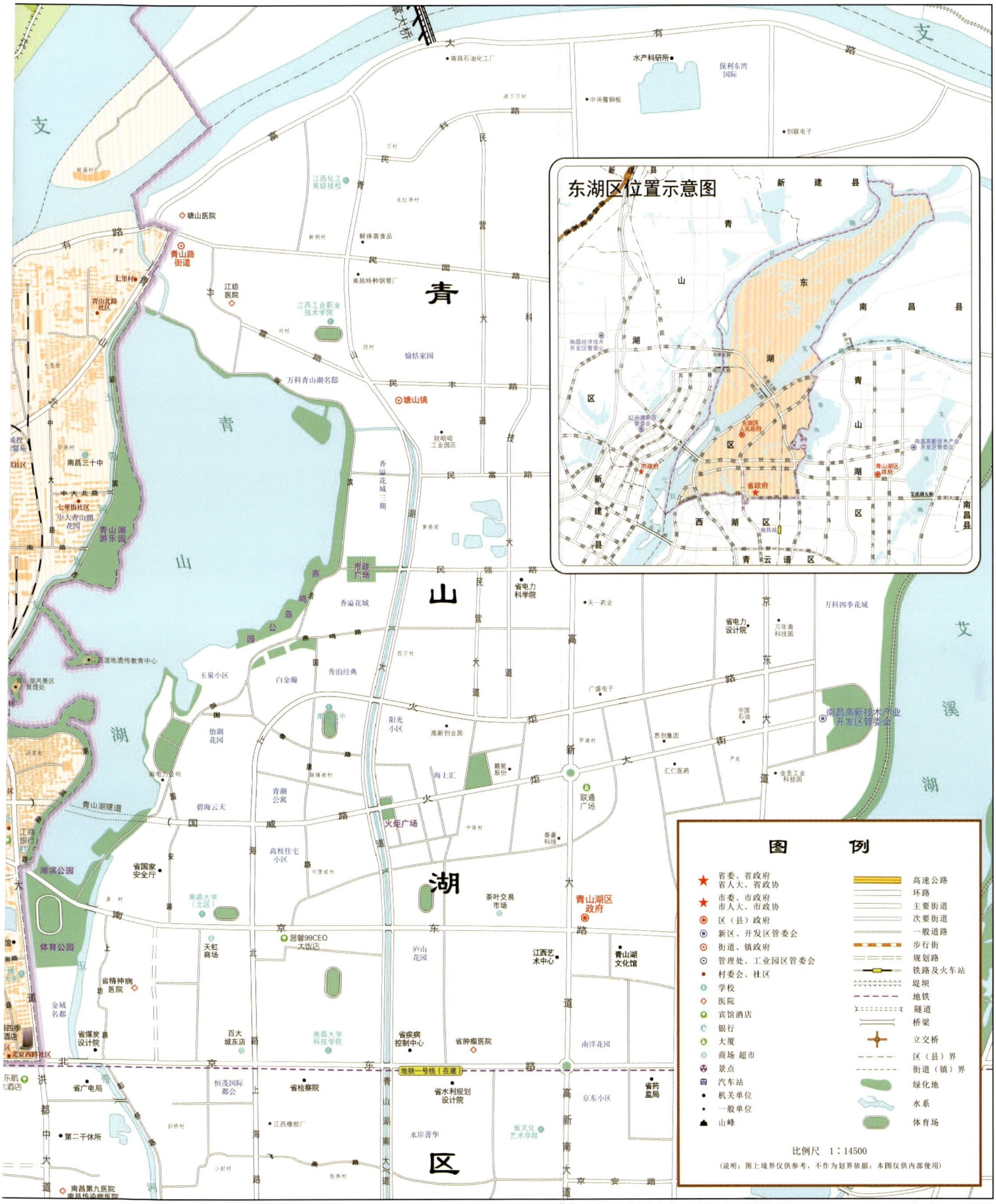

南昌市东湖区人民政府　南昌市测绘勘察研究院　二〇一四年十一月制作

《东湖年鉴》编纂委员会

《东湖年鉴（2016）》编辑人员

《东湖年鉴（2016）》主笔名单

（以姓氏笔画为序）

卜　斌	万贻洋	刁　鹤	王树珊	车丽娟	邓建平
付　佳	叶华康	刘　丹	刘　达	刘　淅	刘文勇
刘华明	刘国华	刘秋燕	刘慧堂	朱苏辉	江泽炉
余效民	况　葵	吴大鹏	吴佩红	宋红波	张　海
张淑华	李玉林	李怡璇	杨爱武	杨璐璐	汪　瑜
肖　健	邵宇晖	陆丽娜	陈方武	陈曼灵	陈新星
陈璟云	陈耀武	周　凯	周　菁	周志辉	林如霞
林荣斌	姚根林	胡　政	胡　航	胡皖萍	钟倩婷
唐文清	唐芸璞	徐　青	涂　成	陶华娟	顾　筠
梅剑峰	黄　帆	黄　承	黄　悦	黄亚伟	龚　颖
喻伟文	温　萍	谢　宁	裘　洁	熊　莺	熊　瑛
熊成锴	潘雯婷				

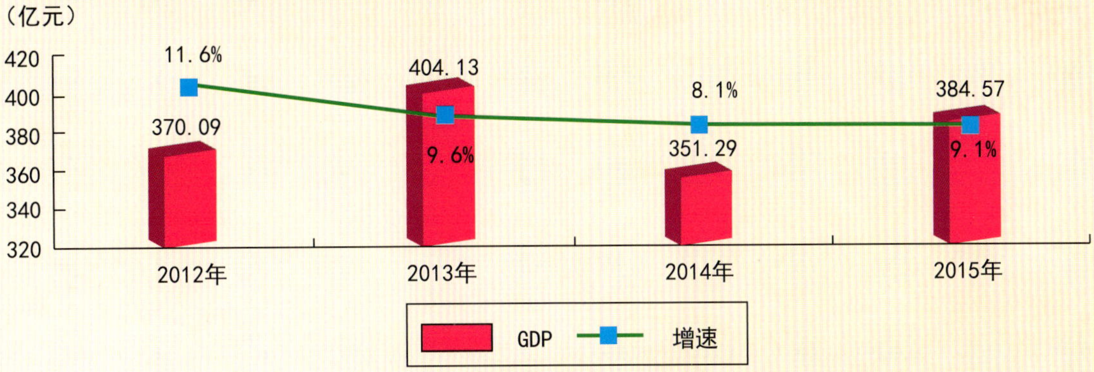

图1　地区生产总值

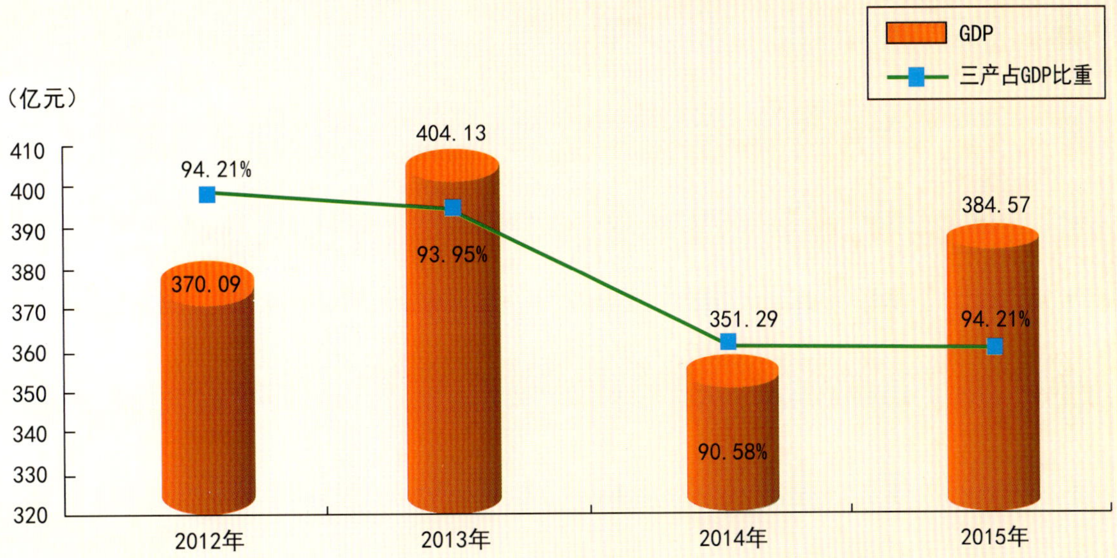

图2　三次产业占地区生产总值比重

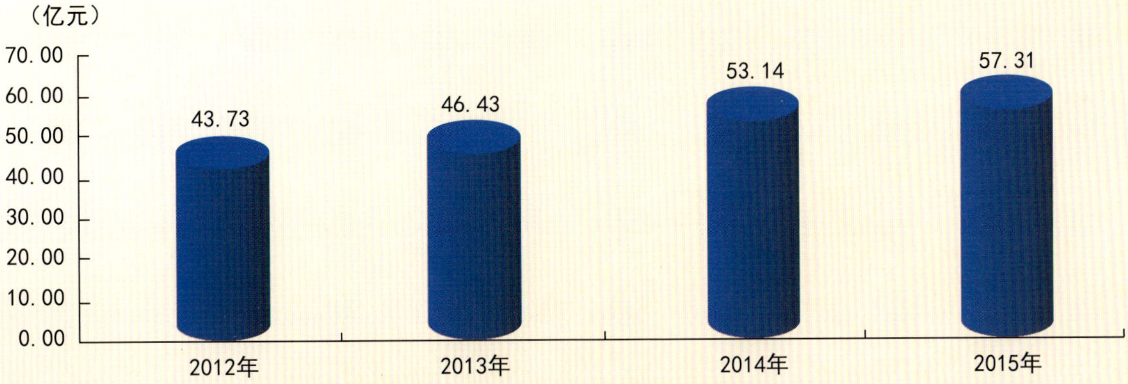

图3　财政总收入

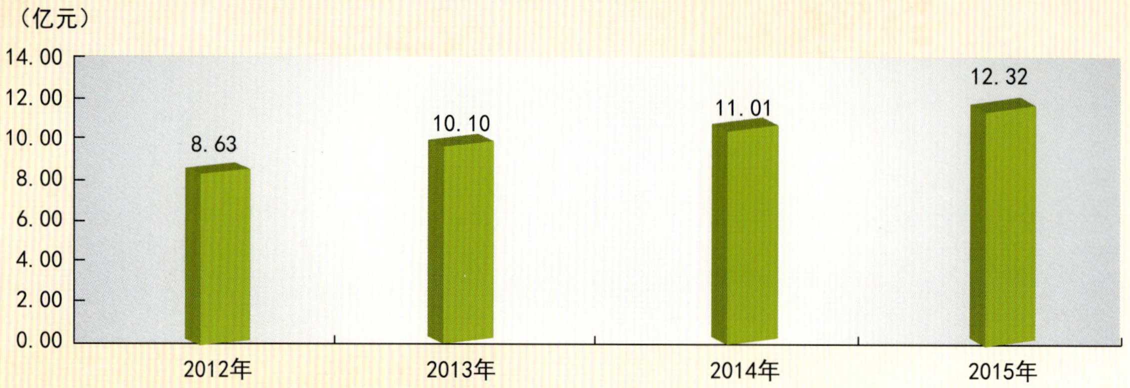

图4　地方财政收入

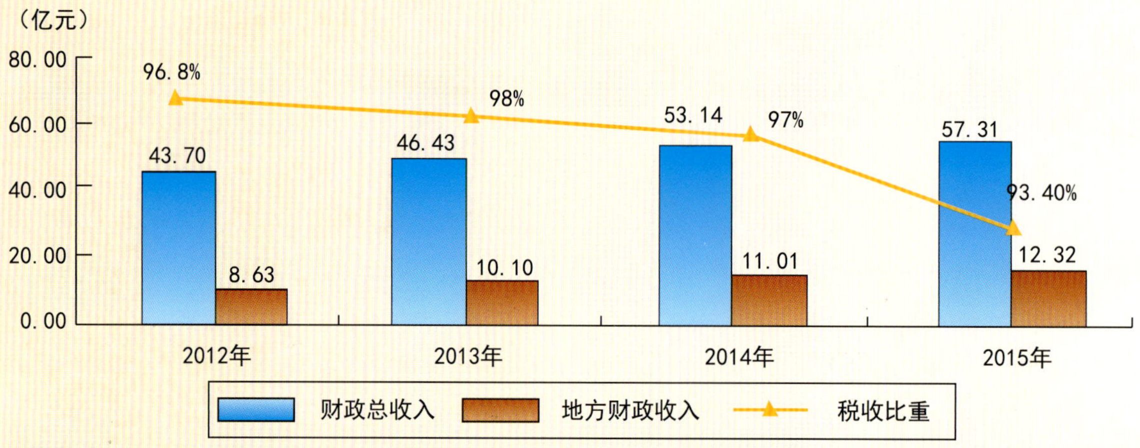

图5　税收与财政收入比重

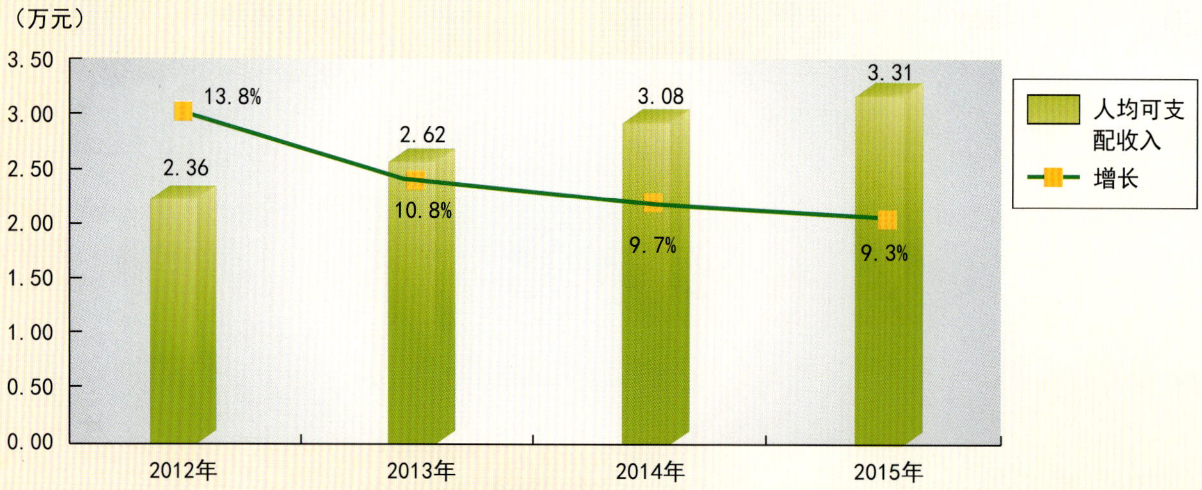

图6　人均可支配收入及增长

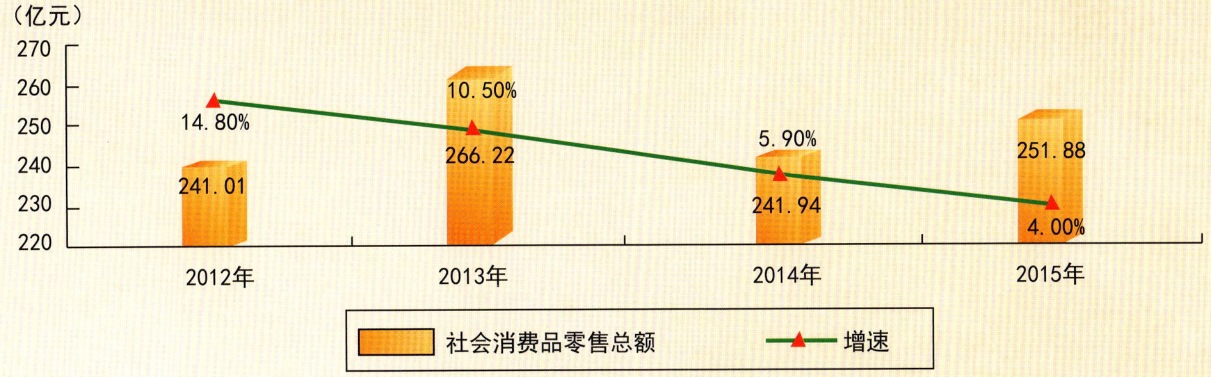

图7　社会消费品零售总额及增长速度

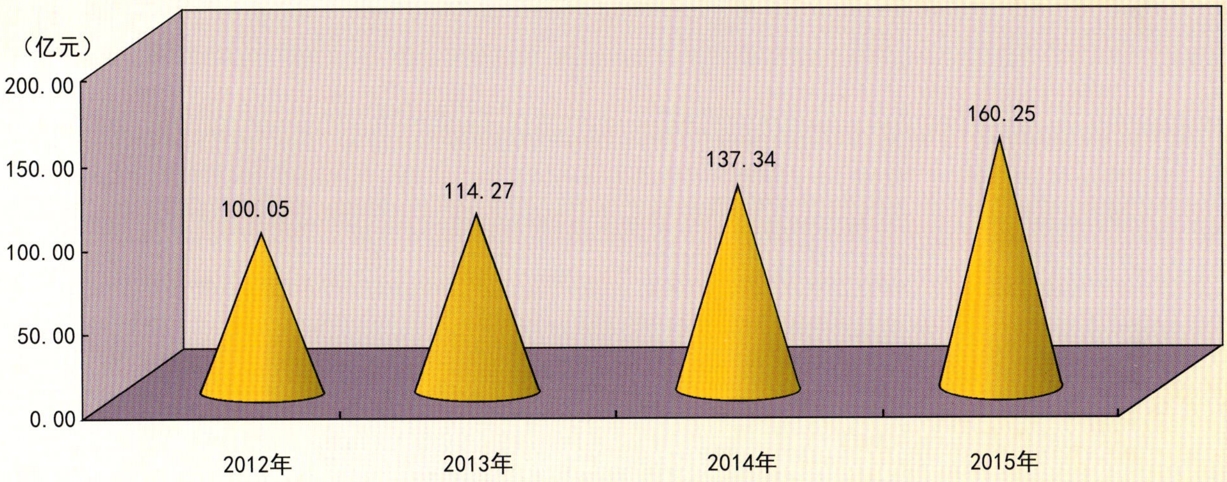

图8　固定资产投资

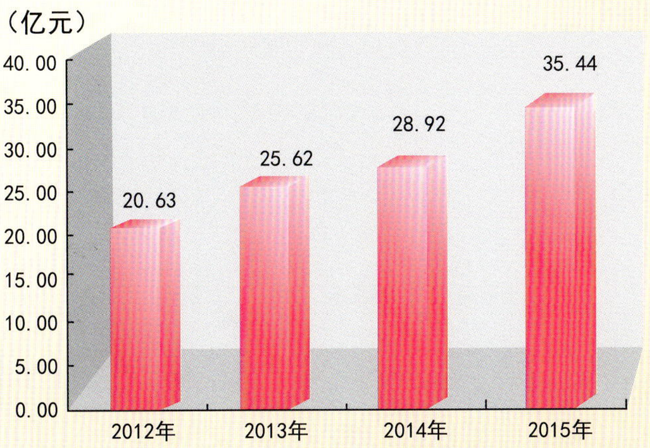

图9　实际利用内资

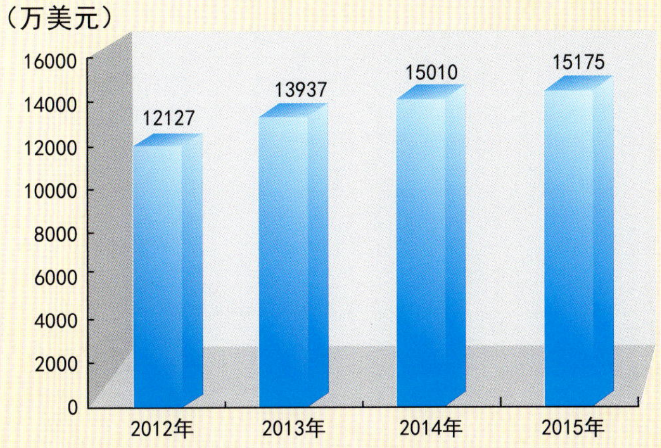

图10　实际利用外资

2015年度东湖区获市厅级

获奖单位	奖项名称	颁奖部门
东湖区	2011—2015年全国法治宣传教育先进县（市、区）	中央宣传部 国家司法部 全国普法办公室
公园街道戴家巷社区	全国无邪教创建示范社区	国务院防范和处理邪教问题办公室
百花洲街道火神庙社区	全国无邪教创建示范社区	国务院防范和处理邪教问题办公室
东湖公安消防大队	2015年度全国消防执法质量达标基层单位	国家公安部
东湖区人民法院	2015年度在司法新闻宣传工作中做出突出成绩的人民法院（通报表扬）	最高人民法院
大院街道司法所	全国先进司法所	国家司法部
墩子塘街道马家池社区	全国民主法治示范社区	国家司法部、国家民政部
东湖公安分局缉毒大队	国家禁毒工作先进单位	国家禁毒委员会
胜利路步行街管委会	中国著名商业街	中国商业街工作委员会
东湖区公证处	全国优秀公证处	中国公证协会
东湖区地税局百花洲分局	全国巾帼文明岗	中华全国妇女联合会
百花洲街道工会联合会	全国模范职工之家	中华全国总工会
东湖区教科体局	第二十四届中国儿童青少年威盛中国芯HTC计算机表演赛最佳组织奖	国家工业和信息化部办公厅 中国科协青少年科技中心 中国关心下一代工作委员会办公室
东湖区教科体局	2015年十省（区）特奥联谊活动体育道德风尚奖	中国智协竞赛组委会
东湖区地税局	江西省第十四届文明单位	中共江西省委、江西省人民政府
东湖公安消防大队	江西省第十四届文明单位	中共江西省委、江西省人民政府
东湖区财政局	江西省第十四届文明单位	中共江西省委、江西省人民政府
东湖区国税局	江西省第十四届文明单位	中共江西省委、江西省人民政府
淘宝大学江西商学院基地	电子商务示范基地	江西省人民政府
东湖区	2015年度全省计划生育工作先进县区	江西省人民政府

及以上单位表彰一览

获奖单位	奖项名称	颁奖部门
东湖区人武部	2015年度新闻宣传工作三等奖	江西省军区政治部
东湖区人民法院	2014-2015年度全省优秀法院	江西省高级人民法院
东湖区人民法院	全省法院人民陪审员工作先进集体	江西省高级人民法院
东湖区人民法院	全省法院第二十四届学术讨论会“组织工作先进奖”	江西省高级人民法院
大院街道司法所	全省法律援助示范工作站	江西省司法厅
东湖区法律援助工作站	全省法律援助为民服务示范窗口	江西省司法厅
东湖区司法局	2011—2015年全省法治宣传教育先进单位	江西省普法教育工作领导小组办公室
大院街道院一社区	江西省优秀科普示范社区	江西省科学技术协会
彭家桥街道江中花园社区	江西省优秀科普示范社区	江西省科学技术协会
东湖区环保局	全省环境保护工作先进单位	江西省环保厅
东湖区安全生产监督管理局	安全监管工作目标管理考核优秀单位	江西省安全生产监督管理局
东湖公安分局	全省优秀公安局	江西省人力资源和社会保障厅 江西省公安厅
东湖公安分局公园派出所	集体二等功	江西省公安厅
东湖公安分局直属机动大队	集体二等功	江西省公安厅
东湖区人民检察院	集体二等功	江西省人民检察院
东湖区人民检察院	江西省优秀检察工作品牌	江西省人民检察院
东湖区	江西省公共机构节能先进县区	江西省公共机构节能办
东湖区地税局纳税服务分局	五星级办税服务厅	江西省地税局
东湖区统计局	2015年度全省先进单位	江西省统计局
东湖区文化馆	江西省“百姓大舞台”优秀组织奖	江西省文化厅
东湖区教科体局	江西省第六届中小学生幼儿艺术展演活动优秀组织奖	江西省教育厅

2015年度东湖区获市厅级

获奖单位	奖项名称	颁奖部门
东湖区教科体局	2014-2015年度科技入园先进集体	江西省科技厅
东湖区教科体局	2015年江西省第九届百县青少年田径运动会二等奖	江西省体育局
东湖区教科体局	“体彩杯”2015年江西百县青少年“三人制”篮球运动会男篮第一名	江西省百县青少年运动会组委会
东湖区教科体局	“体彩杯”2015年江西百县青少年“五人制”足球运动会足球第一名	江西省百县青少年运动会组委会
东湖行政执法分局	2015年度全省城管执法工作先进单位	江西省城市建设管理协会城管执法专业委员会
豫章街道滨江社区	全省安全社区	江西省安全生产委员会办公室 江西省安全生产监督管理局
东湖交警大队	全省道路交通事故预防工作先进单位	江西省交警总队
公园街道戴家巷社区	“零发案”社区	中共南昌市委、南昌市人民政府
大院街道办事处	南昌市创建全国文明城市先进单位	中共南昌市委、南昌市人民政府
董家窑街道办事处	南昌市创建全国文明城市先进单位	中共南昌市委、南昌市人民政府
东湖区文化广电旅游新闻出版局	南昌市创建全国文明城市先进单位	中共南昌市委、南昌市人民政府
东湖行政执法分局	南昌市创建全国文明城市先进单位	中共南昌市委、南昌市人民政府
豫章街道办事处	南昌市创建全国文明城市先进单位	中共南昌市委、南昌市人民政府
百花洲街道办事处	南昌市创建全国文明城市先进单位	中共南昌市委、南昌市人民政府
贤士湖管理处	南昌市创建全国文明城市先进单位	中共南昌市委、南昌市人民政府
八一桥街道办事处	南昌市创建全国文明城市先进单位	中共南昌市委、南昌市人民政府
公园街道办事处	南昌市创建全国文明城市先进单位	中共南昌市委、南昌市人民政府
彭家桥街道办事处	南昌市创建全国文明城市先进单位	中共南昌市委、南昌市人民政府
滕王阁街道办事处	南昌市创建全国文明城市先进单位	中共南昌市委、南昌市人民政府
东湖区委宣传部	南昌市创建全国文明城市先进单位	中共南昌市委、南昌市人民政府

及以上单位表彰一览

获奖单位	奖项名称	颁奖部门
东湖区创建指挥部办公室	南昌市创建全国文明城市先进单位	中共南昌市委、南昌市人民政府
南昌市育新学校	南昌市创建全国文明城市先进单位	中共南昌市委、南昌市人民政府
东湖区城建局	南昌市创建全国文明城市先进单位	中共南昌市委、南昌市人民政府
东湖区垃圾渣土清运管理所	南昌市创建全国文明城市先进单位	中共南昌市委、南昌市人民政府
东湖区垃圾清运队	南昌市创建全国文明城市先进单位	中共南昌市委、南昌市人民政府
东湖执法分局董家窑执法中队	南昌市创建全国文明城市先进单位	中共南昌市委、南昌市人民政府
东湖区市场物业管理站	南昌市创建全国文明城市先进单位	中共南昌市委、南昌市人民政府
东湖区卫生监督所	南昌市创建全国文明城市先进单位	中共南昌市委、南昌市人民政府
东湖公安分局治安管理大队	南昌市创建全国文明城市先进单位	中共南昌市委、南昌市人民政府
东湖区	2015年综治工作先进县区	中共南昌市委、南昌市人民政府
东湖区城建局	南昌市创建“国家森林城市”工作先进集体	中共南昌市委、南昌市人民政府
东湖区财政局	2015年度全市先进基层党组织	中共南昌市委
百花洲街道党工委	2015年度全市先进基层党组织	中共南昌市委
南昌市中小商贸流通企业服务中心东湖服务站	中小商贸流通服务中心“先进服务站（点）”	南昌市人民政府
新公园农贸市场	2015年度南昌市星级农贸市场	南昌市人民政府
贤士花园农贸市场	2015年度南昌市星级农贸市场	南昌市人民政府
墩子塘农贸市场	2015年度南昌市星级农贸市场	南昌市人民政府
四经路农贸市场	2015年度南昌市星级农贸市场	南昌市人民政府
花园角农贸市场	2015年度南昌市星级农贸市场	南昌市人民政府
东湖区地税局	全国第三次经济普查先进集体	南昌市人民政府
东湖区	2015年全市计划生育工作二等奖	南昌市人民政府

◆ 2015年11月18日，全国人大常委会副委员长、中国红十字会会长陈竺（左二），江西省委书记强卫（左三）到东湖区居家养老服务中心调研老年介护志愿服务工作并看望老人

◆ 2015年6月26日，江西省省长鹿心社（左二）到东湖区八一桥街道大士院南区社区视察禁毒工作

◆ 2015年8月3日，江西省政协主席黄跃金（左三）到东湖区光明社区视察指导工作

◆ 2015年8月26日，江西省委常委、纪委书记周泽民（左二）到东湖区视察淘宝江西商务馆

◆ 2015年3月31日，江西省省委常委、南昌市委书记龚建华（右二），南昌市委常委、市委秘书长江晓斌（右一）到东湖区考察旧城改造项目

◆ 2015年4月22日，江西省副省长、公安厅厅长郑为文（左二）到东湖区贤湖村参加现场会

◆ 2015年11月9日，南昌市人大常委会主任蔡社保（前排中）到东湖区视察阿里巴巴·南昌产业带项目

◆ 2015年9月17日，南昌市政协主席周关（右一）到东湖区光明社区视察“三风”活动开展情况

◂ 2015年2月16日，南昌市委副书记、政法委书记欧阳海泉（左三）到东湖区检察院看望干部职工

◆ 2015年12月4日，南昌市委常委、宣传部部长龙和南到东湖区参加志愿者日活动并作重要讲话

◆ 2015年2月5日，南昌市委常委、纪委书记卢作全（左一）到东湖区扬子洲镇慰问福利院老人

纪念中国人民抗

◆ 2015年8月22日，江西省委宣传部一行到东湖区调研纪念抗日战争胜利70周年社会宣传氛围情况

◆ 2015年8月24日～9月30日，东湖区图书馆举办“纪念抗日战争胜利70周年”图片展

◆ 2015年8月28日，东湖区残联正在组织残疾人开展纪念抗日战争胜利70周年演出排练活动

◆抗战胜利70周年主题公益宣传栏

▼ 2015年8月26日，东湖区董家窑街道青阳社区居民举办纪念抗战胜利个人收藏品展览

日战争胜利70周年

2015年，东湖区以纪念中国人民抗日战争暨世界反法西斯战争胜利70周年为契机，围绕“铭记历史、缅怀先烈、珍爱和平、开创未来”主题，着力宣传中国人民抗日战争胜利的伟大历史意义和以爱国主义为核心的伟大民族精神，教育广大干部、居民群众、学生倍加珍惜和维护来之不易的发展成就与和平环境，坚定信念，团结奋斗，共同谱写实现中华民族伟大复兴新的光辉篇章。全区通过张贴抗战胜利70周年宣传画，开展学生读书、主题班会、参观展览，举办流动电影进社区、图片展、市民音乐会、讲故事、报告会，收听收看北京举行的阅兵式等内容丰富、形式多样的纪念活动，进一步激发全区各界人士的爱国情怀，在各行各业发扬和践行伟大抗战精神，推动各项建设事业蓬勃发展。

◆ 2015年9月6日，南昌市城北学校学生观看江西（南昌）人民抗日战争事迹展览后合影留念

◆ 2015年9月3日，东湖区百花洲街道刘将军庙社区居民与抗战老兵一起收看在北京举行的纪念抗日战争胜利70周年的阅兵活动

◆ 2015年9月1日，东湖区在樟树林文化生活公园举行纪念抗日战争胜利70周年市民音乐会

◆ 2015年8月14日，东湖区在方志敏烈士广场举办纪念抗战胜利70周年大型文艺演出

南昌市“三看”活

2015年12月17日，南昌市“三看”活动在东湖区进行，由市四大家及全市各县区（开发区、新区）党政主要领导、市直有关部门和部分驻昌机构主要负责人组成的代表团实地考察东湖区豫章1号文化科技园、“三经五纬”街景改造、智慧城管平台、阿里巴巴·南昌产业带等项目，对东湖区经济社会发展的成就给予高度评价。

◆ 2015年12月17日，南昌市“三看”活动代表团成员在豫章1号文化科创园观看无人机表演

豫章路1号文化科技产业园项目位于南昌市豫章路1号（原《江西日报》社老办公楼），总占地面积3.33公顷，建筑面积约4万平方米，总投资1亿元，2015年9月正式启动开发。园区分5个互动型功能区，即1号众创空间、文化科技融合区、文化创意示范区、文化金融创新区、文化消费体验区，共同构成园区独特的文化+科技+金融的全产业生态链。该项目通过整合江西日报社、深圳市文化企业资源，着力打造成互联网科技、电子商务、文化金融类企业的成长孵化平台和成长扩张平台。园区已入驻企业15家，包括深圳市福田区文产协会、铁汉生态、红岭创投等知名行业协会及行业领军企业。

“三经五纬”街景改造项目于2015年7月启动，“三经五纬”（即一经路、二经路、三经路、一纬路、二纬路、三纬路、四纬路、五纬路）街区是原豫章十景之一“龙沙夕照”所在地，是南昌市民国时期第一个别墅区，蕴含着深厚的文化底蕴和人文情怀。工程总投资约1亿元，总长约7.7千米，总面积9万平方米，由江西省城乡规划设计研究院提供改造方案，秉承“尊重历史，保护遗存；尊重现状，切实可行；综合治理，有效实施”的原则，打造“古朴典雅、历史记忆、文化内涵、乡愁南昌”新街区。该项目是一项提高城市定位和文化品位，推动经济发展、改善民生的重大工程。

◆ “三经五纬”街景改造效果

动东湖区重点项目

智慧城管平台项目是东湖区在全市率先打造的服务型、开放型、效能型、智能型、和谐型城市管理“东湖模式”。项目总投资1.22亿元，涵盖1200平方米监督指挥中心、300平方米展示大厅以及各街道、小区视频监控系统。平台整合1375个市天网探头、接入500多个社会视频资源、新建500多个300万像素全天候高清红外探头，实现主次干道“视频监控基本无死角”。2015年6月，区智慧城管监督指挥中心正式运行，区城管局为平台总指挥，整合公安、环保、执法、城建、房管、市场监管、纪委、督查等各类行政资源，借助大数据、GIS等技术，在“一个画面”上直观呈现各智慧应用和公共信息资源，在标准流程基础上创新出符合东湖区情的“智慧城管管理流程”，形成智慧平台共建、智慧资源共享的社会治理新模式。

◆ 2015年5月27日，东湖区领导到数字城管监督指挥中心督查项目建设进展情况

◆ 东湖区数字城管监督指挥中心指挥现场

◆ 2015年12月15日，东湖区组织四套班子成员及全区各单位主要负责人到阿里巴巴·南昌产业带参观学习

阿里巴巴·南昌产业带项目是2015年南昌市人民政府和阿里巴巴共同建设的电子商务交易平台——阿里巴巴·南昌产业带，落户东湖辖区的原南昌市皇菠萝汽修厂，占地面积1.42公顷，建筑面积约1万平方米。项目立足南昌、辐射全省，打造“南昌质造”，推广南昌品牌，帮助南昌的“特色行业、优势行业”，实现“南昌买、南昌卖”。产业带已有50家企业入驻，300家企业上线，其发展趋势将成为南昌工业和“互联网+”结合的典范，成为拉动电商产业链发展和带动就业的龙头，将打造24小时不歇业的网上南昌“先进制造业大市场”。

▲2015年2月5日，东湖区四套班子慰问驻地部队并与部队领导合影留念

▲2015年3月6日，东湖区举办“爱文明南昌城，做美德好少年”暨“开学第一课”活动

▲2015年3月19日，江西省九江市浔阳区代表团到东湖区开展学习考察活动

▲2015年3月20日，东湖区文广局开展送戏下基层活动

▶2015年4月7日，东湖区残疾人艺术合唱团参加南昌市残联组织的表彰会演出活动

◀2015年4月7日，东湖区举行聘请《南昌晚报》记者担任宣传报道员仪式

▶2015年4月22日，东湖区在八一公园百花大舞台开展东湖书香节之“书香阵阵 幸福生活”读好书活动

◀2015年4月15日，南昌市西湖区党政代表团到东湖区进行参观考察活动

2015年5月29日，江西省贵溪市代表团到东湖区开展学习考察活动

2015年6月6日，第二十四届中国儿童青少年威盛中国芯·HTC计算机表演赛江西分赛区决赛在南昌市阳明学校举行

2015年6月16日，共青团中央“全国向上向善好青年”分享团走进东湖区彭家桥街道光明社区

2015年6月12日，东湖区举办“文化东湖·秀美洲上”活动月暨扬子洲第二届番茄节

◆ 2015年，东湖区委中心组围绕“三严三实”专题教育，先后进行九次集体学习研讨活动。图为6月19日进行的第一次研讨会

◆ 2015年7月27日，东湖区举行网络大V看东湖活动。图为该区正在召开网络大V看东湖座谈会

◆ 2015年7月28日，东湖区四套班子到驻地部队走访慰问，提前祝部队官兵建军节快乐

◆ 2015年8月6日，东湖区文化志愿者开展方志敏烈士就义80周年纪念活动。图为烈士女儿方敏为志愿者讲解方志敏的英雄事迹

◆ 2015年7月30日，东湖区与南昌广播电视台共同举办与观众见面会活动

◆ 2015年10月13日，南昌市东湖小学开展纪念少先队建队66周年主题队日活动

◆ 2015年11月2日，东湖区举行“11.9“消防安全月活动启动仪式

◆ 2015年9月23日，东湖区“百名法学家百场报告会”走进大院街道二七北路社区开展宣讲活动

◆ 2015年11月6日，深圳市（福田）文产协会考察团莅临东湖区并签约入园豫章1号文科园

◆ 2015年11月2日，东湖区组织领导干部观看“三严三实”专题教育主题展览

◆ 2015年12月18日，南昌市北湖小学开展健美操展示活动

◆ 2015年11月13日，东湖区与南昌市商务局共同举办南昌市第一届“福满洪城”购物消费节新闻通气会

◆ 2015年11月27日，全国及江西省人大部分代表到东湖区人民检察院视察指导工作

◆ 2015年12月4日，东湖区举办2015年南昌市国际志愿者日活动暨东湖区志愿服务颁奖典礼

◆ 2015年12月17日，南昌市“三看”活动视察组一行到东湖区检查指导工作。图为视察组成员听取东湖区“智慧城管”工作介绍

▶ 2015年1月10日，东湖区在区政府七楼礼堂举行区委十一届十次全体（扩大）会议

◀ 2015年1月13日，东湖区政协八届五次会议在区政府七楼礼堂隆重举行

▶ 2015年1月14日，东湖区十五届人大五次会议在江西饭店隆重开幕

◀ 2015年1月25日，东湖区在区政府七楼礼堂召开全区重大重点项目动员推进会

2015年1月31日，东湖区举办区委中心组理论学习（扩大）会议，邀请中央党校教授谢春涛讲课

2015年3月13日，东湖区在区政府七楼礼堂召开省委第三巡视组巡视东湖区工作动员会

2015年3月16日，东湖区举办一季度干部轮训班。图为授课教师为学员讲解旧城改造房屋征收工作相关内容

2015年3月19日，东湖区在区政府七楼礼堂召开全区第一轮房屋征迁工作动员大会

◆ 2015年3月20日，东湖区召开全区党群工作会议

◆ 2015年5月4日，东湖区在区政府七楼礼堂召开“五四”青年节表彰会议

◆ 2015年5月19日，东湖区召开贯彻落实南昌市委十届十一次全会精神工作推进会议

◆ 2015年6月15日，东湖区在区政府七楼礼堂召开全区人大工作会议

◆ 2015年7月17—18日，东湖区在区政府七楼礼堂举办二季度干部培训班

◆ 2015年9月12日，东湖区召开第二轮房屋征迁工作动员大会

◆ 2015年10月22日，东湖区召开创建第五届全省文明城区工作部署会议

◆ 2015年9月23日，东湖区召开城市管理提质升级百日会战动员会议

◆ 2015年10月30日，南昌市轨道交通3号线建设房屋征收暨完成2015年全市棚户区改造目标任务动员部署现场会在东湖区举行，东湖区作为先进典型代表发言

◆ 2015年8月7日，东湖区召开区委十一届十一次全体（扩大）会议

◆ 2015年11月5日，东湖区召开工商业联合会（总商会）第五次会员代表大会

◆ 2015年11月17日，东湖区召开创建第五届全省文明城区工作再动员会议

◆ 2015年11月27日，东湖区召开全区领导干部大会

◆ 2015年12月22日，东湖区召开畅通城区道路交通专项整治活动动员大会

◆ 2015年12月25日，东湖区召开区委政协工作会议

东湖区人大常委会

2015年，东湖区人大常委会始终将贯彻区委重大决策部署作为重中之重，综合运用多种法定监督形式，加大监督力度，促进经济、社会健康发展。常委会听取了区人民政府2015年上半年经济运行工作情况的报告，对“十二五”规划纲要完成情况开展了专项调研，提出了深化经济运行精细化分析和预测，坚持改革创新驱动，加快推进重大重点项目建设、大力发展总部经济和电子商务产业，优化产业结构等意见和建议，为全区“十二五”规划圆满收官做出应有贡献。

◆ 2015年7月30日，东湖区人大常委会召开主任会议听取该区国税局、地税局工作情况报告

▶ 2015年6月18日，东湖区在区政府七楼礼堂召开十五届人大常委会第26次会议

◆ 2015年7月3日，东湖区人大常委会组织部分人大代表视察该区重大重点项目开展情况

▶ 2015年5月29日，东湖区人大常委会组织部分人大代表视察扬子洲镇环境保护工作

政协东湖区委员会

◆ 2015年7月16日，区政协主席王玮带领部分委员视察该区重大重点项目

2015年，中国人民政治协商会议南昌市东湖区委员会在中共东湖区委的坚强领导下，在东湖区政府的大力支持下，高举中国特色社会主义伟大旗帜，深入贯彻落实中共十八大、十八届三中、十八届四中全会精神，牢牢把握团结和民主两大主题，坚持围绕中心，服务大局，主动作为，扎实履行政治协商、民主监督、参政议政职能，为推进全区经济建设、政治建设、文化建设、社会建设和生态文明建设作出了积极贡献。

◆ 2015年6月17日，东湖区政协党组举行“三严三实”专题党课活动

◆ 2015年1月15日，东湖区政协在八届五次会议上表彰一批优秀提案及委员

◆ 2015年7月10日，东湖区政协文化界别在锦苑春天社区组织开展”三风“演出活动

中共东湖区纪委(监察局)

2015年，在南昌市纪委和东湖区委、区政府的正确领导下，东湖区纪检监察机关认真学习领会习近平总书记系列重要讲话精神，按照全面从严治党要求，踩着不变的步伐，坚定不移推进三转，坚定不移改进作风、坚定不移惩治腐败，严问责，强监督，全区党风廉政建设和反腐败各项工作取得较好成效。

◆ 2015年2月11日，东湖区召开中共东湖区第十一届纪律检查委员会第五次全体会议

◆ 2015年11月27日，东湖区举行全区党员领导干部《准则》《条例》测试

◆ 2015年11月18日，东湖区通过多媒体形式，专题收听收看中央纪委领导解读新《纪律处分条例》

◆ 2015年10月21日，东湖区纪委调度党风廉政建设社会评价工作

◆ 2015年11月27日，东湖区召开全区领导干部大会，区委常委、纪委书记喻国泰在会上解读“两条例一准则”

东湖区人民武装部

2015年，东湖区人民武装工作在警备区党委和区委、区政府的坚强领导下，紧紧围绕“听党指挥、能打胜仗、作风优良”这一强军目标，聚精会神抓建设，开拓创新谋发展，武装工作和经济社会建设呈现出整体推进、稳步发展的良好态势。

◆ 2015年7月9日，东湖区在区委三楼多媒体会议室召开征兵工作会议

◆ 2015年3月12日，区人武部召开“五战”任务部署会

◆ 2015年5月11日，区人武部举行“四会”教练员比武考核

◆ 2015年11月14日，区人武部组织开展轻武器射击训练培训

◆ 2015年2月27日，区人武部组织党员在方志敏烈士塑像前重温入党誓词

中共东湖区委办公室

2015年，区委办公室在区委的正确领导和市委办公厅的精心指导下，紧紧围绕“四区”(总部经济集聚区、高端商业核心区、南昌文化标志区、城市管理示范区)建设总目标，认真贯彻落实党的十八大和十八届三中、四中、五中全会以及习近平总书记系列重要讲话精神，积极发挥“参谋决策、综合协调、督查落实、运行保障”职能，着力提升工作质量和服务水平，确保党委工作高效有序运转，为全区“十二五”规划圆满收官做出了应有贡献。

◆ 2015年5月7日，区委办公室干部陪同区委主要领导到区市场监管局开展工作调研

◆ 2015年4月25日，区委办公室在第一轮旧城改造房屋征收工作中获得征迁工作先进单位流动红旗，并得到区政府奖励（前排中为区委办公室主任杨斌）

◆ 2015年5月20日，区委办公室组织召开全区党委办公系统工作会议

◆ 2015年1月16日，区委办公室举行业务工作论坛活动

◆ 2015年7月11日，区委办公室党支部组织党员开展党史宣传教育活动。图为参观“侵华日军731部队罪证展”后在南昌新四军军部旧址陈列馆前合影留念

东湖区人民政府办公室

2015年，区政府办公室在区委、区政府的正确领导和市政府办公厅的关心指导下，以党的十八大精神和十八届四中、五中全会精神为指引，紧紧围绕区政府中心工作，坚持“省里创一流、市里争先进、区里树标杆”的工作标准，恪守为领导服务、为部门和基层服务、为群众服务的“三服务”宗旨，充分发挥参谋助手、督促检查、组织协调等职能，团结一致，扎实工作，促进了政府工作的高效运转。

◆ 2015年9月24日，区政府办公室干部到辖区基层向居民群众开展宣传工作

▶ 2015年11月13日，区政府办公室在三楼西会议室举办应急管理知识专题培训

◆ 2015年9月24日，区政府办公室组织干部开展业务学习活动

中共东湖区委组织部

2015年，东湖区委组织部在区委的正确领导和市委组织部的具体指导下，按照省、市组织工作会议要求，紧紧围绕全区工作大局，以学习贯彻落实党的十八届四中、五中全会精神为主线，立足全局、把握重点、创新方法、求真务实。扎实开展“三严三实”专题教育；努力做好干部选拔任用、教育培训、监督管理等各项工作；以“连心、强基、模范”三大工程为主线，夯实基层党建基础；紧紧围绕人才工作目标,扎实开展人才工作，为东湖区“四区”建设提供坚强的组织和人才保障。

◆ 2015年2月7日，东湖区在区政府七楼礼堂召开全区镇（街道、管理处）党（工）委书记抓基层党建工作述职评议会议

◆ 2015年7月7日，东湖区直机关举行团支部换届选举大会

◆ 2015年8月3日，区委常委、组织部部长唐铭市到扬子洲镇调研大学生村官驻村见习工作情况

◆ 2015年11月13日，区委中心组开展“三严三实”专题教育第七次集体学习活动

◆ 2015年12月18日，南昌市第十次县区机关党建工作交流会在东湖区举行

中共东湖区委宣传部

2015年，东湖区宣传思想工作在区委的正确领导和南昌市委宣传部的精心指导下，坚持高举中国特色社会主义伟大旗帜，以习近平总书记系列重要讲话精神为统领，紧紧围绕全区经济社会发展大局，深入推进“理论武装、舆论引导、文明创建、网络宣传、文化惠民”等五项工程，为推进总部经济集聚区、高端商业核心区、南昌文化标志区、城市管理示范区的“四区”建设提供了强有力的思想保证、精神动力和舆论支持。

◆ 2015年11月12日，区委宣传部在区委三楼常委会议室组织召开党报党刊征订工作部署会议

◆ 2015年12月4日，东湖区在区文化活动中心三楼礼堂举行盛大志愿服务颁奖典礼活动

◆ 2015年4月9日，区委宣传部组织召开第一期选题会

◆ 2015年5月12日，区委宣传部干部在旧城改造房屋征收工作中向被征迁户宣讲旧改政策

◆ 2015年7月13日，区委常委、宣传部部长夏小兰给区委宣传部全体干部上党课

中共东湖区委统战部

2015年，中共东湖区委统战部在区委的正确领导和南昌市委统战部的精心指导下，认真学习贯彻党的十八届五中全会精神和习近平同志系列重要讲话精神，主动适应新常态，展示新作为，开创新局面，引导广大统一战线成员积极建言献策，扎实推进各领域统战工作新发展。

◆ 2015年10月22日，全国政协常委、副秘书长，致公党中央常委副主席蒋作君一行到南昌市阳明学校视察指导工作

◆ 2015年2月5日，东湖区侨联为该区困难归侨侨眷发放棉衣

◆ 2015年12月2日，民建东湖区总支召开换届选举大会，选举新一届领导班子

◆ 2015年11月5日，中共东湖区委统战部组织非公经济人士召开座谈会

中共东湖区委政法委

2015年，中共东湖区委政法委在区委的坚强领导和上级政法部门的精心指导下，以习近平总书记重要讲话精神为统领，认真贯彻全省、全市政法工作会议精神，全区政法干警和综治维稳干部结合实际、履职尽责、敢于担当，确保全区社会政治大局的稳定，为全区经济社会发展创造良好的社会环境。

◆ 2015年5月14日，区委政法委在区政府大楼七楼礼堂举行综治干部培训班

◆ 2015年5月21日，东湖区八一桥街道大士院南社区禁毒图书角举行揭牌仪式

◆ 2015年2月11日，南昌市综治办领导一行到东湖区督导“两个提升”工作

◆ 2015年11月4日，区委常委、政法委书记王志勤到百花洲街道火神庙社区调研综治工作

◆ 2015年12月3日，东湖区召开平安建设现场交流暨提升公众安全感攻坚战工作部署会

编辑说明

一、《东湖年鉴》是中共东湖区委、东湖区人民政府主办的一部集资料、知识、信息为一体的地方综合年鉴，如实记载东湖区经济社会发展情况，由东湖区属各单位、驻区有关单位提供资料。

二、《东湖年鉴(2016)》以马克思列宁主义、毛泽东思想、邓小平理论、“三个代表”重要思想和科学发展观为指导，坚持辩证唯物主义和历史唯物主义方法，着重记载2015年东湖区自然、政治、经济、文化和社会等各方面情况。本卷年鉴中的综合性资料、数据截至2015年底，因统计口径等原因，有关部门所用个别数据与统计部门提供的数据不尽一致。凡涉及东湖区国民经济和社会发展的主要数据，概以东湖区统计局公布的数据为准。

三、本卷年鉴以“部类”为单元，“部类”设28个：特载，大事记，东湖概览，中国共产党南昌市东湖区委员会，南昌市东湖区人民代表大会常务委员会，南昌市东湖区人民政府，中国人民政治协商会议南昌市东湖区委员会，群众团体，民主党派·工商联，法治，军事，重大项目建设，商贸流通和服务业，开放型经济，非公有制经济，金融业，财政·税务，经济管理与监督，城市建设和管理，社会管理和服务，教育，科学技术，体育，文化·旅游，卫生，镇、街道办事处、管理处概况，人物，重要文献。

四、本卷年鉴以类目、分目、条目组成框架结构，以条目为主要载体。部分条目因内容需要对比时，涉及到2015年度之前的情况。所载各部门、各单位文字、彩页、插图等由各有关单位供稿并最后审核确定。

五、本卷年鉴内容层次设置是为了方便分类编辑和读者阅读，并不反映严格的科学分类体系，机关、企事业单位等排序和层次并不表示其地位和规模。因编辑水平有限，书中难免有疏漏和错误之处，敬请广大读者见谅并予以指正。

目　　录

特　　载

大事记

东湖概览

中国共产党南昌市东湖区委员会

南昌市东湖区人民代表大会常务委员会

南昌市东湖区人民政府

中国人民政治协商会议南昌市东湖区委员会

群众团体

民主党派·工商联

法　治

军　事

重大项目建设

商贸流通和服务业

开放型经济

非公有制经济

金融业

财政·税务

经济管理与监督

城市建设和管理

社会管理和服务

教　　育

科学技术

体　　育

文化·旅游

卫　生

镇、街道办事处、管理处概况

人　物

重要文献

特　载

主动适应新常态　奋力谱写新篇章 全方位开创“四区”建设的崭新局面

——在区委十一届十次全体(扩大)会议上的讲话

中共东湖区委书记　杨文斌

(2015年1月10日)

同志们:

下面,我受区委常委会委托,向全会作工作报告。

一、奋力争先,在适应新常态中取得新成绩

一年来,在市委、市政府的坚强领导下,区委常委会全面贯彻落实党的十八大和十八届三中、四中全会精神,认真学习贯彻习近平总书记系列重要讲话精神,大力弘扬“有活力、有干劲、有办法、有担当”的“四有”东湖精神,以党的群众路线教育实践活动为契机,主动适应经济发展新常态,积极应对复杂严峻新形势,全力实施“四区”建设,标本兼治,从严治党,全区呈现出经济平稳较快发展、民生持续改善、社会和谐稳定、干部奋发有为的良好局面。

(一)党的群众路线教育实践活动扎实开展,为民务实清廉的价值追求更加坚定。党的群众路线教育实践活动开展以来,始终突出问题导向,坚持立说立行、即知即改,坚持开门整改、标本兼治,坚持以上率下、示范引领。特别是针对市委主要领导指出、群众反映强烈的“发展思路不开阔、建设管理缺办法、干部精神低迷少干劲”等三大突出问题,深入剖析背后的“四风”根源,共开展了7个方面29项整改任务和18个方面30项专项整治任务,全区性会议同比减少22.7%,区级层面的领导小组、议事协调机构撤并了7个,“三公”经费支出同比减少27.2%,腾退清理超标办公用房达3013平方米。活动的开展,使全区党员领导干部的党性标准更高、宗旨意识更强、工作要求更实、作风纪律更严、制度约束更紧、党风政风更清,为东湖新一轮的发展积累了宝贵的精神财富。

(二)四区定位广泛凝聚各方共识,经济发展质效更加显著。在区委十一届九次全会上,我们提出了建设“总部经济集聚区、高端商业核心区、南昌文化标志区、城市管理示范区”的目标。实践证明,这一定位,既立足当前,更事关长远,凝聚了全区人民的共同愿景,转化为全区上下干事创业的激情动力。广大干群干事业,谋发展,促跨越,“四区”建设成效初现,全区经济发展质效明显提升。2014年财政收入历史性突破50亿元大关,达到53.14亿元,同比增长14.45%,按省口径统计,首次跻身全省40亿元县区方阵;地方公共财政预算收入突破11亿元大关,达到11.01亿元,同比增长9%。

(三)全面深化改革稳步推进,发展的内生动力更加强劲。认真贯彻落实中央、省委、市委关于改革的部署,迅速打开全面深化改革的局面。切实加强组织领导,成立了区委全面深化改革领导小组,对改革任务和配套措施进行了项目化、责任化分解,重点领域改革蹄疾步稳。目前,全区在深入开展第九轮行政审批制度改革工作中,主动承接了市级下放行政审批项目90余项、取消或暂停实施的审批项目10余项、转变管理方式的审批项目3项,12个行政审批职能部门23项审批事项实现精简压缩办理时限48个工作日,办理时限精简压缩率达35%,全区投资创业活力进一步显现。扎实推进民生领域改革,其中户籍制度、医药卫生体制、义务教育体制改革已取得重大突破。特别要指出的是,作为南昌市户籍制度户口“一元化”改革工作试点城区,通过全区上下凝聚共识、真抓实干,出色完成了这项重大政治任务,工作的经验、方法和机制被列为我市户籍改革先进典型进行宣传推广。

(四)重点工作全面突破,区域发展支撑更加有力。一是项目建设实现突破。区委牢牢扭住招商工作这个“牛鼻子”,抓队伍建设,组建了4个招商分局,招商力量倍增;抓产业招商,主要围绕主导产业明确重点区域定向招商;抓政策机制,出台“1+5”的产业发展政策,大力推进招商选资。2014年共落户千万元投资项目78个,引进上海晟轩等8个亿元项目,5000万元以上投资项目24个。央央春天、瑞颐大酒店、区综合服务中心和区文化活动中心等一批重大重点项目顺利推进,即将完工或投入运营。二是旧改双拆实现突破。2014年第一轮旧改项目已全面完成,征迁面积达44.04万平方米,改造总户数2716户。第二轮旧改包括青山湖西岸城镇房、滕王阁东广场、上下沙窝及周边地块、下正街电厂及周边地块四个旧改项目已于去年9月下旬正式启动,征迁总面积31.79万平方米,总户数3017户。2014年,我区作为全市“双拆”工作任务最重、困难最多、压力最大的城区,“双拆”面积占全市46.4%。全区上下咬定目标、攻坚克难,目前,“双拆”工作已基本收官。三是城市管理实现突破。按照“国家标准、南昌示范、制度科学、长效管理”的目标要求,全区正积极构建“天网”“地网”“人网”三网合一的“智慧城管”东湖模式,智慧城管监督指挥中心已经开始运作。同时,全区207条市政道路之外的区域,全面推行社区环卫作业市场化运作,极大改善了城区面貌。四是发展空间实现突破。在市委、市政府的英明决策下,扬子洲地区整建制于2014年9月18日正式划归东湖,现在的东湖坐拥“有城有乡、有湖有江、有农有商”之地利,辖区面积56.95平方千米,扩大了两倍,后发优势明显,发展前景无限。

(五)社会事业发展高位攀升,民生质量更加改善。一年来,全区用于保障和改善民生投入资金9.76亿元,约占地方公共财政预算支出的64.1%。强力推动了墩子塘、贤士花园等一批集贸市场的升级改造,打造出了全省首个五星级的示范集贸市场—新公园路集贸市场;全面完成散工劳务超市建设,打造了全省首个“南昌市家庭服务中心”;完成彭家桥等4个街道综合文化活动中心标准化建设,“15分钟公共文化服务圈”初步形成;在全省率先开展了“小学生综合素养达标”“好课共享”活动,全区教育质量得到极大提升;持续深化卫生体制改革,有效促进了全区基本公共卫生服务逐步均等化。通过一年的努力,成功摘得“全国文化先进县(区)”“全国和谐社区建设示范城区”“全国‘六五’普法中期工作先进县(区)”“全省群众体育先进单位”“全省单独两孩工作示范区”等荣誉称号。

(六)认真履行管党治党政治责任,党的领导更加坚强。始终把党的建设作为服务经济建设的重要抓手,让党建工作成为推进各项事业发展的“引擎”。一方面,区委始终把加强党风廉政建设“主体责任”作为重大政治任务,放在心上,扛在肩上,抓在手上,落在行动上。2014年全区受理信访举报85件,立案18起,审结17起,给予党纪处分24人,收缴违纪款63万余元,持续释放执纪必严、违纪必究的强烈信号。另一方面,始终坚持“四用两不用,三到三看三结合”用人原则,让“吃苦的人吃香、实干的人实惠、有为的人有位”,以鲜明的用人导向激励各级干部干事创业。2014年下半年,从基层街道提拔重用干部11人,其中6人担任党政正职。同时,大力实施“连心、强基、模范”工程,对6个软弱涣散基层党组织进行了集中整顿,构建了三级联系服务群众网络,落实了区级领导“挂点联户”、科级干部“结对帮户”、基层干部“分片包户”制度，并通过“民情家访”“在职党员进社区”等活动，密切了党群干群关系，基层党建工作基础得到进一步巩固。

同志们，去年是东湖经济社会发展最为困难的一年，面对日益复杂的经济形势，我们夺取了来之不易的发展成果，也积累了弥足珍贵的工作经验：一是解放思想是基础。面临经济形势复杂多变、县域经济竞争日益激烈等形势，只有解放思想，才能破除一切困难。比如，面对城市管理“老大难”问题，我们破除成规，从体制机制入手，坚持管理队伍重心下沉，大胆推行环卫作业市场化，放手让群众监督，扭转了全区城市管理被动局面。二是开阔视野是前提。视野宽、格局大、思路广，谋划才能更长远，工作才能出成效。我们紧紧抓住国家、省、市大力推动旧城改造这一政策红利，启动了史无前例的大规模旧城改造，通过大征收、大改造为东湖的发展腾出了黄金载体空间。我们牢牢扭住产业发展方向，在招商选资中求突破，结合城区实际，强力推行定点、定向、精准招商，加快了招商项目落地投产，引领了全区项目建设的大爆发。三是真抓实干是关键。行动一次胜过口号无数。面对天下第一难事—旧改双拆，所有四套班子的领导全部上阵，包宣讲、包签约、包搬家、包维稳，保障了房屋征收顺利推进，拆违拆临全面收官。面对天下第一烦事—信访维稳，我们敢于担当、主动靠前、积极调处，使得一批赴京非正常访问题得到了妥善化解。其中省市交办的 9 件重点赴京访问题，3 件依法处置，3 件得到化解，3 件得到稳控。四是创新发展是核心。创新是地区发展的动力源泉。如果没有创新，我们的城市管理还会在“脏了扫、扫了脏”的怪圈里停步不前，我们的招商选资还会在“空间受制、载体缺失”的哀叹中无所作为。资源有限，改革无限，改革创新是推动科学发展、跨越发展，实现弯道超车的唯一选择。我们要向改革创新要资源、要空间、要发展后劲。

在肯定成绩的同时，我们也清醒地看到，全区经济社会发展还存在一些问题和不足，主要表现在：一是经济发展稳中求进的形势还不容乐观，调结构、促转型的步伐需进一步加快；二是城市管理企稳向好的基础还不够稳固，保长远、见实效的举措需进一步抓实；三是项目建设招大引强的机制还不够健全，抓长远、增后劲的力量需进一步放大；四是干部作风还不能完全适应新常态，抓落实、促发展的能力需进一步提升等等。这些都需要我们在今后的工作中认真加以解决。

二、科学研判，在认识新常态中谋求新跨越

2015 年是“十二五”规划的收官之年，是全面深化改革的关键之年，是全面推进依法治区的开局之年，也是我区加快“四区”构建的奋进之年。做好 2015 年工作，任务艰巨，意义重大。

当前，我们正面临经济发展、全面深化改革、全面推进依法治国、从严治党四个“新常态”。四个“新常态”是对我国发展阶段性特征的重大战略判断。新常态下，直接表现是经济增速换挡、改革措施密集、法治建设加快、党纪约束趋紧，但本质是经济结构的升级、发展动力的释放、国家治理的进步、政治生态的优化。我们要把思想和行动统一到对新常态的认识上来，在发展理念、发展定位、发展目标、发展路径上向新常态聚焦。要深刻认识经济发展新常态，切实把工作着眼点转移到调结构促转型、提高发展质量效益上来，努力追求遵循经济规律的科学发展、遵循自然规律的可持续发展、遵循社会规律的包容性发展。要深刻认识全面深化改革新常态，向改革要动力、靠改革促转型、以改革稳增长，着力消除影响和制约东湖发展的体制性、结构性、基础性矛盾，推动重点领域和关键环节改革向纵深发展。要深刻认识全面推进依法治国新常态，坚持用法治的精神、法治的思维、法治的方式、法治的力量，全面推进依法治区，更好发挥法治的引领、规范和保障作用。要深刻认识从严治党新常态，坚持严以修身、严以用权、严以律己，严格落实党委主体责任和纪委监督责任，坚定不移把党风廉政建设和反腐败斗争进行到底。

面对四个“新常态”，从东湖的发展实际出发，最根本的是要始终保持政治定力，最重要的是要始终保持战略定力，最关键的是要始终保持实干定力，把新常态蕴含的新机遇变成新优势，把新常态带来的新挑战变成新动力，不断推动东湖发展再上新台阶。经区委常委会认真讨论决定，全区 2015 年工作的基本思路是：深入贯彻落实党的十八届三中、四中全会，以及省委十三届十次全会、市委十届十次全会精神，紧紧围绕“四区建

设”目标,保持定力,抢抓机遇,适应新常态,展现新作为,更加注重改革牵引作用,更加注重经济发展质量,更加注重城乡融合发展,更加注重项目建设水平,更加注重民生和谐稳定,更加注重从严治党管党,努力实现“三大跨越”(路径跨越、指标跨越、形象跨越)、“四个一流”(一流的工作作风、一流的干部队伍、一流的发展模式、一流的中心城区),全方位开创“四区”建设的崭新局面。

——*路径跨越*。路径是推动发展跨越的基本前提。要坚定不移按照“大聚焦赢大裂变、大投入赢大发展、大改革赢大活力、大改造赢大空间、大改善赢大民心”的基本路径,善思善谋出新招,敢闯敢试走新路,努力实现聚焦有方向、投入有来源、改革有突破、改造有节奏、改善有支撑。

——*指标跨越*。指标是衡量发展跨越的客观标准。要进一步坚定信心,锐意进取,与开发区比投资强度,与工业园比招商力度,与老城区比产业集聚度,特别要在旧改、固定资产投资、利用内、外资上形成质的飞跃,使我区经济发展的“三驾马车”并驾齐驱、高歌猛进,不断开创全区总量指标持续攀升、速度指标全市领先、质量指标大幅上扬、特色优势指标争先进位的良好势头。

——*形象跨越*。形象是加速发展跨越的内在动力。首善之区,要有首善的环境、首善的民生、首善的产业和首善的文化。要注重城市外在形象与内在气质的和谐统一,大幅提升东湖对外知名度和美誉度,展现“首善之区”尊荣魅力。要通过“智慧城管”信息平台搭建让城市管理长效机制落地生根,树立“美丽东湖”形象;要通过教育改革发展的“三个优先”让优势资源共享机制发挥作用,提升“学在东湖”品牌;要通过“江西最具投资吸引力目的地”评选让地脉人脉商脉争相汇聚,引爆“投资洼地”效应;要通过“南昌文化标志区”建设让商旅文深度融合,再现“豫章故郡”风采。

三、精准发力,在把握新常态中展现新作为

把握新常态,展现新作为,必须在以下五个方面精准发力:

(一)在全面深化改革上精准发力。今年各项改革措施进入密集实施阶段,改革任务十分繁重,我们要尽快适应全面深化改革新常态。一要领会好改革精神。要紧紧围绕中央、省委和市委关于全面深化改革的决策部署,在抓好已出台改革政策贯彻落实的基础上,进一步加大改革攻坚力度,真正打开市场之“门”,放开权力之“手”,解决政府“越位”“缺位”和“错位”等问题。二要梳理好改革任务。当前,第九轮行政审批制度改革已进入收尾阶段;政府机构改革蓄势待发,工商、质监和食品药品监督等部门“三合一”改革面临破题,城管体制调整和卫生局、计生委体制调整等工作正紧密筹划;社会体制改革蹄疾步稳,但覆盖城乡居民的基本医疗卫生制度亟待确立,优质教育资源共享机制需进一步畅通。三要把握好改革节奏。对我区改革的重点难点事项,要按照省市部署,认真梳理,结合我区实际制定深化改革“路线图”“任务书”和“时间表”,有计划有步骤地进行,做到章法有度,谋定而后动。

(二)在优化经济结构上精准发力。面对经济发展新常态,坚持“稳中求进”总基调,加快实现产业结构高端化高质化高新化。一方面,扩大优质增量。“四区”建设必须要有支柱产业、核心企业的支撑,必须要有国字号、亿字头项目的引领。紧扣“总部经济集聚区”建设,我们将布局青山湖西岸,落子具备土地出让条件的临湖1-8号地块,由市政公用集团投资80亿元,将此地块打造成“新城市经济综合体、城市新活力带”。紧扣“高端商业核心区”建设,香港恒隆地产将投资50亿元,将省政府一号地块打造成大型世界级高档综合体,引领八一广场—中山路这一“百亿商圈”立体化、国际化改造;中国黄金集团将投资20亿元,在青山南路口建设国内第三家黄金交易市场,结合香江家具城地块改造商业综合体项目,将撬动青山南路这一“百亿商圈”高起点、高品位提升。紧扣“南昌文化标志区”建设,以精品项目滋养文化旅游产业。借鉴上海田子坊、成都宽窄巷、南京夫子庙的保护和改造经验,采取BT融资方式,投资5亿元将滕王阁榕门路一线打造成再现唐风宋韵的南昌历史文化风貌区,投资3亿元实施福州路时尚餐饮娱乐街区提升工程和建德观周边明清风格街景改造工程。另一方面,盘活优化存量。存量作为发展的母体,是现实的增长点,要重视手上的存量,想方设法把存量做优做大做强,以存量求增量。我们要全方位服务,发挥存量的最大效益。要进一步优化产业布局,促进产业集

约集群集聚发展。要聚焦主导产业，以文化创意、精品旅游、健康服务、电子商务等为重点，大力培育现代服务业新的增长点和引爆点；同时借鉴上海、杭州百货公司集团化发展、上市发展的操作路径，让本土传统商贸业“老树发新芽”，尽快形成一批销售超百亿的市场群。要突出高端精品，依托现有产业基础，加快完善和优化扶持楼宇经济、总部经济发展等配套政策，争取挖掘提升10万平方米存量楼宇。

（三）在城乡融合发展上精准发力。扬子洲地区整建制划归东湖管辖后，以赣江为界，我区一江两岸、南北双城格局已现。我们将按照“全区联动”原则，大力实施“南提北拓”战略。一方面，以都市化为目标，提升中心城区。围绕“四区”建设总布局，突出规划引领，做好旧改与产业结合大文章，为老城区突破转型困境培育新的经济增长点，实现“旧城再造”。一是大手笔地拆。按照市委“一个中心、三个原则”的要求，坚定执行每年“1平方千米、100亿投入、100万平米”的旧改计划，全面完成我区今年总占地面积1883.24亩、总征迁面积94.03万平方米、总征迁户数8403户的4个旧改项目。今年旧改任务完成后，我区大面积连片棚户区及城中村改造将基本结束。尤其值得一提的是，我们今年将把二七路沿线总占地面积968.76亩、总征迁面积52.2万平方米、总征迁户数6130户的6个旧城及城中村地块打包成一个旧改项目加以推进。此项目的实施，将打破我区经济隔离状态，届时，区域加速融合，发展空间再次释放，城市环境进一步改善。二是有节奏地理。以净地连片、项目落地为目标，有序推进旧改完成地块及闲置土地的拆迁整理工作。根据城区总体功能布局进行同步规划，科学制定各地块开发模式。在此基础上，处理好拆、改、留的关系，确定好商与住的比例，有序促成生地变熟地，熟地变宝地，为土地资源优势向发展空间优势转化积蓄能级。三是高规格地让。按照“卖地看实力，做就做精品”和“商业为主、突出自持、税收导向”原则，把“要产业、要税源、要城市新形象”作为土地出让前置条件，确保有限的土地供给最优秀的企业、最优质的项目，不断带动城市价值整体提升。另一方面，以城市化为目标，拓展北部城区。严格按照市委、市政府规划安排，按照市人大决议要求，把扬子洲地区剩余4年控储工作做好，把这块风水宝地看护好。在不出让土地前提下有序推进规划和基础设施建设：其中，路堤结合工程与英雄大桥互通立交工程力争纳入全市重大重点项目；水电气路改造、地面附着物征迁等前期工作要全面破题。待土地“解冻”、建设“开闸”之时，确保扬子洲具备一个较为成熟的开发条件。

（四）在重大项目建设上精准发力。要牢固树立“抓项目就是抓发展，抓大项目就是抓大发展”的理念，坚定不移实施项目带动战略，以项目促投资保增长。一是要大气魄招商。始终把招商引资作为经济工作“生命线”，一切让位于招商、一切方便于招商、一切服从于招商。强化产业对接、产业招商，突出招大选优引强，引进一批符合产业定位、符合区域发展方向、符合产业集群发展的大项目、好项目，瞄准世界五百强、国内五百强和区域性总部企业，力争招一个、引一串、带一片。二是要多视角争资。认真分析国家产业政策和资金投向，吃透上级政策，将重大项目谋划与国家、省、市产业布局、资金投向对接起来，建立重点项目库，做好前期准备工作，避免临时拼凑项目，做到有的放矢争项目；另外，对于一些政策和制度的限制，我们还要有破解的“魔法棒”，具备变通的“巧智慧”，特别是对于重大重点项目，要采取聚焦的办法，集中化解项目融资、用地等资源制约难题。三是要强力度推进。本着提前谋划、尽快启动、早日实施的原则，我区已在产业、旧城改造、基础设施、社会事业与民生工程四大类上筹划了2015年共41个总投资约262.4亿元的重大重点项目。接下来，要围绕项目投速、投量、投效，加快完善项目评审、手续办理、问题协调解决“一条龙”服务体系，形成项目落地快速推进机制，实行重大建设项目“工期倒推督查机制”和重大项目信息周报制度，确保项目落得下、推得动。

（五）在民生和谐稳定上精准发力。民生连着民心。要把主要精力更多放在改善和惠及民生上，让发展升级的过程成为民生幸福指数持续攀升的过程。一是广覆盖完善保障机制。稳步提高社会保障标准和统筹层次，按“同城同标”原则，将扬子洲地区一并纳入统筹范围，加快构筑“人员范围广覆盖、保障水平多层次、制度办法可衔接、管理服务现代化”的全民社会保障体系。争取各方支持,促进信息化养老服务平台良性运行;规范社会救助体系,做好城乡低保资金发放专项治理回头看工作;完善居民基本医疗保险和城乡医疗救助"一站式"结算管理工作,"一站式"医疗救助系统延伸至街道。二是全方位发展社会事业。不断深化社会事业服务领域、拓展服务范围、丰富服务内涵,以优质教育、医疗、就业、养老、体育健身等为重点,不断丰富"民生服务圈"品牌内涵。借助打造"智慧东湖"契机,建立覆盖个人、班级、校级、区域四位一体的"智慧教育"云平台,加速教育均衡化改革;依托东湖区生产力促进中心科技创新服务平台,打造全省首家示范性县区生产力促进中心;依托东湖区志愿服务联合会,构筑制度化、规范化、常态化志愿服务体系;扎实推进公共文化服务标准化、均等化示范建设,高标准打造街道综合文化活动中心,力争成为全市样板;有序推进社区卫生服务中心标准化建设,力争树立全省标杆。三是深层次创新社会管理。要深化"文明东湖"建设,让文明城市创建成为惠民、为民、育民的过程。要深化"法治东湖"建设,营造人人学法、懂法、遵法、守法的良好氛围。要深化"平安东湖"建设,打造立体化社会治安防控体系,加快完善"大综治"(综治、信访、警务、调解、治保、安全、民兵、工商12315"八位一体")、"大安全"(社会治安综合治理工作与安全监管联手互动)格局。四是高水平推进城市管理。坚持标准不降、工作不松、力度不减,加快打造"天网""地网""人网"三网合一的"智慧城管"东湖模式,整合多方力量,扩大社会参与,最大限度实现行政资源、市场资源、社会资源等有机整合,使城市长效管理更高效、更精细、更可持续,人居环境更洁净、更有序,人民生活更美好、更幸福。

四、强化落实,在引领新常态中彰显新状态

全力适应从严治党新常态,落实管党治党责任,以更高的标准、更严的要求,把"四个一流"的要求贯穿工作始终,为东湖的跨越赶超提供强有力的政治保证。

(一)依法执政,努力营造风清气正的发展环境。不断深化"法治东湖"建设,努力形成党委依法执政、政府依法行政、政法机关公正司法、人民群众懂法守法的良好局面。一是加强依法行政。严格依法行政,自觉接受监督制约,加快建设职能科学、权责法定、执法严明、公开公正、廉洁高效、守法诚信的法治政府。二是推行政务公开。坚持"公开是原则,不公开是例外",推进权力公开透明运行,扩大政务公开的范围,动态公开权力项目授权依据、决策、执行、成果等各项内容,更好地让人民群众了解、监督,确保权力在阳光下运行。三是强化权力监督。加强对领导干部特别是主要领导干部的监督,严格执行述职述廉、诫勉谈话、报告个人重大事项等制度,大力推行党政领导问责制、廉政承诺制。把党内监督与党外监督、专门机关监督与群众监督结合起来,进一步加强舆论监督力度,形成权力监督的合力。

(二)锻造队伍,充分激发干事创业的持续动力。按照省委常委、市委王文涛书记提出的"四有"东湖精神锻造干部队伍,奏响东湖党员干部激情干事、务实创业主旋律。一是打造"有活力"的领导班子。坚持"德才兼备、以德为先"用人标准,大胆选拔成绩突出的干部、敢闯敢试的人才,努力造就有理想、有作为、有活力的领导班子,用更大的力度、更大的手笔,干出一份群众公认的业绩,打造一批值得骄傲的亮点。二是建设"有干劲"的干部队伍。继续坚持注重基层、注重实干的用人导向,坚决做到"四用两不用,三到三看三结合",真正让想干事者有机会、能干事者有舞台、干成事者有地位。三是提升"有办法"的工作能力。采取基层一线磨炼,艰苦地方锻炼、"走出去、请进来"培训等方式,在巩固和加强党的基层根基中持续提升党员干部敏锐的洞察力、科学的决策力、有效的执行力,提升引领发展、促进发展、加快发展的能力和水平。四是锤炼"有担当"的过硬作风。要将我们在去年各项工作中凝聚起来的"有担当"的东湖精神,继续渗透到今年全区各项工作、各个领域中去,乘势而上,强力推进旧城改造、招商引资、项目建设、城市管理、信访维稳等工作,锤炼敢于担当的过硬作风,不断浓厚大干快上、实干兴区的发展氛围。

(三)干净干事,始终保持清正廉洁的政治定力。继续巩固党的群众路线教育实践活动成果,坚定不移地抓好党风廉政建设和反腐败工作。一要牢记为民宗旨。大兴艰苦奋斗之风,严格执行中央"八项规定"。增强执政为民理念,心中始终装着责任、装着工作、装着民意。争做乐于奉献的

楷模，对组织常怀知遇之恩，对社会常存奉献之心，对生活常有满足之感，对人民常生感激之情，努力为广大群众办实事、好事。二要永葆先锋本色。面对新一轮发展和竞争的强劲势头，我们必须进一步增强责任意识、大局意识、危机意识。克服墨守成规、固步自封，做到开拓创新、奋发进取；克服畏首畏尾、患得患失，做到果敢坚决、勇于担责；克服推诿扯皮、懒散拖沓，做到一竿到底、雷厉风行。永葆激情，拼搏奋进，让更多的工作走在省市前列，凭更快的速度实现后发先至，以更响的品牌彰显东湖魅力。三要深入反腐倡廉。始终保持惩治腐败的高压态势，大力加强理想信念、党风党纪、廉洁从政教育，更加注重治本，更加注重预防，更加注重制度建设，真正做到反腐倡廉常抓不懈、拒腐防变警钟长鸣。

（四）真抓实干，着力提升执行落实的过硬本领。落实就是发展、落实就是政绩。我们一定要把抓落实作为推进工作的常态，作为促进发展的主轴，在落实上下工夫，在落实上见实效，努力把全会提出的各项目标任务落到实处。一要盯紧目标抓落实。紧紧围绕今年的目标任务，及早研究谋划本单位、本部门推进落实的具体措施，做好分解目标、细化任务、实化措施的工作。领导干部要切实盯紧工作目标，尤其是对涉及全区经济发展大局的重大项目、重点工作，必须亲自谋划、亲自参与、亲自督办，确保干一件成一件。二要突出重点抓落实。针对今年旧城改造、招商引资、重大重点项目建设等影响全局的重点工作，要制定明确的路线图和时间表，拿出务实管用的方法和举措，以重点工作的突破带动全局工作的推进。特别是集中精力办大事，想尽办法抓要事，全力以赴攻难事，时刻把工作重点放在心中、抓在手中，力争用充足的人力、充分的物力、充裕的财力、充沛的精力抓重点抓落实。三要强化督查抓落实。督查是落实的保障线。领导干部不仅要善于作决策、作部署，更要善于抓督促、抓考核。各单位、各部门党政“一把手”必须增强第一责任人的意识，真正把督查考核作为保证决策实施的有效途径和重要手段。通过运用强有力的督查考核手段，对重大项目和重点工作，逐级落实责任，逐条细化措施，逐项整改到位，确保各项工作快速度推进、高质量落实。

同志们，展望新的一年，东湖的发展充满挑战，更孕育着希望。机遇在考验着我们的智慧，挑战在检验着我们的能力，使命在呼唤着我们的行动。让我们以敢为人先的魄力，敢谋新篇的勇气，敢于担当的作风，抢抓机遇，克难求进，顽强拼搏，奋力赶超，为实现“四区”建设目标而努力奋斗！

（区委办公室）

政府工作报告

（2016 年 1 月 12 日在东湖区第十五届人民代表大会第六次会议上）

东湖区人民政府区长　李云峰

各位代表：

现在，我代表东湖区人民政府，向大会作工作报告，请与《东湖区国民经济和社会发展第十三个五年规划纲要（草案）》一并审议，并请各位政协委员和其他列席会议的提出意见。

一、2015 年及“十二五”工作回顾

2015 年是“十二五”规划的收官之年，也是东湖“四区”建设笃行有为的一年。在市委、市政府和区委的正确领导下，全区上下主动适应经济发展新常态，积极应对复杂严峻新形势，抓改革谋发展，惠民生保稳定，较好地完成了区十五届人大五次会议确定的主要目标任务，经济社会各项事业取得了显著成绩。

过去的一年，我们接续奋斗、聚力有为，“新常态”下付出的每一分努力都昂扬斗志、澎湃人心：

——一年来,我们在经济下行压力中保持了好势头。坚持稳中求进、挖潜增效,有力应对财政增收乏力、社消增长滞缓的不利局面,主要指标逆势上扬、速度效益同步提升。预计全年完成地区生产总值378.75亿元,同比增长8%,高于预定目标0.5个百分点;固定资产投资161.09亿元,同比增长17.1%;财政总收入、地方一般公共预算收入分别达到57.31亿元和12.32亿元,按省口径分别同比增长10.2%、11.92%(市口径分别同比增长6.7%、10.1%)。税收收入占财政总收入比重达93.38%,经济发展"含金量"持续提高。

——一年来,我们在旧改征迁重任中打好了攻坚战。坚持民生导向、责任导向,有力克服旧改体量大、范围广、任务重以及产权争议多、困难群众多、历史遗留问题多的困境,决胜旧改攻坚。10月30日,市委、市政府在我区召开全市轨道交通3号线建设房屋征收暨完成2015年全市棚户区改造目标任务动员部署现场会,东湖经验在全市推广。

——一年来,我们在城市建管推进上树立了新标杆。坚持"干干净净、漂漂亮亮、井然有序、和谐宜居"的目标要求,施以猛药治沉疴,直面东湖城市管理"顽疾"和"短板",新增投入3600万元,将人、财、物全部下沉一线,排难前行、争先进位,实现了全年城市管理综合考核"争一保二"的目标,打了一场漂亮的城市管理"翻身仗",力推城市建管强起来。

——一年来,我们在招商项目落地上创造了加速度。坚持好字当先、快字当头,全力服务"阿里巴巴·南昌产业带"、豫章1号文化科技园等引领型、标志型项目,做到了两个"一百天",即从考察到签约、落户,100天;从落户到装修、运营,100天。模范践行了招商引资"六个跟踪"的行动指针。

过去的一年,我们爬坡过坎,坚毅笃行,"四区"前进的每一个脚步都掷地有声、铿锵有力:

(一)始终如一把抓项目作为经济增长的动力引擎

千方百计引项目。率先在全市出台贯彻落实市委"六个跟踪"的实施意见。预计全年实际利用外资1.29亿美元、内资35.68亿元,分别同比增长21.37%、20.85%,出口创汇5.4亿美元。全年落户内资项目216个,外资项目7个,已进资58.66亿元。其中,亿元项目13个,5000万元以上项目55个。亿元项目增加了5个,同比增长62.5%;5000万元以上项目增加了28个,同比增长103.7%;千万元以上项目增加了99个,同比增长112.5%,创历史最好成绩。

全力以赴聚项目。围绕"六大产业"主攻方向持续发力,"六大产业"实现税收收入19.24亿元,尤其是楼宇总部经济,突破9.88亿元。全年落户总部经济23家,目标楼宇贡献率同比提高7.3%。全球最大的办公空间解决方案供应商——雷格斯集团,投资40亿元的南昌浦发市政公用投资管理中心正式入驻。积极引进投资10亿元的江西金融租赁有限公司,填补了我省金融租赁公司的空白;皖江融资租赁、汉辰融资租赁等非银金融机构相继落户,引导金融服务业错位发展。

争分夺秒促项目。全年实施45个总投资达280.5亿元的重大重点项目,投资规模同比增长300%,为东湖区历史之最。市级重点项目胜利路步行街改造(一期)工程主体完工,并以全新面貌亮相;新湖滨西路改造工程、中金国际交易中心建设稳步推进。区级重点项目三经五纬街景改造、谌家坊安置房等项目顺利完工。中山路立面改造正加速推进,将于今年1月底完工。

(二)始终如一把提品质作为旧城复兴的活力源泉

精准发力抓旧改。全年分两轮顺利实施了临江商务区滨江片区、环丘街等旧改项目10个,占地面积1198.18亩,征迁面积72.15万平方米,涉及征迁户数6705户,农房征迁总面积超历年总和,包括对长巷、贤湖两个行政村进行整体搬迁,征迁体量、难度均创历史之最。特别是上半年,仅用两个多月的时间,完成了滨江片区、起凤路和香江家具城2个旧改项目共68.72万平方米的征迁任务,无论是征迁速度,还是总面积,均领跑全市。

精心实施抓建设。全年投入城市建设资金3.75亿元,同比增长15%。新装路灯2276盏,在全市率先完成背街小巷路灯亮化全覆盖;完成112处沟管化粪池(清掏)改造、13个积水点整治、8个街头小游园建设及提升工程。打通豫章路、新公园路2条断头路,实施福州路、扬子洲鹏举北路等道路改善工程，启动朱德军官教导团沿线、贤士二路等道路延伸工程，畅通城市路网，改善微循环。

精细环节抓管理。城市管理力求全天候、全方位、全覆盖，做到了“五个全市率先”：率先建立“天网”“地网”“人网”三网合一的“智慧城管”东湖模式；率先出台城市管理长效常态具体措施60条；率先打造全市首个无烟烧烤区；率先启动城市管理提质升级“百日会战”；率先建立全市首个城市管理微信平台。以优异成绩在“城市建管强起来”上发出“东湖好声音”。

（三）始终如一把促改革作为挖潜提效的不二选择

以改革深挖潜力。落实商事制度改革，全年新增注册企业1681户，同比增长6.19%，新增资本99.32亿元，同比增长57.73%；新增个体工商户2001户。稳步推进行政审批制度改革，精简行政审批事项42项，精简率19.91%；加快推进“三单一网”建设，权力清单、责任清单、企业投资项目管理清单如期公布，政务服务网正式上线运行。

以创新激发活力。加快平台建设，东湖区生产力促进中心等创业创新平台发展迅猛；全区聚集了2家科技孵化器、7家知名众创空间、7家微型企业孵化园、12家小企业创业基地、15个商贸企业集聚区。加大帮扶力度，充分发挥“财园信贷通”“惠农信贷通”等融资平台功能，最大力度缓解创新企业和小微企业融资难问题，共计发放贷款3.02亿元，全年减免税费2247万元。

以融合增添动力。发力“互联网+”，促进产业融合发展。推进“互联网+工业”，积极推动“阿里巴巴·南昌产业带”项目，年内上线企业近500家，引导我市乃至周边地区特色制造业企业，借力“阿里巴巴·南昌产业带”，实现“南昌买、南昌卖”。推进“互联网+文化”，加快豫章1号文化科技园等文化产业发展；浩瀚股份、画店文化两家企业成功挂牌新三板。推进“互联网+生活”，成功举办第七届“东湖百花洲购物节”，首次推广线上交易，加速传统商贸业升级。

（四）始终如一把获得感作为共建共享的最高追求

民生保障更充分。全年用于保障和改善民生资金达11.34亿元，占地方一般公共预算支出的62.35%，倾力做好“惠民便民利民”工程和54件民生实事。完成钟鼓楼等5家农贸市场“超市化装修、智能化管理、便民化服务”升级改造，在每月一次的全市农贸市场考核中获10次第一、2次第二；完成贤士湖管理处等2个便民服务中心建设，民生工程全面完成。加强社会保障，城镇新增就业人数9200人；发放小额担保贷款5659万元，低保资金2154万元；在全省率先建立失能老人照料中心；区居家养老服务中心品牌进一步唱响。

公共服务更均衡。坚持教育优先，投入6800万元，完成爱国路小学等6所校园的提升改造及信息化建设；公众对我区义务教育均衡发展满意度达到93.5%。完善医疗服务体系，完成豫章街道等2个街道社区卫生服务中心业务用房的国有化、固定化建设；基本公共卫生服务补助2158万元。推进文化繁荣，高标准建设董家窑街道文化活动中心；积极开展纪念中国人民抗日战争暨世界反法西斯战争胜利70周年等系列群众文化活动80余场；贵林社“周六剧场”获文化部文化志愿者服务优秀项目；樟树林文化生活公园成功创建国家AAA级旅游景区。促进体育事业发展，在第六届全国特奥会上摘得金牌29枚，占全省金牌总数的一半以上；广泛开展全民健身运动，新增全民健身活动站点10个。

城乡统筹更坚实。扬子洲地区在控储中稳步前行，完成19个新农村点建设任务；成功举办“文化东湖·秀美乡村”暨第二届番茄节活动；较好完成了控违和生猪禁养工作；2.5万“新农合”参保人员全部纳入城镇居民基本医疗保险范围；开展农村“脏乱差”集中整治“百日行动”，农村垃圾收集率达98%以上。

同时，社会稳定局面进一步巩固，荣获“全国法治县创建活动先进单位”，马家池社区荣获“全国民主法治示范社区”；“百城禁毒会战”和“利剑”“打击侵财犯罪”等专项行动分别获全国和省、市先进；启动消防安全“防火墙”工程；严格落实安全生产责任制；强化食品药品安全日常监管；实现全年重特大事故零发生，公众安全感不断增强。

各位代表，2015年工作的顺利完成，为“十二五”划上了圆满句号。回眸过去的五年，我们以“四区”为目标，抢抓全市打造核心增长极的战略机遇,经受住了宏观经济下行的巨大压力,克服了一系列急难险重的困难挑战。五年来,全区上下同心同德,实在实干,善作善成,全面完成了“十二五”规划确定的各项目标任务,共同书写了东湖持续快速健康发展的崭新篇章。

——经济总量持续壮大。五年来,始终坚持发展第一要务,主要经济指标增幅总体高于省市平均水平,稳居全省第一方阵。地区生产总值年均增长9.69%,固定资产投资年均增长21.2%,财政总收入、地方一般公共预算收入年均分别增长22.92%、14%。

——发展质量持续提高。五年来,始终坚持致力于转变经济发展方式,扩大有效需求,产业结构调整成效明显。生产性服务业、高端商贸业加速发展,荣膺“全省金融服务业集聚区”;胜利路步行街被中国商街委认定为“中国著名商业街”;樟树林文化生活公园被誉为“退二进三的典范”。

——改革开放持续深入。五年来,始终坚持以改革开放为动力,发展活力彰显。户籍制度“一元化”改革列为全市户改先进典型进行推广;部门改革顺利完成,实现工商、质监和食品药品监管“三合一”,卫生、计生“二合一”;行政审批制度改革全面开展。对外开放水平显著提升,2011年以来,全区共落户项目近600个,其中千万元以上项目438个,5000万元以上项目108个,亿元以上项目35个。

——城市品位持续提升。五年来,始终坚持高标准规划、高质量建设、高效能管理,城市建管迈上新台阶。旧改“双拆”全面实施,共完成房屋征迁193.1万平方米,“双拆”面积7.32万平方米,完成土地收储2000余亩。基础设施有力完善,建管并重,累计投入城市管理和市容提质资金3.01亿元,在全省率先推进环卫作业市场化。2014年9月,扬子洲整建制划归东湖管辖,发展纵深更大,发展后劲更足。

——群众生活持续改善。五年来,始终坚持共建共享,关注民生,为民办实事,人民生活水平日益提升。在全省率先打造“民生五圈”。2015年,全区城镇居民人均可支配收入达到32271元,是“十一五”期末的1.7倍。累计投入资金约37.72亿元,240件民生实事得到全面落实;教育净投入9亿元;医疗卫生投入3.4亿元。新增就业5.59万余人,城镇就业率达94.8%,零就业家庭安置率100%。实现被征地农民养老保险全覆盖。

五年来,全区先后荣获全国民政工作先进区三连冠、全国文化先进县(区)、全国和谐社区建设示范城区、全国推进义务教育均衡发展先进区、全国计生优质服务先进区、全国群众体育先进单位等国家级荣誉20余项、省级荣誉40余项。此外,积极支持老干部、工会、团委、妇联、科协、工商联、残联、红十字会等开展工作,史志、档案、人防、机关事务、民族宗教、外事侨务等工作均取得新的进步。

各位代表,回顾过去的五年,是接力前行的五年,也是协同奋进的五年。这些点滴成绩的取得,得益于市委、市政府和区委的正确领导,得益于区人大、区政协的有力监督,得益于各民主党派、工商联、群众团体和社会各界的大力支持,得益于中央和省市驻区单位、驻区部队的关心帮助,得益于全区各级干部、广大群众的勠力同心。在此,我谨代表东湖区人民政府,向所有关心、支持东湖发展的们、朋友们表示衷心的感谢,并致以崇高的敬意!

总结过去的五年,我们可以自信,但是不能有丝毫自满。对照市委、市政府的更高要求,对表人民群众的发展期盼,对标岗位给予我们的职责使命,仍有许多工作需要我们改进和提升,对此,我们将虚心听取各方建议,主动接受各界监督,勇挑东湖转型发展的时代重任。

二、“十三五”发展目标和主要任务

根据《中共东湖区委关于制定东湖区国民经济和社会发展第十三个五年规划的建议》要求,《东湖区国民经济和社会发展第十三个五年规划纲要(草案)》提出了“十三五”时期全区经济社会发展的指导思想:高举中国特色社会主义伟大旗帜,以马克思列宁主义、毛泽东思想、邓小平理论、“三个代表”重要思想和科学发展观为指导,深入贯彻习近平总书记系列重要讲话精神,全面落实省委“发展升级、小康提速、绿色崛起、实干兴赣”十六字方针和市委“抢占制高点、聚焦增长极、提升首位度、共筑‘四强’梦”二十字总体任务,紧紧围绕“打造‘实力东湖、活力东湖、魅力东湖’”要求,奋力开创“四区一体”建设新局面,确保在全市率先全面建成小康社会。

按照上述指导思想,《纲要(草案)》提出了“十三五”期间我区经济社会发展的主要预期目标:地方生产总值年均增长7.5%;财政总收入年均增长6%;地方一般公共预算收入年均增长6%;500万元以上固定资产投资年均增长10%;社会消费品零售总额年均增长5%;实际利用外资年均增长10%;实际利用内资年均增长8%;出口创汇年均增长2%;城镇居民人均可支配收入年均增长9%;总体经济发展水平稳定在全市第一方阵。

为实现上述目标,需要我们全面贯彻落实“创新、协调、绿色、开放、共享”五大发展理念。

(一)坚持创新发展,促进产业升级

创新是引领发展的第一动力。牢牢把握创新发展、转型升级主线,深入研究都市经济发展规律和趋势,围绕“六大产业”,借力“互联网+”,走好产业“升级路”,不断做大产业总量、做强实体经济,力争在未来5年,“四区一体”建设基本成型。

(二)坚持协调发展,形成整体优势

协调是持续发展的内在要求。正确处理好当前和长远、旧城改造和新城建设、物质文明和精神文明等三大关系。围绕“四区”建设总布局,深入实施“南优、北拓、西连、东扩”的城市空间发展计划,加快实现城市活力复兴、经济实力复兴和文化魅力复兴。

(三)坚持绿色发展,丰富城市内涵

绿色是永续发展的必要条件。树立绿色城区发展理念,坚持绿色强区、绿色惠民,更加突出发展的生态导向,把生态文明建设融入经济社会发展全过程和各方面,努力成为人与自然和谐发展的生态文明城区典范。

(四)坚持开放发展,加速蓄势储能

开放是繁荣发展的必由之路。以国际视野和开放思维不断提升对外开放水平,加快打造“引进来”和“走出去”双向联动的大开放格局。主动参与区域竞合发展,充分发挥我区的区位优势、产业优势、建管优势,把东湖服务高地、成本洼地、投资福地的亲商品牌打出去。

(五)坚持共享发展,增进民生福祉

共享是推动发展的根本目的。牢固树立“人人参与、人人尽力、人人享有”的共享式发展理念,把保障和改善民生摆在更加突出的位置。保好“基本民生”,稳步提高社会保障标准和统筹层次;守住“底线民生”,编密织牢社会保障安全网;紧抓“热点民生”,持续唱响“民生服务圈”品牌。

各位代表,“十三五”奋斗目标,切合时代脉搏、合乎人民期待、顺应前进方向。我们坚信,只要我们和衷共济,埋头苦干,排难前行,全力以赴,必将在共筑“四强梦”的伟大征程中,展现东湖应有的作为和担当,展示东湖加快发展的光明前景,开创东湖“四区一体”加速裂变的崭新格局!

三、2016年主要工作安排

2016年是“十三五”规划的开局之年,也是落实“四个强起来”总要求、“二十字”总任务的奋进之年,更是加快“四区”构建、实现绿色崛起的跨越之年。2016年工作的总体要求是:全面贯彻党的十八大,十八届三中、四中、五中全会和省市区全会精神,牢固树立和贯彻落实“创新、协调、绿色、开放、共享”发展理念,紧紧围绕市委“二十字”总任务,保持政治定力、战略定力、实干定力,促改革、强优势、补短板、育动能,加快推进“四区”建设,着力构建实力雄厚、活力动感、魅力彰显的新东湖,努力为“十三五”发展开好局、起好步。

2016年经济社会发展的主要预期目标是:

地区生产总值增长7.5%;

财政总收入增长8%;

地方一般公共预算收入增长10%;

社会消费品零售总额增长6%;

500万元以上固定资产投资增长15%;

利用外资实际到位资金增长10%;

实际利用内资增长8%;

出口创汇增长2%。

围绕上述目标任务,重点要抓好五个方面的工作:

(一)以更实的举措推进项目落地,培育经济增长新后劲

项目建设是经济发展的主心骨、顶梁柱、压舱石。始终坚持以项目为主抓手,以招商为生命线,着力把项目建设尤其是重大重点项目,作为稳增长的首要支撑、调结构的重要动力,强基础的重要载体、筑高地的重要平台。

强化项目建设。实施项目驱动主战略,2016

年实施产业发展、旧城改造、城市建管、社会事业和民生工程4大类，共计56个重大重点项目，总投资274.2亿元。完善项目推进机制，按照“项目化、时间表、责任人”要求，落实“五个一”工作举措，狠抓项目推进，力争年内新建项目6月底前均能开工建设。加大重点项目调度、督查和考核力度，建立竞赛机制，实施重奖重罚。

强化招商引资。更加注重招商层次，力争在引进世界500强、国内100强或央企、行业龙头企业上取得新突破，实现引进重大产业项目15个以上，亿元以上项目不少于10个，投资总额突破100亿元，确保在省、市考核排名中进位争先。更加注重产业链招商，签约一批技术含量高、投资规模大、带动能力强的税源型、龙头型重特大项目。更加注重择商选资，围绕有型经济、有根产业、有税企业，植企业之树、造产业之林。

强化动能释放。向旧改要增量，以近两年完成的170余万平方米旧改地块为载体，加大对下正街、香江家具城、青山湖西岸等地块招商引资力度；借搬迁求存量，盘活省政府、区政府等搬迁地块资源。全力推动恒隆、苏宁、绿地等重大项目落户。紧密对接广州海印集团、江西航空总部大楼、市政控股集团青山湖西岸新城市综合体等项目。以地铁一号线开通为契机，整合沿线重要站点地下、地上资源，打造“地铁经济”，拓宽经济增长空间。

(二)以更大的力度推进产业升级，集聚蓄势发展新动力

“唯改革者进，唯创新者强，唯改革创新者胜”。始终坚持以改革激发活力，以创新驱动发展，围绕“六大产业”，破解发展难题，厚植发展优势，争当转型升级的“先行标兵”。

加速深化改革。全面推行“准财政”，出台《东湖区“准财政”实施办法》，激发街道发展区域经济、做大做强财政的积极性。以制度杠杆涵养税源，保存量、促新增、挖零星。深化行政审批制度改革，建立权力清单、责任清单、企业投资项目管理清单动态调整机制；加快政务服务网建设。深化商事制度改革，全面推行“两随机、一公开”。加快投融资体制改革，总结政府与社会资本合作(PPP)运作经验，在文化、卫生、体育等公共服务领域稳步推广。加快落实机关事业单位养老保险、职业年金制度和公务用车改革，激发经济持续增长的内生动力。

加速创业创新。重点培育电子商务、高端商贸、金融服务等创业创新主体，为大众创业、万众创新开辟“绿色通道”。强化政策倾斜，推动小额担保贷款调整为创业担保贷款。编印《东湖创新创业指南》，搭建创投服务网站，开通微博、微信服务。夯实以东湖中小企业公共服务平台为核心，多个创客空间、创客小镇为支撑的新型孵化体系，构建低成本、便利化、开放式的众创平台，为创新创业者提供更加优质贴心的服务。

加速产业集聚。依托辖区内证券、保险等金融服务机构集聚优势，进一步引入新兴非银行金融机构落户，加强担保行业的服务和培育，形成与省金融商务区错位发展格局。加快推进豫章1号文化科技园项目建设，打造集项目孵化、股权投资、业务互动为一体的文化产业链。发挥“互联网+”示范引领，推进阿里云、东盟大宗商品交易中心入驻东湖；做大做强“阿里巴巴·南昌产业带”，力争上线企业突破1000家，构筑立足南昌、辐射全省的“空中工业园”。

(三)以更高的标准推进城市建管，展现品质城区新魅力

东湖是我们的家园，是承载我们梦想的土壤。把我们的家园建设的更加美好，把承载梦想的土壤浇灌的更加丰饶，是我们义不容辞的使命和担当。始终坚持以“城市建管强起来”为遵循，不降标准、不减力度，保持定力，持续发力，久久为功。

抓好旧改征迁。实施好涉及面积1335亩、户数9000余户的省政府1、2号地块、滕王阁东广场二期、民巷周边、叠山路及周边、青山湖西岸南昌发电厂、硅酸盐厂和省中医院地块等7个旧改项目的征迁任务。按照“五清一志一档”工作要求，落实“五个到位”，即摸排到位、宣讲到位、调度到位、服务到位、稳定到位，确保旧改任务顺利完成。

抓好功能完善。做美前台，有序更换2000余盏LED路灯；打造2条精品园林景观路；新建5个街头小游园；适时启动建德观、百花洲周边综合改造，进一步提升人文景观。做靓背面，改造8个基础设施相对落后的社区；逐步添置一批小型机扫和收运设备，解决背街小巷清扫不彻底等问题。做优街区，加快推进青山湖西岸路网建设；高标准

实施子固路、李家巷、文教北路等5条道路综合改造工程；打通规划六路等断头路；新建省妇保、南昌大学一附院等5个停车场。

抓好城市管理。健全智慧城管体系，强化指挥中心功能，加强部门之间的协同互动，提升城市管理集合服务能力。加大资金投入，完善城管硬件设施。理顺城管体制，组建城市综合管理协调领导小组办公室，加强执法队伍建设。大力开展“城市管理提质升级落实年”活动，狠抓“门前三包”，整治出店经营、占道摊点等“顽疾”，提升城市管理“长效常态”水平。

（四）以更优的服务推进共建共享，回应人民群众新期盼

“人民对美好生活的向往，就是我们的奋斗目标”。始终坚持以群众需求为导向，更加注重民生、保障民生、改善民生，做好普惠性、基础性、兜底性民生建设，让市民的获得感、幸福感、归属感不断提升，让改革发展成果更多更公平惠及广大人民群众。

推进社会事业。完善教育网点，适时启动紫金学校建设，新建谌家坊等2所公办幼儿园，回收1所小区幼儿园；继续开展校长、教师轮岗工作，推进义务教育优质资源全覆盖。健全公共文化服务网络，在全市率先构建高标准、广覆盖、多层次文化服务共享体系；完成八一桥、滕王阁等4个街道综合文化活动中心的标准化、均等化建设；将区文化馆新馆打造成为全省首个智能文化馆和全省首个区级公共文化服务配送中心；积极推动豫章绣、婴儿胎发礼仪、豫章刻瓷申报省级非物质文化遗产项目。促进人口均衡发展，落实一对夫妇生育两孩政策。

推进社会保障。加强就业岗位开发和职业技能培训，突出解决好高校毕业生和城镇困难群体就业问题。加强居家养老服务，重点建设七里街社区、永溪村、滕州村居家养老服务站。增强社会保障功能，落实居民基本医疗保险和城乡医疗救助“一站式”结算。全面推行住房保障管理新机制，力争做到应保尽保；加快推进投资达17.8亿元的七里村旧改安置房建设。

推进均衡发展。坚持新增财力向民生领域倾斜，继续实施“惠民便民利民”工程，办好年度民生实事。打造公园街道等5个“五星级”街道便民服务中心，将阳明社区打造成为全市精品社区。推进精准扶贫，重点做好城乡低保、农村五保的“兜底”工作，确保生活水平同步提升。健全“救急难”机制。谋划扬子洲地区开发建设顶层设计，协调编制《扬子洲地区概念规划》；积极落实控储期间各项扶持政策；继续实施农村清洁工程和水环境保护工作；完成扬农、扬新等路段改造工程；巩固畜禽禁养专项整治成果。

（五）以更严的导向推进环境优化，肩负责任政府新担当

优化环境是推动发展的至关重要条件。始终坚持以公平公正的法治环境为前提，以和谐稳定的社会环境为基础，以廉洁高效的政务环境为保障，持续优化发展环境，促进经济社会更好更快发展。

提升法治水平。贯彻落实《法治政府建设实施纲要（2015—2020年）》，深入推进依法行政，建设法治政府，坚决做到法无授权不可为、法定职责必须为。自觉接受人大的法律监督、工作监督和政协的民主监督，认真执行人大及其常委会的各项决定、决议，及时办理人大代表建议和政协提案。高度重视舆论监督和社会监督，确保始终在法治的轨道上行使权力、履行职责。

提升安全水平。创新社会管理，依托“智慧城管”平台，夯实“平安东湖”建设基石。强化信访维稳，严格落实信访工作责任制，着力破解“信访怪圈”。强化反恐维稳，完善打防管控一体化、常态化工作机制，对突出治安问题，始终保持严打高压态势，最大限度的提升公众安全感和满意度；严格落实消防安全、生产安全、交通安全、食品药品安全以及应急管理工作要求，严防重特大事故发生，确保社会和谐稳定。

提升执政水平。增强发展自信，围绕“四区”建设目标，以“钉钉子”的精神，主动作为，抓好落实，一张蓝图绘到底。发扬“四有”精神，让“有活力、有干劲、有办法、有担当”成为东湖干部的自觉行为，提振精气神，增强执行力，在平凡之中显担当，在困难面前逞英雄，在诱惑面前守定力。坚持从严执政，坚决贯彻中央“八项规定”，严格落实党风廉政建设“一岗双责”，始终把纪律和规矩挺在前面，深化“三严三实”专题教育，把作风建设强起来，努力建设风清气正的廉洁政府。

各位代表，新的起点赋予新的责任，新的目标激发新的作为。让我们更加紧密地团结在以习近平为总书记的党中央周围，在市委、市政府和区委的坚强领导下，抢建新节点、再创新高地，以更加饱满的干事激情、更加深切的为民情怀、更加昂扬的争先锐气，圆满完成各项目标任务，为实现“十三五”良好开局，为建设实力、活力、魅力的新东湖而努力奋斗！

注释：

1. 六个跟踪：2015 年 8 月 5 日，省委常委、市委书记龚建华在市委常委会专题研究招商引资工作中，提出了“六个跟踪”的具体要求，即跟踪通报、跟踪督查、跟踪考察、跟踪问效、跟踪服务、跟踪护航。东湖区专门印发了《东湖区关于做好招商引资“六个跟踪”工作的实施意见》(东办发〔2015〕28 号)。

2. 六大产业：总部(楼宇)经济、现代商贸商务业、金融服务业、互联网产业、文化创意旅游产业、健康养老服务业。

3. “智慧城管”东湖模式：东湖区在充分学习借鉴株洲、杭州、成都等地区好的经验基础上，在全市率先打造了寓服务型、开放型、效能型、智能型、和谐型于一体的城市管理“东湖模式”。项目总投资 12200 万元，涵盖 1200 平方米的智慧城管监督指挥中心、300 平方米的智慧城管展示大厅以及在各街道、小区全天候、全覆盖、高像素视频监控系统。

4. 城市管理“百日会战”：为推动东湖城市管理实现质的飞跃，2015 年 9 月 23 日至 12 月底，东湖区运用了 100 天时间，突出围绕夜市烧烤、工地围档、垃圾广告、道路灰沙带、庭院卫生、空中管线等六大“顽疾”，集中力量进行全面整治。

5. 三单一网：权力清单、责任清单、企业投资项目管理清单和政务服务网。

6. 互联网 +：“互联网 + 各个传统行业”，充分发挥互联网在社会资源配置中的优化和集成作用，将互联网的创新成果深度融合于经济、社会各域之中。

7. 双拆：“拆违拆临、建绿透绿”专项工作。

8. 民生五圈：“10 分钟便民服务圈”“15 分钟公共文化服务圈”“15 分钟卫生服务圈”“15 分钟体育健身圈”“20 分钟优质教育圈”。

9. 四区一体：把东湖建设成为“总部经济集聚区、高端商业核心区、南昌文化标志区、城市管理示范区”“四区一体”现代化品质城区。

10. 南优、北拓、西连、东扩：指东湖区按照“整体规划、分步实施、滚动发展”城市发展思路，实施的城市发展工程。南优：以滕王阁景区和百花洲景区融合发展为引领，以省政府搬迁地块置换、旧城改造、地铁商圈等为契机，优化八一广场—中山路—滕王阁核心商圈，集聚人流、物流、资金流，提升现有商业氛围，改善居民生活设施，塑造核心城区品质。北拓：2016—2019 年，做好扬子洲总体规划、基础设施建设、生态工程建设和农民安置等相关工作。2019—2020 年，全面启动扬子洲的开发，拓展东湖城市发展空间。西连：连接沿江北大道、滕王阁、紫金城、青山湖西岸，打造沿江总部经济带，提升现有商业品质，与红谷滩形成一江两岸的产业发展格局。东扩：全面开发建设青山湖西岸地块，着力打造南昌市总部集聚区和高端商务区，带动洪都大道、青山路商圈的提升。

11. “四个强起来”：在产业发展强起来、城市建管强起来、辐射带动强起来、作风建设强起来。

12. “五个一”：“一个项目、一名领导、一套班子、一个方案、一抓到底”的项目推进机制。

13. “PPP”：“PPP”(政府和社会资本合作)模式：是 Public(公共的)—Private(私有的)—Partnership(合伙关系)的字母缩写。指政府为增强公共产品和服务供给能力、提高供给效率，通过特许经营、购买服务、股权合作等方式与社会资本建立的利益共享、风险分担及长期合作关系。

14. 五清一志一档：“五清”，就是对每个被征收户做到征收补偿政策清、房屋情况清、社会关系清、主要诉求清，治安情况清；“一志”，就是为每个被征收户建立工作日志；“一档”，就是将征迁信息所有资料按一户一档立卷。

15. 两随机、一公开：随机抽取检查对象、随机抽取执法人员、检查结果公开，有效解决检查任性和执法不公、执法不严等问题。

(区政府办公室)

大 事 记

一月

4—6 日

区领导李云峰率小分队赴上海、南宁等地进行招商活动，分别考察了上海斐讯数据通信、上海北斗卫星导航、中岩集团等企业。区商务局、发改委负责人陪同。

7 日

上午，东湖区在区委三楼多媒体会议室举行离退休干部形势报告会，区领导杨文斌向与会副县级以上离退休干部、区属单位离退休干部党支部书记通报了全区 2014 年经济社会发展情况以及当前东湖发展面临的形势和机遇、关于 2015 年经济工作的安排和打算。区领导罗毛则、唐铭市、毛惟仁、熊凤妹出席报告会。

上午，区领导李云峰在区政府三楼西会议室主持召开区政府办公会议，陈曙、张东林、童萍如、杨玉章、胡志强出席。会议审议《东湖区 2014 年国民经济和社会发展计划执行情况及 2015 年国民经济和社会发展计划草案（送审稿）》，讨论《2015 年区政府工作报告（送审稿）》等议题，并对下一步的工作进行了安排和部署。

下午，区领导谢蓉一行到区教科体局对该局 2014 年度社会管理综合治理工作进行考评。

8 日

上午，区领导童萍如到东湖区生产力促进中心、东湖区创业指导中心、东湖区中小企业服务中心开展工作调研。

上午，区领导唐铭市在上、下沙窝地块旧城改造分指挥部会议室主持召开上、下沙窝旧城改造项目第十一次调度会，听取了各动迁工作小组关于动迁工作进展情况的汇报，并就动迁过程中出现的问题和解决办法进行了研究和布置。区领导桂兵、郑洪健，各工作组有关单位主要负责人，业务组相关人参加了会议。

下午，东湖区“全国第三轮艾滋病综合防治示范区”工作启动会暨全区慢性病、艾滋病综合防控工作多部门协调会在区政府三楼西会议室召开，会议总结了 2014 年东湖区慢性病和艾滋病综合防控示范区工作情况并部署了 2015 年的工作。区领导童萍如出席会议并讲话。

下午，区委十一届第 48 次常委会议在区委三楼常委会议室召开，区领导杨文斌主持。会议审议了区委十一届十次全体（扩大）会议有关材料：区委书记杨文斌讲话稿，区委副书记、区政府党组书记李云峰讲话稿，中央经济工作会议、省委十三届十次全会、全省经济工作会议和市委十届十次全会精神传达提纲。审议了区政府党组提出的《东湖区人民政府工作报告（送审稿）》《关于东湖区 2014 年公共财政预算执行情况和 2015 年公共财政预算（草案）的报告》《关于东湖区 2014 年国民经济和社会发展计划执行情况和 2015 年国民经济和社会发展计划（草案）的报告》《关于调整区政府领导分工的请示》。审议了区委办公室提出的《关于调整区委书记、副书记和常委分工的请示》。审议了区委宣传部提出的《请求审议〈中共东湖区委关于进一步健全区委中心组理论学习制度的意见（送审稿）〉和〈中共东湖区委中心组 2015 年度理论学习计划（送审稿）〉的请示》。审议了区委组织部提出的《关于成立东湖区第十五届人民代表大会第五次会议临时党委和各代表团成立临时党支部的请示》。

区委决定:李云峰任东湖区人民政府党组书记;陈曙任东湖区人民政府党组副书记;张东林任东湖区人民政府党组成员;免去贺瑞虎的东湖区人民政府党组书记职务;免去黄国农的东湖区人民政府党组副书记职务;免去唐铭市、毛永钢的东湖区人民政府党组成员职务。

区委同意:陈曙兼任东湖区行政学校第一校长;免去黄国农兼任的东湖区行政学校第一校长职务。请按有关规定办理。

9日

上午,区领导童萍如到彭家桥街道综合文化活动中心视察指导工作。区文广局、彭家桥街道相关负责人陪同。

上午,《区政府工作报告(征求意见稿)》征求党外人士意见会在区政府三楼西会议室召开,区领导陈曙、焦玉庄、郑洪健出席,区工商联、各民主党派代表参加会议。

上午,区领导陈建军会见了中青旅置业有限公司总裁程千发一行,现场察看了青山湖西岸地块现状,双方就青山湖西岸片区开发事宜进行了深入交流。区商务局、区房管局、彭家桥街办有关负责人陪同考察。

10日

中共东湖区委十一届十次全体(扩大)会议在区政府七楼礼堂隆重召开,大会书面传达了中央经济工作会议精神、江西省委十三届十次全会精神、全省经济工作会议精神和南昌市委十届十次全会精神,区领导杨文斌主持大会并代表区委常委会作了题为《主动适应新常态奋力谱写新篇章 全方位开创“四区”建设的崭新局面》的报告。区委委员、区委候补委员出席大会,不是区委委员、区委候补委员的全区副科级以上领导干部列席或应邀参加了会议。

12日

下午,东湖区2015年第一次开放型经济工作调度会在区委三楼多媒体会议室举行,区领导陈建军出席。会上,区楼宇办通报了楼宇经济运行情况,区财政局通报了2014年1—11月各经济责任单位税收指标完成情况,区发改委通报了2014年1—11月牵头工业、服务业相关经济指标完成情况,区商务局通报了2014年1—11月各经济责任单位开放型经济指标完成情况。区商务局、区委台办、区工商联、区发改委、区文广局、区金融办等6个主要牵头单位的主要领导,以及其他19个经济责任单位,扬子洲镇、扬农管理处的分管领导,区楼宇办、区协税办的有关负责人参加了会议。

13日

上午,中国人民政治协商会议南昌市东湖区第八届委员会第五次会议在区政府大楼七楼礼堂隆重开幕。大会由执行主席王玮主持,应到委员217人,实到委员179人。区领导敖晓焕在会上作了政协东湖区第八届委员会常务委员会工作报告,胡中平作了政协东湖区第八届委员会常务委员会关于区政协东湖区八届四次会议以来提案办理工作情况报告。区领导杨文斌、李云峰、罗毛则、陈建军、闵建波、王玮、熊凤妹、敖晓焕、胡中平、欧阳桃花、郑洪健、冯于水、谢保成在主席台前排就座。区委、区人大、区政府班子成员和全区副县以上领导干部、区政协七届委员会的老领导、区各民主党派负责人及7个区垂管单位的负责人参加会议。

上午,区领导杨文斌在区委三楼常委会议室会见了前来东湖区考察的中华分时度假机构董事长何红光一行,双方就国际旅游交易中心项目投资设立事宜进行了深入交流。区领导陈建军,区商务局主要负责人陪同会见。

下午,江西省文化厅副厅长郎道先一行到东湖区网鱼网咖和伊百度网吧,对网吧经营现状、转型方向以及未来经营方式等进行调研。区领导童萍如陪同。

14日

上午,东湖区第十五届人大五次会议在区政府七楼礼堂隆重开幕,大会应到代表226人,因病因事请假27人,实到199人。会议听取了代区长李云峰作的区人民政府工作报告。区领导杨文斌、李云峰、罗毛则、陈建军、闵建波、王玮、张伟、毛惟仁、陈东亮、彭雅琳、余瑾、谢蓉、桂兵在主席台前排就座,不是代表的副县级以上领导、政协委员、委、办、局负责人列席了会议。

上午,区领导李云峰会见了福建皖江设备租赁有限公司董事长孙卫华一行。区陈建军、区商务局相关负责人参加会见。

上午,区领导杨玉章在区政府三楼西会议室

召开智通广场6号楼C座重大消防隐患联合整治工作协调会,会议听取了智通广场6号楼C座因业主占用消防疏散通道、违章搭建构建物造成大楼存在严重消防隐患的情况汇报,并就开展消防安全隐患联合整治工作有关问题进行了研究。区消防大队、东湖公安分局、区房管局、区执法局、区安监局、区城建局、董家窑街办、董家窑派出所相关负责人参加会议。

晚上,区领导李云峰到下正街旧城改造项目分指挥部调研,并督导房屋征收工作。区领导陈建军、喻国泰、林正通、胡志强、熊凤妹、熬晓焕、冯于水、谢保成,区直责任单位主要负责人参加了调研座谈会。

15日

下午,政协东湖区第八届委员会第五次会议在区政府大楼七楼礼堂胜利闭幕。区领导杨文斌、李云峰、罗毛则、陈建军、闵建波、王玮、熊凤妹、敖晓焕、胡中平、欧阳桃花、郑洪健、冯于水、谢保成在主席台前排就座。王玮主持闭幕式。区委、区人大、区政府班子领导,区人大、区政协调研员,区法院院长、区检察院检察长、东湖公安分局政委和区政协上届领导也在主席台就座。区有关单位负责人应邀参加大会闭幕式。

16日

上午,东湖区十五届人大五次会议在区政府七楼礼堂胜利闭幕,区领导杨文斌、李云峰、罗毛则、陈建军、闵建波、王玮、张伟、毛惟仁、陈东亮、彭雅琳、余瑾、谢蓉、桂兵在主席台前排就座。会议以无记名投票的方式选举李云峰为东湖区人民政府区长,选举何承恩、邹斌为东湖区人大常委会委员;以举手表决的方式通过了关于东湖区人民政府工作报告,关于东湖区2014年国民经济、社会发展计划预计执行情况和2015年国民经济、社会发展计划的决议,关于东湖区2014年财政预算预计执行情况和2015年财政预算的决议,关于区人大常委会工作报告和区人民法院、区人民检察院工作报告的决议。

下午,南昌市委常委、纪委书记卢作全到东湖区督导教育实践活动整改落实"回头看"工作开展情况,听取了东湖区党的群众路线教育实践活动深化整改落实阶段各项工作以及整改落实"回头看"有关情况汇报。区领导杨文斌、李云峰、罗毛则、陈建军、喻国泰、唐铭市以及市委第三巡回督导组成员参加。

下午,区领导杨文斌先后到下正街、上下沙窝、青山湖西岸二期旧改项目房屋征收分指挥部,调研房屋征收工作。区领导喻国泰、焦玉庄、唐铭市陪同调研。

下午,东湖区在区委三楼多媒体会议室召开全区安全消防工作专题部署会。区领导李云峰、陈曙、杨玉章出席会议,各安委会、消委会成员单位,扬子洲镇、各街办、管理处、区政府有关部门主要负责人参加会议。陈曙主持会议。会上,区安监局、东湖消防大队负责人传达了上级有关会议精神并通报了相关工作情况,杨玉章就做好安全消防工作提出了要求。

下午,东湖区在区委三楼多媒体会议室召开创建全国文明城市工作推进会。区领导罗毛则主持会议并部署下一步创建工作,李云峰出席会议并作重要讲话。

下午,东湖区工商业联合会(总商会)第四届五次执委(扩大)会议在阳光假日酒店顺利召开。会议学习传达了中共南昌市委十届十次全体(扩大)会议精神及中共东湖区委十一届十次全体(扩大)会议精神,调整、增补了东湖区工商联第四届执行委员会委员11名,听取和审议了东湖区工商联2014年工作报告。区领导焦玉庄出席会议,工商联全体执委班子、新增补委员候选人及列席企业代表参加会议。

17日

上午,区领导陈曙在区政府三楼西会议室主持召开扬子洲地区规划策划调研工作布置会,会议听取了区政府办公室关于扬子洲地区规划策划调研工作的情况汇报,扬子洲镇、扬农管理处就扬子洲地区现状和发展作了补充说明,各有关单位就做好扬子洲地区规划策划调研工作进行了研究和讨论。区领导张东林、胡志强出席会议。

18日

上午,区领导杨文斌在区委三楼常委会议室主持召开青山北路改造工作调度会,会议听取了青山北路改造策划设计方案汇报。区领导张东林,区委办公室、区政府办公室、区城建局、区城投公司、区规划分局主要负责人,上海建工集团江西投资发展有限公司负责人参加会议。

20 日

下午,东湖区体育工作会暨"新春杯"乒乓球锦标赛工作布置会在区政府三楼西会议室召开,会议总结了2014年全区体育工作开展情况,并就2015年"新春杯"乒乓球锦标赛工作进行了解读和布置。区领导童萍如出席会议并讲话,区直机关工委书记,扬子洲镇政府以及各街道、管理处等单位分管领导和文体干事共计20多人参加了会议。

上午,区领导张东林深入公园街办调研街办创建工作和城市管理工作的推进情况。区财政局、区创建办相关负责人,公园街办班子成员参加调研。

下午,区领导陈建军带领由区商务局、区发改委等部门负责人组成的招商小分队和市投资促进局人员赴湖南株洲市考察阿里巴巴株洲产业带项目。

下午,区领导李云峰在区政府三楼中会议室会见了上海基础设施建设发展有限公司副总经理钱志斌一行。区商务局相关负责人陪同会见。

21 日

上午,区领导陈建军带领由区商务局、区发改委等部门负责人组成的招商小分队和市投资促进局人员赴湖南株洲市参观株洲市旧城改造项目,实地了解株洲市城市规划建设情况。

下午,区领导陈曙陪同香港恒隆地产项目发展部经理黄智超一行到南昌市轨道交通集团了解轨道交通1、2号线站点设置、地下空间平面设计等情况。

22 日

上午,区领导李云峰、陈曙到区财政局开展工作调研,听取了区财政局主要负责人关于2014年财政完成情况、2015年工作安排情况的汇报,并就有关事项与区财政局相关人员进行了研究探讨。

上午,区领导童萍如在区教科体局会议室会见了上海景瑞信息技术有限公司市场总监王强一行,双方就东湖区教育教学资源库及网络学习平台建设进行了洽谈和磋商。

22 日—3 月 5 日

东湖区将以图书馆为平台,举办2015年东湖区新春书香文化节,开展一系列精神文化活动,主要是:东湖区图书馆将在八一公园和樟树林文化生活公园以及社区文化活动阵地等处开展"让好书苏醒·让知识对流"新年流动书屋活动、"新年许心愿·共筑中国梦"新年愿望树征集活动、"传承民俗·传播艺术"传统剪纸艺术展、"新书早知道·淘书乐不停"新年优秀书籍推荐活动、"红色经典·红色中国年"电影展播、"带书回家过年"新春惠民活动、"网络书香过大年"电子图书免费借阅活动等。

23 日

上午,东湖区在区委三楼多媒体会议室组织收听收看江西省纪委第十三届五次全会电视电话会。区委常委,区人大、区政府、区政协领导班子成员;区法院院长、区检察院检察长;区纪委监察局领导班子成员;区法检两院纪检组长,区1~6纪工委书记,区1~6监察分局局长,扬子洲镇纪委书记参加会议。

下午,区领导夏小兰在区委三楼常委会议室主持召开农贸市场升级改造方案讨论会,区政府办、商务局、物业管理站,6个农贸市场业主单位和管理负责人,以及杭州一鸿、南昌瑞林两家设计单位的设计人员参加会议。

接中共南昌市委组织部洪组干〔2015〕3号、中共南昌市委宣传部洪宣字〔2015〕6号文件通知,区委决定:唐铭市任中共南昌市东湖区委组织部部长;夏小兰任中共南昌市东湖区委宣传部部长;免去陈曙的中共南昌市东湖区委组织部部长职务。

25 日

上午,区领导张东林到区综合服务中心及文化活动中心项目现场,查看东湖区智慧城管监督指挥中心。

下午,区领导李云峰带领区直有关职能部门实地视察花园角、文教北路、四经路、叠山路、新建德观和钟鼓楼集贸市场现状,征求市场负责人对集贸市场改造的意见和建议。区领导夏小兰,区商务局、区城建局、区城管局、区房管局、东湖执法分局、东湖消防大队、东湖交警大队和集贸市场所在街办负责人参加。

26 日

上午,区领导杨文斌、李云峰率在家的四大家领导罗毛则、陈建军、喻国泰、陈曙、王志勤、焦玉庄、唐铭市、夏小兰、张东林、毛惟仁、敖晓焕等到滕王阁东广场、下正街、上下沙窝、青山湖西岸二期等旧改地块房屋征迁分指挥部,看望慰问奋战在征收一线的动迁干部。区委办公室、区政府办公室、区房管局主要负责人随行。

下午,区领导杨文斌会见了上海斐讯通信技术有限公司信息通讯技术业务单元副总裁叶东一行,双方就上海斐讯通信技术有限公司在东湖投资建设区域总部经济项目进行了深入的交流和探讨。

27 日

上午,区领导杨文斌、李云峰与江中集团董事长钟虹光、上海斐讯通信技术有限公司信息通讯技术业务单元副总裁叶东进行了三方会谈,旨在促成江中集团与上海斐讯通讯技术有限公司进行合作。

区委决定:免去傅毅力的东湖区人大财经工作委员会主任科员职务,退休;免去周瑾琼的东湖区审计局副主任科员职务,退休;免去刘金虎的东湖区房管局副主任科员职务,退休;免去徐家铭的东湖区委老干部局主任科员职务,退休。傅毅力、周瑾琼、刘金虎三名退休时间从 2015 年 1 月起算,徐家铭退休时间从 2015 年 2 月起算。

28 日

上午,区领导杨文斌、唐铭市到滕王阁街办开展工作调研。区委办公室、区信访局、区发改委、区财政局、区城建局、区城管局、区执法分局、区商务局、区统计局等单位主要负责人陪同调研。下午,杨文斌一行又到百花洲街办开展了工作调研。

29 日

上午,区领导杨文斌、唐铭市、胡志强到贤士湖管理处开展工作调研。区委办公室、区信访局、区发改委、区财政局、区城建局、区房管局、区城管局、区执法分局、区商务局、区统计局等单位主要负责人陪同调研。

下午,区领导李云峰到豫章街办和八一桥街办开展调研,了解街办 2015 年工作规划情况。

下午,2015 年东湖区开放型经济工作领导小组会议在区委三楼多媒体会议室召开,区商务局解读了该区 2015 年开放型经济主要经济指标及工作考核奖惩办法,各经济责任单位分管领导提出了建议并进行讨论。区领导陈建军、焦玉庄、余瑾、郑洪健,区台办、区工商联、区发改委、区文广局、区金融办等六个经济牵头单位的主要领导,区楼宇办、区协税办负责人以及 21 个经济责任单位分管领导参加会议。

30 日

上午,区领导杨文斌、唐铭市到墩子塘街道开展工作调研,区委办公室、区信访局、区发改委、区财政局、区城建局、区城管局、区执法分局、区商务局、区统计局等单位主要负责人陪同。

上午,区领导李云峰、夏小兰、张东林到滕王阁街办和百花洲街办开展工作调研。

上午,共青团南昌市委工作流动现场会在南昌市滨江学校举行。团市委书记盛炜、副书记邓培、陈俊、胡剑峰,区领导罗毛则,区教科体局主要负责人,各县区团委书记、青年社会组织及青联委员代表 30 余人参加会议。参会人员参观了校园文化设施(和园、善园、诚园、滕阁画廊)和学校泽才楼(水韵游泳馆、阳光健身房、水韵演播大厅、活力篮球馆等)、学校的团队室和王叔叔心语谈心室,翻阅了有关团总支、大队部工作的各项资料,欣赏了学校团总支、大队部制作的精彩视频,并和王文宪警官座谈、交流。

下午,区领导陈曙在区政府三楼东会议室主持召开东湖区 2014 年度市县科学发展综合考核评价工作调度会,区统计局对 2014 年度市县科学发展综合考核评价工作进行了通报和解读。区纪委、区委宣传部、区委组织部有关负责人,区发改委、区财政局、区统计局、区商务局等单位主要负责人,东湖国土分局、区药监局和区国税局分管负责人参加会议。

下午,区领导陈曙在区政府三楼东会议室主持召开东湖区经济发展工作考核办法研讨会。区发改委、区财政局、区统计局、区商务局等单位主要负责人参加会议。

下午,东湖区“暖冬帮困”助学暨九年义务教育扶贫基金发放仪式在区教科体局一楼会议室举行,此次共为 16 名身患重大疾病的学生和 299 名特困学生代表发放了助学金共计 107500 元。区领导罗毛则、唐铭市,区关工委、区老干局、区妇联、团区委、区教科体局、区民政局等部门相关负责人出席。区属学校的校长、德育副校长、特困学生代表等 100 余人参加了发放仪式。唐铭市主持仪式。

本月

由中央文明办主办、中国文明网承办的2014年“我推荐、我评议身边好人”名单揭晓，南昌市培智学校老师王华英当选敬业奉献类“中国好人”。

经过申报、评审、公示等严格环节，东湖区统计局被国务院第三次全国经济普查领导小组授予“第三次全国经济普查先进集体”荣誉称号，成为南昌市唯一获此殊荣的县区。

由中央电视台和灿星制作携手打造的大型励志真人秀节目《出彩中国人》栏目组在东湖区寻找有故事和梦想的草根百姓，7个节目进入栏目组的视野，分别是：民间草根艺术团“毓秀艺术团”大妈们表演的《热舞》、东湖区青蓝京剧社4岁小朋友王依辰表演的老旦戏《钓金龟》、东湖区青蓝京剧社6岁小朋友欧阳沛文和4岁小朋友陶妙颖表演的《坐宫》、东湖民乐大爷程应龙和他的艺缘民乐队共同表演的民乐齐奏、南昌清音传承人熊盈盈表演的《十二月想情郎》、东湖区红歌舞汇艺术团表演的《经典红歌串烧》、东湖区社区残疾居民陈丽表演的“无指”书法。

东湖区彭家桥街道江中花园社区入选国家减灾委员会、民政部的2014年“全国综合减灾示范社区”名单。

东湖区参加2014年“南昌市中小学心理健康教育优质课、典型案例”评选活动，荣获心理健康教育优质课一等奖1个、二等奖1个、三等奖3个，咨询案例一等奖2个、二等奖3个、三等奖5个。

东湖区园林绿化管理所被南昌市园林局授予2014年度“园林绿化行业先进集体”荣誉称号。

东湖区“余正连周南英赣绣技能大师工作室”被江西省人力资源社会保障厅确定为“江西省级技能大师工作室”。

南昌市东湖小学团支部被授予“2014年全市中小学校学雷锋志愿服务先进集体”荣誉称号。

东湖区统计局荣获“江西省统计工作先进单位”称号。

二月

1日

上午，区领导李云峰在区政府三楼西会议室主持召开区政府第38次常务会，区领导陈曙、张东林、童萍如、杨玉章、胡志强，区政府党组成员余坚、万勇、查秋滚出席会议。会议学习《江西省国有土地上房屋征收与补偿实施办法》，审议《东湖区法治政府建设指标体系（送审稿）》等议题。

2日

下午，东湖区在区委三楼多媒体会议室组织收听收看江西省安全生产电视电话会议。区领导李云峰、陈曙，区委相关部门、区直各单位，扬子洲镇、各街办、管理处，有关垂管单位的负责人参加会议。

东湖区被江西省政府授予“全省2014年卫生和计划生育工作先进县（市、区）”称号。

3日

上午，东湖区在区委三楼多媒体会议室召开2015年开放型经济工作动员会。区领导杨文斌、李云峰、陈曙、焦玉庄、余瑾、郑洪健，区委办公室、区政府办公室主任，全区各经济牵头单位主要负责人，扬子洲镇、各街办、管理处党政负责人，各经济责任单位主要负责人和分管负责人参加会议。李云峰主持会议。陈曙在会上对2015年开放型经济工作奖惩考核办法进行了说明，焦玉庄通报了2014年全区开放型经济工作完成情况，3个经济责任单位作了经验介绍或表态发言，杨文斌作重要讲话。

上午，区领导王志勤按照区委春节走访慰问统一部署，先后到三经路省军区宿舍、江西制药厂宿舍、豫章中学，走访了优抚对象章小红，统战对象熊振国、李教科。

上午，区领导陈曙会见了深圳市海派通讯科技有限公司董事长助理、公关关系总经理韩华一行，区商务局相关负责人陪同会见。

4日

上午，南昌市副市长姚燕平到东湖区调研街道综合文化活动中心运作情况。姚燕平察看了彭家桥街道、公园街道综合文化活动中心以及建设中的董家窑街道综合文化活动中心，详细了解了各活动中心硬件设施建设情况，观看了社区居民在文化活动中心参加文体活动的情况。南昌市文广新局局长赵刚平，区领导童萍如等陪同。

上午，南昌市人防办主任吴韶宸一行到东湖区人防办调研，区领导杨文斌陪同。

下午，区领导杨玉章走访慰问了东湖消防大队，向消防官兵致以新春祝福，区民政局、百花洲街办主要负责人随行走访。

5 日

上午，区领导李云峰走访北京银行南昌分行，区政府办、区财政局、区金融办等部门负责人陪同。

下午，区综治委在区政府三楼西会议室召开2015 年第 1 次社会治安形势分析研判暨治安形势通报会商会。区领导王志勤主持会议。区综治办主任饶接华在会上传达了南昌市第 1 次社会治安形势通报会商会议精神，通报了全区各街道、管理处 2014 年公众安全感指数排名情况；东湖公安分局副局长廖永明通报了全区 2014 年刑事类警情情况，对全区治安形势进行了分析研判。区政法各部门分管领导，以及扬子洲镇、各街道、管理处一名主要领导人参加会议。

下午，南昌市委常委、纪委书记卢作全深入东湖区扬子洲镇困难家庭、扬子洲镇养老院和南昌市第二按摩医院开展走访慰问。区领导杨文斌、喻国泰参加走访。

6 日

下午，区领导陈曙、欧阳桃花走访慰问了统战对象、困难职工、民政对象和优抚对象，区委统战部、区民政局、区人社局、公园街办有关人员随同走访。

下午，区领导陈曙在区政府三楼东会议室主持召开经济发展工作考核办法研讨会，听取了区经济办关于全区 2015 年经济发展工作考核办法和 2014 年度经济任务完成情况的通报。区发改委（重点项目办）、区财政局、区商务局、区经济办等单位主要负责人和分管人员参加会议。

7 日

下午，区领导杨文斌、李云峰、张东林等在区委三楼常委会议室专题听取了青山湖西岸规划设计情况汇报。区委办公室、区政府办公室、区财政局、区房管局（旧改办）、区城建局、区商务局、区城投公司、区国土分局、区规划分局主要负责人参加汇报会。

9 日

上午，东湖区在区政府三楼西会议室组织收听收看国务院、江西省、南昌市政府廉政工作电视电话会，区领导李云峰、喻国泰出席，区政府各部门、有关垂管单位主要负责人参加会议。

下午，区领导杨文斌在区委三楼多媒体会议室会见了南昌市市政公用控股（集团）公司董事长邓建新和上海建工集团江西投资发展有限公司常务副总裁陈明一行，三方就下一步加快推进青山湖西岸开发进行了深入交流。区领导李云峰、陈建军、张东林，区发改委、区财政局、区城建局、区房管局、区商务局、区城投公司、区国土分局、区规划分局主要负责人参加会见。

下午，南昌市交通运输局副局长车小琴率领市春运办检查组一行到东湖区青山路客运站督查春运安全工作落实情况，区领导陈曙陪同。

10 日

上午，江西省委常委、南昌市委书记王文涛，市委常委、市委秘书长江晓斌到东湖区公园街道办事处，看望慰问“创文保卫”一线工作人员，并与他们开展了座谈。区领导杨文斌、李云峰等陪同。

下午，区领导陈曙在区政府三楼西会议室主持召开 2015 年春节期间佑民寺安全维稳工作部署会，区政府办公室、区委统战部等 11 家单位有关负责人出席。

下午，南昌市副市长姚燕平一行到八一公园、君临天下网吧视察“创文保卫”各项环境整治工作情况。区领导童萍如陪同视察。

下午，区领导杨文斌到民德路 54 号张敏君家中走访慰问困难党员。区委办公室、区委组织部、公园街办负责人陪同走访。

江西省委政法委副书记胡焯到东湖区先后走访慰问了困难群众熊杏根、陶国华、蔡银香等，向他们致以新年的问候和亲切慰问。胡焯一行还走访了扬子洲敬老院和南昌市第二按摩医院。区领导王志勤、胡志强陪同走访。

11 日

下午，南昌市委政法委副书记余颖一行到东湖区就“两个提升”（提升公众安全感和提升政法部门满意度)工作进行督导检查。区领导王志勤、杨玉章,区综治办主任,东湖公安分局分管领导,百花洲街道、董家窑街道、百花洲派出所、董家窑派出所各一名主要负责人参加了在区政府三楼西会议室举行的汇报会。区“两个提升”工作情况汇报会。王志勤主持会议。

下午,南昌市2015年“红红火火过大年”志愿者送温暖进乡村活动走进东湖区扬子州镇前洲村,志愿者为村民表演了舞蹈《火红的红土地》《父亲的草原母亲的河》以及经典黄梅戏、采茶戏等精彩的文艺节目,并向村民赠送春联、慰问金。市文明办主任李新建,区领导夏小兰参加活动。

下午,区领导李云峰走访辖区企业江西省旅游集团总公司和南昌瑞颐大酒店,就企业面临的困难与挑战、下一步发展战略以及需要政府提供服务和帮助等问题进行了探讨。区商务局有关人员陪同走访。

下午,区领导李云峰到困难群众朱金标家里和东湖消防大队、东湖交警大队进行走访慰问。

11日,江西省教育厅副厅长郭奕珊、省教育厅职成处处长胡永红,南昌市教育局副调研员万群英一行到东湖区南京西路北社区走访慰问困难师生,区教科体局相关负责人陪同。

12日

上午,区领导杨文斌、李云峰在区委三楼多媒体会议室会见了中铝国际工程股份有限公司副总裁秦奇武一行,双方就中铝国际工程股份有限公司在东湖区投资等有关问题进行了商谈。中铝国际工程股份有限公司国际内务部总经理周石水,中铝国际山东建设公司总经理尹夺,中铝国际工程股份有限公司国际内务部处长刘宇鹏、国际内务部副总经理陈文、国际内务部高级业务经理尹超,区领导陈建军、陈曙以及区相关部门负责人参加会见。

上午,区领导杨文斌、罗毛则、陈曙、唐铭市到扬子洲镇、扬农管理处开展走访活动,并分别与两个单位的班子成员进行了座谈。区委办公室,区信访局、区发改委、区民政局、区财政局、区城建局、区城管局、区执法分局、区房管局、区商务局、区统计局(经济办)的主要负责人参加走访。

下午,区领导焦玉庄走访辖区重点企业——央央春天业主江投地产,送上春节祝福的同时与企业负责人沟通交流,就企业面临的困难与挑战、下一步发展战略以及需要政府提供的服务和帮助等问题进行了探讨。

13日

上午,区领导桂兵、谢保成走访慰问了向荣小学患病困难学生甘博宇,区教科体局相关负责人参加。

上午,区领导陈曙走访慰问了江西华章汉辰担保集团、江西中国黄金珠宝公司,区商务局、区财政局有关负责人陪同走访。

东湖区首届“西岸杯”区直机关干部健步行活动在青山湖畔举行,健步行路线从南京东路的湖滨公园出发,至湖滨西路的东湖区青山湖西岸改造建设指挥部,全程约2.5公里。区领导王玮、唐铭市、彭雅琳、冯于水等领导全程参与,80余名机关干部职工积极参加。

15日

上午,江西省商务厅党组书记、厅长王水平,副厅长李青华一行莅临东湖区淘宝江西商学院基地进行考察调研,参观了淘宝江西馆OTO体验店、淘宝大学江西商学院、淘宝江西馆运营中心,详细了解了江西馆特色农产品销售情况和学院课程培训体系,并听取了基地负责人对企业发展、运营状况和未来投资方向等相关汇报。南昌市副市长张根水,市商务局局长吕娄,区领导陈建军、焦玉庄等陪同调研。

上午,区领导夏小兰到胜利路步行街检查春节期间社会环境布置工作。区步行街管委会有关负责人陪同。

下午,共青团江西省委书记曾萍、副书记孙鑫一行走访慰问东湖区公园街道上营坊社区三户困难家庭,为每户家庭送去春节慰问金、大米、油等,并致以节日祝福。区领导杨文斌,共青团南昌市委书记盛炜陪同走访。

下午,区领导陈曙在区政府三楼西会议室主持召开东湖区2015年重大重点项目第一次调度会,听取了各有关责任单位对牵头重大重点项目进展情况的汇报。扬子洲镇,各街办、管理处,各有关责任单位等25家单位主要负责人参加会议。

16日

上午,区领导陈曙在区政府三楼西会议室主持召开2015年东湖区人大建议、政协提案交办会，区领导彭雅琳、胡中平出席，各有关单位主要负责人参加会议。会上，彭雅琳对人大建议办理工作作了具体布置，胡中平对政协提案办理工作提出了具体要求。

下午，区领导李云峰在区政府三楼西会议室主持召开2015年区政府第2次区长办公会，陈曙、张东林、童萍如、杨玉章、胡志强出席会议。会议共分两个阶段进行：第一阶段召开了区政府廉政工作会议，第二阶段对春节期间各项工作进行部署并审议了区民政局提交的《东湖区创建全省双拥模范区“七连冠”工作实施方案》等议题。

17日

上午，区领导胡志强走访慰问了大病残疾人李丽华，详细询问了她的病情、工作和家庭生活情况。区残联负责人陪同走访。

18日

中共江西省委书记强卫深入东湖区贤士花园农贸市场、华润万家购物中心八一店考察节日市场，高度重视节日期间市场食品供应和安全保障工作。中共江西省委常委、省委秘书长龚建华，南昌市市长郭安、副市长张根水，区领导杨文斌、李云峰、夏小兰等陪同考察。

19日

南昌市文化志愿者“送文化进军营”来到江西省军区机关，与机关干部、直属大队官兵及家属联欢同乐。文化志愿者表演了舞蹈《茶香中国》《家和万事兴》，省军区官兵表演了歌曲《强军战歌联唱》《当兵就是要有个兵样子》等，还表演了军民互动游戏《心灵相通》《抛绣球》等。

25日

上午，区领导李云峰、张东林到区城管局调研城市管理工作，听取了区城管局关于对全区环卫作业等情况的汇报，并针对城市管理中存在问题同与会人员进行交流。区政府办、区财政局、区创建办主要负责人以及区城管局班子成员参加。

上午，区领导杨文斌、李云峰、罗毛则、陈建军一行到区属各单位走访慰问，代表区委、区政府向区人大常委会、区政府、区政协、区人武部、区法院、区检察院、东湖公安分局、东湖交警大队、东湖消防大队、公园街办、大院街办、董家窑街办、彭家桥街办等部门的干部职工致以新春祝福。

下午，区领导李云峰在区政府三楼西会议室主持召开区旧城改造工作调度会，听取了2014年第二轮旧改项目收尾工作以及2015年拟启动旧改项目准备情况的汇报，并就加快推进上述工作进行了专题研究。区领导陈建军、胡志强，区旧改指挥部各工作组负责人参加会议。

26日

下午，区领导李云峰、陈曙会见了深圳市海派通讯科技有限公司董事长邹永杭先生一行，双方就海派通讯科技有限公司在东湖区设立总部相关事宜进行了交谈。

28日

上午，区领导杨文斌会见了深圳市海派通讯科技有限公司董事长邹永杭一行。区商务局负责人陪同会见。

下午，东湖区创建全省双拥模范区“七连冠”工作部署会在区政府三楼西会议室召开，会议对东湖区创建全省双拥模范区“七连冠”的工作进行了部署，明确了各成员单位的主体责任，细化了组织实施的工作推进表。区领导胡志强出席，扬子洲镇，各街办、管理处，双拥领导小组成员单位的分管领导参加了会议。

下午，区领导杨文斌、童萍如视察了南昌市滨江学校校园文化设施和学校基础设施情况，区委办、区教科体局主要负责人陪同。

本月

东湖区举办的2015年“新春杯”乒乓球锦标赛圆满结束此次比赛分为两个阶段：第一阶段由扬子洲镇政府、各街道、管理处、区直机关工委从1月20日开始自行开展预选赛，选拔出了124名选手；第二阶段由124名选手参加2月10—11日在南昌市阳明学校乒乓球馆举行的决赛。区领导陈建军、冯于水、谢保成等区领导参加了单打比赛。

在南昌市第二十八次“扫黄打非”工作会议上，区文广局被评为2014年度南昌市“扫黄打非”工作先进集体。

三月

2日

下午，区领导陈曙在区委三楼多媒体主持召开了2015年度开放型经济工作第三次调度会，会议听取了区商务局关于各经济责任单位新增在跟在谈项目、客商来访信息、小分队外出招商情况的汇报。全区27个经济责任单位、经济职能部门的主要负责人和分管人员参加会议。

3日

上午，东湖区在区政府七楼礼堂召开区委中心组理论学习（扩大）会。南昌工业控股集团有限公司金融办副主任谢芬应邀为该区副科级以上党员领导干部就当下政府和企业都十分关注的PPP（即政府与社会资本合作）模式运作进行专题授课，公司董事长葛彬林应邀出席并讲话。东湖区委、区人大、区政府、区政协班子成员，区人大、区政协调研员，区人武部政委，区法院院长，区检察院检察长，东湖公安分局政委，全区副科级以上领导干部参加会议。区领导夏小兰主持会议并讲话。

下午，南昌市副市长姚燕平到东湖区彭家桥街道社区卫生服务中心调研社区卫生服务中心建设情况，市政府副秘书长黄小华，市卫计委主任张力、副主任雷强，区领导童萍如等陪同调研。

4日

下午，区领导王志勤在区委政法委七楼会议室主持召开2015年东湖区“综治宣传月”活动推进部署会，区综治办在会上传达了南昌市2015年“综治宣传月”活动部署会议精神并对相关工作任务进行了部署。扬子洲镇，各街道、管理处主要领导，区综治办、区委宣传部、区教科体局、区金融办等主要负责人，区政法各部门综治分管领导参加会议。

5日

下午，区领导陈曙会见苏宁置业集团有限公司东区开发部项目经理宋嵬一行。

6日

上午，东湖区“爱文明南昌城，做美德好少年”暨“开学第一课”活动启动仪式在南昌市滨江学校隆重举行。区领导张东林宣布活动启动，滨江学校少先队员代表在启动仪式上宣读了“践行价值观，文明我坚守”倡议书。区领导童萍如，区教科体局主要负责人，滨江学校教师、家长、学生代表等300余人参加仪式。

上午，2月南昌市社会治安形势通报会商会在东湖区检察院五楼会议室召开。会上，区领导王志勤代表东湖区委、区政府致辞，南昌市公安局副局长丁志华通报了全市2月刑事警情，市综治办副主任李国水解读了《关于加强全市突出治安重点人员管控的通知》，东湖区、西湖区公安分局介绍了“压发案”的经验做法，青山湖区、青云谱区、红谷滩新区综治办就防“压发案”作了发言，沙井街办、湖坊派出所就“压发案”作了表态发言。南昌市委副秘书长、政法委常务副书记、维稳办主任熊绍群，市委政法委副书记余颖，市公安局常务副局长吁小平，市综治办副主任罗永兴，东湖区、西湖区公安分局局长，各县区（开发区、新区）综治办主任，公安（分）局分管刑侦的副局长，市综治办、市公安局相关处室负责人，2月刑事警情数前十大派出所所长和属地乡镇（街道）综治委主任参加会议。余颖主持会议，吁小平部署工作，熊绍群作重要讲话。

上午，区领导李云峰在区政府三楼西会议室主持召开区旧改项目招商方案汇报会，听取了区商务局关于对全区已完成旧改项目和即将实施旧改征迁项目招商方案的汇报，并就进一步优化和完善招商方案提出了具体意见。区领导陈建军、陈曙、张东林，区政府办、区发改委、区商务局、东湖国土分局、东湖规划分局和区城投公司主要负责人参加会议。

下午，区领导李云峰在区政府三楼西会议室主持召开2015年经济考核办法制定工作调度会，听取了各责任单位对2015年经济考核工作的汇报和说明，并对经济考核办法逐条进行了研究。区领导陈曙，区政府办、区发改委、区商务局、区财政局、区经济办等单位主要负责人参加会议。

7日

下午，区领导李云峰、张东林一行深入辖区实地暗查城市管理工作情况。李云峰一行先后到了公园、墩子塘、豫章、八一桥、滕王阁、百花洲等街办，对辖区内的道路保洁、集贸市场卫生和楼道环境等，对照“创文保卫”的测评标准仔细看、详细问；还步行沿戴家巷、花园角街、经堂巷、叠山路、马家池街、右营街、阳明路、半步街、子固路、象山北路，认真察看街面卫生、秩序环境等，询问和听取社区干部和环卫工人对城市管理工作的意见和建设。

10 日

下午，区领导杨文斌、李云峰会见了香港新世界发展有限公司业务拓展及政府事务总监王月青一行，双方就新世界在东湖投资建设 K11 购物艺术中心项目进行了深入交流和探讨。

11 日

下午，区领导杨文斌、李云峰会见了上海斐讯数据通讯技术有限公司顾国平董事长、郑敏首席执行官一行，双方就斐讯在东湖投资建设区域总部经济项目进行了深入交流和探讨。

12 日

下午，南昌市政协主席周关、副主席陈斌、秘书长王耀到东湖区开展工作调研，听取了区领导杨文斌关于东湖区经济社会发展情况的汇报、王玮关于区政协工作的汇报，对该区的工作给予了充分肯定。区领导熊凤妹、敖晓焕、胡中平、欧阳桃花、郑洪健、冯于水、谢保成参加了调研座谈会。

13 日

中共江西省委第三巡视组专项巡视东湖区工作动员会在区政府七楼礼堂召开，省委第三巡视组组长李泉新就即将开展的专项巡视工作作了讲话，区领导杨文斌主持会议并作表态讲话。省委第三巡视组正厅级巡视专员晏苏节、副组长熊桂生及巡视组其他成员出席会议。东湖区四套班子成员，法院院长、检察院检察长出席会议；其他在职副县级以上干部，近两年副县级以上离退休干部，乡镇（街道）党政主要负责人，区委各部门、区直各单位主要负责人，部分条管单位主要负责人，纪委监察局、组织部、法院、检察院领导班子成员列席会议。

区委决定：免去喻淑媛的东湖区城建局主任科员职务，退休；免去刘名阁的东湖区商务局主任科员职务，退休；免去甘俊峰的东湖区机管局主任科员职务，退休。3 人退休时间从 2015 年 3 月起算。

14 日

上午，区委十一届第 49 次常委会议在区委三楼常委会议室召开，区领导杨文斌主持。会议通报了省委巡视组来区巡视有关工作。审议区编委会提出的《关于请求审议〈东湖区市场和质量监督管理局等 6 个机构“三定”规定〉的请示》。审议区纪委提出的《关于〈呈报东湖区纪委监察局机关内设机构调整的意见〉的请示》。审议区委组织部提出的《关于调整区委党建工作领导小组组成人员的请示》。审议区委办公室提出的《关于请求审议〈中共东湖区委常委会 2015 年工作要点（送审稿）〉的请示》《关于召开全区党群工作会议的请示》及相关会议材料。

晚，区领导李云峰在区政府三楼西会议室主持召开区政府第 39 次常务会，陈曙、张东林、童萍如、胡志强及区政府党组成员余坚、万勇、查秋滚出席会议。会议审议《东湖区 2015 年第一轮房屋征迁工作实施方案（征求意见稿）》等议题。

晚，区领导李云峰在区政府三楼西会议室主持召开第 3 次区长办公会，区领导陈曙、张东林、童萍如、胡志强出席会议。会议审议《关于筹建东湖区失能老人照料中心的请示（审议稿）》等议题，听取了各位副区长的近期工作通报。

区委决定：陶新政（空军福州指挥所地空导弹兵第七团原副团长）任中共东湖区委政法委副书记（正科级）。

区委同意：傅子松任东湖区监察局副局长；史红兵任东湖区百花洲街道办事处主任科员；郁刚任东湖区豫章街道办事处主任科员；雷荣华任东湖区公园街道办事处主任科员；徐艳江任东湖区彭家桥街道办事处主任科员。请按有关规定办理。

16—18 日

区领导童萍如带队前往上海开展招商考察活动，区统计局、区教科体局、区卫生局主要负责人参加。招商小分队一行考察了上海集芯电子技术有限公司、上海景瑞信息技术有限公司，现场听取了公司对于智慧教育项目的技术演示，参观了该技术的试点学校上海奉贤明德外国语小学。

18 日

上午，南昌市委农工部副调研员徐小萍一行到东湖区扬子洲镇前洲村、熊万村和新村村等地，对 2014 年“双带”和“一村一品”示范村和示范基地建设进行检查验收。区领导胡志强陪同。

18 日—19 日

共青团江西省委副书记孙鑫一行莅临东湖区扬子洲镇前洲村和上营坊社区观摩指导村（社区）团支部换届选举大会。区领导唐铭市，团区委及扬子洲镇、公园街道相关人员陪同观摩。

19 日

上午，东湖区在区政府七楼礼堂隆重召开

2015 年第一轮房屋征迁工作动员大会。区领导杨文斌在会上作了重要讲话,陈建军布置第一轮房屋征收工作,部分责任单位代表作表态发言。区领导李云峰主持会议。在家的区四大家班子成员,区政协调研员,区人武部政委、区法院院长、区检察院检察长、东湖公安分局政委出席会议,纪委各副书记,四大家办公室主任,区属一级单位副科以上所有领导干部,各垂管单位主要负责人,区旧改指挥部各组组长、副组长,长巷村、贤湖村书记、主任参加会议。

21 日

上午,东湖区在区政府七楼礼堂召开区委中心组理论学习(扩大)会。中央党校政法部主任张恒山应邀作了题为《认真学习宪法 贯彻依法治国》专题授课。区委、区人大、区政府、区政协班子成员,区人大、区政协调研员,区人武部政委,区法院院长,区检察院检察长,东湖公安分局政委,全区副科级以上领导干部参加会议。区领导夏小兰主持会议并讲话。

22 日

区领导李云峰率东湖区招商小分队一行赴广州市考察海印股份有限公司总部,与集团董事长邵建明、集团副总裁陈文胜等公司高层进行座谈,并参观了该集团又一城等商业项目。

23 日

区领导李云峰率东湖区招商小分队赴广州拜会广州香江商业集团副总裁李国春,双方就香江家具城在东湖的下一步发展计划以及香江家具城地块后续开发进行了商榷。

24 日

上午,区领导李云峰率东湖区招商小分队赶赴厦门拜访了厦门华远建设集团董事长严文亮,双方就东湖区经济发展问题展开了深入地探讨并达成广泛共识。

上午,东湖公安分局 2014 年度总结表彰大会在分局 12 楼会议室召开。大会总结了 2014 年度公安工作,表彰了一批先进集体和先进个人,安排部署了 2015 年度公安工作。东湖公安分局党委副书记、政委万剑波主持会议。区领导杨文斌,南昌市公安局党委副书记、常务副局长吁小平,区领导王志勤、杨玉章出席大会。

下午,区领导李云峰率东湖区招商小分队赴厦门考察厦门银行并拜访该行行长洪主民,双方就东湖区发展金融行业面临的挑战和机遇等问题展开了深入的交流和探讨。

24 日晚,25 日上午

区领导杨文斌在区委三楼常委会议室主持召开工作务虚会,讨论东湖区旧改规划研究、东湖区“互联网 +”产业发展和扬子洲相关问题。区领导陈曙、张东林、胡志强出席会议,区委办公室,区委台办,区政府办公室,区发改委,区财政局,区环保局、区城建局,区房管局,区城管局,区执法分局,区统计局(经济办),区国土分局,区规划分局,区金融办,区文广局、扬子洲镇、扬农管理处,区商务局,区委督查组等单位负责人参加;上海斐讯通讯公司贾廷飞、毕彦兵、余越,江西淘鑫公司张耀华受邀参加会议。

25 日

下午,区领导陈曙在区政府三楼西会议室主持召开东湖区 2015 年第一轮重大重点项目调度会,听取了各有关责任单位对挂点项目进展情况的汇报,并就项目在推进过程中的有关问题提出了具体要求。扬子洲镇,各街办、管理处,各有关责任单位等 17 家单位主要负责人参加会议。

26 日

上午,东湖区检察院召开 2014 年度总结表彰暨党风廉政建设会议。会上,区检察院检察长杜迎春作了工作报告,表彰了部分先进集体和先进个人。区领导杨文斌,南昌市检察院党组成员、副检察长曹运革,区领导王志勤、谢蓉出席会议。

下午,区领导李云峰、夏小兰率东湖区农贸市场建设考察团参观考察了杭州市刀茅巷农贸市场,就农贸市场建设改造工作经验与杭州市商务委相关领导进行深入地交流和探讨。

区领导李云峰率东湖区招商小分队赴上海参观考察 K11 项目,区商务局、区财政局等相关人员陪同考察。

27 日

上午,区领导焦玉庄到江西省物资储运公司协调、调度青山湖西岸物流产业总部大厦项目推进工作,彭家桥街道、区商务局、房管局等单位负责人参加调度。

30 日

下午,区领导童萍如在下沙沟旧城改造指挥

部主持召开旧城改造工作调度会，区文广局、区卫生局、区计生委、百花洲街办等6个责任单位参加会议。

31日

上午，江西省委常委、南昌市委书记龚建华，市委常委、市委秘书长江晓斌深入东湖区就民生工作进行调研。龚建华到东湖区新货村走门串户，了解居民的生活情况。他要求各级各部门增强紧迫感、危机感和使命感，从满足最底层、最困难群众基本生产生活需求做起，下决心、花气力、高效率保障和改善好民生，让全体百姓实实在在共享发展成果。区领导杨文斌、李云峰陪同。

下午，国家环保部考核组总量司于飞副司长带队对长江流域实施年度考核，现场检查水污染防治情况。考核组一行到扬子洲镇，对新村村区域环境综合整治项目实施情况、农村生活污水处理工程落实情况进行了现场检查。江西省环保厅总工曹永琳及省污染防治处领导，南昌市环保局副局长徐水喜、章美良，区领导张东林陪同考核。

下午，区领导胡志强在区政府三楼东会议室主持召开东湖区农口工作会议，就全区当前农村农业各项工作展开讨论，并对防汛、河道采砂管理前期、“千万树木进千村”即营造林11个创建点，新农村建设、土地确权登记、畜禽禁养、春季动物防疫以及“休闲农业，秀美乡村”有关活动等各项工作进行了布置安排。扬子洲镇，各街办、管理处，区城建局、区环保局、区文广局、东湖执法分局、东湖国土分局等单位相关负责人参加会议。

下午，区领导陈曙到东湖区省级中小企业服务平台调研工作，区发改委、区人社局、区教科体局主要负责人陪同。

本月

从“中国教育信息网”网站获悉，东湖区在首届全国教育信息化区域应用典范推选活动中，荣获“全国教育信息化创新应用典范区域优秀实践奖”。该区系江西省唯一获此殊荣的县区。

四月

1日

下午，区委十一届第50次常委会议在区委三楼常委会议室召开，区领导杨文斌主持。会议学习传达了全市领导干部大会会议精神。审议区政府党组提出的《请求审议〈关于表彰2014年度全区社会治安综合治理目标管理先进单位、先进集体及先进工作者的决定（送审稿）〉的请示》《请求审议〈关于嘉奖2014年度全区社会治安综合治理目标管理先进单位综治责任人及综治办主任的决定（送审稿）〉的请示》和《请求审议〈关于对墩子塘街道实行2014年度综治工作黄牌警告的决定（送审稿）〉的请示》。审议区委政法委提出的《关于召开2015年全区政法工作会议的请示》及相关会议材料。

2日

下午，“中国好人”王华英事迹报告会第三场在南昌市滨江学校泽才楼三楼报告厅举行，王华英老师、培智学校校长戴玉华、教师甘群从不同侧面、不同角度进行了报告。区领导夏小兰、童萍如出席，区教科体局党委班子成员以及教师代表共300余人参加。报告会后，夏小兰、童萍如接见了报告团成员，并与她们合影留念。夏小兰、童萍如还视察了滨江学校。

3日

上午，东湖区2015年农贸市场升级改造工作调度会在区政府三楼西会议室召开。区领导夏小兰主持会议。区政府办、区环保局、区城建局、区城管局、区执法局、区房管局、区商务局、八一桥街办、豫章街办、百花洲街办、公园街办、彭家桥街办、贤士湖管理处、东湖消防大队、东湖交警大队、区创建办、区物业站、永溪村村委会、钟鼓楼农贸市场业主、南昌瑞林设计人员等参加会议。

7日

上午，2015年东湖区政法工作会议在区政府七楼礼堂召开，区领导李云峰主持会议，王志勤在会上作了2015年全区政法工作报告，杨玉章宣读了区委、区政府《关于表彰2014年度全区社会治安综合治理目标管理先进单位、先进集体及先进工作者的决定》，陈曙宣读了《关于嘉奖2014年度全区社会治安综合治理目标管理先进单位综治责任人的决定》，罗毛则宣读了《关于对墩子塘街道2014年度综治工作实行黄牌警告的决定》，杨文斌向区综治责任单位下达了2015年综治责任书并作了重要讲话。区领导谢蓉、敖晓焕，区法院院长钟瑛,区检察院检察长杜迎春,东湖公安分局政委万剑波等出席会议。区综治委全体委员,各镇、街道、管理处党委(党工委)书记、专职副书记、综治办专职副主任、各村(社区)书记,区综治责任单位党委、党组主要负责人、综治分管领导,区委政法委常务副书记、副书记,区综治办、区维稳办等副主任,区法院、区检察院、东湖公安分局各科、庭、所、队、室、处、局、委负责人,被表彰集体及部分个人代表参加会议。

下午,区领导李云峰在区政府三楼西会议室主持召开区政府第40次常务会,区领导陈建军、陈曙、张东林、童萍如、胡志强及区政府党组成员余坚、万勇、查秋滚出席会议。会议专题学习传达了江西省委书记强卫在南昌市领导干部大会上的讲话精神,审议了《东湖区2015年经济发展工作考核办法(送审稿)》等议题。

下午,东湖区在区委三楼多媒体会议室举行聘请《南昌晚报》记者担任镇、街道(管理处)"宣传报道员"仪式。《南昌日报》副总编辑、《南昌晚报》总编辑肖江华,区领导夏小兰出席仪式并讲话;11名挂点街道(管理处)担任"宣传报道员"的晚报记者,扬子洲镇、各街道(管理处)分管领导和新闻通讯员参加仪式。

8日

下午,区领导胡志强先后到扬子洲电排总站、防汛物资储备仓库、莘洲村防汛物资储存点、扬子洲圩堤渔业村段防汛料石场、联民村防汛物资储存点以及长村村土地确权试点村等地,指导防汛和土地确权工作。扬子洲镇、扬农管理处主要领导及分管领导以及区农办筹建组相关人员陪同。

10日

下午,区领导童萍如视察南昌市滨江学校,区教科体局、滨江学校相关负责人陪同。

江西省人大常委会教科文卫委副主任委员、法制委委员聂道宏和省体育局副局长周海涛等一行到东湖区调研《中华人民共和国体育法》贯彻实施情况。南昌市政府副秘书长黄小华、市人大教科文卫委主任委员周国繁,市体育局局长史晓婍、副局长戴国荣,区领导陈东亮、童萍如等陪同调研。

13日

上午,区领导李云峰会见了江西鹏润国美电器有限公司总经理牛振寰一行,双方就企业进一步扎根东湖区、做强做大龙头企业进行了探讨和交流。

下午,区领导童萍如到下沙沟片区现场调度拆迁工作。

下午,区领导陈曙在中金国际交易中心会议室主持召开中金国际交易中心项目现场调度会,听取了中金国际交易中心责任单位贤士湖管理处和业主关于中金国际交易中心推进情况的汇报,并就项目推进过程中遇到的困难和问题进行了专题研究。区领导胡志强出席,贤士湖管理处、区发改委、区城建局、区人防办、区城管局、区执法分局、区环保局、区行政服务中心管委会、东湖国土分局、东湖规划分局、中金国际交易中心项目业主单位主要负责人参加会议。

南昌市第二届"十佳美德少年"评选活动启动仪式在南昌市阳明学校举行。市文明办副主任郭国亮简单介绍了该市首届"十佳美德少年"评选活动的情况,区领导夏小兰为南昌市首届"十佳美德少年"代表涂桦颁发中央电视台授予的"媒体特别关注孝心少年"证书,涂桦带领东湖区30位美德少年候选人及阳明学校近2000名学生庄严宣誓,市委宣传部副部长罗水长宣布南昌市第二届"十佳美德少年"评选活动正式启动。启动仪式以阳明学校为主会场,东湖区19所学校作为分会场同一时间举行了启动仪式。市教育局党委书记、局长谢为民出席并讲话,区领导童萍如、市教育局副调研员李智良、东湖区教科体局相关负责人出席启动仪式。

14日

下午,区领导夏小兰到区文化广电旅游新闻出版局开展调研,观看了《文韵东湖》宣传片,听取了该局基本情况汇报以及需上级支持协调的事项,全面了解了公共文化服务、文化产业、非物质文化遗产保护、旅游市场、文化市场等方面的工作,还深入到区图书馆、区文化馆参观了电子阅览室、外借图书室、文化馆排练厅、赣发绣展示馆等。区文广局班子成员及下属单位主要负责人陪同。

15日

上午,西湖区委书记周林,区委副书记、区政府区长梅茂发,区人大常委会主任马力率西湖区四套班子领导到东湖区参观考察旧改棚改工作。

区领导杨文斌、李云峰、闵建波、王玮等四套班子领导陪同考察并出席座谈会。双方就各自旧改棚改工作进行了深入的交流。

下午，区领导杨文斌在区委三楼常委会议室主持召开“三经五纬”街区改造设计方案汇报会，听取了江西省城市规划设计院对整个街区改造设计方案的汇报。区领导李云峰、王玮、张东林、童萍如，区发改委、区城建局、区教科体局、区文广局、区国土分局、区规划分局、豫章街办主要负责人参加汇报会。

晚上，区领导杨文斌在办公室先后会见了东方集团公司董事长吴惠及江西绿滋肴实业有限公司董事长肖志峰一行。区领导陈曙、彭雅琳，区房管局、滕王阁街办主要负责人陪同会见。

16 日

上午，区领导李云峰在区政府三楼西会议室主持召开 2015 年全区惠民便民利民工程项目申报工作调度会，听取了各责任单位对申报情况工作汇报，对 2015 年全区拟向南昌市申报的 25 大项民生实事工程项目进行了研究和讨论，并就实施点位、进度安排、推进模式等具体事宜作了进一步的明确。区领导陈曙、张东林、童萍如、杨玉章、胡志强出席会议，区政府相关部门负责人，扬子洲镇，各街办、管理处书记参加会议。

上午，区领导杨文斌到区财政局开展工作调研，听取了区财政局负责人关于 2015 年一季度财政部门各项工作完成情况及下一步工作打算的汇报。区委办公室主要负责人陪同调研，区财政局班子成员参加座谈会。

上午，区领导杨文斌到区房管局开展工作调研，听取了区房管局负责人所作的工作汇报。区领导胡志强，区委办公室主要负责人陪同调研。

下午，区委十一届第 51 次常委会议在区委三楼常委会议室召开，区领导杨文斌主持。会议审议区政府党组提出的《请求审议〈东湖区 2015 年经济发展工作考核办法（送审稿）〉的请示》和《关于请求审议〈东湖区第九轮行政审批制度改革若干问题的决定（送审稿）〉的请示》。审议团区委提出的《关于召开东湖区庆祝“五四”运动 96 周年暨表彰大会的请示》。审议区委组织部提出的《关于成立、撤销部分区直部门党组织的请示》。

区委决定：李良清任中共东湖区纪委第一纪检监察室主任，免去其中共东湖区纪委案件检查室主任职务；卢安任中共东湖区纪委宣传研究室主任，免去其中共东湖区纪委党风廉政室主任职务；张秋明任中共东湖区纪委第二纪检监察室主任、主任科员，免去其中共东湖区纪委第四工委副书记、主任科员职务；余华军任中共东湖区纪委第四工委副书记（试用期一年）、主任科员，免去其中共东湖区纪委主任科员职务；免去赖春游的中共东湖区委、区政府信访局副局长职务；刘小松任中共东湖区政府办公室党组成员；免去殷南星的中共东湖区政府办公室党组成员职务；彭玉兰任中共东湖区卫生和计划生育委员会委员会书记，免去其中共东湖区人口和计划生育委员会党组书记职务；钟华任中共东湖区卫生和计划生育委员会委员会副书记，免去其中共东湖区卫生局委员会副书记职务；王越任中共东湖区卫生和计划生育委员会委员会委员，免去其中共东湖区卫生局委员会书记职务；吴艳任中共东湖区卫生和计划生育委员会委员会委员，免去其中共东湖区人口和计划生育委员会党组成员职务；王国平任中共东湖区卫生和计划生育委员会委员会委员，免去其中共东湖区卫生局委员会委员职务；熊新国任中共东湖区卫生和计划生育委员会委员会委员，免去其中共东湖区人口和计划生育委员会党组成员职务；张桂萍、张竞岚 2 人任中共东湖区卫生和计划生育委员会委员会委员，免去 2 人的中共东湖区卫生局委员会委员职务；邓雪玲任中共东湖区市场和质量监督管理局委员会书记；王君健任中共东湖区市场和质量监督管理局委员会副书记；韩云峰、徐振华、潘冰、李小平、徐青、罗明、李剑锋、宋桉、刘新华、宋德豪、胡明华、李文林 12 人任中共东湖区市场和质量监督管理局委员会委员；张国保任中共东湖区农村工作办公室党组成员，免去其中共东湖区扬农管理处工作委员会副书记、纪律检查工作委员会书记职务；杨人伟任中共东湖区农村工作办公室党组成员；免去聂国平的中共东湖区贤士湖管理处工作委员会委员职务。

以下人员试用期满，区委决定：邹翔任中共东湖区委办公室正科级督查专员；刘文俊任中共东湖区委督查室主任（正科级）；熊丽芳任中共东湖区发展和改革委员会委员会书记；汤志标任中共南昌市光明学校支部委员会书记;肖莹任中共南昌市滕王阁保育院支部委员会书记(副科级);徐顺姣任中共东湖区住房保障和房产管理局委员会书记。

以下人员试用期满,区委同意:周胜明、余美秀、徐斌三位明确为正科级;帅学农任东湖区人民法院红谷滩法庭庭长。

以下人员试用期满,区委同意:胡国洪明确为正科级;张鹏、陈晓蕾二明确为副科级;柯杞进试用期满。

以下人员试用期满,区委同意:胡智勇任东湖区豫章街道人民武装部部长;俞昊任东湖区董家窑街道人民武装部部长。

以下人员试用期满,区委同意:钱继芳任南昌市育新学校副校长;李旸任南昌市城北学校副校长;吴红雨任南昌市东湖区幼儿园园长;黄芝义任东湖区彭家桥街道办事处主任;汤晓辉任东湖区彭家桥街道办事处副主任;白雪任东湖区防震减灾局局长。

何承恩试用期满,区委提名:何承恩任东湖区人大常委会教科文卫工作委员会主任。

区委提名:免去杨人伟的东湖区扬子洲镇人民政府副镇长职务。

区委提名:钟华任东湖区卫生和计划生育委员会主任,免去其东湖区卫生局局长职务;免去彭玉兰的东湖区人口和计划生育委员会主任职务;王君健任东湖区市场和质量监督管理局局长。

区委同意:余华军任东湖区监察局第四监察分局局长;免去张秋明的东湖区监察局第四监察分局局长职务;刘小松任东湖区政府办公室副主任,免去其东湖区外事侨务办公室主任职务;免去殷南星的东湖区应急办公室专职副主任职务;王越任东湖区卫生和计划生育委员会副主任(正科级),免去其东湖区卫生局副局长职务;吴艳任东湖区卫生和计划生育委员会副主任、主任科员,免去其东湖区人口和计划生育委员会副主任、主任科员职务;王国平任东湖区卫生和计划生育委员会副主任、主任科员,免去其东湖区卫生局副局长、主任科员职务;熊新国任东湖区卫生和计划生育委员会副主任(正科级),免去其东湖区人口和计划生育委员会副主任(正科级)职务;张桂萍任东湖区卫生和计划生育委员会副主任,免去其东湖区卫生局副局长职务;潘琼云任东湖区卫生和计划生育委员会主任科员,免去其东湖区卫生局主任科员职务;韩云峰、徐振华2人任东湖区市场和质量监督管理局副局长(正科级);潘冰、李小平、徐青、罗明、李剑锋、宋桉、刘新华、宋德豪、胡明华九名任东湖区市场和质量监督管理局副局长;罗明任东湖区市场和质量监督管理局主任科员;张国保、杨人伟2人任东湖区农村工作办公室副主任;免去白雪的东湖区防震减灾局局长职务。

区委决定:免去吴天锡的东湖区政协专委会办公室主任科员职务,退休;免去肖继英的东湖区纪委正科级纪检员职务,退休;舒筱玲退休。以上人员退休时间从2015年5月起算。

16—17日

在中国教育技术协会与中国教育报刊社联合举办的首届全国教育信息化区域应用典范颁奖交流大会上,东湖区荣获“全国教育信息化创新应用典范区域优秀实践奖”。

17日

上午,区领导童萍如带领百花洲街办、区卫生局、区文化局、区发改委等责任单位的相关负责人到江西省一建公司留守处协调征迁工作有关事宜。

18日

下午,区领导童萍如在下沙沟旧城改造指挥部主持召开旧城改造工作调度会,区文化局、区卫生局、百花洲街办、区计生委、区发改委、区委党校等责任单位的主要负责人参加会议。

20日

下午,区领导陈曙、胡中平到青山湖西岸片区调研全区还建房建设情况,贤士湖管理处、区发改委(重点项目办)、区财政局、区房管局、东湖国土分局等单位主要负责人参加。

下午,2015年东湖区开放型经济工作第五次调度会在区委三楼多媒体会议室举行,会议对东湖区部分旧城改造地块情况进行了讲解,并对第九届中国中部投资贸易博览会及赣港活动周相关会议准备工作进行了部署。区领导陈建军出席会议并作重要讲话,区商务局、区台办、区工商联、区发改委、区文广局、区金融办6个经济牵头单位的主要领导,区楼宇办、区协税办负责人以及21个经济责任单位分管领导参加会议。

下午，区领导童萍如到南昌市滨江学校、东湖青少年宫开展工作调研，区教科体局主要负责人陪同。

21日

上午，南昌市委常委、组织部部长陈德寿一行到东湖区公园街道上营坊社区调研基层协商民主工作，听取了上营坊社区、戴家巷社区、民德路社区基层协商民主工作的开展情况和典型案例。区领导杨文斌、李云峰等陪同调研。

下午，南昌市政协副主席李广振带领的市政协考察团一行到东湖区就“培育文化消费群体推动南昌文化产业发展”进行调研。区领导谢保成，南昌市文广新局、区文广局以及辖区文化企业791艺术街区、樟树林文化产业园、南昌琴岛之夜、集雅斋相关负责人参加调研。

东湖幼儿园被江西省妇女联合会授予“江西省巾帼建功先进集体”称号。

22日

下午，区领导杨文斌、李云峰会见上海斐讯数据通讯技术有限公司董事长顾国平一行，就辖区内相关载体资源进行了简要介绍，并希望上海斐讯充分利用其在行业内的品牌优势和示范效应带动东湖区相关产业发展升级。区商务局相关负责人陪同会见。

23日

上午，区领导王玮一行到南昌市培智学校调研学校教师队伍建设工作。区教科体局相关负责人参加。

下午，新世界发展有限公司考察团就公司意向在东湖区投资建设大型高端购物休闲商业中心项目事宜进行实地考察，区领导李云峰陪同考察。

25日

上午，东湖区在区政府七楼礼堂召开第一轮房屋征收工作调度会。区领导杨文斌、李云峰、闵建波、王玮、罗毛则、陈建军、喻国泰、陈曙、王志勤、唐铭市、夏小兰出席会议。在家的副县级领导和各部门党政一把手参加会议。杨文斌主持会议。会上，李云峰传达了中共南昌市委十届十一次全体（扩大）会议精神，分析了东湖区一季度经济发展形势和面临的问题，并就如何开展下一步经济工作进行了部署，杨文斌就2015年第一轮房屋征收工作做了重要讲话。

29日

上午，东湖区在区政府七楼礼堂召开区委中心组理论学习（扩大）会。中国浦东干部学院教授李志强应邀就“互联网+”推动产业转型升级进行专题授课。夏小兰主持会议并讲话。区委、区人大、区政府、区政协班子成员，区政协调研员，区人武部政委，区法院院长，区检察院检察长，东湖公安分局政委，全区副科级以上领导干部参加会议。

本月

东湖区重点打造的产业项目淘宝大学江西商学院电子商务基地被江西省商务厅评定为“江西省电子商务示范基地”。

由中国文联民间文艺家协会、潍坊市人民政府主办的首届中国（潍坊）民间艺术博览会在山东省潍坊市落下帷幕，东湖区参展的赣发绣作品《百蝶图》，豫章绣作品《曲竹湘女》《双蝶图》同时获得首届中国（潍坊）民间艺术博览会金奖。

五月

1日

上午，区领导童萍如召集相关责任单位召开下沙沟片区征迁工作小结暨下一阶段工作动员会。百花洲街办、区卫生局、区文化局、区发改委等各责任单位相关负责人参加会议。

2日

上午，区领导杨文斌在区委三楼常委会议室主持召开落实中共南昌市委十届十一次全会精神工作调度会。会议再次学习了市委十届十一次全会精神，并结合市委办公厅、市委督查室相关文件要求，就贯彻落实市委十届十一次全会精神的具体工作进行了讨论。区领导陈曙、张东林、童萍如、胡志强出席会议。区委办公室、区政府办公室、区发改委、区委督查室、区财政局、区城建局、区房管局、区商务局、区文广局、区统计局（经济办）、区农办、区金融办、区城管局、区执法分局、区教科体局、区卫生局、区行政服务中心、扬子洲镇、百花洲街办、大院街办、贤士湖管理处主要负责人参加会议。

4日

上午，东湖区在区政府七楼礼堂隆重召开纪

念“五四”运动96周年暨表彰大会。会议由团区委书记黄灿主持,会上表彰了一批先进集体和先进个人。区领导罗毛则亲切看望了先进集体、个人代表并在会上作了重要讲话,毛惟仁、童萍如、欧阳桃花出席大会。

江西省委常委、南昌市委书记龚建华,市委副书记、市委政法委书记欧阳海泉,市委常委、市委秘书长江晓斌到东湖区参观淘宝大学江西商学院,并与全市青年创新创业代表座谈。区领导杨文斌陪同参观并参加座谈。

5日

下午,区领导杨文斌在区委三楼多媒体会议室主持召开全区旧城改造工作调度会,区房管局通报了全区2015年第一轮旧改项目征迁工作进展及兄弟县区征迁工作进展情况、2014年全区旧改项目遗留问题情况,房屋征迁工作相对落后的6个单位代表作了表态发言,区领导陈建军就有关问题进行了说明。在家的区四大家班子成员、区政协调研员,区人武部部长、政委,区法院院长、区检察院检察长、东湖公安分局政委,区旧改办各组组长、各房屋征迁工作责任单位主要负责人,贤士湖管理处班子成员,以及长巷村、贤湖村书记参加会议。

6日

上午,区领导童萍如组织相关责任单位召开下沙沟七片区征迁工作纪律强调会,传达了5日下午全区征迁工作调度会精神,对征迁工作纪律进行了再强调。百花洲街办、区卫生局、区文化局、区发改委等各责任单位相关负责人参加会议。

下午,区领导杨文斌到区教科体局调研并召开座谈会,听取了区教科体局局长陈光辉关于东湖区教科体事业发展情况的汇报和区教科体局党委书记舒小红关于该系统党建工作情况的汇报,并对东湖教育工作提出四点希望:坚持公平原则,办好人民满意的教育;坚持世界眼光,办好面向未来的教育;坚持品牌引领,办好辐射带动的教育;坚持市场导向,办好创新发展的教育。区领导童萍如、区委办公室主要负责人陪同调研,区教科体局党政班子成员及该系统各学校(园)负责人参加座谈会。

6日晚、7日下午

区领导李云峰组织全区部分重大重点项目建设责任单位、相关区直部门,对全区部分重大重点项目建设开展工作调度。6日晚,重点对胜利路步行街街景改造及地下商业街区等7个产业项目进行调度;7日下午,重点对街道文化活动中心等8个社会事业和民生工程类项目、青山湖西岸七里村还建房等10个基础设施类项目进行了调度。区领导陈曙主持调度会,项目责任单位在会上汇报了项目进展、存在问题以及下一步打算,各项目挂点区领导出席各自挂点项目调度和讨论。

7日

上午,区领导杨文斌到东湖区市场和质量监督管理局开展工作调研,听取了该局主要负责人关于该局基本情况、组建后的主要工作及下一步工作打算的汇报,并提出了工作要求。区委办公室主要负责人,区市场和质量监督管理局领导班子成员参加调研活动。

8日

上午,江西省综治办副巡视员张鹤翔、综治一处调研员邹勇平,南昌市委综治办副主任罗永兴,共青团南昌市委副书记陈俊一行到东湖区检查督导重点青少年群体服务管理和预防青少年犯罪工作。张鹤翔一行先后到南昌市阳明学校、上营坊社区“绿色心门”心理辅导中心、江西饭店“朝阳观护基地”实地视察。区领导王志勤,区综治办、团区委主要领导陪同检查。

9日

上午,区领导杨文斌在区委二楼会见中交第四公路工程局第二建筑工程公司总经理林元红一行,双方就PPP项目合作模式进行了探讨。区领导喻国泰,中交四公局江西区域公司总经理王辉参加会见。

10日

上午,区领导杨文斌在区委三楼常委会议室会见中建一局集团第二建筑有限公司董事长李宝珠一行,双方就在基础设施建设方面进行合作等事宜进行了深入地交流。区商务局主要负责人陪同会见。

11日

晚上,区领导杨文斌在区委三楼多媒体会议室主持召开贯彻落实中共南昌市委十届十一次全会精神工作调度会,听取了区政府办公室、区发改委关于东湖区贯彻落实市委十届十一次全会精神的实施意见及项目责任分解表的情况汇报,并就实施意见的具体内容及各项目申报进行了讨论。区领导陈建军、陈曙、张东林、胡志强出席，区委办公室、区政府办公室、区发改委、区委督查室、区财政局、区统计局（经济办）、区商务局、区城建局、区房管局、区文广局、区城投公司、区卫生局、区城管局、区教科体局、区行政服务中心、区金融办、区农办，各镇、街办、管理处主要负责人参加会议。

区领导李云峰率由区商务局、区发改委、区财政局等单位主要负责人组成的东湖区招商小分队赴杭州开展招商活动，考察拜访了苏宁置业集团。

12 日

上午，区领导李云峰带领东湖区招商小分队赴杭州参加江西（杭州）电子商务产业招商推介会，并与有关电商企业就电子商务第三方支付项目签订合作协议。

区领导李云峰率东湖区招商小分队陪同南昌市副市长张根水、市商务局局长吕娄一行考察拜访了阿里巴巴集团滨江产业园。

13 日

下午，区领导杨文斌到南昌市规划局对接青山湖西岸等控规修编工作，区领导陈建军、张东林，区房管局、区财政局、区商务局、区城投公司、区国土分局、区规划分局、贤士湖管理处主要负责人参与对接工作。

14 日

上午，东湖区非遗文化精品豫章绣、南昌刺绣、南昌瓦罐汤、泥塑，南昌市洲尚生态文化旅游开发有限公司等文创产业项目在深圳会展中心南昌馆亮相，参加第十一届中国（深圳）国际文化产业博览交易会。江西省委常委、省委宣传部部长姚亚平，南昌市委常委、市委宣传部部长曾光辉等来到南昌馆东湖展区指导工作，区领导夏小兰参会并进行产品推介。

下午，区领导童萍如召集相关单位召开下沙沟片区张贴正式征收公告后工作调度会。百花洲街办、区卫生局、区文化局、区发改委等各责任单位相关负责人参加会议。

东湖区 2015 年综治干部培训班在区政府七楼礼堂举行，区领导王志勤出席开班仪式并讲话。全区各镇、街办、管理处综治办主任、综治办专职副主任、综治专干，各社区（村）综治室主任、治保主任，区综治各责任单位综治分管领导及干部，区政法各部门分管领导及有关科、所、庭、队负责人共 231 人参加培训。

15 日

上午，区领导张东林、童萍如到区教科体局指导工作，区教科体局主要负责人陪同。

区领导李云峰率由区商务局、区文化局、区财政局等单位主要负责人组成的东湖区招商小分队赴昆明考察拜访云南天缘项目管理有限公司，双方就天缘项目管理有限公司进入东湖区投资开展业务进行了深入的交流。

17 日

上午，区领导李云峰、陈曙到区商务局调研全区开放型经济工作，听取了区商务局关于全区开放型经济工作开展情况的汇报，对全区 2015 年招商引资重点项目进行了逐个调度。区政府办、区发改委、区财政局、区经济办、区市场和质量监督管理局等单位负责参加调研。

下午，区领导李云峰在区政府三楼西会议室主持召开区政府第 42 次常务会，陈曙、张东林、童萍如、杨玉章、胡志强，以及区政府党组成员余坚、万勇、查秋滚出席会议。会议专题学习传达南昌市开放型经济工作调度会议精神，审议《东湖区关于贯彻落实市委十届十一次全会精神的实施意见（送审稿）》等议题。

18 日

上午，区委十一届第 52 次常委会议在区委三楼常委会议室召开，区领导杨文斌主持。会议学习传达了龚建华书记在全市开放型经济工作调度会上的讲话精神及对全市党风廉政建设社会评价工作的讲话精神，全市“三严三实”专题教育推进会会议精神。审议区政府党组提出的《请求审议〈关于表彰 2014 年度人口和计划生育工作先进单位和先进个人的决定（送审稿）〉的请示》。审议区委办公室、区政府办公室提出的《关于请求审议〈东湖区贯彻落实市委十届十一次全会精神实施意见（送审稿）〉的请示》。审议区委办公室提出的《关于召开东湖区贯彻落实市委十届十一次全会精神工作推进大会的请示》和《请求审议〈关于 2014 年度全区综合目标管理考核结果的通报（送审稿）〉的请示》。

19 日

上午，东湖区在区政府七楼礼堂召开贯彻落

实中共南昌市委十届十一次全会精神工作推进会。区领导李云峰主持会议。李云峰传达全市开放型经济工作调度会精神以及15日上午南昌市委书记龚建华关于党风廉政建设社会评价工作讲话精神,陈曙对东湖区贯彻落实市委全会精神的实施意见进行了解读。区委、区人大、区政府、区政协班子成员,区人武部部长,区政协调研员,区法院院长,区检察院检察长,东湖公安分局政委出席会议;扬子洲镇,各街道、管理处党政主要负责人,区委各部门、区直各单位主要负责人参加会议。

下午,区领导陈曙在区政府三楼西会议室主持召开开展南昌市政府稳增长促发展60条政策措施落实情况自查工作调度会,听取了区政府办公室传达全市开展稳增长促发展60条政策措施落实情况自查工作的通报,各有关单位就贯彻落实60条政策措施情况进行了说明和讨论。区政府办、区发改委、区教科体局、区财政局、区城建局、区经济办(统计局)、区人社局、区房管局、区商务局、区文广局、区行政服务中心管委会、东湖国土分局、东湖规划分局、区市场和质量监督管理局、区金融办和区农办等单位主要负责人参加会议。

下午,区领导李云峰到东湖区创业就业服务平台开展工作调研,区人社局主要负责人参加。

下午,南昌市档案局局长徐迎晨一行到东湖区文化活动中心调研东湖区档案馆新馆建设工作。区领导胡志强陪同调研。

下午,区领导杨文斌一行到东湖区卫计委开展工作调研,听取了区卫计委主任钟华关于该委机构改革及卫生工作基本情况、存在问题及下一步工作打算的汇报,还听取了该委党委书记彭玉兰关于计生工作情况的汇报。区领导童萍如、区委办公室主要负责人陪同调研。

20日

上午,区领导夏小兰在区政府三楼东会议室主持召开东湖区2015年农贸市场改造工作第三次会议,讨论研究《东湖区2015年农贸市场改造工作方案》。区商务局、区发改委、区财政局、区审计局等部门负责领导参加会议。

下午,区领导杨文斌、李云峰会见上海斐讯通信技术有限公司信息通讯技术业务单元副总裁叶东一行,双方就该公司在东湖投资建设南昌总部产业园落户事宜及相关商务条件进行了深入交流和探讨。区委办、区政府办、区发改委、区财政局、区城建局、区商务局、市国土资源局东湖分局、市城乡规划局东湖分局主要负责人参加会议。

晚上,南昌市副市长肖玉文在市政府会议室会见了上海斐讯通信技术有限公司信息通讯技术业务单元副总裁叶东一行。区领导杨文斌、李云峰陪同会见。

21日

上午十点,东湖区在八一桥街道大士院南社区举行江西省首个社区禁毒图书角启动暨挂牌仪式,中国禁毒基金会副秘书长王向东,江西省禁毒办常务副主任、省公安厅禁毒总队总队长肖子正,南昌市公安局副局长徐十斗以及无限极(中国)有限公司相关领导出席挂牌仪式并致辞。区领导王志勤以及东湖公安分局分管领导、区禁毒办主任参加挂牌仪式。

上午,区领导杨文斌会见香江国际中国地产集团副总裁王旭东一行。

下午,区领导杨文斌在南昌市政府三楼会议室会见深圳中电投股份有限公司总会计师郑波一行,并就在东湖区建设智慧城市项目的PPP项目合作模式进行了探讨。区商务局主要负责人陪同会见。

下午,区领导童萍如到东湖考区所属5个考点视察高考准备工作

25日

上午,区领导童萍如主持召开下沙沟片区征迁工作调度会,传达23日全区征迁工作调度会精神,以及各片区最新征迁进度排名和流动红旗评比情况。百花洲街办、区文化局、区发改委等各责任单位相关负责人参加会议。

下午,区领导李云峰到墩子塘街办调研经济工作。

下午,南昌市人大常委会副主任戴晓明一行到东湖区淘宝大学江西商学院电商基地开展工作调研。区领导杨文斌、闵建波、余瑾,以及区委办、区商务局相关负责人陪同调研。

26日

上午,区领导唐铭市一行到东湖区文化馆六楼“东湖赣发绣展示馆”走访赣发绣总经理陶永

红，并向赣发绣企业发放发展扶持基金。

中午，区领导王志勤到滕王阁街道走访慰问困难少年儿童，并送上慰问金。

27 日

上午，东湖区迎江西省县域义务教育均衡发展省级督导评估反馈会在滨江宾馆 11 号楼第三会议室举行，江西省督导评估组组长、江西省督学、原抚州市教育局局长游日辉进行了反馈。南昌市人民政府督导室主任程大新，区领导杨文斌、夏小兰、童萍如出席反馈会，区教科体局班子成员参加会议。童萍如主持会议。

28 日

上午，区领导童萍如在区政府三楼东会议室主持召开东湖区 2015 年普通高等学校招生考试考区委员工作会议，区高招办主任陈剑鹏介绍了该区 2015 年普通高考报名、设点和考务工作，区教科体局局长陈光辉提出了需要各相关单位共同解决的考点周边环境问题及保障工作。区高招委全体委员和考点所在地的街道副书记参加会议。区政府办公室主任查秋滚主持会议。

下午，东湖区在南昌市滨江学校隆重举行第五届“创新·体验·成长”中小学生、幼儿科技节头脑奥林匹克竞赛活动。该届头脑奥赛主题为“轨道历险”和“解决故障”，全区各学校 140 名参赛者围绕主题和技术要求完成了指定的任务，并选拔出南昌市育新学校和南昌市北湖小学代表东湖区参加 10 月举行的南昌市科技节头脑奥林匹克竞赛。区领导童萍如、区教科体局相关负责人出席活动。

29 日

区委决定：免去邓俊尔的东湖区总工会副主任科员职务，退休；免去辛勤的东湖区司法局党组成员（正科级）职务，退休；免去王顺平的东湖区市容督查队正科级调研员职务，退休；免去江先金的东湖区机管局副主任科员职务，退休。以上人员退休时间从 2015 年 6 月起算。

31 日

上午，区领导李云峰到环湖路施工现场督导道路改造工程施工建设，区政府办、区城建局负责人陪同。

上午，区领导胡志强先后来到南昌市东湖小学、第八人民医院、豫章街道、方志敏烈士纪念广场等点位就创建“双拥模范城七连冠”工作进行检查，区民政局相关负责人参加。

上午，江西省“第 28 个世界无烟日暨健康中国行·健康苏区行——2015 年度无烟生活主题宣传教育活动”启动仪式在东湖区八一公园举行，江西省副省长谢茹、省卫生计生委主任李利、南昌市副市长姚燕平出席活动，区领导李云峰、副区长童萍如参加活动。

六月

2 日

上午，区领导李云峰、童萍如到南昌市滨江学校参观指导校园文化设施、学校泽才楼等硬件建设，区政府办公室、区教科体局相关负责人陪同。

5 日

上午，区领导童萍如到倍康健康管理中心调研东湖区健康服务业发展情况，区人社局主要负责人陪同。

7 日

上午，区领导胡志强在起凤路集体土地上房屋征迁指挥部召开农房征迁工作调度会。会后，胡志强一行到中金项目现场实地查看项目进展情况。

8 日

晚上，东湖区在区委三楼多媒体会议室召开全区经济工作调度会。会议通报了近期财税工作和招商引资工作开展情况，并对各经济责任单位提交的问题予以协调。区领导李云峰、余瑾、郑洪健出席会议，陈曙主持会议。

江西省委常委、南昌市委书记龚建华，市委常委、副市长刘建洋，市委常委、市委秘书长江晓斌到东湖区就旧城改造、城市建设、产业升级转型等进行调研。龚建华一行到征迁现场和指挥部看望慰问征迁一线工作人员，察看豫章路北延、江药社区小游园、钟鼓楼农贸市场、谌家坊安置房小区、扬子洲蔬菜基地、791 艺术街区、江西倍康健康产业中心、中金国际交易中心等项目建设现场。区领导杨文斌、李云峰陪同调研并率四大家领导参加座谈。

9 日

上午，民盟江西省委会副主委罗慧芬、民盟南昌市委会主委胡彬一行到东湖区百花洲街道桂旺巷社区召开座谈会,调研社区网格化工作。区领导焦玉庄主持座谈会,区综治办负责人、百花湖街道主要领导、区网格筹建办负责人及部分专兼职网格员参加座谈。

下午,区领导李云峰在区政府三楼西会议室主持召开区政府第43次常务会,区领导陈曙、张恩、童萍如、胡志强出席会议,余瑾、郑洪健受邀列席会议,区政府党组成员余坚、万勇、查秋滚参加会议。会议专题观看《"媒体啄木鸟"行动》光碟,审议《关于组建东湖区法律顾问团的通知(送审稿)》等议题。

10日

上午,以南昌市综治办副主任李国水为组长的市委督导组一行3人到东湖区检查指导"两提升"(提升公众安全感、提升政法部门群众满意度)工作。区综治办就全区在"两提升"工作的组织调度、严打整治、治安防控、平安创建、宣传走访等方面向市委督导组作了汇报,区法院、区检察院、东湖公安分局、区司法局、区教科体局、区民政局、区卫计委、百花洲街道、滕王阁街道综治分管领导以及公园街道上营坊社区、大院街道院一社区主任分别就本单位"两提升"工作的做法、成效以及亮点工作作了发言。区领导王志勤以及有关单位相关负责人参加汇报会。

11日

晚上,区委十一届第53次常委会议在区委三楼常委会议室召开,区领导杨文斌主持。会议学习传达了省委常委、市委龚建华书记到东湖区调研讲话精神和南昌日报有关报道,学习传达市委组织部《关于进一步加强领导干部个人有关事项报告工作的通知》(洪组通〔2015〕31号)文件精神。审议区委办公室提出的《关于请求审议〈贯彻落实省委常委、市委龚建华书记视察东湖时的讲话精神的实施意见(送审稿)〉的请示》和《关于请求审议〈省委巡视组反馈意见整改工作方案(送审稿)〉的请示》。审议区人大党组提出的《关于召开全区人大工作会议的请示》和《请求审议〈关于与时俱进推进人大工作发展的意见(送审稿)〉的请示》。审议区纪委提出的《请求审议〈关于做好2015年全区党风廉政建设社会评价工作的实施方案(送审稿)〉和〈东湖区关于党风廉政建设社会评价工作推进情况的汇报(送审稿)〉的请示》。审议区委组织部提出的《关于开展全区先进基层党组织、优秀共产党员和优秀党务工作者评选表彰工作的请示》。审议区编委办公室提出的《关于部分单位调整领导职数的请示》。审议区政府党组提出的《请求审议〈东湖区2014年经济工作考核奖励意见(送审稿)〉的请示》《关于请求审议〈东湖区2015年度新农村建设工作方案〉的请示》《请求审议〈关于组建东湖区法律顾问团及工作规则(送审稿)〉的请示》。审议团区委提出的《关于请求审议〈中共东湖区委关于加强新形势下全区少先队工作的实施意见(送审稿)〉的请示》。

17日

上午,龙南县县委一行十余人到东湖区考察正在改造的钟鼓楼农贸市场。区领导唐铭市陪同。

18日

下午,南昌市市长郭安、副市长姚燕平到东湖区生产力促进中心就"洪城众创空间"项目进行实地调研。市政府秘书长朱敏华、副秘书长黄小华,区领导李云峰、童萍如陪同。

下午,区领导李云峰会见中南房地产产业集团副总裁顾飞宇、江苏中南建设集团投资总监余斌一行,双方就公司意向对东湖区有关旧改地块项目合作事宜进行了沟通交流。区领导夏小兰参加会见。

晚上,区领导李云峰带领有关部门对辖区重点地段和市民反映强烈的区域进行暗访,督查沿街餐饮店出店经营和露天烧烤摊点整治落实情况。李云峰一行先后到王家庄路、791艺术街区、豫章后街、建德观街、福州路和永外正街等路段进行暗访。区领导张东林,区创建办、区城管局、区环保局、东湖执法分局、区市场和质量监督管理局等单位负责人参加。

22日

下午,区领导李云峰组织召开东湖区防汛排涝工作调度会,传达南昌市城区排涝紧急调度会议精神,通报全区各单位开展排涝工作情况,部署下一阶段防汛排涝工作,并对城市管理工作进行了强调。区领导张东林、胡志强出席会议,各镇、街办、管理处和区直有关单位负责人参加会议。

23 日

下午，区领导夏小兰一行到扬农管理处督导防汛工作。夏小兰实地察看了管理处防汛物资储备点、防洪圩堤路面等地情况。

24 日

上午，区领导李云峰到区检察院调研工作，先后参观了区检察院办案工作区、案件管理中心和控告申诉接待大厅等点位，听取了职务犯罪预防、远程视频接访等方面的工作介绍。区领导王志勤，区检察院检察长杜迎春陪同调研。

上午，区领导杨文斌、南昌市发改委副主任陈江宁赴上海拜访斐讯数据通信技术有限公司董事长顾国平等管理层，就该公司来昌投资项目进行商务条件谈判。南昌临空经济开发区、区发改委、区城投、区城建局、区商务局、市政控股等负责人参加。

下午，区领导杨文斌率队往上海走访上海建工集团，与该集团朱忠明副总裁等公司高层就三经五纬路地块开发项目进行了座谈。区发改委、区城投、区城建局、区商务局等负责人参加。

25 日

上午，区领导陈曙到区财政局对财税“双过半”工作进行调研，区财政局全体班子成员及区协税办有关人员参加。

上午，区领导杨文斌率队前往江苏走访中南控股集团，与集团副总裁盛中学、顾飞宇等公司高层就来昌投资开发项目进行了座谈。

30 日

上午，区领导唐铭市以《牢记宗旨强党建 践行“三严”求“三实”》为主题，给 110 多名机关、企事业单位党组织书记上党课。

上午，南昌市委常委、纪委书记卢作全到东湖区董家窑街道南永和社区和彭家桥街道光明社区走访慰问老党员、困难党员。区领导杨文斌、唐铭市陪同走访。

七月

3 日

上午，东湖区政务系统“三严三实”专题教育动员部署会暨专题党课在区委三楼多媒体会议室举行，区领导李云峰为区政府各部门和各镇（街办、管理处）主要领导上“三严三实”专题教育党课。区领导陈曙、张东林、童萍如、杨玉章、胡志强出席。

6 日

上午，区领导童萍如在下沙沟旧城改造指挥部主持召开旧城改造工作小结会，百花洲街办、区文广局、区卫计委、区发改委等责任单位负责人参加会议。

8 日

上午，区领导陈曙、张东林在区政府三楼西会议室会见江西航空投资有限公司总经理伍向阳一行，区财政局、区国土分局、区规划分局、区商务局部门负责人参加会见。

晚上，区领导李云峰、张东林到辖区背街小街巷路灯改造现场视察。

东湖区 2015 年上半年镇、街道、管理处综治委主任工作述职暨社会治安形势分析研判会议在区委三楼多媒体会议室召开，东湖公安分局通报了全区 2015 年上半年刑事警情，各镇、街道、管理处综治委主任分别就各自上半年的综治工作进行了述职，南昌市综治办副主任罗永兴应邀出席会议并讲话。区领导王志勤主持会议。区领导李云峰、谢蓉、杨玉章、敖晓焕等出席会议，区综治委全体委员及各镇、街道、管理处综治委主任参加会议。

12 日

区委决定：免去王海的东湖区委政法委主任科员职务，退休；免去段建设的东湖区城建局主任科员职务，退休；免去蔡桂珍的东湖区统计局主任科员职务，退休。以上人员退休时间从 2015 年 7 月起算。

14 日

中共江西省委书记强卫到东湖区调研棚户区改造工作，听取了东湖区棚户区改造情况汇报，对该区“做靓背面、做精角落”的做法表示肯定。强卫要求，在棚户区改造中，要树立正确的政绩观，不能仅图“面子”，追求表面光鲜、亮丽，做花瓶、摆花架子，而要更重“里子”，把下水道、街道边边角角等不显山露水的地方做实，把水、路、电、气等百姓关注的事做好，让群众得到实实在在的获得感，让城市生活更加美好。江西省委常委、南昌市委书记龚建华,副省长、省公安厅厅长郑为文陪同调研,区领导杨文斌、李云峰参加调研。

15 日

上午,区领导杨文斌率队现场察看2015年迎“三看”项目工作进展并主持调度会,李云峰、罗毛则、陈建军、陈曙、唐铭市、夏小兰、胡志强、胡中平出席上述活动。区委办公室、区政府办公室、区发改委、区商务局、区房管局、区城投公司、区城建局、区城管局、区执法分局、区国土分局、区规划分局、豫章街办、百花洲街办、公园街办、大院街办、董家窑街办、彭家桥街办、贤士湖管理处主要负责人参加会议。

16 日

上午,区领导陈曙在区政府三楼西会议室主持召开蓝海夜市街打造有关问题协调会,听取了蓝海公司关于蓝海夜市街项目推进情况的汇报,并就推进过程中有关问题进行了研究。区商务局、区城建局、区城管局、区执法分局、区安监局、豫章街办和南昌蓝海商业经营管理有限公司主要负责人参加会议。

17 日

区领导陈曙分别到中金国际交易中心和青山湖西岸物流总部大厦项目现场开展工作调研,听取了项目责任单位关于中金国际交易中心和青山湖西岸物流总部大厦项目进展情况的汇报,并就有关问题在彭家桥街办会议室进行了座谈。区发改委、彭家桥街办、贤士湖管理处和中金国际交易中心公司主要负责人参加座谈会。

18 日

上午,区领导杨文斌在区委三楼多媒体会议室主持召开东湖区2015年房屋征迁(集体土地上)工作调度会,分别对农房房屋、产权性质及集体产业用房、安置房规划设计等方面内容进行了研究。南昌市旧改办副主任万兆兰、市土储中心副主任邓寰、市房管局副调研员徐胜等应邀出席会议。区领导李云峰、陈建军、林政通、张恩、毛惟仁、陈东亮、谢蓉、桂兵、胡志强、熊凤妹、敖晓焕、郑洪健、冯于水、谢保成,区纪委、区委办公室、区政府办公室、区财政局、区房管局、区城建局、区人劳局、区审计局、区执法分局、区城投公司、区国土分局、区规划分局相关负责人,贤士湖管理处班子成员及长巷村、贤湖村主要负责人参加会议。

20 日

上午,区领导童萍如察看南昌市育新学校小学部、初中部和南京路小学校园提升改造工程进展情况,区教科体局相关领导陪同。

21 日

下午,区领导李云峰在区委三楼多媒体会议室主持召开区政府第46次常务会,罗毛则、陈曙、张东林、张恩、余瑾、童萍如、胡志强、郑洪健以及区政府党组成员余坚、万勇、查秋滚参加会议。会议传达中共江西省委十三届十一次全体会议精神,观看《“媒体啄木鸟”行动》光碟,审议《东湖区“财园信贷通”融资试行工作方案(送审稿)》等议题。

22 日

上午,东湖区召开“财园信贷通”工作推进会,会议首先传达了江西省、南昌市“财园信贷通”工作会议精神,并对《东湖区“财园信贷通”融资试行工作方案》作了解读说明;南昌银行东湖区支行行长梅泽华作为合作银行代表作了表态性发言;区领导陈曙就推进“财园信贷通”工作提出了要求。各镇、街办(管理处)、各区直经济责任单位、区政府相关部门主要负责人及东湖公安分局、区检察院、区法院分管人员参加了会议。

上午,区领导胡志强在起凤路集体土地上房屋征迁指挥部会议室主持召开集体土地上房屋征迁工作调度会,区人大、区政协、区人武部、区红十字会、区司法局、区档案局、区工商联、团区委、区残联、区质监局、区人防办、区药监局、区城管局、贤士湖管理处及长巷村等单位负责人出席。

下午,区领导胡志强在扬子洲镇主持召开鹏举路工程推进协调会,听取了区城建局和扬子洲镇关于鹏举路工程进展情况的汇报,并就三联村和联民村因道路施工而产生的村集体和个别村民的损失进行了协调。区信访局、区城建局、区执法分局、扬子洲镇、三联村和联民村主要负责人参加会议。

下午,区领导李云峰带领区政府办、区发改局、区财政局、区商务局和区经济办等部门负责人,走访调研了南昌市电子商务产业发展促进会和江西大美科技股份有限公司。

晚上,区领导李云峰、闵建波等带队对辖区背街小巷路灯亮化“全覆盖”、夜市烧烤整治以及城市管理工作进行暗访检查，南昌市城管委副主任詹成龙应邀参加督导。区领导张东林、毛惟仁、陈东亮、余瑾、谢蓉、桂兵，部分人大代表和区委宣传部、区城建局、区环保局、东湖执法分局、区创建办负责人参加检查。

23 日

上午，区领导杨文斌在深圳与华嵘集团和江西日报就合力打造豫章 1 号众创文化科技园进行了会谈。区领导夏小兰，区财政局、商务局、文化局、豫章街办等主要负责人陪同。

下午，区领导杨文斌带领招商小分队就东湖区文化产业发展与深圳福田区委、区政府进行交流。深圳市常委、福田区委书记张文，区长王强、副区长夏炀等接待了小分队并组织座谈。福田区委宣传部、文产办、财政局、经促局和东湖区委宣传部、财政局、商务局、文广局、豫章街办及《江西日报》、深圳华嵘集团等主要负责人陪同。

下午，区领导李云峰带领区金融办等部门负责人拜访江西省金融办主任胡伏云，对东湖区下一步产业发展情况进行了介绍，希望省金融办继续支持东湖区的发展。

南昌市编办主任陶寒光一行到东湖区检查编制管理工作，通过召开座谈会、查看材料等方式对该区编制工作执行情况进行了检查。区领导李云峰接待了检查组一行，区编办负责人陪同。

24 日

上午，东湖区爱国卫生工作会议在区政府三楼西会议室召开，会议传达了江西省、南昌市爱国卫生工作会议精神，并对下阶段爱国卫生工作进行了布置。区领导童萍如主持会议并讲话，扬子洲镇，各街办、管理处和区直有关单位分管领导参加会议。

上午，区领导杨文斌带领招商小分队参观考察了深圳市赛格股份公司，区领导夏小兰，区财政局、商务局、文化局、豫章街办等主要负责人参加。

下午，区领导杨文斌带领招商小分队考察深圳市特发集团，双方就下正街地块的开发与合作交换了意见，区领导夏小兰，区财政局、商务局、文化局、豫章街办等主要负责人参加。杨文斌一行还参观考察了中兴通讯股份公司，并就智慧城市进行了座谈。

25 日

上午，区领导杨文斌带领招商小分队参观广州 TIT 纺织服装创意园。区领导夏小兰，区财政局、商务局、统计局、文化局、彭家桥街办、豫章街办等主要负责人参加。

27 日

晚上，区领导杨文斌在区委三楼常委会议室主持召开调度会，专题研究东湖区 2015 年第二轮房屋征迁工作实施方案。区陈建军、喻国泰、唐铭市、童萍如、胡志强出席，区委办公室、区政府办公室、区房管局、区财政局、区城建局、区城投公司、区国土分局、区规划分局负责人参加会议。

《南昌日报》社天圆网组织 20 余名社会、经济、饮食、房产界网友大 V 以及有意向投资的客商赴东湖区参观交流，考察东湖区智慧城管指挥中心、下沙窝旧改项目、江药社区小游园项目、樟树林文化产业项目、贤士湖集贸市场改造项目、环湖路综合提升改造项目，并在区委三楼多媒体会议室进行座谈。区领导夏小兰陪同参观。

28 日

上午，区领导刘众星陪同中南建设集团股份有限公司董事、中南城市建设投资有限公司陈小平一行，实地考察下正街、铁路西货场、香江家具城、二七北路粮库及青山湖西岸等部分旧改地块项目，区商务局、区房管局负责人参加。

上午，区领导杨文斌、罗毛则、陈建军、闵建波、王玮、林正通、张恩、胡志强一行走访慰问江西省军区和南昌警备区驻军官兵。区委办、区政府办、区民政局、豫章街办、公园街办等单位主要负责人参加。

下午，区领导杨文斌、李云峰在区委三楼常委会议室会见中南建设集团股份有限公司董事、中南城市建设投资有限公司陈小平一行，双方就企业意向在东湖区投资建设有关旧城改造地块项目进行了深入交流和探讨。区领导陈曙参加会见。

29 日

上午，东湖区 2015 年社区教育工作布置会在区政府三楼西会议室召开，会议宣布成立东湖区社区教育指导中心，解读了东湖区社区教育工作内容，明确了 2015 年全民终身学习活动周有关事项。区领导童萍如出席会议并讲话，扬子洲镇，各街办、管理处，区文广局等单位负责人参加会议。

下午,区领导胡志强到扬子洲镇南洲村上村自然村,走访慰问带病回乡的退伍老兵陶柱先老人。

下午,区领导杨文斌、李云峰一行赴南昌市政公用控股(集团)公司,听取市政公用控股集团公司董事长邓建新、副总经理陈忠红关于青山湖西岸规划设计方案汇报,双方就方案内容交流了修改意见。区领导陈建军、张东林,区委办公室、区政府办公室、区发改委、区房管局、区城建局、区商务局、区城投公司、区国土分局、区规划分局、彭家桥街道、贤士湖管理处负责人参加。

30 日

晚上,南昌广播电视台与东湖区观众见面会文艺晚会在八一公园百花大舞台举行。区领导杨文斌、李云峰、夏小兰,南昌广播电视台党委书记、台长张金洁,南昌广播电视台副台长许海霞、徐红出席活动。杨文斌、张金洁还先后致辞。

31 日

上午,区领导胡志强在起凤路主持召开起凤路片区征迁工作专项协调会,听取了进展情况及工作存在的问题,并就相关问题进行了协调。贤士湖管理处及行政村主要工作人员参加会议。

下午,区领导杨文斌赴江西师范大学青山湖校区指挥楼四楼会议室会见该校党委书记田延光、校长梅国平一行,就江西师大及周边旧城改造工作进行深入交流。江西师范大学党委委员、副校长姚弋霞,总会计师童颖华,校长助理丁晖,区领导陈建军、张东林陪同会见。区房管局、彭家桥街办党政负责人参加会见。

瑞昌市委常委、政法委书记、公安局局长李九萍带领该市政法委及法院、检察院、公安部门领导到东湖区考察交流涉法涉诉信访工作情况。区领导王志勤有关部门相关人员陪同。

八月

1 日

上午,区领导杨文斌、李云峰在区委三楼常委会议室会见中国建筑股份有限公司江西分公司总经理欧阳霞辉一行,双方就中国建筑股份有限公司参与东湖区基础设施建设方面进行了深入交流。区领导陈建军、张东林、胡志强,区发改委、区城建局、区商务局、区国土分局、区规划分局、扬子洲镇、扬农管理处负责人参加会见。

上午,区领导杨文斌在区委三楼多媒体会议室主持召开区委书记议事会,会议传达江西省委十三届十一次全会精神和南昌市领导干部会议精神,讨论 2015 年第二轮房屋征迁工作方案。区领导李云峰、罗毛则、陈建军、闵建波、喻国泰、陈曙、王志勤、焦玉庄、唐铭市、张东林、林正通、童萍如、杨玉章、胡志强、刘众星,区检察院检察长杜迎春出席会议。区纪委、区法院、区委办公室、区人大办公室、区政府办公室、区委组织部、区委宣传部、区发改委、区房管局、区财政局、区城建局、区审计局、区商务局、区城投公司、区国土分局、区规划分局、扬子洲镇、八一桥街办、豫章街办、墩子塘街办、百花洲街办、公园街办、大院街办、董家窑街办、彭家桥街办、滕王阁街办、贤士湖管理处、扬农管理处等单位负责人参加会议。

2 日

在美国洛杉矶举行的第十四届世界夏季特殊奥林匹克运动会上,东湖区培智学校李楚楚、詹玲两名优秀运动员入选国家队参加举重项目比赛,夺得 1 金 7 银的好成绩。

4 日

上午,区领导杨文斌在起凤路农房指挥部会议室主持召开集体土地上房屋征迁工作调度会,贤士湖管理处党工委书记杨征宇在会上汇报了 2015 年第一轮集体土地上房屋征收工作的进展,区领导胡志强分析了目前存在的主要问题并部署了下一步工作,区领导张东林部署了安置房建设、青山湖西岸土地出让、本轮拆除房屋所在地块的围挡建设、违章建筑拆除等工作。区领导林正通、毛惟仁、余瑾、谢蓉、桂兵、熊凤妹、敖晓焕、郑洪健,东湖公安分局政委万剑波,区委办公室、区房管局、区财政局、区市场监管局、区国税局、区地税局、区安管局、区教科体局、区卫计委、区信访局、区城投公司、区国土分局主要负责人,贤士湖管理处班子成员,长巷村、贤湖村主要负责人等参加会议。

上午,区领导李云峰带领招商小分队考察湖南芒果金融,与芒果金融董事长谢群力就互联网金融运营模式、服务方式等方面的内容进行了探讨和交流。区领导刘众星,区发改委、商务局、金融办等负责人陪同考察。

下午,区领导李云峰带领招商小分队考察阿里巴巴株洲产业带项目,参观了阿里巴巴株洲产业带第三方运营服务商湖南经天纬地网络科技有限公司,就城市管理经验与株洲芦淞区政府进行了交流学习。区领导刘众星,区发改委、区商务局、区金融办等负责人陪同考察。

上午,区领导夏小兰到方志敏爱国事迹陈列馆就《追寻方志敏——纪念方志敏烈士就义80周年专题文献展》活动进行现场指导,区文广局相关负责人陪同。

5日

上午,区委十一届第54次常委会议在区委三楼常委会议室召开,区领导杨文斌主持。会议听取了区委组织部汇报《省委组织部关于对东湖区选人用人工作专项检查的情况通报》;学习传达了全省推进党建"三大工程"暨农村基层党建工作会议精神。审议区委办公室提出的《关于召开中共东湖区委十一届十一次全体(扩大)会议的请示》及有关会议材料。审议区纪委提出的《关于请求审议〈2015年全区党风廉政建设和反腐败工作任务分工(送审稿)〉的请示》《请求审议〈关于在全区开展廉政巡查工作的方案(送审稿)〉等文件的请示》《关于给予梁文瑶开除党籍处分的请示》《关于给予陈光辉行政降级处分的请示》。审议了区政府党组提出的《关于请求审议〈2015年东湖区民生工程实施意见(送审稿)〉的请示》。审议区委统战部提出的《关于召开东湖区工商联(总商会)第五次会员代表大会的请示》《关于东湖区各民主党派区级组织换届工作的请示》。

区委决定:刘众星任东湖区人民政府党组成员。

区委同意:周兰香任东湖区人民检察院党组成员、副检察长(挂职锻炼一年)。副检察长的任命,请依法办理。

区委决定:免去谭锦宏的东湖区科协主任科员职务,退休;免去艾豫华的东湖区人大内务司法工作委员会主任科员职务,退休;免去涂海洪的东湖区人民检察院主任科员职务,退休。以上人员退休时间从2015年8月起算。

6日

上午,区领导夏小兰带领区市场改造相关部门检查东湖区花园角、钟鼓楼、文教北路和四经路农贸市场升级改造情况。

下午,南昌市副市长肖玉文赴上海考察,拜会了上海斐讯数据通讯技术有限公司董事长顾国平,参观了该公司6号生产基地及总部产业园区,就企业意向在南昌投资项目进行了商议。区领导杨文斌、刘众星,南昌市贸促会会长、投资促进局副局长戴琼,高新管委会副主任饶绍清,临空经济区副主任吴斌陪同考察。

晚上,区领导李云峰、王玮带队对辖区部分惠民便民利民工程推进和夜间城市管理工作开展暗访,检查了贤士湖公园周边、大士院街周边、青山南路601支路周边等区域的路灯"全覆盖"情况,视察了阳明路沿线部分居民化粪池改造以及江药小游园施工进展情况,并察看了路途中"三经五纬"、建德观、苏圃路等路段的夜市出店经营和露天烧烤整治落实情况。区领导张东林、熊凤妹、敖晓焕、胡中平、欧阳桃花、郑洪健、冯于水,部分政协委员和区直有关单位负责人参加。

7日

中共东湖区委十一届十一次全体(扩大)会议在区政府七楼礼堂隆重召开。大会书面传达了中共江西省委十三届十一次全会精神和南昌市领导干部会议精神,区领导杨文斌主持大会并代表区委常委会作了题为《抢建新节点 再创新高地 在共筑"四强"梦的伟大征程中争创南昌绿色崛起新标杆》的报告,李云峰总结了该区上半年的各项工作并对下半年东湖经济社会发展工作进行了部署。区委委员、区委候补委员出席大会,不是区委委员、区委候补委员的全区副科级以上领导干部列席或应邀参加会议。

10日

下午,区领导陈曙到南昌公交阳明路15号(原皇菠萝)调度阿里巴巴南昌产业带项目推进工作。

晚上,区领导杨文斌、李云峰、张东林等在区委三楼多媒体会议室专题听取百花洲景区改造设计方案汇报。区城建局、区城管局、区执法分局、区房管局、区商务局、区文广局、墩子塘街办、百花洲街办、公园街办主要负责人参加。

11 日

下午，区领导陈曙在贤士湖管理处主持召开座谈会，调研经济工作和重点项目，听取了贤士湖管理处关于经济工作和重点项目进展情况的汇报。贤士湖管理处班子成员参加。

12 日

上午，区领导杨文斌、喻国泰、陈曙、焦玉庄、唐铭市、彭雅琳、余瑾陪察看全区各旧改地块房屋拆除情况，并召开旧改工作调度会。区领导一行先后察看了青山湖西岸项目、殷家巷项目、滕王阁东广场旧改项目、下正街旧改项目、上下沙窝旧改项目、临江商务区旧改项目、长巷村（起凤路）和香江家俱城旧改项目房屋拆除情况。区委办公室、区政府办公室、区发改委、区房管局、区委宣传部、区审计局、区城投公司、区国土分局、区规划分局、区旧改督查组及八一桥街办、豫章街办、墩子塘街办、百花洲街办、公园街办、大院街办、董家窑街办、彭家桥街办、滕王阁街办、贤士湖管理处主要负责人参加了调度会。

13 日

上午，区领导杨文斌、罗毛则、陈曙察看东湖区 2015 年迎“三看”项目进展情况，先后察看了农贸市场改造、街头小游园、智慧城管、豫章路北延、湖滨西路改造、新公园路改造、阿里巴巴产业带、三经五纬街区改造、豫章一号文创园等项目进展。区委办公室、区政府办公室、区发改委、区城建局、区城管局、区执法分局、区规划分局、区商务局、区房管局、区城投公司、区文广局、豫章街办、公园街办、大院街办、董家窑街办、彭家桥街办、贤士湖管理处负责人参加。

17 日

下午，区领导李云峰在区政府三楼西会议室主持召开东湖区招商引资项目调度会，传达了当天上午南昌市招商引资工作月调度会议精神，听取了各项目牵头单位关于项目推进情况的汇报，并就项目推进中存在的问题进行协调和调度。区领导陈曙、刘众星出席会议，区政府办、区财政局、区发改委、区经济办、区商务局、墩子塘街办、彭家桥街办、公园街办等单位负责人参加会议。

18 日

上午，区领导夏小兰到辖区的花园角、文教北路两个农贸市场督导市场改造工作。

上午，区领导杨文斌在起凤路农房指挥部会议室主持召开集体土地上房屋征迁工作调度会，贤士湖管理处党工委负责人汇报了集体土地上的房屋征迁工作情况，区领导胡志强分析了存在的主要问题并对下一步工作提出了建议，区领导张东林对集体土地上的房屋征收工作提出了相关要求。区领导毛惟仁、余瑾、谢蓉、熊凤妹、敖晓焕、郑洪健、冯于水、谢保成，东湖公安分局政委万剑波，区委办公室、区房管局、区财政局、区市场监管局、区国税局、区地税局、区安管局、区教科体局、区卫计委、区信访局、区城投公司、区国土分局和各集体土地上房屋征迁责任单位主要领导，贤士湖管理处班子成员及长巷村、贤湖村主要负责人参加会议。

下午，区领导李云峰在区委三楼多媒体会议室主持召开区政府第 47 次常务会，陈曙、张东林、童萍如、杨玉章、刘众星以及区政府党组成员余坚、万勇、查秋滚参加会议，区领导余瑾、郑洪健列席会议。会议传达全国、省、市安全生产电视电话会议精神，观看《“媒体啄木鸟”行动》光碟，并审议《东湖区部门行政权力清单（送审稿）》等议题。

19 日

上午，区领导童萍如到南昌市爱国路小学、向荣小学、出新幼儿园、北湖小学、育新学校（初中部和小学部）、南京路小学察看校园整体提升改造工程进展情况。区教科体局、区市政所负责人参加。

21 日

下午，区委十一届第 55 次常委会议在区委三楼常委会议室召开，区领导杨文斌主持。会议学习传达了市委组织部《关于转发省委组织部〈关于超职数配备干部问题整治工作有关纪律规定〉的通知》（洪组发〔2015〕13 号）和市委组织部《关于印发〈干部任前职数审核暂行办法〉的通知》（洪组发〔2015〕14 号）文件精神。审议了区政府党组提出的《关于调整区政府领导分工的请示》《关于审议〈南昌市东湖区临江商务区滨江片区（董家窑）旧城改造项目引进资本合作协议书（送审稿）〉的请示》《关于审议〈东湖区人民政府与江西金融租赁股份有限公司合作协议（送审稿）〉的请示》和《关于审议〈2015 年东湖区 PPP 项目实施方案（送审稿）〉的请示》。

区委决定:唐立红任中共南昌市育新学校总支部委员会书记(试用期一年);免去胡琪的中共南昌市滨江学校支部委员会书记职务;邓吟晓任中共南昌市阳明学校支部委员会书记(试用期一年);王强保留正科级待遇,免去其中共南昌市阳明学校支部委员会书记职务;梁晓清任中共南昌市光明学校支部委员会书记;免去汤志标的中共南昌市光明学校支部委员会书记职务;免去梁文瑶的中共南昌市育新学校总支部委员会书记职务;免去王洪的中共南昌市青桥学校支部委员会副书记职务。

区委同意:熊金辉任东湖区教育科技体育局副局长(正科级),免去其南昌市育新学校校长职务;唐志红任南昌市育新学校校长,免去其南昌市滨江学校校长职务;免去唐立红的南昌市育新学校副校长职务;张雅勤任南昌市育新学校副校长(列龙平凡之前),免去其南昌市向荣小学校长职务;马正任南昌市育新学校副校长(试用期一年);金莉莎任南昌市育新学校副校长(试用期一年);刘志慧任南昌市城北学校校长,免去其南昌市南京路小学校长(正科级)职务;吴家安任南昌市城北学校副校长;张海维任南昌市城北学校副校长(试用期一年);胡琪任南昌市滨江学校校长;赵慧敏任南昌市滨江学校副校长(试用期一年);万雪辉任南昌市滨江学校副校长(试用期一年);免去邓吟晓的南昌市阳明学校副校长职务;李剑任南昌市阳明学校副校长(试用期一年);黄俊辉任南昌市青桥学校校长(试用期一年),免去其南昌市育新学校副校长职务;汤志标任南昌市光明学校校长;免去梁晓清的南昌市光明学校校长职务;张蕾任南昌市光明学校副校长(试用期一年);杨舸任南昌市南京路小学校长,免去其南昌市滨江学校副校长职务;徐绛任南昌市向荣小学校长(试用期一年);杨建平保留正科级待遇,免去其南昌市城北学校校长职务;王洪保留正科级待遇,免去其南昌市青桥学校校长职务;于莲蓉保留副科级待遇,免去其南昌市滨江学校副校长职务。请按有关规定办理。

22 日

上午,区领导李云峰、张东林、童萍如一行先后到南昌市爱国路小学、向荣小学、出新幼儿园、北湖小学、南京路小学和育新学校(初中部、小学部),实地督导2015年校园提升改造工程进度。区政府办、区教科体局和区城建局负责人参加。

下午,江西省委宣传部宣教处处长方艳茹一行到东湖区滨江社区调研督导纪念抗战胜利七十周年社会宣传工作。南昌市委宣传部副部长罗水长、副县级宣传员雷丽红,区领导夏小兰陪同。

23 日

上午,东湖区委宣传部组织召开纪念抗战胜利七十周年宣传工作布置会,传达了江西省、南昌市关于加强纪念抗战七十周年社会宣传的指示精神,下发了《关于做好纪念中国人民抗日战争暨世界反法西斯战争胜利70周年活动社会宣传工作的通知》,并就宣传时间、宣传内容及点位布置作了详尽解读。区领导夏小兰主持会议并讲话。扬子洲镇、各街道、管理处及区直有关单位分管领导参加会议。

24 日

上午,区领导李云峰到东湖区法院调研工作,听取了区法院基本情况以及近几年来的工作开展情况的汇报,对法院的工作给以充分肯定并对下一步工作提出了要求。区领导王志勤陪同,区政府办、区财政局负责人参加。

29 日

区委决定:免去聂品的东湖区财政局主任科员职务,退休。该退休时间从2015年9月起算。

本月

中共江西省委、江西省人民政府印发《关于表彰2014年度全省开放型经济先进单位的通报》,东湖区荣获全省利用外资先进县(市、区)、外贸出口先进县(市、区)称号。

九月

1 日

中共江西省委书记强卫在中国人民抗日战争暨世界反法西斯战争胜利70周年纪念日来临之际,看望慰问了抗战老战士、老、烈士遗属及抗战将领遗属,代表省委、省政府向全省为抗战胜利作出巨大牺牲和突出贡献的前辈先烈致以崇高敬意。强卫分别看望慰问了抗战老战士吴平、抗战老武耀金、烈士遗属刘旋等。江西省军区政委杨笑祥陪同慰问。

上午,江西省省长鹿心社在中国人民抗日战争暨世界反法西斯战争胜利70周年纪念日来临之际,走访慰问了抗战老战士、老、烈士遗属、抗战将领遗属,代表省委、省政府向全省为抗战胜利作出巨大牺牲和贡献的先辈们致以崇高的敬意。鹿心社看望了抗战老刘仲侯、烈士遗属李洪甫、抗战老战士田力、抗战将领遗属肖都庆等。

上午,区领导童萍如到南昌市育新学校、城北学校、南京路小学察看开学工作,区教科体局主要负责人参加。

上午,区领导陈曙在区政府三楼西会议室主持召开殷家巷地块征迁收尾工作调度会和殷家巷地块战略协议研讨会,听取了贤士湖管理处关于殷家巷地块征迁收尾工作的汇报,并就地块战略协议进行了研究。区房管局、区法制办、东湖规划分局、东湖国土分局、董家窑街办、贤士湖管理处等单位主要负责人参加会议。

下午,区领导夏小兰到辖区的花园角农贸市场察看施工进展情况。

下午,区委十一届第56次常委会议在区委三楼常委会议室召开,区领导杨文斌主持。会议审议了区纪委提出的《关于审议〈2015年度落实党风廉政建设责任制检查考核工作方案(送审稿)〉的请示》。审议了区政府党组提出的《关于审议〈东湖区2015年第二轮房屋征迁工作实施方案(送审稿)〉的请示》。杨文斌布置在中央党校学习期间有关工作安排。

7日

下午,区领导陈曙到中金国际交易中心和阿里巴巴南昌产业带项目察看项目进展情况,区发改委、贤士湖管理处和项目业主单位主要负责人陪同。

8日

上午,区领导童萍如先后来到区教科体局、青桥学校、八一嘉实希望小学、豫章小学、爱国路小学、培智学校、东湖幼儿园等地看望王洪等十位优秀教师代表,给老师们送上鲜花和慰问金。区教科体局、区政府办相关负责人陪同。

下午,南昌市人大常委会调研组一行到东湖区行政服务中心就关于开展第九轮行政审批改革制度改革落实工作情况进行调研。调研组一行考察了中心各窗口,并询问工作人员项目审批办理情况。区领导余瑾、胡志强,区人大财经委、区行政服务中心等单位负责人陪同调研。

10日

下午,区领导刘众星一行到东湖区市场和质量监督管理局调研工作,听取了区市场监管局关于该局基本情况、工作进展及下一步工作打算的汇报,区市场和质量监督管理局全体领导班子成员参加。

下午,江西省信用联社孔发龙理事长、蔡东林副主任一行到东湖区彭家桥街道湖滨南路社区开展志愿者活动,走访了困难居民。区领导刘众星,区金融办、彭家桥街办主要领导陪同。

14日

下午,区领导陈曙到东湖区地税局调研,查看了区地税局纳税大厅的有关情况,并与区地税局班子成员和业务骨干进行了座谈。区财政局主要负责人,区地税局班子成员参加调研。

下午,区领导胡志强在区政府三楼东会议室主持召开分管的2015年重大重点项目调度会,听取了各项目责任单位汇报项目进展情况及存在的问题,并针对存在的问题一一做出了解答。相关项目责任单位主要负责人参加会议。

15日

上午,区领导胡志强到永溪村调度湖畔豪庭(洪都北大道)旧改项目。

上午,区领导张东林会见大连万达商业地产股份有限公司发展中心华东区区域副总经理杨毅,双方就公司意向在东湖区投资开发大型城市综合体项目进行了沟通交流。区商务局有关负责人参加会见。

16日

上午,区领导陈曙到区国税局调研,查看了区国税局纳税大厅的有关情况,并与区国税局班子成员和业务骨干进行了座谈。区国税局班子成员,区财政局(协税办)主要负责人和有关工作人员参加。

17日

东湖区2015第三季度综治入户宣传、综治督查通报、治安形势分析、流动人口和出租屋排查登记、校园周边整治及交通保障动员会议在区政协六楼会议室召开,区综治办通报了上半年综治督查工作情况，东湖公安分局通报第3季度全区刑事警情，区综治办传达了第4次南昌市社会治安形势通报会商会议精神，并就迎接全省第三季度公众安全感测评等工作进行了部署。区领导王志勤主持会议并讲话，全区各镇、街道、管理处综治办主任，区教科体局、区司法局、区民政局、区人社局、区环保局、区城建局、区城管局、区行政执法局、区房管局、区商务局、区文广局、区卫计委、区市场监管局、东湖交警大队综治分管领导，东湖公安分局分管领导及户政大队大队长参加会议。

18日

上午，区领导刘众星到东湖区企业资产管理服务中心开展工作调研，全面了解了区企资中心的基本情况、存在的困难和下步打算。区企业资产管理服务中心全体班子成员，工业企业资产经营公司、商企办、及东湖建筑公司、胜利建筑公司经理等相关人员参加调研。

下午，区领导陈曙到东湖区统计局调研，听取了区统计局关于1—8月经济数据的情况汇报，并就全区经济工作存在的困难和问题进行了研讨。区统计局班子成员和业务骨干参加了调研。

21日

下午，区领导刘众星在区政府三楼西会议室主持召开东湖区开放型经济工作调度会，传达了南昌市招商引资工作的会议精神，并对下一步全区招商引资工作进行了相关部署。各经济责任单位分管领导参加会议。

22日

下午，区领导陈曙会见江西航空投资有限公司总经理伍向阳一行，双方就该公司意向在东湖区成立电子商务企业等事宜进行了沟通，区商务局相关负责人陪同。

23日

上午，东湖区在区委三楼多媒体会议室召开城市管理提质升级“百日会战”新闻通气会，区领导夏小兰主持会议。区领导张东林对2015年以来全区城市管理工作进展进行了介绍，并就“百日会战”的实施时间、主要任务及工作思路进行说明；区领导李云峰、夏小兰、张东林以及有关职能部门负责人，逐一回应了媒体记者关于“百日会战”推进实施、蓝天行动的进展、惠民便民利民工作项目建设、道路设施完善工程等方面的提问。《江西日报》《江南都市报》《江西晨报》、江西卫视、江西二套、中国江西网、《南昌日报》《南昌晚报》、南昌电视台等省市13家主流媒体应邀参加，区创建办、区城管局、区执法分局、区房管局、区城建局、区环保局等相关职能部门负责人参加了会议。

下午，东湖区在区政府七楼礼堂召开城市管理提质升级“百日会战”动员会。区领导夏小兰主持会议，张东林对《关于在全区开展城市管理提质升级“百日会战”的实施方案》进行了解读，并对城市管理提质升级“百日会战”工作作了安排，李云峰作重要讲话。南昌市政府副秘书长魏小俊、市城管委主任杨保根莅临会议指导，在家的东湖区委、区人大、区政府、区政协班子成员，区人大、区政协调研员，区人武部政委、区法院院长、区检察院检察长出席会议，全区副科级以上领导干部以及各街办、贤士湖管理处执法中队长参加了会议。

24日

下午，区领导陈曙在区政府三楼西会议室主持召开全区固定资产投资指标有关问题调度会，听取了区统计局关于全区第三季度固投指标完成情况的通报，并就有关问题进行了研究。区统计局、区发改委、区教科体局、区城建局、区商务局、区城管局、区卫生局等单位主要负责和分管人参加会议。

下午，区领导刘众星带领区安监局、东湖消防大队相关负责人对辖区的重点单位进行安全生产大检查，先后到了江西医保进出口有限公司、南昌市百货大楼中山路店和八一公园等3家单位进行安全检查，要求各部门确保节日期间辖区安全生产形势稳定。

25日

上午，江西省农业厅志愿者服务队到东湖区百花洲街办状元桥社区开展“四进四联”微心愿社区征集活动，省农业厅副厅长程关怀、区领导童萍如出席。

28日

下午，区领导胡志强到东湖区失能老人照料中心建设场地视察工作，对区福利院提出的有关消防、规划、城管等需协调的问题现场与红谷滩新区有关部门进行沟通协调。区民政局相关负责人参加。

29日

下午,东湖区在区委三楼多媒体召开全区经济工作调度会。会议传达了29日南昌市第三季度经济运行会精神,通报了近期财税工作完成情况,各单位新增在跟在谈项目、客商来访、小分队外出招商信息及其他项目情况,1—9月招商引资项目进资情况,各经济责任单位就重大在跟在谈"五新"项目和全区2015招商引资重大重点项目进展进行了汇报和交流,区领导李云峰结合全市和全区的经济发展形势对推进全区经济工作作了部署。区领导陈曙、刘众星、余瑾、郑洪健,区政府办、区财政局(区协税护税办)、区经济办、区商务局,各经济责任单位主要领导参加会议。陈曙主持会议。

30日

上午,区领导李云峰在区委三楼多媒体会议室主持召开区政府第49次常务会,区领导陈曙、张东林、童萍如、杨玉章、胡志强、刘众星以及区政府党组成员余坚、万勇、查秋滚参加会议,区领导余瑾、郑洪健列席会议。会议观看《"媒体啄木鸟"行动》光碟,传达南昌市纪委《关于中秋国庆期间落实中央八项规定严防"四风"问题反弹的通知》精神,并审议《关于调整东湖区协税护税工作领导小组等50个领导机构组成人员的请示》等议题。

上午,区领导李云峰在区委三楼多媒体会议室主持召开区政府第5次区长办公会,陈曙、张东林、童萍如、杨玉章、胡志强、刘众星以及区政府党组成员余坚、万勇、查秋滚参加会议。会议审议《关于区综合服务中心及文化活动中心拟统一购置办公设施有关事宜的请示》等议题。

上午,新组建的东湖区市场和质量监督管理局正式揭牌,该局是由原工商、质监和食药监三个部门整合而成。区领导刘众星出席揭牌仪式,区市场和质量监督管理局班子成员和机关全体职工参加活动。

本月

东湖区农贸市场在"市城区农贸市场环境卫生管理领导小组办公室"主导的每月城区农贸市场检查排名中再夺桂冠,截至8月,已连续夺得七次排名"第一"的好成绩。

十月

4日

上午,区领导杨文斌带队察看全区迎"三看"项目进展情况,并在区委三楼多媒体会议室主持召开调度会,李云峰、陈曙、王志勤、夏小兰、张东林、童萍如、胡志强、刘众星等领导一同察看。区委办公室、区政府办公室、区委宣传部、区维稳办、区信访局、区发改委、区城建局、区城管局、区执法分局、区商务局、区房管局、区文广局、区城投公司、豫章街办、百花洲街办、董家窑街办、彭家桥街办、滕王阁街办、贤士湖管理处、区机管局、东湖公安分局、东湖交警大队、"四个团队"的负责人,各项目相关企业代表参加了调度会。会议要求项目特色亮点的挖掘及其他配套工作仍需抓紧抓实,各项目责任单位和负责人要加强协同,对迎"三看"工作每周调度一次,确保各项工作按照时间节点扎实推进。

下午,区领导杨文斌在区委三楼常委会议室专题听取了百花洲景区设计方案和中山路改造设计方案汇报,对方案提出了具体修改意见。区领导张东林出席,区城建局、区房管局、区文广局、墩子塘街办、百花洲街办、公园街办主要负责人参加会议。

5日

上午,区领导杨文斌在区委三楼多媒体会议室主持召开区委书记议事会,听取了区旧改办关于全区2016年旧城改造工作计划的汇报,李云峰、喻国泰、唐铭市、张东林、胡志强出席。区委办公室、区编办、区政府办公室、区发改委、区房管局、区财政局、区城建局、区城投公司、区国土分局、区规划分局、区城管局、区执法分局、区商务局、区文广局、八一桥街办、豫章街办、墩子塘街办、百花洲街办、公园街办、大院街办、董家窑街办、彭家桥街办、滕王阁街办、贤士湖管理处负责人列席相关议题。

9日

上午,区领导刘众星在区政府三楼西会议室主持召开分管口年终目标任务冲刺调度会,有关单位班子成员及下属单位负责人参加会议。会议邀请区纪委副书记、监察局长余坚围绕“把纪律和规矩挺在前面”为全体参会人员作了解读。

下午，南昌市副市长张根水到东湖区淘宝大学江西商学院电子商务总部基地参观考察，到淘鑫基地的淘宝大学江西商学院、电商运营中心等淘鑫基地内驻企业，详细听取了江西馆O2O体验店的销售情况和基地建设情况汇报。市商务局局长吕娄、区领导刘众星陪同考察。

10日

上午，区领导童萍如到东湖区文化馆新馆和区图书馆新馆公共文化建设功能完善提升项目现场，调度项目进展情况，区文广局负责人陪同。

下午，区领导李云峰在区政府三楼西会议室会见上海沂居投资管理有限公司运营总监秦义铭一行，双方就在东湖区投资项目进行了沟通交流。区领导刘众星，区政府办、区商务局和区机管局等单位负责人参加会见。

下午，区领导李云峰在区政府三楼中会议室会见大连万达商业地产股份有限公司发展中心华东区区域副总经理杨毅，双方就在东湖区投资项目进行了沟通交流。区领导张东林、刘众星，区商务局、东湖国土分局和东湖规划分局等单位负责人参加会见。

12日

上午，区领导杨文斌带领招商小分队考察北京城建集团及城建道桥建设公司，并与北京城建集团领导进行座谈，双方就部分地块的开发与合作交换了意见。区领导刘众星，区商务局、区国土分局等相关人员参加座谈。

下午，区领导杨文斌在北京会见部分在京赣商代表，对江西的企业家在北京取得的成绩表示祝贺，并诚挚邀请企业家们返乡投资创业。区领导刘众星，北京江西商会、区商务局、区国土分局等相关人员参加。

17日

下午，区委十一届第57次常委会议在区委三楼常委会议室召开，区领导杨文斌主持。会议审议了区政府党组提出的《审议〈东湖区关于做好招商引资“六个跟踪”工作的实施意见（送审稿）〉的请示》《关于审议〈东湖区2015年迎接全市“三看”活动实施方案（送审稿）〉的请示》《审议〈关于调整东湖区协税护税工作领导小组等12个领导机构组成人员的通知（送审稿）〉的请示》。研究了原区委副书记罗毛则调离东湖区后有关工作接替及其他事宜。

接中共南昌市委组织部洪组干函〔2015〕70号文件通知，区委决定：宋晓任中共东湖区八一桥街道工作委员会书记；免去谢国泉的中共东湖区八一桥街道工作委员会书记职务；许前佐任中共东湖区豫章街道工作委员会书记；免去陈明华的中共东湖区豫章街道工作委员会书记职务；黄芝义任中共东湖区墩子塘街道工作委员会书记；免去李青峰的中共东湖区墩子塘街道工作委员会书记职务；涂勇任中共东湖区大院街道工作委员会书记；免去熊敏的中共东湖区大院街道工作委员会书记职务；张勇任中共东湖区彭家桥街道工作委员会书记；免去高迪生的中共东湖区彭家桥街道工作委员会书记职务。

接中共南昌市委组织部洪组干函〔2015〕70号文件通知，区委同意：杨峰任东湖区八一桥街道办事处主任（试用期一年）；免去宋晓的东湖区八一桥街道办事处主任职务；黄灿任东湖区豫章街道办事处主任；免去许前佐的东湖区豫章街道办事处主任职务；喻菡任东湖区大院街道办事处主任（试用期一年）；免去张勇的东湖区大院街道办事处主任职务；李良清任东湖区彭家桥街道办事处主任（试用期一年）；免去黄芝义的东湖区彭家桥街道办事处主任职务。

区委决定：刘文俊任中共东湖区人民政府党组成员，免去其中共东湖区委办公室副主任、区委督查室主任（正科级）职务；唐浩任中共东湖区委办公室副主任，区委、区政府信访局局长，免去其中共东湖区委政法委副书记（正科级）、东湖区维护社会稳定办公室主任职务；免去涂勇的中共东湖区委办公室副主任，区委、区政府信访局局长职务；罗琴任中共东湖区委机要保密局副局长；肖丽任中共东湖区委办公室副科级督察专员（试用期一年）；免去黄玉华的中共东湖区委宣传部副科级宣传员职务；免去熊莺的东湖区社会治安综合治理委员会办公室副主任职务；黄天祥任中共东湖区工商联合会党组书记（试用期一年）；吴学锋任中共东湖区纪律检查委员会办公室主任（试用期一年）；范洪任中共东湖区纪律检查委员会主任科员，免去其中共东湖区企业资产管理服务中心委员会副书记职务;孙小明任中共东湖区人民政府办公室党组成员;况强任中共东湖区人民政府办公室党组成员,免去其中共东湖区商务局委员会委员职务;易年忠任中共东湖区发展与改革委员会委员会书记;熊丽芳任中共东湖区发展与改革委员会委员会委员,免去其中共东湖区发展与改革委员会委员会书记职务;免去唐清风的中共东湖区发展与改革委员会委员会委员职务;舒小红任中共东湖区教育科技体育局委员会委员,免去其中共东湖区教育科技体育局委员会书记职务;免去吁坤的中共东湖区司法局党组成员(副科级)职务;万勇任中共东湖区财政局党组书记;邓震国任中共东湖区财政局党组成员,免去其中共东湖区财政局党组书记职务;免去陈昌武的中共东湖区人力资源和社会保障局委员会委员职务;陈峰任中共东湖区审计局党组书记,免去其中共东湖区环境保护局委员会副书记职务;程振纺任中共东湖区审计局党组成员,免去其中共东湖区审计局党组书记职务;李青峰任中共东湖区环境保护局委员会书记;徐钟星任中共东湖区环境保护局委员会委员,免去其中共东湖区环境保护局委员会书记职务;万晓荣任中共东湖区城市建设局委员会书记;免去何平的中共东湖区城市建设局委员会书记职务;周凯任中共东湖区住房保障和房产管理局委员会书记;徐顺姣任中共东湖区住房保障和房产管理局委员会委员,免去其中共东湖区住房保障和房产管理局委员会书记职务;钟华任中共东湖区卫生和计划生育委员会委员会书记;免去彭玉兰的中共东湖区卫生和计划生育委员会委员会书记职务;周春雷任中共东湖区城市管理局委员会书记;王萍任中共东湖区商务局委员会委员;张志忠任中共东湖区农村工作办公室党组书记,免去其中共南昌市城市管理行政执法局东湖分局委员会书记职务;杨峰任中共东湖区八一桥街道工作委员会副书记,免去其中共东湖区人民政府办公室党组成员职务;免去宋晓的中共东湖区八一桥街道工作委员会副书记兼中共东湖区八一桥街道环卫所支部委员会书记职务;黄灿任中共东湖区豫章街道工作委员会副书记;免去许前佐的中共东湖区豫章街道工作委员会副书记兼中共东湖区豫章街道环卫所支部委员会书记职务;曾武兵任中共东湖区公园街道工作委员会副书记(试用期一年)、纪律检查工作委员会书记,免去其中共东湖区委组织部副科级组织员职务;喻菡任中共东湖区大院街道工作委员会副书记,免去其中共东湖区财政局党组成员职务;陶鹏任中共东湖区大院街道工作委员会副书记、纪律检查工作委员会书记;免去张勇的中共东湖区大院街道工作委员会副书记兼中共东湖区大院街道环卫所支部委员会书记职务;李良清任中共东湖区彭家桥街道工作委员会副书记,免去其中共东湖区纪律检查委员会常委、第一纪检监察室主任、正科级纪检员职务;免去黄芝义的中共东湖区彭家桥街道工作委员会副书记兼中共东湖区彭家桥街道环卫所支部委员会书记职务;熊林梁任中共南昌市城市管理行政执法局东湖分局委员会书记;免去周运坤的中共南昌市城市管理行政执法局东湖分局委员会委员职务;余娇任中共南昌市滨江学校支部委员会书记(试用期一年);杨青飏任中共东湖区职工学校支部委员会书记(试用期一年),免去其东湖区"民情家访"理事分会办公室主任(副科级)职务;免去杨小兰的中共东湖区社保管理局支部委员会书记职务。

区委提名:免去李青峰的东湖区墩子塘街道人大工作委员会主任(兼)职务;免去熊敏的东湖区大院街道人大工作委员会主任(兼)职务。

区委提名:免去钟奖荣的东湖区残疾人联合会执行理事会副理事长职务。

区委提名:黄天祥任东湖区工商联合会常务副主席;熊莺任东湖区工商联合会副主席;免去罗琴的东湖区工商联合会副主席职务。

区委提名:车丽娟任共青团东湖区委书记(试用期一年);免去黄灿的共青团东湖区委书记职务。

区委同意:刘文俊任东湖区人民政府办公室正科级督查专员;孙小明任东湖区人民政府办公室副主任;况强任东湖区人民政府办公室副主任,免去其东湖区商务局副局长职务;免去杨峰的东湖区人民政府办公室副主任职务;免去张竞岚的东湖区人民政府办公室副主任职务;熊丽芳任东湖区发展与改革委员会副主任(正科级);免去唐清风的东湖区发展与改革委员会副主任职务;舒小红任东湖区教育科技体育局副局长(正科级);钟奖荣任东湖区公园街道司法所所长;免去涂华明的东湖区公园街道司法所所长职务；免去陶鹏的东湖区彭家桥街道司法所所长职务；邓震国任东湖区财政局副局长（正科级）；免去喻菡的东湖区财政局副局长职务；免去陈贞珍的东湖区人力资源和社会保障局副局长职务；程振纺任东湖区审计局副局长（正科级）；徐钟星任东湖区环境保护局副局长（正科级）；何平任东湖区城市建设局主任科员，免去其东湖区城市建设局副局长职务；徐顺姣任东湖区住房保障和房产管理局副局长（正科级）；王萍任东湖区商务局副局长，免去其东湖区服务业规划管理办公室主任职务；彭玉兰任东湖区卫生和计划生育委员会主任科员；免去曹兴国的东湖区人民防空办公室（民防局）副主任（副局长）职务；李承烈任东湖区扬子洲镇主任科员；蒋勤任东湖区行政服务中心副主任科员，免去其东湖区行政服务中心副主任职务；免去熊福臣的东湖区行政服务中心副主任职务；免去范洪的东湖区企业资产管理服务中心主任职务；熊林梁任南昌市城市管理行政执法局东湖分局局长；免去张志忠的南昌市城市管理行政执法局东湖分局局长职务；免去周运坤的南昌市城市管理行政执法局东湖分局副局长职务；免去谢斌的东湖区城市建设投资发展有限公司董事长、总经理职务；周林任南昌市北湖小学校长，免去其南昌市爱国路小学校长职务；免去余娇的南昌市北湖小学校长职务；秦淑琴任南昌市爱国路小学校长；杨小兰保留副科级待遇；江波保留副科级待遇，免去其东湖区工业企业资产经营公司经理职务。

区委提名：陈峰任东湖区审计局局长，免去其东湖区环境保护局局长职务；李青峰任东湖区环境保护局局长；张志忠任东湖区农村工作办公室主任。

区委提名：陈贞珍任东湖区政协提案委员会办公室主任（试用期一年）。

19 日

上午，区领导童萍如到区教科体局现场调度城北幼儿园（暂定名）建设工作，区教科体局副局长李建民、东湖幼儿园副园长何丽君参加。

上午，由南昌市委督查室、团市委、市教育局组成的南昌市少先队建设工作督查组在东湖区教科体局召开座谈会，详细了解该区少先队建设工作情况，并抽查 2 所学校进行了现场检查。区领导童萍如、团市委副书记邓培，团区委、区教科体局相关负责人以及部分区属学校领导和少先队辅导员参加座谈。

上午，区领导李云峰在区政府三楼西会议室会见广州海印实业集团有限公司邵建明董事长一行，就海印集团在东湖落户过程中遇到的有关问题现场调度，双方还签订了《合作框架协议》。区领导张东林、刘众星，区商务局、区工商联、区财政局、区房管局、东湖国土分局、东湖规划分局等单位负责人参加会见。

下午，区领导李云峰到阿里巴巴“南昌产业带”项目施工工地督导项目进展，区发改委、区城建局、区商务局、东湖执法分局和豫章街办负责人陪同。

下午，东湖区组织召开 2015 年东湖区“财园信贷通”工作调度会议，会议传达了南昌市 14 日召开的“财园信贷通”督导工作调度会议精神，并就东湖区“财园信贷通”放贷形势进行了简要分析，通报了 7—10 月各成员单位、各合作银行“财园信贷通”放贷任务完成情况，20 家成员单位及 9 家合作银行主要负责人分别作了发言。区领导陈曙，扬子洲镇、八一桥街办等 26 个区有关单位主要负责人及分管人员，南昌银行、建设银行等 9 家商业银行行长和区“财园信贷通”领导小组办公室全体成员参加会议。

下午，东湖区组织召开全区“两创示范”工作协调会议，传达了南昌市“两创示范”办公室《关于对县区“小微企业创业创新基地城市示范工作”申报材料的修改意见》文件精神，并就如何做好该区竞争性资金分配答辩工作进行了深入探讨。区领导李云峰、陈曙、刘众星，区财政局、区发改委、区商务局、区市场和质量监督管理局、区统计局、区金融办、区人社局、区国税局、区地税局、区教科体局主要负责人和分管人员参加会议。

20 日

下午，以南昌市委防范和处理邪教问题领导小组办公室副主任刘志斌为组长的市考评组一行到东湖区进行第三季度综治考评，该区在区政府三楼西会议室举行考评工作汇报会。区综治办向考评组就相关工作作了专题汇报，考评组查阅了综治工作资料和台账，前往该区治安重点地区江西省儿童医院进行了实地查看，对东湖区 2015 年以来的综治工作给予了充分肯定。区领导李云峰、王志勤、谢蓉、敖晓焕出席，区综治办、区司法局主要负责人，区法院、区检察院、东湖公安分局分管领导以及百花洲、墩子塘两街道综治办主任参加汇报会。

23日

上午，东湖区生猪禁养奖补资金兑现现场会在扬子洲镇南洲村召开，会上部分养殖户进行了现场签约，清栏养殖户现场兑现了奖补资金42.56万元，区农办通报了生猪禁养工作进度，扬子洲镇南洲村、渔业村作了经验介绍，林场村和前洲村作了表态性发言，与会人员还参观了部分已清栏的养殖场。区财政局、环保局、执法局、农办、企管中心、扬农管理处、家禽实验中心分管领导，扬子洲镇党政领导及业务部门相关人员，扬子洲镇各行政村的村书记或主任及分管干部，扬子洲镇养殖户代表参加会议。区领导胡志强出席会议并讲话，扬子洲镇镇长唐榕星主持会议。

下午，区领导刘众星在区政府三楼西会议室主持召开东湖区开放型经济工作调度会，区商务局介绍了辖区内地块相关情况并通报近期招商工作动态，各经济责任单位重点汇报5000万以上重大重点项目情况。

28日

区领导陈曙到东湖区发改委调研重大重点项目工作并与区发改委班子成员座谈。区发改委负责人介绍了全委基本情况、“十三五”规划编制工作、“十三五”期间重大重点项目和2016年重大重点项目申报工作的情况。

29日

上午，区领导陈曙在区政府三楼西会议室主持召开全区重大重点项目投资计划申报工作调度会，听取了区发改委关于《东湖区2016年重大重点项目投资计划》的申报工作的情况汇报，并就《东湖区“十三五”规划》《东湖区“十三五”期间重大重点项目》的编制工作进行了说明和工作部署，对做好下一批国家专项建设债券项目包装遴选工作做相关说明。区发改委、商务局、城建局、文广局、民政局、人社局、城管局、卫计委、教科体局、环保局、房管局、旧改办、行政服务中心管委会、市场和质量监督管理局、城投公司和农办等单位行政主要负责人参加会议。

本月

由江西省体育局、江西省教育厅主办的“体彩杯”2015年江西省百县青少年“五人制”足球运动会在九江市体育中心举行，东湖区代表队荣获第一名，同时荣获体育道德风尚奖。

十一月

4日

下午，区领导李云峰在区委三楼多媒体会议室主持召开区政府第51次常务会，区领导陈曙、张东林、童萍如、胡志强、刘众星出席会议，余瑾、郑洪健列席会议，区政府党组成员余坚、万勇、查秋滚、刘文俊参加会议。会议传达了市委常委会专题研究调度全市招商引资工作会议和全市领导干部会议精神，并审议《东湖区部门责任清单（送审稿）》等议题。

5日

上午，东湖区工商业联合会（总商会）第五次会员代表大会在东湖区政府七楼礼堂隆重召开，会议审议通过了区工商联第四届执行委员会工作报告，选举产生了新一届的执委领导班子。南昌市政协副主席、市工商联主席陈斌，市工商联副主席王平，区领导李云峰、焦玉庄、毛惟仁、刘众星、郑洪健等出席会议，工商联直属会员代表，各基层商会会员代表，各民主党派和群团单位代表及嘉宾计220余人参加会议。

9日

南昌市人大常委会主任蔡社宝、副主任戴晓明一行到东湖区开展调研。蔡社宝一行先后察看了新公园道路改造项目、阿里巴巴·南昌产业带项目、东湖智慧城管项目、长巷村（起凤路）和香江家具城旧改项目、彭家桥街道人大代表工作站等，并与东湖区领导班子、区人大各级机关干部举行座谈。区领导杨文斌、李云峰、闵建波等陪同调研。

11日

上午，区领导杨文斌在区委三楼多媒体会议室主持召开全区信访工作调度会，区领导李云峰、王玮、喻国泰、王志勤、桂兵、杨玉章、胡志强、敖晓焕、胡中平，区法院院长钟瑛，区检察院检察长杜迎春出席会议。会上，王志勤、喻国泰、李云峰分别作了讲话，杨文斌作了重要指示。

区委决定：免去罗毛则兼任的区委党校第一校长职务。

12 日

下午，东湖区在区政府七楼礼堂召开全区流动人口和出租房屋登记及服务管理工作部署会，区委政法委副书记、区综治办主任饶接华主持，区领导王志勤、杨玉章出席会议并讲话。东湖公安分局副局长刘国林对《关于进一步加强东湖区流动人口和出租房屋登记及服务管理的工作方案》进行了解读，杨玉章对全区流动人口登记及服务管理工作进行了全面部署。区综治办主任，东湖公安分局分管领导，区实有人口专项组成员单位分管领导，各镇、街道、管理处综治办主任（副书记），东湖公安分局户政大队大队长，各派出所所长、分管副所长，各村、社区党（委）支部书记共190余人参加会议。

13 日

南昌市商务局、东湖区政府在东湖区中小企业服务平台举行“福满洪城”购物消费节暨2015东湖百花洲购物节新闻通气会。市商务局局长吕娄、副局长高耀兵，中国邮政集团公司南昌市分公司副总经理翁国栋，东湖区领导李云峰、刘众星出席新闻通气会。吕娄在通气会上介绍了南昌市第一届“福满洪城”购物消费节活动总体安排及主要内容，李云峰说明了购物消费节线下活动——东湖区第七届百花洲购物节的有关情况，翁国栋就购物消费节期间邮政物流配送方面的有关情况做了介绍。南昌市部分商贸企业代表，以及新闻媒体代表共计50余人参加通气会。第一届“福满洪城”购物消费节暨2015东湖百花洲购物节将于2015年11月18日—2016年2月15日举行。

区委决定：免去叶永泉的中共东湖区委政法委主任科员职务，退休；免去熊跃华的东湖区司法局主任科员职务，退休。叶永泉、熊跃华2人的退休时间从2015年11月起算。

14 日

上午，区领导杨文斌会见大连万达商业地产股份有限公司发展中心华东区区域副总经理杨毅，双方就万达公司意向在东湖区投资开发大型城市综合体项目进行了沟通交流。区领导刘众星、区商务局有关负责人参加会见。

17 日

下午，东湖区创建江西省第五届文明城区工作再动员会在区政府七楼礼堂召开，会上，区领导张东林在会上就创建全省第五届文明城区迎检工作进行了具体部署，李云峰作了重要讲话。区领导夏小兰主持会议，刘众星出席会议。

18 日

下午，全国人大常委会副委员长、中国红十字会会长陈竺，中国红十字会党组书记、常务副会长徐科，到东湖区居家养老服务中心视察老年介护志愿服务工作。陈竺一行仔细了解中心的运行情况，询问入住老人身体情况，对江西省开展的老年介护志愿管理工作表示充分肯定。江西省委书记强卫，省领导龚建华、谢亦森、谢茹以及区领导杨文斌、李云峰陪同。

19 日

上午，区领导杨文斌在区委三楼会议室会见北京城建中地投资有限公司、北京城建道桥地产投资有限公司总经理蒯旭等一行，双方就企业在东湖区相关投资意向进行了沟通洽谈。区领导张东林、刘众星，区商务局、区城建局、区国土分局、区规划分局、区人防办、董家窑街办等单位负责人参加会见。会见之后，区商务局、区国土分局及董家窑街办相关人员还陪同客商考察了滨江片区、二七北路沿线、青山湖西岸和八一广场周边地块地下商业项目情况。

下午，区领导张东林到“三经五纬”街景改造工地现场察看施工效果。

20 日

上午，江西省委常委、南昌市委书记龚建华到东湖区调研城市综合管理工作，冒雨察看了“三经五纬”街景改造等地段，并主持召开座谈会，听取了有关工作情况汇报。龚建华充分肯定南昌市城市管理提质升级工作取得的初步成效和基层单位推进城市综合管理的有益探索、创新举措，从“聚焦下的恐慌”“发展中的烦恼”“担当上的缺失”三个方面，深刻指出全市城市管理中面临的压力、存在的问题和遇到的挑战，要求城市管理工作强化民本意识、省会意识、法治意识，扎扎实实推进提质升级各项工作。龚建华强调，城市管理是一项综合性系统工程，要树立全市“一盘棋”思想，并在具体工作中注重刚柔相济、建管兼顾、长短结合、统分并举,努力使“干干净净、漂漂亮亮、井然有序、和谐宜居”的城市管理目标在全市早日实现。

下午,区领导刘众星在区政府三楼西会议室主持召开东湖区开放型经济工作调度会,通报了各单位项目注册、小分队外出、新增线上商贸流通企业等各项经济工作的进展情况,各经济责任单位分别做了表态发言。

24 日

上午,区领导王志勤一行到墩子塘街办调研综治暨平安小区建设工作,到街办非机动车停放点、平安小区建设点位进行了实地查看。区委政法委分管领导、区综治办主要负责人、街道党政主要领导以及墩子塘派出所所长参加。

下午,东湖区召开迎接国家县域义务教育均衡发展督导评估协调会,布置迎接国家教育督导委员会对东湖区义务教育均衡发展督导评估有关准备工作。区领导童萍如主持会议,区教科体局等相关责任单位分管领导参加会议。

27 日

上午,东湖区在区政府七楼礼堂召开全区领导干部大会,区领导杨文斌在会上传达党的十八届五中全会精神并做重要讲话,李云峰传达江西省委书记强卫和南昌市委书记龚建华分别在省、市领导干部会议上的讲话精神,喻国泰解读了《中国共产党廉洁自律准则》《中国共产党纪律处分条例》《中国共产党巡视工作条例》。区四套班子成员,区人武部部长,区法院院长,区检察院检察长出席会议,区纪委副书记,区委、区人大、区政府、区政协办公室主任,扬子洲镇、各街道(管理处)党政主要负责人,区委各部门、区直各单位正科级领导干部参加会议。杨文斌主持会议。

本月

江西省首届百县青少年男子篮球比赛于13—16 日在九江市体育中心举行,东湖区以八场不败夺得冠军。

十二月

2 日

下午,区领导李云峰在区政府三楼西会议室主持召开区政府第 52 次常务会,区领导陈曙、张东林、张恩、胡志强出席会议,余瑾、郑洪健列席会议,区政府党组成员余坚、万勇、查秋滚、刘文俊参加会议。会议审议《东湖区突发事件总体应急预案(修订)(送审稿)》等议题。

下午,区领导李云峰在区政府三楼西会议室主持召开区政府第 7 次区长办公会,陈曙、张东林、胡志强、刘众星出席会议。会议审议《东湖区行政服务中心绩效考核办法(试行)(送审稿)》等议题。

3 日

下午,区领导刘众星在区政府三楼西会议室主持召开东湖区非法集资风险排查工作部署会,区金融办主任万可谦对当前非法集资的形式、特点、危害性进行了详细说明,区金融办副主任邓小燕详细讲解了非法集资风险排查活动方案的具体内容。区金融办以及相关领导小组各成员单位分管人员参加会议。

下午,东湖区综治委在区政府七楼礼堂召开全区平安建设现场交流暨提升公众安全感攻坚战工作部署会,区委政法委副书记、综治办主任饶接华主持会议。与会人员会前参观了全区 5 个平安小区创建示范点,董家窑街道、百花洲街道、彭家桥街道、滕王阁街道等 4 个单位在会上做了典型经验发言,会议传达南昌市提升公众安全感攻坚战工作部署会议精神,并部署了全区第四季度提升公众安全感测评工作。区领导王志勤出席会议并讲话。区委政法委副书记、区各综治责任单位主要领导,各镇、街道、管理处副书记和综治专职副主任参加会议。

10 日

下午,南昌市人大常委会主任蔡社宝,市委常委、常务副市长刘建洋,市人大常委会副主任崇江林一行赴东湖区开展畅通城区道路交通专题调研,并与各城区、各相关部门主要负责人举行了座谈。区领导杨文斌、李云峰、闵建波陪同调研。

11 日

下午,区领导胡志强在区政府三楼西会议室主持召开东湖区 2015 年冬至文明祭扫工作部署会。扬子洲镇,各街办、管理处主要负责人,区委组织部、区委宣传部、区工商局、区公安局、区执法局、区城管局主要领导参加会议。

15 日

下午，区领导胡志强主持召开迎接2015年南昌市农村“脏乱差”集中整治现场会工作调度会，区委宣传部、区农办、区财政局、区城管局、区执法分局、区环保局、区城建局、东湖交警大队、区卫计委、区教科体局、扬子洲镇、扬农管理处等部门主要负责人参加。

17 日

2015年南昌市“三看”活动在东湖区进行。江西省委常委、南昌市委书记龚建华，市长郭安，市政协主席周关以及市委、市人大、市政府、市政协班子成员，市法检“两长”，各县区（开发区、新区）党政主要领导、市直有关部门和部分驻昌机构主要负责人深入东湖区，实地考察豫章一号文化科技园、三经五纬街景改造、智慧城管平台、阿里巴巴·南昌产业带等项目建设和经济社会发展情况。

21 日

下午，江西省委常委、南昌市委书记龚建华在东湖区主持召开座谈会，就省委、市委班子深入开展“三严三实”专题教育以及即将召开的专题民主生活会征求基层组织及党员群众的意见建议。市委常委、市委秘书长江晓斌，区领导杨文斌、李云峰，东湖区区、街道（镇）、社区（村）三级干部和“两代表一委员”及党员群众代表参加座谈。

下午，江西省新农村建设评估考核组组长、省委农工部副巡视员、省新村办常务副主任刘伟率省新农村建设评估考核组一行，到东湖区考察新农村建设工作。考核组一行听取了东湖区新农村建设工作汇报，实地考察了扬子洲镇民村、上房村、长村村和扬农管理处罗家舍等4个新农村建设点，对该区新农村建设工作成效表示肯定。区领导胡志强，区财政局、区农办、扬子洲镇、扬农管理处等相关单位负责人陪同考察。

22 日

上午，东湖区召开圣诞节期间宗教场所及大型商业网点安全维稳工作部署会议，区领导刘众星在会上传达了南昌市政府有关做好圣诞节期间安全稳定工作会议精神并就圣诞节安全维稳工作进行了布置，区各有关职能部门作了发言。区领导焦玉庄出席会议。区民宗局、东湖公安分局、东湖交警大队等有关职能部门负责人参加会议。

23 日

上午，区领导刘众星到东湖区志道堂、清钟堂等宗教场所检查安全工作，区政府办、区安监局、八一桥街办、百花洲街办、东湖消防大队等部门相关负责人陪同。

24 日

下午，区委十一届第58次常委会议在区委三楼常委会议室召开，区领导杨文斌主持。会议学习传达了中央经济工作会议和市委十届十二次全体会议精神。审议了区政府党组提出的《关于请求审议〈东湖区突发事件总体应急预案（修订）〉（送审稿）的请示》。审议了区政协党组提出的《关于召开区委政协工作会议的请示》及有关材料。

25 日

下午，区领导刘众星在区政府三楼西会议室主持召开东湖区企业监管警示系统工作调度会，区市场监管局局长王君健在会上对企业监管警示系统进行了详细地介绍，并对11月全区企业监管警示系统数据采集情况进行了通报，未完成任务的14家单位主要领导也进行了表态发言。区企业事中事后监管改革工作领导小组各成员单位主要负责人参加会议。

30 日

晚上，区领导李云峰在东湖区综合服务中心南楼七楼区委常委会议室主持召开区政府第8次区长办公会，陈曙、张东林、童萍如、胡志强、刘众星出席会议。会议审议了《关于为余达臻申报“见义勇为先进分子”的请示（送审稿）》等议题。

晚上，区领导李云峰在区综合服务中心南楼七楼区委常委会议室主持召开区政府第53次常务会，区领导陈曙、张东林、张恩、童萍如、胡志强、刘众星出席会议，余瑾列席会议，区政府党组成员余坚、万勇、查秋滚、刘文俊参加会议。会议审议《东湖区企业投资项目管理清单目录（送审稿）》《东湖区“准财政”实施办法（试行）（送审稿）》等议题。

（区史志办公室）

东湖概览

综　述

东湖区位于南昌市东北部，辖1个镇、9个街道办事处和2个管理处，区域面积56.95平方千米；辖区园林绿地面积470.96公顷，绿化覆盖面积471.09公顷，绿化覆盖率29.61%，人均公共绿地面积7.16平方米。全区总户数147030户，总人口479265人，其中，男性239375人，女性239890人。非农业人口451685人，农业人口27580人。人口出生率为8.45‰，自然增长率为4.77‰。

2015年，全年实现地区生产总值384.57亿元，按可比价计算，同比增长9.1%。实现财政总收入57.31亿元，同比增长6.7%，其中：地方一般公共预算收入12.32亿元，同比增长10.1%。地方财政一般预算支出18.18亿元，同比增长16.8%。全年实现固定资产投资160.25亿元，同比增长16.7%，其中：房地产投资8.49亿元，同比9.2%；城镇以上固定资产投资中第二产业完成19.79亿元，第三产业完成139.88亿元。社会消费品零售总额251.88亿元，同比增长4%。全区实际利用外资1.52亿美元，同比增长19.22%；现汇比例28.22%；实际利用内资35.44亿元，同比增长17.9%；出口创汇5.44亿美元。区属在岗职工年平均工资为53284元，同比增长14.98%；城镇居民人均可支配收入33079元，同比增长9.3%。积极推动"阿里巴巴·南昌产业带"项目，年内上线企业近500家，推进"互联网+文化"，加快豫章1号文化科技园等文化产业发展；浩瀚股份、画店文化两家企业成功挂牌新三板。推进"互联网+生活"，成功举办第七届"东湖百花洲购物节"，首次推广线上交易，加速传统商贸业升级。

2015年，东湖区用于保障和改善民生的资金11.34亿元，占地方一般公共预算支出的62.35%。完成钟鼓楼等5家农贸市场"超市化装修、智能化管理、便民化服务"升级改造和贤士湖管理处等2个便民服务中心建设。城镇新增就业人数9200人；发放小额担保贷款5659万元，低保资金2154万元；在全省率先建立失能老人照料中心；投入6800万元，完成爱国路小学等6所校园的提升改造及信息化建设；完成豫章街道等2个街道社区卫生服务中心业务用房的国有化、固定化建设；基本公共卫生服务补助2158万元。在全市率先建成彭家桥、豫章、公园、百花洲和董家窑5个街道文化活动中心，免费为辖区居民提供文化、健身、娱乐等综合性服务；积极开展纪念中国人民抗日战争暨世界反法西斯战争胜利70周年等系列群众文化活动80余场；贵林社"周六剧场"获文化部文化志愿者服务优秀项目；樟树林文化生活公园成功创建国家AAA级旅游景区。在第六届全国特奥会上摘得金牌29枚，占全省金牌总数的一半以上；新增全民健身活动站点10个。完成19个新农村点建设任务；成功举办"文化东湖·秀美乡村"暨第二届番茄节活动；2.5万"新农合"参保人员全部纳入城镇居民基本医疗保险范围；农村垃圾收集率达98%以上。

2015年，东湖区投资10亿元基本完成胜利路步行街及地下商业街区项目一期工程。启动两轮旧城改造房屋征迁工作，顺利实施二七路铁路沿线、长巷村（起凤路）和香江家俱城地块、滨江片区江中地块和环丘街周边地块等12个旧改项目，占地面积1543.92亩，征收面积97.67万平米，共7077户。投入城市建设资金3.75亿元，新装路灯2276盏，完成112处沟管化粪池（清掏）改造、13个积水点整治、8个街头小游园建设及提升工程，打通豫章路、新公园路2条断头路，实施福州路、扬子洲鹏举北路等道路改善工程，启动朱德军官教导团沿线、贤士二路等道路延伸工程；城市管理做到了“五个全市率先”：即率先建立“天网”“地网”“人网”三网合一的“智慧城管”东湖模式，率先出台城市管理长效常态具体措施60条，率先打造全市首个无烟烧烤区，率先启动城市管理提质升级“百日会战”，率先建立全市首个城市管理微信平台。

2015年，东湖区继续推进依法行政，社会稳定局面进一步巩固。精简行政审批事项42项，精简率19.91%；加快推进“三单一网”建设，权力清单、责任清单、企业投资项目管理清单如期公布，政务服务网正式上线运行。稳步推进工商、质监和食品药品监督等部门“三合一”改革，完成卫生局、计生委体制调整，有序推进城管体制调整、司法体制改革等。全区户籍制度改革成为全市样板。荣获“全国法制宣传教育先进县区”“全国法治县（市、区）创建活动先进单位”等荣誉称号，马家池社区荣获“全国民主法治示范社区”，“百城禁毒会战”和“利剑”“打击侵财犯罪”等专项行动分别获全国和省、市先进。启动消防安全“防火墙”工程；严格落实安全生产责任制；强化食品药品安全日常监管；实现全年重特大事故零发生，公众安全感不断增强。

（区史志办公室）

自然环境

【地理位置】 地处南昌市东北部，位于北纬28°40′15″—28°47′50″、东经115°50′39″—115°58′50″之间。东面由南往北沿洪都北大道、青山湖西岸、富大有堤、赣江南支为界与青山湖区相连，沿赣江中支为界和南昌县相邻；南面与西湖区相接，以北京西路、八一广场南端、八一大道、中山路、中山桥、中山西路为界；西濒赣江与新建区、青山湖区接壤，以赣江主航道中线为界；北与新建区、南昌县为邻。

【地形地貌】 地势西南高东北低，境内最高点位于民德路西海拔27.2米，最低点位于赣江中线海拔16.4米。

【河流湖泊】 北傍赣江，西连抚河，东临青山湖，内含东湖、南湖、北湖、贤士湖，区域内水系分布合理，环境宜人。

【气候】 属盆地气候，其特点是四季分明。年平均气温17.5℃，1月平均气温5.0℃，极端最低气温-9.3℃（1972年2月9日）；7月平均气温29.6℃，极端最高气温40.6℃（1961年7月23日）。平均气温年较差24.6℃，年平均日照时数1903.9小时，年总辐射4819千卡/平方厘米。

【自然灾害】 主要有水灾、风灾等，多发生在5月至10月。

（区史志办公室）

历史沿革

东湖区是古老南昌城一个重要组成部分。北魏年间，郦道元著《水经注》中，即有东太湖的记载，唐宋以后至今，均称东湖。清代南昌旧城的五门——章江门、德胜门、永和门、广润门和顺化门的一部分地区以及3条大街（中大街、西大街、东大街）均在辖区内。1926年南昌正式改市后，开始改为区、保建置。1949年解放初期为第一区、第二区，同年10月撤区。1951年8月恢复第一区、第二区。1955年4月分别称名东湖区、胜利区。1980年6月两区合并统称东湖区。1997年11月，根据南昌新城发展规划，将豫章街道办事处昌北街的5个居委会划归昌北开发区管辖。2004年9月7日，国务院批准（国函〔2004〕70号）《南昌市人民政府关于市辖区老城区行政区划调整的决定》，东湖区青山路街道办事处划归青山湖区，青山湖区的长巷、公园、七里、贤湖、永和、永溪6个行政村纳入东湖区管辖，并成立贤士湖管理处。2014年9月16日，南昌市政府下发《南昌市人民政府关于将扬子洲镇从青山湖区划归东湖区管辖的通知》〔洪府字（2014）34号〕，10月9日上午，又专门开会明确扬农管理处也一并从青山湖区划归东湖区管辖;10月24日,扬子洲镇和扬农管理处分别举行划归东湖区管辖揭牌仪式,标志着东湖区正式对扬子洲镇和扬农管理处行使管辖权。之后,东湖区行政区划保持至今。

东湖区的区位优势独特鲜明。中华人民共和国成立以后,东湖区一直是省会中心城区,是南昌市的一个重要行政区。南昌市第一条马路,是区内的民德路;全省第一条商业步行街,是区内的胜利路步行街。辖区内驻有省党政军领导机构及中央、省部属单位;江西歌舞剧院等省级艺术团体和江西艺术剧院、江西体育馆等众多重要文体场所;江西省人民医院等全省三甲以上知名医院,中国人民银行以及四大国有银行的省级分行,江西师范大学、南昌大学医学院等高等院校均坐落其中。东湖区北依赣江水道,城区干道纵横交错,基础设施完善,社会资源丰富,人流、物流、信息流、资金流枢纽地位突出。

东湖区的人文环境源远流长。境内"滕阁秋风""苏圃春蔬""东湖夜月""章江晓渡""龙沙夕照"等南昌著名的"豫章十景",江南名楼滕王阁、千年古刹佑民寺、唐朝水观音亭、宋朝百花洲等名胜古迹,朱德旧居、朱德军官教育团、贺龙指挥部、叶挺十一军指挥部旧址等一批人文历史景观蕴含着深厚的文化底蕴,尽显南昌市"山水都市、现代新城、历史文化名城"三城底蕴,红色、绿色、古色、宗色"四色"旅游方兴未艾。

东湖区自古风景秀丽、人文荟萃、繁华万千,一直是智者纵横、商贾云集、百业兴旺之地。跨入21世纪,东湖区被确定为全省"县域经济发展综合改革试验区"的唯一城区,该区深入贯彻落实科学发展观,大力实施"三产富区、开放强区"主战略和"发展现代服务业"核心战略,围绕建设"总部经济集聚区、高端商业核心区、南昌文化标志区、城市管理示范区"目标,驶上了发展的快车道,经济发展迈上新台阶,社会事业取得新突破,城市建设呈现新面貌,人民生活跃上新水平。先后获"全国推进义务教育均衡发展先进地区""全国科技进步先进区""全国民政工作先进区"、全国文化先进县(区)、全国和谐社区建设示范城区、全国计生优质服务先进区、"全国群众体育先进区"等近300项国家级、省级荣誉,3000多项市级荣誉。东湖区已成为南昌市人气最旺、商业最繁华的城区之一。

眺"落霞与孤鹜齐飞,秋水共长天一色"美景,观"一江两岸"新貌,东湖区厚重的历史文化积淀与现代商业繁荣交相辉映,积淀了2000多年的古老文明,成就了现代都市的繁华美景,令人流连忘返。

(区史志办公室)

风景名胜

【概况】 东湖区有许多名胜古迹和闻名遐迩的人文景观。南昌著名的"豫章十景"胜迹在辖区就有"滕阁秋风""苏圃春蔬""东湖晓月""章江晓月""龙沙夕照"。全区拥有文化遗址2处,文物保护单位共9家,其中,国家级文物保护单位4家,省级文物保护单位3家,市级文物保护单位2家。辖区水网密布,园林坐落,古老名胜交融于奇妙自然风光之中,江南文化古城的独特风貌构成了城区特有的旅游资源。

【杏花楼(曾名水观音亭)】 市级文物保护单位,坐落在市区中心的南湖湖心岛,即今"水观音亭"。湖心观音亭建自唐代。据传明正德年间(1506—1521年)曾为宁王朱宸濠之妻娄妃的梳妆台,万历年间(1573—1620年),一度为相国张位(字明成)别墅,称"杏花楼"。汤显祖、刘应秋、吴应宾等人在此曾多有吟咏。清时,因祀娄妃,募捐修建,始名为"因是庵",乾隆五十三年(1788年)重修时改称"观音"。有巷通广济桥,巷口额称"湖心观音阁",俗称"水观音亭"。1919年民间募捐重修。1983年底重加修缮。现南昌画院设在此。

【佑民寺】 省级重点文物保护单位,坐落于南昌市八一公园北面,东湖东岸。始建于南朝梁天监年间(502—519年),初名上蓝寺,又因寺傍一井时闹蛟患,后建一大佛镇之,故太清初(547年)改称大佛寺。唐开元年间,改称开元寺。该寺先后修复、重建7次,1929年定名佑民寺。寺内后殿有巨型铜佛,高1.6丈,重1.8万公斤。前殿有千佛缸,缸外装饰90余个佛像,另有南唐所铸铜钟1只。佑民寺殿宇雄伟,是江西省著名的古代寺院，在东南亚佛教界有一定影响。

【滕王阁】 位于南昌市西北部沿江路赣江东岸，始建于唐永徽四年(653年)，为唐高祖李渊之子李元婴任洪州都督时所创建，阁以其封号命名。上元二年(675年)，洪州都督阎公重修此阁，王勃写成《秋日登洪府滕王阁饯别序》，此阁因"落霞与孤鹜齐飞，秋水共长天一色"而流芳后世。先后重建达29次之多，今主阁落成于1989年10月8日，是1985年按照梁思成绘制的《重建滕王阁计划草图》重建的。滕王阁共九层，濒邻赣江，面对西山，距唐代阁址百余米，主体建筑为宋式仿木结构；与湖北黄鹤楼、湖南岳阳楼并称为"江南三大名楼"，是南昌市的标志性建筑之一。2001年1月核准为首批国家AAAA级旅游景区。

【佑民寺钟楼】 位于南昌市佑民寺右侧。为1栋4层四角形花岗石建筑，建于1929年。上悬铜钟，为南唐大将林仁肇于乾德五年(967年)铸。重5032公斤，高2.3米，围长4.9米。林仁肇为南唐南都留守、南昌尹，后被后主毒死。是南昌三宝(普贤铁像、佑民寺铜钟、宋代铜钟)中仅存的一宝。

【钟鼓楼】 位于南昌市东湖西岸、状元桥南。楼原名岑楼，创建年代失考。南唐时节度使林仁肇施铜铸巨钟悬楼上。明洪武年间(1368—1398年)楼倾斜，遂移钟普贤寺。万历十六年(1588年)，知府范涞复修，明末毁于兵火。清初江西巡抚蔡士英复建。楼高33.3米、广16.7米，飞檐高栋，可以俯瞰东湖。楼悬大钟，大20围，重600钧。"钟鼓楼中，终夜钟声撞不断"。因"钟、中、终、撞"四字同音，颇不易对，故人称为绝对云。

【苏翁圃】 位于南昌市八一公园百花洲上。圃因宋苏云卿于此种菜而得名。俗称三洲苏翁圃，后改为憩云庵。苏云卿，四川广汉人，与宋丞相张浚相友善，隐居豫章(今南昌)，以种菜为生。圃在湖中，四面环水，垂柳夹道。

【水木清华】 南宋绍兴年间(1131—1162年)，豫章节度使张澄在百花洲一带建讲武亭以习水军。原建有寺宇，寺宇之北为"水木清华"之馆，右为"约鸥榭"。

【状元桥】 位于南昌市东湖和南湖的交界处，是两湖的分界桥。建于明万历四十七年(1619年)，过去是石拱小桥，南昌人称之为"广济桥"。清朝乾隆年间，江西大庾人戴衢亨才华出众，80天当中从乡试到殿试连中三元，皇帝召见，钦点头名状元。后南昌知县钱志遥主持修建并将"广济桥"改为"状元桥"。1935年改为混凝土平桥，1996年南昌市政府整治四湖时再次修缮。

【澹台灭明墓】 位于南昌市第二中学内。澹台灭明(前512—?)，字子羽，鲁国武城(今山东费县)人。原是孔子学生，因其貌丑，孔子以为其才薄，澹台灭明便"南游至江"，有弟子三百，他以德行著称，后名声大振。孔子闻之感叹不已，说："吾以言取人，失之子羽。"后人争相立墓以祀。墓有3处，即武城(今山东费县)、陈留(今河南开封县)、豫章(今江西南昌市)三地。据史学家考证，其墓应在南昌。

【大安寺】 位于南昌市德胜门内豫章后街。东汉末西域僧安世高居于此，遂名大安寺。寺为东晋隆安二年(398年)镇西将军谢尚施宅所营建。寺有大铁香炉，为三国吴赤乌间(238—251年)信士弟子捐铁所铸造，高2.7米。

【洗马池】 位于南昌市胜利路中段。汉高祖五年(前202年)，灌婴进驻南昌，常饮马、洗马于此，故名。原为赣江岸沙洲，中有一池，面积约333平方米，深3.3米，四周生有绿草。次年，置豫章郡，灌婴筑城于今市区东南皇城寺，立木栏以护东、西、南三面。池的北面，为范仲华所居，作轩于池上，名"临清栾"。

【贡院(贡院井)】 位于南昌市八一公园内。八一公园原系宋明两朝贡院。清康熙二十年(1681年)巡抚宋世鼎又将设在进贤门内的清代贡院迁于东湖故址(即今八一公园内)。南昌贡院共有49口贡井，以供考生、考官饮水之用。其中最大的那口叫贡院井，井口比人头还小，据说是为了防止有人名落孙山而跳井自杀。

【东湖书院】 位于南昌市百花洲街办刘将军庙社区，宋嘉定四年(1211年)隆兴府通判丰有俊倡建于李寅涵虚阁故址。其地风景极佳。继任知府袁燮又"縻钱二百万，米百余石，以竟其役。"规制益广，合三十有四间。并奏闻朝廷，赐额"东湖书院”,又发文征求江南西路11郡图书充实其中,日用经费赖东湖部分收入与公田之租。四方学者众。嘉定中陆持之曾任山长。嘉定十六年(1223年)计使滕强恕兼府事。移东百余米长。宋代黄翰、李燔、饶鲁曾讲学其中,江万里,程文海在此游学。

【宁王府】 位于南昌市子固路。为明宁献王朱权改封南昌后所营建。朱权系朱元璋第十六子(《明史》说是第十七子),原封大宁。朱棣(成祖)约其起兵,夺取建文帝位后,遂被改封南昌,建宁王府。府第规模宏伟,雕梁画栋,十分华美。因年代久远,风雨侵蚀,都已倒毁,仅头门尚存。头门两壁还嵌有明娄妃所写的“屏翰”二大字,高2.7米,宽2米,用青石刻成。为历代宁王居住之所。正德年间(1506—1521年)宁王朱宸濠起兵谋夺武宗帝位,失败后宁王府废。清代改为藩署。新中国成立前后,南昌市政府、江西省文艺南昌市民俗博物馆学院(后改为文艺学校)均曾设于此。

【娄妃墓】 位于南昌市沿江路华光庙8号门前。娄妃系明太祖朱元璋十六子(一说十七子)朱权之孙宁王宸濠妻。明正德十四年(1519年)宁王朱宸濠欲反,娄妃曾泣谏不听,后以诗讽之。宁王反叛被巡抚南赣都御史王守仁(即王阳明)平定被擒,于槛车中泣曰:“昔纣用妇人言亡天下,我以不用妇人言亡其身,今悔恨何及!”后娄妃亦投江自尽,王守仁收其尸葬之。清乾隆初年,江西布政使彭家屏修其墓时碑题“前明宁王庶子宸濠娄妃墓在此”。乾隆四十一年(1776年)署布政使吴翥堂重修。后人钦娄妃之贤烈,墓经多次修缮。娄妃手书“屏翰”二字石刻,今仍保存完好。“屏翰”喻国家之重臣。中华人民共和国成立后,墓经多次维修,为南昌有名古迹。

【龙沙亭】 位于南昌市德胜门外龙岗上、北坛沿江处。唐时名清风亭,明万历年间(1573—1620年),江西布政使吴献台、陆长庚移地重建。当阳光照射蜿蜒起伏的沙丘时,宛若游龙。

【八一公园】 位于南昌市区的东湖之中,北临民德路,南临中山路,东滨苏圃路,由东湖、百花洲及东湖东岸陆地组成。面积约26.27公顷,其中陆地面积6.4公顷、水面面积19.8公顷。唐宪宗元和三年(802年),观察使韦丹为除水患,首倡治湖、浚淤植柳,后遂有“万柳堤”及“黄金堤”。杜牧曾赞其为“十顷平湖柳堤合”,自此以后东湖即为著名风景湖,清代为贡院,1932年辟为湖滨公园,1946年4月3日改称为中正(介石)公园。1950年7月定名为八一公园,公园可分为湖区和陆区两个部分。园内有“水木清华馆”“苏圃”“九曲桥”“柳堤”等著名景点和建筑。“豫章十景”中的“东湖月夜”和“苏圃春蔬”就在园中。

【百花洲】 位于南昌市东湖湖心,状元桥和三道桥之间。原有三洲,其中两洲现在八一公园内,一洲为省图书馆、少年宫所在地。原为水泽之乡,被东湖(旧名东太湖)萦回环抱。其北一洲叠石成峰,土阜孤耸,亭峙其巅,故称“冠鳌亭”。东一洲深入湖心,为宋隐士苏云卿灌园处,名为苏翁圃。南宋绍兴年间,豫章节度使张澄在此建“讲武堂”以习水军。清乾隆十一年(1746年),江西布政使彭家屏书“百花洲”碑。唐代诗人张九龄、杜牧,宋代词家辛弃疾均留有描绘百花洲旖旎风光的词章。“豫章十景”中的“东湖夜月”“苏圃春蔬”二景均在此间。

【叶挺指挥部旧址】 全国重点文物保护单位,坐落在南昌市苏圃路南昌二中校园内,原为心远中学的教学楼。为砖瓦结构工字形二层楼房,面积907.20平方米。1927年,国民革命军第11军24师司令部、办公室、会议室、电话总机房及警卫部队驻地。1927年7月30日下午2时,叶挺在此召开了第11军第24师营以上及师直机关军官会议,传达中国共产党关于武装起义的决定,部署战斗任务。南昌起义后,叶挺任国民革命军11军军长,此楼即为11军指挥部。解放后经人民政府修缮,基本保持了原貌,并于1977年8月正式对外开放。

【朱德军官教育团旧址】 全国重点文物保护单位,坐落在南昌市八一大道58号。清末是训练清军的场所,后改为江西陆军“讲武堂”。占地几公顷,前后三进共四五十间房,另有礼堂及操场。1927年春,朱德在这里创办军官教育团并亲任团长,培养了一批革命武装干部,其中一部分人参加了南昌起义,这里成为南昌革命活动的一个基地和堡垒。抗日战争时期大部分建筑被毁,未毁建筑已按原貌进行了恢复。

【贺龙指挥部旧址】 全国重点文物保护单位，全国爱国主义教育基地，坐落在南昌市子固路95号。原为中华圣公会宏道堂，是一座中西合壁的古建筑，1927年7月下旬，贺龙率领国民革命军第21军参加南昌起义，军指挥部设在宏道堂，在此举行过多次策划起义行动的重要会议，1927年8月1日凌晨，贺龙、刘伯承、周逸群在此指挥了武装起义。大楼前三层窗口仍留有当年敌方炮弹弹痕。旧址小楼有贺龙等起义领导人当年的卧室，军官会议室的复原陈列，大楼大厅设有《贺龙元帅生平展》。

【花园角二号】 位于南昌市八一公园至朱德军官教育团旧址之间。是“八一”南昌起义时周恩来、朱德的旧居。为砖木结构两层楼房，有前后两进，面积436.92平方米。1927年春，朱德在南昌创办军官教育团，为便于开展革命活动，租下该住宅。6月间，时任江西省政府主席朱培德以“礼送”共产党人出境为名，迫使朱德离开江西。7月，为准备起义，朱德从武汉返南昌，仍居此。7月下旬，周恩来从武汉秘密到南昌，首先会见朱德。第一天就住在该住宅的厅堂里。旧居的一层北侧是朱德的卧室，南、北前房及正房是警卫员的住房。二层北侧是郭沫若的住房，他曾在此写下“请看今日之蒋介石”。

【蒋介石南昌行营】 位于南昌市中心的东湖百花洲上。1928年10月，国民政府江西省图书馆依东湖而建，但在其落成仅两个月的时间，蒋介石刚刚结束与阎锡山、冯玉祥、李宗仁等军阀的中原大战，便亲临南昌市策划指挥“围剿”工农红军。因此，省图书馆成了“海陆空军总司令南昌行营”，是江南五省剿匪总部，被时人称为第二首都。蒋介石把二层西面作为办公室。前楼地面二层，下为地下室。地下室为水牢，曾关押过百余名红军指战员和苏区干部，方志敏、陈赓等曾被蒋介石押解至此亲自劝降。因此，“南昌行营”的存在可以见证中国共产党反抗国民党反革命“围剿”的历史。

【南昌市民俗博物馆】 位于南昌市子固路95号。创建于1988年，为中国目前唯一的一座省会民俗博物馆。博物馆展览主要有4个部分：南昌婚俗、儿童服饰、吉祥图案、中国岁月风俗画。所收藏及展示以江西剪纸，民间绣品，南昌地区民间习俗最具特色。先后举办了江西儿童绣品展、江西傩文化展、南昌婚俗展等一系列专题展览。

【八一广场与八一起义纪念塔】 八一广场地处南昌市八一大道核心地段，占地7.8万平方米，原称人民广场，是南昌的窗口，也是南昌市民活动的中心，每年在此会举办各种各样的政务和商务活动。广场以“八一”历史文化为主题，分两轴三区：两轴为南北向广场主轴线、东西向广场景观副轴线，三区为南部纪念区、中部中央文化区、北部休闲区。八一起义纪念塔耸立在广场南段，为英雄城的城徽；1977年8月1日为纪念八一南昌起义五十周年破土兴建，1979年1月8日落成。塔呈长方体，总高45.5米；塔身正北面是叶剑英元帅题写的“八一南昌起义纪念塔”九个铜胎鎏金大字，下嵌“八一南昌起义简介”花岗石碑；塔身基座有27个台阶，意指一九二七年。

【江西革命烈士纪念堂】 位于南昌市八一大道北段，建于1953年。纪念堂前的广场中心有一座红军战士塑像。堂前厅有毛泽东手迹“死难烈士万岁”！正厅祭坛上立有纪念碑，由朱德题字：“革命烈士永垂不朽！”陈列柜中，珍藏25万余革命烈士名册。两边厅陈列第二次国内革命战争时期的10个战斗史迹。二、三楼陈列300多位烈士生平斗争事迹、遗著和遗物等。

【方志敏广场（方志敏爱国事迹陈列馆）】 南昌市爱国主义教育基地，位于南昌市下沙窝滨江边，该地带也是方志敏烈士的就义之地。2007年9月中旬动工，2008年8月6日峻工并向市民开放。广场占地约1万平方米，分为“红色畅想”革命足迹区、“铁骨忠魂”塑像纪念区、“薪火传承”文化景观区等三大功能区。广场中央有方志敏雕像，左右两边矗立了四块纪念墙，上面刻写着毛泽东、邓小平、江泽民、胡锦涛对方志敏的怀念之情和赞美之词。广场建设的宗旨是打造爱国主义教育基地、党风廉政教育基地和新的红色旅游基地。

【江西省博物馆】 坐落在南昌市赣江、抚河环抱的新洲上，东临抚河，南接中山桥，西面赣江，北依滕王阁。占地4万平方米，建筑面积3.5万平方米，展厅面积1.3万平方米，1999年10月1日落成并正式对外开放，该馆将历史、自然、革命三个博物馆合在一起,形成大型综合性博物馆,馆舍主体建筑造型取材明代景德镇御窑出土白瓷三管器,历史馆、革命馆、自然馆三馆合一,将古代陶瓷艺术与现代建筑风格巧妙地融于一体。馆内中心广场矗立大型青铜雕塑《时空》,由3根仿商代青铜器上的扉棱提梁、仿国宝级文物商代立鹿四足青铜甗和伏鸟双尾虎以及火炬4个部分组成,寓意灿烂文明,源远流长;物华天宝,人杰地灵;星星之火,可以燎原。

【江西省科技馆】 全国科普教育基地,坐落于赣江之滨,与滕王阁相毗邻,占地面积4.6万平方米,建筑面积1.6万平方米,总投资1.45亿元。2000年4月动工兴建,2002年9月22日开馆。由天工厅、智慧厅、开物厅3个展厅和序厅,航空航天、交通能源、生命奥秘、儿童天地等14个展区,4D影院、穹幕影院,以及院士厅、儿童科学乐园、青云厅、国际会议厅、世纪广场等配套设施组成。它以展览教育、实验教育、培训教育为基本功能,是中国中部6省中建设规模最大、展示内容最全、科技含量最高的科技馆。

【八一大桥】 位于南昌市区北部,新桥于1997年9月29日通车。是江西省第一座斜拉桥,为双独塔双索面斜拉桥,总造价4.4亿元。主桥长1040米,主跨4×160米,塔高103米。全桥共有斜拉索144根,主桥桥面宽28米,双向车道,可通行55吨重型车辆,设计日流量2.32万车次。大桥外型雄伟壮观,不锈钢栏杆上嵌有汉白玉十二生肖图案。在两座桥塔上,镶嵌着江泽民题写的桥名。在南北桥头地面,广植奇花嘉木,并仿建成有江西省盛名风著的浔阳楼、郁孤台、牡丹亭、龙珠阁。南岸桥头石雕黑白双猫,敏捷灵动;北岸桥头铜铸双狮,威风凛凛。

【青山湖风景区】 位于南昌城区东北,北依赣江。古时因湖四周山丘环抱,山色青青而得名。湖面南北长近5公里,东西宽1.5公里,水域面积300公顷,陆地面积近65公顷,承担着南昌城区52平方公里雨水污水调蓄。2001年10月,南昌市委、市政府决定把青山湖整治工程列为建设花园城市的标志性工程。工程计划总投资2.8亿元。相继建成了相思林公园、湖滨公园、燕鸣岛公园。整治后的青山湖显现出欧式风格,是公共休闲的大型城市公园。

【相思林公园】 位于南昌市青山湖的西岸,呈"飞"字状,是青山湖风景区的一个组成部分。湖滨地块长约540米,最宽处约80米,最窄处约15米。隔湖滨路还有一处矩形地块,长约50米,宽约38米,两块地合称相思林公园,总面积2.4公顷。相思林公园分为4个主题,从左到右依次分别为"人生有约""心心相印""天地之合""比翼齐飞",表示对情侣们的美好祝愿和深切祝福。灯光雕塑"城市之韵"是相思林公园标志性的灯光小品。

【湖滨公园】 是处于南昌市南京东路和青山湖之间的一个长380米,宽58米的湖滨之地,建设面积3.5公顷,是青山湖风景区的重要组成部分。以水色湖光为背景,湖岸陆地绿树成荫,繁花锦簇,四季有景,具有"以人为本,天人合一"的园林特色。湖滨公园的中部广场构思新颖,富有湖滨风光的扇贝波形游憩区。扇贝顺其自然地向湖岸倾斜,呈波浪形排列,内设涌泉喷头,组成造型各异的观景彩色喷泉。位于广场中心的"青山湖明珠",又名"硕果",直径4.3米,由217个灯球组成,整体高度7.1米,叶片长度1.8米,7种颜色交替变换,喻示南昌市这座美丽的城市将成为一颗璀璨的明珠。

(区史志办公室)

行政区划

【概况】 2015年,东湖区辖扬子洲镇和八一桥、豫章、墩子塘、百花洲、公园、大院、董家窑、彭家桥、滕王阁9个街道办事处,以及贤士湖、扬农2个管理处。全区设90个社区居民委员会、17个家属委员会、21个村民委员会。

【扬子洲镇】 辖1个居民委员会,即青扬社区;15个村民委员会,分别是三联村、联民村、为民村、庙后村、前洲村、新村村、滕洲村、熊万村、上房村、莘洲村、长村村、渔业村、南洲村、林场村、臣港村。

【八一桥街办】 辖7个居民委员会,分别是大士院南区社区、大士院西区社区、大士院北区社区、叠山路西社区、豫章后街社区、芭茅巷社区、裘家厂社区。

【豫章街办】 辖11个居民委员会,分别是四经路社区、洪城社区、滨江社区、下沙窝社区、经纬路社区、东濠街社区、上沙窝社区、下正街社区、江药社区、新星社区、聆江社区。

【墩子塘街办】 辖7个居民委员会,分别是党家巷社区、张家厂社区、墩子塘社区、马家池社区、右营街社区、下水巷社区、北湖社区。

【百花洲街办】 辖11个居民委员会,分别是刘将军庙社区、状元桥社区、火神庙社区、南湖路社区、杨家厂社区、桂旺巷社区、邮政路社区、包家巷社区、小金台社区、渊明北路社区、白马庙社区。

【公园街办】 辖5个居民委员会,分别是上营坊社区、环湖路社区、戴家巷社区、经堂巷社区、民德路社区。

【大院街办】 辖6个居民委员会,分别是大院一社区、大院二社区、公园社区、体苑社区、二七北路社区、广场北路社区。

【董家窑街办】 辖18个居民委员会,分别是贤士一路社区、贤士二路社区、贤士花园第一社区、贤士花园第二社区、南京西路南社区、南京西路北社区、殷家巷社区、南永和路社区、青桥社区、青山南路社区、金家山社区、豆芽巷社区、五纬路社区、朱家湖社区、新华社区、青阳社区、锦苑春天社区、紫金城社区。

【彭家桥街办】 辖12个居民委员会,分别是北京西路社区、文教路社区、福州路北社区、文教路北社区、江中花园社区、李家庄社区、光明社区、七里街社区、青山北路社区、建新社区、湖滨南路社区、新祺周社区。

【滕王阁街办】 辖9个居民委员会,分别是子固路社区、榕门路社区、滕王阁社区、铁街社区、上凤凰坡社区、民巷社区、李家巷社区、章江路社区、射步亭社区。

【贤士湖管理处】 辖6个村民委员会,分别是长巷村、公园村、七里村、贤湖村、永和村、永溪村。

【扬农管理处】 辖2个社区居民委员会,分别是德成社区、绿苑社区。

(邓建平)

城区环境

【概况】 2015年,东湖区空气质量优良天数为315天,优良率达到86.3%,保持在优良水平。地表水主要监测东湖、北湖、南湖水质,达到国家Ⅳ类标准;主要地表水水体达到功能要求。通过强化环境监督管理,城区环境质量状况一直保持优良。

【饮用水】 2015年,东湖区饮用水水源地水质达标率100%。

【废气污染物主要排放指标】 2015年,东湖区工业废气排放量36万标立方米,比2014年下降7.7%,工业废气处理率94.8%;大气污染排放量中,烟尘6909吨,工业粉尘281吨,二氧化硫10109吨,比2014年分别下降1.3%、3.1%、8.1%。

【环境质量主要指标】 2015年,东湖区二氧化硫年日平均值19(微克/立方米);二氧化氮年日平均31(微克/立方米);可吸入颗粒物年日平均值75(微克/立方米);细颗粒物年日平均值43(微克/立方米);降尘5.3(吨/月·平方公里)。

【声环境】 2015年,东湖区域环境噪声平均值53.6分贝,城区交通干线噪声平均值67.1分贝。

【工业废水主要排放指标】 2015年,东湖区工业废水排放量小于9121万吨,废水中COD排放量小于9803吨,石油类小于42吨。工业废水处理率大于93%,外排废水达标效率大于96%。

【处置固体废弃物】 2015年,东湖区工业固体废弃物产量30万吨,工业固体废弃物综合利用量26.2万吨;工业固体废弃物综合利用率达97%;危险固体废弃物处置率达100%。

(谢　宁)

民族·宗教

2015年,东湖区民宗局认真学习十八大精神,牢牢把握“共同团结奋斗,共同繁荣发展”的民族工作主题和宗教工作方针政策,不断加强和改进民族宗教事务管理,实现了东湖区辖区内民族宗教领域和谐稳定。

2015 年,全区共有 22 个少数民族,约 642 户 1265 人,其中常驻人口 572 户 1142 人,暂住(流动)少数民族约 70 户 120 余人。流动人口主要从事清真餐饮、民族风味食品和特色商品经营,以回族、维吾尔族、藏族居多。

截至年底,全区共有佛教、道教、基督教三大宗教,经批准登记的宗教活动场所有 11 个,其中佛教 1 个(佑民寺)、道教 2 个(三郭庙、郭公庙)、基督教 8 个(清钟堂、志道堂 2 个教堂,扬子洲、青山堂、灵恩、化纤厂、新货村、光明社区 6 个聚会点)。全区有宗教教职人员 88 人,信教群众 5062 人,其中佛教信徒 530 人、道教信徒 132 人、基督教登记堂点受洗信徒 4318 人,慕道友 82 人。

(杨邸著)

人口发展状况

【概况】 2015 年,东湖区卫生和计划生育委员会以科学发展观为指导,围绕阳光诚信和谐计生的理念,按照中央要求做到“三个不变”,扎实推进人口计生工作。截至 2015 年底,东湖区总户数 147030 户,全区总人口 479265 人,其中,男性 239375 人,女性 239890 人。非农业人口 451685 人,农业人口 27580 人,城镇化率为 93.9%。人口密度每平方千米 13239 人。

2015 年,东湖区卫生和计划生育委员会全面落实了计划生育家庭奖励扶助、独生子女伤残、死亡家庭特别扶助、计生家庭新农保配套优惠补助、阳光助学、中考加分、爱心保险等各项奖励优惠政策。全年计划生育利导政策投入资金 366.988 万元,用于开展计划生育各项技术服务。建立了情感呵护、温情计生、人文关怀等新型服务模式,着力推进国家免费孕前优生健康检查项目。全区累计完成免费孕前优生健康检查 18214 人。为全区失独家庭提供再生育技术服务,并全程跟踪随访。加强对流动人口的服务管理,建立了流动人口信息平台监管制度,加大了对平台的运用、指导和监管。在全区落实流动人口基本公共卫生计划生育服务均等化工作,登记流动人口数 37303 人;建立流动人口健康档案 19493 份(电子档案和纸制档案),占全区总流动人口 52.26%,使流动人口与户籍人口享受同等卫生计生服务。

截至 2015 年底,全区共出生婴儿 4698 人,出生率为 8.45‰,人口自然增长率为 4.77‰,计划生育率为 91.4%,出生婴儿性别比为 106.69,已婚育龄妇女 105251 人,已婚育龄妇女综合节育率为 87.14%,晚婚率 89.68%。

(傅志慧)

表 1 **2015 年东湖区人口及其变动情况**

单位	年末总户数(户)	年末总人口(人)									本年度人口变动(人)									
		合计	城镇人口	乡村人口	性别		年龄				出生			死亡			迁入		迁出	
					男	女	0~17岁	18~34岁	35~59岁	60岁以上	合计	男	女	合计	男	女	省内迁入	省外迁入	迁往省内	迁往省外
八一桥派出所	10383	32009	32009	0	16270	15739	3966	10980	9265	7798	265	133	132	168	89	79	86	55	159	126
墩子塘派出所	12481	39339	39339		19286	20053	6113	8179	16546	8501	336	167	169	133	66	67	103	95	93	186
百花洲派出所	16978	56826	56826		27900	28926	4238	19968	24746	7874	488	244	244	194	108	86	197	147	362	347
董家窑派出所	29625	90519	90519	0	45326	45193	8241	26253	40449	15576	574	281	293	217	124	93	406	150	318	281
大　院派出所	12119	57513	57513		30116	27397	7679	20554	19938	9342	534	278	256	131	82	49	283	421	703	907
公　园派出所	11289	36562	36562	0	17568	18994	6408	7178	15407	7569	349	185	164	91	46	45	138	96	72	189
豫　章派出所	17355	54921	54921		26940	27981	8934	10217	25066	10704	510	261	249	210	115	95	254	168	196	233
彭家桥派出所	9273	28072	28072		14215	13857	522	6742	14180	6628	272	149	123	79	45	34	163	93	518	411

续表 1

单位	年末总户数(户)	年末总人口(人)									本年度人口变动(人)									
		合计	城镇人口	乡村人口	性别		年龄				出生			死亡			迁入		迁出	
					男	女	0~17岁	18~34岁	35~59岁	60岁以上	合计	男	女	合计	男	女	省内迁入	省外迁入	迁往省内	迁往省外
扬子洲派出所	9996	31903	4323	27580	16064	15839	7809	9344	10603	4147	503	283	220	184	100	84	190	56	50	14
滕王阁派出所	11403	34667	34667		17164	17503	5158	7378	14381	7750	309	160	149	136	75	61	112	67	100	138
七里街派出所	6128	16934	16934	0	8526	8408	2709	3581	7042	3602	167	88	79	62	36	26	50	33	43	63
东湖区	147030	479265	451685	27580	239375	239890	61777	130374	197623	89491	4307	2229	2078	1605	886	719	1982	1381	2614	2895

（邵宇晖）

经济运行概述

【概况】 2015 年，东湖区全区上下坚持稳中求进的总基调，以融入南昌打造“核心增长极”和“四个强起来”为动力，朝着“四区建设”的目标努力，开拓创新，积极作为，全区经济持续稳步增长，呈现出结构改善、质量提高、可持续发展的良好局面。据初步核算，全区地区生产总值达 384.57 亿元，按可比价计算，同比增长 9.1%。其中：第一产业实现增加值 1.20 亿元，同比下降 1.2%；第二产业实现增加值 34.59 亿元，同比增长 10.8%；第三产业实现增加值 348.78 亿元，同比增长 9.0%。三次产业比重为：0.31∶8.99∶90.69。人均生产总值 79689 元，同比增长 7.09%。

【固定资产投资增长势头明显】 2015 年，东湖区全年实现固定资产投资 160.25 亿元，同比增长 16.7%，其中：房地产投资 8.49 亿元，同比增长 9.2%。全年城镇投资施工项目 392 个。其中，新开工项目 379 个，计划投资亿元以上项目 8 个，比 2014 年同期多 2 个。投资结构：2015 年，城镇以上固定资产投资中第一产业完成 0.58 亿元，第二产业完成 19.79 亿元，第三产业完成 139.88 亿元。三次产业投资比例为 0.4∶12.3∶87.3。

【消费品市场运行稳定】 2015 年，东湖区全年社会消费品零售总额 251.88 亿元，同比增长 4%。按行业分：批发业零售额 28.83 亿元，同比增长 5.77%；零售业零售额 191.65 亿元，同比增长 2.37%；住宿业零售额 3.48 亿元，同比增长 5.64%；餐饮业零售额 27.92 亿元，同比增长 14.31%。按数据结构分：限额以上企业实现零售额 98.54 亿元，同比下降 1.4%。商品交易市场：2015 年末，全区共有亿元市场 4 个，实现成交额 48.68 亿元，同比下降 5.93%。

【财税收入实现较快增长】 2015 年，东湖区全年实现财政总收入 57.31 亿元，同比增长 6.7%，其中：地方一般公共预算收入 12.32 亿元，同比增长 10.1%；税收收入 10.23 亿元，同比增长 9.15%；非税收入 2.10 亿元，同比增长 27.74%。全年地方一般公共预算支出 18.18 亿元，同比增长 16.8%。其中：教育类支出 3.09 亿元，增长 14.73%；社会保障和就业支出 3.34 亿元，同比增长 29.64%；医疗卫生支出 1.80 亿元，增长 26.51%。

【建筑业健康稳定发展】 2015 年，东湖区全年全区资质以上建筑业企业 63 家，其中有工作量企业 60 家。实现建筑业总产值 125.49 亿元，其中：建筑工程产值达 56.01 亿元，安装工程产值达 16.45 亿元；实现建筑业增加值 25.2 亿元。全区建筑业从业人员 16383 人，建筑业企业签订合同额 197.25 亿元，房屋建筑施工面积为 199.59 万平方米。

【外向型经济异彩纷呈】 2015 年，东湖区外贸出口继续发挥对经济增长的拉动作用。面对国外市场需求下降的形势，积极调整出口结构，大力开拓新兴市场，进出口保持了良好的发展势头。据海关统计，2015 年内资企业（含中央、省市属公司）

实现进出口总额54362万美元,同比增长4.0%。全区合同外资8712万美元,实际利用外资15175万美元,现汇比例28.22%,新批外商投资项目7个。全年实际利用内资35.44亿元,同比增长17.9%。

【居民收入持续增长】 2015年,东湖区城镇居民收入继续保持较快增长,城镇居民人均可支配收入33709元,同比增长9.3%;区属在岗职工年平均工资为53284元,同比增长14.98%。

(刘慧堂)

城乡居民生活水平

【概况】 2015年,东湖区在城乡居民收入快速增长的同时,居民消费支出稳中有升,居民消费领域逐步拓展,消费结构趋于优化,生活质量显著提高。

【城市居民收入水平】 2015年,东湖区属在岗职工年平均工资为53284元,同比增长14.98%;城镇居民人均可支配收入33709元,同比增长9.3%。

【城乡居民消费特点】 2015年,东湖区在城乡居民收入快速增长的同时,居民消费支出稳中有升,居民消费领域逐步拓展,消费结构趋于优化,生活质量显著提高。城镇居民人均消费支出22462元,同比增长8.5%。食品类消费档次不断提升。城镇居民在饮食上更加注重膳食结构,追求科学、平衡和合理的膳食。2015年,城镇人均食品烟酒支出为7812元,同比增长19.5%。居住条件日益改善。2015年,东湖区城镇居民人均用于居住方面的消费支出6130元,同比增长23.8%;城乡居民生活水平提高最直接、最明显的变化就是住房条件的逐步改善。随着城乡居民家庭收入的增加,居民住房质量普遍提高,居住条件进一步改善,居民住房向室内适用化、现代化和美观化发展,居住条件和居住环境都得到了显著改善。教育文化娱乐服务支出稳步增长。随着物质生活水平的不断提高,人们开始不断追求精神文化生活,茶楼、酒吧、电影院、健身房,农家乐等多种休闲运动娱乐场所如雨后春笋般呈现在人们的面前,人们的闲暇生活更加丰富。外出旅游成为城乡居民消费的热点和时尚,从市内、周边城市游、国内游到出境游;旅游方式也从简单的跟团游逐步发展到自助游。调查显示,2015年,东湖区城镇居民人均教育文化娱乐服务支出2518元,同比增长5.5%。

表2 **2015年东湖区经济、财政收入人均水平**

指　　标	绝对值(亿元)	增长(%)	人均水平(元)
地区生产总值	384.57	9.1	79689
财政总收入	57.31	6.7	11875
地方财政一般预算收入	12.32	10.1	2553

(徐　莹)

省部级及以上领导到东湖区考察

【概况】 2015年,全国人大常委会副委员长陈竺,致公党中央常务副主席蒋作君,时任江西省委书记强卫、省长鹿心社、省政协主席黄跃金、省纪委书记周泽民和省委常委、南昌市委书记王文涛、龚建华,以及江西省委、省人大、省政府、省政协等其他领导到东湖区考察调研、指导工作。各级领导充分肯定了东湖区在经济发展、社会事业等方面工作所取得的成绩,并提出新的要求。

【王文涛慰问"创文保卫"一线工作人员】 2月10日上午,中共江西省委常委、南昌市委书记王文涛来到东湖区公园街道办事处,看望慰问"创文保卫"一线工作人员。王文涛召开座谈会,听取环卫工人、社区干部、交警、城管队员、社区民警、市民监督员、社区义工和志愿者等一线工作人员的创建体会以及对工作的意见建议。他在讲话中指出,“创文保卫”的目的是“创建为民”,要在当前取得重大阶段性胜利的基础上,做到力量不减、机构不动、经费不少、监督不松,真正使创建工作成为一项扎扎实实的“为民、惠民、便民”工程。

【强卫到东湖区考察节日市场】 2月18日,中共江西省委书记强卫到贤士花园农贸市场视察市场农产品检测工作和节日期间安全保障工作。贤士花园农贸市场内,市民们正忙着为年夜饭挑选最新鲜的食材。问菜价、询供应……强卫来到一家家摊位前,感谢摊主们节日期间依然坚守,保障供应。他强调,安全大如天,春节期间各地各部门要绷紧安全弦,以预防为主,在关键时段、关键地点做好防控工作;要严格节日值班备勤制度,克服麻痹思想、增强责任意识,进一步提升预警能力、应急反应能力,确保节日安全,让群众过一个欢乐祥和幸福年。

【龚建华到东湖区新货村调研民生工作】 3月31日上午,江西省委常委、南昌市委书记龚建华到东湖区新货村调研民生工作。龚建华走进“城中村”“棚户区”,看到百姓们居住的房屋抬头就能见天、墙脚布满苔藓水印、灶台摆在过道,雨天怕淹、晴天怕火,心情十分沉重。他要求各级党委、政府和有关部门携起手来,从安装路灯、修建公厕等小事入手,每年为困难群众办几件看得见、得得到的好事实事,逐步解决关系老百姓日常生活的急难愁盼事项,让全体百姓实实在在共享发展成果;各级各部门要增强紧迫感、危机感和使命感,从满足最底层、最困难群众基本生产生活需求做起,下决心、花气力、高效率保障和改善好民生。城区要结合旧改棚改,加快实施一批改造项目,尽早圆困难群众一个“安居梦”。

【龚建华深入东湖区调研】 6月8日,江西省委常委、南昌市委书记龚建华深入东湖区就旧城改造、城市建设、产业升级转型等进行实地调研。龚建华听取了东湖区经济社会发展情况汇报,对该区上下充满的干事激情、为民情怀、争先锐气表示肯定。他指出,面对原有诸多“之最”正在发生变化甚至丧失的危机,面对特殊区位带来特殊要求和特殊压力的考验,东湖区全区上下要进一步增强危机意识、进取意识、担当意识,振奋精神、化“危”为“机”,抢建新节点、再创新高地,努力打造实力东湖、活力东湖、魅力东湖。要打造以发展都市经济为引领的实力东湖,深入研究都市经济发展的规律和趋势,并以此为引领,提升都市经济发展水平;要打造以创新体制机制作驱动的活力东湖,发扬改革创新精神,激发体制机制活力,在招商引资、项目推进、城市管理、民生建设、正风肃纪等方面大胆试、大胆闯;要打造以美化形态和优化内涵相统一的魅力东湖,在硬件上抓好“惠民便民利民”工程实施,在软件上推进“智慧城市”试点建设,让生活在东湖区的百姓真切地感受到贴心、暖心、舒心。

【强卫到东湖区调研棚户区改造工作】 7月14日,中共江西省委书记强卫到东湖区下正街调研棚户区改造工作。强卫听取了东湖区棚户区改造情况汇报,对该区“做靓背面、做精角落”的做法表示肯定。强卫要求,在棚户区改造中,要树立正确的政绩观,不能仅图“面子”,追求表面光鲜、亮丽,做花瓶、摆花架子,而要更重“里子”,把下水道、街道边边角角等不显山露水的地方做实,把水、路、电、气等百姓关注的事做好,让群众得到实实在在的获得感,让城市生活更加美好。

【鹿心社慰问奋战在高温一线的干部职工】 8月3日下午,江西省省长鹿心社到东湖区看望慰问高温下坚守岗位的一线干部职工,送上防暑降温用品,并代表省委、省政府向全省奋战在高温一线的广大干部职工表示衷心感谢和崇高敬意。鹿心社先后到了新湖滨西路改造建设项目、青山湖西岸、八一大桥桥头地铁的施工现场和阳明路豫章路口,与建筑工人们和执勤交警一一握手,向大家问好。他关切地吩咐大家要多多保重身体,注意防暑降温,照顾好自己。

【黄跃金率视察组到东湖区考察“三风”活动】 8月3日,江西省政协主席黄跃金率视察组深入东湖区光明社区考察“三风”活动,省政协副主席钟利贵、李华栋、汤建人、刘晓庄、郑小燕、胡幼桃、肖光明、孙菊生和省政协秘书长肖为群,省委常委、南昌市委书记龚建华陪同视察。视察组一行详细了解了光明社区“三风”活动开展情况并对取得的成效给予充分肯定,希望广泛动员,创新活动载体和内容,持续深入开展好活动,全面提升“三风”建设水平。

【周泽民到东湖区指导廉政文化建设工作】 8月26日上午,江西省委常委、省纪委书记周泽民到东湖区光明社区指导基层廉政文化建设工作。周泽民强调,党的群众路线教育实践活动的主要任务,就是抓好作风建设,解决形式主义、官僚主义、享乐主义和奢靡之风这“四风”问题;活动的开展,必将促进作风转变,密切同人民群众的血肉联系,使党性得到修炼,回归党员本色,增强群众意识。工作中,要沉下身子,深入基层,访民情,解民忧,切实解决好群众关心关注的热点难点问题,不断改善民生,提高群众的幸福指数。

【龚建华到东湖区检察院指导工作】 9月11日上午,江西省委常委、南昌市委书记龚建华一行到东湖区检察院视察指导工作。龚建华一行察看了该院控告申诉接待大厅,听取了该院检察长杜迎春对“仲大姐”民生服务热线工作情况的介绍,详细了解了热线受理分流运行情况,并与干警进行亲切交谈,对东湖区检察院在服务民生等方面的积极作为和获得的荣誉给予了充分肯定。

【蒋作君到南昌市阳明学校调研素质教育】 10月21日,由全国政协常委、副秘书长、致公党中央常务副主席蒋作君任组长的来赣调研组一行到东湖区阳明学校,对学校素质教育开展工作进行调研。蒋作君一行参观了学校大队部、监控室、全民健身馆等办学设施,观看了学生劲道的跆拳道操、乒乓球训练,聆听了萨克斯队精彩的演奏,听取了有关学校素质教育工作开展情况汇报,就政府办学、素质教育实施等各项工作进行交流,高度评价了学校开展的各项素质教育工作。

【龚建华到东湖区召开棚改项目现场会】 10月30日上午,江西省委常委、南昌市委书记龚建华率全市领导干部实地察看东湖区香江家具城、长巷村(起凤路)棚改项目推进情况,并在东湖区召开现场会,正式启动全市轨道交通3号线建设房屋征收工作,部署推进2015年全市棚户区改造目标任务。龚建华要求务必以攻坚克难的锐气,不断拓展房屋征收和棚户区改造工作新局面,要快速启动,以“不找借口、只谋办法”的精神,开展前期工作,深入征收一线,为快速推进和完成征迁打下基础;要严格操作,始终坚持惠民利民的正确导向,不碰法律政策的“红线”、不开操作执行的“口子”、不留影响进度的“尾巴”;要完全公开,坚持阳光运行、自愿原则、有情操作。他要求各单位各部门加强领导,牢固树立“一盘棋”思想,形成齐抓共管的工作合力;抓好宣传,形成人人支持、人人关心、人人参与的良好工作氛围;强化督查,及时通报督查结果,并加大奖惩兑现力度;抓好队伍,在工作一线发现、锻炼、培养干部。

【陈竺到东湖区考察居家养老工作】 11月18日,全国人大常委会副委员长、中国红十字会会长陈竺一行到东湖区居家养老服务中心视察老年介护志愿服务工作。时任江西省委书记强卫,中国红十字会党组书记、常务副会长徐科,省领导龚建华、谢亦森、谢茹陪同视察。陈竺仔细了解了东湖区居家养老服务中心运行情况,高度赞扬该中心与江西省红十字会志愿者合作开展老年介入服务,对江西省开展的老年介护志愿管理工作表示充分肯定。

【龚建华率“三看”活动代表到东湖区考察】 12月17日,江西省委常委、南昌市委书记龚建华率市四大家班子成员组成的“三看”活动考察组深入东湖区,实地考察全区项目建设和经济社会发展情况。考察组实地考察了豫章一号文化科技园、三经五纬街景改造、智慧城管平台、阿里巴巴·南昌产业带等项目,认为这些项目将大力推动东湖区抢建新节点、再创新高地,对东湖区主攻产业招商、强攻旧城改造、突出城市建管、注重民生关怀的做法表示肯定。在智慧城管平台项目现场,龚建华对该平台整合2375个高清探头、实现主次干道“视频监控基本无死角”,并建立“1+9”的多层次监督体系的智慧城管“东湖探索”表示肯定,叮嘱各城区要认真学习借鉴,市有关部门和东湖区要好好总结提炼,适时向全市推广。

【龚建华到东湖区主持召开座谈会】 12月21日下午,江西省委常委、南昌市委书记龚建华在东湖区主持召开座谈会,就省委、市委班子深入开展“三严三实”专题教育以及即将召开的专题民主生活会征求基层组织及党员群众的意见建议。东湖区区、街道(镇)、社区(村)三级干部,“两代表一委员”以及党员群众代表参加座谈。龚建华在会前察看了东湖区新公园路改造、配建地下停车场以及玉带河小游园建设情况，对该区以开展“三严三实”专题教育为契机、深入实施“惠民便民利民”工程的做法及成效表示肯定。座谈会上，龚建华要求全区干部群众进一步增强危机意识、进取意识、担当意识，继续深化专题教育学习，真正把“三严三实”领悟到“知”、付诸于“行”、落实在“功”；要精心准备专题民主生活会，坚持问题导向，抓好不严不实问题整改，确保专题教育敬终如始、善作善成。

（裘　洁）

区级领导机构成员名单

（副县级及以上，截至2015年12月底在任）

中国共产党东湖区委员会

书　记：杨文斌
副书记：李云峰　陈建军
常　委：喻国泰　陈　曙　王志勤　焦玉庄
　　　　唐铭市　夏小兰　张东林　林正通

南昌市东湖区人民代表大会常务委员会

主　任：闵建波
副主任：毛惟仁　陈东亮　彭雅琳（女）
　　　　余　瑾（女）　谢　蓉（女）　桂　兵

南昌市东湖区人民政府

区　长：李云峰
副区长：童萍如（女）　杨玉章
　　　　胡志强　刘众星（7月任职）

中国人民政治协商会议南昌市东湖区委员会

主　席：王　玮（女）
副主席：敖晓焕　胡中平　欧阳桃花（女）
　　　　郑洪健　冯于水　谢保成

南昌市东湖区人民武装部

部　长：张　恩
政　委：林正通
副部长：吴　葵

（黄　悦）

区直机关各单位（含垂管单位）负责人名单

（正科级及以上，截至2015年12月底在任）

区委工作机构

区委办公室
　主　任：杨　斌
区委台湾工作办公室
　主　任：胡　政
区委组织部
　部　长：唐铭市
　常务副部长：毛　青（女）
区直机关工委
　书　记：张庆川
区委老干部局
　局　长：龚武红（女）
区委宣传部
　部　长：夏小兰（女）
　常务副部长：冯玉成
区委统战部
　部　长：焦玉庄
区侨联
　主　席：朱莉群（女）
区委政法委
　书　记：王志勤
　常务副书记：谈　浔
区综治办
　主　任：饶接华
区委、区政府信访局
　局　长：唐　浩
区纪委
　书　记：喻国泰
　副书记：鞠跃春（女）　余　坚　谌卫东
区编委办公室
　主　任：魏桂文（女）
区委党校
　校　长：赵兴中

区委防范和处理邪教问题领导小组办公室
主　任:罗长水
区史志办公室
主　任:陈耀武
区机关事务管理局(区委、区政府接待办)
局　长(主任):赵英姿(女)

区人大机关

常委会办公室
主　任:李明儿
内务司法工作委员会
主　任:万云初
财政经济工作委员会
主　任:徐小玲(女)
教科文卫工作委员会
主　任:何承恩
选任联工作委员会
主　任:吴　蕾(女)

区政府工作机构

区政府办公室
主　任:查秋滚
区发改委
主　任:易年忠
区教科体局
局　长:陈光辉
区司法局
局　长、书　记:罗咏琴(女)
区民政局
局　长、书　记:谭阿莉(女)
区财政局
局　长:万　勇
区人力资源和社会保障局
局　长、书　记:万里涛
区审计局
局　长:陈　峰
区环境保护局
局　长:李青峰
区城市建设局
局　长:万晓荣
区城市管理局
局　长:周春雷
区住房保障和房产管理局
局　长:周　凯
区商务局
局　长:郭小玲(女)
区市监局
局　长:王君健
区文化广电旅游新闻出版局
局　长:胡　薇(女)
区卫计委
主任:钟　华
区统计局
局　长:廖　军(女)
区安全生产监督管理局
局　长:胡雪洪
区监察局
局　长:余　坚
区人民防空办公室(区民防局)
主　任(局长):卢国华
扬子洲镇
书　记:郭保庚
镇　长:唐榕星(女)
八一桥街办
书　记:宋　晓
主　任:杨　峰
豫章街办
书　记:许前佐
主　任:黄　灿
墩子塘街办
书　记:黄芝义
主　任:王丽萍(女)
百花洲街办
书　记:付振海
主　任:黄　征
公园街办
书　记:陈海龙
主　任:傅　军
大院街办
书　记:涂　勇
主　任:喻　菡(女)
董家窑街办
书　记:万　华(女)
主　任:张　群(女)

彭家桥街办
书　记:张　勇
主　任:李良清
滕王阁街办
书　记:邱　波
主　任:姚　涛
贤士湖管理处
书　记:杨征宇
主　任:黄际财
扬农管理处
书　记:许　强
主　任:谌　洁(女)
区档案局
局　长:林　波
区行政服务中心
主　任:张　焰(女)
区企业资产管理服务中心
主　任:周　璐
区金融工作办公室
主　任:万可谦
区防震减灾局
局　长:
区城投公司
董事长:朱上求
总经理:朱上求

区政协机关

办公室
主　任:谢建平
专门委员会办公室
主　任:王树珊(女)
提案委员会办公室
主　任:陈贞珍(女)

区群团组织

区总工会
主　席:欧阳桃花(女)
常务副主席:李永兴
团区委
书　记:车丽娟(女)
区妇联
主　席:王棠棣(女)
区科协
主　席:廖德厚
区工商联
主　席:胡涛湘(女)
区残联
理事长:熊春萍(女)

区人民法院

院　长:钟　瑛(女)

区人民检察院

代检察长:杜迎春(女)

区垂管单位

东湖公安分局
局　长:杨玉章
东湖区国税局
局　长:帅盛武
东湖区地税局
局　长:吴彬文
市地税直属分局
局　长:马云南
市国土资源局东湖分局
局　长:吴有根
东湖交警大队
大队长:彭亚东
教导员:彭筱敏
东湖消防大队
大队长:付剑文
教导员:邵建金
市城市管理行政执法局东湖区分局
局　长:熊林梁
教导员:王长福
市城乡规划局东湖分局
局　长:江　丹

(黄　悦)

中国共产党南昌市东湖区委员会

综　述

2015年,中共东湖区委员会在市委、市政府的正确领导下,团结带领全区广大干部群众,重点抓了以下五个方面的工作:

深入学习贯彻习近平总书记系列重要讲话精神,在思想上、政治上、行动上与党中央和省委、市委保持高度一致。区委着力把学习贯彻习近平总书记系列重要讲话精神和省委、市委重要决策部署作为当前和今后一段时期重大政治任务,先后召开11次常委会和常委(扩大)会议,组织21次区委理论中心组集中学习,确保中央路线、方针、政策和省委、市委决策部署在东湖落地生根。一年来,区委坚持把学习习近平总书记重要讲话与推动当前工作紧密结合起来,切实用讲话精神武装头脑、指导实践、推动工作。通过围绕省委"发展升级、小康提速、绿色崛起、实干兴赣"十六字方针和市委"抢占制高点、聚焦增长极、提升首位度、共筑'四强'梦"二十字总任务,主动认领使命,狠抓贯彻落实。

聚焦"实力东湖",都市经济的发展支撑明显增强。全区紧盯"四区"发展目标,把产业支撑作为推动经济发展不二选择。2015年全区经济发展"含金量"更高,发展质效持续攀升。全区地区生产总值达384.57亿元,按可比价计算,同比增长9.1%,人均生产总值79689元,增长7.09%。全年实现财政总收入57.31亿元,同比增长6.7%;税收收入10.23亿元,同比增长9.15%;非税收入2.10亿元,同比增长27.74%;地方一般公共预算支出18.18亿元,同比增长16.8%;实现固定资产投资160.25亿元,同比增长16.7%;完成区内旧城改造共占地面积1543.92亩,征收面积97.67万平米,共7077户。

聚焦"活力东湖",干事创业的环境氛围日益浓厚。围绕"市场主体'法无禁止即可为'、政府部门'法无授权不可为'",稳步推进市场体制优化。如期完成"三单一网"建设,全面清理审批事项,保留区本级行政审批事项300项,精简行政审批事项42项,精简率19.91%。区委牢牢抓住"大众创业、万众创新"这一国家战略,积极用好用足中央、省市委各项扶持政策,2015年,全区成立众创空间及小微企业创业基地19个,培训各类创业人员1200余人,带动就业7000余人,发放创业担保贷款5669万元。全年共落户内资项目216个,外资项目7个。其中,5000万元以上项目55个,亿元项目13个,项目总投资107.26亿元。

聚焦"魅力东湖",宜居宜业的城市品牌持续提升。一年来,全区用于保障和改善民生资金达11.34亿元,约占地方公共财政预算支出的62.35%,着力推动胜利路民国风情步行街、滕王阁榕门路唐风宋韵风景区、福州路时尚餐饮娱乐街和三经五纬、中山路民国特色新街区等改造工程,扎实推进豫章路北延、新公园路断头路打通工程;通过加快打造"天网""地网""人网"三网合一的"智慧城管"东湖模式,从根本上提高城市管理的科学化、现代化和制度化水平;在全市率先建成彭家桥、豫章、公园、百花洲和董家窑5个街道文化活动中心,免费为辖区居民提供文化、健身、娱乐等综合性服务。扎实推进10大类160项"惠民便民利民"工程,让群众获得感不断增强;全区赴京非访38人次、同比下降71.4%,到省访577人次、同比下降12.4%,创东湖历史新低。

全面从严管党治党，风清气正的政治生态逐渐成型。一方面，区委坚持把组织开展“三严三实”专题教育作为一项重大政治任务，全区县级党员领导干部讲党课18次，集中学习研讨9次，召开座谈会6次。全区共发放学习辅导读本420余本，梳理出区四套班子“不严不实”具体问题129条，突出问题27个，并逐一列出清单，落实责任领导，明确整改时限，有效防止专题教育搞形式。另一方面，区委始终坚持党要管党、从严治党方针，认真履行“两个责任”，区委5次听取区纪委常委会关于党风廉政建设工作汇报，6次专题研究有关反腐倡廉工作议题，梳理区委部门权力62项、区委常委权力71项，打造4个廉政文化示范点，出台落实党风廉政建设责任制检查考核方案和党风廉政建设反腐败工作任务分工表等制度文件，进一步建立健全了落实“两个责任”工作机制。搅动了干部思想，提振了干部状态，为全区经济社会发展营造了风清气正的政治生态。

（李怡璇）

区委重要会议

【中共东湖区委十一届十次全体（扩大）会议】 1月10日，在区政府七楼礼堂隆重召开。大会主要内容是：书面传达中央经济工作会议精神、江西省委十三届十次全会精神、全省经济工作会议精神和南昌市委十届十次全会精神，区领导杨文斌主持大会并代表区委常委会作了题为《主动适应新常态奋力谱写新篇章 全方位开创“四区”建设的崭新局面》的报告。区委委员、区委候补委员出席大会，不是区委委员、区委候补委员的全区副科级以上领导干部列席或应邀参加会议。

【中共东湖区委十一届十一次全体（扩大）会议】 8月7日，在区政府七楼礼堂隆重召开。会议的主要内容是：书面传达中共江西省委十三届十一次全会精神和南昌市领导干部会议精神，区领导杨文斌主持大会并代表区委常委会作了题为《抢建新节点 再创新高地 在共筑“四强”梦的伟大征程中争创南昌绿色崛起新标杆》的报告，李云峰总结了该区上半年的各项工作并对下半年东湖经济社会发展工作进行了部署。区委委员、区委候补委员出席大会，不是区委委员、区委候补委员的全区副科级以上领导干部列席或应邀参加会议。

（李怡璇）

区委重要决策

【概况】 2015年，中共东湖区委积极发挥核心引领作用，全面统筹，带领全区上下加快经济社会又好又快发展。先后制定并印发《关于与时俱进推进人大工作发展的意见》《关于在全区启动廉政巡查工作的方案》《关于进一步深化“三转”把纪律挺在前面先行先试工作方案》《关于充分发挥人民政协协商民主重要作用的实施意见》等文件。

【关于与时俱进推进人大工作发展的意见】 6月15日，区委印发《关于与时俱进推进人大工作发展的意见》。为深入贯彻落实党的十八大，十八届三中、四中全会精神和习近平总书记系列重要讲话精神，认真落实市委关于加强人大工作的有关意见，切实加强党的领导，充分发挥区人大及其常委会职能作用，支持和监督“一府两院”依法行政，公正司法，保障和促进“四区建设”引领新一轮的跨越发展，根据《中共南昌市委关于与时俱进推进人大工作发展的意见》（洪发〔2015〕10号）文件精神，对进一步加强和改进人大工作提出了相关意见。《意见》指出，要牢牢把握人大工作的根本和核心，坚持党的领导、人民当家做主、依法治国的有机统一，区委要进一步增强科学执政、民主执政、依法执政意识；要加强人大制度学习宣传和理论研究，进一步加强和改进对人民代表大会会议、人大常委会会议、主任会议、代表工作及其他重要活动的宣传报道，为人大及其常委会依法履行职责营造良好的氛围；要支持人大依法行使监督权，落实“一府两院”由人大产生、对人大负责、受人大监督制度；要加强对政府依法行政的监督，将围绕加快法治政府建设，强化对行政权力的制约和监督。

【关于在全区启动廉政巡查工作的方案】 8月7日，区委印发《关于在全区启动廉政巡查工作的方案》，为全面贯彻中央、省、市相关会议精神，落实中央关于“全面从严治党”的战略部署,减少腐败存量,遏制腐败增量,强化党委管党治党的主体责任,推进全区建设风清气正的政治生态提供有力保障。方案指出,要把廉政巡查工作纳入全区党的建设总体布局,建立健全廉政巡查工作由区委统一领导、区纪委和区委组织部组织指导、区委廉政巡查工作领导小组办公室统筹协调、区委廉政巡查组具体实施、有关部门和单位共同参与的领导体制和工作机制。根据市委廉政巡查领导小组关于廉政巡查工作的要求,将全区所有区直单位及乡镇(街道、管理处)纳入廉政巡查范围,做到全覆盖、无死角,以党风廉政建设和反腐败为主线,以监督发现问题、形成震慑为主业,通过做好廉政巡查准备、了解、报告、反馈、移交、整改等六个关键环节,确保廉政巡查工作效果。

【关于进一步深化“三转”把纪律挺在前面先行先试工作方案】 10月3日,区委印发《关于进一步深化“三转”把纪律挺在前面先行先试工作方案》,提高全区治党管党水平,促进全区各级党委(党组、党支部)进一步提高对深化“三转”“把纪律挺在前面”的认识,切实肩负起从严治党管党、从严管理干部的职责,把主体责任落到实处;促进全区各级纪委(纪检组)树立正确的政绩观、执纪观,找准职责定位,切实维护纪律的严肃性,促进全区广大党员干部适应全面从严治党新常态,强化党章党规党纪意识。方案要求在2015年7月至11月,在全区各级党委(党组、党支部)、纪检监察机关开展学习讨论、常态宣传教育,增强纪律意识。方案指出各级党组织要履行全面从严治党的主体责任,把严明纪律和规矩放在重要位置,担负起“把纪律和规矩挺在法律前面”的领导责任,引导党员干部自觉遵守党纪党规。

【关于充分发挥人民政协协商民主重要作用的实施意见】 12月24日,区委印发《关于充分发挥人民政协协商民主重要作用的实施意见》,为充分发挥人民政协协商民主重要作用,加强党的执政能力建设,推进全区治理体系和治理能力现代化,充分调动社会各界的积极性、主动性、创造性,形成加快发展的强大合力。根据中央《关于加强社会主义协商民主建设的意见》、省委《实施意见》和市委《实施意见》结合东湖实际,特制定本实施方案。充分发挥人民政协作为协商民主重要渠道和专门协商机构的作用,有利于巩固扩大中国共产党同各民主党派、无党派人士的团结合作,有利于吸收各民族、各团体、各阶层、各界别人士参与国事,有利于加强党的执政能力建设,推进国家治理体系和治理能力现代化,有利于充分调动社会各界的积极性主动性创造性,形成加快发展的强大合力。

(李怡璇)

区委中心组理论学习

【概况】 2015年,区委中心组理论学习按照中央、省、市有关要求,扎实开展“三严三实”专题教育,并紧紧围绕“四个全面”战略部署,按照“每月一课”的原则,开设12场高水平的辅导讲座,邀请国内各个领域一流的专家学者授课,真正做到切合形势、按需组织、释疑解惑,给全区领导干部的日常工作予以启发,切实发挥区委中心组理论学习的龙头作用,为东湖“四区一体”建设提供了强大的思想保证、精神动力和理论支持。

【坚持和完善区委中心组理论学习制度】 2015年,区委中心组对全区理论学习进行了全面系统的安排部署。印发《中共东湖区委关于进一步健全区委中心组理论学习制度的意见》《中共东湖区委中心组2015年度理论学习计划》《东湖区2015年度干部培训工作实施方案》等一系列文件。区委中心组理论学习(扩大)会按照“每月一课”的原则,围绕“四个全面”分别开设10场高规格、高水平的辅导讲座。坚持“一季度一轮训”,邀请省、市有关部门业务口的领导、专家授课,围绕“房屋征迁”“项目建设”等重点工作,着重从操作执行层面对干部进行分类培训。给领导干部配送《习近平谈治国理政》《习近平总书记系列重要讲话读本》《法制热点面对面·2015》等理论书籍。

【加强党委中心组学习的指导督查】 2015年,区委中心组制定《中共东湖区委宣传部关于2015年全区党委(党组、党支部)中心组理论学习的意见》,对区属各单位中心组年度学习内容、时间提出具体要求，并将中心组学习情况作为全区年终“三个文明”目标管理考核内容，单独计分，单独考核。

【扎实开展“三严三实”专题教育学习】 2015年，区委中心组围绕“三严三实”开设了三个专题九次专题学习研讨，副县级以上领导干部结合各自实际，围绕专题谈认识、说感受、讲体会，认真查摆、着力解决“不严不实”问题，思想受到了洗礼、认识得到了提高、作风得到了加强。

2015年11月13日，东湖区委中心组举行“三严三实”第七次集体学习活动

【举行当今中国改革现状及展望专题学习】 7月12日上午，东湖区在区政府七楼礼堂召开区委中心组理论学习（扩大）会。中央财经领导小组办公室经济二局局长尹艳林应邀为全区全体副科级以上党员领导干部就当今中国改革现状及展望进行专题授课。尹艳林全面介绍了新一轮改革的现实背景、重要意义和改革的顶层设计、路线图，深入分析了经济体制改革的内容、进展和展望，并超前预判了地方经济改革的重点。

【深入学习贯彻习近平总书记系列重要讲话精神】 1月31日上午，东湖区在区政府七楼礼堂召开区委中心组理论学习（扩大）会。区委、区人大、区政府、区政协班子成员，区人大、区政协调研员，区人武部政委，区法院院长，区检察院检察长，东湖公安分局政委，全区副科级以上领导干部参加会议。会议要求全区上下要以此次学习为契机，提高认识，端正态度，深刻领会系列讲话精神的基本内涵、核心要义、思想精髓，提高自身政治理论素养、依法行政意识、科学决策水平和工作创新能力。同时，要联系实际，融会贯通，将习近平总书记系列讲话精神转化为武装头脑、指导实践、推动工作的强大正能量，努力实现“三大跨越”“四个一流”，全方位开创东湖“四区”建设的崭新局面。

【开展生态文明建设专题讲座】 9月23日下午，东湖区在区政府七楼礼堂召开区委中心组理论学习（扩大）会。江西省政协常委、经济委员会副主任、省政府决策咨询委员会成员汪玉奇应邀为全区全体副科级以上党员领导干部就“生态文明建设”进行专题授课。

【举办党的十八届五中全会精神宣讲报告会】 12月31日上午，东湖区在区文化活动中心三楼演艺大厅举行“党的十八届五中全会精神”宣讲报告会。市委宣讲团成员，市政协教卫文体文史委主任张恒立就“党的十八届五中全会精神”进行专题宣讲。区委、区人大、区政府、区政协班子成员，区人武部部长，区法院院长，区检察院检察长，全区副科级以上领导干部共300余人参加会议。区委书记杨文斌主持会议。会上，张恒立结合南昌实际，全面准确、深入浅出地讲解了党的十八届五中全会精神和省委十三届十二次全会、市委十届十二次全会精神。报告主题鲜明、重点突出、内容丰富，具有较强的政治性、思想性和指导性，对深刻把握并贯彻落实全会精神，加快推进全区经济社会发展，具有很大的指导意义和帮助作用。

（裘　洁）

纪律检查与行政监察工作

【概况】 2015年，东湖区纪检监察机关认真学习领会习近平总书记系列重要讲话精神，按照全面从严治党要求，踩着不变的步伐，坚定不移推进三转，坚定不移改进作风、坚定不移惩治腐败，全区党风廉政建设和反腐败各项工作取得新成效，被评为全市纪检系统信息工作先进单位。

【区纪委十一届五次全会】 2月11日上午，中国共产党东湖区第十一届纪律检查委员会第五次全体会议召开，区委书记杨文斌出席会议并讲话。杨文斌对2014年全区党风廉政建设和反腐倡廉工作取得的成绩给予充分肯定，对全区广大纪检监察干部寄予殷切期望。他要求，全区各级党组织要坚决贯彻中央、省、市纪委全会精神，紧紧抓牢党风廉政建设主体责任“牛鼻子”，落实全面从严治党要求，严明党纪、纠正“四风”、惩治腐败，全面推进惩治和预防腐败体系建设，不断开创党风廉政建设和反腐败斗争新局面，为全面深化改革、加快东湖发展升级提供坚强政治保障。会上，杨文斌向扬子洲镇、各街道（管理处）主要领导颁发了党风廉政建设责任书。大院街道、董家窑街道、彭家桥街道、区城建局、区文广局、区卫生局6个单位主要负责人向区纪委全会述责述廉并接受民主测评。会议审议通过了区委常委、区纪委书记喻国泰代表区纪律检查委员会常务委员会所作的题为《坚持从严治党 落实“两个”责任 坚定不移推进党风廉政建设和反腐败斗争》的工作报告。

【严格问责压实“两个责任”】 2015年，区纪委（监察局）切实发挥党内监督专门机关作用，强化执纪监督问责，加强组织协调，促使形成“层层有压力，层层抓落实”的格局。把2015年定义为问责之年，以强有力的问责督促全区党组织和纪检监察机关把治党之责落到实处。严格实施“一案双查”制度，对落实两个责任不力人员约谈10人，通报批评1人，给予党政纪处分1人。以转发通知、全区干部大会宣读等形式通报了河南新乡、四川南充等落实两个责任不力典型案例，使“抓党风廉政建设是本职，不抓是失职，抓不好是渎职，失职渎职就要问责”的理念进一步深入人心。召开区纪委常委会研究全区党风廉政建设重大问题10次，向区委常委会提交重大议题9次，制定下发制度性文件8份。年初召开的区纪委全会上，现场签订发放党风廉政建设主体责任状25份，组织3个街道党工委书记和3个区直单位“一把手”述责述廉并接受现场测评。严格落实责任制考核制度，在2014年全区目标管理考核中，全区有17个单位因党风廉政建设问题而被扣分。

【强化宣传教育工作】 2015年，区纪委（监察局）多形式、多层次、多平台开展宣传教育，唤醒全区党员干部党章党规党纪意识，使广大党员自觉敬畏纪律、遵守纪律、维护纪律，按规矩办事。向全区副县级以上领导干部发放《十八大以来党风廉政建设和反腐败工作政策法规选编》31册，开展“三严三实”专题集中学习6次；向全区党员干部发放《习近平关于党风廉政建设和反腐败斗争论述摘编》1900余册，《违反党纪党规一般性行为清单及处理暂行办法》和《图解“把纪律挺在前面”精神》宣传口袋书各6000册；利用区纪委（监察局）网站、官方微信、短信平台等宣传阵地，加强对党章、党纪、党规的宣传，连续发布“把纪律挺在前面”文章10余篇，营造良好氛围。集中力量抓好了新修订的《中国共产党廉洁自律准则》和《中国共产党纪律处分条例》的学习宣传贯彻，以集体学习、专家宣讲、知识竞赛、知识测试等形式，使“高线”和“底线”内化于心、外化于行。

【转变工作方式方法】 2015年，区纪委（监察局）进一步深化“三转”，把及时、有效地搜集和掌握违纪违规问题线索作为工作重点，改变被动执纪局面。强化担当意识和责任意识，引导各处室、纪工委、基层纪检组织在监督检查和日常生活、工作中收集党员一般性违纪违规问题，既掌握“八小时”之内的情况，更留意“八小时”之外的问题，及时发现、及时纠正。有针对性地启动了新一轮廉政巡查，对2010年以来所受理的347件信访举报件开展了问题线索的起底清仓，逐一梳理，摸排出问题线索16件，严格按五类标准处置。继续开展“入企上户”活动，委局机关干部分成11个小组，深入基层一线走访企业、居民4000余户，共收到群众意见建议300余条，解决反馈投诉问题19个，并督促相关单位长效整改。对群众反映的具有可查性问题线索，认真研判处理。

【做好党风廉政建设社会评价工作】 2015年，区纪委（监察局）积极做好全区党风廉政建设社会评价工作，在全区范围内开展大宣传、大走访活动。重点加强对企业、群众、“两代表一委员”及机关干部的宣传走访力度，收集企业群众在生产生活遇到的困难和对全区党风廉政建设的意见建议，着力解决群众和企业反映强烈的问题，打造廉洁高效的政务环境。全年共累计走访企业群众15余万户，收集意见建议360余条，整改到位52个，帮助企业群众解决实际问题30余个。在开展“大宣传大走访”的同时，委托第三方评价机构对全区各职能部门党风廉政建设情况开展电话测评，对测评中排名靠后的单位进行约谈问责。

【全面推进党风廉政巡察工作】 2015年，区纪委（监察局）借鉴中央和省委巡视工作经验，制定下发《中共东湖区委廉政巡察工作领导小组工作规则（试行）》等系列文件，于8月底，组织巡查组对扬子洲镇和区城管局进行了巡察。巡察期间，召开座谈会8次，个别谈话83人，组织民主测评2次，听取工作汇报4次，走访调研2个村，暗访6个单位，查阅4个单位财务账目，列席党政联席会议1次，发出并收回调查问卷100余份，受理群众来信来电4件次，来访11人次，发现问题线索20余条。有关线索和问题整改正在进一步处置中。

【持之以恒狠抓作风建设】 2015年，区纪委（监察局）始终保持严厉惩治违反中央八项规定的高压态势。监督力度始终不减。坚持工作日抽查、节假日必查方法，节假日拉网式明察暗访7次，工作日抽查3次，发现并督促整改轻微问题33个；对为官不为、为政不廉行为抽查4次，发现问题17个，处理27人。完善制度始终不停。对执行商务接待不严的2个单位进行约谈并下发监察意见书，责令制定、执行商务接待管理办法；陆续下发《关于做好节假日期间公车规范使用的通知》《关于领导干部操办婚丧喜庆事宜实行“两报告一承诺”的暂行规定》等制度性文件，对公务用车的使用管理、领导干部操办婚丧喜庆事宜等方面做出明确规定。严惩态度始终不松。严肃查处了群众举报的区城管局公车私用问题，对负有监管责任的分管领导问责处理并全区通报；立案查处了扬子洲镇红星小学私设小金库、公款吃喝问题，给予当事人党政纪处分。

【深入开展“违插”问题专项整治】 2015年，区纪委（监察局）根据省市统一部署，通过动员部署、自查自纠和综合治理三个步骤在全区范围内深入开展领导干部违规插手干预工程项目问题专项整治活动。制定下发《关于在全区开展领导干部违规插手干预工程项目问题专项治理的实施方案》，明确了专项治理的对象、内容、工作安排、任务分工及有关要求；组织全区副科级以上领导干部广泛开展自查自纠，共收到干部自查自纠表418份，其中县级干部27份，科级干部391份，收到主动上交的不正当利益8次，共计人民币39600元；收集问题线索1件，调查核实1件，给予党纪政纪处分2人，移送司法处理1人。制定相关制度3个，清理修订了有关规章，完善了有关操作流程。

【巩固“红包”问题专项治理成效】 2015年，区纪委（监察局）进一步巩固了“红包”问题专项治理成效。先后转发省市纪委《关于黄峰岩等违规收送“红包”问题的通报》《关于詹斌违规收受“红包”问题的通报》《关于陈祥云顶风违纪收受“红包”问题的通报》等文件，运用典型案例，层层传达，级级督促，全覆盖零遗漏进行警示教育。重点抓好医疗卫生、教育、殡葬和税务4个与群众利益密切相关领域的“红包”治理工作。按照“先免职再处理”政策，严肃查处了违规收受红包陈剑鹏、万莉萍等3人。收到主动上交红包13笔，合计2.29万元；购物卡2张，面值合计2000元。

【开展基层党风廉政建设突出问题专项整治】 2015年，区纪委（监察局）认真开展基层党风廉政建设突出问题专项整治。将基层干部在征地拆迁、城中村和棚户区改造过程中，虚报冒领拆迁安置房，贪污挪用征地拆迁款，以及优亲厚友、违章搭建、强揽工程、欺压百姓、称霸一方等五个方面突出问题作为专项治理重点，建立全区各部门、各单位线索上报“月报”制度，督促各部门、各单位于每月10号之前将最新收到的有关线索上报区纪委（监察局）进行整理登记。全年共收集、整理问题线索7个,立案5起,给予党纪政纪处分5人,其中1个问题线索还在调查中。

(陈新星)

区委办公室工作

【概况】 2015年,区委办公室在区委的正确领导和市委办公厅的精心指导下,紧紧围绕全区中心工作,紧扣“岗位即责任、服务即形象、效能即生命”的工作目标,积极发挥“坚强前哨,巩固后院”职能,着力提升工作质量和服务水平,圆满完成年度各项目标任务,荣获东湖区(2014—2015年度)市级文明单位和区级文明单位、区社会治安综合治理目标管理先进单位、区综合目标考核优胜奖等称号。

【组织协调】 2015年,区委办公室强化综合协调职能,全力理顺各种关系。在尽职尽责、不越权越位的前提下,注重发挥桥梁纽带作用,加大协调工作力度。加强了纵向沟通对接,同市委办公厅的工作业务联系,经常向市委办公厅汇报工作,反映问题和建议;加强了横向的沟通衔接,注重与五大家办公室的沟通协调,整合各方力量,形成合力,及时就重要工作的安排部署进行协商沟通;强化了全区党委办公系统“一盘棋”意识,注重内部的业务培训、指导,重要工作的调度安排,抓好部门之间的工作协调,形成齐抓共管的局面。

【办文办会】 2015年,区委办公室突出抓好全区重大会务、重要活动的统筹,对重要会议的各个环节进行规范,形成操作手册,增强了办会工作的预见性和计划性,提供优质高效的会议服务,全年完成了区委全会、全区领导干部大会、省市领导来区考察等重大活动的筹办工作。推行文件印发层级负责制,把好文件的起草、校对、审签各个环节关口,实现了印发的每份文件、文稿准确规范。同时,持续深入贯彻落实中央八项规定,厉行勤俭节约,反对铺张浪费,严把文件、会议审批关,做到不该开的会不开、不该发的文不发。全年,共发文99份;共组织召开20次会议,与2013年同期相比减少会议2次,办文办会效率得到进一步提升。

【信息工作】 2015年,区委办公室通过完善对上联络沟通机制、横向共享机制、对下考核通报机制,基本构建了“大信息”的工作格局。本级信息服务方面,创立了《今日东湖信息》刊物,实行每个工作日出刊,为全区领导和各单位了解各项工作动态提供了重要途径,成为全区的重要“信息早餐”。本级决策参谋方面,本着“网罗天下资源、服务东湖决策”的宗旨,在2014年创刊的基础上,不断提升《东湖决策参考》刊物采编水平。出台了采编方案,对工作载体、工作流程、内容采编等各个事项进行明确,以实现采编科学化、规范化。根据不同的受众需求,创立综合版、单刊版、特刊版等不同类型工作载体,增强可读性和可借鉴性,成为全区领导决策的重要的参谋助手,被区领导多次批示。为迎接2015年全市“三看”项目巡查活动,编辑出刊迎接全市“三看”活动特刊版3期,为全区项目建设提供外地好经验、好做法、好模式,受到各项目挂点区领导的广泛关注。向上信息报送方面,全年向市委办公厅报送信息550余篇,其中被《今日南昌信息》采用280余篇,被市里报送到省委办公厅和中央办公厅50余篇,综合采用率名列全市前茅;报送信息专报30余篇,被《南昌信息专报》采用了10余篇。通过《东湖信息》《东湖信息专报》等载体,向上广泛推介东湖好做法、发出东湖好声音。

【督促检查】 2015年,区委办公室强化督查力量,明确各级党委督查人员,做到决策与落实并重,一级抓一级,层层抓落实。整合督查职能,完善督查流程,创新督查方式,建立督考专员制度,突出抓好区委、区政府重点工作的督办,重大事项督办核查100%到位,中央、省、市和区委主要领导批示件督办反馈100%到位,上级交办的督查件100%办结。2015年以来,由办公室牵头,组成专项督查小组对环境整治、违章搭建、建绿透绿等群众关心的社会热点、难点问题进行全面督查,联合相关部门联合行动,有力维护了督查权威,保证了区委决策的有效落实。

【调查研究】 2015年,区委办公室紧紧围绕区委中心工作,主动开展调查研究,积极做好决策前、决策中和决策后的各项服务,保证了领导决策的顺利实施。着眼于区委发展需要,就国民经济、社会发展中带全局性、战略性、综合性、长期性问题开展超前研究和跟踪研究，为区委决策提供符合实际的政策建议和咨询意见；按照区委的要求，组织、指导、协调全区各单位的调研工作；为区委领导及时准确地了解社情民意，尤其是对全区经济社会发展有重大影响，需要提请区委领导高度关注的热点、难点、焦点问题，提供内部参考资料。

【文稿起草】 2015年，区委办公室以提升文字能力为核心，结合日常工作，做好新形势下的文稿起草工作，提升文稿立意高度、内容深度、文风新意，着力提升文稿内容的"贴合度"，为领导更好地发挥参谋助手作用。一是推进资源共享，实行交叉互动，通过晨读让每一位成员在互相探讨分享中掌握最前沿、最鲜活的政策理论和分析评论；二是开展案例剖析，切实掌握不同文字材料的主旨要义，避免走弯路，提高办文效率；三是学习成功范文，努力汲取各方面的营养，博采众家之长，推动办公室文稿质量迈上新的台阶。

【机要保密】 2015年，区委保密机要局时刻绷紧安全保密这根弦，增强安全保密理想信念和责任使命，认真开展保密工作的宣传教育，印发保密工作宣传手册；落实责任，强化措施，严格纪律，特别是加强对重点涉密单位和岗位的监督指导，抓好计算机信息系统和信息设备的保密检查；完善保密设施，精确管控、动态管控、全程管控，严防各类失泄密事故发生；充分发挥机要密码通讯的主渠道作用，做到通信绝对畅通，严格双人监管制度，做到密码绝对安全；积极参加省、市组织的全岗业务培训，顺利通过考核评定；严格值班制度，进一步完善各类电报文件的接收、登记、保管、呈办、落实工作，未发生失窃密事件，确保了各项工作日常运行的安全。

【民声通道】 2015年，区民生通道办公室不断完善单位信访接待制度，全年共接听群众来电30余次，办理回复电子邮件及信访转办件30余件，人民网强卫书记留言板13条，省委"民声通道"核办件2件，市委"民声通道"核办件14件，省、市级转办件41件，区级转办件50件，办结回复率100%。

【"三严三实"专题教育活动】 2015年，区委办公室深入贯彻落实中央、省委、市委和区委关于深入开展"三严三实"专题教育活动有关要求，以"三严三实"为衡量标尺，通过办公室民主生活会、工作例会等形式学习、对照，进行深刻反思和自查自纠，将学习成果运用到实际工作中，使得单位在凝聚干劲、改进作风、提高效率上进一步增强。

（李怡璇）

组织工作

【概况】 2015年，中共东湖区委组织部在区委的正确领导和市委组织部的具体指导下，按照省、市组织工作会议要求，紧紧围绕全区工作大局，立足全局、把握重点、创新方法、求真务实，以学习贯彻落实党的十八届四中、五中全会精神为主线，做好全区各项组织工作。扎实开展"三严三实"专题教育。严格贯彻落实《党政干部选拔任用工作条例》，努力做好干部选拔任用、教育培训、监督管理等各项工作。以"连心、强基、模范"三大工程为主线，不断夯实基层党建基础。紧紧围绕人才工作目标，立足全局、把握重点、求真务实、创新方法，扎实开展人才工作，为东湖区"四区"建设提供坚强的组织和人才保障。

【召开基层党建工作述职评议会】 2015年2月7日，在区政府七楼会议室召开了2014年度镇（街道、管理处）党（工）委书记抓基层党建工作述职评议会议。会议听取了扬子洲镇、各街道（管理处）党（工）委书记2014年度抓基层党建工作的述职，并组织参会人员进行评议。市委组织部领导，市委第三巡回督导组全体成员，区委常委，区委党建工作领导小组成员，区委教育实践活动领导小组成员及整改落实工作办公室主任、副主任，扬子洲镇、各街道、管理处党（工）委书记，扬子洲镇、各街道、管理处的熟悉了解基层党建工作情况的"两代表一委员"、基层党员干部和群众代表参加会议。

【扎实开展"三大工程"】 2015年，区委组织部以联系群众为目标，全面构建和谐党群干群关系，扎实开展"三大工程"。在"连心"工程上，组织全区15支"连心"小分队，12位"第一书记"、120位"双助理"和3位名誉书记与挂点村（社区）进行了工作对接。在“强基”工程上,制定下发《关于在全区基层党组织中开展星级评定的通知》,对各单位上报的四星级以上基层党组织进行了审核并上报市委组织部。解决了全区6个软弱涣散社区党组织无办公用房问题。在全区111个村(社区)中全部建立了村(居)民理事会,开展基层民主协商。在“模范”工程上,认真开展“七一”表彰工作,对全区评选出先进基层党组织、优秀党员、优秀党务工作者以发文形式进行了公开表彰。

【开展“七一”表彰活动】 2015年,为表彰先进,弘扬正气,激烈全区各级党组织和广大党员锐意进取、爱岗敬业,不断开创党的建设工作新局面。授予中共南昌市东湖区扬子洲镇为民村支部委员会等30个单位“先进基层党组织”荣誉称号;授予陶伟明等60名“优秀共产党员”荣誉称号;授予周海波等30名“优秀党务工作者”荣誉称号。

【深入“三严三实”专题教育】 2015年,区委组织部负责组织开展全区“三严三实”专题教育,围绕“三严三实”专题教育活动的三个专题学习研讨阶段,制定了详细的学习计划,明确每个阶段的学习内容。截至2015年12月,累计开展专题研讨9次,县级党员领导干部累计讲党课18次,集中学习研讨6次,召开座谈会6场次;县级领导干部查找自身不严不实问题129条,全部进行了整改落实。

【做好干部选拔作用工作】 2015年,区委组织部严格贯彻落实《干部选拔任用工作条例》,把好“领导职数、推荐提名、考察任免”三关的操作执行,积极探索“为发展配备干部”的导向机制,“靠制度选任干部”的选拔机制,“让群众评价干部”的监督机制。始终坚持“人岗相适”的用人导向,把“想干事、能干事、能办成事”的优秀干部提拔到领导岗位上,让干部有工作的环境和干事的平台。区委常委会研究干部人事2批次,调整干部90人次,其中提拔重用干部22人次,平职交流及其他68人次。召开区委全委会对12名街道和区委、区政府工作部门党政正职拟任人选进行票决,提高了干部选拔任用工作的民主化程度。

【加强干部教育培训】 2015年,区委组织部联合区委宣传部、区委党校,分别在3月、7月,围绕招商引资、旧城改造、基层党建、依法行政等方面分别召开了专题培训班,全区各单位主要领导、相关领域分管领导,以及各村(社区)党组织书记、主任合计800余人次共同参加了培训。除此之外,全年选派6名县级干部参加了市委党校春、秋季培训班,4名科级干部参加了市委党校青干培训班,2名科级干部参加了省委党校乡镇(街道)书记、镇长(主任)培训班。

【加强干部日常监督管理】 2015年,区委组织部坚持“从严治吏”,解决党员领导干部管理“失之于宽、失之于软”的弊端。开展了违规办理和持有因私出国(境)证件专项治理工作,收缴全区科级干部因私出国(境)证件568本。开展跑官要官、说情打招呼问题专项整治,向全区科级以上干部发出了自查自纠表共496份,收回496份。向全区科级以上干部发出《领导干部个人有关事项报告表》,要求所有科级以上领导干部全面上报个人情况。印发《东湖区关于加强干部日常管理监督实施方案》,对全区科级及科级以下干部进行严格监督管理。

(黄　悦)

宣传工作

【概况】 2015年,东湖区宣传工作在区委正确领导下,认真贯彻落实中央及省市宣传思想工作会议精神,按照区委对宣传思想工作的总体部署和要求,紧紧围绕全区“四区建设”目标,切实把好舆论导向,不断强化对内对外宣传,各项工作有序推进,为推动东湖发展营造了良好的舆论氛围。

【新闻上稿量质再创新高】 2015年,东湖区上稿数量再创历史新高,并在全市各县区、开发区(新区)考核排名中位居前列。据统计,全年在各级媒体上稿共计2250余篇,较2014年上稿1439篇增加了790余篇,增长56.3%,在中央媒体上稿39篇,较2014年15篇增长160%,保持了强劲的上稿势头。在省、市级主流媒体分别上稿616篇、1570篇。

【精心策划新闻选题打好主动仗】 2015年,区委宣传部以“内聚力量,外塑形象”为目标,紧贴中心工作、明确重点、积极策划,围绕该区在深化改革、发展升级、重点工作、重大项目、民生实事等方面的实践成效与特色亮点，精心组织省、市媒体深入一线进行集中采访报道，相继推出了“旧城改造”“志愿服务”“非遗文化惠民”“点赞身边好人”“构建和谐社区”“整治夜间烧烤”“公益待用快餐”“纪念抗战胜利”“火神庙敬老节”等一批具有较高价值的新闻报道，全方位传播东湖好声音，展示东湖新形象。

【创新对外宣传平台】 2015 年，东湖区对外宣传工作不断强化创新。一方面，加大对外宣传力度，拍摄了《魅力东湖·为群众幸福加码》《实力东湖树绿色崛起新标杆》两个形象宣传片，宣传片在南昌电视台《每日新闻》栏目播出后收到积极反响。另一方面，加强与南昌日报、南昌晚报及南昌电视台的深度合作，搭建对外宣传的有力平台，南昌电视台《每日新闻》《新闻说报》栏目专题策划并报道反映全区经济发展社会民生稿件分别为 248 篇、310 篇，《南昌日报》完成上稿 535 篇，头版稿件 115 篇，头条稿件 60 篇，《南昌晚报》累计刊发稿件 200 余篇。

【有效处置网络舆情】 2015 年，东湖区积极开展网络舆情监控，全面协调处理、上下联动，做到了 24 小时内有处理，72 小时内有追踪，营造了清朗的东湖网络空间。一方面，充分依托省、市舆情监测系统，努力实现对新闻、论坛、微博的定向监测和实时预警，掌握舆情应对的主动权和话语权。另一方面，进一步完善舆情监控联席会议制度，健全舆情处理机制，提高网络舆情的处置能力，及时公布消息，健全危机应对机制，有效引导网络舆论。据统计，全年上报省市有关舆情 800 余条，在各大网站、微博、论坛中发现涉区负面信息共计 82 条，编写《舆情专报》18 期，处置并回复微博网民各类诉求 100 余件，有效引导了网络舆论。此外，该区还加强与省内主流、知名网络媒体在专题报道、新闻推送、舆情服务、网络活动等方面的合作，及时发现并推送正面舆情热点，在网络传递东湖正能量。

【新媒体运营成效显著】 2015 年，东湖区荣获全市十佳政务新媒体，全省十佳政务微博。政务微博共发布信息 7515 条，日均发布约 20 条，新增粉丝 2407 人，政务微信共发布信息 936 条，日均发布 3 条，新增订阅用户 5565 人，共处理网民各类投诉 104 件，成为沟通社情民意和高效便捷服务群众的重要平台。政务微博、微信姓“政”，做到了信息发布每日最少 20 条，其中政务信息占五成以上，在第一时间公布区级职能范围内的政务资讯。“双微平台”分别开设了“人文东湖”“学在东湖”和“东湖好人”三个专栏，并发布了 100 多条原创信息，成功推介了本地的人文旅游、文化特色、教育资源和好人好事，在网络传播“政”能量。

【提升“双微”工作影响力】 2015 年，区委宣传部围绕全区中心工作、重点工程，积极策划线上线下活动，先后开展了“羊年喜洋洋 晒图晒幸福”“春意悠悠 东湖之洲”“微爱环卫”“欢乐番茄节·缤纷洲尚游”“我为身边好人点赞”等活动，在微博、微信同时发布，实现双微联动，充分发挥政务新媒体的媒体属性和社交属性，合理地将微博、微信的关注者相互转化，从而不断拓展网络问政的深度与广度，不断扩大“东湖发布”的影响力和凝聚力。此外，还专门制作了双微宣传牌、易拉宝海报，并开展送礼品、送流量等活动，将活动还延伸至学校、社区，深入到群众百姓身边。

（裘　洁）

统一战线工作

【概况】 2015 年，中共东湖区委统战部在区委的正确领导和市委统战部的精心指导下，认真学习贯彻党的十八届五中全会精神和习近平系列重要讲话精神，主动适应新常态，展示新作为，开创新局面，引导广大统一战线成员积极建言献策，为东湖区实施“四区”建设献计出力。报送的《深化对口联系工作 推进多党合作发展》获得全市统战工作实践创新成果奖。

【各民主党派、工商联完成换届】 2015 年，协助民革东湖区总支、民盟东湖区支部、民建东湖区总支、民进东湖区总支、农工党东湖区总支、区工商联顺利完成了换届工作，选出了新一届的领导班子，实现了政治上的新老交替。

【加强党外干部队伍建设】 2015 年，全区有党外领导干部 27 名，其中，党外县级领导干部 5 名，党外科级领导干部22名。选送1名党外县级干部参加了省委统战部组织的党外特约人员依法治国专题培训班。选送了1名党外领导干部参加市委党校第46期青干班学习,选送了3名党外领导干部参加南昌市党外中青年领导干部高级研修班,全年共组织200余人次参加各类培训,全面完成培训计划。

【推进多党合作事业发展】 2015年,东湖区召集各民族党派、工商联负责人和非公有制经济代表人士,通报了东湖区经济社会发展情况和征求了政府工作报告意见。帮助民主党派围绕区委中心工作和社会热点问题选好课题,组织调研,形成参政议政提案,全区各民主党派共完成调研报告7篇。在政协南昌市东湖区八届五次会议上,各民主党派及其成员共提出涉及教育、文化、卫生、经济建设、城市建设和环境保护、城市管理、社会治安、社会保障和民生工程等方面提案达30余条。

【开展调研活动】 6月9日,协助民盟江西省委会副主委罗慧芬、民盟南昌市委会主委胡彬一行就《网格管理制度的提升》课题进行调研。10月21—23日,协助致公党中央常委副主席蒋作君一行到阳明学校开展调研。

【开展和谐共建活动】 2015年,区委统战部组织各民主党派以“同心双共建”为主题,进社区开展和谐共建活动。春节前夕民革东湖总支在二七北路社区开展送温暖活动,在七一期间走访慰问了抗日老战士。民进东湖总支在春节期间走访慰问了榕门路社区的2名贫困学生。3月13日,到豫章后街社区开展综治宣传进社区暨“1%工程”关爱社区贫困学子助学金发放仪式活动。1月,民建东湖总支财经一支部和江西画院开展了文化交流活动。4月16日,农工东湖总支联合南昌农工中草药第一门诊部在小金台社区开展送医送健康活动。6月中旬,九三学社东湖支社组织社员到新余、宜春开展“关于司法公正”的课题调研。

【聘请新任特约人员】 4月15日,南昌市东湖区检察院召开新任特约人员聘请大会,聘请了田艳等6名党外人士担任特约检察员,并制定了工作制度,推进特约人员工作规范化,程序化。

【促进非公有制经济健康发展】 2015年春节期间,组织非公经济人士走访了辖区的6位特困难户并发放了春节慰问品;并向“一对一”贫困青少年帮扶对象发放了资助金和学习用品。积极参与东湖区中小企业公共服务平台建设。先后为非公企业解决各类纠纷10余起,挽回经济损失20余万元。

【维护民族宗教界团结稳定】 2015年,区委统战部广泛开展了走访少数民族代表人士活动,巩固了平等团结、互助和谐的社会主义民族关系。坚持依法管理宗教事务,发挥牵头协调作用,坚持重大节日活动走访宗教活动场所,指导做好安全排查工作。积极开展禁放爆竹、文明敬香工作,切实维护宗教活动场所和谐稳定。全年全区没有发生一起涉及民族宗教因素的群体性事件。

(吴大鹏)

政法与综治工作

【概况】 2015年,东湖区政法战线以习近平总书记重要讲话精神为统领,认真贯彻全省、全市政法工作会议精神,全区政法干警和综治维稳干部结合实际、履职尽责、敢于担当,较好地完成了各项工作任务。东湖区荣获“全国法治县(市、区)创建活动先进单位”“全市社会管理综合治理目标管理考核成绩突出县区”等荣誉称号。

【加强矛盾排查调处】 2015年,东湖区政法机关把矛排工作与中心工作、重点项目推进同部署、同落实,确保了旧城改造、征地拆迁、创文明城区等中心工作、重点项目的平稳有序推进。扎实做好全国、省、市“两会”、党的十八届五中全会等敏感时期的矛盾排查、化解、维稳工作,有力维护了全区社会政治大局稳定。全年有效处置了到江西省群体访1538批次,1.2万人次;冲、堵政府机关大门事件126批次,1849人次,制止极端事件12起。截至12月,全年共排查各类群众矛盾纠纷2120件,调处成功2112件,调处成功率达99.6%。

【开展涉法涉诉信访改革示范创建活动】 2015年,东湖区作为全市涉法涉诉信访改革的试点区,从6月开始,进行了为期7个月的示范创建活动。

在诉访分离、规范执法、畅通渠道、有序衔接、公开透明、纠错补瑕、教育帮扶、司法救助等方面，遵循勇于探索，大胆实践，边试边改，完善提高的指导思想，积极打造涉法涉诉信访"九大工作机制"标准化模式，初步形成了处理涉法涉诉信访的一整套工作方法，为今后妥善处理涉法涉诉信访奠定了基础。6月至12月期间，政法机关共受理案件196件，办结182件，办结率92.8%；上级交办、自查案件15件，化解13件，化解率86.7%；救助案件15件，息访率100%。

【轻案快办做法取得初步成功】 2015年，东湖区在2014年进行轻微刑事案件快速办理工作试点的基础上，不断深化办理程序和方法，做到精益求精，尤其是区法院将多个轻微刑事案件合并，每周集中一次庭审，由一人审理、一人出庭支持公诉、一人记录，节约审判资源的经验做法，得到了全省兄弟单位的肯定。全年，适用轻案快办工作机制的203件刑事案件(公安分局62件，检察院89件，法院52件)，没有一件形成信访事项。

【积极开展司法救助工作】 2015年，东湖区按照中央、省、市相关文件，成立了区国家司法救助工作领导小组，在继续保障政法各部门司法救助经费的基础上，协调落实了50万元的国家司法救助专项资金。主要从规范制度、成立机构、筹措资金、完善程序等方面开展工作。法院、检察院、公安三家救助案件8件，救助资金83760元；政法各机关报区国家司法救助工作领导小组救助案件中，经筛选后核定救助案件7件，救助资金395000元。合计救助案件15件，救助资金478760元。

【开展系列专项行动】 2015年，东湖区连续开展了打击"两抢一盗"、"利剑"行动、"百城禁毒会战"、"反侵财、破现案"、"压发案"等专项打击行动。全年刑事类警情、黄赌警情数及医闹数分别同比下降48.56%、13.7%、56%，人犯处理数、抓获网逃数、抓获现行数和行政拘留数分别同比上升23.1%、22.7%、89.2%、28%。2015年，东湖区公众安全感测评综合指数为94.6713%，列全省第89名，创历史最好成绩。

【严力整治治安重点区域】 2015年，东湖区全面梳理了侵财类、黄赌毒警情相对多发的25个治安乱点，按照一个乱点一支队伍、一份档案、一套措施，对症下药、标本兼治。八一广场沃尔玛超市、中山路百货大楼等区域盗窃发案率同比下降了57.8%；有效解决了电子游戏机赌博、开楼聚赌、站街招嫖等一批乱点问题。

【严查重点案件】 2015年，东湖区实行重点线索包案式核查，重点案件专班式查处，涉案场所顶格化处理，并明确了属地派出所、场所业主管理责任，落实了案件倒查追责制度。全年，共破"黄赌毒"刑事案件275起，刑拘306人，查处"黄赌毒"治安案件1252起，行政拘留1500人，分别同比上升38.9%、42.7%、38.5%、29.6%，"黄赌毒"警情下降32.5%。共打掉发放色情"小卡片"团伙6个，查处发放"小卡片"介绍卖淫案件32起，行政拘留违法人员31名，净化了社会环境。

【严管重点场所】 2015年，东湖区坚持实施了网吧、旅店业等行业管理意见，建立了定期检查、严格奖惩和业主例会等制度。全年，共检查网吧890家次，顶格处理18家，检查旅馆3150家次，查处52家，下发整改通知书124份，辖区宾馆内侵财警情零发案，网吧内侵财警情同比下降36.9%。

【购置电动警用巡逻车】 2015年，东湖区委政法委投入70多万元资金，为辖区10个派出所分批购置了4人坐的电动警用巡逻车，用于辖区派出所小街巷巡逻，大大提高民警在小街巷巡逻和接警效率，取得良好效果。

【强化群防群治队伍】 2015年，东湖区各级综治部门充分发动群众，整合各方资源，积极开展群众性义务巡逻，协助公安机关强化巡逻防控。截至年底，全区共有治安信息员队伍12支453人，组建平安志愿者队伍108支12206人，招募义务巡逻志愿者13755人，参与率达40%。如公园街办戴家巷社区组建了"红袖章"群防群治队伍；董家窑街办通过挂点单位帮扶和街道自筹3万余元购买电动车，并积极招募义务巡逻员3800余人开展了以青山南路社区"巾帼志愿服务队"为特色的社区群防群治活动；滕王阁街办投入2万余元购买巡逻装备和提供巡逻补贴，并在滕王阁景区周边建立了一栋一员一哨防控网。

【推进非机动车停放点建设】 2015年,东湖区采取“政府出一点、社会投一点、单位挤一点”的办法,加大半封闭式小区、农民公寓和人口密集区非机动车停放点建设力度。全年,全区各镇、街道、管理处共新建电动车、自行车停放点119个,努力解决群众反映强烈的车辆被盗问题。

【加大投入强化技防】 2015年,东湖区区级财政每年投入资金1080万元,采取购买服务的方式,与中国电信南昌分公司合作,在全区重要路段、发案率高的大街小巷自主安装了500个300万像素高清监控探头(配红外线、具有人脸识别、自动预警、智能分析等功能)和信息化服务平台,实现公安、交警、城管三网合一、资源共享,提高重点路段和小街巷安全感。

【深入开展平安小区创建】 2015年,东湖区采取试点先行,分批推进的方式,成功打造了董家窑街道贤士花园小区、彭家桥街道市化工原料厂宿舍小区、滕王阁街道上凤凰坡小区、百花洲街道火神庙小区等封闭、半封闭、开放式的三类平安小区,健全人防、物防、技防等措施,制定治安信息员、义务巡逻队考核奖励等制度。上述试点小区基本实现了“零发案”。全市公安机关“压发案、破现案、双提升”现场会在火神庙社区召开。

【持续开展“平安医院”创建活动】 2015年,东湖区组织开展了打击无证行医工作和传染病防治执法监督检查活动,检查医疗卫生机构155家,查处违法案件8起;组织开展公共场所卫生安全检查,对927家公共场所经营单位进行了全面监督检查,立案查处了违法经营案件16起,对65家存在问题的公共场所单位下达了整改意见书,责令20家无证经营单位办理了卫生许可证,免费发放证照栏78张、卫生制度72套、禁烟标识62张,为204家医疗机构建立了日常监督管理和不良执业行为记分档案,切实维护了辖区卫生行业良好秩序。

【大力推进平安市场创建】 2015年,东湖区财政投入1100万元,对文教北路集贸市场、钟鼓楼集贸市场、新建德观集贸市场、四经路集贸市场、花园角集贸市场和董家窑集贸市场进行了五星级改造,安装高清电子监控探头,保障市场平安,让百姓放心买菜购物,得到了省、市领导的充分肯定。

(黄　承)

信访工作

【概况】 2015年,东湖区委区政府信访局紧紧围绕全区稳定大局,立足本职岗位,深入贯彻落党的十八大,十八届三中、四中、五中全会精神及习近平总书记关于信访工作的重要论述,全面学习践行“三严三实”,牢记服务宗旨,努力适应新形势、新变化,不断开拓探索、大胆创新,为全区政治、经济、社会发展做出了应有的贡献。

【健全信访工作领导体制】 2015年,区委、区政府主要领导始终带头履行信访工作“第一责任”的职责,对重要信访事项亲自参与解决,亲自批阅群众来信,亲自接待上访群众。区信访工作联席会议建立了动态调度机制和信息共享机制,区联席会议总召集人、区信访工作党政分管领导经常性、规律性召开调度会。其他区领导按照“一岗双责”对分管领域的信访工作负直接责任,具体抓好各项工作的落实。区委、区政府将信访工作列入全区目标管理的综合考核任务,做到信访工作同各部门工作任务紧密结合,同部署同考核,有效加强了信访工作的责任落实。

【健全领导接访下访制度】 2015年,区委、区政府班子成员和区人大、区政协主要领导,以及区法院院长、区检察院检察长每个工作日轮流到区信访局接待群众来访并进行视频接访,全年区领导来区信访局接访共253次。同时,坚持领导下访制度,区领导经常到挂点的镇、街道、管理处现场协调矛盾纠纷,及时解决信访隐患和不稳定因素。在旧城改造拆迁、地铁建设征收、青山湖西岸拆迁等工作中,包片区领导都驻点社区、村,随时接待群众反映问题,现场答疑解难。

【实行区领导包案制度】 2015年,东湖区对上级交办和本级排查出来的信访突出问题,区信访联席会议办公室认真筛选后,实行区、责任单位两级领导包案。包案工作严格落实“六定六包”,即定责任单位、定责任领导、定责任人、定督办单位、定办理要求、定办结时限,包接访劝返、包调处化解、包教育疏导、包救助帮扶、包人员稳控、包协调依法处置,确保领导干部“真包案、包真案”。先后对36件重点信访事项落实了领导包案。区信访工作联席会议办公室对区领导包案的信访问题调处化解及稳控工作进行跟踪，汇总后报区委、区政府主要领导、分管领导，推动问题的解决。

【拓展群众利益诉求表达渠道】 2015年，东湖区充分发挥网上信访和省、市长手机信箱、区长信箱便捷高效的特点，引导群众以网电形式反映诉求，全年共受理转办群众网上信访、手机信箱、来信共686件，占全区信访总量的48.7%，同比上升22.5%，近年来通过网电信等反映诉求占信访总量的比重逐年上升。为使网上信访更加便捷高效，2015年区政府拨出专款3.4万元用于视频信访系统硬件升级改造。

【区领导调度调处信访突出问题】 2015年，区委书记杨文斌集中调度重点信访事项10次共89件次。区联席会议总召集人、区信访工作党政分管领导经常性、规律性召开调度会，加强了对重要敏感时期赴京访工作和“秋季行动”“百日会战”等重点工作的安排部署，对每个调度的信访问题都按照“一个领导、一套班子、一个方案、明确时限、落实责任”的要求，制定了具体调处化解方案，通过调度化解了一批重点信访积案。

【积极推进信访问题化解】 2015年，区信访工作联席会议对重点信访问题每周调度一次，听取工作推进情况，会商化解办法。区分管领导及包案区领导对重点信访人保持常态化的约谈，及时了解信访人的诉求底线及思想动态，劝导信访人通过正常途径反映诉求，同时通过信访人的亲属和朋友做工作，建立互信感情，稳定缓和了信访人的情绪。截至2015年底，上级交办和区本级排查的重点信访问题经大力调处，已化解27件，另有一批信访人经帮扶及思想疏导情绪较稳定。

【加强沟通救助帮扶困难信访人】 2015年，对一些跨市、跨区、跨部门的“三跨三分离”信访问题，区领导及区联席办加强了与省、市联席办及涉事单位的联络沟通，主动了解案由，找准问题症结，力争形成化解合力。区政府自2011年设立了解决特殊疑难信访问题专项资金账户，每年拨款100万元。对一些难以化解的“三跨三分离”及难以确定责任主体的历史遗留复杂疑难信访案件，信访人生活确实困难的，东湖区在切实做好信访人思想疏导基础上，引导信访人以救助帮扶方式解决纠纷。全年共使用特殊疑难信访问题专项资金102万元，化解信访积案14件。

【依法做好重点时期劝返稳控】 2015年，全国“两会”、“9·3”大阅兵等重点敏感时期，东湖区均由副县级领导带队组成驻京工作组开展劝返工作。

【积极推进信访信息化建设】 2015年，东湖区依托江西信访网上服务中心系统，全面推进阳光信访建设，把网上信访打造成群众信访的主渠道。结合全省“网上信访推进年”“百日会战”等活动，将全区范围内的群众来信、来访、来电、网上投诉等不同渠道反映的信访事项全部纳入江西信访网上服务中心统一流转，实现对信访形式、工作过程、工作范围的“三个全覆盖”，实现办理过程和结果的“可查询、可跟踪、可督办、可评价”，实现及时就地解决信访问题，增加信访工作的透明度和公信力。

（刘　浙）

对台工作

【概况】 2015年，中共东湖区委台办工作办公室认真贯彻中央对台大政方针，紧紧围绕祖国统一和经济发展两大主题，解放思想，开拓创新，扎实工作，较好地完成了省、市台办下达的目标任务。

【对台经贸合作呈现新面貌】 2015年，区台办根据东湖区位优势和产业特点，坚持以交流为渠道，以项目为载体，以落实为关键，采取各种措施，扎实有效地开展对台经贸合作。全年，全区实际利用台资1865万美元，列全市第2名。区委台办引进注册资金5000万元以上内资项目4个、1000万元以上内资项目5个，签订投资1亿元人民币以上的飞地工业项目合同1个。

【两地交流交往形成新规模】 2015年，区台办先后与全国台湾同胞投资企业联谊会会长郭山辉、中华江西省旅台同乡会总会荣誉会长黄玠、中国国民党中央评议委员黄文章、高雄市议会议长许昆源、中华生产党主席施精健等152位重要人士实现良好互动交流，涉及商业地产、旅游、中小企业、保险、现代服务等多个产业,是东湖区历年来交流交往人数最多的一年。

【赴台产业招商取得新成果】 7月4—11日,由区委书记杨文斌为团长,区政府副区长胡志强为副团长的东湖区经贸文化交流考察团赴台开展了系列产业招商活动。活动期间,拜访了富邦金控、安心食品等8家台湾知名企业,会晤了台北市商业会、台北市士林观光协会等4个台湾知名社团,走访了新北市珑山林小区等4个社区(基地)、参观了台北华山文创园区、士林夜市等文化、商贸设施,举办了6场经贸文化合作餐叙会,并达成了8个项目合作意向。

【台湾南部基层交流有了新突破】 9月19—25日,东湖区扬子洲镇农业考察团赴台开展了现代农业考察活动。考察团一行到台湾嘉义县粗细村,对该地的现代农业种植基地进行了参观和技术学习,并与粗溪村签订交流合作备忘录,为增进了两岸民众的感情,加强与台湾南部基层的交流搭建了平台。

【涉台宣传调研凸显新特色】 2015年,全区共刊出涉台宣传专栏106期,内容丰富、参与面广,进一步扩大了涉台教育的影响面,提高广大群众参与涉台教育的主动性。同时,针对台湾局势发生新变化,积极思考,勇于探索,撰写《蔡英文两岸政策的一致性与预期性遭质疑》等3篇调研文章,在中国台湾网、华夏经纬网刊用工作信息3篇,向市台办报送对台工作信息6篇、刊用4篇。

【服务台企台胞再上新水平】 2015年,区台办以“台商行程第一时间知晓,台胞困惑第一时间掌握,台企困难第一时间帮助”为工作出发点,用“真心、诚心、耐心”不断提升涉台服务水平,先后为10多个(位)台企台胞台属协调解决经济纠纷、生活困难等问题,使台胞台属怀着希望来、带着满意归。

(胡　政)

老干部工作

【概况】 2015年,东湖区老干部工作按照全国和省、市离退休干部“双先”表彰大会和老干部工作会议的要求,以落实好老干部的政治、生活待遇为主线,进一步加强离退休干部党支部建设,继续做好“双高期”老干部的管理服务工作,突出重点,突破难点,求真务实,狠抓落实。较好地完成了年度工作任务。全区共有离休干部55人(其中移交到东湖区属地管理的省属改制企业离休干部27人),副县级以上(含享受副县级待遇)的退休干部105人,离退休干部总数160人。全区共有9个离退休党支部,离退休干部党员357名。区老干局在组织离退休干部参加在全市离退休干部中开展的“展示阳光心态、提升幸福指数”系列文化活动中,荣获2015年全市离退休干部太极拳表演赛一等奖、全市离退休干部抗战歌曲合唱比赛二等奖荣誉称号。

【举办全区离退休干部形势报告会】 1月8日上午,区委老干部局在区委三楼多媒体会议室举办全区离退休干部形势报告会,区委书记杨文斌向与会副县级以上离退休干部、区属单位离退休干部党支部书记通报了全区2014年经济社会发展情况以及当前东湖发展面临的形势和机遇、关于2014年经济工作的安排和打算,感谢老干部一年来给予区委、区政府工作的大力支持,并向老干部们祝贺新春。杨书记强调,老领导、老是东湖的宝贵财富,全区各级领导干部要真情倾注,更加关心老领导、老的生活,努力营造尊老、敬老、爱老的良好风气。一是要把老干部政策贯彻落实好,二是要把老干部生活照顾改善好,三是要把老干部活动阵地建设利用好。此次报告会在老干部中引起了强烈共鸣,老干部纷纷报以热烈的掌声,并表示继续关注、支持东湖经济社会发展,为推动东湖经济发展再上台阶发挥余热、贡献力量。区委副书记罗毛则主持形势报告会。区领导唐铭市、毛惟仁、熊凤妹出席了报告会。

【举行新春联欢会暨区老年大学教学成果汇报演出】 2月6日上午,区委老干部局举办了全区离退休干部2015年新春联欢会暨东湖区老年大学教学成果汇报演出。全区副县级以上离退休干部、各离退休干部党支部书记近百人参加了新春联欢会。联欢会由四位副县级退休干部主持,东湖区老年大学学员进行了教学成果汇报演出,来自各个专业班级的200余师生表演了舞蹈、合唱、小组唱、时装表演、器乐演奏、越剧学唱表演等11个节目。学员们以热情高涨、饱满圆润的演出，充分展现了老年学员的良好精神面貌和老年大学的教学成果。

【开展“迎新春送春联”志愿活动】 2月11日，区委老干部局携手区老年书画协会全体成员在叠山路区政府大门边，开展迎春送春联志愿活动。活动当天，许多市民早早地赶到活动现场，书法家们挥毫泼墨，义务书写春联，免费赠送给市民。本次活动共持续了近3个小时，送出春联500多幅，受到了市民的热烈欢迎和一致好评。

【市离退休干部“双先”事迹宣讲团到东湖区】 6月10日上午，南昌市离退休干部“双先”事迹宣讲团到东湖区为离退休干部作“双先”事迹宣讲报告，近90名老到场聆听。报告会上，4位离退休干部从各自经历和不同角度，宣讲了离岗不离党、退休不褪色，为党献终身的感人事迹，讲述了各自继续保持老党员、老干部的光荣本色，积极发挥先锋模范带头作用的生动事例。

【举办“永远跟党走、旗帜更鲜艳”文艺演出】 6月29日下午，由区老干部局主办，区老年大学承办的“永远跟党走、旗帜更鲜艳”为主题的文艺演出在八一公园百姓大舞台举行。文艺汇演在舞蹈《女兵》中拉开帷幕。随后，二胡《牧羊曲》，交谊舞《我爱你北京、我的家园》，合唱《共筑中国梦》，越剧《十八相送》、葫芦丝《甜蜜蜜》等节目轮番上演。整场演出历时1个小时，十几个节目，精彩纷呈，涵盖了舞蹈、二胡、葫芦丝、越剧等多种表演形式。演出展示了区老年大学学员的精神风貌，抒发了老们对党的无比热爱和对美好生活无限珍惜。

【区老年大学越剧班举办期末汇报专场演出】 6月26日下午，区老年大学越剧班举办了一场精彩生动的期末汇报专场演出。近200多名师生和越剧迷们参加观看了这次演出，平均年龄超过50岁的越剧班学员以精湛的技艺和如火的热情，展现出老年人老有所乐、老有所爱、健康向上的精神面貌。汇报演出表演了越剧《十八相送》《碧玉簪》和折子戏《梁祝》等16个节目，赢得了现场观众的一致好评。

【参加南昌市离退休干部抗战歌曲合唱比赛】 9月16日下午，由区委老干局组团参加了由南昌市委老干部局主办、南昌市老干部活动中心承办的离退休干部抗战歌曲合唱比赛，并以一首四声部合唱《在太行山上》从17支参赛队伍中脱颖而出，赢得了在场评委和观众的一致好评，获得总分第二名的好成绩。此次比赛共有来自各县区、市直单位的17支队伍，700多位离退休干部激情演唱了反映中国人民抗日战争和世界反法西斯战争主题的歌曲。

【开展夏季为离退休干部送“清凉”活动】 7月初到8底，区老干部局根据南昌市委老干部局《关于开展夏季为离退休干部送“清凉”活动的通知》（洪老发〔2015〕17号）通知精神，结合实际用真情、出实招，认真开展夏季为离退休干部送“清凉”活动，努力为老干部办实事、办好事。截至8月底，全区共走访慰问老干部1500多人次，发送慰问金及防暑降温慰问品折合人民币合计约为12万余元，通过这次夏季送清凉走访慰问活动，全区离退休干部深切感受到了党和政府对他们的关心和爱护。

【东湖区老干部太极拳赛展风采】 10月20日上午，在红谷滩会议中心门前广场上，曼妙的轻音乐声里，全市400余名离退休老干部全神贯注、兴致昂然地展示缓慢、柔和、轻灵的太极拳术。老干部们以优美的展示不时博得现场观众阵阵掌声。这是南昌市举行的全市离退休干部太极拳比赛，参加本次比赛的共有10支代表队。在舒缓的音乐声中，东湖区代表队40位鹤发童颜、身着纯白色练功服的老干部精神抖擞上场了，随着优美的音乐，老干部们时而刚柔并济，时而行云流水，时而轻灵圆活，将太极文化的精髓体现的淋漓尽致，将身体与太极韵律自然融合，给人以美的享受，最终赢得比赛一等奖。通过比赛，各县区老干部之间加强了交流，促进了沟通，增进了友谊，构建了和谐文明的活动氛围，展现了积极向上的精神风貌。

【组织离退休老干部“重阳节”秋游活动】 10月21日，区委老干部局组织离退休老干部100余人参观游览了省委、省政府新大楼、中国南昌傩园和东湖区新政府大楼。老干部们置身于幽美的环境，呼吸着新鲜的空气，心情显得格外舒畅。在活动中，他们畅谈着南昌市的改革发展变化，为该市大建设取得的硕成果感到自豪和骄傲。此次活动老干部们愉悦了身心,拓展了视野,交流了经验,增强了感情。

【组织老干部志愿者开展下基层活动】 12月1日上午,区委老干部局组织老干部志愿者和医疗队,到进贤县南台乡开展送温暖、送医疗、送健康活动。老干部志愿者们带着慰问品深入进贤县南台乡高岗村委会看望慰问困难村民,并积极与当地群众交流,了解他们生活中的实际困难,亲手为村民们送上棉帽和棉手套等慰问品。随行的市中西医结合医院医疗队也为村民们进行了义诊。活动现场有近200余名村民参加,此次活动受到了进贤县领导和南台乡领导的高度重视和大力支持,也受到了当地村民的热烈欢迎。

(温　萍)

区直机关党的工作

【概况】 2015年,东湖区机关党建工作机关党建工作以邓小平理论、"三个代表"重要思想和科学发展观为指导,努力践行群众路线,紧紧把握全面贯彻党的十八大及十八届四中全会、十八届五中全会精神,建设学习型、服务型、创新型机关党组织这条主线,东湖区直机关工委始终坚持围绕加强党的执政能力建设、先进性和纯洁性建设这条主线,以夯实党建基础、热情服务党员、密切联系群众为目标,从思想、组织、作风、反腐倡廉和制度建设等方面,全面提高机关党建科学化水平,充分发挥了机关党组织的战斗堡垒作用和广大党员的先锋模范作用,围绕中心、服务大局、锐意进取、扎实工作,为贯彻落实好区委、区政府提出的各项工作任务,促进东湖区"四区"建设发挥了应有的作用。

【夯实区直机关党建工作基础】 2015年,区直机关工委以党员的发展和管理为抓手,通过做好发展党员、民主评议、机制建设等方式,做好机关党建工作。在党员发展上,机关工委共转正2人,成为预备党员6人,发展对象6人,入党积极分子3人。在以上17人里面,其中70后有2人、80后有14人(且大多数为85后)、90后有1人,党员发展呈现年轻化的良好态势。在民主评议上,认真部署民主评议和处置不合格党员工作,全部工作于12月10日完成。在机制建设方面,严格落实"三会一课"、民主生活会,机关党组织会议记录、组织生活的活动档案等工作台账制度进一步健全。

【开展服务党员的相关活动】 2015年,区直机关工委以活动为载体,开展系列党员活动。组织开展文体活动。2月,组织80余名区直机关干部职工参加"西岸杯"健步走活动。积极与滨江学校进行沟通,组织区直机关干部在每周四晚上利用其室内游泳馆与篮球馆等设施开展各种文体活动,增强党员干部体质、丰富其八小时外的生活。组织开展了爱国主义教育活动,在9月30日全区烈士纪念日,组织区纪委、区委办公室、区政府办公室、区司法局等9个区直单位共计80名干部职工参加位于江西省革命烈士纪念堂的烈士公祭活动,接受爱国主义教育,缅怀烈士功绩,引导党员、干部以先辈先进为榜样,学先进,见行动,做贡献。组织开展了技能比武活动,在区直单位当中以"先锋创绩"为载体,组织党员干部积极参加承诺践诺、岗位练兵和技能比武,把学习模范争当模范融入日常工作和生活,主要考察公务员日常办公与处理问题能力、公文写作与公文处理能力、计算机应用与网络办公能力三个方面,来自16个区直单位的35名干部职工报名参加活动。

【开展党员干部志愿服务活动】 2015年,区直机关工委以春节、端午、七一、中秋等重大节假日为契机,组织区直机关党员志愿者,对生活贫困老党员进行走访慰问,帮助其做好保洁卫生,送去生活必需品和节日慰问金。全年共组织机关党员志愿者64人次,探望困难党员15户,发放慰问金7500元。发动区直单位的229名在职党员干部向居住地社区报到并参加志愿服务工作,为居民群众提供"空巢老人心理疏导"、法律援助、政策宣讲等志愿服务活动。各区直单位以"干群心连心、点亮微心愿"为主题,动员广大党员干部和团员青年通过义务投劳、自愿捐助、购赠实物、传授技能、提供信息、心理援助等方式,帮助"连心"点、报到社区和基层单位生活确有困难的群众,特别是留守儿童、贫困学生、空巢老人、低保对象、残障人士等实现"微心愿"。截至12月底,共收集"微心愿"237个,实现205个。

【南昌市第十次县区机关党建工作交流会】 12月18日，南昌市第十次县区机关党建工作交流会在东湖区行政服务中心南楼七楼常委会议室召开。会议由市直机关工委副书记盛建昌主持，区委常委、组织部部长唐铭市出席会议，来自市直机关工委、兄弟县区机关工委的共计26人参加会议。在会上，各县区直机关工委书记做了交流发言，市直机关工委书记杨启棠做了重要讲话，下一届承办单位南昌县直机关工委也进行了表态发言。交流会议结束后，与会人员统一乘车参观彭家桥街道光明社区（党员志愿者服务示范点）、东湖区法院（机关党建示范点）、方志敏纪念馆（机关党员爱国主义教育基地）、东湖区智慧城管指挥中心。

（黄　悦）

精神文明建设工作

【概况】 2015年，东湖区以建设社会主义核心价值体系为根本，以创建第五届全省文明城区为目标，以培育和践行社会主义核心价值观为主线贯穿始终，积极创新工作载体，提升工作方式，扎实推进精神文明创建活动，努力提高市民文明素质和城区文明程度，为推动“四区”建设提供了强大的思想保证、精神动力和道德支撑。

【做好创建第五届全省文明城区各项工作】 2015年，在全省公共文明指数测评排名中，东湖区与泰和县名列全省100个县区第三名，在全市四县五区中位列第一。全区以创建第五届全省文明城区为目标，大力开展了形式多样的群众性精神文明创建活动。一是强化组织领导。全区始终把区委、区政府的主要领导列为文明创建的第一责任人，通过一级抓一级，一级带一级，切实落实创建工作层级负责制，确保创建工作落到实处。二是营造创建氛围。全区通过开展各类活动，不断掀起一个个阶段性创建高潮，保持了创建工作开展的持续性和稳定性。三是丰富宣传载体。全区上下纷纷采用黑板报、宣传栏、户外公益广告标语、电子显示屏等方式大力宣传创建活动，使文明创建活动成为市民日常生活谈论的热门话题。

【大力弘扬道德模范正能量】 2015年，区文明办加强了道德模范、“中国好人”的推荐申报工作。培智学校教师王华英、区文广局干部郑小惠、桂旺巷社区居民程应清成功当选南昌市第四届道德模范，其中“一毛钱奶奶”程应清被评为全省第四届道德模范，章金媛爱心奉献团被中国志愿服务联合会评为“全国志愿服务示范团队”。全面开展道德讲堂建设，在所有文明单位中成立“道德讲堂”，邀请身边的好人、道德模范、美德少年、优秀志愿者走进讲堂，给市民讲述发生在身边的美德故事，让身边故事感动影响市民，让道德模范的高尚行为，引导市民文明素质的提升。同时，在全区广泛设立了“身边好人榜”，用身边好人身边好事带动和感动身边人。

【强化社会主义核心价值观建设】 2015年，区文明办加强了社会主义核心价值观主题建设。将八一公园、南京路小学、经纬府邸小区、省水利设计院生活小区等点位作为价值观主题阵地进行打造，特别是在八一公园打造的道德模范主题宣传广场，得到了社会各界的广泛好评。同时，把以弘扬社会主义核心价值观为主题的文艺创作结合“兴家风、淳民风、正社风”活动，列为文艺精品扶持重点，引导广大文艺工作者坚持正确价值取向，推出更多主题鲜明的精品力作，使社会主义核心价值观成为全区文明创建的主色调。

【学雷锋志愿服务活动有声有色】 2015年，区文明办推进了社区志愿服务制度化建设，全区所有社区均按照“十个一”标准完成了社区学雷锋志愿服务工作站建设。成立了东湖区志愿服务联合会，与章金媛爱心奉献团、南昌市微爱公益发展中心、南昌市应急救援协会、南昌市崛美行动公益发展中心等社会公益组织共同策划了安全自护知识进课堂、“人生阅览室”、“微爱环卫”、“待用快餐”、“文明＋”等系列志愿服务活动和志愿服务项目，志愿服务工作迈上了一个新的台阶。12月4日，在国际志愿者日来临之际，市委宣传部、市文明办、市志愿者联合会联合东湖区开展志愿服务大型活动。推荐的郭联发、章金媛爱心奉献团还被省文明委评为优秀志愿者和优秀志愿服务团队。

【积极开展节日、重大纪念日主题宣传活动】

2015年，区委宣传部为进一步培育和弘扬社会主义核心价值观，营造欢乐、喜庆、祥和的节日氛围，依托春节、国庆等传统佳节，在城区重要道路和社区、公园、广场等市民休闲区悬挂了8626个灯笼、246个中国结和5084面国旗；为纪念中国人民抗日战争暨世界反法西斯战争胜利70周年，进一步推进全区爱国主义教育和民族精神培育，共制作了93幅大型墙体户外公益广告、4400张宣传海报、21700张宣传挂图和336条横幅标语，受到了良好的社会反响。

（裘　洁）

编制管理工作

【概况】 2015年，东湖区编委办公室以强化机构编制管理为中心，做好全区政府职能转变和机构改革后继工作，将此项工作结合机构编制实名制系统进行了衔接完善，并同步借助机构编制实名制系统完成全区机构编制统计年报工作。继续做好超编专项整治整改工作，在全区范围内下发《东湖区控编减编工作方案》，认真贯彻落实全省控编减编工作要求。认真做好了全区事业单位登记管理工作以及全区党政机关、事业单位网上名称管理工作。积极推进全区“三单一网”工作，就全面清理区政府部门行政权力推行权责清单制度进行落实。

【加强机构编制管理工作】 2015年，区编办坚持严格执行《东湖区机关事业单位消化超编人员实施方案》，并先后下发《关于切实加强机构编制管理进一步规范区直机关事业单位进人秩序的通知》及《补充通知》、《关于在全区机关事业单位实行机构编制总量控制的意见（试行）》、《东湖区关于预防和解决机关事业单位超编问题长效机制的实施意见》，来巩固落实全区机关事业单位消化超编人员工作。通过自然消化、理顺关系、系统调剂等途径，全区机关事业单位消化超编人员工作已取得显著成效，全区由2013年10月行政编制总体超编20人，控制到总体不超编。

【做好政府职能转变和机构改革后继工作】 2015年，区编办紧密结合全区实际，积极做好了新一轮县区政府职能转变和机构改革的各项工作，并就其中机构改革部分涉改单位下属机构整合工作进行了后继完善。本着整合的原则，一是对各涉改单位的下属二级机构主要采取职能相近的进行整合，法律或上级文件明确规定有增加职能的适当增加机构的办法进行了相关调整。二是根据各涉改单位的实际工作需要，编委会对有关机构的机构级别进行了适当调整，并根据机构编制管理权限，提请区委常委会议审定并报市编办通过。三是机构改革各项编制总额不突破，本着从严从紧控制和合理调整。此类涉改单位二级机构整合工作主要涉及到区市场和质量监督管理局、区商务局、区卫生和计划生育委员会，以及撤销扬子洲镇计划生育服务中心，将其计生服务机构和职能整合并入扬子洲卫生院。同时，因区划调整新增区农村工作办公室及三个下属事业单位。此外，按照上级文件精神组建了东湖区城市管理行政执法局，《三定方案》及人员接转等后继事项正在进行中。截至年底，上述机构实名制信息进行了完善，做到了前后衔接通畅。

【出台全区《控编减编工作方案》】 2015年，区编办根据市编办《关于报送控编减编工作方案的通知》（洪编办发〔2015〕42号）文件要求，结合东湖区实际，出台了《东湖区控编减编工作方案》，以2012年底机构编制年报统计数为基数实行总量控制，确保到2017年底实现只减不增。即按照精减、效能的原则，采取控制机构编制增量、盘活机构编制存量、规范编制使用，明确责任落实等方式，精减收回一批事业编制。方案明确在2014年已消化超总量事业编制的基础上，进一步采取回收部分空编和机构整合精减回收编制的方式，力争到2017年上半年全区事业编制总体精减3%。精减收回的事业编制用于加强事关中心、全局工作和重大民生保障方面的人员力量，以便妥善解决“严格控制机构编制与满足事业发展需要”的矛盾。

【做好全区事业单位登记管理工作】 2015年，区编办认真贯彻落实《事业单位登记管理暂行条例》和《实施细则》，努力做好全区事业单位登记管理工作。全年共办理了事业单位变更登记34个，证书补领1个，年度报告143个。为积极做好全区党政机关、事业单位网上名称管理工作，指定专门人员负责通过搭建 QQ 等网络信息交流平台，强化沟通。截至年底，全区已注册中文域名党政机关和事业单位 206 个，其中已缴域名费的单位 205 个，基本达到中文域名注册全覆盖，有自建网站单位 11 个，其中已挂标的单位 5 个。

【做好“三单一网”相关工作】 2015 年，按照省、市编办统一部署，东湖区下发《全面清理区政府部门行政权力推行权责清单制度实施方案》。按照此方案的有关部署，区编办与市编办多次对接、沟通，并经过《县区权力清单模板》《市级权力清单》征求意见、区级各单位与市级对口单位权力清单比对工作、区级权力清单审核意见反馈等多轮审核论证、反复修改，最终在过全区各单位近 3 个月的共同努力下，权力清单的梳理、整合工作已完成，并在政府政务网站上进行了公示。责任清单工作从 8 月开始，区级各单位按照“权责一致、有权必有责”的要求，将每一项权力所对应的责任细化，建立与权力清单相匹配的责任清单，做到“两单”无缝衔接。东湖区责权清单通过多轮审核论证、反复修改、整合，最终形成了《东湖区部门责任清单》，并通过了区政府常务会审议，在区政府网站上向社会公布。经统计，权责清单共涉及九大类（行政许可、行政处罚、行政强制、行政征收、行政给付、行政裁决、行政确认、行政奖励、其他行政权力）总计 2945 项，其中行政许可 150 项、行政处罚 1914 项、行政强制 155 项、行政征收 30 项、行政给付 37 项、行政裁决 5 项、行政确认 42 项、行政奖励 41 项、其他行政权力 571 项、共性权力 75 项。

（陈璟云）

党史与地方志工作

【概况】 2015 年，东湖区史志工作在区委、区政府正确领导和省、市业务主管部门精心指导下，全面贯彻落实国务院《地方志工作条例》《江西省实施〈地方志工作条例〉办法》以及中央、省委、市委有关党史工作的重要文件精神，以学习、宣传、贯彻执行党的十八大以来中央的各项方针政策和编纂《东湖年鉴》为抓手，围绕思想建设以提高效率和勇创一流为要求、党史工作以宣传党史和记录大事为重点、地方志工作以精益求精和多出精品为目标，加强学习，服务现实，开拓创新，史志工作取得了显著成绩，区史志办荣获 2015 年度江西省党史宣传教育工作先进单位和南昌市史志工作先进集体荣誉称号。

【做好月度大事记编写和信息上报工作】 2015 年，区史志办编写《东湖大事记》12 期，约 6.2 万字；坚持每月向《南昌大事记》（内刊）上报东湖大事信息，累计上报稿件 127 篇，用稿 89 篇，比较准确、及时地反映了东湖区发生的大事和史志工作最新动态。

【编印《东湖大事记（2014）》】 年初，区史志办为方便读者查阅，全面展示全区各条战线精神风貌，着手收集了 2014 年度东湖大事记信息资料。3 月，按照时间先后顺序，以月、日编排，顺利完成了《东湖大事记（2014）》的编印。该书为内部资料，为年度大事记，是以编年体为主，约 8.7 万余字，收集了 2014 年全区发生的大事、要事，比较全面、客观地反映了当年东湖区经济社会发展各方面的情况。

【开展纪念抗战胜利 70 周年系列活动】 2015 年是中国人民抗日战争暨世界反法西斯战争胜利 70 周年，东湖区史志部门以此为契机，组织有关单位在辖区开展形式多样的党史宣传教育活动。一是营造氛围，在政府机关大楼及社区等公共场所张贴悬挂特大型纪念宣传图画 30 余幅。二是聘请专家学者深入社区、学校开展党史宣讲活动。三是开展流动电影进社区，在社区（村）文化礼堂或广场放映抗战历史题材影片 12 场；组织部、机关工委、教科体局、团区委、史志办等五部门联合下文，组织机关干部、师生近万人次到艺术剧院观看党史题材的 3D 历史教育影片。四是在区图书馆举办“不忘国耻，振兴中华”为主题的图片展；从 8 月 6 日开始，在方志敏爱国事迹陈列馆举办为期一周的“追寻方志敏——纪念方志敏烈士就义 80 周年专题文献展”，近万名干部群众通过参观受到爱国主义和革命传统教育。五是在樟树林文化生活公园举办东湖区“抗日战争胜利 70 周年市民音乐会”。六是在区所属学校开展读书、班课、主题班会、报告会等纪念活动，参与师生 3 万人次。

【做好2016年《党史文苑》征订工作】 11月,根据省、市党史部门的工作要求,为了更好地在全区开展党史宣传、学习、研究工作,区史志办在全区各单位开展党史理论刊物的征订,完成订阅《党史文苑》杂志共130份。

【《东湖年鉴》编纂工作获年鉴质量评比组织奖】 2月,东湖区积极参加江西省地方志系统首届年鉴质量评比活动,报送《东湖年鉴(2013)》参加评比,由于该书指导思想明确,内容丰富,图文并茂,突出地方特色,检索方式多样,彩页设计突出重点,以及栏目编排科学、类目安排合理、条目撰写客观、文字用句规范、出版印刷装订质量较高等亮点,得到专家一致好评,《东湖年鉴》编纂工作因此获年鉴质量评比组织奖。

【完成2015年省、市年鉴的组稿任务】 4月,根据《江西年鉴》《南昌年鉴》编辑委员会关于2015年年鉴编纂的工作要求,区史志办搜集了2014年度东湖区比较有影响和代表性的反映全区经济社会发展的大事、要事及几百幅图片资料,按照年鉴编纂体例要求,编写文稿材料8万余字。分别向省、市年鉴编纂部门上报了5000字和6000字文稿,同时上报图片资料各9张,上报的材料均被《江西年鉴(2015)》和《南昌年鉴(2015)》分别采用。

【制定下发《东湖年鉴(2015)》编纂工作方案】 4月,区史志办根据往年编纂工作需要,从指导思想、篇目结构、稿件要求、篇目及撰稿单位分工等方面详尽、规范地编写了《〈东湖年鉴(2015)〉编纂工作方案》,并以东办字〔2015〕12号文件下发全区贯彻落实。

【完成地方志工作行政权力的清理】 5月,按照区编委办公室工作部署,区史志办针对自身业务工作情况,参照地方志工作条例规范要求,对全区地方志工作行政权力开展全面清理,清理出行政权力项目8项,结合工作实际,编制并公开7项权力清单,规范了权力运行,推行了权责清单制度。

【完成《东湖年鉴(2014)》文稿改编工作】 2015年,区史志办根据《东湖年鉴(2014)》编纂方案的要求,对全区各单位上报的文稿资料进行组稿、改写、编辑、审稿、校核等工作,全面完成了文字材料的改编,共计42万余字,同时,收集图片资料2000余幅,为下一步完成《东湖年鉴(2014)》编纂出版、交流工作打下良好基础。

【做好《江西方志文化丛书》资料补充工作】 11月,按照江西省地方志办公室《关于补充江西方志文化丛书〈江西寺观〉有关资料的通知》要求,区史志办积极与区文化部门取得联系,并实地走访文化遗址,详细了解辖区内寺观历史演变情况,完善相关材料,及时有效地配合了省方志办的《江西方志文化丛书》的组稿工作。

【完成《江西省志·东湖区概况》校稿工作】 2015年,按照省、市地方志工作部门的要求,对撰写上报的1.1万余字《江西省志·东湖区概况》返回稿进行最终审核校正,并及时上报省地方志办公室。

【积极参与全区中心工作】 2015年,区史志办公室结合全区开展的领导干部"三严三实"专题教育活动,自觉开展机关作风建设;服从区委、区政府的工作安排,在人手紧缺的情况下,踊跃接受旧城改造房屋征迁工作任务,从3月开始,倾力投入到南昌市起风路——香江家具城旧城改造项目房屋动迁工作之中并完成任务;按照区委、区政府统一部署,有序开展新办公大楼搬迁的各项工作,严格按照全区工作进度,于12月28日前搬迁到位。同时,还自觉参加文明创建、到挂点社区开展"民情家访"、走访青少年困难家庭等活动。

(陈耀武)

党校工作

【概况】 2015年,东湖区全面贯彻《干部教育培训工作条例》,充分发挥党校干部教育培训的主渠道、主阵地作用,以实际工作需要为导向,注重党校教学质量,创新培训理念、教学内容、培训模式,努力提升培训效果,大力推进干部教育培训工作的科学化、制度化、规范化。全年,区委党校共举办各类培训班6期,参训人员500余人次。其中:举办以党员发展对象培训班1期,共60余人;社区(村)书记培训班2期,共140余人;与市统计局联合举办从业资格继续教育培训班3期，共300余人。

【举办社区（村）书记培训班】 4月，为推进和谐社区建设，提高社区干部素质，进一步夯实社区领导班子的素质和能力，区委党校配合区委组织部举办了2期社区（村）书记培训班，参训人员140余人。培训采取专题辅导讲座、观看电视专题片和分组自学、讨论等形式，重点学习了习近平总书记系列重要讲话精神，中央、省委、市委关于加强作风建设的一系列制度规定和开展教育实践活动的重要文件精神，进一步增强了全区社区（村）干部服务百姓的工作能力和水平。

【培训党员发展对象】 10月，区委党校配合区委组织部举办了党员发展对象培训班，共计60余人。培训围绕学习党的基本知识、端正入党动机、重温党史以及党员的权利与义务、十八届四中全会热点解读等内容，还参观了方志敏烈士纪念馆。每位学员进行了思想汇报，撰写了学习体会，并参加了结业考试。通过培训，增强了党员发展对象对党的认识，进一步坚定了理想信念。

【举办从业资格继续教育培训班】 2015年，区委党校积极与外单位加强交流，争取到了市统计局来党校办班，联合举办了3期统计从业资格及继续教育培训班，共培训300余人。培训内容主要围绕《统计法基础知识》《统计基础知识与统计实务》等方面。

（周　凯）

机关事务管理和接待工作

【概况】 2015年，东湖区机关事务管理局认真贯彻落实党的十八大及十八届四中、五中全会精神，严格执行中央“八项规定”，紧紧围绕区委、区政府中心工作，以“四区”建设为引领，以创新工作方法理念、提升资源配置效率为重点，全面履行机关事务“管理、保障、服务”职能。做到服务到位、保障有力、素质适应、机制创新，整个机关事务管理运行状态，不断持续改进，完成了全年各项工作任务。

【强化机关事务业务管理】 2015年，区机管局不断增强现代管理工作方法的规范理念。通过开展专题调研机关事务工作，党员干部率先公开承诺，坚持每周干部职工学习日，局各办、室制订每周工作计划，安排好重点工作任务，梳理工作情况，完善了各项管理制度和措施共12项。在安全保卫、后勤保洁、车辆调配、接待安排、食堂膳食、交通驾驶、节约耗能、会务保障、办公用房等具体工作管理中，责任到人，落实到位。确保了区委、区人大、区政府、区政协会务保障工作。尤其是重点抓好全区公共机构节能和公务用车问题专项治理重要工作，构建了全区两大重点工作组织机构和管理网络，不断探索行之有效的工作方法。

【提升服务品质效率】 2015年，东湖区不断提升节约型机关建设的示范表率作用。结合全区机关效能建设活动，通过参观方志敏烈士纪念馆、观看爱国主义影视，干部职工的服务意识不断强化，工作效率不断提升。加强了政府机关大院日常巡查管理，提高了后勤聘用人员的工资待遇。采购社会专业合同服务，在大院绿化、房屋检修、空调维护、保安维稳等方面执行有偿服务。开展了全区党政机关道路交通安全教育培训，在公车管理中坚持“三定”原则。推行“风险岗位廉能管理”，加强全区后勤经费财务预算与管理。树立团队奉献精神，把“服务”两字始终作为检验日常工作的标准，号召全区广大干部职工为建设节约型机关作出示范表率作用。

【区综合服务中心及文化活动中心投入使用】 2015年12月，区综合服务中心及文化活动中心竣工完成。12月28日，区综合服务中心及文化活动中心正式搬迁入驻，共计入驻单位55个。新办公大楼搬迁入驻，结束了老办公大楼停车难、办公用房紧张、办公设施设备陈旧落后的局面，开创了东湖区各项建设的新篇章。

（张　海）

南昌市东湖区人民代表大会常务委员会

综　述

2015年，东湖区人大常委会在中共东湖区委的领导下，认真贯彻落实党的十八大和十八届三中、四中、五中全会精神，深入学习习近平总书记系列重要讲话，围绕促进改革发展，回应社会关切，推进民主法治，依法履行法定职能，为全面建设实力活力魅力东湖提供了强有力的保障。不断深化和拓展财政资金的审查监督，依法听取并审议计划、预算执行和审计工作报告，加大对涉及民生公共资金和重点项目建设资金的监督力度，确保财政资金的使用效率和依法规范的运行。开展“十二五”规划纲要完成情况和“十三五”编制工作情况专项调研，提出意见和建议，确保区“十二五”规划圆满收官，促进区经济质量、速度和效益等多重目标的合理提升。组织开展重大重点项目建设、创新产业、商业街区打造等工作的监督，推动打造东湖经济的“升级版”。围绕食品药品安全、养老保障与服务等问题，听取和审议区财政局、区民政局、区人社局、区药监局等职能部门专项工作报告，并开展专题询问。在开展的“优化出行服务，提升通行效率”为主题的“道路交通安全行”活动中，组织部分委员代表视察一批群众关注的豫章路断头路打通、三经五纬道路改造、背街小巷亮化、集贸市场改造等民生项目，推动了项目的顺利完成。加大生态保护工作监督力度，开展了以“饮用水水源地保护”为主题的“鄱湖明珠·中国水都”活动，组织市、区两级人大代表及相关职能部门对扬子洲货运码头及中心沟渠污染情况开展了视察。听取并审议区疾控和卫生防疫工作情况报告，为群众身体健康提供服务保障。组织部分代表参加法院案件庭审评比活动，对涉案执行款发放和立案工作开展现场监督。听取“法、检”两院半年工作情况报告，听取并审议区人民法院民事审判工作、区人民检察院反贪污贿赂工作报告等，并监督审议意见的落实，进一步提升司法公信力，让人民群众切实感受到司法程序的公平正义。建立健全常委会联系代表、代表联系群众、发挥代表主体作用的“两联系、一发挥”制度。打通人大代表联系服务群众的“最后一公里”，使群众表达民意的渠道更加通畅，代表的履职意识、群众广泛参与的积极性得到进一步提高。坚持每季度举办一期法律法规知识讲座，每次都邀请中央党校和省、市人大专家对《宪法》《代表法》《监督法》《预算法》《规范性文件备案审查条例》等进行专题辅导，使代表履职水平和业务素质进一步提升。利用信函、短信等方式向代表通报“一府两院”和全区党风政风、廉政建设、公众安全感方面的情况，保障代表知情知政。

重要会议

【概况】　2015年，东湖区人大常委会在中共东湖区委的领导下，认真贯彻落实党的十八大和十八届三中、四中、五中全会精神，深入学习习近平总书记系列重要讲话，认真贯彻省、市人大工作会议精神，围绕促进改革发展，回应社会关切，推进民主法治，依法履行法定职能，为全面建设实力活力魅力东湖提供了强有力的保障。全年共召开常委会会议7次，听取审议专项报告28个，组织执法检查、专题调研4次，开展专题询问1项，作出决定、决议8项,加强了计划预算监督和规范性文件备案审查工作,较好地完成了区十五届人大五次会议确定的各项目标任务。

【区十五届人大五次会议】 于1月11—13日,在东湖区政府七楼礼堂举行。参会的区人大代表216名,列席人员60名。大会举行了3次全体会议。会议听取和审议了东湖区人民政府工作报告;审议和批准东湖区财政局关于东湖区2014年财政预算执行情况和2015年财政预算(草案)报告(书面);听取和审议东湖区人大常委会工作报告;听取和审议东湖区人民法院工作报告;听取和审议东湖区人民检察院工作报告;选举并通过了上述各项报告决议。

【区十五届人大常委会第二十四次会议】 于2月6日在区人大常委会会议室召开。出席会议的区人大常委会委员共计20人。列席会议的有区人民政府常务副区长陈曙,区人民法院院长钟瑛、区人民检察院检察长杜迎春、区人民政府办公室主任查秋滚、区人大常委会办公室副主任唐芸璞、区人大常委会选任联工委副主任肖黎超,部分区人大代表。会议组织学习了《中华人民共和国宪法》《中华人民共和国各级人民代表大会常务委员会监督法》;传达了省、市人大会议精神,通过了区十五届人大常委会2015年工作要点与安排,并讨论表决了人事议题。

【区十五届人大常委会第二十五次会议】 于4月30日在区人大常委会会议室召开。出席会议的区人大常委会委员共计18人,列席会议的有区人民政府常务副区长陈曙、区人民法院副院长涂小斌、区人民检察院检察长杜迎春、区人民政府办公室主任查秋滚,区人大常委会办公室副主任唐芸璞,区人大常委会选任联工委副主任肖黎超及部分区人大代表。会议听取并审议了区计生委关于实施“单独两孩”生育政策情况报告、区疾控中心工作情况报告、区住房保障和房产管理局工作情况报告,并讨论表决了人事议题。

【区十五届人大常委会第二十六次会议】 于6月18日在区人大常委会会议室召开。出席会议的区人大常委会委员共计20人。会议分为两个部分,会期一天。列席第一部分全体会议的有区人民政府常务副区长陈曙,区人民法院院长钟瑛、区人民检察院检察长杜迎春、区人民政府办公室主任查秋滚,区人大常委会选任联工委副主任肖黎超,董家窑街道人大工委主任。参加第二部分专题询问会议的有区委常委、区政府副区长张东林,区人大财经工委委员、区人大教科文卫工委委员,区人力资源和社会保障局、区财政局、区民政局、区工商局、食品药品监督管理东湖分局代表,区质监局主要领导和分管领导,扬子洲镇镇长、贤士湖管理处主任、各街道办事处主任。会议听取并审议了区人民政府关于办理区第十五届人大五次会议代表意见、建议情况的工作报告、区人民法院关于民事审判工作情况报告、区人民检察院关于反贪污贿赂工作情况报告,并讨论表决了人事议题。在下午的专题询问会议中,部分常委会组成人员、区人大财经工委委员、区人大教科文卫工委委员,以及部分区人大代表围绕区养老服务工作现状、居家养老服务中心、服务站的功能定位、社保基金安全和保值增值、基层食品安全监管、“六小”长效管理等群众关心的热点、难点问题提问。区人力资源和社会保障局、区财政局、区民政局、区工商局、食品药品监督管理东湖分局,区质监局主要负责人到会应询。

【区十五届人大常委会第二十七次会议】 于8月21日在区人大常委会会议室召开。出席会议的区人大常委会委员共计18人,列席会议的有区人民政府常务副区长陈曙,区人民法院院长钟瑛、区人民检察院检察长杜迎春、区人民政府办公室主任查秋滚,区人大常委会办公室副主任唐芸璞,区人大常委会选任联工委副主任肖黎超及部分区人大代表。会议听取了东湖区人民政府上半年经济运行情况汇报、东湖区人民法院上半年工作情况汇报、东湖区人民检察院上半年工作情况汇报,听取并审议了东湖区开放型经济工作情况报告,并讨论表决了人事议题。

【区十五届人大常委会第二十八次会议】 于10月23日在区人大常委会会议室召开。出席会议的区人大常委会委员共计18人,列席会议的有区人民政府常务副区长陈曙,区人民法院院长钟瑛、区人民检察院检察长杜迎春、区政府办公室主任查秋滚、区人大选任联工委副主任肖黎超及部分区人大代表。会议审议并通过东湖区财政局关于东湖区2014年区级财政决算的报告，听取并审议了东湖区财政局关于东湖区2015年1—8月财政预算执行情况的汇报、东湖区审计局关于东湖区2014年财政预算执行和其他收支情况的审计工作汇报、区2015年1—8月国民经济和社会发展情况汇报、区发改委关于东湖区国民经济和社会发展第十二个五年规划完成情况和第十三个五年规划编制工作情况报告。

【区十五届人大常委会第二十九次会议】 于12月24日在区人大常委会会议室召开。出席会议的区人大常委会委员共计20人，列席会议的有区人民政府常务副区长陈曙，区人民法院院长钟瑛、区人民检察院检察长杜迎春、区人民政府办公室主任查秋滚，区人大常委会办公室副主任唐芸璞，区人大常委会选任联工委副主任肖黎超及部分区人大代表。会议听取东湖区人民政府民生工程情况汇报；审议并通过了区人民政府关于提请调整2015年区级预算的议案，作出了东湖区人民代表大会常务委员会关于批准东湖区人民政府关于调整2015年区级预算的决议；听取了东湖区第十五届人民代表大会第六次会议准备工作情况的汇报，审议并通过东湖区人大常委会关于召开东湖区第十五届人民代表大会第六次会议的决定和东湖区人大常委会工作报告。通过了东湖区人大常委会关于表彰区第十四届人大先进代表团和优秀区人大代表的决定，以及关于表彰区第十四届人大代表好建议的决定；听取了区第十五届人大常委会代表资格审查委员会关于终止吴江涛等区十五届人民代表大会代表资格的报告，听取并审议了东湖区环保局关于推进生态文明建设工作情况报告，并讨论表决了人事议题。

监督工作

【概况】 2015年，东湖区人大常委会坚持在监督内容上紧扣全区工作重点。本着议大事、解难题、精而实的原则，结合“一府两院”实际，突出经济社会发展重点和人民群众反映强烈的热点难点问题。确保区委正确决策的贯彻落实。抓住“一府两院”实施的重点工作，把财政预决算、国民经济和社会发展计划、文化发展、城市管理、社会服务等工作列入审议议题，从劳动保障、就业创业、医保低保、食品药品监督、安全生产、社区医疗卫生服务、信访维稳等关系群众切身利益的热点难点问题中精选议题，组织代表进行视察、调研、检查，提出改进工作的意见和建议，促进民心工程的落实。

【加强规范性备案文件审查工作】 2015年，区人大常委会举办规范性文件备案审查工作培训班，组织区人大及部分“一府两院”责任单位赴九江市人大及武宁县人大学习交流工作经验，对区21个单位进行了规范性文件检查，共查阅公文500余份，重点对群众关注的“一府两院”的规范性文件的合法性进行了审查，其中上报南昌市人大规范性文件7份。

【开展食品安全及养老服务工作专题询问】 2015年，区人大常委会围绕食品药品安全、养老保障与服务等问题，听取和审议区财政局、区民政局、区人社局、区药监局等职能部门专项工作报告，并开展专题询问，委员及部分区人大代表围绕东湖区养老服务工作现状、居家养老服务中心、服务站的功能定位、社保基金安全和保值增值、基层食品安全监管、“六小”长效管理等群众关心的热点、难点问题提问。区相关职能部门的负责到会应询。区政府及相关责任部门不回避难题，不否认不足，不推诿塞责，认真客观作答，针对“难题”既深入查摆原因，又探讨解决之策。

【持续跟踪监督民生实事的落实】 2015年，区人大常委会听取并审议区人民政府民生工程完成情况的报告。在开展的“优化出行服务，提升通行效率”为主题的“道路交通安全行”活动中，常委会共收集、整理65条意见建议。组织部分委员代表视察了一批群众关注的豫章路断头路打通、三经五纬道路改造、背街小巷亮化、集贸市场改造等民生项目，推动了项目的顺利完成。

【开展重大重点项目调研】 2015年，区人大常委会认真贯彻区委实施“四区”建设的部署，组织开展了重大重点项目建设、创新产业、商业街区打造等工作的监督，推动打造东湖经济的“升级版”。听取并审议开放型经济、国税、地税等工作的报告，并组织6个调研小组对全区23个重大重点项目开工建设情况开展了调研，针对项目建设中出现的开工率不足，前期规划、审批、对接工作滞后，部分项目建设资金短缺等问题，深入企业、部门寻找成因，提出加强协调服务意识、强化产业集聚发展导向等12条具体建议，推进了重大重点项目的加速建设、早见成效。

【召开全区人大工作会议】 2015年，区人大常委会出台《关于与时俱进推进人大工作发展的意见》，对今后一个时期的人大工作作出了全面部署，为做好新时期全区各级人大工作提供了根本遵循和制度保障，激励了广大代表和人大干部立足岗位，勤勉工作，敢于担当。

2015年6月10日上午，南昌市人大常委会调研组到东湖区视察重点项目进展情况

代表工作

【概况】 代表是人大工作的力量和智慧源泉。东湖区人大常委会牢固树立代表主体意识，完善服务保障，创新工作载体，代表工作不断得到创新。积极搭建联络平台，强化服务保障，代表的作用进一步发挥。在开展监督工作的过程中，常委会注重邀请代表参与专题调研和执法检查，列席常委会会议，充分发挥代表履职的作用。及时向代表寄送《时代主人》《南昌人大》等资料，及时通报常委会工作情况，保障代表的知情知政权。定期开展代表向选民述职评议活动，做好反馈和整改工作，引导代表密切联系群众、紧紧依靠群众，从群众生活中发现问题，从群众的意见中丰富智慧，从群众的肯定中获得动力，不断提高代表履职水平。

【加强代表意见、建议办理情况】 2015年，区十五届人大五次会议期间，共收到代表意见、建议68件，均如期办理完毕。在收到的68件意见、建议中，A类建议51件，占建议总数的75%；B类建议15件，占建议总数的22%；其余2件超出区政府职能范围的建议，已向代表做好解释工作，并正在督促区政府有关部门与上级部门积极沟通，努力妥善解决。坚持重点建议由常委会领导牵头督办制度，组织部分人大代表就市容环境整治、养老及医疗保障等4条重点B类建议进行“回头看”督办，对部分承办单位在办理建议过程中出现的与人大代表沟通不够、答复内容针对性不强、重书面轻落实等现象提出了办理建议，推动了办理工作从“答复型”向“落实型”转变。

【推进代表联络站（室）建设】 2015年，区人大常委会继续推动代表联系群众工作站（室）的建设和运行。截至2015年底，已建成工作站12个，工作室22个，代表工作基本形成了组织体系，在开展的“弘扬法治精神 共建法治东湖”代表行活动中，以此平台共开展了5次代表专题调研，38次代表接待日活动，走访困难选民265人次，社区居民反映强烈的生活、就学、就医等87件民生问题得到了有效解决。各代表小组也积极发挥工作站（室）作用，开展各具特色的走访活动，如大院街道代表小组开展的书法家送“福”进万家和“关爱空巢老人”活动；公园街道代表小组开展的为辖区困难户和下岗工人送温暖活动；百花洲街道代表小组组织民营企业家开展的重阳节敬老活动；董家窑街道代表小组开展的“关爱老年人”义诊活动等，打通人大代表联系服务群众的“最后一公里”，使群众表达民意的渠道更加通畅，代表的履职意识、群众广泛参与的积极性得到进一步提高。

【深化代表闭会期间履职活动】 2015 年，区人大常委会推进代表向选民述职活动，开展代表履职交流和培训工作。常委会坚持每季度举办一期法律法规知识讲座，每次都邀请中央党校和省、市人大专家对《宪法》《代表法》《监督法》《预算法》《规范性文件备案审查条例》等进行专题辅导，全年共培训代表 500 多人次。为检验学习培训效果，还组织对参加培训的对象进行法律知识考试。积极组织选派人员参加省、市人大举办的各类培训学习和南昌市举办的宪法知识电视大奖赛。针对群众普遍关注的食品药品安全、水环境保护、交通安全、集贸市场改造、校园提升工程、胜利路地下商业街打造和重大重点项目建设等内容，组织代表进行了视察调研活动。组织开展对《江西省实施〈中华人民共和国老年人权益保障法〉办法）》《江西省工会劳动法律监督条例》《南昌市轨道交通条例》《南昌市养犬管理条例》《电动车管理条例》等法案修订和条例草案意见的征集活动，为推进科学立法、民主立法奠定基础。

2015 年 2 月 16 日，东湖区召开人大代表建议和政协委员提案交办会议

人事任免

【概况】 2015 年，东湖区人大常委会严格按照《选举法》的规定，共任免国家机关工作人员 143 人，其中任命国家机关工作人员 134 人，免去国家机关工作人员 9 人。包括：任命东湖区人民政府副区长职务 2 人，任命东湖区人民检察院副检察长 1 人。

【选举、任免情况】 区十五届人民代表大会第五次会议，选举区十五届人大常委会第二十四次会议，免去姚平的东湖区人民检察院检察委员会委员、检察员职务，张琴、谢亮的东湖区人民检察院检察员职务；选举张东林为东湖区人民政府副区长、黄飞、罗陆海、陈园、周兰彬为东湖区人民法院审判员。

区十五届人大常委会第二十五次会议，选举刘勤、易明、涂冬妹等 120 名为东湖区人民法院人民陪审员。

区十五届人大常委会第二十六次会议，通过《关于终止张鸿星同志的东湖区出席南昌市第十四届人民代表大会代表职务的决定》，免去钟华的原东湖区卫生局局长职务、彭玉兰的原东湖区人口和计划生育委员会主任职务；选举钟华为东湖区卫生和计划生育委员会主任，王君健为东湖区市场和质量监督管理局局长，赵明华、袁彩虹两位为东湖区人民法院审判委员会委员。

区十五届人大常委会第二十七次会议，选举刘众星为东湖区人民政府副区长，周兰香为东湖区人民检察院副检察长。

区十五届人大常委会第二十九次会议，免去李青峰的东湖区墩子塘街道人大工作委员会主任（兼）职务、熊敏的东湖区大院街道人大工作委员会主任（兼）职务、陈峰的东湖区环境保护局局长职务；选举陈锋为东湖区审计局局长、李青峰为东湖区环境保护局局长；张志忠为东湖区农村工作办公室主任。

（唐芸璞）

南昌市东湖区人民政府

综　述

2015年，是东湖“四区”建设笃行有为的一年。在市委、市政府和区委的正确领导下，全区上下主动适应经济发展新常态，积极应对复杂严峻新形势，抓改革谋发展，惠民生保稳定，经济社会各项事业取得了显著成绩。全年完成地区生产总值384.57亿元，同比增长9.1%，高于预定目标1.6个百分点；固定资产投资160.25亿元，同比增长16.7%；财政总收入、地方一般公共预算收入分别达到57.31亿元和12.32亿元，按省口径分别同比增长10.2%、11.92%（市口径同比分别增长6.7%、10.1%）。税收收入占财政总收入比重达93.4%，经济发展“含金量”持续提高。

始终如一把抓项目作为经济增长的动力引擎。千方百计引项目。率先在全市出台贯彻落实市委“六个跟踪”的实施意见。预计全年实际利用外资1.29亿美元、内资35.68亿元，分别同比增长21.37%、20.85%，出口创汇5.4亿美元。全年落户内资项目216个，外资项目7个，已进资58.66亿元。其中，亿元项目13个，5000万元以上项目55个。亿元项目增加了5个，同比增长62.5%；5000万元以上项目增加了28个，同比增长103.7%；千万元以上项目增加了99个，同比增长112.5%，创历史最好成绩。全力以赴聚项目。围绕“六大产业”主攻方向持续发力，“六大产业”实现税收收入19.24亿元，尤其是楼宇总部经济，突破9.88亿元。全年落户总部经济23家，目标楼宇贡献率同比提高7.3%。全球最大的办公空间解决方案供应商——雷格斯集团，投资40亿元的南昌浦发市政公用投资管理中心正式入驻。积极引进投资10亿元的江西金融租赁有限公司，填补了全省金融租赁公司的空白；皖江融资租赁、汉辰融资租赁等非银金融机构相继落户，引导金融服务业错位发展。争分夺秒促项目。全年实施45个总投资达280.5亿元的重大重点项目，投资规模同比增长300%，为东湖区历史之最。市级重点项目胜利路步行街改造（一期）工程主体完工，并以全新面貌亮相；新湖滨西路改造工程、中金国际交易中心建设稳步推进。区级重点项目三经五纬街景改造、谌家坊安置房、中山路立面改造等项目顺利完工。

始终如一提品质作为旧城复兴的活力源泉。精准发力抓旧改。全年分两轮顺利实施了临江商务区滨江片区、环丘街等旧改项目10个，占地面积1198.18亩，征迁面积72.15万平方米，涉及征迁户数6705户，农房征迁总面积超历年总和，包括对长巷、贤湖两个行政村进行整体搬迁，征迁体量、难度均创历史之最。特别是上半年，仅用两个多月的时间，完成了滨江片区、起凤路和香江家具城2个旧改项目共68.72万平方米的征迁任务，无论是征迁速度，还是总面积，均领跑全市。精心实施抓建设。全年投入城市建设资金3.75亿元，同比增长15%。新装路灯2276盏，在全市率先完成背街小巷路灯亮化全覆盖；完成112处沟管化粪池（清掏）改造、13个积水点整治、8个街头小游园建设及提升工程。打通豫章路、新公园路2条断头路，实施福州路、扬子洲鹏举北路等道路改善工程，启动朱德军官教导团沿线、贤士二路等道路延伸工程，畅通城市路网，改善微循环。精细环节抓管理。城市管理力求全天候、全方位、全覆盖，做到了“五个全市率先”：率先建立“天网”“地网”“人网”三网合一的“智慧城管”东湖模式；率先出台城市管理长效常态具体措施60条；率先打造全市首个无烟烧烤区；率先启动城市管理提质升级“百日会战”；率先建立全市首个城市管理微信平台。以优异成绩在“城市建管强起来”上发出“东湖好声音”。

始终如一把促改革作为挖潜提效的不二选择。以改革深挖潜力。落实商事制度改革，全年新增注册企业1681户，同比增长6.19%，新增资本99.32亿元，同比增长57.73%；新增个体工商户2001户。稳步推进行政审批制度改革，精简行政审批事项42项，精简率19.91%；加快推进“三单一网”建设，权力清单、责任清单、企业投资项目管理清单如期公布，政务服务网正式上线运行。以创新激发活力。加快平台建设，东湖区生产力促进中心等创业创新平台发展迅猛；全区聚集了2家科技孵化器、7家知名众创空间、7家微型企业孵化园、12家小企业创业基地、15个商贸企业集聚区。加大帮扶力度，充分发挥“财园信贷通”“惠农信贷通”等融资平台功能，最大力度缓解创新企业和小微企业融资难问题，共计发放贷款3.02亿元，全年减免税费2247万元。以融合增添动力。发力“互联网＋”，促进产业融合发展。推进“互联网＋工业”，积极推动“阿里巴巴·南昌产业带”项目，年内上线企业近500家，引导全市乃至周边地区特色制造业企业，借力“阿里巴巴·南昌产业带”，实现“南昌买、南昌卖”。推进“互联网＋文化”，加快豫章1号文化科技园等文化产业发展；浩瀚股份、画店文化两家企业成功挂牌新三板。推进“互联网＋生活”，成功举办第七届“东湖百花洲购物节”，首次推广线上交易，加速传统商贸业升级。

始终如一把获得感作为共建共享的最高追求。民生保障更充分。全年用于保障和改善民生资金达11.34亿元，占地方一般公共预算支出的62.35%，倾力做好“惠民便民利民”工程和54件民生实事。完成钟鼓楼等5家农贸市场“超市化装修、智能化管理、便民化服务”升级改造，在每月一次的全市农贸市场考核中获10次第一、2次第二；完成贤士湖管理处等2个便民服务中心建设，民生工程全面完成。加强社会保障，城镇新增就业人数9200人；发放小额担保贷款5659万元，低保资金2154万元；在全省率先建立失能老人照料中心；区居家养老服务中心品牌进一步唱响。公共服务更均衡。坚持教育优先，投入6800万元，完成爱国路小学等6所校园的提升改造及信息化建设；公众对全区义务教育均衡发展满意度达到93.5%。完善医疗服务体系，完成豫章街道等2个街道社区卫生服务中心业务用房的国有化、固定化建设；基本公共卫生服务补助2158万元。推进文化繁荣，高标准建设董家窑街道文化活动中心；积极开展纪念中国人民抗日战争暨世界反法西斯战争胜利70周年等系列群众文化活动80余场；贵林社“周六剧场”获文化部文化志愿者服务优秀项目；樟树林文化生活公园成功创建国家AAA级旅游景区。促进体育事业发展，在第六届全国特奥会上摘得金牌29枚，占全省金牌总数的一半以上；广泛开展全民健身运动，新增全民健身活动站点10个。城乡统筹更坚实。扬子洲地区在控储中稳步前行，完成19个新农村点建设任务；成功举办“文化东湖·秀美乡村”暨第二届番茄节活动；较好完成了控违和生猪禁养工作；2.5万“新农合”参保人员全部纳入城镇居民基本医疗保险范围；开展农村“脏乱差”集中整治“百日行动”，农村垃圾收集率达98%以上。同时，社会稳定局面进一步巩固，荣获“全国法治县创建活动先进单位”，马家池社区荣获“全国民主法治示范社区”；“百城禁毒会战”和“利剑”“打击侵财犯罪”等专项行动分别获全国和省、市先进；启动消防安全“防火墙”工程；严格落实安全生产责任制；强化食品药品安全日常监管；实现全年重特大事故零发生，公众安全感不断增强。

（梅剑峰）

区政府会议

【概况】 2015年，东湖区人民政府根据市委、市政府和区委的部署，围绕经济社会发展各项工作，共召开区政府常务会议16次、区政府办公例会8次、工作会议140余次。

【区政府常务会议】 2015年，区政府共召开第38次至53次共16次常务会议，区长李云峰主持，副区长陈曙、张东林、童萍如、杨玉章、胡志强、刘众星，区政府党组成员、区监察局局长余坚，区政府党组成员、区财政局局长万勇，区政府党组成员、区政府办公室主任查秋滚，区政府党组成员、区政府办公室正科级督查专员刘文俊出席。

第38次常务会，2月1日上午召开。会议学习了《江西省国有土地上房屋征收与补偿实施办法》（江西省人民政府令第214号）。审议并原则同意了区政府办公室草拟的《东湖区法治政府建设指标体系（送审稿）》，区商务局草拟的《东湖区2015年开放型经济工作考核奖惩办法（送审稿）》和《东湖区2015年开放型经济主要指标计划目标分解表（送审稿）》，区农办（筹）草拟的《东湖区畜禽养殖区域划定方案（草）》，区教科体局草拟的《关于请求认定2014年东湖区科技示范区（青少年科技教育基地）的请示》和《关于审议〈东湖区学前教育三年行动计划（2014—2016年）〉的请示》，区城管局草拟的《关于申请拨付调整环卫工人最低工资标准经费的请示》。

第39次常务会，3月14日晚上召开。会议审议并原则同意了区人社局草拟的《关于在全区范围内购买政府公益性岗位的请示》，区教科体局草拟的《关于2015年拟向社会公开招聘73名中小学教师的请示》，区旧改指挥部草拟的《东湖区2015年第一轮房屋征迁工作实施方案（征求意见稿）》，区旧改指挥部草拟的《关于请求审议〈东湖区“起凤路”和“香江家具城及周边”旧改项目集体土地上房屋征收安置补偿方案〉的请示》和《关于请求审议〈东湖区二七北路沿线（下沙沟：熊、邓自然村；沙滩、魏村自然村；滨江片区）旧改项目集体土地上房屋征收安置补偿方案〉的请示》，区综治委《关于请求审议〈关于表彰2014年度全区社会治安综合治理目标管理先进单位、先进集体及先进工作者的决定（送审稿）〉的请示》《关于请求审议〈关于嘉奖2014年度全区社会治安综合治理目标管理先进单位综治责任人及综治办主任的决定（送审稿）〉的请示》和《关于请求审议对墩子塘街道实行黄牌警告的决定（送审稿）》的请示》。

第40次常务会，4月7日下午召开。会议学习传达了省委书记强卫在全市领导干部大会上的讲话。审议并原则同意了贤士湖管理处草拟的《关于要求对集体土地上房屋征收文本予以审核的请示》，区经济办草拟的《东湖区2015年经济发展工作考核办法（送审稿）》，区创建办草拟的《关于实现城市管理整洁有序、长效常态的具体措施》，区政府办公室草拟的《东湖区推进“三单一网”工作方案（送审稿）》，区行政服务中心管委会草拟的《东湖区人民政府关于深化行政审批制度改革若干问题的决定》，听取了区财政局关于2015年区财政预算安排。会议还审议了区行政服务中心管委会草拟的《关于推进我区便民服务中心标准化均等化建设工作的请示》。

第41次常务会，5月11日上午召开。会议审议并原则同意区农办草拟的《东湖区防汛抗旱应急预案》和《关于在全区开展畜禽禁养区专项整治行动工作方案》，区旧改办草拟的《东湖区“起风路”和“香江家具城及周边”国有土地房屋上征收与补偿工作征收决定书》和《东湖区临江商务区国有土地上房屋征收与补偿工作征收决定书》，区卫计委草拟的《关于请求表彰全区计生先进单位和先进个人的请示》，区人社局和区财政局草拟的《关于东湖区促进就业资金2015年度收支预算编制的请示》。

第42次常务会，5月17日下午召开。会议学习传达了全市开放型经济工作调度会议精神。审议并原则同意《东湖区贯彻落实市委十届十一次全会精神的实施意见（送审稿）》，区政府办公室草拟的《东湖区2015年法治政府建设工作要点（送审稿）》，听取了区商务局关于文教北路等6个农贸市场升级改造的情况汇报。

第43次常务会，6月9日下午召开。会议观看了《“媒体啄木鸟”行动》光碟，审议并原则同意区财政局草拟的《关于对区直单位2014年财税工作进行奖励的请示》和《关于对各街办（管理处）2014年财税工作进行奖励的请示》，区农办草拟的《东湖区2015年度新农村建设工作方案（送审稿）》，区司法局草拟的《关于组建东湖区法律顾问团的请示（送审稿）》，还审议了《关于在红谷滩新区九龙湖区创建“南昌市育新学校万达城分校”的请示》。

第44次常务会，6月23日上午召开。会议审议并原则同意会议审议并原则同意区监察局草拟的《关于给予陈剑鹏行政开除处分的请示》和《关于给予陈光辉行政降级处分的请示》。

第45次常务会,7月3日上午召开。会议观看了《“媒体啄木鸟”行动》光碟,传达了全市创建“全国文明城市”总结暨城市管理提质升级部署大会精神。审议并原则同意区政府办公室草拟的《2015年东湖区民生工程实施意见(送审稿)》,区执法分局草拟的《东湖区夜市烧烤摊点专项整治工作方案(送审稿)》,区房管局草拟的《2015年东湖区社区化粪池整治工作实施方案(送审稿)》,区城建局草拟的《东湖区PPP项目实施方案(送审稿)》,区旧改指挥部草拟的《东湖区上、下沙窝改造项目农房拆迁安置补偿方案(送审稿)》。听取了贤士湖管理处关于2015年旧改所涉失地农民养老保险问题的汇报。

第46次常务会,7月21日下午召开。会议观看了《“媒体啄木鸟”行动》光碟,学习传达了鹿心社省长在省委十三届十一次全会的重要讲话精神。审议并原则同意区综合服务中心及文化活动中心领导小组办公室草拟的《关于申请追加区综合服务中心及文化活动中心建设经费的请示》和《关于确定区综合服务中心及文化活动中心办公用房楼层分配方案的请示》,区财政局草拟的《东湖区“财园信贷通”融资试行工作方案(送审稿)》,区审计局草拟的《东湖区政府投资项目结算审计管理暂行办法(送审稿)》,区教科体局草拟的《东湖区关于推进义务教育学校校长教师交流轮岗工作的实施方案(试行)》。

第47次常务会,8月18日下午召开。会议观看了《“党风政风执线”和“媒体啄木鸟”行动光碟》,传达学习了全国、省、市安全生产电视电话会议精神,通报上半年全区安全生产工作形势并部署相关工作。审议并原则同意区政府办公室草拟的《关于调整区政府领导分工的请示》,区编委办公室草拟的《东湖区部门行政权力清单(送审稿)》,区旧改指挥部草拟的《关于恳请区政府与江西中江地产有限公司签订〈南昌市东湖区临江商务区滨江片区(董家窑)旧城改造项目引进资本合作协议书(送审稿)〉的请示》,区金融办草拟的《东湖区人民政府与江西金融租赁股份有限公司合作协议(送审稿)》,区监察局草拟的《关于给予陈光辉行政降级处分的请示》。

第48次常务会,8月31日下午召开。会议传达学习了强卫对学习贯彻习近平总书记在中央政治局常委会会议关于上半年经济形势的讲话提出的要求。审议并原则同意下正街电厂及周边地块旧改分指挥部草拟的《关于下正街地块市供电公司单位自管房屋征收补偿问题的请示》,区旧改指挥部草拟的《东湖区2015年第二轮房屋征迁工作实施方案(送审稿)》。

第49次常务会,9月30日下午召开。会议观看了《“媒体啄木鸟”行动》光碟,书面传达了《市纪委关于中秋国庆期间落实中央八项规定精神严防“四风”问题反弹的通知》。审议并原则同意区政府办公室草拟的《关于调整东湖区协税护税工作领导小组等48个领导机构组成人员的请示》和《东湖区2015年迎接全市“三看”活动实施方案(送审稿)》,区农办草拟的《东湖区大力开展农村“脏乱差”集中整治“百日行动”方案(送审稿)》和《东湖区开展潲水养猪专项整治行动方案(送审稿)》,区商务局草拟的《东湖区关于做好招商引资“六个跟踪”工作的实施意见(送审稿)》,区发改委草拟的《关于请求审议南昌市电子商务产业园项目框架协议书的请示》,布置了国庆期间有关工作。

第50次常务会,10月21日下午召开。会议审议并原则同意区旧改指挥部草拟的《关于下达东湖区环丘街周边地块旧城(城市棚户区)改造项目房屋征收决定书的请示》和《关于下达东湖区青山湖西岸二期2015地块旧城(城市棚户区)改造项目房屋征收决定书的请示》。

第51次常务会,11月4日下午召开。会议审议并原则同意区房管局草拟的《关于下达朱德军官教导团周边地块旧城改造国有土地上房屋征收决定书的请示》《关于下达西万宜巷(胜利路口)周边地块旧城改造国有土地上房屋征收决定书的请示》和《关于下达贤士二路周边地块旧城改造国有土地上房屋征收决定书的请示》,区编委办公室草拟的《东湖区部门责任清单(送审稿)》,区文明办草拟的《东湖区创建第五届全省文明城区工作实施方案(送审稿)》。学习传达了近期市委、市政府有关会议精神,并布置有关工作。

第52次常务会,12月2日下午召开。会议审议并原则同意区创建办草拟的《关于审议〈成立东湖区城市综合管理协调领导小组办公室的方案(送审稿)〉的请示》,区政府办公室草拟的《东湖区突发事件总体应急预案(修订)(送审稿)》。

第53次常务会,12月30日晚上召开。会议审议并原则同意区发改委草拟的《东湖区企业投资项目管理清单目录(送审稿)》,区财政局草拟的《东湖区“准财政”实施办法(试行)》,区城投公司草拟的《关于请求重新委派人员担任南昌东湖城市建设投资发展有限公司董事的请示》和《关于请求重新委派人员担任南昌东湖城市建设投资发展有限公司监事的请示》。

【区政府办公例会】 2015年,区政府共召开了8次区长办公例会,参加会议的人员为区政府区长、副区长,以及区政府办公室主任、区财政局局长、区监察局局长等,会议由李云峰主持。

第1次办公例会,1月7日上午召开。会议讨论了《2015年区政府工作报告(审议稿)》和《区政府领导在区委十一届十次全体(扩大)会议上的讲话(审议稿)》。审议并原则同意区发改委草拟的《关于东湖区2014年国民经济和社会发展计划执行情况及2015年国民经济和社会发展计划草案的报告》,区城管局草拟的《关于东湖区智慧城管平台信息化服务项目展厅建设费用等相关事项的请示》《关于智慧城管平台督查采集工作外包的请示》和《关于东湖区智慧城管监督指挥中心招聘工作人员的请示》,区财政局草拟的《关于东湖区2014年公共财政预算执行情况和2015年公共财政预算(草案)的报告》,区创建办草拟的《关于请求拨付创建工作经费的请示》。研究了区政府领导的分工调整情况。

第2次办公例会,2月16日下午召开。安排部署全区政府系统廉政工作。安排布置了春节期间有关工作要求:全区各单位要切实关心困难群众的生活,做好节日期间的社会稳定工作,保障好节日市场平稳运行,做好节日期间的城市管理,抓好节日期间安全保障工作,严防踩踏等类似事件发生,严格落实八项规定和持续反对“四风”,全面落实春节期间的应急值班。审议并原则同意区民政局草拟的《东湖区创建全省双拥模范区“七连冠”工作实施方案(草案)》

第3次办公例会,3月14日晚上召开。会议审议并原则同意区民政局草拟的《东湖区关于开展未成年人社会保护工作试点实施方案》和关于筹建东湖区失能老人照料中心的请示》。

第4次办公例会,7月21日下午召开。会议审议并原则同意区城建局草拟的《关于请求启动出新巷8号楼结构加固维修项目的请示》,区经济办草拟的《关于提请兑现江西樟树林文化生活公园有限公司等9家企业2014年招商引资优惠政策的请示》和《关于提请给予南昌美特斯邦威服饰有限公司等5家企业“一事一议”招商引资优惠政策的请示》。

第5次办公例会,9月30日上午召开。会议审议并原则同意区教科体局草拟的《关于明确扬子洲镇红星小学等四所学校基建工程结算办理相关事宜的请示》和《东湖区关于妥善解决中小学代课教师问题的实施方案(送审稿)》,区机管局草拟的《关于区综合服务中心及文化活动中心拟统一购置办公设施有关事宜的请示》,审议了区教科体局草拟的《关于请求与熊雨维等4人签订师范生免费教育协议的请示》。

第6次办公例会,10月21日下午召开。会议审议并原则同意殷家巷旧改分指挥部草拟的《关于东湖区人民政府与江西双喜商业运营公司、北国房地产公司签订三方协议的请示》,区城建局草拟的《东湖区港口岸线集中整治工作方案(送审稿)》《关于开展港口岸线整治的通告》和《关于组建扬子洲地区交通运输综合整治执法队的通知》,区民政局草拟的《关于要求印发〈关于做好2015年义务兵家庭优待金发放工作的通知〉的请示》,区政府办草拟的《关于我区政务服务网建设项目有关问题的请示》,区城建局草拟的《关于请求协调阿里巴巴产业园项目周边外立面、绿化、道路改造工程前期相关问题的请示》和《关于请求协调抚河北路(民德路—中山路)改造工程前期相关问题的请示》,区卫计委草拟的《关于拟定2015年度全区干部职工健康体检地点的请示》。

第7次办公例会,12月2日下午召开。会议审议并原则同意区人社局、区财政局、区行政服务中心管委会草拟的《东湖区行政服务中心绩效考核办法(试行)(送审稿)》,区发改委草拟的《关于市政府补助阿里巴巴南昌产业带200万网络推广和宣传拨付事宜的请示》,区农办草拟的《关于恳请同意调整畜禽禁养专项奖补资金发放标准时间节点的请示》,区民政局草拟的《扬子洲镇敬老院院长、会计考核聘用工作实施方案(送审稿)》,区民政局草拟的《关于做好我区2014年冬季退役士兵安置工作的请示》,区城建局草拟的《关于请求预借三经五纬街道街景综合整治和新公园路改造项目电力设备采购款的请示》《关于请求增付2015年道路养护经费的请示》和《关于明确胜利路交通银行及周边危旧房改造项目有关事项的请示》,区经济办草拟的《关于提请给予江西国力名车广场发展有限公司等5家企业"一事一议"招商引资优惠政策的请示》和《关于提请兑现南昌蓝海商业经营管理有限公司等4家企业招商引资优惠政策的请示》。

第8次办公例会,12月30日晚上召开。会议审议并原则同意区综治委草拟的《关于为余达臻申报"见义勇为先进分子"的请示》,区民政局草拟的《关于请求对民政局有关固定资产进行无偿调拨的请示》,区发改委和区卫计委草拟的《关于调整中央预算内投资项目的请示》,区卫计委草拟的《关于请求核准区疾控中心改造项目和区社区药物维持治疗门诊改造项目邀请招标的请示》,区教科体局草拟的《关于要求拨付区科技专项经费的请示》《关于请求认定公园社区为东湖区科技示范社区、森美生态园为东湖区青少年科技教育基地的请示》和《关于请求妥善解决中小学代课教师政策性一次性补偿款的请示》,区民政局《关于请求补发我区社区干部工资和社区办公经费的请示》。讨论了市教育局《关于南昌市第三十中学扩征用地划拨款事项的征求意见函》。

【工作会议】 2015年,区政府围绕经济建设、城市管理、社会民生、创建办会、社会稳定等方面工作,共召开各类工作会议140余次。

全区安全消防工作专题部署会。1月16日下午,在区委三楼多媒体会议室组织召开全区安全消防工作专题部署会。会议强调,要进一步突出重点,全面落实好安全生产"监管责任",要强化大型公共活动的管理,特别是对大型集会要落实报备制度,人员密集场所要加强日常管控;要强化消防安全的监管力度,严格落实消防安全责任制和防范措施。各单位必须牢固树立安全发展的"红线意识",全面落实安全生产的工作安排,履行责任,进行再动员再部署;迅速行动,进行大排查大整改;完善预案,做到抓值守抓演练,为全区社会和谐稳定做出积极的贡献。

创建全国文明城市工作推进会。1月16日下午,在区委三楼多媒体会议室召开创建全国文明城市工作推进会。会议要求,各单位要高度重视督查反映出的反弹问题,一是要有"咬定青山不放松"的定力,持之以恒地抓好创建各项工作。全区上下要继续发扬"5+2,白+黑"的好作风,保持善作善成的好状态。二是要突出重点,时刻把创建工作当作进行时。创建工作只有进行时,没有过去时,全区上下要始终做到思想上高度重视,人员和经费投入要充分保障,氛围营造要到位,重点领域、突出问题要严防死守、杜绝反弹。三是要强化督查、跟踪问责,确保文明创建工作顺利"收官"。各责任单位要以更严的标准,更明的纪律,行动在先、落实在前,切实做到人员到岗履职,问题整改落实,管理长效常态。

2015年开放型经济工作动员会。2月3日上午,在区委三楼多媒体会议室召开2015年开放型经济工作动员会。会议指出,招商引资始终是经济工作的"生命线",核心地位不可动摇,招商引资与项目建设是区域经济发展的"两条腿"、缺一不可,各单位务必高度重视、常抓不懈。要明确责任,抓实项目招商,实行"一把手工程";要完善机制,严格督查考核,兑现奖惩措施;要强化调度,狠抓工作落实,推动开放型经济工作再上新台阶。会议强调,一是始终树立起危机意识,务必振奋精神、全力推进;二是开放型经济是实力经济,务必招大引强、提升产业;三是开放型经济是服务经济,务必优化环境、放水养鱼。

2015年春节期间佑民寺安全维稳工作部署会。2月10日下午,在区政府三楼西会议室召开了2015年春节期间佑民寺安全维稳工作部署会。会议强调:一要高度重视。各责任单位要吸取2014年以来几例安全事故的而深刻教训,采取切实有效的措施,防范于未然,将安全保障工作落实到位。二要分工明确。各责任单位要按照职责做好本单位本职工作,将具体工作落实到人,严肃对待,明确责任分工。三要密切配合。相关单位要加强与市直单位的协调,争取上级单位支持,同时加强与媒体的沟通,加大安全防范知识的宣传力度，尽全力做好春节期间佑民寺安全维稳工作。

2015年重大重点项目第一次调度会。2月15日下午，在区政府三楼西会议室主持召开了东湖区2015年重大重点项目第一次调度会。会议强调，一是要认清形势，提高认识，各单位要进一步增强推进项目建设工作的紧迫感，坚定加快推进项目建设的信心，统一思想、齐心协力推进重大重点项目建设；二是要明确责任，加快进度，各项目责任单位要认真制定项目建设任务推进分解表，倒排工期，责任到人，挂图作战，确保按进度完成或者超额完成投资计划。

区旧改工作调度会。2月25日下午，在区政府三楼西会议室召开区旧改工作调度会。会议要求：扎实推进房屋征迁前期工作，区旧改指挥部各工作组要按照总体工作进度要求，统筹安排，倒排任务，挂图作战，形成合力，确保启动房屋征迁前所需各项要素及时到位；同时，区旧改指挥部房屋征迁组要根据需要，适时组织征迁工作人员开展业务培训，进一步提升一线人员的专业化水平，确保圆满完成全年旧城改造房屋征收工作任务。

创建全省双拥模范区“七连冠”工作部署会。2月28日下午，东湖区创建全省双拥模范区“七连冠”工作部署会在区政府三楼西会议室召开。会议部署了东湖区创建全省双拥模范区“七连冠”的工作实施方案，明确了各成员单位的主体责任，细化了组织实施的工作推进表。会议要求：一要细化责任，扎实推进，各单位应在平时工作中下工夫，在操作层面把双拥工作积极落实到位，尤其要配合做好专题片的制作；二要挖掘素材，彰显特色，展示双拥的特色亮点工作，做得人无我有，人有我新；三要加强领导，强化督查，确保主要领导亲自抓、分管领导具体抓，具体工作落实到人，同步抓好督查跟进工作，为顺利实现全省双拥模范区“七连冠”打下坚实基础。

2015年第一轮房屋征迁工作动员大会。3月19日上午，东湖区在区政府七楼会议室召开2015年第一轮房屋征迁工作动员大会。会议强调，全区第一轮房屋征迁任务，较之去年体量更大、时间更紧、推进难度更高。要立足长远，从资金保障、拆迁安置、招商选资、旧城复兴等四个方面抓好旧改工作科学谋划，统筹实施、强力推进。会议要求：一是迅速掀起房屋征迁新热潮。全面动员，迅速做到人员组织到位、任务责任到位、“四清一档”到位，把舆论宣传和上户宣讲贯穿整轮房屋征迁始终。二是严明纪律争创征迁新速度。强化调度督导，进一步严格考核奖惩。三是不断开创和谐征迁新局面。严守政策底线，善用群众工作方法，确保阳光操作、依法征迁。

全区开放型经济工作调度会。4月20日下午，2015年全区开放型经济工作第五次调度会在区委三楼多媒体会议室举行。会议对东湖区部分旧城改造地块情况进行了讲解，并对第九届中国中部投资贸易博览会及赣港活动周相关会议准备工作进行了部署。

2015年高考工作布置会。5月28日上午，在区政府三楼东会议室召开东湖区2015年普通高等学校招生考试考区委员工作会议。会议强调，高招工作涉及千家万户切身利益，是社会关注、家长关心、考生关切的一项大事，直接影响到社会的和谐稳定，做好高考组织工作是一项义不容辞的政治任务。会议要求：一是相关责任单位一定要高度重视，用心安排，并做好应急预案；二是各单位要各司其职，各负其责；三是要责任到人，齐心协力，通力配合，加强沟通协调，高质量、高标准地完成高招任务。

东湖区召开爱国卫生工作会议。7月24日上午，东湖区爱国卫生工作会议在区政府三楼西会议室召开。会议要求：一是要巩固成绩，实现常态。各单位共同努力做好爱国卫生工作的同时，还要重点抓好市容大卫生等城市管理工作；二是要明确职责，抓好落实。各单位要按照职责分工，认真做好爱国卫生工作，要全力抓好对农贸市场、建筑工地、小餐饮店、公园、公共场所等重点区域的卫生消杀和病媒生物防制工作，把问题消灭在萌芽状态。

2015年社区教育工作布置会。7月29日上午，东湖区2015年社区教育工作布置会在区政府三楼西会议室召开。会议宣布成立东湖区社区教育指导中心，对东湖区社区教育工作内容进行解读，并明确了2015年全民终身学习活动周有关事项，还就相关工作进行了布置。会议强调：一是要加强领导，进一步广泛动员全社会支持、关心社区教育发展；二是要加强队伍建设，进一步完善社区教育网络体系；三是要加强活动开展，进一步创新社区教育活动形式。

全区招商引资项目调度会。8 月 17 日下午,在区政府三楼西会议室主持召开全区招商引资项目调度会。会议强调:项目责任单位要立足实际、主动靠前,深入企业、倾情服务,主动了解企业情况,尽力帮助企业解决落户、运营中存在的问题,通过以服务推动进度,做到落地项目抓开工、开工项目抓建设、建设项目抓进度,确保招商引资项目早投产、早收益。

全区财税工作调度会。9 月 8 日下午,在区委三楼多媒体会议室召开全区财税工作调度会。会议要求:一是要高度重视。各经济责任单位要进一步强化危机意识和责任意识,充分认识到当前东湖经济形势及财税形势,高度重视做好财税工作的重要性,做到主要领导亲自抓,分管领导具体抓。二是要落实责任。针对 9—12 月的财税工作任务,各经济责任单位要进一步细化分解,定人员、定责任、定进度、定时限,确保全年财税各项工作顺利推进。三是要加强调度。区财政局要一周一调度,及时掌握情况,做到心中有数。对排名靠后的单位,要专门现场调度、现场分析。四是要坚定信心。各经济责任单位要把决心转变成方法、措施,集中精力找增长点,深挖税收潜力,把任务责任奖励捆在一起,确保圆满完成全年财税工作任务。

全区经济工作调度会。9 月 12 日上午,在区委三楼多媒体会议室召开全区经济工作调度会。会议强调,2015 年以来,全区上下始终紧抓招商引资这条生命线,作为推进转型发展的抓手,采取了一系列措施,取得了积极成效。下一步,面对当前经济下行的压力,全区上下必须充分认识加大招商引资工作力度的极端重要性和现实紧迫性。要充分认识到招商引资是扩大有效投资的主渠道,是转型发展的必然选择;会议要求,要看到优势、弘扬优势,坚定大招商、招大商的决心和信心,工作中进一步加大"走出去、请进来"的频度和力度,同时做好与省、市有关部门的对接,把握有效招商线索,强化项目招商力度,营造招商引资新优势,全面掀起招商引资高潮。

2015 年 9 月 23 日上午,东湖区在区委三楼多媒体会议室召开城市管理提质升级百日会战新闻通气会议

城市管理提质升级"百日会战"动员会。9 月 23 日下午,在区政府七楼礼堂召开了城市管理提质升级"百日会战"动员会。会议要求,务必要正视问题、找准症结、明确举措,在城市管理提质升级"百日会战"中,全力以赴,以薄弱环节为阵地,做到不达目的不收兵。要对标补差,始终保持争先意识,推动城市管理由"重在参与"向"长效管理"过渡;要深入宣传,始终坚持群众参与,形成人人关心、支持、参与"百日会战"的良好局面;要完善机制,始终维持部门合力。将承担的重点任务层层分解,把责任落实到每一个人、每一个点位、每一平方米。推进城市管理是一项复杂的系统工程,必须认真对照行动方案,咬定目标、精心操作,做到责任督查到位、责任落实到位、责任追究到位,确保"百日会战"决战决胜,进而对好的经验和措施固化机制化,全力构建勇拔头筹、整体提升、长效管理的良好格局。

全区重大重点项目投资计划申报工作调度会。10 月 29 日上午,在区政府三楼西会议室主持召开全区重大重点项目投资计划申报工作调度会。会议强调,2016 年重点项目申报工作和"十三五”规划编制工作，事关全区经济发展和群众切身利益。因此，全区各有关单位要高度重视项目申报工作，准确把握，做到应报尽报。要尽量完善项目前期手续，为项目开工建设做好准备，提高项目建设质量。要加强衔接，发改部门要完善项目征集，对新开工、在建和竣工项目与区有关部门沟通对接，确保项目申报的有效性，为项目推进打好基础。

创建全省第五届文明城区工作再动员会。11月17日下午，东湖区创建全省第五届文明城区工作再动员会在区政府七楼礼堂召开。会议指出，区委、区政府是对各部门前期的工作表示肯定；但在看到成绩的同时，更要认清自身存在的不足，以“不进则退”的忧患意识，克服懈怠、自满思想，聚焦差距短板，推进创建工作再上新台阶。会议强调，创建工作进入了最后百米冲刺阶段，要严格按照“干干净净、漂漂亮亮、井然有序、和谐宜居”目标要求，巩固成果，突出重点，破解难点，打好城市环境、基础设施、城市秩序、公共服务“四大攻坚战”。会议要求，创建全省文明城区工作需要大家心往一处想，劲往一处使，拧成一股绳，要切实做到组织领导到位、协调配合到位、宣传发动到位、责任落实到位，才能形成一股势在必得的合力，才能确保创建目标如期实现。

东湖区企业事中事后监管改革工作调度会。12月25日下午，在区政府三楼西会议室召开东湖区企业监管警示系统工作调度会。会议提出了三个“非常”的要求，一是非常重要，企业监管警示系统数据采集工作得到省市主要领导高度重视，是市场监管的重要抓手，更是依法全面履行政府职能的重要举措；二是非常难看，东湖连续两个月被市里点名通报，11月，仍然有14个部门未上传数据；三是非常举措，各单位主要领导要履责，分管领导要负责，落实要担责，确保数据上传工作本月破零、下月争先。

（刘志昇）

区政府办公室工作

【概况】 2015年，区政府办公室在区委、区政府的正确领导和市政府办公厅的关心指导下，以党的十八大精神和十八届四中、五中全会精神为指引，紧紧围绕区政府中心工作，坚持“省里创一流、市里争先进、区里树标杆”的工作标准，恪守为领导服务、为部门和基层服务、为群众服务的“三服务”宗旨，充分发挥参谋助手、督促检查、组织协调等职能，团结一致，扎实工作，在参与政务、办理事务、搞好服务等方面都取得了新成绩，促进了政府工作的高效运转。

【政务督查督办工作】 2015年，区政府办公室强督查、促落实，持续推进政务督查督办工作。建章立制，理顺督查机制、严格问责标准，全面提高督查问责成效。2015年，区政府办公室着重围绕《政府工作报告》中明确的目标任务、区政府常务会议确定的工作任务和要求，以及区委、区政府的年度重点工作，对全年工作目标进行责任分解到各单位，将工作目标加以细化，开展政务专项督查。2015年，围绕区政府的重大决策、重点工程和领导批示，组织开展了100余次督查活动；围绕重大项目建设、旧城改造、城市建管、招商项目等重点工作，进行了深入细致的实地督查50余次，重大事项督办核查到位率、专项督查核查到位率均为100%。强化了人大建议政协提案办理的专项督查，办理省、市、区人大代表建议68件，政协提案77件，办结率、满意率均为100%。

【办文办会工作】 2015年，区政府办公室重规范、促高效，有效提升办文办会办事工作水平。草拟印发各类政府文件1600余件，精心撰写领导各类会议发言材料和其他重要文稿90余篇60余万字。认真筹备和保障区政府全体会议、常务会议、办公会议、专题调度会等各类政府会议，协助筹备和保障了各类全区性会议。严格落实区政府办公室规范办文办会办事工作的制度规则，严把文件质量关，强化会议管理，规范工作流程，不断提高办文办会办事的质量和水平。文件差错率控制在万分之一以内，限时办结率100%，会议纪要做到当日草拟、紧急文件当日办结，当日签署、当日印发。同时，协助相关部门做好各类大型活动的保障工作，统筹协调、保障创建全国文明城市工作、旧城改造、迎接市“三看”活动等一系列活动的顺利进行。重大活动协调到位率达100%，重要活动、重要事项、重要接待均为“零差错”。

【政务公开和电子政务工作】 2015年,区政府办公室抓公开、促透明,全面加强政务公开和电子政务建设。围绕区委、区政府工作重点,认真部署政务信息报送、处理工作,积极向省、市报送重要信息,发挥政务信息对外展示形象、争取支持,对内沟通交流、推动工作的载体作用,促进全区经济建设和社会事业的快速发展。2015年向省、市报送信息400余条,主动公开各类政务信息2万余条。优化整合政府网络资源,根据省、市的要求在政府网站上优化设置政府信息公开专栏,向全社会公开发布政府信息。健全网站功能,在区政府网强化东湖问计、在线访谈、行政复议等栏目互动功能,加强书记信箱、区长信箱、民声通道等便民栏目管理,全年"民声通道"等栏目共受理群众投诉280余件,办结率为100%。加强网络安全建设,强化网络安全措施,有效维护全区政务系统网络信息安全。进一步推进信息化办公,提高办公效率,节约办公成本。

【应急管理体系建设和能力建设工作】 2015年,区政府办公室抓建章、促立制,着力提高应急管理和处置能力。注重建章立制促规范、日常管理抓落实,坚持主要领导负总责,分管领导具体抓,以制度建设和日常管理为主要抓手,全面加强应急管理工作。及时研究决定全区突发公共事件应急工作重大决策和工作意见,严格贯彻执行《东湖区突发公共事件总体应急预案》,构建分工合理、权责明确、行动有力的应急管理体系。指导各部门逐步健全应急预案和各专项工作应急预案,应急管理体系进一步完善。同时,强化了应急值班和重点部门、重点时期的应急监控,成功开展社区防灾避灾综合演练等应急演练,全面加强预案演练和应急管理宣传教育。强化应急值班和重点部门、重点时期的应急监控,保障了和谐稳定的良好局面,全年紧急事务办理率达到100%。

【加强自身建设】 2015年,区政府办公室抓学习、强管理,扎实推进机关自身建设。区政府办公室始终将学习作为推动工作的重要手段,着力提升干部素质,打造过硬队伍。牢固树立终身学习的理念,持续开展以轮流授课为形式的每周集中学习,积极组织落实十八届五中全会精神主题学习,以学促干、以干促学。以建一流的班子、带一流的队伍、创一流的业绩为准则,抓作风、抓学习、抓建制,提升办公室队伍业务素质和工作合力。在全办深入开展党的群众路线教育实践活动,将干好办公事工作与实践活动结合起来,进一步增强为基层服务、群众服务的意识。将创新作为推动工作的重要助力,充分发挥学习例会、微信、政务网站、QQ群等工作交流平台的作用,增强了工作信息交流。注重行为养成、主动运用,将"区政府办公文处理规则"等40余项日常制度落到实处。重视机关文化建设,在全办干部倡导和弘扬"忠诚服务、激情奉献、规范高效、勤政廉洁"的核心价值观,凝聚干事创业良好氛围。

(梅剑峰)

法治政府

【概况】 2015年,东湖区法治工作在省、市政府法治部门的指导下,在区委、区政府的高度重视和正确领导下,以党的十八大精神和十八届四中、五中全会精神为指引,以贯彻落实《全面推进依法行政实施纲要》为主线,强化政府法治监督,提高法治服务水平,发挥政府法治工作机构的职能作用,加快推进政府工作的法治化建设,使全区法治工作迈上新的台阶。

【强化高位推动】 2015年,区法治办围绕建设"法治东湖"共识,注重高位推动。全区法治工作在区政府工作报告中安排部署、成绩在工作报告中体现,区政务常务会对法治工作进行专题部署。完善法治工作考评实施方案,将法治工作纳入政府目标责任,明确考核内容、考核方式、评分标准,同经济发展工作同部署、同考核。法治工作做到半年一报告,半年一总结。下发《东湖区法治政府建设指标体系》《东湖区2015年法治政府建设工作要点》,提出全区2015加强和改进依法行政工作的具体意见,切实加强法治工作力度。

【优化政务环境】 2015年,区法制办坚持"主动服务、创新服务、优质服务、高效服务",2015年以来,审查备案政府招商引资合同、招标合同等民商事合同200余件,为政府决策提供法律意见和建议300余次,为全区重点项目推进提供法制支持。

对口联系工程项目，深入全区旧城改造现场，提供优质高效的法律服务。

【加强复议调解工作】 2015年，区法制办建立健全行政复议责任制，拓宽行政复议受案渠道，进一步完善各街道（管理处）设立行政复议案件受理点、社区网络运行平台设置行政复议网络受理点的受理模式。2015年，东湖区法制办积极受理、依法办理各类行政复议案件，收到行政复议申请4件，依法受理行政复议申请2件，全部办结，办结率达100%，转送2件。推动建立行政调解与人民调解、司法调解相衔接的大调解联动机制。完善“诉调对接”“检调对接”“公调对接”各项机制，强化“三调联动”进社区工作。全年，全区各行政主体开展行政调解数量千余件。

【规范行政执法行为】 2015年，区法制办建立健全行政执法责任制，对全年行政执法人员的法律培训工作进行统筹安排，并对培训内容进行了规范。完成全区行政执法证件（“江西省行政执法证”和“江西省行政执法监督证”，以下简称“两证”）统一重新核发工作，新式“两证”自2016年1月1日起开始使用，老证统一作废。以“两证”核发为契机，强化对全区行政执法人员的资格审查、执法培训、评议考核以及规范管理，不断提升全区依法行政工作水平。全年无不合格人员从事执法工作，执法人员档案健全，上网执法人员信息100%准确。

【开展案卷评查】 2015年，区法制办组织实施“案卷评查月活动”，印发《关于开展2015年度行政执法案卷评查活动的通知》，对行政执法案卷评查活动进行部署。2015年，共抽查30个行政执法部门和街办（管理处）的行政执法案卷86宗，其中行政处罚案卷38宗、行政许可案卷48宗。从实体、程序、文书及案卷整理都逐项评析、逐案登记。组织选送了8宗优秀案卷（8宗行政处罚、5宗行政许可）参加市法制部门的优秀案卷评选活动，荣获优秀单位称号。

【强化督查考核】 2015年，东湖区在全区严格贯彻省市行政处罚自由裁量权标准，紧紧围绕“三个环节”，深入实行说理式执法。组织实施《东湖区行政检查办法》，重点加强与企业、群众利益相关的行政执法部门的监督检查。按照省市统一部署，相继开展了行政调解工作、民生档案工作的专项检查。

【规范政府决策】 2015年，东湖区健全重大决策议事规则，严格遵循重大决策经过区政府常务会议，或者区长办公会集体讨论决定，并在会前交由区政府法制机构进行合法性审查。完善重大事项社会稳定风险评估机制，健全决策失误纠错改正机制。完善重大决策听取意见制度，完善重大行政决策事项听取人大、政协意见制度，重大行政决策事项依法提请同级人大或其常委会审议决定制度。

【做好规范性文件管理】 2015年，东湖区执行《东湖区规范性文件管理办法》，围绕“有件必备、有备必审、有错必纠”的目标，抓住起草、审查、决定、公布、备案、清理等关键环节，使规范性文件管理工作走上规范化轨道。

【加强法制工作宣传】 2015年，区法制办起草《2015年区政府常务会议学法计划》，安排区政府常务会学习《消防法》及相关知识等10个法律文件。集中开展各类法律宣传日、法律宣传周、法律宣传月、安全生产宣传月等活动。全年全区机关干部集中学法20余次。加大法治信息报道和宣传力度，2015年以来报送法治工作信息40余篇。发挥理论调研的载体作用，就如何规范行政执法、推动自由裁量权的执行等开展了专题调研，指导和推动了工作的开展。

（张祎星）

外事侨务工作

【概况】 2015年，东湖区外事侨务办公室在区委、区政府的正确领导和省、市外侨办的具体指导下，认真贯彻落实党的十八大，十八届三中、四中、五中全会精神和中央八项规定，严把因公出国（境）审批关，开展对外友好交流，秉承“依托社区，凝聚侨心，深化双向服务；以人为本，依法护侨，促进社会和谐”的工作理念，紧紧围绕区委、区政府的中心工作，积极发挥外事侨务工作的职能作用，开拓创新，积极进取，全区外事侨务工作取得了长足的进步。

【严把因公出国(境)审批关】 2015年,区外侨办一方面,严格审批纪律和程序,将全区科级以上领导干部名册纳入东湖公安分局出入境管理科同步管理,并及时更新名单,切实做到动态管理,严格控制无实质性内容出访。另一方面,提供优质服务,本着急事急办,特事特办的原则,及时完成了区领导赴香港等地的出境任务审批、政审、护照办理、签证申请等工作,保证了顺利出访。

【开展对外友好交流合作】 2015年,区外侨办认真做好辖区企事业单位邀请外国人来辖区内企业申领APEC商务旅行卡等相关事宜的初审工作,为南昌百货大楼股份有限公司等多家企业走出去和请进来等事宜进行审批,并经常性进行上门服务。

【为侨服务水平不断提高】 2015年,区外侨办不断提升为侨服务工作水平。一是强化基础性台账。在侨情普查工作的基础上,做好全区侨务台账的日常管理,为下一步积极有效地调动侨界力量,更好地利用侨务资源助力“四区”建设。二是强化送温暖服务。关心归侨侨眷的实际生活,坚持开展春节期间归侨侨眷知名人士和困难户的走访慰问工作,加强日常走访和联系,妥善解决归侨侨眷在生活工作中遇到的实际困难,使广大归侨侨眷共享改革发展成果。

(刘小松)

信息化建设工作

【概况】 2015年,东湖区坚持以推进全区信息化建设为重点,进一步加强政务资源的整合和利用,信息化建设各项工作都取得了较好的成效。在“2015年度江西省电子信息技术应用先进单位评选”活动中,荣获2015年度江西省电子信息技术应用先进单位称号;“南昌东湖”门户网站在“2015年江西省政务网站信息公开社会评议”活动中,被评为2015年度优秀信息公开政务网站。

【做好新中心机房的建设】 2015年,东湖区为保障各类政务应用的稳定、可靠、平稳运行,在区综合服务中心6楼申请了260余平米的场地,用于建设政务信息网络中心机房,该机房按照机房建设的二级标准建设,拥有两台机房专用精密空调,两台80千伏安UPS,部署48台服务器机柜,该机房设有先进的机房环境监控系统,能对UPS、空调、温度、湿度、配电、消防等系统进行监控,为各类政务应用上线打下了坚实的基础。

【区综合服务中心和文化活动中心大楼智能化建设】 2015年,根据区委、区政府安排,要求信息中心全面参与区综合服务中心和文化活动中心建设大楼建设。信息中心与系统集成商一起完成了综合布线系统、计算机网络系统、有线电视系统、公共广播系统、综合安保系统、一卡通管理系统、信息发布系统、多媒体会议系统、楼宇自控系统、智能化集成管理系统、机房工程11个系统的建设,为全区六大家办公室及各职能单位搬迁打下了坚实的基础。

【做好网络与信息安全建设工作】 2015年,信息中心按照省、市中心相关规定以及网络与信息安全的工作要求,认真做好网络和信息日常管理和自查工作。一是采购了多类、多种安全设备。为保障政府门户网站及各职能单位托管网站的安全,采购了web应用防火墙;为防范网各类网络攻击,采购了最新的下一代的防火墙;为防范入侵行为,采购了入侵检测设备。二是开展全区网络与信息安全检查工作,4—5月,从硬件管理、网络安全、系统应用三个方面,对全区网络设备、相关计算机和附属设备使用情况进行了全面检查,对系统中与工作无关的软件进行了全面清理,重申工作纪律和责任,敲响安全警钟。三是继续做好日常安全监控管理。对照省、市信息中心信息系统安全检查要求,从规章制度、应用系统、服务器安全、机房环境等方面内容逐项梳理并开展自查,重点对机房专用网络设备、机柜线缆捆扎、服务器安全配置、网络结点标签等存在的安全隐患进行补差补漏。

(万诚璐)

中国人民政治协商会议南昌市东湖区委员会

综　述

2015年，中国人民政治协商会议南昌市东湖区委员会（以下简称区政协）在中共东湖区委的坚强领导下，在东湖区人民政府的大力支持下，高举中国特色社会主义伟大旗帜，深入贯彻落实中共十八大，十八届三中、四中全会精神，紧紧围绕区委十一届十次全体（扩大）会议确定的奋斗目标和工作任务，牢牢把握团结和民主两大主题，大力弘扬“四有”东湖精神，适应新常态，展现新作为，切实履行政治协商、民主监督、参政议政职能，为推动东湖构建总部经济集聚区、高端商业核心区、南昌文化标志区和城市管理示范区的“四区”发展进程做出了积极贡献。

服务发展更有力。区政协始终注重发挥协商民主重要渠道和专门协商机构的作用，紧扣中心，倾力履职，聚焦发展服务大局。2015年，区政协召开了1次大会和5次常委会，认真开展会议协商。常委会先后听取了全区重大重点项目建设、旧城改造、招商引资和财税等工作通报，积极民主协商。区政协各专委会分别召开了对口联系会，与全区党政部门深入对口协商，有针对性建言献策。一年来，各专委会发挥各自优势分别撰写了《东湖区优势产业发展的几点建议》《关于加强扬子洲发展休闲旅游产业的建议》《关于东湖区慢性病综合防控的调研报告》和《关于我区全民健身计划实施情况的调研报告》等调研视察报告，涉及全区经济发展和社会民生等多方面，从不同角度对如何推进“四区”建设进程提出了意见建议，较好地发挥了咨政建言作用。主席会议视察了全区部分重大重点项目和惠民便民利民工程建设工作，专委会开展了区中小企业公共服务平台建设和文化产业发展等视察。区委书记杨文斌、区委副书记、区长李云峰均在《东湖区政协2015年调研视察报告汇编》作出重要批示，对区政协的参政议政工作予以充分肯定。全力参与中心工作。一年来，区政协班子与区委、区政府同心合力，挂点全区重点工程建设，对所联系重点项目进行有序推进；为党委政府分忧解难，参与社会治安综合治理工作和解决信访突出问题、赴京访问题，维护社会稳定和谐；积极建言城市管理工作，提升城区建管水平；包片负责旧城改造房屋征收工作，改善群众居住环境，推进城市建设。在第一轮旧城改造房屋征收工作中，区政协领导参与包片负责国有土地464户、集体土地455栋房屋征收工作，占全区征收任务总数的33.4%，包片的长巷村起凤路和香江家俱城旧城改造项目第二片区在全区第一个完成片区征收任务。

民主监督更有为。常委会将民主监督视为促发展、惠民生的有力推手，组织委员深入调查研究，关注民生民情，积极提案和反映社情民意，主动为区委、区政府问政于民、问计于民搭建桥梁，促进民生持续改善、城区科学发展。全年先后对对垦区危旧房改造、街道便民服务中心、文化活动中心和社区卫生服务中心等民生工程建设情况进行了视察，督促相关部门按照区委、区政府的目标要求抓进度、保质量，推动项目建设，提升百姓福祉。坚持工作通报制度，推进监督工作。一年来，区政府和东湖公安分局、区司法局等区直单位部门分别向区政协常委会通报了全区上半年经济发展、提升公众安全感、公安满意度工作和法治东湖建设等工作。结合工作评议开展民主监督。选派委员作为行风监督员和行风评议代表,把推动民生工程的落实作为监督重点,积极参与政府部门组织的政风行风评议和专项监督检查,有力促进了相关工作的开展。强化提案办理落实。对21个提案承办单位,通过主席、副主席督办重点提案,组织开展面对面协商、视察督办等有效形式,进一步探索现场督办、跟踪督办、联合督办等有效途径,推动落实。区政协八届23次常委会对区发改委、区民政局和区人社局等3个单位的提案办理工作进行了民主评议。区政协八届五次会议以来的75件提案均在规定时限内办理完毕,委员对办理结果的满意率为100%。积极反映社情民意。民盟东湖总支撰写的《关于出台特教教师职称评比新政策的建议》被省政协、市政协《建言献策》采用,民进东湖总支撰写的《结合旧城改造,打造特色街区》和民建东湖总支撰写的《充分挖掘我市中医药资源,打造中医药文化产业平台》被市政协《社情民意》采用,社情民意《关于加强我区志愿服务制度化建设的建议》得到区领导的批示肯定,要求相关部门抓好落实。

团结民主更紧密。常委会坚持团结和民主两大主题,以政协例会为平台、调研视察为载体,加强与各民主党派、工商联和无党派人士的团结合作,努力营造民主和谐的履职环境。以提升市民文明素质和幸福指数、构建和谐东湖为目标,高位推进"兴家风、淳民风、正社风"主题履职活动,全区各街道、社区、区直单位和部门开展了形式多样、内容丰富的活动,推动家风相连成民风,民风相融汇社风。省政协主席黄跃金、市政协主席周关先后率省、市政协班子到东湖区检查指导"三风"活动开展情况。省委常委、市委书记龚建华和市委副书记、市长郭安到光明社区查看了社区"三风"活动进展情况。全市"三风"活动现场会的120余位代表参观了光明社区,区政协作为城区代表在全市"三风"活动现场会上做经验交流发言。

自身建设更加强。区政协主动适应新形势新要求,不断深化党的群众路线教育实践活动成果,一手强化委员的主体意识、履职意识,一手抓机关转变作风,改进服务,紧抓自身建设不放松,为履行职能奠定了坚实基础。区政协班子用半年多时间扎实开展了"三严三实"主题教育,班子的凝聚力和战斗力得到进一步巩固和加强。委员们走进社区,结合自身实际开展"委员进社区"活动和"送文明、送卫生、送温暖"志愿服务活动,较好地发挥了委员在本职工作中的带头作用、政协工作中的主体作用和界别群众中的代表作用。区政协在机关干部中大力弘扬勤政敬业之风、求实创新之风、团结和谐之风和公正廉洁之风,努力建设学习型、节约型、服务型机关。

重要会议

【概况】 2015年,区政协共召开了1次政协委员全体会议,5次政协常委会议。

【政协东湖区第八届委员会第五次会议】 1月12—15日,区政协第八届委员会第五次会议在区政府机关大楼七楼礼堂举行。会议应到委员217人,实到委员179人。会议审议通过了区政协副主席敖晓焕代表常委会所作的工作报告,审议通过了区政协副主席胡中平代表常委会所作的关于提案工作情况的报告;表彰了区政协八届四次会议以来优秀提案和提案办理先进单位,表彰了区政协第八届委员会优秀政协委员;列席了东湖区第十五届人民代表大会第五次会议,听取和讨论了区政府代区长李云峰所作的政府工作报告及其他报告。会议圆满完成了各项议程,是一次民主求实、团结奋进的大会。会议认为,区政协团结全体政协委员,牢牢把握团结和民主两大主题,大力弘扬"有活力、有干劲、有办法、有担当"的"四有"东湖精神,紧紧围绕建设"总部经济集聚区、高端商业核心区、南昌文化标志区、城市管理示范区"目标,及时反映社情民意,不断加强委员队伍建设,扎实履行政治协商、民主监督和参政议政职能,为推动东湖发展做出了积极贡献。会议认为,2014年中共东湖区委、东湖区人民政府主动适应经济发展新常态,积极应对复杂严峻新形势,全力实施"四区"建设,全区呈现出经济平稳较快发展、民生持续改善、社会和谐稳定的良好局面。会议强调,2015年是"十二五"规划的收官之年,是全面深化改革的关键之年,是全面推进依法治区的开局之年,也是东湖加快"四区"构建的奋进之年。区政协要按照中共东湖区委十一届十次全体

(扩大)会议的要求,把服务科学发展作为履行职能的第一要务,把优化发展环境作为民主监督的工作重点,把促进社会和谐作为义不容辞的政治责任,把提升履职能力作为加强自身建设的重要抓手,在围绕中心、服务大局中做出应有的贡献。会议号召,全体政协委员和各参加单位,要紧密团结在以习近平为总书记的中共中央周围,在中共东湖区委的坚强领导下,同心同德,群策群力,充分发挥协商民主重要渠道作用,适应新常态,展现新作为,为全方位开创"四区"建设的崭新局面而努力奋斗。

【区政协八届二十次常委会议】 1月14日下午,在东湖区机关大楼六楼西政协会议室举行。应到委员33名,实到33名。会议听取了政协街道委员联络小组召集人汇报本组讨论情况。审议通过区政协八届五次会议决议(草)。

【区政协八届二十一次常委会议】 3月27日上午,在东湖区机关大楼六楼西政协会议室举行。应到委员33名,实到24名。会议学习了全国"两会"精神;审议通过了2015年区政协常委会工作要点;听取了区发改委主任易年忠就全区2015年重大重点项目建设安排进行的情况通报,听取了区房管局局长周凯就全区2015年第一轮旧城改造工作进行的通报。会议还协商通过了其他事项。

【区政协八届二十二次常委会议】 6月25日上午,在东湖区机关大楼六楼西政协会议室举行。应到委员33名,实到26名。会议专题学习了中央统战工作会议精神;听取了区招商局负责就东湖区上半年招商引资进行的工作通报,听取了区司法局负责就全区有关法治东湖建设工作进行的通报;常委会开展了"新常态下如何做好青少年法治教育工作"专题民主协商,委员代表和政协常委们围绕主题与政府相关职能部门负责人展开热烈交流讨论,积极建言献策。

【区政协八届二十三次常委会议】 9月23日上午,在东湖区机关大楼六楼西政协会议室举行。应到委员33名,实到23名。会议传达了省委政协工作会议精神,专题学习了省委《关于进一步加强政协工作充分发挥人民政协在发展民主协商中的重要作用的意见》精神;听取了东湖公安分局关于提升公众安全感和公安满意度工作的情况通报,听取了区政府办公室关于区政协八届五次会议以来提案办理工作的情况通报;还听取了区发改委、区民政局、区人社局等3个单位的提案办理工作汇报并进行了民主评议。

【区政协八届二十四次常委会议】 12月23日上午,在东湖区综合服务中心南楼四楼区政协常委会会议室举行。会议应到33名,实到27名。会议专题学习省委、市委政协工作会议精神;听取区财政局有关财税工作的情况通报。协商通过区政协八届六次会议的有关事项:审议通过《关于召开政协南昌市东湖区第八届委员会第六次会议的决定》(草);政协南昌市东湖区第八届委员会第六次会议的议程、日程安排(草);政协东湖区第八届委员会常务委员会工作报告(草);政协东湖区第八届委员会第五次会议以来提案工作情况报告(草);《关于表彰区政协八届五次会议以来优秀提案和提案办理先进单位的决定》(草);区政协八届六次会议人员名单(草);政协南昌市东湖区第八届委员会第六次会议的委员分组名单(草)、执行主席名单(草)、秘书长名单(草)、会议秘书处及各工作组负责人名单(草)和会议主持人、报告人(草)等组织名单。会议还协商通过了其他事项。

提案工作

【概况】 2015年,区政协八届五次会议以来,共提出提案75件,其中联名提案4件,集体提案4件。立案72件,转为委员来信3件,立案率为96%。72件提案均已办复。满意率为97.22%,基本满意率为2.78%。东湖区城建局、东湖区民政局、东湖区文明办被评为政协东湖区第八届五次会议以来提案办理先进单位。

【提案办理工作】 2015年,区政协坚持"围绕中心、服务大局、提高质量、讲求实效"的提案工作原则,以推进提案办理协商为工作重点,由重提案数量向重提案质量转变,由重立案办复向重提案采纳落实转变,着力全面提升提案工作水平。扩大督办范围。确定了8件重点提案,同时筛选了

29件同类别提案,通过主席会议督办、界别和专委会联合督办等形式,先后召开4次重点提案协商督办会,加强与承办单位沟通协商,及时解决办理工作中存在的问题,广泛听取了委员对提案办理工作的意见和建议,使提案得到较好落实。5月中旬,区政协提案委办公室联合区政府督查部门发出督办单,对未完成提案办理进度的单位进行督办。对涉及面广、办理难度大的提案,积极做好协调工作。区政协八届二十三次常委会对区发改委、区民政局、区人社局三个单位进行了提案办理工作民主评议。

表3　政协东湖区第八届五次会议以来优秀提案一览

提案号	优　秀　提　案	提案人	提案人所在单位
第1号	《发挥电子商务示范基地引领作用,推动我市综合商贸流通业快速发展》	叶明安	南昌华南城有限公司
第11号	《关于培育和规范社会组织,创新基层社会管理服务能力的建议》	王蓓蓓	江西省计划生育协会
第16号	《分级就诊改变看病难的路径》	刘　彦	大新银行南昌分行
第20号	《建议加强食品卫生安全监管,保障民众身体健康》	邹玉华	东湖区基督教青山聚会点
第28号	《关于加强属地医院孕产妇及新生儿死亡病例限时上报的建议》	李玉群	南昌市第一医院
第30号	《关于城市楼盘建筑临街施工围挡应还路于民的建议》	梁祖奎	东湖区豫章街道办事处
第40号	《关于改善赣桥古路涵洞通行状况的建议》	刘庭健	东湖公安分局
第49号	《关于在东湖区开展“海绵城市”建议的几点意见》	农工党东湖总支	—
第59号	《如何从社会和法律层面构建社会救助体系的几点建议》	周胜明	东湖区人民法院
第65号	《关于推动民营企业积极参与我区慈善公益事业的建议》	胡晨阳	南昌市民营企业家协会

调研视察

【概况】　2015年,区政协围绕全区经济和社会发展的重点精心立题,选择产业发展、依法治区、重大重点项目建设等工作,组织视察11次,开展专题调研7项、形成调研报告5篇并收录进《东湖区政协2015年调研视察报告汇编》,得到了党委、政府主要领导的批示。

【关于优势产业发展的建议】　2015年,在东湖区已初步形成了传统服务业与现代服务业两轮驱动、并驾齐驱的良好发展局面。下一步应如何适应新形势,大力发展适合东湖的优势产业,区政协经科委组织委员进行了认真调研,提出东湖未来发展的若干产业建议:错位发展区域性“大类金融”服务业。规划建设中小企业发展大厦。大力发展会展服务业。构建区域性相配套的现代物流业。引导建设汽车服务业综合大厦、电子信息产品交易市场和医药健康服务大厦。

【关于加强扬子洲发展休闲旅游产业的建议】　7月底,在扬子洲镇举办第二届番茄节之际,区政协城建委组织委员到扬子洲镇开展休闲旅游产业发展调研。调研组实地考察了部分旅游项目点,深入了解扬子洲休闲旅游产业的现状及存在问题,提出以下建议:一方面尽早制定扬子洲发展规划;另一方面从加大基础性设施建设、提升扬子洲休闲旅游的品牌度美誉度着手,从发挥现有平台作用等途径入手,继续在剩余储备期发展休闲旅游产业。

【关于东湖区慢性病综合防控的调研报告】 慢性非传染性疾病已成为日益突出的公共卫生问题,开展以社区为平台的慢性病综合防控是预防和控制慢性病的有效手段。为进一步了解全区慢病综合防控工作的情况,区政协教文卫体委员会联合区疾病预防控制中心进行了专题调研。通过了解慢性病现状,梳理现有防制策略与措施,分析面临问题,提出以下建议:将全民健康作为实现科学发展的新战略,融入各项公共政策;强化队伍建设,打造慢病防治专业队伍;将慢病防治经费纳入财政预算;加强对高危人群干预和健康人群的保护;宣传倡导健康生活方式;调整医保政策,逐渐向慢病倾斜。

【关于东湖区全民健身计划实施情况的调研报告】 2015年7—8月,区政协三胞三属委员会对全区全民健身活动开展情况进行调研。通过听取汇报、实地察看,并结合广东中山市等地经验和做法,形成调研报告。通过梳理基本情况、存在问题,提出以下建议:加强对全民健身活动的重视、宣传和指导;借鉴广东中山等地的经验做法;整合和开发全民健身资源;加快完善社区基层健身体育组织,加强对体育健身活动的指导;以积极开展全民健身活动为契机推动全区体育休闲产业的发展;加强对经营性健身场所的管理力度。

【加强法治文化建设,大力推进依法治区】 2015年,区政协法制委就全区法治文化建设情况进行调研。调研报告首先梳理全区法治文化建设情况及法治文化建设存在的问题,然后提出建议:把法治文化建设纳入全区工作的大局中,健全责任机制,明确职责,分工协作,积极探索社会动员机制;加大宣传教育,营造氛围;加强法治文化基础建设。规范和加强各类法治宣传教育阵地建设;注重法治文化基础设施建设;加强法治文化队伍建设;开展法治惠民举措。

【视察区中小企业公共服务示范平台】 3月3日下午,区政协经济科技专委会组织部分经济界别委员到樟树林文化生活公园,对区中小企业公共服务示范平台建设情况进行视察。区政协副主席郑洪健参加视察。

【调研文化产业发展】 4月21日下午,市政协副主席李广振率市政协"培育文化消费群体,推动南昌文化产业发展"调研组到791艺术街区和樟树林文化产业园调研。先后到791艺术街区和樟树林文化产业园,参观园区的子易堂美术馆、791美术馆、江西省陶瓷研究所、黎川油画馆和樟树林非遗馆等,并举行座谈会,区文广局、樟树林文化产业园、南昌琴岛之夜业主代表发言。市政协委员与业主代表进行热烈交流,就文化产业消费状况、制约文化产业发展的困难和问题进行分析,并提出相关建议。

【调研"三风"活动】 6月10日上午,市政协主席周关先后来到大院街道二七北路社区和百花洲街道火神庙社区实地调研"兴家风、淳民风、正社风"主题履职活动进展情况,并召开座谈会。

【视察2015年度全区重大重点项目】 7月8—16日,按照区委统一部署,区政协组织部分区政协常委和委员代表对全区2015年度22个重大重点工程项目建设情况进行专题视察。视察采取主席会议视察和专委会视察相结合的方式进行。视察后形成了视察报告报送区委区政府,得到政府领导批示。

【视察区检察院工作】 7月21日上午,区政协主席王玮率区政协主席会议成员及部分政协常委到区检察院开展主席视察工作。

【视察惠民便民利民工程】 8月6日晚,区政协主席王玮率区政协调研员、区政协副主席和部分区政协常委对背街小巷路灯安装工程、夜市烧烤摊点专项整治工作等惠民便民利民工程进行视察,区委副书记、区长李云峰,区委常委、副区长张东林参加视察。

民主监督

【概况】 2015年,区政协将民主监督视为促发展、惠民生的有力推手,组织委员深入调查研究,关注民生民情,积极提案和反映社情民意,主动为区委、区政府问政于民,问计于民,搭建桥梁,促进民生持续改善城区科学发展。

【改进民主监督工作】 2015年，区政协以委员视察为主要渠道，重点对群众关心的热点难点问题进行民主监督。先后对垦区危旧房改造、街道便民服务中心、文化活动中心和社区卫生服务中心等民生工程建设情况进行了视察，督促相关部门按照区委、区政府的目标要求抓进度、保质量，推动项目建设，提升百姓福祉。坚持工作通报制度，推进监督工作。结合工作评议开展民主监督。选派委员作为行风监督员和行风评议代表，把推动民生工程的落实作为监督重点，积极参与政府部门组织的政风行风评议和专项监督检查，有力促进相关工作的开展。

【强化提案办理落实】 2015年，区政协对21个提案承办单位，通过主席、副主席督办重点提案，组织开展面对面协商、视察督办等有效形式，进一步探索现场督办、跟踪督办、联合督办等有效途径，推动落实。区政协八届23次常委会对区发改委、区民政局和区人社局3个单位的提案办理工作进行民主评议，增强提案办理的实效。区政协八届五次会议以来的75件提案均在规定时限内办理完毕，委员对办理结果的满意率为100%。

【积极反映社情民意】 2015年，区政协把收集和反映社情民意作为经常性工作来抓，紧扣党委政府重视和居民群众关注的热点问题，鼓励各参加单位和委员多撰写群众反映强烈的社情民意信息，帮助党委政府更好地体察民情、了解民意、集中民智。民盟东湖总支撰写的《关于出台特教教师职称评比新政策的建议》被省政协、市政协《建言献策》采用，民进东湖总支撰写的《结合旧城改造，打造特色街区》和民建东湖总支撰写的《充分挖掘我市中医药资源，打造中医药文化产业平台》被市政协《社情民意》采用，社情民意《关于加强我区志愿服务制度化建设的建议》得到区领导的批示肯定，要求相关部门抓好落实。

团结联谊

【概况】 2015年，区政协坚持团结和民主两大主题，充分发挥政协包容性强、联系广泛的优势，加强与各党派、团体和社会各界人士的合作共事，团结汇聚各方面力量，积极营造民主团结、和衷共济的社会氛围，为建设和谐东湖凝心聚力。

【做好团结联谊工作】 2015年，区政协以政协例会为平台、调研视察为载体，加强与各民主党派、工商联和无党派人士的团结合作，努力营造民主和谐的履职环境。大力支持各民主党派、工商联和无党派人士参与全区重大方针政策的协商讨论和政协的调研视察活动，坚持不定期走访各民主党派、工商联、无党派代表人士，征求意见建议，共同研究政协工作中的重要事项，支持他们在工作中平等议事，更好地履行职能，增进参加政协的各党派团体在共同政治基础上的团结合作。拓宽交往联谊渠道。积极配合做好省、市政协在东湖开展的文化产业发展、城市长效管理调研视察和考察等活动。加强与外地政协的联系与交流。组织委员参加全国部分城区政协工作研讨会第二十八次会议。

【推进“三风”主题活动】 2015年，区政协以提升市民文明素质和幸福指数、构建和谐东湖为目标，高位推进“兴家风、淳民风、正社风”主题履职活动。周密组织，对年度安排的活动逐项落实，按时推进。全区各街道、社区、区直单位和部门开展形式多样、内容丰富的活动，推动家风相连成民风，民风相融汇社风。全区“三风”活动得到了省、市领导的关心和指导。

（王树珊）

群众团体

综　述

2015年是东湖区加快转型发展的奠基之年，也是群团工作取得显著成效的一年。一年来，全区群团部门紧紧围绕东湖发展大局，敢于担当，尽职尽责，为服务“四区”建设、加快打造“实力东湖、活力东湖、魅力东湖”做出积极贡献。一是在服务经济发展上有更大作为。全区群团组织围绕转方式调结构、推动创新发展做了大量卓有成效的工作。工会组织积极开展以“当好主力军、建功十二五”为主要内容的岗位练兵、技术创新、技能比赛劳动竞赛活动，引导全区广大职工干一行、爱一行、精一行。二是在争创品牌亮点上有更大作为。残联组织本着为残疾人服务的宗旨，打造残疾人就业培训综合服务中心及服务网站；工会组织着力打造的百花洲街道工会联合会被评为全国模范职工之家；共青团组织在继续做大做强“锦苑春天社区青年空间”基础上，新建“上营坊社区青年空间”，并打造全省首家与业态相结合的福州路老树咖啡“青年空间”，为青年培训交流、婚恋交友、读书会友等提供良好平台；科协组织积极打造大院街道公园社区和彭家桥街道江中花园社区两大“省级科普示范社区”。三是在促进改善民生上有更大作为。全区各群团组织强化责任感、使命感，积极为党分忧、为民解愁。工会组织成立“帮万名职工解困”工作组，走访慰问一线环卫职工、困难职工、残疾职工693人，发放慰问金67余万元。共青团组织在状元桥、上营坊、锦苑春天等社区开设“三点半课堂”服务，并积极向百花州街道、公园街道推广微心愿征集活动，构建起“时时可为、处处可为、人人可为”的志愿服务体系。红十字会广泛组织开展应急救护知识进校园、进社区活动。残联组织积极开展走访慰问活动，共走访贫困残疾人家庭169户，发放护理补贴40余万元。这些工作的开展和成绩的取得，是区委、区政府正确领导的结果，是上级各群团部门大力支持的结果，是各群团组织和广大群团干部奋发有为的结果。

（区史志办公室）

职工工作

【概况】　2015年，东湖区总工会以邓小平理论、“三个代表”重要思想、科学发展观为指导，深入贯彻习近平总书记系列重要讲话精神，牢牢把握为实现中国梦而奋斗的时代主题，坚持中国特色社会主义工会发展道路，紧紧围绕区委、区政府的中心工作和南昌市总工会的决策部署，服务大局，认真履责，圆满地完成上级交给的各项工作任务。荣获南昌市党工共建先进单位、2015年度工作督查考核一等奖、2015年度南昌市职工互助保障工作优秀单位、全市帮职工解困先进集体和2015年度全区社会治安综合治理目标管理先进单位。

【推进“十百千万”行动】　2015年，区总工会采取分类指导的方式，每月一调度，每季一排名，不断推进“十百千万”行动工作的深入开展，创出亮点和特色。落实“进百户企业调研”行动工作。通过深入企业，开展合理化建议收集活动、优选一批职工金点子，开创促进企业发展、让职工受益的互利双赢新局面。5月，向基层工会下发《职工代表大会制度文件汇编》，共收集130份非公企业单位调查问卷,全面解了非公企业民主管理工作。8月,区总工会的调研论文《当前基层企业厂务公开存在的问题和思考》和《基层工会经费审计工作存在的问题与对策》获得南昌市总工会评选的优秀奖。推进“建千家工会”组织活动。全年,全区共新建工会组织146家,完成建会任务的108.1%;新增会员1306人,完成新增会员任务的100.5%;新增农民工1419人,完成入会任务的101.4%,超额完成了市总工会的目标任务。推进“六有”工会规范化建设,夯实基层基础。百花洲街道工会联合会被评为“全国模范职工之家”,邮政路小学六年级组工会小组被评为“全国模范职工小家”,南昌凯莱大饭店有限公司工会委员会、南昌市滨江学校工会委员会被评为“全省模范职工之家”。江西诚建建筑装饰工程有限公司工会、江西七星商务酒店工会、江西职康职业卫生技术服务有限公司工会、南昌凯莱大饭店工会、南昌天奥物业管理有限公司工会、南昌育韬贸易有限公司工会、上海童梦企业管理有限公司南昌分公司工会、南昌相思林金岛饭店工会被市总工会评为“市级标准工会”。开展“帮万名职工解困”行动。2015年,全区各级工会协同党政领导走访一线环卫职工、困难职工、残疾职工693人,发放慰问金67.8158万元。其中,“金秋助学活动”帮助困难职工子女就学28人,发放助学金10.7万余元。深入推进职工保障机制建设工作。截至2015年底,全区为近6000名职工办理职工互助保障,收纳职工互助保障金100余万元,成功为8名职工办理大病理赔,理赔金额达7万余元。

【开展职工素质提升活动】 2015年,区总工会举办三期培训班,强化“六五”普法、民主管理、工资集体协商以及加强农民工集中入会和工会经费收支管理等知识。区文广局工会组织全局职工学习《工会法》和《劳动法》,深入开展“勤业、敬业、创业”为主题的“三业”教育活动和“以全心服务、树全新形象”的主题教育活动,提升广大干部职工的业务水平和工作能力。

【加强工会法治建设】 2015年,区总工会大力推进工会工作法制化建设。通过多种形式开展“依法治国·职工践行”法律宣传和“弘扬宪法精神·工会普法在行动”活动。向广大职工免费发放《工会维权指南》1000余份。全区职代会、厂务公开四项建制率指标达到92%以上,职工董事、监事两项建制率指标均达80%以上。举办街办(镇、管理处)和非公企业工会干部工资集体协商知识培训班,推进区属企业和辖区非公企业工资集体协商工作,督促现有行业工会联合会签订工资集体协商合同。4月,开展工资集体协商“春季要约”行动,全区90个社区已全面完成区域性工资集体协商,签订合同近4000份。工资集体协商,推动了劳动关系三方同步协调,保障了职工权益。

【加强选拔、服务劳模工作】 2015年,区总工会以庆祝中华全国总工会成立九十周年为契机,积极做好“江西省劳动模范”评选推荐上报工作。9月29日,8人荣获江西省“劳动模范”和“先进工作者”称号。11月9日和12月14日,南昌电视台分别播出了本届省劳模陶晓弟和万屯娘先进事迹专题宣传片,掀起弘扬和学习劳模精神的新热潮。加强服务劳模工作。对全区劳模调查摸底,为4名困难劳模建档,为1名患病劳模发放大病救助2.6万元。走访慰问省市劳模164人,发放慰问金10.5万元。为近二届劳模共39人进行体检;组织15名劳模参加省市的劳模疗休养。推进“劳模创新工作室”创建活动,发挥劳模引领示范作用。4月,南昌市邮政路小学特级教师汪智星工作室被授予“江西省劳模创新工作室”称号。

【开展多种形式的劳动竞赛】 2015年,区总工会以“当好主力军、建功十二五”为主要内容,开展岗位练兵,科技创新,技能比武等一系列劳动竞赛活动。区垃圾清运队积极参加全国“安康杯”竞赛,荣获全国“安康杯”活动先进单位;区卫计委举办埃博拉出血热应急处置演练暨技能大赛,提升医务人员的理论知识和实战经验;区教科体局举办第二十六届“骏马杯”教学竞赛,提高教师的教育教学能力。2015年,全区共开展各类劳动竞赛活动12次,参加干部职工457人次。

【开展丰富多彩的文体活动】 2015年,区总工会组织开展了丰富多彩的文体活动。3月,举办全区基层工会羽毛球比赛,共有92人报名参赛。8月,区总工会和区教育科技体育局、区慢性病综合防控示范区办公室联合举办全区职工“第十套”广播体操比赛，共有26个单位，480余人报名参赛。系列文体活动的开展，提高了全区干部职工的身体素质，丰富了广大干部职工的精神文化生活。

（林如霞）

青少年工作

【概况】 2015年，共青团东湖区委在区委、区政府的领导下，在团市委的指导下，紧紧围绕“四区”建设，牢记根本任务、紧扣时代主题、把握青年脉搏，积极履行自身职能。荣获全市共青团系统两个“第一”：南昌市首届少先队活动课大赛一等奖，共青团东湖区委获全市综合排名第一。

2015年12月16日，南昌市共青团工作年终流动现场会走进东湖区

【抓好青少年成长领航行动】 2015年，团区委在全区范围内继续开展“中国梦”“少年传承中华传统美德”“爱文明南昌城，做美德好少年”暨“开学第一课”等主题活动，圆满地承办了“全国向上向善好青年”分享团走进东湖，全省少先队建队66周年主题大队会等活动。10月13日上午，东湖区隆重纪念少先队建队66周年“我们是共产主义接班人”主题队日活动在东湖小学举行。共青团江西省委副书记廖良生，共青团江西省委少年部长黄煜，团省委机关党委专职副书记、纪委书记曾小兵，团省委组织部长易军，南昌市教育局副调研员李智良，共青团南昌市委副书记邓培，东湖区政府副区长童萍如等参加此次活动。通过组织开展此类教育活动，较好地引导了青少年培育和践行社会主义核心价值观。

【做好青年志愿者服务工作】 2015年，团区委利用“三五”学雷锋日和每个月第一个星期六“学雷锋青年志愿日”为契机，常态化开展“青清行动”“彩虹工程”“文明交通”等品牌志愿服务活动。在上营坊社区开设“三点半课堂”服务，在百花州街办、公园街办开展微心愿征集活动，引入江西省微爱公益联盟大力开展”微爱环卫——我做一天环卫工“主题志愿服务活动，贯穿全年。

【抓好青少年社会组织扶持】 2015年，团区委围绕进一步拓展团的社会功能，积极引导青年社会组织承接政府职能转移，继续做大做强“锦苑春天社区青年空间”，新建上营坊社区“青年空间”，打造全省首家与业态相结合的福州路老树咖啡“青年空间”，社区青年空间为青少年培训交流、婚恋交友、读书会友等提供平台。截至年底，“青年空间”共入驻社会组织12家。2015年5月团中央城青部赵宝东部长、团省委曾萍书记亲临福州路老树咖啡和锦苑春天“青年空间”进行参观和指导。

【做好青少年权益维护】 2015年，团区委多措并举，切实维护青少年权益。用好区帮扶助学基金，进一步扩大筹资渠道，全年筹款量达到20万元，帮扶青少年300余人，重点做好辖区贫困青少年、大病青少年、边缘青少年及留守青少年的帮扶救助。用好上营坊绿色心门12355平台，进一步扩大12355品牌影响力，继续深入开展“12355服务进学校、进社区、进家庭”等系列活动。进一步深化法制副校长、合适成年人等青少年法制建设、权益维护队伍建设，顺利地迎接全省综治委第二轮试点单位的考核。

【抓好基层团组织规范示范和青年干部能力提升】 2015年,团区委强化基层组织建设,重点在各街办(镇、管理处)巩固乡镇大团委建设成果,在3月20日完成了全区109个社区(村)基层团组织的集中换届,确保全区基层团组织换届率和基层团干部配备率均达100%。2015年3月团省委副书记孙鑫莅临东湖区调研指导扬子洲镇前洲村第九届团支部换届选举大会和上营坊社区第八届团支部换届直选大会。团省委统战部长张小川,团省委机关党委专职副书记、纪委书记曾小兵,区委常委、组织部长唐铭市,团市委副书记邓培、陈俊及团区委、扬子洲镇(公园街道)等相关代表分别陪同观摩指导。

【做好"选优、树优"工作】 2015年"五四"期间,团区委组织开展全区"五四红旗团委""五四优秀团干、团员"表彰评选活动,重点树立了一批在生产、教学、经济建设、土地征收、管理一线涌现出来的先进群体和优秀青年代表,并通过微博、微信等新兴媒体对他们的典型事迹进行广泛宣传,充分发挥青年典型的引领和带动作用。

(于　凡)

妇女工作

【概况】 2015年,东湖区妇女联合会牢牢把握维权与发展两条主线,紧紧围绕"四区"建设目标,带领全区各基层妇女组织和广大妇女群众勇于开拓,为努力实现"三大跨越""四个一流"而奋力拼搏。

【开展暖冬帮困助学活动】 1月30日下午,东湖区"暖冬帮困"助学暨九年义务教育扶贫基金发放仪式在东湖区教科体局一楼会议室举行。区领导罗毛则、唐铭市出席活动,区关工委、区老干局、区妇联、团区委、区教科体局、区民政局负责人,区属学校的校长、德育副校长、特困学生代表等100余人参加了发放仪式。此次活动共为16名身患重大疾病的学生和299名特困学生代表发放助学金共计107500元。

【春节送温暖走访慰问】 2015年春节前夕,区妇联开展春节送温暖心连心走访慰问困难家庭活动,共为21户困难家庭发放慰问金(物)10400元。

【走访慰问留守儿童暨义务植树活动】 3月3日下午,区妇联组织14名女领导干部代表到扬子洲镇庙后村祥华农场开展"东湖区妇女干部创建美丽家乡,打造绿色家园义务植树"活动,为12户贫困家庭留守儿童发放6000元的慰问金。

【举办第二届"舞动洲尚"广场舞比赛】 3月7日上午,由区妇联主办,扬子洲镇妇联、文化站协办的,庆祝"三八"妇女节扬子洲镇第二届"舞动洲尚"广场舞比赛在前洲村文化大院内举行。全镇共17支代表队参加,比赛曲目丰富多彩,舞蹈形式多样,秀出了新时代农村女性的风采和自信。

【举办纪念"三八"妇女节表彰大会】 3月6日上午,东湖区纪念"三八"国际劳动妇女节105周年表彰大会在区政府七楼礼堂隆重举行,区领导罗毛则、余瑾、童萍如、熊凤妹出席会议,全区各级妇联干部及受表彰的先进集体代表(个人)、平安家庭示范户等共计100余人出席此次会议。

【开展毛衣编织大赛】 5月,为庆祝即将到来的母亲节、六一儿童节,区妇联开展了第二届"编织幸福新生活,绽放美丽东湖梦"毛衣编织比赛。经过近一个月的发放毛线、编织毛衣的前期工作,最终比赛共评出3个奖项9名获奖者,收集上来的20余件爱心毛衣也将分期分批发放到贫困儿童手中。

【开展走访慰问军嫂活动】 "八一"建军节前夕,区妇联走访慰问6位军嫂代表,发放共计3600元的慰问金,并感谢军嫂多年来对家庭的奉献、对爱人工作的理解和对部队工作的支持,希望军嫂们继续发扬自尊、自信、自立、自强的"四自"精神,一如既往地支持部队建设。

【关爱农村留守儿童】 8月27日,区妇联组织爱心妈妈前往安义县新民乡乌溪村,开展"大手拉小手,爱心妈妈牵手留守儿童"活动,为10名留守儿童发放"春蕾"助学款共计5000元整。

【第二届"兴家风,淳民风、正社风"厨艺大赛】 9月25日上午,在中秋佳节来临之际,第二届"兴家风,淳民风、正社风"厨艺大赛在彭家桥街道七里街社区如火如荼的开展。来自全区各条战线的

30余名妇女报名参加，展示了东湖女干部“能干事业、能做佳肴”的多姿风采，倡导了健康和谐的家庭理念。赛后，区妇联还邀请辖区内的贫困家庭代表共享比赛选手精心制作的佳肴，提前共度中秋佳节。

【举办“九九重阳敬老登高”活动】 10月16日，区妇联组织30余名退休教师代表来到湾里区乌井水库，开展“九九重阳节 浓浓敬老情”登高活动。活动的开展，不仅给退休教师们提供了锻炼身体、陶冶情操的平台，也进一步弘扬了爱老敬老的优良传统。

【“兴家风，淳民风、正社风”文艺汇演】 10月29日，“兴家风，淳民风、正社风”文艺汇演在滨江学校热闹开演，来自全区的14支文艺队伍参加活动。演出以精彩的节目、丰富的内容展示了全区妇女儿童积极向上的精神面貌以及和谐一家亲的良好社会氛围。

【开展艾滋病防治知识宣传】 11月1日，“预防艾滋病，健康全家人”艾滋病防治知识宣传活动在大众购物超市门前广场举行。通过摆放宣传展板、发放宣传资料，专家现场咨询开展“面对面”宣传，进一步增强社区居民预防艾滋病的社会责任感和使命感，取得良好的社会效果。

（刘　达）

归国华侨工作

【概况】 2015年，东湖区归国华侨联合会全面贯彻落实党的十八届五中全会精神，根据区委、区政府的统一部署，以团结动员归侨侨眷，推动经济社会发展为首要任务，在服务大局、服务群众中发挥重要作用，圆满地完成了年初制定的计划。获得第十六届华人作文大赛组织奖荣誉称号。

【出席全市第十一次归侨侨眷代表大会】 12月18—19日，区侨联派出20名侨界代表参加南昌市第十一次归侨侨眷代表大会，选举市侨联新一届的领导班子。

【参加华人学生作文大赛】 2015年12月，区侨联积极参加第十七届华人学生作文大赛，共征集辖区内学生作文200余篇。

【开展爱心助侨活动】 2015年，区侨联帮助多名归侨侨眷解决实际困难。春节、中秋期间走访了辖区内的20余位困难归侨侨眷，给他们送去共计6000元的慰问金和慰问品。

【开展侨法宣传活动】 8月20—30日，区侨联深入社区，通过制作侨法宣传栏，开展侨法知识讲座等多种形式的活动，宣传《中华人民共和国归侨侨眷权益保护法》及其实施办法，同时邀请法律专家为归侨侨眷讲解涉及自身利益的法律法规，得到广大归侨侨眷的欢迎。

【参政议政】 2015年，区侨联积极参与政治协商和民主监督，支持侨界代表委员为侨界群众的切身利益表达意愿。在区“两会”期间，侨界代表向东湖区人大提交议案1件，向东湖区政协提交提案6件。

（吴大鹏）

残疾人工作

【概况】 2015年来，东湖区残疾人联合会着眼于实现残疾人生活更加殷实，精神更加丰富，人格更有尊严，全面加快推进残疾人小康进程。进一步完善残疾人工作体系，以加强残疾人社会保障和残疾人服务体系建设为重点，坚持深入实际，以人为本的工作方针，实施残疾人幸福工程，着力推进残疾人事业现代化。不断夯实残疾人事业发展基础，残疾人康复、教育、就业、文化体育、组织建设、维权等各项工作均走在全市的前列，被评为南昌市文明单位。

【实施残疾人康复工程】 2015年，区残联坚持将康复工作作为残疾人工作发展的基础来抓。在春节、助残日期间，共走访慰问169户贫困残疾人家庭；免费为贫困残疾人发放辅助器具148件，为1名重度聋儿安装人工耳蜗；为4名残疾人免费装配假肢；为86名视障残疾人发放盲杖、手持助视器等辅助器具；为辖区内1240名残疾人建立康复需求评估档案；为24名残疾人儿童提供抢救性康复训练救助；为253名精神病患者发放服药补贴。

【建设东湖区残疾人康复站和家长学校】 2015年，区残联为实现残疾人“人人享用康复服务”的宏伟目标，营造“让残疾人生活得更好”的和谐氛围，将残疾人康复服务送到镇、村，按省级标准投资了13万元建设了集残疾人家长学校、农家书屋、文体活动、康复训练为一体的1000平方米的扬子洲镇前州村康复站。同时与南昌师范高等专科学校达成合作协议，借助高校的师资力量，为残疾人家长进行康复知识普及和培训，为残疾人进行心理疏导6次。

【残疾人基本服务状况和需求专项调查】 2015年，区残联按照省、市残联的统一部署，在第一时间落实了调查工作经费，开展残疾人基本服务状况和需求专项调查相关工作，并按要求对所有调查员进行培训。2015年1月1日，调查员以社区(村)为单位，在摸清基本情况后进行入户调查登记并填写了《残疾人基本情况调查表》。做到不漏户，不漏人，没有漏登、错登现象。调查员入户调查采取见面方式，询问调查对象本人，对残疾人本人外出务工或其他原因不能接受调查的，以家庭成员(监护人)的述说为准进行登记。截至2015年2月19日，全区在户残疾人调查完成率100%。

【教育扶贫工作扎实有效】 2015年，区残联积极开展残疾人教育扶贫工作。扶持3名农村残疾人种养业项目，发放扶持资金9万元；为706名贫困重度残疾人发放护理补贴42.36万元；为11名学前教育、高中、大中专残疾人学生及残疾人家庭子女学生提供助学补助2万元；为3名残疾人学生提供“通向明天——交通银行残疾青少年助学计划”项目补助0.5万元；为30户残疾人家庭进行家庭无障碍改造；发放残疾人代步车燃油补贴5.226万元，发放残疾人阳光家园居家托养补贴4.86万元；为22名残疾人安置公益性岗位。

【鼓励和帮助残疾人就业】 2015年，区残联根据《东湖区扶持残疾人自主创业个体就业暂行办法》，对有个人创业梦想的残疾人进行帮扶。共扶持残疾人的自主创业10名。全年举办就业专场招聘会4次。与广盛电子(南昌)有限公司、井冈之星红色文化研究院、南昌凯莱大饭店、大云美编织厂、金点推拿总店联合召开企业岗位对接会等并组织残疾人参加省、市残联主办的大型就业专场招聘会。区残联与南昌市第二按摩医院签订培训实习上岗协议。区残联推荐优秀盲人学员。第二按摩医院做好参加就业实训学员的接收工作，与参加实训的学员签订《残疾人就业实习协议》。实训期满向后，区残联反馈学员实习情况，对学员实训情况做出考核鉴定。对优秀学员进行择优录用。

2015年6月27日，东湖区残联组织辖区残疾人参加全市就业招聘活动

【打造创新创业新平台】 2015年，区残联利用培训中心服务平台，借助互联网开辟残疾人在淘宝摄影、淘宝美工、淘宝云客服、电子商务等多领域培训就业的新途径，探索出“互联网+助残”的新模式。开办8类20个培训项目，有按摩、电脑、手工制作、缝纫摄影(照相排版)、书法(装裱)、广告设计、会计等。共免费培训300余人次。区残联经常组织辖区内先进残疾人创业者及优秀学员举办创新创业座谈会及培训项目征求意见会，带领

辖区内有创业需求的残障人士到优秀残疾人就业示范点参观学习，通过创新创优就业培训项目，创业明星们分享宝贵经验做法，以带动其他残疾人就业创业，为其他早日实现“就业梦”提供平台。

【积极开展宣传工作】2015年，区残联充分发挥主流宣传媒体的宣传作用，多渠道报道致力于帮助残疾人就业创业的典型做法。5月12日，江西日报大篇幅报道《让残疾人有尊严地平等融入社会》，宣传东湖区订单式培训，为残疾人圆“创业梦”的成功做法，激发广大残疾人的就业热情。在市残联网站发稿76篇，东湖区残联网站81篇，江西日报2篇，南昌日报12篇，《江西省残联》杂志5篇等，做到“电视上有声，报纸上有影”，宣传工作有声有色，进一步促进残疾人文化事业发展。

【做好残疾人维稳工作】 2015年，区残联认真做好接待残疾人来访工作，工作人员力争做到热情接待，一方面注重向残疾人宣传解释有关政策，另一方面积极帮助他们协调解决问题。对上级转来的信访问题，工作人员认真处理，及时回复；对到上级部门上访的残疾人，工作人员第一时间赶到现场做说服解释工作；对来访要求帮助解决就业问题的人员，工作人员一一做好登记，并积极与相关企业联系，帮助推荐就业，得到残疾人的理解和信任。

【积极开展文体活动】 2015年，区残联积极开展残疾人模范家庭、创业明星、优秀学员等评选活动，东湖区残疾人精神——“自信自立、超越自我”已深入人心。结合助残日等重大节日，区、街（镇）开展《我爱这土地》诗歌朗诵大赛、《我爱你，中国》迎国庆诗歌朗诵比赛、抗日战争知识竞赛活动、第三届“幸福杯”家庭才艺赛、第三届“幸福杯”技能竞赛、残疾人运动会、开展道德讲堂活动，点燃微心愿爱心传递活动，得到广大残疾人广泛称赞。

2015年9月20日，东湖区残联组织残疾人开展迎国庆诗歌朗诵活动

（胡皖萍）

科普工作

【概况】 2015年，东湖区科学技术协会在区委、区政府的领导和省、市科协的具体指导下，以“三个代表”重要思想为指导，认真贯彻落实党的十八大精神和《中华人民共和国科普法》《全民科学素质行动计划纲要》，以实施科学素质工程为契机，树立全面、协调、可持续发展的科学发展观，紧紧围绕区委、区政府的中心工作，充分利用科普宣传手段，调动科普志愿者工作的积极性，不断推进“科教进社区”活动，在广泛开展科普宣传活动基础上，积极开展科普宣传活动，发展和壮大科普宣传队伍，较好地完成全年的各项任务。大院街办公园社区、彭家桥街办江中花园社区为省科普示范社区；大院街办院一社区被全省“社区科普益民计划”项目奖补单位；大院街办公园社区、彭家桥街办江中花园社区被评为市科普示范社区；扬子洲镇熊万村被评为市党员科普致富示范创建村。

【强化基层科协组织建设】 2015年，进一步健全区、街办（镇、管理处）、社区（村）三级网络；在认真维护好科协秘书长 QQ 群信息平台和东湖科协腾讯微博的同时，又新增了微信管理群。对扬子洲镇、各街道和贤士湖管理处的科协主席和科协秘书长进行多次业务培训，为基层科协组织持续有效地发展打下坚实的组织基础。

【营造浓厚科普氛围】 2015 年，区科协认真贯彻落实《全民科学素质行动计划纲要》，组织开展“科普之春”“科普之夏”“科普之秋”“科普之冬”“全国科技活动周”“全国科普日”等活动。活动期间组织科技工作者举办科普讲座共 15 场，内容有“科技节粮，你我同行”“科学减灾，依法应对”“生活小窍门”“常见自然灾害与自救”“防震减灾知识讲座”等，科普培训 5 场，科普图片巡展 20 余场（次），举办 4 场大型“科普宣传咨询活动”，发放科普小册子《食品安全知识》《防震减灾应急常识》《天然气安全使用手册》等 5 万余册，深受广大市民的欢迎。

【“科技活动周”活动】 5 月 16 日，区教科体局、区科协联合在樟树林文化生活公园休闲广场举办大型宣传咨询活动。活动中，来自科协、卫生、环保、教科体和生产力促进中心的专家为过往的群众和学生代表提供食品安全、防灾避险、低碳技能、健康生活等热点问题的咨询服务，取得圆满的效果，并同时在谌家坊、新华等社区开展科普巡展活动。

【举行“全国科普日”活动】 9 月 25 日，区科协在马家池文化广场开展全国科普日宣传活动，活动围绕“万众创新，拥抱智慧生活”科普日主题。现场悬挂横幅标语、展示科普展板，并组织科普志愿者为群众提供心理健康、防震减灾等方面的科普志愿活动，同时发放科普宣传资料 2000 余册，发放科普书籍 500 余册，接受群众咨询 300 余人，取得良好的宣传效果。

【开展“百场科普报告进社区”活动】 2015 年，按照“节约能源资源、保护生态环境、保障安全健康、促进创新创造”的科学素质纲要主题要求，围绕群众普遍关注的食品安全、科学养生、应急避险等热点问题，开展“百场科普报告进社区”活动：邀请全省的科普专家和大学生科普志愿者等主要以科普报告的形式，大力普及科学知识，及时解疑释惑，把科学送到基层，使科普深入人心。

【加大科普设施建设力度】 2015 年，区科协新制作科普展板图片 4 套（60 幅），订购《科普天地》《科普系列挂图》等科普图刊 6 种共 6000 余幅（册）。编印科普小册子《食品安全知识问答》《中小学生食品安全小常识》《防灾减灾应急常识》等 3 万余册。制作科普环保袋 8000 余个。在有条件的社区新建科普画廊，宣传科普知识。

【开展特色“科普示范”社区创建活动】 2015 年，区科协引导社区开展特色“科普示范”社区创建活动，在新华社区，科普志愿者为广大居民普及科学购粮、存粮、烹饪、节粮等知识和技巧，赠送营养健康科学消费知识手册 2000 份。在长巷村谌家坊社区举行“科学宣传进社区活动”，与广大市民一起学习科技创新、环境保护、防震减灾科普知识，并提供咨询服务。

【青少年科普活动丰富多彩】 2015 年 5 月 20 日，在东湖区青少年科技教育基地——江西非遗文化展示馆，来自豫章小学、青桥学校的师生代表在科普志愿者的引导下兴致勃勃地操作科普体验仪，感受科技带来的便捷和快乐，他们还参观非遗馆博览区，进行擂茶体验，感受江西古代文化和科技的魅力。2015 年 9 月 18 日，区科协联合中西医结合医院到滕王阁街道民巷社区的胜利路幼儿园，为小朋友们开展“全国爱牙日”科普知识讲座活动，在场志愿者用丰富的科学知识，诙谐幽默的语言，夸张的肢体动作使孩子们兴趣倍增，很好地普及了爱牙护牙常识，受到了师生家长们的好评。

（宋红波）

红十字会工作

【概况】 2015 年，东湖区红十字会工作全面贯彻落实党的十八届五中全会和习总书记重要讲话精神，严守党章党纪，牢记“三严三实”的内涵和要求，坚持党风廉政建设，坚决反对“四风”，认真按照省市红十字会和区委、区政府的工作部署，依法依规地开展工作，在应急救护培训、宣传工作、造血干细胞捐献三个方面分别获南昌市红十字会颁发的先进单位奖牌；有 1 支服务队荣获南昌市优秀红十字志愿服务队荣誉称号,8 位志愿者骨干荣获南昌市优秀红十字志愿者荣誉称号。

【扎实推进“三献三救”工作】 2015 年,区红十字会的“三献三救”工作成果丰硕。一是在“三献”即献血、捐献造血干细胞、捐献遗体方面的动员工作取得突破。组织志愿者开展“无偿献血暨捐献造血干细胞”系列活动,成功发展中国造血干细胞捐献者资料库的入库志愿者 62 人;组织全区干部职工开展无偿献血献爱心活动,献血量达 59000 余毫升。举办 2015 年全国人体器官捐献报名登记宣传服务月活动,成功动员 1 名辖区居民登记填写《遗体捐献表》。二是救灾应急的培训效果明显,培训受益人数大幅增长。全年在社区开展社区志愿者骨干培训 6 次,培训社区志愿者骨干 500 余人次;开展社区志愿者骨干应急救护演练竞赛活动 3 次,600 余名志愿者参与活动;开展应急救护知识进校园、进社区活动,辖区 4 所小学 900 余名师生,4 个社区共 490 余名群众参与活动;与雄鹰救援队联合开展应急救护培训推广(东湖)试点项目,10 名志愿者骨干参加培训。

【丰富公益活动】 2015 年,区红十字会积极采取多种方式丰富公益活动,提高区红十字会的救助实力。一是组织开展“博爱送万家活动”。筹集人道救助款 3.5 万元发给辖区困难群众,组织志愿者走访慰问东湖福利院老人和残疾军人,与社区联合开展九九重阳敬老等系列志愿服务活动,为空巢老人及贫困家庭送去爱心物资 3000 余元,在社区开展“微心愿”认领活动,为社区贫困小朋友购买书包等文具用品。二是积极开展设立捐赠新旧衣物收集箱工作。区红十字会与“衣加衣”志愿服务队在辖区社区(村)设置 30 个衣物捐赠箱,受赠的旧衣物运往西藏、四川、青海等贫困山区。三是帮助鼓励艾滋病患者及家庭。筹集爱心善款帮扶 10 户贫困艾滋病患者家庭;在社区、高校校园开展防艾系列宣传活动,发放宣传资料 10000 余份。

【开展献遗体宣传月活动】 9 月 2 日,东湖区红十字会与东湖区志愿服务联合会在区残联培训中心联合举办“器官捐献 生命永续 自愿无偿 报名登记”为主题的全国人体器官捐献报名登记宣传服务月活动,活动约有 100 余名辖区居民参加,此次活动旨在通过宣传形成知晓认同、崇尚支持、参与报名的良好社会氛围,并成功动员 1 名辖区居民登记填写《遗体捐献表》。

【与南昌市雄鹰救援队联合推广试点项目】 2015 年,东湖区首次与雄鹰救援队联合开展应急救护培训推广(东湖)试点项目,区红十字会在辖区挑选 10 名志愿者骨干参加培训。培训内容主要讲解心肺复苏、外伤包扎等知识。通过培训,10 名志愿者的应急救护水平大大提升,均能在突发疾病、意外伤害事故发生时,第一时间采取应急救护措施,将对生命的伤害减到最低。

【“微心愿”的认领】 9 月 30 日,区红十字会为深入推进“连心、强基、模范”三大工程,扎实开展“百千万”行动,在刘将军庙社区开展“微心愿”认领活动,为社区贫困小朋友购买文具用品,让他们感受来自党和政府以及社会各界的温暖。

【“防艾”知识进社区】 2015 年,区红十字会筹集善款爱心帮扶 10 户贫困艾滋病患者家庭,鼓励他们树立信心、自强不息,并在社区、高校校园开展防艾系列宣传活动,发放宣传资料 10000 余份,提高广大市民及大学生对艾滋病防治的知晓率和自我保护能力。

【加强组织建设】 2015 年,区红十字会加强组织建设。一是夯实组织思想基础,提高科学决策的水平,筑牢拒腐防变的思想道德防线。二是壮大组织队伍,吸纳众多企事业机关人员和青少年会员,至 2015 年底,区红十字会有 63 个红十字团体会员,12 个街办(镇、管理处)红十字组织。三是理顺组织工作机制,加强与各部门的合作,指导街办(镇、管理处)基层红十字会的建设。四是创新组织工作方式,采取有重点,分步骤的方法,积极发挥区红十字会的中心作用,大力传播红十字会会员先进事迹,增强红十字会的正面影响力。五是优化组织结构,区红十字会和街办(镇、管理处)红十字会上下联动,积极稳妥地开展工作。

(陶华娟)

民主党派·工商联

综　述

2015 年，东湖区有民主党派东湖总支（支部、支社）6 个，即民革东湖总支、民盟东湖支部、民建东湖总支、民进东湖总支、农工东湖总支、九三学社东湖支社。共有支部 24 个，成员 685 人。

全年各民主党派先后 3 次参加区委、区政府召开的通报会、协商会，就东湖区当年的社会经济发展情况提出意见建议。同时，利用参加全区“两会”的机会，提交提案、议案 30 余条。积极参加区委统战部组织的“党委出题、党派调研、政府采纳、部门落实”活动，精心组织力量，深入开展调查研究，形成调研文章 7 篇。

2015 年，各民主党派深入学习贯彻中共十八届五中全会精神。与对口联系社区开展和谐共建活动。在区委统战部的指导下，加强自身组织建设，广泛开展“坚定信念、服务发展、争做贡献”主题教育活动，继承和发扬老一辈党外人士与党风雨同舟的优良传统，激励全区各民主党派成员为东湖区经济社会更好更快发展提供支持。

表 4　**2015 年东湖区民主党派基本情况**

序号	党派名称	人数（人）	支部数（个）	主　要　领　导
1	民　革	246	7	主　委：周胜明 副主委：帅钢华　周晓勤（女）　黄　惠　易小春　于文凯　余学军
2	民　盟	30	—	主　委：肖　贤（女） 副主委：郭爱香（女）　杨林青（女）　魏　群（女）
3	民　建	177	6	主　委：赵赣涛 副主委：王树珊（女）　裘　峻　邓文辉　王妮娜（女）　晏明智
4	民　进	143	7	主　委：郑洪健 副主委：陈魏华　胡涛湘（女）　李吁红（女）
5	农工党	53	4	主　委：陈贞珍（女） 副主委：熊丽萍（女）　赵青武　张毓琴（女）
6	九三学社	36	—	主　委：何志勇 副主委：练　红（女）

中国国民党革命委员会南昌市东湖区总支委员会

【概况】 2015年,民革东湖总支在中共东湖区委、民革南昌市委会和各级统战部门领导的关心、支持和帮助下,紧紧围绕东湖区委、政府的中心工作,以政治交接为主线,全面加强自身建设;以建言献策为重点,认真履行参政议政、民主监督职能,发挥自身优势,积极开展社会服务,各项工作取得新进展,为东湖区和谐发展做出积极贡献。

【参政议政】 2015年,民革东湖总支周胜明撰写的"关于如何从社会和法律层面构建社会救助体系的几点建议"提案作为主席督办提案获得好评,东七支部邓菁主委撰写的"破解择校难题问题研究"提交民革市委会后得到高度重视,并作为2016年的课题进行调研。积极组织人大代表、政协委员参与"两代表一委员"进社区、进企业、进学校活动,为化解社会矛盾贡献应有的力量。

【开展和谐共建活动】 2015年,民革东湖总支两次与二七北路社区开展和谐活动,东四支部的义诊活动、总支依托南昌民革法律咨询服务中心组织的法律咨询活动、对社区贫困群众的访贫问苦都得到了社会的普遍赞誉和一致好评。

【开展抗战胜利70周年纪念活动】 2015年,以纪念抗日战争胜利70周年暨反法西斯战争胜利70周年为契机,精心组织开展了主题征文、主题演讲活动,以"听故事、送温暖"为主题走访黄埔同学会的抗战老兵,取得良好的社会效果。

【吸收新会员】 2015年12月,民革东湖区总支部第四届委员会第一次会议成功召开,周胜明当选为新一届民革东湖总支主委,顺利完成政治交接,组织建设迈上新台阶。截至2015年底,东湖民革共有党员246人。

【开展专题调研】 2015年底,民革东湖总支在市委会的帮助下,确定以赣台农业合作发展为切入点的调研考察活动,赴吉安参观考察了海峡两岸农业产业合作示范基地建设。通过此次参观考察活动,一是深刻认识到民革对台工作的重要意义,也是民革特色工作之一;二是加强东湖总支换届后新一届总支委员们的交流、沟通,总支的凝聚力得到加强;三是加强党员们对民革派别的认同感和归属感,总支活动更显活力。

中国民主同盟南昌市东湖区支部委员会

【概况】 2015年,民盟东湖支部积极履行参政党职能,扎实推进自身建设,为东湖区的经济建设、文化教育等各项事业的蓬勃发展竭尽全力,各项工作取得新的成绩。

【参政议政】 2015年,民盟东湖支部盟员有1位市人大代表,1位市政协委员,5位盟员在政协东湖区八届委员会上担任区政协委员,其中肖贤、余红2位盟员是政协常委。郭爱香、杨林青2位盟员是东湖区第十五届人大代表。肖贤、杨林青、郭中桔、余红、熊芳5位盟员荣获2015年南昌市优秀盟员称号。

【自身建设】 2015年共组织盟员学习12次,盟员发表简讯24篇,在各位盟员工作繁忙之余不忘坚持每月一次的政治盟务学习。围绕区委、区政府中心工作,除组织专题调研外,全体盟员还在本职工作中选择课题进行调研,协助区政协开展课题调研活动。联系了上海杨浦区徐方瞿教授在育新学校进行讲座,并向东湖区捐赠"几何王"教学软件100套。

【服务社会】 2015年春节前,民盟东湖支部和民盟市委会联合举行传统活动,联系省市著名书法家到大众商场门口为广大市民撰写、赠送春联,深受市民喜爱。2015年组织盟员教师多次到莲塘一中、进贤一中及东乡、宁都等地小学进行送教下乡"烛光行动",受到师生一致好评。

【开展委员进社区活动】 2015年,民盟东湖支部深入开展"群众在我心,委员进社区"活动,由民盟东湖支部和百花洲街办共建的"委员社区联络站"上营坊社区开展绿色上网共建活动,满足社区居民、青少年安全上网,文明上网的多样化的需求。2015年4月,民盟东湖支部联合青山湖支部联合下到扬子洲乡,深入考察盟员创办的私营企业“久鸿食品有限公司”,并为私营企业的发展提出合理化建议和发展战略。

中国民主建国会
南昌市东湖区总支委员会

【概况】 2015年,民建东湖总支充分发挥密切联系经济界的特点和优势,努力提高履行参政党智能水平和自身建设能力,积极献计出力,为促进东湖区科学发展和社会各项事业做出了贡献。

【参政议政】 截至2015年底,总支共有会员177人,担任省级人大代表一人,市级以上人大代表和政协委员的3人,担任区人大代表5人,区政协委员16人(其中常委2人)。会员撰写的《关于居民袋装垃圾收运现状、存在问题以及解决问题的几点建议》和《地铁经济图的思考》被政府重视和采纳。

【服务社会】 2015年,民建东湖总支与百花洲街办刘将军庙社区开展和谐共建活动,慰问社区困难家庭,发放慰问金7000余元;总支会员根据自身岗位的特点以“思源”为平台,推进服务社会实践,会员企业家李辉积极参加防洪、冰冻雪灾等救灾活动,共捐赠资金物资价值20余万元;企业家王武伟一直关心东湖区的教育事业,他积极为小学捐赠图书,自他入会以来共捐赠图书3万余册。

【慰问环卫工人】 10月26日是江西省环卫工人节,民建东湖总支与对口联系单位东湖区市容局的领导前往第一线慰问正在马路上辛勤工作的环卫工人,民建东湖总支还会给环卫工人们带去了生活慰问品感谢他们为东湖区的环卫工作所做出的贡献。

中国民主促进会
南昌市东湖区总支委员会

【概况】 2015年,民进东湖总支和会员认真学习贯彻中共十八大和十八届三中、四中、五中全会精神,认真履行参政党职能,在参政议政、民主监督、服务社会和加强党派自身建设等方面,取得新的成绩,陈魏华被评为民进全国先进个人;程玉玲、胡嫩寒、杜影、姚红珍、胡嫩寒、刘玉荣、蒋玉清被评为民进南昌市委会2015年“建功立业、建言献策”优秀会员光荣称号,会员朱敏、姚红珍被评为2015年度政协东湖区优秀政协委员光荣称号。

【总支(扩大)工作会议】 5月9日下午,民进东湖总支在南昌市滨江学校会议室召开总支(扩大)工作会议,总支主任、副主任、总支委员、直属3个支部主任、副主任及部分会员等20余人参加了会议。会上,东湖区政协副主席、民进东湖总支郑洪健组织学习习近平总书记在两会江西代表团讨论会上的重要讲话精神和中共南昌市委十届十一次全体(扩大)会议精神学习材料,传达民进南昌市六届七次全委(扩大)会议精神,并就总支2015年围绕“四个全面”开展“四个一”活动的工作进行布置。

【第三次会员代表大会】 11月27日下午,民进东湖区总支在东湖区委多媒体会议室举行第三次会员代表大会,民进南昌市委会主委谭绍木,东湖区委常委、区委统战部部长焦玉庄,民进南昌市委会副主委、秘书长付苏臣等参加了会议。会议选举产生新一届总支委员会,郑洪健任主委,陈魏华、胡涛湘、李吁红任副主委,尧奇、蒋玉清、兰徐玲、徐丽红和樊吉义任总支委员。

【参政议政】 2015年,民进东湖总支担任区人大代表、政协委员的会员共撰写9篇提案(议案),其中1篇集体提案。

【政协委员进社区】 3月13日,民进东湖总支联合民进省委会、东湖区大士院街道豫章后街社区在叠山路交通银行门口开展“创平安社区,建法治江西”综治宣传活动暨“1%工程”关爱社区贫困学子助学金发放仪式活动。活动现场,到场领导向社区6个贫困家庭发放3000元助学金。同时还开展法律咨询、消费权益保护、金融知识、综治宣传等活动。活动共接受咨询200余人次,发放综治宣传品500余份。

【施虹冰继续开展教育交流】 2015年,应澳门特区政府教育暨青年局的邀请,由南昌市教育局选派施虹冰会员赴澳门指导教学,继续在澳门开展教育交流工作。

【扶贫助学】 2月6日上午，东湖区政协副主席、民进东湖总支主任郑洪健、民进东湖总支副主任陈魏华等一行四人在滕王阁街道榕门路社区干部的陪同下来到总支帮扶学生陈辉、魏昕昊家里，为每个学生家庭送上300元慰问金和过年礼品。

【开展1%工程助学活动】 6月7日上午，总支二支部与东湖区滕王阁街办共同选派了辖区10名困难学生参加了由民进江西省委会主办的“让我们的爱像泉水一样流淌——马可波罗瓷砖慈善之旅（南昌站第三届）1%工程助学行动”。马可波罗瓷砖副总向30名贫困学生分别资助了壹仟元助学金，总计3万元。

【发展新会员】 南昌市百花洲小学英语教师周昕敏、邮政路小学语文教师朱韫雯、东湖区高招办蒋婷3名优秀人才批准加入民进组织。

【会员成果丰硕】 2015年，民进东湖总支副主任陈魏华被评为民进全国先进个人。会员刘玉荣的论文《浅谈小学语文教学中的学法指导》获南昌市教育学会三等奖；杨淑萍获2015年东湖区“骏马杯”教学比赛一等奖；周昕敏的论文《激发学习兴趣 促进温故知新》获南昌市教育学会第二十九届学术年会论文一等奖，慈善主题少先队活动课教案获南昌市首届“慈善杯”优秀教案竞赛二等奖；杜影获第二十四届中国儿童青少年威盛中国芯·HTC计算机表演赛江西分赛区决赛优秀指导老师奖，第二十四届中国儿童青少年威盛中国芯·HTC计算机表演赛全国总决赛优秀指导教师奖，指导作品《保卫钓鱼岛》江西省第四届中小学绘画书法作品征集评选小学三等奖；市作协会员、原东湖区政协副主席段悌南多篇稿件分别在《莽原》杂志和《南昌老友》杂志上发表。

【会员受聘特约检察员】 5月25日下午，东湖区人民检察院召开特约检察员聘请大会，民进东湖总支会员饶志华等6位党派人士从东湖区人民检察院检察长杜迎春手中接过特约检察员聘书，成为东湖区人民检察院特约检察员。

中国农工民主党
南昌市东湖区总支委员会

【概况】 中国农工民主党南昌市东湖区总支现有党员53人，下设4个基层支部。2015年，在中共东湖区区委和农工党南昌市委会的坚强领导下，团结带领全区党员紧紧围绕“繁荣精品幸福文明东湖”目标，认真履行参政党职能，大力加强自身建设，各项工作取得新的成绩，荣获市委会“全面先进基层组织”称号。

【参政议政】 东湖总支积极运用提案履行职能，上报的《关于加强属地医院孕产妇及新生儿死亡病例限时上报的建议》和《关于在东湖区开展“海绵城市”建议的几点意见》荣获区政协八届五次会议以来优秀提案。

【举行第七次换届大会】 11月25日，中国农工民主党南昌市东湖区总支第七次换届大会胜利召开。会议审议并通过了农工党南昌市东湖区第六届委员会工作报告，选举产生农工党南昌市东湖区第七届委员会，陈贞珍连任主委，熊莉萍、赵青武、张毓琴任副主委，万江田等4位任委员。

【着力推动基层组织建设工作】 农工东湖总支有步骤、有计划地发展高素质人才，促进总支党员队伍的年龄结构、学历机构和知识结构的优化发展，在2015年底吸收了1名年轻基层公务员入党。

【医疗服务创品牌】 2015年，东湖总支立足党派优势，经常性地开展医疗服务进基层活动，共为群众提供义诊咨询、健康讲座、扶贫捐助等大型社会服务活动19次，受惠群众近2000人次。在世界卫生日，总支联合部分省市级医疗单位在胜利路明秀广场举行以“世界卫生日，健康与您同行”为主题的大型义诊咨询活动。活动现场，党员们围绕“控制高血压”活动主题，向市民群众宣传健康生活方式、均衡营养、合理膳食结构和科学运动方式保持良好心态等方面知识，并现场指导慢病患者合理用药接受他们关于心理和身体健康问题的咨询。

九三学社南昌市东湖区支社

【概况】 2015年,九三学社东湖支社自身优势和特点,努力提高参政议政水平,加强自身建设能力,为促进东湖区社会经济和谐发展做出了贡献。

【参政议政】 2015年,九三东湖区支社共有1名人大代表,5名政协委员,其中政协常委1名。区政协委员提交提案3份。其中,钟泽欢委员的《关于规范我省司法鉴定管理的建议》作为省人大九三集体提案,《关于将高龄孕妇产前基因检测纳入医保的建议》作为市政协九三集体提案。

【自身建设】 2015年发展社员1名,1名社员参加九三市委会培训班。

【服务社会】 11月12日,九三东湖支社组织多名社员在东湖区李家巷、射步亭社区进行司法鉴定知识科普进万家活动,利用专业知识向群众讲解如何进行正确的司法维权等相关知识,并向社区群众发放纪念品、宣传册50余份。

【委员进社区】 8月17日,东湖区支社开展"委员进社区"暨董家窑街道群众社情民意听取活动,何志勇、郭海村、钟泽欢3位政协委员与社区群众进行了座谈,并广泛听取社情民意。

(吴大鹏)

东湖区工商业联合会

【概况】 2015年,东湖区工商联合会在区委、区政府的正确领导下,在市工商联和区委统战部的精心指导下,以党的十八届五中全会和习近平总书记系列重要讲话精神为指导,紧紧围绕区委、区政府的中心工作,始终紧扣"两个健康"成长的工作主题,为大力推进"四区"建设目标做出了积极的贡献。截至2015年底,辖区共有11个街道(镇、管理处)商会,家具行业商会、叠山路商会、东湖闽东商会、市民营企业家东湖分会共16个商会,会员近600名。会员企业主要是辖区主要从事酒店、餐饮、休闲、商贸流通以及金融等现代服务业的中小型企业。区工商联领导班子中主席(总商会会长)1人,党组书记、常务副主席1人,专职副主席1人。执委94人,常委56人,副会长9人,兼职副主席14人。

【完成各项经济指标任务】 2015年,区工商联作为区经济责任部门之一,克服人员少,资金少,交通工具陈旧的情况下,高质量、高标准超额完成了区委、区政府年初下发的经济指标任务。其中,完成内资8868万元人民币,占全年的110.16%;完成外资445万元美元,占全年的101.83%;完成现汇93万元美元,占全年的106.90%;完成税收近400万元,占全年的341%。

【招商引资成效显著】 2015年,区工商联以经济工作为中心,全力抓好招商引资工作。一是项目引进。引进江西鸿昊建设有限公司、江西乾能科技有限公司等近30多个项目落户东湖。广东上市公司海印集团麦当劳江西总部、海印集团商业综合体两个项目均于10月19日在区政府三楼西会议室签下框架协议,并于年底落户阳明路。二是接待客商。全年先后接待浙江、广东、上海、北京等地来东湖考察、投资的客商50余人次。陪同外地客商参观考察了旧改地块、青山湖西岸、华远、央央春天、扬子洲镇,客商们一致认为东湖城市基础设施完备,交通便捷、人气旺盛,是理想投资的好地方。三是"走出去、请进来"招商。先后组织招商小分队赴北京、宁波、杭州等地开展招商活动。

【积极参政议政】 2015年,区工商联先后推荐非公经济代表人士担任市区两级人大代表和政协委员。年初组织会员代表、委员参与区政府领导座谈、沟通,组织会员就全区非公有制经济发展中的难点、热点及重点问题深入基层开展调查研究。"两会"期间,委员和代表们共提交了议案3件、提案5件,区工商联撰写了《进一步加大招商引资工作力度,推动东湖跨越式发展》的调研报告。同时推荐的10名江西省优化发展环境监督员继续行使职能,参加全省优化发展环境网络调查问卷,为全省发展民营经济的政策措施的出台提供依据。

【做好服务企业工作】 2015年,区工商联借助政府部门和社会力量,积极组织企业参加各类经贸活动,为企业搭建交流平台。组织企业家代表赴沿海经济发达城市学习考察交流，与宁波市和东城区工商联缔结了友好商会。全年，区工商联共组织200余人次参加省、市、区各级培训班。3月，邀请南昌市仲裁委员会的法律专家对会员进行了中共十八大依法治企的专业讲座，并就如何提升企业家领导力、如何在电商时代下转型发展作了深入的阐述。围绕“壮大非公有制”和“科学发展”为主题召开了两次民营企业家座谈会，并向全区民营企业发出倡议，倡导全区中小企业在应对经济下行时“抱团取暖”、共渡危机、坚定信心、联手发展”，先后邀请专家、学者，对会员企业家及其管理人员，举办了形式灵活、内容具针对性的教育培训班11期，举办专题辅导、情况通报、对话沟通、信息发布等12次。

【注重维护权益】 2015年，区工商联加强与职能部门的沟通联系，发挥会员在省工商联系统、区纪委、区地税局的环境监督员作用。积极配合市联开展的关于法治环境调研、问卷填报及数据收集、报送并撰写评估报告。积极引导商会开展维权服务，并建立维权台账，按时填报维权数据报表。全年累计处理维权案件5件，为会员们挽回损失近80万元。

【树立社会主义核心价值观】 2015年，区工商联从以下几个方面引导企业树立社会主义核心价值观。一是商会共走访了辖区的6位特困难户并发放节日慰问品；二是向“一对一”贫困青少年帮扶对象发放资助金和学习用品；三是组织会员企业向墩子塘街办辖区困难群众献爱心、捐款捐物，共计发放1万余元物资。

【搞好商会建设】 2015年11月，召开了区工商联第五次会员代表大会，顺利产生区工商联五届执行委员会，圆满完成区工商联（总商会）换届工作。区工商联换届以后，从制度建设入手，不断完善各项规章制度，制定《五届执委会管理办法》和《小组考核办法》，确立区工商联召开主席会、常委会、执委会的具体规则；制定领导班子成员分工和联系会员制度；组织建设是工商联基础性的工作，区工商联在实践中不断加大组织建设力度，积极适应民营经济发展对工商联组织建设工作提出的新要求。通过加强会员发展、加强基层商会建设、做好非公有制经济人士的政治安排工作等方式，夯实组织力量。

2015年11月5日，东湖区在区委三楼多媒体会议室举行“东湖区工商联（总商会）五届一次执委会”

【重视非公党建工作】 2015年，区工商联党组积极发挥职能作用，坚持定期或不定期深入民营企业党支部指导创先争优活动和基层组织建设年工作的开展。截至2015年底，全区非公企业党建18家，党员842名。全年深入企业支部指导工作12次，组织企业支部开展学习活动6次，先后组织会员赴上饶、婺源开展非公经济人士理想信念教育实践活动。

（熊　莺）

法　治

公　安

【概况】 2015年，东湖公安分局在区委、区政府和市公安局党委的坚强领导下，以“双保双提升”为主线，坚持定力，砥砺奋进，公安工作取得了新突破、队伍形象呈现出了新风貌。社会治安呈现出了“四降、四升”的良好态势，即刑事类警情、黄赌警情数、火灾起数及医闹数同比下降，人犯处理数、抓获网逃数、抓获现行数及行政拘留数同比上升。公众安全感全省89位，进位9名，公安满意度全省44位，进位6名。分局荣立集体三等功两次，荣膺全省优秀公安分县局，先后有20个基层所队荣获市级以上荣誉（国家级1个、省级及二等功4个、市级及三等功15个），24人立功受奖（一等功1人、省优及二等功6人、市优及三等功17人）。

【切实做好维护城区社会稳定工作】 2015年，区公安分局始终把维护省会核心城区的社会稳定作为首要任务来抓，维稳机制日益成熟，维稳能力不断提升，维稳成效更加凸显，确保敏感区域的绝对安全和正常办公秩序。圆满完成习近平总书记到南昌视察等警卫任务11次，大型安保任务119次，确保绝对安全，得到省、市领导批示表扬或亲临慰问。

【强力处置医闹、瞎闹事件】 2015年，区公安分局与医院、医调中心等部门密切协作，协助化解、依法处置一大批医闹、瞎闹事件，医闹事件起数同比下降56%，得到副省长、公安厅长郑为文对分局打击医闹、瞎闹的做法和成效的批示表扬。

【主动服务全区重点项目推进】 2015年，区公安分局全力抓好全区旧城改造等重点工程项目的维稳工作。每项工程均落实专门的领导、制定专门的方案、组织专门的人员，与区相关部门密切协作，及时稳妥处置各类涉拆纠纷90余起，为全区经济社会发展保驾护航。

【“5·19”扰乱省高院单位秩序、公然侮辱他人案】 2015年，区公安分局敢于担当，善于出手，依法查处“5·19”扰乱省高院单位秩序、公然侮辱他人的网络大“V”吴淦，为公安部侦破北京锋锐律所案拔下头寨。同时，及时开展舆论引导，取得法律效果和社会效果的统一。

【“6·7”替考专案侦办工作】 2015年，区公安分局依靠扎实的旅店业管理基础工作，发挥情报技术手段优势，迅速查实追捕替考者，为全市“6·7”替考专案侦查赢得了先机，有力打击了高考舞弊行为，该案被评为年度“江西十大法治事件”，得到公安部、省厅的充分肯定。

【全面开展百城禁毒会战】 2014年10月1日至2015年3月31日，在公安部组织开展的百城禁毒会战中，区公安分局紧紧围绕全市争先的工作目标，全警参战，昼夜鏖战，破获毒品刑事案件196起，刑事拘留207人，查处吸毒人员1475人、强戒155人，分别同比上升147.5%、359.5%、131.6%、336.3%。破获一批毒品大案，区公安分局及5个派出所获先进单位并记集体三等功，缉毒大队被评为全国禁毒先进集体。

【破获特大涉枪贩毒案件】 3月18日，区公安分局对一条贩毒线索深挖细查，掌握了横跨南昌、新干两地的贩毒网络，成功侦破一起特大涉枪贩毒案件，当场缴获毒品麻古7600粒，冰毒3克，钢珠手枪1支,钢珠子弹100余发。

【摧毁特大跨省贩毒团伙】 5月28日,区公安分局刑侦部门通过对多个毒品案件进行梳理,发现1个贩毒团伙,并通过细致侦查,初步掌握该贩毒团伙的主要活动地域、人员构成、贩毒网络,成功摧毁该特大跨省贩毒团伙,抓获涉案违法犯罪嫌疑人11人,其中刑拘5人,行政拘留6人,缴获冰毒15千克。

【开展打击侵财型犯罪,促进"两提升"专项行动】 4月1日至10月31日,在全市公安机关打击盗窃等侵财型犯罪、促进"两提升"专项行动中,区公安分局共破案1162起,处理人犯683人(侵财类人犯388人),抓获网逃368人,同比均成倍攀升。特别是在行动最后两个月的"反侵财、破现案"破案竞赛活动中,分局共破获各类侵财案件735起,刑拘犯罪嫌疑人383人,治安拘留92人,抓获网逃92人,破获一批群众关切的扒窃、拎包等侵财小案,攻克一批飞车抢夺、盗窃移动基站、盗窃黄金等系列盗抢大案;打掉特大扒窃、入室盗窃店面、跨省流窜盗窃、扒窃手机等一大批职业犯罪团伙。分局及8个所队荣获先进单位并记集体三等功,以绝对优势位居片区第一。

【打掉特大跨省流窜盗窃犯罪团伙】 9月19日,区公安分局刑侦部门从盗窃现案入手,缜密侦查,成功打掉湖北武穴籍跨省流窜作案盗窃犯罪团伙1个,抓获团伙成员8名,破获系列盗窃店面案数10起,缴获作案车辆及被盗衣物500余件。

【侦破系列入室盗窃案】 6月28日,区公安分局通过视频分析、深度研判,成功打掉贵州毕节籍入室盗窃团伙1个,抓获团伙成员3人,破获系列入室盗窃案30余起,缴获被盗手机、电脑20余部。

【破获特大系列盗窃车内物品案】 5月26日,区公安分局综合运用信息碰撞、人像比对、轨迹查询等技战法,成功抓获1名省厅督办的盗窃案件犯罪嫌疑人曾某,由此破获发生在东湖、西湖、红谷滩等区域的系列盗窃车内财物案100余起。

【提升公众安全感攻坚战成绩突出】 12月1日至12月20日,在为期20天的全市公安机关提升公众安全感攻坚战中,区公安分局破获侵财型案件38起、刑拘43人;破获涉毒刑事案件40起,其中省级目标案件2起,刑事拘留47人、查处158人、强戒23人;查处涉黄涉赌案件53起,刑拘6人、行政拘留69人。

【打掉永新籍特大扒窃团伙】 2015年下半年以来,针对公交站台扒窃案件高发的情况,通过梳理研判、轨迹分析,锁定1个永新籍特大扒窃团伙。12月31日,区公安分局民警别在南昌、深圳两地抓获犯罪嫌疑人6人,收缴笔记本电脑、手机等赃物150余部,彻底摧毁了1个横跨赣粤的特大扒窃团伙。

【严厉打击经济犯罪】 2015年,区公安分局重点打击了"涉众型"经济犯罪,全年共受理审查立案52起,破案43起,抓获人犯31人,追缴赃物赃款价值600余万元。迅速破获1起非法吸收老年人250余万元的非法吸收公众存款案,最大限度地为群众挽回损失;积极参与"猎狐行动",成功将1名在外潜逃的犯罪嫌疑人抓捕归案,有效地维护全区的正常经济秩序。

【打造巡逻防范特色品牌】 2015年,区公安分局常态推进巡防工作及考核机制的落实,每天投入街面警力300余人,实现敏感区域、道路街面、白天黑夜全覆盖。同时,对高发案重点区域,按照"一个乱点,一支队伍、一套措施"的办法,集中整治,将20余名涉毒扒窃、盗窃电动车惯犯强制戒毒。全年共抓获盗抢现行396人,刑事警情同比下降49.3%,由三年前日均40余起下降到10余起,单日警情最低仅为4起。在市政法委每月压发案通报中,分局刑事警情降幅常年位居全市第一,分局压发案经验在全市推广。

【平安创建稳步推进】 2015年,区公安分局整合防控资源,挖掘防控潜力,打造平安单位,指导各大医院、商场,加大投入建设,增加保安力量,各大商场、医院警情分别同比下降32.8%和45.9%。打造平安小区,建立社区民警错时巡逻、指导义务巡逻、群众举报线索奖励等制度,辖区入室盗窃案件同比下降33%,火神庙开放式小区平安创建经验在全市推广。打造平安场所,严格落实了网吧、旅店业管理意见,旅店业上传率、网吧实名率长期位居全市首位,辖区宾馆内侵财警情实现零发案,网吧内侵财警情同比下降32.7%。

【基层基础建设亮点纷呈】 2015年,区公安分局投入1000余万元,扩编巡逻大队。增设500个高清智能探头,研发全省首个人脸比对研判平台。推进合成中心建设,组建图侦队伍,高度集成公安手段,全面提高打防效率。

【勤务机制改革成效显著】 2015年,区公安分局按照"定人、定岗、定责任,考勤、考核、兑奖惩"的基本思路,全面推进派出所勤务机制规范,优化勤务,明确职责,健全机制,完善考评,极大提升基层所队工作效率。

【服务水平不断提升】 2015年,区公安分局实施节假日预约办证制度,建立微信预约平台,受理群众节假日办证预约,并组织窗口民警节假日为群众办理户籍业务。实施所领导前台值班服务制,由值班所领导为群众提供24小时服务。开展新南昌人(流动人口)和出租房屋登记及服务管理工作,共登记暂住人口8633人,办理居住证9297本,登记出租房3188户,全面提升流动人口管理服务效能。

【民调评警成绩优异】 2015年,区公安分局严格落实民调评警工作措施,走访群众91218户,发送宣传短信368万条,为群众解决难题1826件,民调评警成绩由三年前的全市后进、片区末位跃升至2015年的全市第二、片区第一。

【法治建设扎实推进】 2015年,区公安分局完善了执法质量考评机制,实行日常化、动态化和实时化考评,共抽查案件423起,整改问题1020处,全年无不合格及劣质案件。推行轻刑快办,成功办理轻微刑事案件162起;推行"三台合一"系统与案事件系统对接,"三台合一"系统推送警情1961条,发起1449条,录入自接警情1842起。

【队伍作风日益优良】 2015年,区公安分局出台队伍管理5项制度,落实了常态督导通报制度,实现对各项工作的过程性监督,促进民警作风养成;实施违纪重点人员管理,确保队伍不出事;加强素质强警,在全省警务技能大比武中,分局警务技能考核综合成绩列城区第一。

(邵宇晖)

检　察

【概况】 2015年,东湖区人民检察院认真贯彻落实党的十八大和十八届三中、四中、五中全会精神,深入学习习近平总书记系列重要讲话,紧紧围绕区委中心工作,全面履行法律监督职责,深入推进平安东湖、法治东湖建设,各项检察工作取得新的发展。

【依法严厉打击危害食品安全犯罪】 2015年,区检察院充分发挥法律监督职能作用,依法严厉打击危害食品安全犯罪,有力保障人民群众的食品安全。通过召开联席会议、走访调查、查阅执法台账和案卷等方式摸排涉嫌犯罪线索,增强对行政执法机关移送涉嫌犯罪案件的监督。对行政机关查处的可能涉嫌犯罪的案件,及时派员提前介入,引导收集、固定和完善证据,避免移送难、移送不及时等问题。对移送的危害食品安全犯罪案件,实行专人专办,确保案件的办理质量和效率。督促食品安全行政执法机关对行政执法台账及时录入、更新,并予以密切关注,以增强法律监督的主动性和有效性。积极配合行政执法机关和公安机关联合开展食品安全专项检查活动,形成打击合力。及时分析一段时期食品违法犯罪活动的特点和规律,研究制定打击和预防的方法措施。

【有效保障律师阅卷权】 2015年,区检察院采取有效措施,在加强学习、创新举措、完善制度及注重沟通上下功夫,接待律师阅卷202人次,有力保障律师阅卷权。将保障律师执业权利列为全院重点工作项目,多次组织案管、侦监、公诉等部门进行专项学习,重点学习有关法律法规及工作规定,全面掌握律师的阅卷权等权利,切实提高服务水平。案管中心安排两名业务素质高、责任心强的工作人员负责律师接待,并根据工作要求从语言、行为等方面进行规范,不断提升工作质效。建立了现场预约、电话预约、QQ预约"三位一体"的预约阅卷制度,对首次前来办理业务的律师的基本信息予以登记,形成律师信息库,再次阅卷即可电话或者QQ预约。对外地律师临时提出阅卷请求的,及时开通绿色通道,尽可能满足阅卷需求。设置专门的律师阅卷室，配备了电脑、高速复印机、扫描仪、桌椅等办公设施，为律师阅卷提供了良好的场所。严格阅卷审核制度，认真核对阅卷律师的执业证书、律师事务所证明和委托书或者法律援助公函等身份资料，“三证”齐全方予以办理阅卷。在阅卷室放置征求意见簿，每次阅卷后征求意见，形成了律师意见建议随案收集、专题征集、定期反馈的沟通模式。主动加强与司法行政机关、律师协会的工作联系，定期组织律师到院座谈，吸收合理意见建议，不断改进律师接待工作。

【提升未成年人观护帮教效果】　2015年，区检察院在开展未成年人观护帮教工作中，积极探索委托异地检察机关协助观护帮教的新模式，取得较好成效。对需要异地观护的观护对象，及时联系原居住地检察院，落实异地观护。及时与受托院签订《异地观护帮教协议》，确定观护帮教人员，明确各方在观护帮教工作中的职责及衔接等事宜，制定日常观护帮教计划，并严格按计划开展观护帮教活动，以确保观护效果。观护期间，承办人与观护对象、监护人及观护员定期进行电话、书信交流，及时关注观护对象的思想以及情绪变化，了解其生活状态，帮助其在主观上正视错误、重塑人生。对存在心理问题的帮教对象，及时组织心理咨询师为其开展心理疏导。根据观护情况，及时听取观护对象的职业谋划，因势利导制定诉后帮教计划，帮助观护对象顺利就业。如观护对象张某想从事个体餐饮，该院积极与其居住地有关部门沟通，多方联系为其寻找到店面，使其顺利就业，回归社会。

【打造“指尖上的移动检察”】　2015年，区检察院积极贯彻落实党的十八届四中全会提出的全面推进依法治国的总体部署，着眼于宣传法治思想、提供法治服务、培育法治文化，在互联网平台尝试建设打造“指尖上的移动检察”平台，开通“南昌东湖检察”微信公众号，开辟出一条群众获取检察服务和法治资源的新路，努力打通检察为民服务的最后一公里，受到了群众的高度关注和普遍欢迎。微信公众号应用最新图文制作软件和技术及时将普法信息以活泼生动的方式编辑上传，精心设置今日头条、东检发布、法眼观天下、法律直通车、司改进行时、微杂谈系列等栏目，将检察机关办理的典型案例和动态消息通过图文并茂的形式呈现出来，以宣传普及法律知识。微信公众号自5月开通以来，共编发微信40期200余条，拥有“粉丝”1300余人。

【聘任第二届特约检察员】　5月25日，区检察院召开第二届特约检察员聘任会，新聘6名特约检察员。加强与区委统战部的日常联络和沟通协调，加强与各民主党派、工商联和无党派人士的常态化联系，切实增强主动、自觉接受监督的意识。严格执行监督程序，通过接受监督及时发现和纠正工作中存在的问题，努力提升办案质量和执法水平。结合实际制定《特约检察员工作制度》，完善了特约检察员选任解聘、情况通报、监督办案、考察调研和接待群众信访等事项，有力推进了特约检察员工作的制度化、规范化。虚心听取特约检察员对检察工作的意见建议，认真研究落实改进措施，并及时反馈，推动检察工作更好地发展。高度重视、认真处理特约检察员反映或转递的人民群众的控告申诉和举报线索，更好地解决涉法涉诉信访问题。

【省检察院第一巡视组到东湖指导工作】　5月下旬，省检察院第一巡视组到区检察院巡视指导工作，着重了解该院领导班子执行党的政治纪律和检察纪律，遵守中央八项规定和高检院实施办法的情况，执行民主集中制、落实党风廉政建设责任制和勤政廉政规定和选拔任用干部的情况，以及贯彻实施修改后刑诉法和民诉法的情况。对巡视组的反馈意见，该院召开专题会议逐条研究，有针对性地提出整改措施，切实解决存在的问题和不足，不断加强和改进自身党风廉政建设、纪律作风建设等各项工作，推动班子建设、业务建设、队伍建设取得更大的成绩。

【成立金融检察专业办案组】　2015年，区检察院为应对辖区金融犯罪案件多发给检察执法办案带来的新挑战，进一步服务经济发展大局、优化金融法治环境、加快金融检察专业化建设。5月，结合金融法制建设趋势及工作实际，在公诉、侦监两个部门内指定3名检察人员专门成立了跨部门的金融检察专业办案组。办案组采取批捕、公诉、调研和预防一体化的办案模式，成立初期，专门办理涉及银行的金融犯罪案件，运作成熟后视情逐步扩大受案范围。

【向区人大常委会专题汇报反贪工作】 6月18日,区检察院在区十五届人大常委会第二十六次会议上专题汇报反贪污贿赂工作。2013年以来,该院紧紧围绕区域经济社会发展大局,坚持惩防并举,着力完善侦查机制,不断强化司法规范化建设,集中力量查办窝串案、大要案,办理了一批涉及群众反映强烈、在省、市范围内有影响的职务犯罪案件,为营造良好的法治环境发挥了应有的作用。共查办贪污贿赂等职务犯罪案件34件40人,为国家和集体挽回经济损失3137.94万元。

【扎实开展案件信息公开工作】 2015年,区检察院结合规范司法行为专项整治工作要求,采取有效措施推动案件信息公开工作扎实开展。通过院微信平台、门户网站等渠道向社会广泛宣传案件信息公开的系统设置,查询内容,申请条件、手续、方法和咨询电话,在短时间内使社会各界知晓该系统的上线运行。另一方面,加强与区司法局、律师的合作,提高系统在律师群体中的知晓度和使用率,以充分发挥案件信息公开系统便捷、高效的功能。此外,还制作了检察宣传册,用动漫的形式介绍案件信息公开工作,在检察开放日、社区走访、信访接待等场合时分发2000余份。共公开案件程序性信息617条,法律文书363份,重要案件信息16条。

【全市检察机关文化建设工作流动现场会】 11月20日,全市检察机关文化建设工作流动现场会首站在区检察院召开。全市检察机关从事检察文化建设工作的干警现场参观了该院品牌文化、团队文化、廉政文化、书香文化、体育文化等方面的建设成果。该院详细介绍了检察文化建设的工作思路和基本情况。近年来,该院始终把检察文化建设作为检察事业发展的支撑点和动力源,大力实施检察文化建设战略,充分发挥检察文化的导向、凝聚、激励功能,实现了队伍素质明显提升,业务工作整体加强,全面建设稳步提升的良好局面。

【全国、省人大代表视察团到东湖视察工作】 11月27日,部分在南昌全国人大代表、省人大代表到区检察院视察工作。省院检察长刘铁流,市委副书记、政法委书记欧阳海泉,市院检察长徐胜平,区委书记杨文斌,区人大常委会主任闵建波等陪同视察。视察团一行先后参观了该院的"仲大姐民生服务热线"及"朝阳工作室",详细了解了热线运行情况及未成年刑事检察工作情况,并对该院在服务民生和保护未成年人合法权益方面的举措和成效给予了充分肯定。

【扎实开展规范司法行为专项整治工作】 2015年,区检察院认真落实高检院、省市院的统一部署,紧密结合工作实际,坚持以问题为导向,深入梳理、查摆、整改司法不规范的突出问题,推动了专项整治工作有效开展。通过设置征求意见箱、发放征求意见函、举办检察开放日活动等方式征求社会各界对检察机关规范司法的意见建议。对查摆出的问题,能够马上纠正和解决的,边查边改,对于一时不能解决的问题,也认真研究制定解决方案,予以分步骤解决。针对规范司法的薄弱环节和共性问题,对全院业务等制度进行了补充、修订和完善。

2015年6月24日,东湖区检察院在八一公园开展举报宣传周活动

(刘华明)

法　院

【概况】 2015年，东湖区人民法院面对立案登记制后案件数量井喷式增长、执行工作压力巨大、执法环境更加严峻的现状，在区委的坚强领导下，在区人大及其常委会和上级法院的监督、指导下，在区政府、区政协及社会各界的关心支持下，紧紧围绕“让人民群众在每一个司法案件中都感受到公平正义”的目标，忠实履行审判职责，全面加强自身建设，各项工作取了新进展。全年共受理各类案件9334件，同比增长74.2%；审执结7405件，同比增长48.2%。

【刑事审判工作】 2015年，区法院受理刑事案件907件1172人，同比增长53.7%，审结889件1149人。开展打击涉毒专项审判活动，审结毒品犯罪案件177件190人，严厉打击“两抢一盗”等多发性侵财犯罪，审结相关案件403件480人，90%以上罪犯被判处监禁刑，有力保障了人民群众财产安全。积极参与反腐败斗争，对职务犯罪保持高压态势，审结职务犯罪案件13件13人。审结了系列事关群众切身利益、社会广泛关注的案件，如黄天宇等11人贩卖151份“幽灵户口”案、“6·7”高考替考案等。

【幽灵户口案】 该案被告人黄天宇从他人处购买户口迁移证并加盖伪造的户口专用章，通过金星、陈昌春、杨言闯等人将151个虚假户籍信息落户在江西、河北，甄茂忠、金星、陈昌春、杨言闯等10名被告人为自己或介绍他人购买了该虚假户籍。2014年12月24日，区法院以伪造、买卖国家机关证件、印章罪判处黄天宇有期徒刑四年，以买卖国家机关证件罪判处甄茂忠、陈昌春等10名被告人有期徒刑六个月至三年不等刑期。

【“6·7”高考替考案】 该案系2015年高考期间发生的在全国范围内造成重大社会影响的案件。2015年上半年，马清波等人在招揽到需要高考替考的家长并收取2万元~3万元定金后，组织多名枪手在南昌为10余名考生实施替考，其中在南昌十中考点有6名替考的外地户籍考生。2015年6月7日，南昌市公安局东湖分局接到举报称南昌十中存在高考替考情况，公安机关随后侦破此案。区法院经审理于2015年8月28日作出刑事判决，以招收学生徇私舞弊罪，判处被告人陈剑鹏有期徒刑一年；判处被告人蒋婷拘役六个月，缓刑一年；判处被告人熊锐拘役六个月，缓刑一年；追缴的被告人陈剑鹏违法所得人民币3000元上缴国库。

【民商事审判工作】 2015年，区法院共受理各类民商事案件5875件，同比增长70.3%，审结4397件。调解、撤诉结案1530件，调撤率50.8%。积极化解经济下行压力下的各类矛盾纠纷，高度重视金融秩序的维护和合法借贷利益的保护，审结金融借款案件1104件、民间借贷案件473件。妥善审理涉及物业服务、劳动争议等涉众型纠纷485件，有效避免了群体性事件的发生。主动与公安交警、保险、医疗等部门沟通，积极推进诉调对接机制，审结道交、医疗案件428件。

【行政审判工作】 2015年，区法院共受理行政诉讼案件117件，同比增长138.7%，审结82件，其中，经协调撤诉结案20件。审判中坚持维护行政行为的严肃性和执行力，审查行政非诉案件49件，全部裁定准予强制执行；认真贯彻新《行政诉讼法》要求，努力推动行政首长出庭应诉，截至年底，3名行政首长到庭应诉。

【首例要求审查规范性文件的行政诉讼】 该案原告南昌市洪发白蚁防治有限公司于2008年5月22成立，经营范围为白蚁防治，城市害虫防治，消杀工具批发、零售等。南昌市住房保障和房产管理局、南昌市财政局、南昌市物价局于2010年6月18日联合发布了《关于规范我市城市房屋建筑白蚁预防费用收费管理有关问题的通知》。原告认为，根据上述文件的第三条规定，新建各类房屋建筑必须实施白蚁预防处理，房地产开发企业或建设单位应与市白蚁防治研究所签订《白蚁预防合同》，并按相关文件的规定缴纳白蚁预防费。第六条规定，房地产开发企业办理商品房销（预）售手续时，必须出具该项目的《白蚁预防合同》和白蚁预防证明文件，市房管部门应当查验相关材料，未出具相关材料的，由市房管部门责令整改。这些规定的内容排除或限制了2015年3月5日后南昌市白蚁防治市场的竞争，故诉至区法院，请求确认市房管局、市财政局、市物价局三被告的上述行为违法,并由被告承担本案的诉讼费用。此案成为东湖区法院首例要求审查规范性文件的行政诉讼。

【案件执行工作】 2015年,区法院共受理各类执行案件2386件,同比增长142.2%,执结1988件,执行到位金额2.07亿元。执行过程中逐步扩大财产查控类型,将股权纳入执行财产范围;丰富财产查控手段,由"点对点"省内查控升级到"总对总"全国联网查控;加大执行财产强制拍卖力度,拍卖房产、汽车等财产23次,实现拍卖款2316万元;强化信用惩戒,将1938人纳入全国法院失信被执行人名单,限制其乘飞机、软卧、高铁及一等以上动车等交通工具,在网络、报纸及闹市区大屏幕曝光老赖184人;依法惩治拒执行为,限制出境6人,决定司法拘留89人,向公安机关移送涉嫌拒执罪线索8人。

【便民利民举措不断完善】 2015年,区法院严格落实立案登记制改革要求,保障群众诉权。自5月1日起,共立案6689件,同比增长98%。强化诉讼服务中心建设,通过自制《诉讼材料收据》《一次性补充材料告知书》等文书样本,规范立案登记流程,添置立案排队叫号机等设备,为群众提供舒适有序的立案服务。开通远程视频接访系统,方便当事人向最高人民法院反映诉求。完善司法救助制度,简化救助程序,为29名困难群众依法减、免、缓交诉讼费20.53万元,为特困刑事被害人、执行申请人、涉诉信访人落实救助金47.58万元。

【提升审判质效】 2015年,区法院通过改革创新,努力破解工作中的难题,推进审判工作全面发展。轻微刑案采用"远程视频庭审"方式开庭,不再提押被告人,大大减少了办案时间和警力投入。实行集约化办案,将原先分散在各庭室的诉讼保全、财产执行进行集中办理。实行网上办案,通过数字法院系统实现全部案件材料在内网上流转,诉讼过程全程留痕。试行当事人庭前诚信宣誓制度,着力推进庭审实质化,配备执法记录仪进行即时监督,规范执行行为。

【深化司法公开】 2015年,区法院进一步推进审务公开,案件审理过程中全程同步生成电子卷宗进行存档,立案、审理、执行等重要司法环节全部置于当事人和社会公众的监督下;推进裁判文书上网,公布生效裁判文书1029份,符合条件的生效文书上网率100%;推进司法民主,完成人民陪审员"倍增计划",陪审员增至120名。

【实现人民陪审员"倍增计划"】 2013年5月,最高人民法院要求各法院在两年时间内实现人民陪审员数量翻番,推行"倍增计划"。截至2015年底,区法院已顺利完成人民陪审员"倍增计划",陪审员增至120名。

【加强队伍建设】 2015年,区法院立足正规化、专业化、职业化要求,持之以恒抓好队伍建设。深入开展"三严三实"主题教育和向邹碧华学习活动,巩固群众路线活动成果;组织干警重走小平小道,参观南昌八一起义纪念馆,传承红色基因,坚定干警理想信念。以全省法院"司法行为规范年"活动为契机,大力提升干警专业素养,组织了16名法官到国家法官学院参加培训,严格干部考核管理,激励干警争先创绩,涌现出了全省先进工作者吴卫兵等先进典型。落实廉政建设责任制,将办案程序、司法行为、庭审礼仪等纳入纪检监察范围,全年组织审务督察7次,随案发放廉政监督卡过万份,开展岗前廉政谈话13人,干警精神面貌和日常风纪均有改善。通过遴选招录了5名高素质的法官充实到办案一线,聘任书记员13名,队伍进一步壮大。

(刘国华　刘　芳)

司法行政

【概况】 2015年,东湖区司法局在区委、区政府和省、市司法部门的正确领导下,紧扣平安东湖、法治东湖建设大局,夯实基础,开拓创新,各项工作迈出新步伐,取得新成效,为东湖"总部经济集聚区、高端商业核心区、南昌文化标志区、城市管理示范区"建设做出积极贡献。东湖区荣获"全国法治县(市、区)创建活动先进单位";东湖公证处荣获"全国优秀公证处";东湖区司法局大院司法所荣获全国先进司法所;墩子塘街道马家池社区荣获"全国民主法治示范村(社区)";东湖区法律援助工作站荣获了“全省法律援助为民服务示范窗口”；大院街道、墩子塘街道、滕王阁街道法律援助工作站荣获“全省示范法律援助工作站”。

2015 年 7 月 13 日，司法部研究室副主任郑先红一行到东湖区调研法治宣传等工作

【全力推进法治东湖建设】 2015 年，区司法局多措并举，全面推进法治东湖建设。一是落实重点学法对象法治宣传教育工作。为推进全区领导干部学法用法工作，切实做好领导干部这一关键少数群体的学法用法工作，东湖区开展国有土地房屋征收与补偿等法律法规业务培训，举办新一届村(社区)党组织书记学法培训，学习《中华人民共和国各级人民代表大会常务委员会监督法》和《中华人民共和国行政诉讼法》，中央党校政法部主任张恒山莅就如何深入贯彻依法治国等问题作专题授课。二是常规普法动作齐头并进，创新普法形式层出不穷。开展“千百万”普法惠民活动，印制并下发《南昌市家庭法律顾问手册》(第二册)1 万册；与法宝网联合举办了东湖区 2015 年“百名法学家百场报告会”法治宣讲活动，共计上千人参加。在做好常规普法动作的同时，不断创新普法形式，“六五”期间的六大普法品牌“百花普法生态园”“农民工维权送法”“法治大篷车”“王叔叔普法”“东湖微普法”“法治娘舅”落地生根，这些特色亮点工作均被人民网，新华报业网、中国网、法制日报、新法制报、江西日报及司法部官网等媒体争相报道。在做好全市“六五”普法终期检查验收工作的基础上，代表南昌市迎接全省“六五”普法终期检查验收，省市检查组对东湖区“六五”普法工作给予高度肯定。三是法律顾问制度积极推进。为贯彻落实党的十八届三中、四中全会关于“普遍建立法律顾问制度”“保证法律顾问在制定重大行政决策、推进依法行政中发挥积极作用”的要求，全面推进法治东湖建设，认真落实省、市、区关于普遍建立法律顾问制度的要求，全区各党政机关、国有企业、事业单位、人民团体、街道组织均已聘请了法律顾问，率先在县区层面实现法律顾问聘用率 100%。在全市率先完成区法律顾问团的组建，成立由 14 名全省知名律师、知名法学专家学者组成的区法律顾问团，专门为区委、区人大及常委会、区政府、区政协的重大决策提供法律服务。四是依法行政工作力度加强。按照“三单一网”工作要求，对行政权力、行政审批等事项进行全面清理，完成全区司法行政便民服务事项的梳理工作。

【奋力维护东湖和谐稳定】 2015 年，区司法局围绕和谐东湖目标，健全各项矫正、调解工作体系。一是突出做好矫正对象的管理工作。自开展矫正工作以来，累计接收矫正对象 699 人，累计解除矫正 543 人，在矫人员 156 名，矫正对象衔接率、教育率、指纹录入率、信息核查率、GPS 定位率均为 100%。2015 年，聘请南昌铁路公安局西站派出所退休民警“江西十大好人”王文宪为法治宣传室主任，这是全市乃至全省首创在县区级矫正中心打造“警官工作室”，为社区服刑人员进行法治宣传和入矫前的法治教育；在区委、区政府和区政法委的高度重视下，在区检察院的监督指导下，完成 4 名矫正对象的特赦申报工作；以纪念世界反法西斯战争胜利 70 周年为契机，组织全区社区服刑人员到南昌新四军军部旧址等爱国主义教育基地,以培养矫正对象的爱国主义情怀及民族自豪感,从情感上减少他们重新违法犯罪的可能性。二是突出做好刑满释放人员的管理服务工作。2011年以来,全区共接收刑满释放人员1000余人,安置帮教率100%。全年组织服刑人员远程会见109次,将安置帮教工作拓展延伸到监所。为扩大刑满释放人员的就业率,通过多渠道组织他们参加市、区级举办的各种技能培训,进一步拓宽刑满释放人员的安置就业渠道。同时,积极鼓励他们自主创业,给予政策支持,使大部分人员解决了生活来源问题,极大地预防和减少重新犯罪,确保一方平安。三是突出做好"第一道防线"的调解工作。充分发挥好人民调解化解矛盾纠纷的"第一道防线"和"三调联动"的作用。坚持重大矛盾纠纷主动介入调处,第一时间组织人员赶赴现场配合相关部门防范事态扩大,切实维护好社会稳定。健全完善区、街道、社区(村)三级人民调解组织网络建设,在全区开展的"双拆"和"城中村改造"过程中,东湖区蓝天调解团积极为群众服务,深入一线进行为群众调解矛盾纠纷、为监狱在押人员调解房产纠纷等工作。全年全区共调解案件总数1263件,调解成功率达100%,涉及金额计596.82万元,排查矛盾106次,预防纠纷172起。

【大力提升法律服务工作水平】 2015年,区司法局将提升法律服务水平作为重要工作来抓。一是法律援助中心硬件建设得到加强。区法律援助中心秉承"能援则援,应援尽援"的原则,不断加强窗口建设及便民利民服务建设。2015年,利用原公证处办公场所进一步加强了法律援助中心的硬件建设,完善两级法律援助工作站规范化建设。东湖区法律援助工作站加强硬件建设的同时不断提升软件实力,荣获"全省法律援助为民服务示范窗口"荣誉称号,大院街道、墩子塘街道、滕王阁街道法律援助工作站荣获"全省示范法律援助工作站"。二是法律援助点横向到边、纵深到底全方位覆盖。2015年,在原群众团体组织中建立法律援助工作站的基础上,在区人武部、南昌警卫处、总后南昌教导队等六处团级以上部队单位设立了法律援助工作站,在107家社区(村)设立了法律援助联络点。根据农民工的工作特点,在永溪村成立了全省首家农民工法律援助工作站,开设了农民工法制夜校、法制夜市、农民工法务热线,全区法律援助工作覆盖率达到100%。全年办理各类法律援助案件200余件,接待来访群众约400人次,接听"148"法律援助热线来电约800人次。三是拓展公证服务工作。进一步做大做强的公证服务工作,实现"接待当事人热心、办理公证细心、处理问题公心"的"三心"服务。同时,不断创新工作举措,与东湖区法律服务中心共同建立了"东湖公证处人民调解室",较好地解决了公证办理过程中的矛盾纠纷。全年,东湖公证处共办理公证6353件,法律援助5件,减免公证费2500元。

【竭力打造过硬的司法行政队伍】 2015年,区司法局以围绕队伍建设,全面推进转作风、强素质的各项举措。一是扎实推进"三严三实"专题教育。班子成员带头专题学习和践行"三严三实",通过单位内网、QQ、微信等平台,将专题教育融入到每位干部经常性学习之中,局党组深入查摆问题,并结合实际制定了整改方案,切实做到以党风带政风,以作风促行风,使全局干部在"三严三实"活动中饱食"廉洁正气"之餐,切实做到以党风带政风,以作风促行风。二是扎实推进干部履职能力建设。全局上下始终把加强政治理论学习、提升业务能力摆在首位。通过以会代训、文件传阅、交流学习、总结提升等形式不断提高工作人员的政治理论水平和业务能力,切实提升了司法行政干部队伍的履职能力。三是扎实推进党风廉政建设和反腐败斗争。局机关领导、各司法所所长、各科室负责人分别签订了党风廉政建设责任书,局党组认真落实区纪委关于党风廉政建设"两个责任"的要求,切实肩负起党组的主体责任,在全局积极营造清正廉洁、干净干事的良好氛围。局党组对"三重一大"均提交局办公会研究讨论决定,做到大事多商量、事事多沟通,重大决策充分发扬民主。2015年,局机关、各司法所、公证处均没有因违纪违规被通报,全局上下均能严格按照党风廉政建设和反腐败工作要求严格要求自己。

【努力实现基层建设再上新台阶】 2015年,区司法局加强了基层建设,努力夯实基层基础。一是打造精品司法所。以规范化建设活动为载体,按照“六有”标准，打造了一批规范化司法所，基层司法行政职能发挥效果明显。经省司法厅验收合格，大院司法所荣获全国先进司法所荣誉称号。二是充实人员队伍。在区委、区政府领导的关心重视下，新招录3名公务员。

（叶华康）

仲　裁

【概况】 2015年，东湖区本着“预防为前提、处理为辅助”“调解为主、仲裁为辅”的工作理念，为促进劳资关系的和谐稳定，化解矛盾纠纷，创新工作思路，坚持以柔性调解为主，终局裁决为辅的理念，采取调解先行、多调少裁、能调不裁的办案模式，把调解工作贯穿到劳动争议处理的各个环节，有效地维护了劳动关系的和谐稳定。全年，共受理、处理各类劳动人事争议仲裁案件55起，实际结案率达100%，共为劳动者挽回各类经济损失40余万元，切实维护了劳资双方的合法权益。

【建立劳资纠纷排查制度和预警防范制度】 2015年，区人社局坚持把仲裁工作重心从事后处理转为事前排查化解。如在群众来电来访中，做好详细书面登记，发现苗头性矛盾激化问题，及早介入，迅速化解。主动压缩案件办理时限，提升效能。对事实清楚、证据确凿的案件，实行“一步到庭”及相关文书“一次性送达”，极大提升为民办事的效率和水平。

【建立新时期调解机制】 2015年，区人社局以人社基层平台建设为依托，着力提高劳动人事争议仲裁在基层化解矛盾纠纷能力，同时积极引导企业建立完善内部调解机制，初步建立以企业、街道人社服务所为主，融调解、服务为一体的劳动人事争议预防体系。实现劳动争议仲裁工作重心下沉和关口前移，为有效化解劳资纠纷、促进社会和谐稳定起到了积极的作用。形成了多层次、多渠道、广覆盖的新型劳动人事争议调解机制和工作框架。

【加大业务培训力度】 2015年，区人社局强化仲裁相关业务知识培训，既注重基础性业务知识的深学习，同时也采取案例分析、庭审现场观摩、学习其他地区先进做法等多种深度的培训模式，促进仲裁员专业知识积累及业务水平提升的深度。选派仲裁工作人员参加上级人事部门相关业务培训外，举办东湖区人事仲裁专门业务培训。

【调解集体劳动争议案件】 2015年，区仲裁委稳妥调解集体劳动争议案件，成功调处辖区内某公司的一起集体劳动争议案件。该案件不仅涉及人员多、金额大，且案情特别复杂，处理稍有不慎，或者处理方式不合适，很可能会引发更为严重的不稳定状况。办案人员与公司、劳动者代表和双方的授权委托人进行不厌其烦地协商和沟通，多次召集双方代表进行沟通、洽谈，正确理解企业和劳动者之间的关系，采取先易后难的方式，引导双方就某些分歧不大的部分逐步先达成一致。经过十余次的交流，终于使得双方的分歧渐渐缩小，并最终得到了统一，达成一个双方都感到满意的调解方案，最终彻底解决争端。60余名员工共计领取各项经济补偿金36万余元，切实维护劳动争议双方的合法权益，体现了仲裁部门处理案件的公平公正和妥善化解劳动争议的能力，东湖区的劳动关系环境更加和谐。

（喻伟文）

军　事

民兵和预备役部队

【概况】 2015年,东湖区人民武装工作在警备区党委和区委、区政府的坚强领导下,紧紧围绕"听党指挥、能打胜仗、作风优良"的强军目标,聚精会神抓建设,开拓创新谋发展,武装工作和经济社会建设呈现出整体推进、稳步发展的良好态势。

【党管武装氛围持续浓厚】 2015年,东湖区委始终把武装工作纳入经济社会发展整体规划,认真落实党管武装工作各项制度,全区党管武装工作保持持续发展的强劲态势。各级党委坚持把武装工作作为份内职责来抓,摆位正、抓得紧、措施实;在工作头绪多、发展任务重的情况下,坚持走访慰问驻区部队;克服安置压力,关注关心转业干部、随军家属安置、军人子女就学等工作,为部队建设排忧解难,得到上级充分的肯定。

【思想政治建设得到加强】 2015年,古田全军政工会议、纪念抗战胜利90周年、拥护支持改革强军等学习形成声势,"三严三实"和"学习践行强军目标、做新一代革命军人"等专题教育扎实推进,经常性思想工作深入细致,三支队伍思想稳定、爱岗敬业。组织新兵接受"传承英雄基因、弘扬八一精神"教育,让"八一"精神刻在心中、英雄基因融入血脉。民兵光荣传统、形势战备等教育有效落实,履行国防义务意识有效提升。

【战备训练水平聚力突破】 2015年,区人武部结合作战任务,深入勘察采集境内重要目标数据,开展赣江铁路大桥协防演练,完成首长机关及民兵分队两实训练,认真研究探索重要目标协防、国防动员等重难点课题,应急应战实战化水平有所提升。同步参加"红土地——2015"省国防动员指挥演练,区国动委共60余人参与演练,达到了检验指挥编组、锻炼筹划组织、熟悉指挥流程、快速处置情况、验证方案计划、完善信息系统的目的,进一步提升了东湖区战时国防动员支前保障组织指挥能力。

【力量建设取得成效】 2015年,区人武部科学调整民兵分队,按照"筹划早、底数清、内容全、逐个过"的方法,组织全区专武干部到外区参观见学,辖区内交叉观摩,开阔视野、找准差距,整组工作有效落实。5月,组织480名民兵分队集中点验,得到警备区首长肯定。

【兵役征集工作稳中向好】 2015年,区人武部认真落实征兵政策,坚持以新兵质量为核心、以廉洁征兵为重点,多措并举,综合施策,确保了征兵工作有序展开。完成了男兵、女兵、直招士官的征集任务,部队反映良好,是近些年完成征兵任务最好的一次。

【军民融合深度发展】 2015年,区人武部组织民兵分队200余人次参加除冰扫雪应急备勤任务,重大节日和敏感时期组织应急分队维稳巡逻,民兵应急连125人常态化保持了战备拉动。安排专项经费走访慰问了22名战区部队营连主官;大力开展扶贫帮困助学工作,建立定点帮扶责任制度,制定了具体的扶贫帮困活动方案,结对帮扶扬子洲镇林场村和2名贫困学生。

【努力抓好安全管理常态化】 2015年,区人武部紧紧围绕年初确定的"零事故、零案件,零违规违纪"的安全目标,采取紧紧扭住"人车枪弹密财"等安全管理重点,加大力度,强化管控,确保安全稳定。一是突出从严治部。以作风建设为抓手，以干部队伍建设为重点，2月，扎实开展“学、查、训、整”活动，以此为抓手，着力培养提高了干部职工的法规意识、命令意识和服从意识。二是突出制度规范。严格党管党员、党管干部制度，利用组织召开科务会、党小组会议等时机，掌握干部职工行为动态，强化党员干部“三圈”和“三个以外”的教育管理；落实“交班会、上班、下班考勤”“每周考勤通报”等制度，规范工作秩序；认真落实武器擦拭保养、车辆派遣动用、保密教育和安全检查等制度，坚持科每周、部每月组织对执行情况进行检查监督，切实维护制度的严肃性权威性。三是突出战备意识。突出加强“春节”和“两会”期间的战备工作。按照上级指示要求，落实各类值班分队和人员以及装备器材，修订完善方(预)案。加强情况分析研判和民兵情报信息员的管理，及时与地方信访部门沟通协调，及时掌握信访动态，有针对性地做好防范准备。

【着力抓好新营院的规范化整治】　2015年，警备区首长对区人武部新办公楼建设高度重视，多次现地指导帮助。针对首长机关指出的在营院规范化建设方面存在的问题，区人武部积极做好有关协调工作，成立营建小组具体负责这项工作，多次安排人员到南昌县人武部、湾里区人武部等兄弟单位参观学习，邀请省军区信息化处专家到东湖具体指导帮助。12月，区人武部按照警备区机关的要求，对所有办公室的办公使用面积进行一次整治，至2015年底，基本达到办公的标准使用面积。

（朱苏辉）

消防部队

【概况】　2015年，东湖区公安消防大队坚持防火、灭火工作两手抓，继续深入清剿社会面火灾隐患，不断推进社会单位“四个能力”建设，全面提升火灾防控力，推进部队正规化建设，提高部队战斗力，全面建设人民满意的消防队伍，确保火灾形势和部队内部“两个稳定”。2015年东湖消防大队成绩显著，被公安部评为“全国消防监督执法示范单位”，被江西消防总队评为“省级消防监督执法示范单位”。

【全年接处警情况】　2015年，区消防大队全年共接警497起，其中抢险救援出动260起(含抢险救援和增援其他城区)，灭火出动130起(不包括垃圾火35起、室外电线火60起、交通工具火灾12起)。全年消防车出动682辆次，出动警力4424人，抢救被困人员70人，疏散人员162人，抢救直接财产价值44.7万元，为全区乃至南昌市经济社会快速、协调、持续发展创造了一个和谐稳定的消防安全环境。

【狠抓岗位大练兵】　2015年，区消防大队高度重视岗位大练兵，早动员早部署，坚持“练为战”，不断提升部队战斗力。一是干部带头，全员参训，大队主官身先士卒，掀起岗位练兵活动高潮；二是科学练兵，在训练中讲究方法，注重科学，大队、中队在业务训练中摸索出一些简单、适用的方法；三是奖惩分明，为工作落到实处，东湖消防大队党委结合实际研究制定了奖惩措施，设立岗位练兵奖励经费，同时向各中队每月下发岗位练兵专项补助经费，促进基层练兵开展。在全市岗位练兵比武竞赛中，区消防大队渊明路中队及三经路中队分别在上半年和下半年的竞赛中取得团体总分第二的好成绩。

【完善消防安全“网格化”管理】　2015年，区消防大队全面推动街道社区、部门消防安全“网格化”。5月，与区综治办联合组织全区400余名网格员开展消防安全培训，提高网格员消防业务知识，使基层网格员懂基本消防法规和消防知识，能开展日常消防检查，能开展消防宣传教育。

【创新工作模式】　2015年，区消防大队以消防监督工作规范化试点为契机，整合现有监督执法警力和文员辅警人力资源，创新大队级部队管理、消防监督工作模式，定量化考评标准，使用手机办公软件，提高工作效率，加强绩效考核。将审批和日常监督相分离、监督检查和行政处罚相分离。防火监督工作由副大队长分工签批，大队长负责对整个执法工作管理和监督，同时设立专职执法督察组，加强规范执法。大队监督工作模式从按照片区承包责任制改成按行业、按职能进行分工。在“东湖消防”微信公众平台开通业务查询功能和群众评价体系，高度透明消防工作，为办事群众提供优质服务。

【分行业管理加强行业内交流】 2015年,区消防大队将全区二级消防安全重点单位由原分片管理模式调整为分行业管理,每个执法监督干部分管2~4个行业。每季度组织召开重点单位行业例会,讲解相关消防安全法律法规,对行业特性进行消防安全分析。每个行业设立1~2个优秀消防安全管理单位(场所),组织行业负责人、管理人进行参观学习。日常工作中利用大队微网站、微信群等平台开展网络宣传与交流,有效地推动各行业消防安全责任意识。

【严格监督执法消除火灾隐患】 2015年,区消防大队按照南昌消防支队和东湖区委、区政府的统一部署,结合消防安全形势,会同区安监、教育、民政、文化、派出所等相关职能单位,分行业、分区域对网吧、宾馆、幼儿园、中小学、易燃易爆场所、社区、养老院等场所进行了消防安全联合排查,有效地预防和遏制了重特大火灾,特别是群死群伤的恶性火灾事故的发生。全年,全区共检查单位17389家次,发现火灾隐患11730处,督促整改火灾隐患11420处。下发《责令改正通知书》等各类法律文书6357份,临时查封86家。办理消防行政处罚案件389起,责令停产停业31家。

【创新执法手段配齐执法装备】 2015年,区消防大队在全市率先配齐执法随车装备、个人随身装备,同时完善审讯室的功能及设施。7月,圆满完成全市消防监督执法规范化试点现场会工作任务,向全市推广消防监督执法先进经验。8月,指导滕王阁派出所召开东湖区公安分局派出所消防监督执法规范化试点现场会,推动了东湖区公安分局为全区每个公安派出所配备个人执法装备。

【加强消防宣传推动消防科普】 2015年,区消防大队开通“东湖消防”微信公众号,加大消防安全教育宣传力度。同时东湖消防大队宣传教育科八名消防文员分行业每人每天为2家重点单位、街办、社区开展“四个能力”授课,并增加消防安全巡查内容,提高其消防安全管理能力。东湖消防大队具体承办2015年东湖区“11·9”消防宣传月启动仪式,并主要依托东湖青少年宫消防体验馆开展为期1个月的消防宣传活动。在区消防大队的大力推动下,区教体局将中小学生消防科普培训纳入轮训课程,并将东湖青少年宫消防体验馆作为消防安全教育平台。

2015年1月14日,东湖消防大队在南昌大众购物中心开展消防演练活动

表 5 **2015 年东湖区分区域火灾综合情况**

项 目		火灾起数	死亡(人)	受伤(人)	直接财产损失(元)
合 计		237	0	0	835854
东湖区	扬子洲镇	6	0	0	116100
	八一桥街办	24	0	0	36980
	豫章街办	21	0	0	26951
	墩子塘街办	22	0	0	10600
	百花洲街办	27	0	0	60810
	公园街办	15	0	0	374856
	董家窑街办	49	0	0	109701
	彭家桥街办	28	0	0	51420
	滕王阁街办	28	0	0	22260
	大院街办	11	0	0	17540
	贤士湖管理处	6	0	0	8636

表 6 **2015 年东湖区月季火灾综合情况**

项 目		火灾起数	死亡(人)	受伤(人)	直接财产损失(元)
合 计		237	0	0	835854
一季度	1 月	27	0		57890
	2 月	31	0	0	186860
	3 月	20	0	0	396030
	小 计	78	0	0	640780
二季度	4 月	22	0	0	4580
	5 月	25	0	0	12711
	6 月	35	0	0	25621
	小 计	82		0	42912
三季度	7 月	14	0	0	22300
	8 月	21	0	0	23940
	9 月	12	0	0	2441
	小 计	47	0	0	48681
四季度	10 月	11	0	0	51451
	11 月	7	0	0	2100
	12 月	12	0	0	49930
	小 计	30	0	0	103481

（龚 颖）

人民防空

【概况】 2015年，东湖区人防工作贯彻落实全省人民防空会议精神，按照“长期准备、重点建设、平战结合”的工作方针，紧紧围绕“把握机遇、融合发展，加快推进人防建设社会化进程”的年度工作思路，精心谋划，用心落实，扎实工作，人防各项建设都取得了新的成绩。被南昌市人防办评为南昌市人防专业队伍整组先进单位。

【健全人防整组工作】 2015年，区人防办根据新形势下人防专业队建设的新要求，围绕战时可能担负的抢险救灾工作，对各专业队成员进行了适当的调整。通过整组，东湖区抢险抢修、医疗救护、消防、治安、防化、通信、交通运输、新型人防等八支人防专业队和重要目标防护专业队的成员均为各单位的技术骨干，具备较强的专业技能，有些队员一专多能，体现了专业素质的多元化特点，专业队员中有退伍军人、党员、民兵，大多数队员年龄较轻，且文化程度较高，人防专业队的调整工作有效提升人防专业队建设水平，为应对东湖区各类突发事件提供强有力的人才保障。在整组过程中严格按照南昌市人防办要求，加以规范和落实，按照制度健全、程序规范、突出重点认真组织实施。一是加强组织建设。对八支人防专业队的组建规模、组建布局、人员结构、人员编组和数量情况作详细摸底，及时掌握人员变更情况，并认真做好新型专业队组建工作的调研准备，严把专业队成员的素质关和政审关，通过适时补充、调整、变更各专业队人员，进一步优化人员结构；二是加强制度建设。建章立制，以制度建设促进规范化管理，建立较为完善的专业队整组、训练、工作和检查评比等制度；三是落实专业队人员的训练工作。6月，组织专业队骨干集中培训，学习有关法律、法规、文件和业务知识，切实提高人防专业队在应对城市防空袭和突发公共安全事件中的应急救援专业技能。

【加强机关“准军事化”建设】 2015年，区人防办按照“准军事化”标准和省人防办制定的“人防工作目标管理考核标准”，突出抓政治理论学习，思想教育、作风建设和效能建设，强化政治意识、纪律意识、责任意识，树立“一切权力属于人民，一切权力服务于人民”的正确权力观；完善工作制度，建立人防工作目标责任制，教育干部职工诚实守信、爱岗敬业、文明礼貌，人人能自觉维护人防办的声誉。通过人防机关“准军事化”建设创建活动，人防办党支部的战斗力明显增强，干部职工的业务素质和业务水平不断增强，依法行政、文明执法、服务经济发展的意识明显提高。

【大力开展宣传普及教育】 2015年，区人防办以《人民防空法》《江西省〈人民防空法〉实施办法》等相关法规为依据，以机关、企事业单位、学校等为宣传主体，采取广播、电视、宣传橱窗、散发宣传资料和手册等形式，在东湖区大力宣传人防工作的重要性，努力扩大人防工作的影响面。结合“9·18”防空警报试鸣演练，在开展警报常识、信号识别等宣传活动的同时，开展了以宣传人防法规、讲解人防基本知识、展示人防建设成就为主要内容的系列宣传活动，讲解人防基本知识、展示人防建设成就为主要内容的系列宣传活动，共发放宣传资料5000余份，集中宣讲人防知识8场次，接受咨询1000余人次，扩大人民防空影响，提高全民人防意识。

【人防通信警报建设】 2015年，东湖区共有警报器38台，经过测试和鸣放调查，参加鸣放的警报器鸣响率达到100%、城区音响覆盖率达到98%以上，38台参加鸣放的警报器技术性能稳定，准确发放了警报信号，按计划，圆满完成了鸣放活动规定的内容。

【人防工程的维护管理】 2015年，区人防办针对全区防空洞修建年代久远，年久失修现状，年初对各类工程作出维护管理计划。定期对各个早期工程进行了检查，并对存在安全隐患的两处工事进行回填加固。

（涂　成）

重大项目建设

综　述

2015 年，东湖区重大重点投资项目共 45 个，总投资 280.54 亿元，涉及产业类、旧改类、基础设施类、社会事业和民生工程类四大类，其中，产业类项目 11 个，旧改类项目 4 个，基础设施类 12 个，社会事业和民生工程类 18 个。2015 年，共有 30 个项目开工，占总计划的 67%；累计完成投资 15 亿元，占年度投资计划的 30%。

重点项目陆续开工。市级重大项目胜利路步行街改造（一期）工程顺利完工，并以全新面貌开街。新湖滨西路改造工程、中金国际交易中心建设稳步推进。区级重点项目三经五纬街区改造、谌家坊安置房、智慧城管、倍康健康管理中心等项目如期完工。华远和平里、开元名都大酒店等一批续建类项目全面投入运营。重点引入的阿里巴巴南昌产业带、豫章一号文化科技园项目的一期工程已于 11 月全面竣工，正式运营。

“惠民便民利民”项目全面推进。作为民生工程的重要一环，在 2015 年的东湖区重大重点项目投资计划中，共涵盖了 20 个“惠民便民利民”项目，19 个项目已经全面开工，在全市率先完成背街小巷路灯亮化全覆盖，辖区 86 个社区新装路灯 2276 盏，做到应装尽装；完成墩子塘等 5 家农贸市场“超市化装修、智能化管理、便民化服务”升级改造，在全市农贸市场考核中获 9 次第一；完成 112 处沟管化粪池改造、13 个积水点整治、10 个街头小游园建设及提升工程；完成贤士湖管理处、董家窑便民服务中心建设，民生工程全面完工。

项目推进机制进一步完善。2015 年 2 月制定出台了《东湖区重大重点项目管理办法》《2015 年东湖区重大重点项目推进调度办法》和《2015 年东湖区重大重点项目推进工作考核办法》。在《项目管理办法》中首次推出项目动态管理制度，明确项目的准入和退出机制，突出项目申报的可行性和科学性。在《调度办法》中，将项目的推动予以制度化、规范化进行落实，实行项目分级调度制度、推进情况通报制度、项目联合督查制度。在《考核办法》中建立重大重点项目推进工作月、季年度考评奖惩制度。

项目推进举措进一步优化。每个项目都实现“一个项目、一个挂点领导、一套推进班子、一张推进计划、一套奖惩办法”的“五个一”推进制度。在原有项目库管理的基础上，2015 年增加项目工作方案、优化了项目进度表，重点突出项目的进展情况和存在的问题，建立东湖区项目工作的联络机制。考核更加优化，注重奖优罚劣，考核采用听取汇报、现场督查、查阅资料等方式，每个月对各个项目推进情况进行一次考核排名，对各个项目责任单位进行考核评分，年终进行汇总考评。

表 7　**2015 年东湖区重点工程项目一览表**

类　别	项目名称	项目地址	项　目　简　况
在建类项目	城区道路延伸工程	豫章路	豫章路北延道路延伸工程项目，投资 800 万元，延伸段长 233 米，红线宽 12 米。2015 年已完成豫章路北延道路延伸工程

续表7

类　别	项目名称	项目地址	项　目　简　况
在建类项目	城区道路综合整治工程	东湖区城区	投资6000余万元，对戴家巷(车行道2577平米)、环湖路(车行道3860平米)、青山路住宅小区(车行道9852平米)、新公园路(车行道7446平米)、南福路(车行道1474平米)等城区道路进行综合治理。2015年该工程项目已完工
	扬子洲地区道路综合整治工程	扬子洲镇	投资3500余万元，启动扬子洲地区鹏举路、扬农路、扬新路等三条道路总长约4公里的道路综合整治工程，其中鹏举路南北段工程、扬农路整治工程已完工，扬新路整治工程基本完工
	青山湖西岸基础设施改造工程	青山湖西岸	一是省电力公司投资2.1亿元，在青山湖西岸七里街建设220千伏变电站，已完成变电站的主体工程。二是东湖区投资1.85亿元，建设湖滨西路约2710米改造工程，项目已完成工程进度50%
	三经五纬路街景改造项目	三经路五纬路区域	投资1亿元，启动三经五纬路街景改造项目。包括对辖区道路综合改造；对区域内建筑外墙立面综合整治；对1～2个开放性社区综合整治。该项目已基本完工
	立体/地下停车场	新货村	投资1500万元，建设新货村地下停车场。该停车场建筑面积4000平方米一层，总车位100个
	背街小巷路灯亮化工程	东湖区城区	投资750万元，启动大士院北区等80个社区的背街小巷路灯亮化工程。该工程项目已完工，新安装路灯1797盏
	街头小游园	东湖区城区	投资2200余万元，启动全区范围内10个小游园的提升改造工程。目前已完成了三经路小游园、江药小游园，玉带河小游园，石厂街小游园，光明社区小游园，生产大队小游园等6个点位的小游园提升改造工程
	智慧城管项目	东湖区城区	项目由中国电信南昌分公司投资1.2亿元建设，区政府采取购买服务的方式获得相关服务。包括两大部分：一是智慧城管监督指挥中心，面积1200平方米，涵盖智慧城管软件平台、视频监控、无线执法和呼叫中心四大系统；二是智慧城管展示大厅，面积300平方米。目前已完成了智慧城管监督指挥中心和智慧城管展示大厅的建设工程。智慧城管将打造“天网、地网、人网”三网合一的智慧城市管理平台
	第三批校园提升改造及信息化建设工程	东湖区城区	投资6800余万元，对城区部分初中、校园、幼儿园进行校园内部提升改造。其中改造类：校园内部提升改造，室内建筑面积40000平方米，室外建设面积20000平方米。采购类：添置信息化设备及提升学校硬件水平。该项目已完成
	街道便民服务中心	董家窑(证券街179号紫金城小区9栋)、贤士湖(腾蛟路26号)	投资550余万元，建设董家窑街道和贤士湖管理处两个“五星级”便民服务中心。董家窑街道便民服务中心项目共计3200平方米，其中服务大厅建设面积1700平方米，文化活动中心建设面积1500平方米。贤士湖管理处便民服务中心项目共计1200平方米，其中服务大厅建设面积300平方米，文化活动中心建设面积900平方米。该建设项目已完成
	街道社区卫生服务中心	豫章(青山南路72号内)、董家窑(董家窑路168号)	投资2500万元，建设豫章街道、董家窑街道两个社区卫生服务中心，已完成国有化固有化建设工作
	街道文化活动中心	董家窑(紫金城小区20栋20号楼商业部分2楼)	投资500余万元，建设董家窑街道文化活动中心。文化活动中心建设面积1500平方米，设有图书室、电子阅览室、健身房、器乐室、舞蹈室、书画室、棋牌室、乒乓球室、排练室、党员活动室等。该活动中心是综合性活动场所，实现了服务的全覆盖。该建设项目已完成

续表7

类　别	项目名称	项目地址	项　目　简　况
在建类项目	集贸市场改造项目	东湖区城区	投资1600余万元,对四经路、花园角、新建德观、文教北路、钟鼓楼5个集贸市场进行全面升级改造。5个市场改造工程拆除了市场内原有陈旧设施,对市场内的地面、菜台摊位布局、吊顶、照明设施、农药残留检测、经营户之家等软硬件设施进行了全面的提升改造;增设了专门的休息区,可供市民休息休闲;重做屋顶房漏工程;重新铺设下水管网,增加化粪池数量及容量,彻底解决了经营户和附近居民的后顾之忧。改造后的五个农贸市场将完全告别"脏、乱、差、湿、腥、臭"现象。该集贸市场改造项目已全部完工
	倍康健康管理中心项目	董家窑起凤路58号金磊大厦1~3层	由江西倍邦健康产业发展有限公司投资5000万元,建立省内首家系统专业的"倍康健康云—整体健康管理体系"。该项目建设面积1.2万平方米,包括:健检中心、慢病(糖尿病)管理中心、中医康复理疗中心、健康养老信息交互中心、远程医疗诊断中心、妇幼康复中心等
	2011年度垦区危旧房改造工程	扬农管理处	投资5000万元,项目占地约20亩,总建筑面积2.87万平方米,集中新建高层楼房3栋,共计256套,配套建设幼儿园一所。截至2015年底,项目已完成进度60%
拆迁类项目	临江商务区滨江片区旧城改造项目	临江商务区滨江片区	完成占地面积968.8亩的铁线湖、铁路西货场、二七北路粮库、熊邓村、下沙沟、沙滩魏村6个点51.18万平方米的房屋征收面积,征收户数3862户
	长巷村(起凤路)和香江家俱城改造项目	起凤路、香江家俱城区域	完成占地面积320.8亩的起凤路、香江家俱城等两个点33.72万平方米的房屋征收面积,征收户数2127户
	环丘街周边地块改造项目	环丘街周边	爱国路以东,环丘街以西项目占地30.8亩,征迁面积2.89万平方,征收户数314户
申报类项目	胜利路步行街街景改造及地下商业街区项目	胜利路步行街	由江西明和置业有限公司投资10亿元,打造胜利路步行街综合改造工程,包括地上商业街区和地下双层商业街,提升传统商业步行街的档次和业态街景。一期项目北起阳明路与胜利路交叉口,南至中山路与胜利路步行街交叉路口,长约1300米,宽约16米~20米,建筑面积约38000平方米;二期项目叠山路地下商业、配建停车场工程:西起棕帽街与叠山路交叉口,东至象山路与叠山路交叉口,长约650米。截至2015年底,一期工程已经完工
	中金国际交易中心	青山南路18号	"中金国际交易中心"占地面积22693平方米,规划建设成:中金旗舰店、奢侈品会所店集群、写字楼及服务中心、五星级酒店及酒店式公寓为一体的"高端商业消费MALL",总建筑面积约15万平方米,绿化率达25%,停车泊位约800个
	青山湖西岸七里村还建房项目	青山湖西岸七里村	洪都北大道以东,富大有路以南,青山北路以北,中大路以西;占地面积237亩,拟建安置用房。总建筑面积约65万平米,其中地上建筑面积约50万平米,地下车库约15万平米
	2013年度垦区危旧房改造工程	扬子洲农场	项目总投资4000余万元,占地约15亩,总建筑面积2.2万平方米,集中新建住宅220套

(许　青)

青山湖西岸开发项目

【概况】 青山湖西岸改造开发项目位于赣江以东,富大有堤以南,湖滨西路以西,洪都北大道以北。东临青山湖,西接赣江,临江伴湖,区位优势突出。规划设计区域面积4254.45亩,其中:国有土地2075.75亩,集体土地897亩,保留地块占地911亩,道路绿化占地340亩。截至年底,项目地块正处于土地征收和道路路网建设阶段。

【青山湖西岸安置房项目】 青山湖西岸安置房(李家庄、谌家坊地块)项目位于东湖区中大路天骥路旁,项目总用地41亩,分为A、B两个地块,规划设计4栋高层建筑东西成排布置,地块沿天骥路及青山支路分别设置了底层商业店面,小区出入口分别设置在天骥路及青山支路,小区内设社区服务中心,物业、幼儿园等配套设施。项目总建筑面积约10.09万平方米,其中地下室面积1.99万平方米,地下车位416个,地上车位208个,物业用房面积316.94平方米,三班幼儿园面积1314.29平方米,非机动车位250个,商业面积5341.68平方米、总安置户数780户,总投资约3.5亿元(招标控制价约2.29亿元),整体工期20个月。项目于2014年7月开工建设,截至2015年底,项目已完成进度的90%。

【新湖滨西路工程项目】 新湖滨西路工程项目西渠整体覆盖长2950米、断面2孔(5.4~8米)×(3.3~3.5米),单孔(9.5~13米)×(3.3~3.5米)、巡游道布置于现状西渠改造后的箱涵上,其基本平行现状湖滨西路,道路全长约2710米,双向两车道,道路宽8.5米;新建游步道布置于青山湖与洪都大道之间相思林公园绿化带内,连接湖滨西路和湖滨南路游步道,宽6米,现状湖滨西路做游步道使用;主要建设内容包括渠道覆盖、道路、排水、绿化、照明、交通设施等工程,道路等级为城市游览性支路,总投资约1.7亿元(建安费1.45亿元)。项目于2015年6月开工建设,项目整体建设工期16个月。截至2015年底,项目完成情况:第一,基坑支护基本完成;第二,雨水箱涵混凝土垫层累计完成2100米,占总量的71.2%;第三,雨水箱涵底板混凝土浇筑累计完成1850米,占总量的62.7%;第四,雨水箱涵整体累计完成1690米,占总量的57.3%;第五,188米污水箱涵改造全部完成;第六,沿线桥梁拆除3座,还有4座尚未拆除。

【青山湖西岸农房及城镇安置房项目】 青山湖西岸农房及城镇安置房工程(七里村五个地块)分为三个标段,第一标段:青山湖西岸七里村农民拆迁安置房工程(A、B地块)(控规CD101-A03部分地块),项目位于洪都大道以东、青山北路以北,项目用地面积约2.26公顷,建筑面积约5.66万平方米(计容),总投资估算约2亿元。截至2015年底,已办理项目前期手续有:选址意见书、项目建议书、环评批复、水保批复、用地预审、规划方案批复。第二标段:青山湖西岸农房及城镇安置房工程(C地块)(控规CD101-B01地块),项目位于洪都大道以东、七里路以南、童子桥路以北、青山支路以西。项目用地面积约9.55公顷,建筑面积约28.65万平方米(计容),总投资估算约8.8亿元。截至年底,已办理项目前期手续有:选址意见书、项目建议书、环评批复、水保批复、用地预审、规划方案批复、能评批复。第三标段:青山湖西岸七里村安置房工程(D、E地块),D地块(控规CD101-D05地块)位于青山支路以东、电厂路以西、童子桥路以南、青山北路以北;E地块(控规CD101-D06地块)位于电厂路以东、中大路以西、童子桥路以南、青山北路以北。项目用地约4.03公顷,总建筑面积约19.6万平方米,总投资估算约7亿元。七里村五个地块只有C地块具备施工条件,其余4个地块因土地收储、拆迁、高压线未迁移等原因均不具备开工条件。

(闵　杰)

综合服务中心及文化活动中心项目

【概况】 东湖区综合服务中心及文化活动中心项目总用地面积3.24公顷,总建筑面积8.07万平方米,其中地上面积5.72万平方米,地下室面积2.36万平方米。综合楼5.51万平方米(地上十五层37255平方米,地下二层17836平方米),文化楼2.56万平方米(地上九层1.99万平方米,地下一层5719平方米)。项目建筑总占地面积4298.56平方米,容积率1.65,建筑密度18.9%,绿化率33.6%。机动车停车位350个,其中地上46个,地下304个,非机动车停车位212个。项目于2012年正式开工建设,2015年底建设已完成,交付使用。

【项目投资】 项目概算批复为省、市发改委,概算总额为27476.76万元,其中区综合服务中心概算为14144.46万元(包含区综合服务中心、区综合执法服务中心、区综合服务中心及文化服务中心配套附属用房三个项目),区文化活动中心概算为13332.3万元(包含区文化活动中心及区文化活动中心智能化两个项目)。工程建设总费用预计为30000万元。

【项目工期】 项目计划总工期3年,2012年6月28日举行开工典礼,计划竣工时间2015年6月30日。主要分项工程开工时间:2012年9月11日开始桩基施工,2013年3月26日建筑主体工程开工建设,2014年5月29日装饰装修、智能化工程开工建设,2014年9月10日园林景观、室外管网工程开工建设。受新增南广场地下室停车场工程等因素影响,整体进度有所滞后,实际竣工时间2015年12月25日,2015年12月28日入驻新大楼办公。

【参建单位】 本项目建设单位为东湖区机管事务管理局,为了加快推动项目建设,成立了区综合服务中心及文化活动中心建设领导小组办公室。其他主要参建单位:地勘单位为南昌市建筑设计研究院有限公司。设计单位为深圳市华筑工程设计有限公司(方案设计),南昌市建筑设计研究院有限公司(建筑施工图设计),南昌金昌装饰设计工程有限公司(装饰施工图设计);泰豪科技股份有限公司(智能化施工图设计),江西上林景观工程设计有限公司(园林景观施工图设计)。监理单位为江西中昌工程建设监理公司(区综合服务中心桩基工程监理),江西恒实建设监理咨询有限公司(除中昌监理范围以外)。施工单位为江西建工第一建筑有限责任公司(建筑主体工程),深圳市洪涛装饰股份有限公司(装饰装修、智能化工程),江西景观建设集团有限公司(园林景观及室外道路管网)。

(欧阳坚明)

城区重大基础设施建设项目

【概况】 2015年,东湖区始终坚持高标准规划、高品位设计、高质量建设、高效能管理,大投入、大建设,先后进行道路改造、街景改造、道路延伸、小游园建设、停车场建设、市政管网改造等多个基础设施建设项目,全区城市建设水平迈上新台阶,群众生活环境更加适宜。

【道路延伸工程】 随着东湖区经济快速发展,机动车成倍增长,市区多条断头路造成大量的人流、车流汇入主干道,不仅加剧了交通拥堵,更造成了市区部分地段脏、乱、差的不良环境。2015年,区城建局在多方实地考察调研后,围绕"方便、温馨、开放、现代"的城市格调,完成豫章路北沿、龙沙路、朱德军官教导团道路等3条断头路贯通工程,改善辖区道路微循环。项目总投资约1400万元,豫章路北沿工程已于2015年9月完工。龙沙路贯通工程和朱德军官教导团道路正在进行道路红线范围内拆迁。

【新货场地下停车场建设工程】 东湖区综合服务中心及文化活动中心建设项目周边楼盘密集,没有配套大型社会停车场,且周边楼盘自有停车库严重不足,对周边交通造成了较大的压力。考虑东湖区社会自有车辆的快速增长,以及方便群众的需求,为提高该项目地块的土地使用效率,区城建局在该地块新建新货场地下停车场,项目总投资约1300余万元,该地下停车场建筑面积3963.48平方米,设计停车位为99个。该项目于2015年1月初开工,8月底竣工,有效地解决了该停车场周边的停车难问题。

【胜利路地下商业街和街景改造工程】 2015年,胜利路人防平战结合工程项目是南昌市百大重点工程项目,东湖区通过招商引资由江西明和置业有限公司投资兴建。该项目地处南昌最繁华区域,整体位于胜利路、叠山路地下空间,呈"十"字型结构,将以民国时期建筑风格为基准,打造出南昌乃至全国的商业标杆步行街。该项目由胜利路地下商业街(北起阳明路与胜利路交叉口,南至中山路与胜利路步行街交叉路口）和叠山路地下商业街（西起棕帽街与叠山路交叉口，东至胜利路与叠山路交叉口）组成，分两期建设，总建设长度约2000米，占地面积3.2万平方米，建筑面积约5.07万平方米，总投资约12亿元。该项目第一期工程（中山路至叠山路）施工段总长960米，地下空间面积约3万平方米，于2014年7月开工建设，截至2015年底，胜利路步行街两侧立面改造工程已基本完工，地下部分（中山路至叠山路段）已完成总工程量的90%，一期主体工程已基本完成。

【三经五纬街区改造工程】 2015年，区城建局加快基础性、功能性、公益性项目建设，增强城市公用行业的保障能力，改善人居环境。根据市委市政府、区委区政府的统一规划、部署，对三经五纬街区内的一经路、二经路、三经路、富大有路、一纬路、二纬路、三纬路、四纬路、爱国路、滨江社区支路、盐业公司支路、豫章路等十二条道路的街道环境进行提升改造。整个工程涉及道路路面改造、围墙改造、树池改造、绿化改造、人行道铺装、路灯改造以及杆线下地。总长约6.8公里，总面积9万平方米。项目总投资约1亿元，该项目于7月中旬正式开工，12月底完工。“干干净净、漂漂亮亮、古朴典雅”是三经五纬街区综合整治工程的总体要求。三经五纬地块拟定位为红色军旅特色文化街区，同时结合东湖区的实际情况和军旅商业街的具体要求，对该地块综合改造，打造商业商务集聚区，相关产业注入军旅文化和现代元素，体现商业街的时代性，突出军旅文化特色，营造“人在商业街、心在军营中”的氛围。

【小游园建设工程】 2015年，通过拆违拆临和闲置地处置，区城建局“见缝插绿”地新建、提升9个小游园。项目总投资约2200万元，项目设计坚持以人为本、健身娱乐为主的原则，真正做到在改善周边居住环境的同进也满足市民健身娱乐的需求。项目于2015年5月开工建设，截至2015年底，江药社区、石场街、生产大队、光明社区、永和新村、玉带河小游园、贤士湖小游园7个街头小游园已完工，八一公园和刘将军庙2个点位因房屋征收及计划调整部分项目未启动。

【城区道路提升改造工程】 2015年，区城建局为提升城市功能，以完善城市快速路网体系，打通断头路、疏解拥堵节点为重点，加快推进老城区道路改造、对外路网对接、城市功能配套升级、城区道路“白改黑”等城市建设项目。对民德路、戴家巷、环湖路、花园角路、南福路、贤士一路、赣桥北路、青山路住宅小区、省图南路（含强电土建）等9条城区破损道路、“水浸街”道路进行升级改造，解决城区道路路面破损、结构不合理、积水、照明设施落后等问题。环湖路、戴家巷、新公园路、南福路、青山路小区道路已于5月开工建设，于10月完工。受地铁二号线施工影响，城区道路交通管制，剩余道路将延后至2016年施工。民德路因计划调整未启动。

【市政设施维管工程】 2015年，区城建局按照区委、区政府总体安排，总投资约744万元实施背街小巷路灯亮化工程，于5月中旬开工，2015年7月底在全市率先全面完工。项目实施过程中，区城建局还在计划外新装LED灯500盏，此次共在辖区9个街道及贤士湖管理处86个社区新装路灯2276盏。项目的实施彻底解决了背街小巷居民出行难题，让居民不用为行夜路而担忧。2015年5月开始，区城建局对三经四纬路、永外正街、章江路、王家庄、五纬路、民德路、渊明北路、百花洲路、文教路、后墙路、豫章路、苏圃路、建德观等13个辖区内积水严重点位进行整治，项目总投资约390万元。通过清淘疏浚、日常养护用小工程加井，及结合道路改造同步实施等方式对辖区积水点进行整治，截至2015年底，项目已全面完工，有效地解决雨季积水，居民出行难问题。

（李　琦）

商贸流通和服务业

综　述

2015 年，东湖区紧紧围绕打造”实力东湖、活力东湖、魅力东湖”的总体目标，立足区域资源优势，抓招商、引项目、扩投资、促消费。坚持以招商引资为重点，以商务楼宇为依托，以街区打造为基础，以项目带动为纽带，以经济繁荣为目标，坚持稳中求进、挖潜增效，有力应对财政增收乏力、社消增长滞缓的不利局面，主要指标逆势上扬、速度效益同步提升。全年社会消费品零售总额 251.88 亿元(同比增长 4%)，其中限额以上社会消费品零售额完成 98.54 亿元(同比下降 1.4%)的大形势下，全年，全区完成了地区生产总值 378.75 亿元，同比增长 8%，高于预定目标 0.5 个百分点；固定资产投资 161.09 亿元，同比增长 17.1%；财政总收入、地方一般公共预算收入分别达到 57.31 亿元和 12.32 亿元，按省口径分别同比增长 10.2%、11.92%(市口径同比分别增长 6.7%、10.1%)。税收收入占财政总收入的 93.38%，经济发展“含金量”持续提高。

2015 年，东湖区注重商业特色街建设，以“彰显特色、一街一品”为导向，大力提高商业街设施建设标准，逐步建立“行业准入”制度，大力招引龙头项目、知名企业、品牌企业、特色企业、老字号企业入驻。在胜利路步行街的管理上，基本形成了“以展会商，以展兴市”的良好局面，国际、国内的知名品牌纷纷落户步行街，胜利路步行街的日均人流量、营业额和税收均呈逐步上升趋势。

2015 年，东湖区做实民生工程方面，在高质量高标准完成文教北路、建德观、花园角、四经路、钟鼓楼五个农贸市场升级改造项目的同时，通过以网络信息化平台为加强三级监管平台建设、提升管理经营能力、强化市场管理机制、科学化人性化的提升市场设计建设水平等方式，取得了农贸市场建设和管理水平全省名列前茅的好成绩，树立和巩固了省级农贸市场民生工程标杆形象。

2015 年，东湖区积极协助餐饮企业创新经营模式，在困境中逆势而行，以东湖区独一处、红牛春天等为代表的高端餐饮企业纷纷更换菜单，推出平价亲民菜，降低人均消费，并积极改变经营策略向多元化拓展市场，瞄准特殊人群提供定制服务，延伸产业链，推广外卖外送业务，拓宽了销售渠道。

2015 年，东湖区积极加快健全旅馆住宿服务体系建设，进一步促进旅馆住宿业健康有序的发展，积极引导旅馆住宿业结构不断调整优化，建立旅馆住宿业统计制度及完善服务质量管理体系，加大了监管力度，规范了旅馆住宿业市场秩序。

（江泽炉）

商贸业管理服务

【概况】 2015 年，东湖区城区商贸业以集聚知名品牌、发展特色商业，整合优势资源、优化产业结构，加强政府服务、强化功能聚合等为目标，着力于提升现有商业街的档次和规模，通过采取“一街一品”做商业、“双管齐下”抓社消、“三个提升”树品牌等系列措施，焕发了老城区商业新活力。

【打造“一街一品”的商业特色】 2015 年，东湖区以“彰显特色、一街一品”为导向，大力提高商业街设施建设标准，逐步建立“行业准入”制度，以大商业带动商业业态的转型,全力推进品牌街、特色街、精品街建设。打造了蓝海特色商业街,将蓝海梦芭广场购物美食夜市街打造为民生、文化、旅游、商业共同体,成为南昌乃至江西唯一的白天亮丽精彩、晚上浪漫休闲之地;并积极向市政府申报蓝海夜市街为2014—2016年南昌市夜市街建设项目;通过前期的积极培育,2015年东湖区胜利路步行街、791艺术街区、樟树林文化街区获得南昌市特色商业街授牌。

【多措并举推动商贸业发展】 2015年,区商务局多措并举,推进商贸流通企业发展。一是做好服务,巩固现有企业发展。首先是充分将省、市优惠政策落实到企业,由区商务局联合区统计局和各街道对东湖区辖区内的限额以上商贸流通企业进行优惠政策宣传,加强与企业的联系沟通,做好服务工作,确保政策做到应用尽用;同时,调动一切积极因素,帮扶大中型商贸企业渡过经济下行和地铁建设的困难时期,以此助推企业发展,促进实体经济持续增长。二是做好挖掘和培育新增社消企业力度。根据省、市文件要求,区商务局制定《东湖区加强限额以上商贸流通企业培育工作实施方案》。积极联合各街道进行深入调查摸底,重点是从事批发和零售业、住宿和餐饮业的企业,将批发业年主营业务收入2000万元以上、零售业年主营业务收入500万元以上,住宿餐饮业年主营业务收入200万元以上的企业纳入报表统计范围,做到应统尽统。对接近限额以上标准的个体工商户,加强跟踪服务,促其转变为企业法人,进入统计范围。

【树立农贸市场民生工程全省标杆】 2015年,东湖区在新公园路、墩子塘、贤士花园三个五星级农贸市场的基础上完成了文教北路、建德观、花园角、四经路、钟鼓楼五个农贸市场升级改造项目,截至2015年底,全区的市场建设和管理水平在全省名列前茅,在市场硬件完善化、省标化的基础上,根据经营特点和上级部门的各项要求,通过"三个提升"不断强化日常管理,继续树立和巩固省级农贸市场民生工程标杆形象。一是提升监管平台。以网络信息化平台为基础,加强商务局、物业站、市场三级监管平台建设,完善局机关、物业机关领导干部以及市场主任和管理人员的现代化沟通水平,通过电脑和手机的微信、短信、拍照录像等功能,即时发现和解决管理中存在的问题。二是提升管理经营能力。强化了各市场重点区域、重点时段的日常管理机制,在经营户中开展评选星级文明经营户和流动红旗活动,同时还将大力配合城区综合执法队,对市场周边存在的占道、住改非情况进行整治,保护市场繁荣有序、经营户公平经营。为了保证市场的经营效率,通过成本核算,申请有电专线,减少不必要开支,找到社会效益和经济效益的平衡点。三是提升市场设计建设水平。在近年来的市场建设中,东湖区已经逐步掌握了一套科学、人性化的农贸市场设计建设经验。2015年,文教北路、建德观、花园角、四经路、钟鼓楼5个农贸市场升级改造项目获得了居民群众和省、市领导的肯定和认可。

(江泽炉)

胜利路步行街商贸活动

【概况】 2015年,胜利路步行街有商铺258家,商户经营范围主要为照相器材、珠宝眼镜、品牌服饰和国内外知名餐饮等,营业面积近10万平方米,超过1000平方米卖场的商家有10余户。日均人流量超过6万人次,节假日达到30万~50万人次。营业额和税收也呈上升趋势。步行街综合改造稳步实施,不断推进地下商业街工程。公共场所无线局域网络建设得到推进,截至年底,已经完成近60家商户的无线Wi-Fi的安装调试工作。

【日常管理】 2015年,步行街管委会严格内部管理,实施了新的考勤管理、早读晨会制度,并采用脸谱识别考勤机,以严格考勤制度。在街内进行24小时全天候巡逻,对占用道路,店面门头装修和户外广告进行了有效地管理。处理城管网所查违规现象68起,整治占道经营、流动摊点76起;收缴违规使用音响设备10台/套。通过综合整治,胜利路步行街经营秩序得到明显改善,出店经营、占道经营、噪音扰民现象得到了有效地遏制。

【维稳工作】 2015年,步行街管委会认真抓好了元旦、春节、清明、五一、端午、中秋、"9·3"抗战胜利七十周年庆祝活动、国庆等重要节假日及“两会”等重大会议期间的安全稳定工作,建立健全领导带班、值班制度。坚持与“法轮功”等邪教组织的非法宣传作斗争。对发现、收缴的各类反动宣传物品做到了及时上报、及时送交当地派出所,降低了公众场所的负面影响。

【商贸活动】 2015 年,由于步行街进行综合改造,商务促销及公益活动大幅减少。全年共举办各类活动 29 次,其中公益活动 3 次,大小商务及企业形象展示活动 26 次。其中公益活动有 2 月书法家为市民书写春联;8 月南昌艾玛妇产医院举办的“2015 七夕艾玛艺术胎教之旅——音乐嘉年华”活动;9 月南昌牙防所开展的全国爱牙日公益宣传活动等。通过举办各类活动,取得了较好的社会效益,促进了步行街的发展。

【“百城万店无假货”活动】 2015 年,步行街管委会联合工商、质量技术监督、物价和卫生等职能部门组成综合执法队伍认真抓好全国“百城万店无假货”示范街的维持工作,每月对街内商户在产品质量、文明用语、亮证经营、明码标价等方面的工作都进行全方位的督导,促使商户朝着规范、诚信经营的方向发展,营造良好的经营氛围。认真做好天天“3·15”投诉、接待、处理工作。共受理各类投诉 1 件,处理率、满意率达 100%。为消费者提供一个“投诉不出街”的良好购物环境。

(江泽炉)

集贸市场建设

【概况】 2015 年,东湖区共有 14 个农贸市场,其中墩子塘、董家窑、新公园、新建德观、四经路、贤士花园、花园角 7 个农贸市场为东湖区市场物业管理站自营市场;叠山路、章江路 2 个农贸市场为东湖区市场物业管理站“托管”市场;文教北路农贸市场为区属单位自营市场;其余上沙窝、五纬路、灵应桥、钟鼓楼等 4 个市场为个体自主经营市场。李家庄农贸市场因经营户大量流失,经营困难,市场于 2015 年 7 月关停。

【完成新一轮农贸市场改造工程】 2015 年,为切实做好市民菜篮子工程,东湖区投入 2000 多万元对新建德观、钟鼓楼、花园角、四径路、文教北路 5 家农贸市场进行改造,总改造面积达 8000 余平方米。该项目在年初即被列入南昌市、东湖区的重大重点项目计划。聘请专业设计公司进行外观效果和内部平面的设计,高标准选材、严要求施工,对各市场内外部软硬环境进行了整体提升。改造工程自 6 月开始,历时三个月,9 月底全面完工。改造后的东湖区农贸市场进一步完善了农贸市场功能、提升了农贸市场品位,为市民提供了一个基础设施功能完备、购物环境卫生清洁、商品食品安全放心的购物场所。完善的设施与整洁的环境,使市民购物更加放心;人性化、多样化的服务,使市民、摊主更加舒心。

【推行人性化的便民服务】 2015 年,大部分农贸市场配备有专门停车场,有专人负责疏导和值守;专门的休息区,可供市民休息休闲;严格执行农残检测制度和肉菜追溯制度,为老百姓构筑一道食品安全的“防火墙”,部分市场内设置家电维修、衣物缝补、OTO 购物体验等便民点,为市民提供与日常生活息息相关的便民服务。

【高标准硬件设施服务市民】 2015 年,东湖区农贸市场完全告别“脏、乱、差、湿、腥、臭”现象。新改造的市场根据各自人文、历史氛围的不同,因地制宜,精益求精,采用符合各自市场特色的装饰工艺。四径路、新建德观、文教北路等市场装饰以现代简约、新颖实用为主,花园角市场以“八一起义朱德故居”历史名居为设计指引,钟鼓楼农贸市场的设计融入了南昌古钟鼓楼的古朴、厚重的历史、文化元素。按蔬菜、肉类、豆制品、熟食、水产、活禽等商品分类进行划行归市,区域标识明显,摊位号、经营字号和标牌统一规范,实现摊区布局精致合理,整体环境宽敞大气,经营区域井然有序的预期目标。重做屋顶房漏工程,重新铺设下水管网,增加化粪池数量及容量,彻底解决经营户和附近居民的后顾之忧。带给市民极佳的视觉享受和全新的购物体验。

【品牌化的管理模式】 经过多年的农贸市场管理实践,东湖区积极地丰富农贸市场管理经验,逐步形成特有的农贸市场管理品牌。在 2015 年全市农贸市场管理检查评比中,东湖区取得 10 次第一名、2 次第二名的好成绩。在全区新改造的农贸市场推行制度化、信息化管理,强化多级监管,实施农贸市场长效管理。通过文明经营户评比等措施使经营户自觉从被动配合到主动维护市场环境。要求经营户做到"门前三包,摊内达标",做到"文明经营,守法经营"。借助"微信平台",每日调度各市场管理情况。建立以市场监管员日常巡查、区商务局干部每日监督、区领导不定期检查的三级督导体系。

表 8　　**2015 年东湖区域主要集贸市场一览表**

名　称	营业面积(平方米)	摊位数(个)	电　话	详细地址	备　注
墩子塘集贸市场	3400	209	86818387	右营街 18 号	自营
新公园集贸市场	1100	230	86254083	新公园路 21 – 1 号	自营
四经路集贸市场	980	129	88606305	阳明路 33 号	自营
董家窑集贸市场	2650	263	88604027	董家窑路 207 号	物管站租赁经营
新建德观集贸市场	620	130	86779807	出新路 59 号	物管站租赁经营
叠山路集贸市场	1100	150	18779123525	叠山路 556 号	物管站托管
花园角集贸市场	1600	124	13979158819	戴家巷 64 号	单位经营
文教北路集贸市场	1800	135	88502393	文教北路 180 号	租赁经营
五纬路集贸市场	1000	130	13970828468	五纬路 69 号	租赁经营
灵应桥集贸市场	680	92	13367082015	建德观路 18 号	个人经营
章江路集贸市场	980	100	86709643	子固路 72 号	个人经营
钟鼓楼集贸市场	1800	162	86791969	渊明北路 89 号	个人经营
贤士花园集贸市场	2600	300	88627007	贤士花园小区	个人经营
上沙窝集贸市场	970	75	86836946	上沙窝 21 号	集体经营

(江泽炉)

日用百货经营

【概况】 2015 年,东湖区商贸服务业紧紧围绕全市经济社会发展大局,以创新为笔,以服务为墨,谱写了东湖发展新篇章。东湖区以"推陈出新"理念探索"多位深层"招商模式,以"狠抓落实"原则强化"统筹跟踪"调度机制,主攻产业齐发力,集聚发展促提升,服务民生稳发展,长效管理新突破,全区商贸服务业发展取得显著成效,呈现出一片欣欣向荣的发展态势。

【实现社会消费品零售额增长】 2015 年,东湖区全区全年实现社会消费品零售总额 251.88 亿元,同比增长 4%,其中限额以上社会消费品零售额完成 98.54 亿元,同比下降 1.4%。

【南昌市第一届"福满洪城"消费购物节】 2015 年,在南昌市人民政府的大力支持下,东湖区人民政府与南昌市商务局,借鉴兄弟省会城市的成功经验,结合辖区商贸流通企业实际和满足市民消费需求,于 11 月 18 日至 2016 年 2 月 15 日,举办为期 90 天的"南昌市第一届'福满洪城'消费购物节"活动,东湖区第七届"百花洲"购物消费节作为"福满洪城"购物节系列活动之一,于 11 月 23 日至 12 月 22 日举行。此次活动分为线上、线下两部分:线上就是促使商贸企业"触网",大力依托和运用互联网,发展电子商务;线下则是组织百货商场、大型超市、餐饮娱乐、家具建材等商家实体店铺,开展各类促销活动。通过线上线下有机结合,上下互动,打造了"线下店铺线上找,足不出户逛洪城”的网络消费平台。据参与活动的商家反映，活动期间客流量比平时增加了10%，一定程度上促进了消费发展。此次购物消费节活动最大的一个成效，就是鼓励线下线上互动，推动实体商业创新转型，促使传统商贸企业接触互联网。学会运用电子商务，加速了互联网与各行业间的融合，使企业的经营管理水平又上一个台阶。

【商业百货业绩下滑成常态】 2015年，全国经济处于结构化调整和发展转型的新常态时期，经济增速不断放缓，受经济低迷和居民收入增长缓慢等因素的影响，消费市场整体面临增长乏力、行业发展不景气、竞争加剧等困难，形势比较严峻。东湖区商业实体，尤其是百货公司的业绩下滑并不令人意外，全区商业百货的业绩增幅逐年减小，越来越多的商场出现业绩下滑，甚至是出现负增长。百货公司领跌，大型商超、购物中心紧随其后，加之网购的盛行，全区商业百货业绩下滑成常态。东湖区百货、商超需要通过产品创新和服务创新，创造需求，力争摆脱现在下滑的困势，实现浴火重生的精彩逆转。

表9 2015年东湖区域大型商场、超市一览表

名　称	营业面积（平方米）	日均人流量（人）	电　话	详细地址
百货大楼中山店	48000	23000	0791－86222592	南昌市东湖区中山路1号，与八一大道交界
步步高胜利路店	6178	2500	0791－86811725	南昌市胜利路235－239号
南昌百盛	29000	7000	0791－86728888	南昌市东湖区中山路177号，与象山北路交界
财富购物广场	30000	9000	0791－86238888	东湖区八一大道347号，与中山东路交界
华润万家八一大道店	12000	8000	0791－86219254	东湖区八一大道358号（近江西饭店），与民德路交界
沃尔玛深国投百货有限公司南昌八一广场分店	18000	10000	0791－86216215	南昌市东湖区八一大道333号（万达购物广场旁），与中山东路交界
南昌亨得利黄金珠宝	950	1200	0791－86616375	南昌市胜利路26号
南昌亨得利钟表眼镜	1140	1200	0791－86616375	南昌市胜利路46号

（江泽炉）

旅馆住宿业

【概况】 2015年，东湖区为加快健全旅馆住宿服务体系建设，进一步促进住旅馆宿业健康有序地发展，积极引导旅馆住宿业结构不断调整优化。支持集团化经营和连锁化发展，创新管理方式，鼓励企业坚持存量转化和集约发展原则，突破区域和行业界限，加快连锁化发展。不断提升旅馆住宿服务质量和服务人员素质，以高质量、规范化的服务全方位满足消费者需求，深化日常管理，健全登记制度，做好安全防范，规范旅馆住宿业市场秩序，加大旅馆住宿业从业人员的培训力度，全面提高住宿业的服务水平。

【优化旅馆住宿业结构】 2015年，东湖区将旅馆住宿业发展纳入城市及服务业发展总体规划，明确发展重点，优化酒店布局，引导旅馆住宿业有序发展。坚持以市场为导向，大力支持大众化产品开发，积极发展经济型酒店、民俗酒店、青年旅社、家庭旅馆等，更好地满足中低收入群体的旅馆住宿需求。引导住宿业在规划、建设、经营等各个环节树立节约与环保理念，转变发展方式，推动旅馆住宿业节约资源、节能降耗、保护环境。引导旅馆住宿企业把节水、节电、节气、安全、环保作为重要内容，大力强化内部管理，广泛运用节能减排技

术,实现垃圾、污水减量化和无害化处理,带动行业走低碳化、环保型、可持续发展之路。

【提高服务水平】 2015年,东湖区建立旅馆住宿业统计制度及景气指数发布制度,及时发布旅馆住宿业市场信息和行业发展报告,引导企业以顾客满意度为基准,以满足顾客需求为目标,以现代信息技术为手段,完善服务质量管理体系,提高经营管理水平,提升服务质量。同时,依托专业院校(系),加快建设饭店人才培训基地;定期举办职业技能大赛,提升从业人员素质和技能;引导企业转变用人观念,完善培训体系,加强自主培训和企业文化建设,提高团队整体素质和服务水平。

【规范旅馆住宿业市场秩序】 2015年,东湖区商务、公安、工商、质监、食品监管等部门按照各自职责,有重点、有计划相互配合,加大监管执法力度,依法查处违法行为,打击违法犯罪分子,切实维护消费者和从业单位的合法权益,提高旅馆住宿行业安全保障水平,创造公平、诚信、安全、放心的经营环境和消费环境。同时商贸等有关部门以顾客满意度为导向,加强信用体系建设,推行信用分类管理,建立从业单位信用评价制度和"黑名单"制度,促进行业规范发展。

表10 **2015年东湖区域主要宾馆旅店一览表**

名　称	星　级	床位数（个）	餐位数（个）	电　话	详细地址
江西宾馆	五星	380	550	86206666	八一大道368号
东方豪景花园酒店	五星	468	2780	86288888	民德路411号
南昌凯莱大酒店	五星	490	300	86708855	沿江北大道39号
江西饭店	四星	540	950	88858888	八一大道356号
南昌观园楼商务酒店	四星	200	400	86376699	二七北路258号
南昌百瑞四季酒店	四星	244	410	88688198	洪都北大道10号
南昌七星商务酒店	四星	360	360	88866666	南京西路225号
南昌洪都宾馆	四星	600	200	88829999	阳明路249号
京西宾馆	四星	267	180	88850666	省府大院南一路9号
阳光假日酒店	三星	180	100	82108888	二七北路520号
名豪商务宾馆	二星	100	—	82198800	象山北路162号
欧客快捷酒店	二星	162	50	82126888	象山北路243号
多伦多大酒店	三星	90	—	86767999	榕门路仿古街91号
如家快捷酒店	二星	180	50	86777888	象山北路237号
锦江之星	二星	197	30	82198999	民德路255号
惠苑宾馆	二星	200	200	86221333	福州路4号

（江泽炉）

餐饮业

【概况】 2015年,东湖区辖区餐饮企业受国家经济大环境及集团消费下降等影响,大部分餐饮业在收入减少、企业利润下降基础上实现了止跌回升,限上餐饮企业处于扭亏为盈的转折,开始转为"正能量"。高端餐饮转型完成第一阶段"找方向",逐渐步入"提高管理水平,常态化下可持续发展"的阶段,大众化餐饮仍然展现出市场需求强劲的生命力。餐饮业步入新的发展状态:餐饮服务大众化、个性化、多元化成为市场主体,盈利能力成为检验企业健康状态的标准,新技术、新产品、新业态、新模式联手互联网共同发展。

【餐饮企业创新餐饮模式】 2015年，东湖辖区不少企业创新经营模式，在困境中逆势而行。以东湖区独一处、红牛春天等为代表的高端餐饮企业纷纷更换菜单，推出平价亲民菜，降低人均消费。积极改变经营策略，向家宴、团体、早餐等方面多元化拓展市场，瞄准特殊人群提供定制服务，实施多品牌集约复制、网络营销，寻找新的增长点。除了传统营销模式外，不少先觉先醒的东湖餐饮企业积极引入微博、点评网站、微信、互联网移动终端等网络营销和智能服务，从线下到线上，定位搜索、预订餐位、点餐、支付、点评等一系列服务，为消费者带来多元化的用餐体验。不少市民喜欢网上"晒餐"，在网上点评餐饮哪家好吃，哪家有特色，哪家服务好，其产生的影响越来越大。很多餐饮企业将半成品、准成品、成品在线上销售，延伸产业链，推广外卖外送业务，拓宽销售渠道。

表11　**2015年东湖区域大型餐饮店一览表**

名　称	营业面积（平方米）	餐位数（个）	电　话	详细地址
0791赣菜新概念	2800	500	86273333	南昌市福州路56号
0791尚厨	3000	500	86373333	福州路东魅一号
新东方大酒店	4000	1000	86709997	沿江中路18号
饭是钢酒店	1200	300	86811078	阳明路302号
江湖味道	1600	600	88855068	环湖路101号
柴火大队	1800	500	88626777	沿江北大道
阳光春天大酒店	2000	400	86391688	福州路98号老字号
一觉渔味店	4200	1000	88602799	阳明南路226号
法国小厨	90	30	86100100	榕门路100号
向塘土鸡店	2000	600	86220060	福州路3号
南昌相思林金岛饭店	3000	150	88528811	洪都大道711号
南昌市东方豪景大酒店	2140	428	86288888	明德路411号
川味红螺馆	180	120	86210993	民德路123号
红牛大酒店	2000	500	86801269	叠山路563号
新五斗粮农庄	1300	200	88681777	三经路女职学院斜对面
川锅一号	1000	100	88699289	佘山路66号
独一处寿福城	2000	500	86705555	民德路195号
百盛后街美食	2000	2500	88715175	中山路百盛后面美食一条街
建德观风味小吃一条街	4400	2200	—	建德观灵应桥至象山北路
苏圃路小吃街	3000	1500	—	苏圃路中段

（江泽炉）

楼宇(总部)经济

【概况】 2015年是“十二五”规划收官之年，东湖区按照“盘活存量求规范、开发增量求提升、明确业态求特色”的工作思路，全力推动楼宇经济大突破大提升，利用楼宇信息系统，实现对楼宇“一站式”服务和网络化管理。楼宇总部经济发展切实从最基础处入手，从最长远处谋划，从最拿手处发力。以楼宇服务中心、楼宇经济信息网、楼宇三维地图为平台，以楼宇经济考核办法为引导机制，以经济发展扶持资金为激励机制，夯实楼宇发展基础。积极扶持培育品牌楼宇、特色楼宇，形成产业集群，使全区楼宇经济稳步有序的健康发展。截至2015年底，全区亿元楼宇3栋、千万元楼宇8栋，全区26栋目标楼宇实现税收10.94亿元，同比增长19.82%。

【整合楼宇资源】 2015年，东湖区牢固树立“以特色铸就品牌、以品牌产生凝聚”的理念。1月，全面摸排了辖区楼宇空置情况、企业入住信息，采取切实可行的措施，整合楼宇资源，提升楼宇品牌。一是明确特色楼宇定位，加强与楼宇业主进行联系沟通。二是整合资源“腾笼换鸟”，对全区分散产权的商务楼宇进行资源整合。三是加强品牌宣传，提升楼宇凝聚力。积极开展特色专业商务楼宇评选活动，利用各种媒介进行宣传，以提高楼宇的特色知名度。四是发挥品牌楼宇的引领示范效应。打造特色楼宇采取“示范先行、逐步推开”的办法，选取央央春天、华远和平里等高端写字楼为试点，打造东湖区五星级写字楼品牌效应，以期逐步推开，辐射全区。

【九江市浔阳区代表团到东湖区考察】 2015年3月，九江市浔阳区代表团来东湖区进行交流学习考察楼宇总部经济工作，实地考察了紫金城与央央春天两栋写字楼。分别在紫金城、央央春天与写字楼相关负责人开展座谈会进行交流，深入探讨楼宇总部经济发展的经验心得，根据各自区情以及相关政策的不同互相提出经验做法。

【升级服务平台】 4月，区楼宇办全面升级招商类微信平台，优化微信公众账号“南昌东湖楼宇”。通过微信平台全面展示出东湖楼宇基本概况，在充分利用新媒体和微资讯等现代化手段的基础上，进一步拓宽招商信息渠道，强化招商信息沟通。通过该微信平台及时有效地向社会各界发送全区楼宇经济发展新动态，同时更新20条省、市、区相关优惠政策。

【重点打造五星楼宇】 2015年12月，东湖区以努力提升楼宇品质，壮大楼宇总部经济为重点，以做强楼宇效益，做大楼宇总量为目标，投资13亿元的五星级写字楼央央春天正式开始招商工作，通过开展楼宇招商专项推介活动、制作POP宣传展板，精心包装推介，成功引入海底捞、星巴克等知名餐饮企业。随着电子(广州乐金电子中国有限公司)、电器(青岛海信电器营销股份有限公司)、服装(劲霸男装股份有限公司)、粮油食品(益海嘉里南昌粮油食品有限公司、良品铺子)等大型零售批发企业的入驻，央央春天投资大厦总部集聚的效益已经逐步显现。

【稳抓楼宇服务中心工作】 2015年，东湖区通过“三一三”专业服务团队与楼宇招商部门共同协作抓好楼宇招商工作，落实企业服务，培育楼宇品牌形象。积极主动上门走访楼宇企业，了解楼宇企业自身需求，为楼宇企业解决日常工作所面临的一些问题，使楼宇企业能够在家门口享受到政府服务。让楼宇企业更安心、放心、稳定的入驻在东湖，为楼宇经济出贡献打好扎实的基础。

(蔡　勇)

开放型经济

综　述

2015年，东湖区紧紧围绕“三产强区、旧改兴区”两大战略和“建设总部经济聚集区、高端商业核心区、城市管理示范区、南昌文化标志区”四区构建目标，对准一个“焦点”，破解两个“难点”，紧抓三个“重点”，点燃四个“引爆点”，打造五个“特色亮点”，加快打造全省商务发展“聚集区”建设步伐，以更加强劲态势推动全区开放型经济工作迈上新台阶。全年，全区共落户内资项目220个，外资项目7个，其中，金融服务业35家、文化创意5家、电子商务27家、总部经济23家、健康产业9家、商贸服务业130家。5000万元以上项目55个，亿元项目13个，总投资107.86亿，已进资58.66亿元，进资率54.69%，较去年同期，5000万元及千万元以上项目增长率都达100%以上，亿元项目增加5个，增长率62.5%。

2015年，东湖区对准“引进世界500强、国内200强、台湾100大”这一焦点，积极破解“招商载体、市场管理”两个难点，紧抓“重点区域、重点产业、重点企业”三个重点，点燃“高端商业、金融产业、总部经济、电子商务”四个引爆点，打造“智慧商业街区、时尚精品街区、一街一品的夜市街区、超市化集贸市场、电子商务节会品牌”五个特色亮点。全区整理2014年和2015年征拆土地信息，全面掌握地块的最新资料，并对这些地块进行定位、包装，进一步加速旧城改造地块开发。全面摸查辖区内楼宇、沿街店面，规范市场管理，推进行业组织建设，开展行业交流和指导行业自律。强化驻点招商成效，利用市级驻外办事处区域调整机会，扩大上海经济联系处的辐射范围，以上海为中心，辐射“长三角”。围绕六大产业明确重点区域定向招商。着力对接中国春天百货集团著名商业百货企业；着力在招引福建皖江融资租赁公司等知名融资租赁公司的基础上，吸引银行、保险、风投、担保、证券、小贷、金融租赁七大领域的全国知名公司在该区设立省级分支机构入驻；着力对接阿里巴巴等电子商务示范企业，形成辐射全市的电子商务聚集区。加强与已落地企业沟通联系，实行以商招商，通过戴德梁行、智联招聘、世邦魏理仕等中介机构对接世界500强、国内200强企业。依托省政府大院一号地块，跟踪对接香港恒隆地产。同时邀请泰禾集团、海印股份等商业地产参与旧城改造，逐步形成中山路商贸综合体集聚区，促进商业与商务、文化、休闲、娱乐、饮食的融合，构建中部地区有影响力的商圈。跟踪联系住友化学投资有限公司、三井住友银行有限公司、大和证券等世界500强、行业龙头企业。跟踪雷格斯集团（全球最大的办公空间解决方案供应商，世界500强企业大多为其会员单位），通过引进这些世界级大型中介公司，丰富“以商招商”的内容和形式。扶持本土电商龙头企业。依托现有的电子商务协会平台，制定电子商务发展扶持办法，借助财富广场商务楼宇，集聚“丁丁网”“中企动力”“大美网”“淘宝·江西馆——全省首个地方特色馆”等一大批电子商务本地龙头企业，形成“财富广场电子商务楼宇”基地。依托步行街升级改造，率先在全商业街中实现“全覆盖”“全天候”“全免费”的无线网络环境，让消费者用智能手机来支付现实中的各种费用，把步行街打造成一个商业信息实时化，营销活动多样化，公共信息实用化，体验消费社区化并具有消费者体验功能的商业街。拓展时尚精品街区。依托胜利路步行街精心改造,腾笼换鸟,大力引进国内外知名品牌。突出一街一品夜市街区。打造建德观火锅美食街、榕门路酒吧特色街、福州路夜宵美食街等夜市街区。构建超市化集贸市场。完成钟鼓楼、花园角、四经路、新建德观、文教北路5个集贸市场的升级改造工作,在全区范围内使得11个集贸市场成型为"超市化集贸市场",实现全市大多数集贸市场"超市化"改造和整治效果。打造电子商务节会品牌。依托一年一度的百花洲购物节,采用线上购物与线下购物相融合的模式,优势互补、错位发展、迎合不同年龄阶段的消费者,重新点燃东湖区市民的消费热情。

2015年,东湖区共完成实际利用外资15175万美元,占年计划的137.95%,同比增长19.22%,现汇进资4282万美元,现汇比例28.22%,实际利用内资35.44亿元人民币,占年计划的104.27%,同比增长17.9%,实际引进省外投资5000万元以上项目进资26.39亿元人民币,占年计划102.97%,同比增长19.74%。出口创汇54362万美元,占年计划100.67%,同比增长3.96%,全区重大产业项目完成比420%,主攻产业项目完成比200%。在全市各项指标排名中东湖区有六项指标均列全市前三位,尤其是内资增幅、外资完成比、5000万元以上项目进资增幅三项指标排名均列全市第一位,重大产业项目及主攻产业项目均列全市第二位,民企入赣、出口创汇完成比列全市第三位。

招商引资

【概况】 2015年,东湖区在开放型经济工作中重点破解招商线索生成、项目签约落地、建成投产等各环节不互联互通的难题,制定了高位推动、奖惩责明等制度,着力"链式"机制上精准发力,招商引资。

【坚持落实调度机制】 2015年,东湖区强化招商引资工作调度力度,区委书记每季度调度一次、区长每月调度一次、分管副区长每周调度一次、微信工作群每日调度一次,区人大、区政协领导全程监督。通过实行"一周一通报、每月一评比、半年小检阅、全年大考核"调度机制,推广先进经验,发挥示范效应。对没有达到序时进度或者没有完成任务要求的,通报单位及其主要领导,形成人人身上有压力的饿虎扑食之势,使全区各经济责任单位在传导压力中"坐不住"。

【公开透明公平竞争】 2015年,借助新媒体平台,由区有关领导、区所有经济责任单位主要领导和分管领导及责任工作人员参与的微信群——"东湖区开放型经济动态群",采用微信群实时沟通、区领导不定时点评等方式,及时通报全区各经济单位的实质性招商动态,分享掌握的政策性工作信息,交流项目推进存在的问题,使全区各经济责任单位在比学赶超中不断重视招商工作。全年共编写招商简报59期,发送近300条招商信息。

【实行跟踪机制】 2015年,东湖区率先在全市出台《关于招商引资"六个跟踪"工作的实施意见》,把省委常委、市委龚建华书记提出的关于招商引资"六个跟踪"要求转化为制度化的文件成果,要求由区委、区政府督查室,区纪委、监察局等部门牵头,以项目落地生根为核心,加大对经济责任单位招商考核的督查和问责力度,开展针对性督查活动,推动跟踪通报落到实处。

【抓实考评机制】 2015年,东湖区在抓好责任追究、推动跟踪督查的基础上,建立起奖评、奖励制度,不仅对招商引资业绩突出的干部登记在案,在干部提拔任用上优先考虑,还对完成任务的单位或个人给予相应奖励,使招商一线成为干部成长的"主阵地",让"有为者有位""无为者让位",激活招商干部队伍"一池春水"。2015年,对全区27个经济责任单位设立5个招商奖项,涵盖招商引资突出贡献单位和个人、重大企业项目引进、重大重点项目引荐等方面。对未完成考核的单位记录在案,并与绩效考核挂钩,主要领导由区委、区政府分别进行约谈和作组织处理。

【创新招商方式】 2015年,东湖区尝试"中介招商"、推行"商会招商"、启动"微信招商"、借助"会展招商"、强化"外出招商",形成了"人人都是招商员、处处都是招商环境"的良好氛围。截至年底,共参加赣港经贸活动、江西省与全国知名民营企业(北京)合作座谈会、江西省昌九地区扩大开放合作(武汉)推介会、江西省文化产业合作

（南京）推介会等四次招商活动，2015 江西（广州）现代服务业招商推介会，全国知名民营企业助推江西发展升级大会均有 1 个签约。2015 年，全区共开展小分队外出招商活动 140 余次，其中区委、区政府主要领导外出招商 16 批次，区四套班子领导外出招商 17 批次。先后赴广州、深圳、厦门、上海、杭州、南宁、昆明、北京、银川、长沙等城市开展招商活动；接待客商来访共 446 次，其中区领导对接的约 50 余次；新增在跟在谈项目 544 个项目。

【招强补链发展主攻产业】 2015 年，东湖区立足“四区”定位，紧抓“六业”发展聚力打造主攻产业的“隆起带”，开启转型升级的新征程，产业布局渐趋合理，产业发展选“大”、趋“新”、图“集”成效显现，交出一份漂亮“成绩单”。

【总部经济挖潜提质】 2015 年，东湖区针对辖区内楼宇存在老旧楼宇居多、硬件设施老化、停车难等不足，按照打造省会城市楼宇总部经济核心区的目标进行总体规划布局，加大对央央春天、华远和平里等重点楼宇包装推介力度，瞄准金融配套、商贸服务等优势领域，在着力引进国字头、亿字头项目的基础上，吸引其配套企业入驻。2015 年，相继引进 14 个大企业、大项目，投资总额 72.35 亿元，包括江西大业投资管理有限公司、南昌浦发市政公用投资管理中心两个总投资超 10 亿元大项目。

【电子商务集群发展】 2015 年，东湖区电子商务产业不断积聚，实现年交易额近 25 亿元。成功引进阿里巴巴产业带项目，创造产业招商的“双百工程”，即从考察到签约落户仅用 100 天，从项目落户到企业上线仅用 100 天。截至年底，东湖区打造了以产业带、淘宝网等为龙头项目的带动模式，形成阿里巴巴集团 B2B、C2C 业务全部在东湖的格局，实现东湖区服务业与一、二产业深度融合，推动在东湖区“买南昌、卖南昌”，打造了一个互联网领域的空中工业园。截至年底，全区规模以上电商企业（全年营业额超过 500 万元）有 15 家，规模以上企业及个体有 350 家。

【高端商业加速布局】 2015 年，东湖区为破解招商载体资源有限的现实，着重在旧改地块、轨道沿线、省府搬迁等方面进行资源挖掘，聚焦重大商贸产业招商，依托东湖千年商业积淀，着力打造中山路、胜利路、象山北路、青山南路传统商业核心圈。全力推动八一广场中山路、青山南路周边区域打造成两个布局合理、管理现代、高端时尚、活力开放的百亿商圈。围绕省政府 1 号地块、上下沙窝、轨道交通沿线等商业地块，积极对接恒隆地产、万达广场、苏宁置业、海印集团、北辰实业、信德集团、金地集团、勒泰商业集团、香港新世界集团等商业地产龙头企业。恒隆地产广场项目及苏宁置业等符合产业集群发展的大项目、好项目正在全力推进。

【专业服务借力扬帆】 2015 年，东湖区加大专业服务业的培育与扶持，引进了知名“中介机构”——戴德梁行、雷格斯集团等知名中介机构；在发展专业服务业的同时积极尝试“中介招商”，利用这些专业服务业机构的国际资源网，将辖区招商载体“外包”出去，借力引进一批上市公司总部乃至跨国公司办事机构等，形成“招商主体再招商”的良好循环。成功引进全球 500 强企业雷格斯集团，在央央春天投资大厦打造了全省首家服务式办公中心。国际房地产顾问“五大行”之一的戴德梁行对央央春天投资大厦实行驻点招商，截至年底，楼宇已完成 40% 的招商任务。

【文化创意产业精准发力】 2015 年，东湖区为提升文化产业发展，打造南昌文化标志区，积极向产业发达城市学习成功经验，推动辖区内文创产业形成开放格局，深圳南昌文化产业交流成果落地生根。依托原江报大院为基础，与江报传媒集团、深圳华嵘投资集团合作，用三个月时间进行改造提升，成功打造豫章 1 号文化科技园。通过引进大中型文化、科技及金融企业，孵化本土小微型文化科技企业，打造出完整的具有项目孵化、企业发展、股权投资、业务互动功能的文化产业全产业生态链，形成特色鲜明的“江报原味老建筑、文化产业新平台、旧城复兴新动能”的园区形象，并最终打造成为：国家级文化产业示范基地、江西文化科技融合示范基地、南昌旧城复兴创新示范基地。截至年底，深圳市福田区文产协会（会员企业 1000 余家）、深圳铁汉生态（上市公司，国内行业前 3 强）、深圳红岭创投（互联网金融公司，交易额 1000 亿元，国内活跃程度排名第一）、北京银行、深圳卓然生物科技、南昌地铁广告运行公司、王志纲工作室(中国著名民间智库)、北京中外建筑设计公司、深圳中世纵横设计公司、深圳都市设计公司、江西火种传媒等相继入驻,形成政府、企业与社会资源的深度融合。园区整体运营后,年产值将超过20亿元,年纳税将超过1亿元,提供就业岗位1500余个。

【健康服务业破茧蝶变】 2015年,东湖区针对辖区内省级三甲以上医院资源丰富、健康服务全产业链相对完备的优势,主攻健康服务业,按照“引进一个项目、聚集一片资源、催生一个产业”的发展目标,积极引进骨干企业、战略投资者,通过强强联合、资源整合的方式,推动产业发展。引进健康产业方面的战略投资企业——欣隆(香港)集团。注册江西华民实业公司,注册资金1000万元已到位(中外合资企业,外方占股99%)。

【金融服务业错位发展】 2015年,东湖区紧紧围绕金融业错位发展的原则,在红谷滩全力打造金融商务区的同时,利用区位自身优势,主攻金融配套产业,相继引进注册资本为10亿元人民币的江西金融租赁股份有限公司,这是银监会2015年全国非银行金融机构设立规划名单下发后,第一家获得银监会批筹的金融租赁公司。填补了该省金融租赁公司的空白。与此同时,汉辰融资租赁公司、南昌东智信基金管理公司等大项目也纷纷落户,融资租赁等新型金融正在东湖区快速发展。

表12 **2015年东湖区引进重大外商投资项目一览表**

企业名称	投资方式	投资总额	注册资本	投资国别(地区)	行业	批准时间	项目地址
南昌皖江融资租赁有限公司	合资	3500万美元	3500万美元	加拿大	融资租赁业务	2月4日	南昌市东湖区桂旺巷14号1单元
南昌杨盛兴财务咨询有限公司	独资	60万元	60万元	新加坡	财务咨询	7月21日	南昌市东湖区湖滨南路151号4楼402室
江西汉辰融资租赁有限公司	合资	2亿元	2亿元	英属维尔京群岛	融资租赁业务	9月30日	江西省南昌市东湖区洪都北大道636号西格玛商务中心1203室

表13 **2015年东湖区引进重大港台商投资项目一览表**

企业名称	投资方式	投资总额	注册资本	投资国别(地区)	行业	批准时间	项目地址
雷格斯商务服务(南昌)有限公司	独资	21万美元	15万美元	香港	提供办公场地租赁及配套商务中心服务	6月5日	江西省南昌市阳明东路66号春天项目1号楼15层单元自编房间号1503-1
江西泛宇电商有限公司	独资	500万元	500万元	台湾	网上贸易代理	1月27日	东湖区子固路106号(第1-4层)
南昌汉欣农业科技有限公司	独资	5030万美元	5030万美元	香港	农产品深加工技术研发	5月22日	南昌市东湖区青山南路78号蓝天碧水公寓楼2114室(第21层)
南昌陆圻唰餐饮管理有限公司	合资	200万元	200万元	香港	餐饮服务业	8月18日	江西省南昌市南京西路277号A座505室

(江泽炉)

非公有制经济

综　述

2015年，东湖区从调结构、转方式的大局出发，认真贯彻落实中央和省、市鼓励支持非公有制经济发展的各项政策措施，着力推进商事制度改革和注册资本登记制度改革，以改革创新为动力，以优化政策为杠杆，助推全区非公经济实现跨越发展。

东湖区强化多项举措支持、引导、助推非公经济发展，帮助非公经济组织提升发展速度、发展质量和发展水平。一是围绕宽松准入工程为非公经济发展创造条件。实行非禁即入的准入政策，进一步降低非公经济市场主体准入门槛。支持具有一定规模的个体工商户转型升级为个人独资企业、合伙企业或公司制企业；支持具有一定规模的个人独资企业、合伙企业转型升级为公司制企业；支持转型登记为有限公司的个人独资企业、合伙企业沿用原名称加“有限公司”或“有限责任公司”；支持私营企业利用连锁经营实现规模化、集约化经营。二是实施优质服务工程为非公企业提供高效优质服务。通过开展登记窗口标准化建设等活动，提高服务质量。以教育、引导、帮助为主，采取主动提醒、行政告诫和指导等方式督促个体私营业主改正轻微违法行为；充分发挥市场和质量监督管理局职能，为个体私营业主排忧解难，引导个体私营业主提高自身素质，加强行业自律。三是抓好合作兴农工程支持服务农民专业合作社发展。进一步做好支持服务农民专业合作社发展工作，发挥政策的激励效应，继续鼓励涉农企事业单位、协会、专业大户、技术能人带头领办、创办农民专业合作社，鼓励农民专业合作社扩大服务领域；引导农民专业合作社打造农产品品牌，申报注册农产品商标和地理标志；发展“一村一品、一品一社”，形成各具特色的产业带、产业群，扩大特色效益农业生产规模。四是落实“扶微”政策工程扶持微型企业发展。发挥牵头部门作用，进一步加强与各部门之间的协调，继续加大宣传力度，让扶持微企的政策家喻户晓；推动财政扶持资金、培训孵化等扶持政策落实到位，既保证微企“出生率”，又提高“存活率”；加强定点帮扶工作，指导各市场监管分局定点帮扶一批小微企业发展壮大。五是强化执法维权工程为非公经济发展创造公平竞争的市场环境。从维护市场主体合法权益出发，不断强化监管举措，加大整顿和规范市场经济秩序力度；依法查处取缔无照经营行为，维护手续合法非公市场主体的正当权益；深入推行企业信用分类监管和个体工商户分层分类监管，完善非公经济基础数据库，构建信息公示应用平台，引导个体私营企业开展自律，主动纠正失信行为，努力营造个体私营企业诚实守信、健康发展的环境。

截至2015年底，全区非公经济市场主体达到37339户，其中私营企业7587户、个体工商户29742户、农民专业合作社70户，与2014年底相比，私营企业增加1497户，同比增长34%；个体工商户增加2766户，同比增长58%；农民专业合作社增加27户，同比增长17%；全区私营企业登记注册资金2258606万元，个体工商户资金数额103444万元，农村专业合作社出资总额27151万元。市场主体总量、增长速度和注出资金额均创历史新高。

个私民营、中小企业管理服务

【概况】 2015年,东湖区市场和质量监督管理局结合注册资本改革工作及探索“三证合一”的实际,以大力推进注册登记改革为出发点,以服务于经济发展和创造良好发展环境为工作落脚点,努力提高事中事后监管能力和服务水平,进一步改善投资环境,促进个体私营经济和中小企业全面、稳定、健康、科学发展。全年新增私营企业1497户,新增个体工商户2766户,新增农村专业合作社27户。

【推进市场监管规范化】 2015年4月,区工商行政管理局、质量技术监督分局和食品药品监督管理分局合并,组建东湖区市场和质量监督管理局。该局克服辖区、人员有较大变动等困难,顺应“三证合一”改革,将个私注册登记与市场监管结合起来,有力推进市场监管规范化。一是加强作风建设,从思想上提高为民服务的自觉性和主动性。针对辖区重点行业开展拉网式排查,逐一登记造册,对高危行业的网吧、娱乐、餐馆、人员密集场所加强了监管力度。二是保证“校园周边”监管常态化。及时调整了学校监管责任人,做到每一所学校、每一个网吧都有责任人,确保对校园周边个私经营户的监管。

【广泛宣传注册登记新规定】 2015年,区市场和质量监督管理局为“全民创业、万众创新”放开准入条件,降低就业门槛。一是向广大经营者和社会群众宣传:改革工商登记制度,推进工商注册制度便利化是党中央、国务院作出的重大决策;工商登记前置审批事项改为后置审批是工商登记制度改革的重要内容;推进“三证合一”是政府简政放权、转变职能的重要举措。二是在注册登记窗口对来开办业务的经营户及巡查人员做到逐街逐户进行三告知,即告知前置改后置的内容;年检改年报的规范;信用体系的重要性。同时,要求窗口人员做到一口清,一言准,首问负责制。合并成立新的市场监管局后,及时将新增的质监、药监职能告知经营户,更加方便群众办事的需要。

【严格把好市场主体准入关】 2015年,区市场和质量监督管理局根据《个体工商条例》的规定,严把市场主体准入关。一是在查处取缔无证无照经营工作的同时,根据少数经营户反映出具经营场所证明难的问题,及时告知各街办社区,要依据南昌市人民政府有关规定认真执行,极大地降低无照经营的行为。二是依法加强登记审查,严格登记注册程序,严把市场主体准入关。对申请登记注册的个体工商户,必须符合有关法律法规的要求,必须提交齐全完整的各种材料,否则不予登记注册,使登记合格率达98%。

【引导个体私营企业“转型升级”】 2015年,区市场和质量监督管理局导具备企业和公司登记条件的个体工商业大户“转型升级”,向规范的企业和公司方向发展,做到个体注册与企业注册主动对接,方便个体经营转型升级为企业,推进结构调整,优化产业结构。年初至11月底,共有20余户个体升级为企业。

【提升登记注册人员素质】 2015年,区市场和质量监督管理局重视窗口受理人员的岗位培训。组织受理人员及时参加省市局的电视电话会、以会代训;针对注册登记改革以来存在的疑惑进行学习探讨,提升登记注册人员的素质,为全面实施注册登记新规定,新制度,企业信用分类监管和个体工商户分层分类登记管理工作奠定了良好的基础。

【创造健康有序的市场经济环境】 2015年,是注册登记改革深化的一年。区市场和质量监督管理局针对全区企业和个体工商户生产经营的现状,采取多种形式,广泛宣传相关政策,创造健康有序的市场经济环境。在个体私营监管工作中,加强和街办的联系沟通,共同为群众和企业以及个体工商户提供法律法规咨询服务,宣传本区的惠民政策。主动为落户在东湖区的企业提供服务,帮助他们解决在登记注册和经营方面存在的问题。将有关法律法规印制成宣传册,共发放宣传资料1000余份,上门提供咨询服务600余人次。

【支持帮扶七类人员就业】 2015年,区市场和质量监督管理局认真贯彻落实对七类人员的从事个体经营的各项优惠、帮扶政策,促进七类人员再就业。设立了“七类人员登记注册专门窗口”,提供“申请优先、受理优先、审批优先”的一站式服务,坚持限时办结制度，并就工作中出现的新情况、新问题及时与有关部门进行协调、联系和沟通，把握好政策尺度，得到社会各界的理解、支持和好评。对老、弱、病、残等困难群众申请从事个体经营的实施“阳光工程”，帮助其解决经营中存在的问题。截至2015年底，共办理七类人员从事个体经营的40余户，办理困难群众申请从事个体经营的20余户。

【健全企业和个体工商户信用体系】 2015年，区市场和质量监督管理局重视信用体系建设与严格监管相结合，促进市场主体加强自律、诚信经营。实施企业信用分类监管和个体工商户分层分类登记管理改革工作。依据绩效考核的要求细化岗位职责，落实监管职能，完善岗位责任制内容，及时、准确、完整地记录个体基本信息、经济户口信息以及监管信息资料等各种信用信息，以达到个体档案信息资料的健全完整。

【查处取缔无证无照经营】 2015年4月，区政府牵头专门组织相关部门召开查处取缔无证无照经营专项整治的会议，明确各自职责和任务，将工作落到实处。一是区市场监督局做好组织协调、联络服务工作，成立市场监管专项整治督导小组，结合绩效考核标准制定目标责任制，定期督导检查，确保此项工作有计划、有步骤、有措施的进行，并依据“三令制”实施责任追究。二是每季度向市场监管有关单位抄告无证无照经营户，并派出人员参与街办对辖区的整治工作，取得明显的成效。三是严格依法行政，集中优势执法力量，逐户开展检查，采取边检查、边治理、边处罚、边规范的方法，做到查一户清一户，不留死角。全年共对无证无照经营行为抄告39户，整改后发照200余户，对“钉子户”加大执法力度，职能部门相互配合取缔了无法整改到位的30余户，查处无照经营案件1起，罚没15万元。

2015年4月28日，东湖区市场监管局工作人员为中小企业者变更换发“三证合一、一照一码”营业执照

（余效民）

金融业

综述

金融是现代经济的核心,伴随着科技进步和经济发展,金融的作用日益突出。立足多层次的资本市场建设,为实体企业提供资本,是金融推动经济发展的关键。2015 年,东湖区金融服务部门紧紧围绕“四区一体”的建设目标,成功引入南昌市企业转贷金融服务有限公司、成立南昌市东湖金融服务中心有限责任公司,尤其是江西金融租赁股份有限公司在东湖区的成立,填补了江西省金融租赁公司的空白。为鼓励金融与经济协调发展,东湖区一直致力于优化金融政策环境,2015 年度采取以下几大措施助力金融业发展:一是转变政府职能,继续加大政府审批制度改革,不断提高服务效率和水平,做到少干预多支持;二是加大监管力度,促进金融市场健康发展,对非法集资的排查及宣传教育为金融业发展创造良好的生态环境;三是加大对金融人才的培训力度,先后组织几批企业参与各类金融培训活动,提高金融从业者的业务创新能力和服务水平;四是制定相应优惠政策,重地守好金融招商工作,支持金融业的快速发展。截至 2015 年底,全区共有各类金融机构总部 64 家,其中:银行 11 家(国有商业银行 3 家、股份制商业银行 3 家、外资银行 2 家、邮储银行 1 家、城市商业银行 1 家、农村合作金融机构 1 家),人民币存贷余额均占全市半数以上;证券公司(营业部)25 家,占全市 87 家证券营业部 28.74%;保险公司省级总部 10 家,约占全市 33%;期货公司(营业部)2 家,融资租赁公司 4 家,金融租赁公司 1 家,融资性担保公司 6 家,小额贷款公司 5 家。此外,还有为金融业态服务的会计、审计、法律服务、经纪、中介、代理等专业服务机构、金融中介企业等配套服务企业近千家。

银行

【概况】 2015 年,东湖区辖区各银行金融机构呈现出改革创新力度大、新型业务增加多的特点。东湖区紧紧围绕“四区”建设目标,作为省会核心城区,主动适应新常态,积极抢抓新机遇,认真贯彻落实国家宏观调控政策,牢牢把握经济金融发展大势,坚持稳中求进,加快改革创新,推进战略转型,切实强化风险管控,不断提高金融服务质量,积极履行社会责任,同时严守风险底线,保持稳健发展。

【中国工商银行江西省分行】 2015 年,中国工商银行江西省分行营业部认真贯彻落实上级行各项经营决策部署,紧紧围绕“控不良、拓市场、促改革、强管理”四条主线开展工作。截至 2015 年底,人民币全部存款余额突破“千亿元”大关,达到 1044.30 亿元,较年初净增 130.04 亿元,工商银行、农业银行、中国银行、建设银行 4 大银行余额占比 31.87%,增量 4 大银行占比 52.48%,人民币各项贷款余额突破 600 亿元,达到 637.07 亿元,较年初净增 70.78 亿元,余额 4 大银行占比 28.32%,增量 4 大银行占比 32.38%,均排名第一。2015 年,工行江西省分行营业部顺应地方经济发展趋势,不断优化信贷增量,盘活信贷存量,将更多的信贷资源投向实体经济领域,助推实体经济稳健发展。

大力实施“扩优筑基”工程,提高传统优质信贷市场服务比重。围绕高成长性的“五大市场”板块,即基础设施与基础产业、能源资源领域、高端制造业、新一代信息技术产业、现代服务与文化产业,加大信贷支持力度。积极关注健康养老产业,通过开展“一县一院”专项活动,积极服务医疗卫生行业新领域。四是着力发展银团贷款,积极支持万达旅游文化城等省内一批有影响力的重点项目。全年,向小企业客户投放贷款28.38亿元,向个人客户投放贷款51.35亿元。积极策应国家“一带一路”战略,为赣企“走出去”提供多元化金融服务。全年实现结售汇7.3亿美元、国际结算量20.4亿美元、跨境人民币32.7亿元,分别同比增长17%、63%和150%。加快网点转型步伐,优化调整物理网点25家,改造智能化网点27家,新投产离行自助网点22家,新增自动柜员机56台,自动柜员机总量达625台。创建省级标杆网点13家,客户满意度提升至99.02%。

【中国建设银行南昌东湖支行】 2015年,中国建设银行股份有限公司南昌东湖支行秉承“一心一意谋发展、脚踏实地抓工作、全力以赴防风险”的总体思路,紧紧围绕“4812”工作部署抓落实、拓市场、夯实基础、强化管理、促发展,2015年各项业务取得了较好发展势态。截至2015年12月31日,一般性存款日均余额100.41亿元,新增2.16亿元。其中:个人存款日均余额41.82亿元,新增2.04亿元;对公企业存款日均余额58.59亿元,较年初新增1203万元;归入存款口径的金融机构存款余额78.08亿元,较年初新增24.77亿元;同业存款余额2.73亿元,较年初新增1.74亿元。服务和支持东湖区经济发展。在信贷规模控制的背景下,通过结构调整保证省市重点企业、重点项目、城市建设等资金需求。2015年,新增投放南昌轨道交通集团有限公司、南昌工业控股集团有限公司和南昌市滕王阁管理处3户客户资产入池业务,累计新增投放金额共计3.3亿元。另外,为扶持辖区内中小企业的发展,根据东湖区政府要求,该行大力推进财园信贷通业务。截至12月31日,顺利投放江西大洋医疗机械公司财园贷贷款480万元,正在申的报财园贷客户7户,共投投放1280万元。已储备待2016年旺季营销期间投放的财园贷共13户,累计金额约3550万元。

【招商银行南昌分行】 2015年,招商银行南昌分行实现资产总额814.7亿元,较年初新增97.5亿元,增幅13.5%。人民币自营存款余额605.7亿元,新增44.3亿元,增幅7.9%。全折自营贷款余额595.9亿元,新增92亿元,增幅18.3%。不良贷款4.7亿元,新增2亿元,不良率0.79%。招商银行南昌分行充分发挥金融对经济的核心拉动作用,加大信贷资金投入,全力支持省内重点产业、重点项目和重点企业发展,先后在江西省累计投放信贷资金4400多亿元。2015年末,实现各项信贷资产总额932亿元,较年初新增了97亿元,增幅达12%;省政府下达的信贷任务完成率110.8%;表内外合计存贷比高达153%,实实在在为全省经济发展多筹措资金322亿元。2015年,结合基础设施提升战略,南昌分行向城市建设、土储、棚户区改造等基础设施建设项目提供了30亿元的贷款支持;助力现代综合交通网络建设,向公路、铁路等交通运输行业相关行业提供了67亿元的信贷支持;聚焦百姓幸福指数,向医院、学校等文教卫体等行业提供了17亿元的信贷支持;支持江西绿色崛起战略,向水利水电、环保等相关行业提供了12亿元的信贷支持。同时,对于造成产能过剩、重复建设、破坏环境的项目,积极退出、腾挪规模,招行南昌分行调整“产能过剩”行业贷款和低效贷款7亿元,通过总行渠道进行有效转让,为重点产业多释放了36亿元的信贷规模;对接一带一路,为走出去企业实现贸易融资余额19亿美元,为8家境外承包工程企业提供授信总额达11亿元,实现跨境人民币结算137亿元,同比增幅237%。通过债务融资工具,2015年,帮助全省6家企业承销35亿元,有效地降低了企业融资成本。通过创新型表外融资,招行南昌分行依托理财资金,大力发展股票收益权转让、中小企业私募债等业务,累计投放融资金额17亿元。结合省政府力推的“财园信贷通”,进一步加大与各大工业园区的合作力度。截至年底,已与省内16家工业园区开展合作,扶持园区小微企业180余户,累计发放小微贷款超过6亿元。在产品创新上,通过对江西市场的充分调研,开发了专门支持小微企业的信贷产品,即抵押结算贷、结算流量贷和诚信纳税贷,为企业提供了新的融资路径和模式。同时,开发的“三板贷”产品,专门用于支持创新型小微企业的融资需求,截至2015年底,该项产品已有效覆盖江西省新三板企业数量的50%以上。

【兴业银行南昌分行】 截至2015年底,兴业银行股份有限公司南昌分行在全省营业网点共计43家,社区银行22家,离行自助网点25家。本外币存款余额311.65亿元,比2014年末增加18.45亿元,增长6.29%;本外币贷款余额222亿元,比2014年末增加27亿元,增长14%。落地棚户区改造和土地储备项目34个,金额累计165.68亿元;推进兴铁产业基金项目合作28.5亿元,支持江西铁路建设发展;创新开展资产证券化业务,支持地方政府建设融资;创新落地保险直投业务33.7亿元,支持江西水利工程建设;大力发展债券承销业务,完成传统债券承销业务52亿元、江西省政府债券33.2亿元,助力企业直接融资;积极开展金融租赁业务,2015年累计为江西省内企业提供金融租赁融资9.4亿元,切实降低企业融资成本。

【中国民生银行南昌分行】 截至2015年底,中国民生银行南昌分行在江西省设有上饶、赣州2家二级分行,12家支行,43家社区支行。各项存款余额271.23亿元,较2014年新增48.91亿元,增幅22.00%;各项贷款余额188.89亿元,年新增17.11亿元,增幅9.96%;零售客户突破40万户,达40.4万户,年新增8.2万户,增幅25.6%。中国民生银行南昌分行被人行南昌中支评为2015年度江西省金融机构利率管理先进单位及账务核对优胜单位,被江西省银监局授予“金融知识进万家”活动“优秀组织奖”,被总行评为2015年度客户服务管理“先进分行”、手机银行“客户交易先进分行”。全年累计发放各类贷款344.33亿元,承销地方债券48亿元,发行企业债券38.5亿元,票据直贴逾80亿元,通过各种融资手段,有力支持了地方重大项目、龙头企业、民生工程,促进了江西实体经济建设;搭建合作平台,加强与商业银行、证券公司、信托公司、基金公司、保险公司、租赁公司的合作力度,先后主办或协办了“融资融智 共生共长”主题研讨会、中欧管理论坛等一系列活动。坚定执行小微战略,全年累计发放小微贷款150.69亿元;小微客户突破7万户,达7.4万户,年新增1.4万户,增幅24.3%;根据小微企业“短、小、频、急”的资金需求特点,在原有联保、互助基金、抵押、信用等贷款产品的基础上进行了升级和丰富,全年仅“超级抵押贷”产品即受理15亿元。

【中国邮政储蓄银行南昌市分行】 中国邮政储蓄银行南昌市分行自2008年成立以来,坚持“服务‘三农’、服务中小企业、服务社区”的市场定位,通过加大资金投放、专注三农小微、践行普惠金融等途径,实现了“支持经济建设、助力大众创业、服务社会民生”的卓越经营成果。至2015年底,南昌市分行已累计向本地投放资金超过了380亿元。各类贷款结存规模已经达到108.8亿元,各类存款余额达120.55亿元,存贷比达90%,2015年新增存贷比达到250%,实现了“南昌人民的钱用到南昌人民手中去”的目标,为维护地方经济稳定做出了积极的贡献。截至2015年末,分行涉农贷款余额44.3亿元,小微企业贷款余额22.71亿元,累计直接服务“三农”及小微个体超过4万余人次,其中累计投放下岗工人再就业贷款近13.77亿元,帮助1.89万余人次下岗工人实现了再就业(或再创业)。

【中国邮政储蓄银行南昌民德路支行】 中国邮政储蓄银行南昌民德路支行成立以来,坚持融入地方、服务地方,竭力于为东湖区广大人民提供优质、便捷、高效、普惠金融服务。已累计投放资金10.2亿元。2015年,邮储银行南昌市民德路支行新增贷款2亿元,增长33.3%,发放涉农贷款565万元(含惠农信贷通)、财园信贷通1800万元、再就业小额贷款3346万元,成为支持南昌市东湖区经济社会发展、服务城乡百姓的生力军。

【北京银行南昌分行】 北京银行南昌分行作为北京银行设立的第九家外埠分行,自2011年3月开业以来,依托北京银行强大的品牌优势和产品优势,架设起首都与江西经济共融发展的桥梁,实现了“在客户中有好评,在百姓中有好口碑,在政府中有好反响”的既定目标,在江西这片红土地上生根发芽、茁壮成长。面对新的历史机遇和挑战,南昌分行紧紧抓住国家实施“一带一路”、长江经济带及长江中游城市群发展战略的契机,紧紧围绕江西“发展升级、小康提速、绿色崛起、实干兴赣”的战略指引，取得了突出的业绩。截至2015年12月底，南昌分行总资产近500亿元，各项贷款余额244亿元，各项存款余额179亿元，达到银监部门“两个不低于”的监管目标，累计缴纳税收突破3.6亿元，有力地支持了江西经济社会的升级发展，设立1家异地支行、12家同城支行、22家社区及小微支行、34余家自助银行，员工总数近600人，引进了数十名拥有博士、硕士学位的中高端人才加盟分行发展。

【大新银行南昌分行】 2015年底，大新银行（中国）有限公司南昌分行有营业机构1个，从业人员30人。存款、贷款、盈利等关键指标在当地外资银行中处领先地位。存贷款业务方面，大力支持和服务区域经济发展。2015年，在宏观经济持续下行，金融生态环境更为脆弱，大新银行南昌分行不等不靠，砥砺前行，实现了经营管理的稳定可控与业务发展的可持续。在授信方面，大力支持了高投、铁投、市政等基础设施等省市重点企业，同时，与母行联动做大跨境业务，大力推动赣港合作，支持企业“走出去”发展。服务客户方面，不断提升金融服务能力和水平。在江西省、南昌市开放开发“走出去，引进来”的进程中较好地发挥了融资平台、服务平台、信息平台的作用。充分发挥外资银行跨境融资平台的天然优势，为江铜、晨鸣纸业等企业提供跨境融资服务；通过组建外资银行银团贷款吸引省外资金支持省内企业。2015年，促成了江西省高速公路投资集团的6亿元外资银团贷款的投放。

【渣打银行南昌分行】 截至2015年底，渣打银行南昌分行有营业机构2个，内设企业银行业务部、个人银行业务部、营运部、合规部等部门，现有正式员工28人，非正式员工2人。各类存款余额本外币合计57716万元，比上年同期减少10165万元。其中单位存款折人民币34493万元，储蓄存款折人民币12213万元。发放贷款余额本外币合计20859万元，同比减少31%。拆放同业发放贷款余额本外币合计20000万元，同比减少53%。2015年，渣打南昌分行实现净利息收入约人民币3011万元，同比减少28%；净手续费收入约人民币505万元，同比增长18%；当年实现净利润1526万元，同比减少33%。截至2015年底，渣打南昌分行个人理财资产余额7918万元。在提升个人银行服务质量方面，渣打南昌分行继续力推“8分钟服务”承诺：柜员承诺在8分钟内服务到每一位尊贵的客户。此外，透过税务部门，为协助营造诚信纳税氛围、满足企业融资需求，建立了“税银通”服务项目，参考企业的纳税信用，向诚信纳税的小微企业提供相关的融资产品和金融服务。

小额贷款公司

【概况】 截至2015年底，东湖区辖区小额贷款公司5家，总注册资本9.3亿元，累计发放贷款461笔次，累计贷款发放金额5.9亿元，占全市12.69%，其中涉农及50万元以下的小微贷款2.4亿元，占发放贷款总量的30.51%。在当前整体经济大环境艰难与机遇并存的情况下，小额贷款公司立足本土，坚持合规经营，努力开创突破，有效拓宽了中小企业的融资渠道，有力地支持了东湖的经济发展。

【捷信小额贷款公司】 2015年，南昌市东湖区捷信小额贷款有限责任公司累计发放贷款1.08亿元，累计收回贷款1.51亿元，贷款余额3.62亿元。服务和促进区域经济发展方面，改善省市中小企业、个体工商户和“三农”等资金需求，实行可供客户选择的分期还本付息或一次性还本、分期付息等多种方便的还本付息方式，以日对日据实计算，适应中小企业“短、小、频、急”的融资特点。提升金融服务能力方面，面对激烈的市场竞争，公司强化整体服务意识，加强员工培训，整体提升员工素质，致力向社会和客户提供一流的服务。公司始终把控制和防范信贷投放风险置于突出位置，坚守资产质量“生命线”，积极调整贷款结构，增加低风险贷款比例，进一步压缩高风险贷款规模。

【邦信小额贷款公司】 截至2015年底，南昌市东湖区邦信小额贷款有限责任公司南昌邦信小贷已经累积投放贷款约600笔，共5.6亿元。其中，100万元以下的贷款约480笔，1.67亿元。支持三农企业贷款约160笔，1.66亿元，累积缴纳税金1300余万元。所投放行业均为涉及老百姓基础衣、食、住、行的民生行业。随着国家经济进入新常态,小贷行业的经营环境发生了重大的变化,在面对多重困境的情况下,邦信小贷仍坚持自身稳步发展的经营理念,及时做出调整,适应环境的变化。在中小微企业融资难度进一步加大的情况下,不忘国有小贷公司身负的社会责任,2015 年度累积投放小微贷款约 200 笔,共 1 亿余元,缴纳税金 110 余万元,为地区经济的发展作出了一份贡献。截至 2015 年底,公司结存贷款余额 1.66 亿元,较年初增加 2800 万元,增长 20.3%。进入 2015 年度以来,小贷行业市场竞争明显加强,各具备放贷功能的金融机构、民间机构以及 P2P 平台都相继推出了类似的贷款产品。在其他同业不断降低风控标准,争抢客户的情况下,南昌邦信小贷坚守从业底线,合规合法经营的同时,力求不断创新。公司在控制信贷风险的基础上,优化产品要素、简化内部流程、提高服务质量,增强了公司的核心竞争力,给予客户更好的体验,以达到贷款快速投放的目的。

证　券

【概况】 2015 年,东湖区证券业发展在平稳中求突破,截至年底,全市 87 家证券营业部,驻东湖区证券公司(营业部)25 家,占比 28.74%。除包括国泰君安证券有限责任公司象山北路证券营业部、中信建投有限责任公司南昌子固路营业部等在内的多家成熟证券营业部外,新增东北证券股份有限公司江西省分公司,网点布局密度居全市首位。2015 年,各证券公司(营业部)加大与银行等金融机构合作力度,新三板业务、上市公司业务取得突破性进展,东湖证券市场实现广度和深度上的拓展。

【中投证券南昌叠山路证券营业部】 截至 2015 年底,中国中投证券南昌叠山路证券营业部共有从业人员 21 人,客户数 30606 户,客户资产总额 26.01 亿元;新增开户数 3063 户,同比去年增长 256.58%;新增客户资产 2.36 亿元,同比增长 124.2%。拓展开户渠道,提高工作效率。2015 年,受益于 1—6 月股指持续上涨和“一码通”账户的开通。总公司层面大力推广手机开户,通过手机 APP 非现场见证开户有效分流了柜台开户的客户。2015 年通过手机 APP 见证开户的客户超过新增客户的半数,提升了开户效率,有效减少客户的排队等候时间。2015 年,营业部举办了“三阳开泰,贺岁迎新”“行情给力、激情加码”“公司成立十周年”等主题活动,与中国银行、农业银行、上饶银行等三方存管银行积极合作,为客户提供一站式开户和理财咨询服务,提升了客户满意度,促进了营业部和银行间的合作交流。

【中信证券南昌贤士一路证券营业部】 截至 2015 年底,中信证券股份有限公司南昌贤士一路证券营业部,从业人员 39 人;年末托管市值 284176.63 万元,比年初增加 91321.69 万元,增长 47.35%;年末开户数共计 10011 户,比年初增加 7963 户,增长 388.8%。股票期权方面于 2 月 9 日正式开启场内股票期权交易。新三板业务方面,签约一家新三板业务。上市公司业务方面,一季度,实现了江西分公司首单转融通业务。机构业务方面,通过不断的拜访上市公司,服务之前有业务往来的上市企业,成功引进上市公司资产 12.5 亿元。私募联盟业务方面,成功完成十几家私募机构落户。

【中泰证券南昌叠山路证券营业部】 中泰证券股份有限公司南昌叠山路证券营业部成立于 2010 年 11 月 17 日,地址位于南昌市东湖区叠山路 248 号,主营业务包括证券经纪业务、投资咨询、财务顾问、证券发行与承销、收购兼并、资产重组、资产管理、融资融券、金融产品代销、证券投资基金代销、股指期货中间介绍等。2015 年 10 月齐鲁证券有限公司更名为中泰证券股份有限有限公司,齐鲁证券有限公司南昌叠山路证券营业部也随之更名为中泰证券股份有限公司南昌叠山路证券营业部。截至 2015 年 12 月 31 日,营业部共有中后台员工 9 人,营销代表 15 人,经纪人 9 人。2015 年末托管客户资产 6.6038 亿元,账户数 6879 户,累计交易量 375.0042 亿元,净利润 625.70 万元。

保　险

【概况】 2015 年,东湖区保险业呈现良好态势,进一步发挥支持实体经济发展的功能和作用。一方面各保险机构的创新意识加强，保险产品和业务模式不断创新；另一方面积极推动金融综合服务，加大对小微企业等群体的支持力度。同时，深入开展公益活动，积极回馈社会，充分体现东湖区良心企业的优秀形象。

【中国太平洋人寿保险江西分公司】 2015年，中国太平洋人寿保险江西分公司实现总保费86.06亿元，同比增长10.03%；新单保费45.95亿元，同比增长15.48%。全省有10个地市承办18个大病保险项目，累计参保人数达2758万人。年金管理资产突破80亿元。截至2015年末，全省系统营销员规模人力达29413人。为服务地方经济发展，2015年，江西省分公司助推中国人寿集团公司与省政府在南昌签订全面战略合作协议，促推“险资入赣”，截至年底，集团在江西省落地的投资项目共94.7亿元。其中，“中国人寿——南昌市政债权投资计划”，由中国人寿资产公司与中国中铁合作设立，募集资金50亿元，用于南昌市政公用投资控股有限责任公司南昌市老城区道路改造工程，2015年4月14日已完成第一笔放款25亿元。“中国人寿——南昌棚改债权投资计划”，由中国人寿资产公司投资设立，募集资金40亿元，用于南昌城市建设投资发展有限公司南昌市“红谷滩棚户区改造综合社区项目”和“幸福渠棚户区改造综合社区项目”，2015年6月16日已完成第一笔放款10亿元。

【中国平安财产保险江西分公司】 2015年，中国平安财产保险股份有限公司江西分公司（以下简称平安产险江西分公司）累计实现保费收入22.8亿元，首次突破20亿元大关。拥有内外勤员工1381人，铺设83家分支机构，遍布全省11个地市及大部分县域地区，形成广覆盖而强有力的客户服务网络。在产品端，加大产品、服务创新力度。收集各险种系统内优秀案例及销售经验，结合江西市场，研究新型业务，搭建新平台，在符合监管要求的基础上大力开拓新型业务、寻找新的产品、服务、营销模式。在产品端，加大产品、服务创新力度。收集各险种系统内优秀案例及销售经验，结合江西市场，研究新型业务，搭建新平台，在符合监管要求的基础上大力开拓新型业务、寻找新的产品、服务、营销模式。在服务端，推出了智能式全自主理赔，为客户打造线上理赔通道，满足客户自主、便捷、透明理赔的需求，通过PC网页和移动网页的形式，开通客户自主查勘的主通道，以及自主查询、智能咨询、自主报案等辅助功能。同时，提出三者直通方案，减少标的与三者的纠纷，进一步提升行业理赔服务水平、改善客户体验、维护保险消费者合法权益、缓解城市道路交通拥堵、减少因事故导致的社会纠纷。切实维护消费者权益。成立以总经理室为领导的“消费者权益维护中心”，全面指导全省消费者权益保护工作的开展，提升全员保障消费者权益的责任意识，建立涵盖前端销售、理赔服务、咨诉管理等方面工作的配套制度。深入开展系列社会公益活动，开展“平安来了”停车关爱公益活动，号召公司全员为路遇需要帮助的车主提供无偿服务，截至年底，800笔爱心公益事件、1160余位车主享受到该项服务。

担　保

【概况】 截至2015年底，东湖区共有融资性担保公司6家，共发生担保业务312笔，在保责任余额281357万元，占全市融资性担保公司担保业务总量约69.84%。各融资性担保机构加大业务创新，进一步完善贷前准入、贷中审核、贷后管理制度，提高防范不良风险的能力。持续重点扶持中小微企业，对缓解中小微企业融资难和防控信贷风险起到了有效作用，推动东湖区域经济不断发展壮大。

【江西南华城投担保公司】 2015年，江西南华城投担保有限公司有从业人员15人，在保户数46户，在保余额1.28亿元。受金融市场环境的变化影响，南华担保公司也加强自身风险控制，和银行合作的基本上都是存量业务，同时积极开拓思维，和各小贷公司合作发展，以设置反担保措施为主要的风险控制手段，以足值、可变现，且变现能力强为稳健经营操作的方法，以优良个体工商户、农户为主要服务对象，不遗余力地为个体经济的发展助力加油，提供担保服务，促进地方经济发展。

【江西省和丰担保公司】 2015年,江西省和丰担保有限公司注册资本为5000万元,拥有净资产6138.11万元,有员工12人,在保责任余额4026万元,较年初减少34.32%。共与1家银行业金融机构(江西银行)开展业务,四个季度平均在保责任余额3264万元,是注册资本金的0.65倍。2015年,在保责任余额4026万元,是注册资本金的0.80倍,增加贷款担保业务16户,增加贷款担保额4326万元,解除贷款担保业务21户,解除贷款担保额6430万元,新增担保业务4326万元,全部为融资性担保业务,其中贷款担保3726万元,占比86.13%;票据担保600万元,占比14.87%。截至年底,公司已累计为280户中小企业提供了融资担保贷款109201万元。

【江西华章汉辰担保公司】 江西华章汉辰担保集团股份有限公司(简称"华章汉辰")成立于2004年,是一家以国有股份为主的金融服务企业,注册资本金5亿元,净资产超8亿元。经联合信用管理有限公司评定,信用等级为"A+级",综合授信额度达200亿元。以融资担保为业务基础,与信贷服务、投资业务、资产管理、服务外包、互联网金融组成六大业务版块,为中小微企业提供全方位综合金融服务,是江西省首家拥有"国有信用、市场机制、国际视野"的混合所有制综合金融服务集团。华章汉辰锻造了一支精英型的高级管理团队,由金融、投资、资本运营以及从事过大型企业管理经验的专业精英组成,每位高管团队成员均具备不同的特长经验和丰富的行业背景。截至2015年12月31日,集团拥有员工200余人,超过90%拥有大学本科以上学历,其中博士生3人、硕士生26人,专业涵盖金融、会计、法学、企业管理、计算机等领域,平均年龄32岁,是一支朝气蓬勃、充满活力的专业团队。华章汉辰以"勤奋、忠诚、创新"为核心理念,勤奋是加入华章汉辰的前提;忠诚是被华章汉辰认可的基础;创新是在华章汉辰被重用的根本原因。营建"精英文化"与"创新精神"为主要内容的企业文化。倡导"没有危机感是最大的危机"和"变革与创新是企业发展的关键环节"。激发员工从内心产生高昂情绪和进取精神,形成难以复制的精神资产,促进企业健康发展。截至2015年12月31日,年末在保户数共计196户,在保责任余额252027.22万元;2015年累计为238家中小企业担保,累计担保额339069.7万元。集团现已与81家机构达成战略合作,其中成功入围23家银行机构(含中农工建交等国有大型银行,各政策性银行、股份制银行,城商行等)。此外,集团还与华融资产、长城证券、中航信托等58家非银行业金融机构签署战略合作协议,是江西省入围机构最多的担保企业,并与金融、产权、版权、林权交易所等平台机构实现了对接,同时还有工业园区、商会等众多合作伙伴。

【南昌市科技担保公司】 截至2015年底,南昌市科技担保有限责任公司公司已成功入围南昌银行、农业发展银行、交通银行、兴业银行及浦发银行等5家银行,总授信额度5.3亿元。2015年,在大力宣传的基础上,结果公司实际情况,公司对全市有贷款需求的多家中小企业进行了摸底调查,本着务实稳健的原则,对符合贷款条件的客户,特别是科技型及符合国家科技部扶持要求的中小企业客户,按照规范、严谨、有效的贷款担保业务流程,积极主动地做好企业贷款担保工作。

【南昌市个私民营企业信用担保公司】 截至2015年底,南昌市个私民营企业信用担保有限责任公司已累计为589户中小企业提供了融资担保贷款23亿余元,全年新增融资担保额5310万元,在保余额9270万元。已与浦发银行、民生银行、南昌银行、农商行等9家银行达成了长期合作协议,单笔担保额度为960万元,担保最大倍数10倍,最大可实现10亿元的综合授信。公司合理设置内部机构,建立了分权制衡机制和良好的外部约束和相互牵制机制。健全了科学决策体制与程序,建立健全集体决策与个人分工负责、责任落实到人的风险预防机制,加强了制度建设,从制度上保证了经营的合规性。自成立以来,始终保持着零代偿零损失的信用记录。

(汪　瑜)

财政·税务

综 述

2015年，围绕区委、区政府确定的全年工作重点和财税改革目标，区财政部门积极克服外部经济环境的不利影响，着力推进财源建设，深挖财税增收潜力，优化调整支出结构，不断提升管理水平，财政收入实现稳步提升，重点支出得到有效保障，实现速度与质量效益相统一、改革与经济稳定相协调的有序发展，全区预算执行情况总体良好。

2015年，面对日趋复杂严峻的经济形势和前所未有的发展压力，区国税、地税部门始终坚持把抓收入放在工作首位，不断创新工作举措，持续加大对重点税源户的管理服务力度，充分发挥街道（管理处）税务服务站职能，强化对零散型税源的动态监控，杜绝"跑、冒、漏、滴"现象发生，有力增强了税源控管的针对性和有效性，征管质量和效率显著提高。2015年，全区税收收入占财政总收入的比重达到93.38%，继续稳居全市前列。

（卜 斌）

财 政

【概况】 2015年，东湖区财政工作按照建立公共财政体制的要求，积极适应经济发展新常态，持续推进经济增长方式转变，大力培植实体税源，强化收入征管措施，进一步提升财政收入质量，确保财政收入稳步增长；优化支出结构，加强民生保障，努力在平衡财政预算、整合财政资金方面创新思路举措；狠抓改革攻坚，完善监督机制，切实提升了财政资金使用效益，财政资金使用的规范性、安全性和有效性明显增强，财政保障能力和宏观调控能力不断得到提高。

【财政收入实现"三跨越"迈上"三台阶"】 2015年，区财政收入总体呈现"三跨越"的特点。一是财政总收入实现新跨越。全区财政总收入市口径完成57.31亿元，同比增长6.7%，继2014年攀上50亿元台阶之后迈上财政总收入55亿元台阶；二是省口径收入实现新跨越。全区财政总收入省口径完成45.46亿元，同比增长10.2%，继2014年攀上40亿元台阶之后迈上省口径44亿元台阶；三是一般公共预算收入实现新跨越。全区一般公共预算收入实现12.32亿元，按省口径统计，同比增长11.92%，按市口径统计，同比增长10.1%，继2014年攀上11亿元台阶之后迈上地方公共财政预算收入12亿元台阶。

【落实"财园信贷通"等财税扶持政策】 2015年，区财政部门积极落实"财园信贷通"等财税扶持政策，充分发挥财政资金的杠杆作用，把更多的资金用于扶持小微企业科技创新，切实推进"大众创业，万众创新"。引导辖区优质资源向产业聚集化发展，加大对龙头企业的培植力度，努力形成产业支撑有力、布局结构合理的财源体系。

【民生投入资金突破10亿元】 2015年，东湖区进一步将政策支持和财力保障的重点向民生领域倾斜，全力确保"惠民便民利民"工程优质高效推进。全年全区用于保障和改善民生投入资金突破10亿元，达到11.34亿元，约占全区一般公共预算支出的62.35%。

【全面落实预决算公开工作】 2015年，东湖区按照上级部门要求，有序推进各单位公开财政预决算信息、部门预决算信息及“三公”经费预决算信息，实现了格式统一、时间统一，确保公开质量，并在规定时间内完成了2015年预算信息和2014年决算信息公开工作。

2015年10月30日，东湖区财政组织召开2016年区级部门预算编制工作会议

【积极盘活财政存量资金】 2015年，根据上级部门要求，区财政局组织全区各单位积极开展集中分类清理部门结余结转资金工作，逐步加强完善部门结余结转资金管理。收回2012年及以前年度财政存量资金2555万元，二次分配支出主要用于救灾等专项资金。

【深化公务卡制度改革】 2015年，区财政部门按照省市相关要求，加快推进“金财工程”建设，不断提高直接支付比重，全区168家预算单位全部纳入了国库集中支付管理。全年全区各单位通过零余额账户采用公务卡结算方式累计办理业务13795笔，金额为1748万元，同比增长15%。

【努力推进财政投资评审全覆盖】 2015年，区财政部门不断加强对中介机构审结项目的复核力度，明确投资5万元以上由政府出资的基础设施项目必须办理评审手续，前期未办理评审手续的项目审核由区审计部门直接实施；其他出资方式项目的前期预算评审和竣工结算，可由各行政主管部门和建设单位组织实施，区财政部门可对其评审结论进行检查和审核，全年全区共完成工程预算评审业务36件，评审定案金额6981万元，核减率为13.16%。

【加大政府采购服务力度】 2015年，区财政部门紧紧围绕“规范管理、扩大规模”工作目标，简化和完善政府采购程序，积极探索在公共服务、基础设施等领域引入政府与社会资本合作（PPP）模式，激活和释放经济发展的内生动力，最大限度地发挥财政性资金的使用效益。全年全区政府采购实际金额为4262万元，节约资金583万元，节约率12.03%。

【全面开展“小金库”治理工作】 2015年，东湖区开展“小金库”专项治理“回头看”、政府采购排查等财经纪律专项检查，严厉查处违法违规行为，维护财经秩序。自开展“小金库”治理工作以来，共发放“自查自纠表格”172份，回收172份，未发现私设小金库现象。

【积极探索预算绩效评价】 2015年，区财政部门有序推进重点领域、民生项目和基本建设项目绩效评价工作试点，将绩效评价工作结果作为部门预算和财政收支计划安排的重要依据，促进绩效管理与预算管理的有机结合。

（卜　斌）

国家税务

【概况】 2015年，东湖区国税局抓住组织收入工作中心，认真落实组织收入原则，立足区情，把握局情，综合税情，顺利完成年初确定工作目标和任务，共组织入库税收收入66864万元。全年，各项工作取得较好成绩，得到各级领导的充分肯定，荣获全国税务系统先进集体、江西省文明单位、全省国税系统先进单位、全市国税系统目标管理先进单位、全省“五四”红旗团支部、全市优秀基层党组织等荣誉称号。

【征管质效大幅提高】 2015 年，区国税局为确保征管及数据质量，不断加强风险管控及信息核查工作。充分发挥风险预警管理系统的作用，同时在评估工作中进一步强化涉税信息采集，严格评估程序，增强评估实效，入库税款 777.35 万元。对 2 户符合政策规定的安置残疾人就业的企业审批退税 73.46 万元，对 5 户软件产品企业增值税超 3% 税负即征即退 121.89 万元。每月对小微企业减免税不规范纳税人进行清理，对应享受未享受增值税优惠的小微企业均给予了退税处理，2015 年小微企业减免增值税合计 390.68 万元。圆满完成了 2014 年企业所得税汇算清缴工作，2014 年度管辖的应参加所得税汇算清缴的企业为 6171 户，实际参加汇算清缴的企业为 6112 户，汇缴面为 99.04%。

【服务水平明显提升】 2015 年，区国税局为方便纳税人办理地税涉税事宜，对五星级办税大厅进行优化改建，更科学合理地划分了大厅功能区域，将原来 13 个功能独立办税窗口整合为 12 个综合办税窗口，各窗口真正做到了“一窗通办”。参照银行系统窗口服务标准，结合工作实际，配备相关硬件设施：引入叫号系统，引入地税网络专线，配置地税窗口涉税事项办理所需的相关硬件设施，如电脑、POS 机等。此外，为缓解大厅窗口工作压力，购置 7 台自助办税终端设备，其中 2 台作为 24 小时办税服务终端全天候为纳税人提供相关涉税事项办理服务，另有 3 台分布在东湖辖区内相对中心区域偏远的街办社区，方便纳税人就近办理涉税事项。大厅窗口工作量明显减少，办理事项每月由 16000 余件下降至 8000 余件。

【国地税合作稳步推进】 2015 年，东湖区国税、地税业务整合合作不断强化。一是合并行政服务中心办证窗口，纳税人在同一窗口可同时办理国、地税的税务登记事宜。二是共享涉税信息。自 8 月起，区国税局与区地税局逐步开展涉税信息共享，先后对税务登记、注销户、非正常户、个体户税款核定的信息进行交换，累计交换信息 41780 条。三是受地税委托代征地税税种。自 9 月 1 日起，为地税代征营业税、城建税、教育费附加、地方教育费附加、企业所得税、个人所得税等税费。2015 年，共代征税款 2400 户次，税额 300 万元。四是着手开展委托地税代征国税税种工作。至 11 月起，区国税与区地税协商委托地税代征国税税种事宜，已初步达成意向，形成《委托代征协议书》征求地税意见，并已将网络铺设至东湖地税办税服务厅。

【党风廉政建设取得新成效】 2015 年，区国税局坚持以“两权监督”为重点，以行风建设为抓手，以廉政文化建设为载体，深入开展勤廉教育月、“收受红包”专项整治等活动。按照“谁主管谁负责”的要求，责任明确，措施到位，将工作任务落实到部门，落实到个人，构筑一级抓一级、层层抓落实的责任格局。严格落实上级贯彻中央八项规定精神的办法措施，坚持零申报、“月报告”、重大事项 24 小时报告制度，由主要领导和纪检组长“双签字”。将“红包”治理工作与“三严三实”专题教育紧密结合起来，创新方式方法，在着力构建常态化的教育机制、防范机制、惩治机制等方面出台有特色的治理措施和办法。

（熊　莹）

地方税务

【概况】 2015 年，东湖区地方税务局坚持“为国聚财、为民收税”的宗旨，着力优化纳税服务，加强税源监控，强化税收分析，提高征管质效。全年，共组织地税收入 10.82 亿元，其中，营业税 31776 万元，企业所得税 17293 万元，个人所得税 24592 万元，城建税 789 万元，房产税 5799 万元，印花税 385 万元，土地使用税 316 万元，土地增值税 1655 万元。圆满地完成市局、区政府下达的任务。区地税局荣获了全国文明巾帼岗、创建全国文明城市先进单位、南昌市第十五届文明单位、南昌市五一巾帼标兵岗、全国第三次经济普查先进集体、全市创新项目一等奖等荣誉。截至年底，辖区管户 14200 余户。

【规范征管资料】 2015 年，区地税局率先在全省地税系统推出征管档案电子化信息系统，实现涉税资料“一户式存储”管理，纳税人不需再重复递交资料,只需输入纳税人识别码,便可对涉税资料以电子书的方式查阅,随调随阅,既规范了工作流程,又方便了纳税人。征管档案电子化还实现了各类数据的痕迹化管理,从而规范了征管业务、纳税服务和依法行政的流程管理,杜绝工作中的推诿和敷衍,有利于预防不廉洁现象和腐败行为滋生,促进税务机关的勤政廉政建设。税收征管资料电子化系统的创新应用,获得全省创新项目二等奖、全市创新项目一等奖,这一创新做法得到《中国税务报》《江西日报》《南昌日报》光明网、搜狐网等众多媒体的纷纷报道。截至年底,征管档案电子化信息系统已扫描27969户次,涉税事项46211项,扫描325932页,实现了征管业务的全覆盖,翻开了征管资料"死档案"到"活资源"的新一页。

【构建税收宣传品牌】 2015年,区地税局深入开展"便民办税春风行动"、创新"国地税联合办税"和"三证合一、一照一码"等服务方式,对照《纳服规范》及时对现行制度文件逐一清理、修改和完善;大力推行"首问、预约、延时、限时、一次性告知、引导、上门、提醒"等服务;围绕"便民春风行动",开展局长当"一回征收员"的纳税服务开放日活动;与南昌广播电台917新闻频率联合开展"便民春风 电波传情"税收知识有奖竞答活动。其间,共接到电话、互动短信、微信近500余条。

【加强综合治税】 2015年,区地税局进一步完善护税协税"天网工程",通过与各街办、贤士湖管理处和中国移动江西南昌分公司签订《委托代征税款协议书》,委托对营业税、城市维护建设税等5类税进行代征,全年共代征税款3493.04万元。落实《合作规范》,7月23日,区地税局与区国税局召开首次联席会议,深入探讨委托代征税款合作相关事宜。9月21日,区局以委托国税局代征地税税款的方式,建立起"政府领导、财政牵头、税务主导、扎实推进"的联合办税工作格局,在国地税联合办税大厅实现了"一人双机双屏双系统"的联合办税服务模式,完善了涵盖联合办理税务登记、委托代征税款、定额户的定额核定、涉税信息共享互通、联手防控税收风险等环节的长效合作机制。全年,区地税局通过联合办证窗口,代征了296.6万元地税税款,开具税票2317份,办理同城业务28笔,涉及各个城区地税单位,征缴税款50.34万元,加收滞纳金52.05元。

【积极投入东湖老城区改造】 2015年,区地税局为对因"双拆"经营变动的纳税人及时办理税务登记注销等程序。积极落实旧城改造拆迁户的税收减免政策,为385户拆迁户办理契税减免748万元。

【落实税收优惠政策】 2015年,区地税局认真落实税收政策,服务地方经济发展。全年减免房产税和土地使用共33.35万元,备案1户减免27.3万元,涉及医院9户减免2206.05万元。通过开展座谈、宣传辅导、建小微花名册、优惠台账等举措落实小微企业税收政策,辖区内小微企业共有1682户,享受税收优惠政策的有120余户,减免企业所得税100多万元,切实减轻企业税收负担,增强企业创新创业信心。

【扎实开展"三严三实"专题教育】 2015年,区地税局统筹推进"三严三实"专题教育和"扬清风正气、树地税形象"主题实践活动;以开展"书香地税""践行三严三实""廉政学习月"等活动为契机,督促干部职工加强学习,更新知识,营造崇尚学习、勤于读书、善于思考的良好风气;通过"身边好人"发布、"最美地税人"评选、"最美家庭"评比、民主评议评选岗位标兵、党员先锋、先进工作者等精神文明创建活动,让全员行有标杆、学有榜样。

(杨璐璐)

经济管理与监督

综　述

2015年，是“十二五”规划的收官之年，也是东湖“四区”建设笃行有为的一年。在南昌市委、市政府和东湖区委的正确领导下，东湖区上下主动适应经济发展新常态，积极应对复杂严峻新形势，抓改革谋发展，惠民生保稳定，较好地完成了东湖区十五届人大常委会第五次会议确定的主要目标任务，经济社会各项事业取得显著成绩。

2015年，东湖区在经济下行压力中保持了好势头。坚持稳中求进、挖潜增效，有力应对财政增收乏力、社消增长滞缓不利局面，主要指标逆势上扬、速度效益同步提升。全年完成地区生产总值378.75亿元，同比增长8%，高于预定目标0.5个百分点；固定资产投资161.09亿元，同比增长17.1%；财政总收入、地方一般公共预算收入分别达到57.31亿元和12.32亿元，按省口径分别同比增长10.2%、11.92%（市口径同比分别增长6.7%、10.1%）。税收收入占财政总收入比重达93.38%，经济发展“含金量”持续提高。

2015年，东湖区在旧改征迁重任中打好了攻坚战。坚持民生导向、责任导向，有力克服旧改体量大、范围广、任务重以及产权争议多、困难群众多、历史遗留问题多的困境，决胜旧改攻坚。10月30日，南昌市委、市政府在东湖区召开全市轨道交通3号线建设房屋征收暨完成2015年南昌市棚户区改造目标任务动员部署现场会，东湖经验在全市推广。

2015年，东湖区在城市建管推进上树立了新标杆。坚持“干干净净、漂漂亮亮、井然有序、和谐宜居”的目标要求，施以猛药治沉疴，直面东湖城市管理“顽疾”和“短板”，新增投入3600万元，将人、财、物全部下沉一线，排难前行、争先进位，实现了全年城市管理综合考核“争一保二”的目标，打了一场漂亮的城市管理“翻身仗”，力推城市建管强起来。

2015年，东湖区在招商项目落地上创造了加速度。坚持好字当先、快字当头，全力服务“阿里巴巴·南昌产业带”、豫章1号文化科技园等引领型、标志型项目，做到了两个“一百天”，即从考察到签约、落户，100天；从落户到装修、运营，100天。模范践行了招商引资“六个跟踪”的行动指针。

（黄　伟）

宏观经济管理

【概况】 2015年，东湖区发改委顶住了经济下行压力，大胆创新，开拓进取，使全区经济发展稳中求进。全年实现地区生产总值378.75亿元、固定资产投资160.69亿元，分别同比增长8%、17%，均高于年初计划。2015年，财政总收入达到57.31亿元，地方一般公共预算收入达到12.32亿元，按省口径分别同比增长10.2%、11.92%（市口径同比分别增长6.7%、10.1%），税收收入占财政总收入比重达到93.38%。全年共落户内资项目216个，外资项目7个，其中亿元项目13个，比2014年增加了5个；5000万以上项目55个，比2014年增加了28个。全年完成实际利用外资1.29亿美元、内资35.68亿元、出口创汇5.4亿美元。

【加大项目申报力度】 2015年,东湖区共立项审批项目44个,项目总投资13.25亿元。2015年东湖区重大重点项目投资计划共45个,总投资280.54亿元,涉及产业类、旧改类、基础设施类、社会事业和民生工程类四大类,其中,产业类项目11个,旧改类项目4个,基础设施类12个,社会事业和民生工程类18个。其中,中金国际交易中心项目、胜利路步行街街景改造和地下商业街项目列入2015年度南昌市重大重点项目,湖滨西路改造项目列入南昌市重点调度工程项目。

【产业发展势头良好】 2015年,东湖区产业结构进一步优化,第三产业占比高达91.2%。围绕六大产业主攻方向,精准发力,“六大产业”实现税收收入19.24亿元。楼宇总部经济,突破9.88亿元。全年落户总部经济23家,目标楼宇贡献率同比提高7.3%;“互联网+”战略推进卓有成效,全区电商年交易额突破48亿元,“阿里巴巴·南昌产业带项目”上线运营一个月,实现线上企业497家,交易额达到5500余万元;“豫章1号”文化科技园正式运营,开辟文化产业“双创”基地。

【加快推进重点项目】 2015年,东湖区确定的45个总投资达280.5亿元的重大重点项目建设,开工率达到70%。市级重大项目胜利路步行街改造(一期)工程主体完工,呈现全新面貌;新湖滨西路、中金国际交易中心项目建设稳步推进;谌家坊安置房等项目顺利完工;三经五纬路街区改造完成工程量90%;中山路街景改造正加紧施工,将于春节前完工;华远和平里、开元名都大酒店等一批续建类项目全面投入运营。

【产业集聚持续加速】 2015年,东湖区“5+2”产业政策持续升温,产业项目加速集聚。全球最大的办公空间解决方案供应商——雷格斯集团、投资40亿元的南昌浦发市政公用投资管理中心、广州海印集团江西总部正式落户,江西航投总部等一批区域性总部正在洽谈跟进;投资50亿元的青山湖西岸新城市综合体正在积极筹备;江西金融租赁有限公司、汉辰融资租赁等非银金融机构相继落户,引导金融服务业错位发展。

(黄　伟　许　青)

企业资产管理

【概况】 2015年,区企资中心坚持以服务经济发展为主线,以做好旧城改造征收工作为重点,以解决企业职工困难为责任,以保障安全生产、维护企业稳定为目标,狠抓各项工作,认真履行职能,取得了一定的成绩,荣获南昌市第十五届文明单位、东湖区文明单位、东湖区人口和计划生育工作达标单位等荣誉。

【加强企业资产管理】 2015年,区企资中心把店面租赁工作作为中心经济工作的主要增长点,严格按照《区关于经营性房产租赁管理规定》,加强对企业经营性房产的租赁管理。一是规范日常管理,建立和完善店面台账,并及时上报区纪委备案。全年中心党委研究讨论通过店面续租、减租、招租事项共计161项,批复店面事项148项,签订租赁合同148个。二是灵活收租,为确保租金收缴率,稳定承租户,针对2014年以来受拆迁改造影响的中山路、胜利路等店面,中心积极协调好商户的减租工作,全年共计减免租金575万余元。因步行街改造和地铁拆迁造成经营性资产收入减少,全年租金收入同比下降10%。三是盘活资产,针对店面拆迁所带来的租金减少的不利因素,整合中心企业的土地资源,狠下功夫招强引大,结合招商引资工作,以店招商,以商招商。

【稳步推进企业改革】 2015年,区企资中心按照“一企一策”“成熟一个改制一个”的原则,抓住东湖区区青山湖西岸、上下沙窝、下正街、滨江二七路沿线等地段纳入改造棚户区危旧房改造工程这一契机,紧密联系企业干部职工,充分尊重职工的民主权利,认真听取职工代表对改制工作的意见和要求做好企业改制工作。基本完成南昌市玻璃纤维厂的改制工作,正在推动南昌市标准件七厂、南昌微型电机厂两家企业的改革。

【顺利完成区属企业移交】 2015年,按照区委区政府的要求,区企资中心积极与青山湖区金融办进行沟通衔接,于2015年10月正式完成青山湖区在扬子洲的区属企业移交工作,重点完成家禽实验中心场(家禽研究所、南昌禽蛋公司)和扬子洲供销社的人事档案、企业资产、企业债务等的交接，并相继建立了资产档案，统一纳入店面管理工作。

【做好涉及区属企业信访维稳工作】 2015年，针对信访工作中存在的历史遗留问题多，群体上访事件多等突出问题，区企资中心坚持统筹协调、整体联动、齐抓共管，加强了依法行政的力度，积极与上访人沟通协调，化解积怨，妥善解决了店面租赁、改制企业职工矛盾等纠纷。全年，共接待上访75起800余人次，网上信访23件188人。

【推进经济发展各项指标任务】 2015年，区企资中心以项目为依托、以服务为纽带、以培育为引导，为繁荣区域经济出力。一是主动出击，顺利完成经济目标。坚持“走出去、请进来”，真抓实干、亲力亲为，主要领导带头抓、职能部门全力抓，形成强大合力。全年共引进5000万元的内资项目两个，3000万元的内资项目一个，1000万元的内资项目两个。二是精心策划，做好招商引资工作。大力推行联合招商、以商引商、以店招商等方式，提高招商实效，细心做好客商服务工作，全年完成实际利用外资587万美元，实际利用现汇进资117万美元，实际利用内资8050万元，2015新增税收完成100多万元。

【扎实推进民生工程】 2015年，区企资中心在扩大企业租金收益的前提下，努力提高职工待遇，改善职工生活。积极开展送温暖大帮扶活动，全心帮扶困难职工，配合区总工会建立困难职工档案，全年共计发放困难生活补助504人次，大病困难生活补助63人次，共计发放补助金额42万余元。节日期间走访离休干部、军转干部和退役老兵人员共计100余人次，共发放慰问品慰问金3万余元。

【积极做好旧城改造房屋征收工作】 2015年，区企资中心坚持服务大局意识，为确保所属企业厂房、仓库、店面按时完成房屋征收工作，组织专门人员对涉及拆迁的所属企业及租赁店面业主进行征收宣讲。一方面积极做好下正街、滨江和西货场整体拆迁改造，全年完成下正街征收居民房屋97户，滨江和西货场102户，面积13300多平方米。另一方面配合旧改征收责任单位顺利完成中心归口管理单位经营非住宅7处，涉及中心归口管理的工业经营公司下属四个企业职工537人，面积6403.73平方米。

（刘　丹）

行政审批

【概况】 2015年，东湖区将优化投资环境工作作为推动全区经济社会又快又好发展的重要支撑，以“优质服务、廉洁高效”为工作宗旨，以营造“求真、务实、廉洁、高效”的发展环境为目标，始终围绕优化投资环境这一主题，扎实推进第九轮行政审批制度改革后续工作，以新建东湖区行政服务中心大楼为契机，全力完善平台建设和拓展服务项目，服务全区经济发展环境，提升行政服务中心建设水平。

【行政审批制度改革】 2015年，东湖区以第九轮行政审批制度改革为契机，全面清理审批事项，推进权力清单、责任清单、市场准入负面清单和政务服务网工作。4月20日，区政府常务会审议正式下发《关于印发东湖区第九轮行政审批制度改革若干问题的决定》（东府发〔2015〕2号），出台《东湖区区级行政审批事项权力清单》《东湖区区级精简行政审批事项清单》、东湖区行政审批收费项目清单、进驻东湖区行政服务中心审批事项清单。清理后，共保留区本级行政审批事项300项（其中行政许可194项，非行政许可106项）；精简行政审批事项42项，精简率19.91%。其中市级下放区级承接的行政审批事项89项，已承接89项，承接率100%；取消实施行政审批事项31项，下放实施行政审批事项2项，暂停实施行政审批事项3项，转变管理方式实施的行政审批事项6项；一审一核事项244项，其中即办件118项；保留涉及审批的行政事业性收费事项22项。

【清理便民服务事项】 2015年，东湖区贯彻落实《江西省人民政府办公厅关于开展便民服务事项梳理工作的通知》（赣府厅函〔2015〕6号）文件精神，根据省、市“三单一网”相关工作部署，由区行政服务中心管委会牵头，全面梳理区政府承担的便民服务公共职能。3月25日下发《关于开展便民服务事项梳理工作的通知》，组织相关单位人员培训,通过明确梳理范围,参照《江西政务服务网便民服务事项参考目录》,结合区情实际,形成《东湖区人民政府便民服务目录汇总表》上报市"三单一网"建设工作领导小组办公室,此项工作涉及东湖区25个职能部门、559项便民服务事项。8月26日,南昌市便民服务事项录入填报操作培训工作后,东湖区下发系统登陆地址和账号、密码,通过明确任务分工、明确工作要求、明确时间节点,区各相关单位对照《江西政务服务网便民服务事项梳理填报指南》,将便民服务事项信息梳理内容包括办理指南、单位名录、场馆信息、政策文件、通知公告、常见问题、服务链接、普通信息等项目,按不同服务事项类型确定具体内容,使用"江西省统一事项梳理子系统",在11月30日之前完成区本级事项信息要素的录入工作。

【"三中心"平台标准化建设】 2015年,东湖区根据《关于推进我市城区"三个中心"标准化均等化建设的实施意见》(洪办发〔2014〕7号)文件精神,将董家窑街道、贤士湖管理处"五星级"便民服务中心建设纳入东湖区重大重点投资项目推进工作内容。区行政服务中心管委会加强业务指导,按照区政府"高标准规划、高品位设计、高速度建设、高质量管理"的总体要求,项目建设单位严格落实《南昌市乡镇便民服务中心建设与管理"星级"评定细则》的工作要求,服务大厅面积在300平方米(含)以上做好规划设计,打造"五星级"街道(管理处)便民服务中心。

【规范公共资源交易工作】 2015年,区公共资源交易中心进一步强化东湖区公共资源交易监管工作,充分发挥市场询价职能,推进区重点项目建设,完成东湖区综合服务中心及文化活动中心地板、办公家具、无线表决系统及会议签到系统、窗帘、地毯等项目的招标采购工作及东湖区城管局电动垃圾清运车停车场等项目的邀请招标开标。全年完成公共资源交易项目166个,交易总金额共计5008.39万元。其中建筑工程项目24个,成交金额568.70万元;政府采购项目141个,成交金额4438.99万元;其他交易项目1个,成交金额0.7万元。

(张淑华)

市场和质量监督管理

【概况】 2015年,东湖区市场和质量监督管理局按照区委、区政府的部署,主动适应经济发展新常态,以服务全区经济社会发展为主线,以改革创新为动力,凝心聚力,履职尽责,真抓实干,稳中有进、稳中向好,圆满完成全年各项目标管理任务。区市场和质量监督管理局荣获全区2015年度社会治安综合治理目标管理先进单位荣誉称号。

【机构改革和市场监管执法实现平稳过渡】 4月6日,《中共东湖区委、东湖区人民政府关于实施东湖区人民政府职能转变和机构改革的通知》将工商行政管理局、质量技术监督分局和食品药品监督管理分局合并,组建东湖区市场和质量监督管理局(挂东湖区食品药品监督管理局、东湖区食品安全委员会办公室牌子)。东湖区市场和质量监督管理局为东湖区人民政府工作部门,正科级建制。主要职能职责调整为9大项,内设办公室、人事教育科、政研法规科、食品安全监督管理科、个体私营企业监督管理科、市场规范监督管理科、商标广告监督管理科、消费者权益保护和申诉投诉举报科(申诉投诉举报中心)、质量标准计量认证科、特种设备安全监察科10个,直属机构药品监督管理局、行政审批许可局、公平交易局3个,辖八一桥分局、豫章分局、墩子塘分局、百花洲分局、公园分局、大院分局、董家窑分局、彭家桥分局、滕王阁分局、贤士湖分局、扬子洲分局等派出机构11个;综合执法大队、检测检验中心、后勤中心、信息中心、区消费者协会办公室、区个体私营经济协会办公室等事业单位6个。核定行政编制170人,工勤、事业编制72人。实有在职在编干部职工230人。实施市场监管体制改革,旨在建立"一体化、广覆盖、专业化、高效率"的市场监管体系,使分散执法变为统一执法,分段监管变为全程监管,从而实现生产、流通、消费领域产品质量全过程一体化监管,提高监管效能更好地维护消费者权益,进一步推动社会治理创新,提升政府公共服务水平。4月29日,区委任命东湖区市场和质量监督管理局新的领导班子。9月30日,区市场和质量监督管理局正式揭牌。东湖区市场和质量监督管理局站在新的起跑线上，以创新的思维引领市场监管工作，做好融合融入这篇大文章，加快工商、质监、食药监职能由“物理整合”向“化学融合”的转变，确保1+1+1〉3，不断提升市场监管法治化、规范化水平，使改革更加精准对接发展所需、基层所盼和民心所向，实现企业投资便利、产品质量安全、市场秩序公平，确保市场监管各项工作有序地推进。

【适应“新常态”开启新征程】 2015年，区市场和质量监督管理局充分认识新常态下发展条件的变化，坚持以提高经济发展质量和效益为中心，以集聚集群集约为抓手，围绕区委区政府“总部经济集聚区、高端产业核心区、南昌文化标志区、城市管理示范区”四区建设总体部署，找准立足点、抓住关键点、聚力突破点，充分发挥市场监管职能作用，在市场准入环境、服务经济发展、食品药品安全、特种设备安全、商品质量监管、信用信息管理、公平交易秩序、消费者权益保护等方面高效履职，全力推动东湖市场监管事业“一年打基础、二年规范化、三年上水平”。积极推行统一的市场监管，在理念上科学研判新常态，在岗位上主动适应新常态，在能力上积极引领新常态，理清履行职责新思路，优化办事流程，为企业提供保姆式一条龙服务。深入推进商事登记制度改革，鼓励大众创业、万众创新，激发市场活力。强化服务举措，搭建帮扶企业融资平台，推进“质量兴区”战略，实施“名品”工程等，依法确保各类市场主体准入地位平等、规则公平、标准统一、机会均等、退出有序。创新市场监管理念，完善市场和监管机制，充分利用现代化信息技术，构建商品质量监测体系，健全企业信用信息征集，完善诚信体系建设，开启监管执法新格局。强化执法办案工作，理顺综合执法稽查体系，加强重点领域整治，规范综合稽查执法行为，探寻综合稽查执法新突破。创新统一维权机制、联动维权机制、消费维权社会共治机制，整合优化各职能部门投诉举报平台功能，推进消费维权社会协同共治。强化食品安全监管，突出监管重点、完善监管机制，守住安全底线，提升食药品安全监管水平，确保食品药品安全、产品质量合格、计量公平标准、市场秩序规范、百姓消费放心。加强食品安全监管，强化队伍能力建设，完善内部制度建设，加快各项基础建设，深化党风廉政建设，树立市场监管执法良好社会形象。

【综合改革彰显成效】 2015年，区市场和质量监督管理局以营造便利的营商环境为支撑，将“创新、协调、绿色、开放、共享”五大发展理念作为履行职能的基本遵循、履职尽责的根本目的，深入推进市场和质量监督管理各项改革，切实把力量凝聚到深化改革、转变职能和服务发展工作中来。扎实推进注册资本登记制度改革，深度融合市场监管手段，放宽市场准入条件，加强市场监管执法，提升消费维权科学化水平，着力营造宽松平等的准入环境、公平竞争的市场环境、安全放心的消费环境。全面启动商事登记制度改革，精简审批项目，优化办事流程，完善制度措施，推行网上审批，一口受理、多证联办，最大限度释放改革红利，促进各类市场主体增量发展。全年，全区新增内资企业1641户，同比增长23.3%，新增注册资本87.77亿元，同比增长239.5%；新增个体工商户2666户，新增从业人员6976人。依托区行政服务中心行政审批、电子监察、政务公开和公共服务等网上综合服务平台，实现工商企业登记网上审批。至年底，全区办理“三证合一、一照一码”营业执照897份，变更换发“三证合一、一照一码”营业执照685份。

【便民利民措施惠泽千家万户】 2015年，区市场和质量监督管理局本着“转观念、提效能、优环境、促发展”工作思路，充分发挥职能作用，优化职能配置，理顺工作流程，完善内部治理结构，出台窗口建设工作意见，强化窗口建设，提升监管效能。免收企业和个体工商户注册登记、名称核准、公告、塑封等费用，建立服务保障机制，推行窗口和网上“双绿色通道”，为社会公众提供便捷服务。截至年底，清理涉及行政审批、行政执法两大类七方面行政权力清单878项，实现审批提速、服务提质、效能提升，权力清单“零保留”、登记申请“零距离”、登记注册“零收费”、优质服务“零投诉”。

【提前介入招商引资项目】 2015年，区市场和质量监督管理局对接区委、区政府“总部楼宇经济、现代商贸商务、金融服务、互联产业、文化创意旅游、健康养老服务”六大产业集群战略目标，以“抓项目就是抓发展、抓大项目就是抓大发展”理念，提前介入重大重点招商引资项目，主动提供优质服务。围绕阿里巴巴南昌产业带建设，东湖区市场和质量监督管理局置身于电子商务市场培育，鼓励发展电商产业和淘宝网商贸商务业，积极向银行推荐信用度高的网络经营企业，帮助网络经营者开展动产抵押、股权质押和商标专用权质押登记。做好南昌浦发市政公用投资管理中心、上海建工集团南昌前湖建设有限公司、江西尚飞林产有限公司等重点企业的跟踪服务工作，安排专人上门服务，开通绿色通道。至年底，办理动产抵押登记2件，抵押标的金额4400万元，为企业实现融资金额4400万元。协助税务部门办理“财源信贷通”核查158户。

【维护消费者权益工作】 2015年，区市场和质量监督管理局共接收上级转办各类投诉举报697件，办结率94%；受理消费者投诉126件，调解成功率为92.31%；立案查处侵犯消费者权益案件5件，为消费者挽回经济损失20.56万元。

2015年，东湖区市场和质量监管局举办消费者权益保护宣传活动

【建立企业信用信息报告制度】 2015年，区市场和质量监督管理局采取指导有“据”、引导有“序”、考核有“律”措施，依托企业监管警示系统，增设年报窗口，发放年报办事指南，设置公示业务热线，强化社会宣传，建立统计分析和监督考核机制，增强信用约束，提高公示工作的社会认知度。清理名存实亡企业，提高企业登记信息数据质量，将登记住所或者经营场所无法取得联系的有限责任公司、非公司企业法人、合伙企业、个人独资企业及其分支机构纳入清理范围。至年底，全区有4046户企业通过企业信用信息公示系统公示2014年度报告，占全部应公示企业7855户的51.51%。

【商标战略和合同信用建设同步推进】 2015年，区市场和质量监督管理局以新商标法颁布实施为契机，指导企业申办注册商标，引导企业申报知名、著名商标，积极争创驰名商标。认定江西省著名商标7件、南昌市知名商标2件，全区拥有注册商标721件。江西金庐陵有机白茶开发有限公司“茗如玉”商标成功申报认定江西省著名商标，按（洪市管字〔2015〕20号）文件规定，该公司由此获得市政府著名商标奖励10万元。完善守合同重信用企业激励机制。充分发挥合同监管职能作用，积极开展对企业的行政指导，引导企业建立完善合同管理制度，增强企业诚信履约意识。全区有9家企业获得省工商局2014年度“守合同重信用”公示资格，3家企业获得市工商局2014年度“守合同重信用”公示资格，2家企业获得东湖区市场和质量监督管理局2014年度“守合同重信用”公示资格。

【食品安全监管】 2015年，区市场和质量监督管理局加大食品安全监管力度，严格审查食品和餐饮经营资格，牢牢把握食品“准入关”。认真开展食品安全检测，按时完成食品抽验计划，全年配合市食药局完成抽检流通领域食品30批次，自行组织抽检餐饮服务业的大米、面粉、食用植物油、生猪肉等39个品种共计191批次。针对生产、流通和餐饮环节存在的重点难点问题进行专项治理，全面整治扬子洲豆制品生产加工市场，关停违规生产的小作坊28家。

开展食品非法添加、滥用食品添加剂和“地沟油”“瘦肉精”专项清理行动，重点检查乳制品、食用油、肉类、酒类、卤制品、保健食品等重点品种。开展学校食堂和校园周边食杂店、餐饮店专项整治工作，检查各类学校、托幼园食堂95所，查扣“三无”、过期食品120千克，立案查处不合格食品案件5起。

【规范市场交易秩序】 2015年，区市场和质量监督管理局开展合同格式条款专项整治，共检查银行、电信以及供水、供电、供气等公用企业22家，检查合同68份，规范合同55种；联合南昌市野生动物保护局、南昌市森林公安局检查辖区各集贸市场，收缴野生青蛙200千克；针对央视“3·15”晚会曝光汽车消费领域存在的侵权行为，行政约谈全区10家品牌汽车4S店负责人，同时提出警示并签订东湖区汽车4S店规范经营承诺书；开展商标专用权保护工作，严厉打击侵犯知识产权、虚假违法广告行为，查处商标违法案件1件，罚没金额1万元；查处虚假违法广告案件3件，罚没金额3.3万元。加大商业贿赂、销售假冒伪劣商品和无照经营等经济违法案件的查处工作力度，共立案18件，涉案金额102.6万元，有力地打击各类经济违法行为，维护全区经济秩序和社会稳定。

【加强药品和医疗器械安全监管】 2015年，区市场和质量监督管理局深入开展药品和医疗器械抽验工作，全年共检查药械经营、使用单位56家，抽验药品139批次、医疗器械5批次；开展药械不良反应事件监测工作，共上报药品不良反应97例，器械不良事件20例；开展中药饮片专项检查，通过查验购货渠道、检查产品包装标识、抽验中药饮片质量等方法，共检查中药饮片经营、使用单位13家，立案查处违法经营药品案件2件。

【严厉打击食品违法行为】 2015年，区市场和质量监督管理局不断加强食品安全日常监督执法力度，针对存在的重点难点问题开展全面治理整顿，组织开展中小学校及周边“辣条”等面粉熟食食品专项清查、牛肉市场专项检查、婴幼儿谷类辅助食品市场清查、食用油加工小作坊摸排、旅游市场食品安全整治、“冻肉”产品市场清查、卤制品专项整治等清查整治工作。6月16日，开展以“尚德守法、全面提升食品安全法治化水平”为主题的2015年食品安全宣传周首日现场宣传咨询活动，通过散发宣传资料，张贴宣传画，悬挂横幅，设置展板和设立咨询服务台、投诉台等形式，为消费者排忧解惑，树立信心，形成齐抓共管食品安全工作新格局。全年，立案查处生产和流通环节食品案件17起。

【食品安全监测】 2015年，区市场和质量监督管理局充分利用“四位一体”快速检测体系，加强对节日市场和季节性食品的检查，以各类超市、集贸市场、食品经营户为重点检查场所，针对节日消费集中、消费者申诉举报多和风险度较高的食品品种，组织开展质量定向监测和快速检测，发现问题食品及时处理。配合省工商局、质监局、食药监局和市市场和质量监督管理局、食药监局开展食品安全监测工作，全年共抽检食药品100批次。召开全区规范卤制食品经营行为行政约谈会，与15家“绝味鸭脖”门店签订东湖区食品经营户守法承诺书。

【提升质量工作水平】 2015年，区市场和质量监督管理局认真履行质量、标准、计量和认证认可等工作职能，坚持规范与建设、规范与帮扶、规范与教育相结合的方法，改正和优化监管方式，强化企业的质量管理，督促企业建立完善全员、全过程、全方位质量控制和质量管理体系，严把原材料入厂关和产品出厂关，夯实质量基础。组织商户进行集中行政约谈，与其签订诚信经营责任书，提升质量自律水平。加强计量监管工作，针对全区各集贸市场存在的短斤少两问题，以水产市场为突破口，开展计量专项监督检查，查缴问题电子称3台。

【做好特种设备安全监察】 2015年，区市场和质量监督管理局以特种设备使用“三落实、两有证、一应急”为抓手，先后开展“打非治违”、电梯安全监管大会战、大型起重机械摸底、气站气瓶安全专项整治、液氨制冷企业安全隐患整治等一系列专项执法行动。加强重要节假日、重点时段、重大活动期间特种设备隐患排查治理，开展学校、商场、体育场馆、医院、公园、饭店宾馆等人员聚集场所大型游乐设施、电梯、锅炉、压力容器、压力管道、大型锅炉等重大危险源以及重点工程项目特种设备的专项检查，全年共检查特种设备使用单位

526家,隐患排查治理工作取得明显成效,没有发生特种设备安全事故。

【开展"创文保卫"工作】 2015年,区市场和质量监督管理局将"创文保卫"工作任务细化分解落实到各个部门和各基层分局,明确责任人和完成时限,深入开展路面巡视,协助街办、城管部门规范出店经营、取缔占道摊点,实行亮证照经营,食品经营制度上墙面,同时公布投诉电话,张贴禁烟标识和卫生标准,确保创建工作不因市场监管而失分。

【党风廉政建设常抓不懈】 2015年,区市场和质量监督管理局认真贯彻落实中纪委十八届五次全会、省纪委十三届五次全会、市纪委十届五次全会和区纪委十一届五次全会精神,深入推进党风廉政建设和反腐败工作。一是以廉能建设为支撑,狠抓主体责任和监督责任的落实,抓班子、带队伍、管作风,讲规矩、守纪律、重操守,严格落实中央八项规定,加强人、财、物及车辆管理,防止"四风"问题反弹。二是"把纪律挺在前面",认真贯彻落实省委《关于加强作风建设营造良好从政环境的意见》20条规定,充分利用党务会、局务会、专题学习会加强党风廉政建设教育,全年局党委集体学习12次,做到人人知晓、个个守纪。三是重点开展领导干部及其亲属插手工程领域问题、"红包"问题、"两为"问题的治理工作,全系统26名副科实职以上干部填写"红包"治理和"违规插手工程项目"问题自查自纠表及承诺书。四是不断加强干部职工作风建设和日常管理工作,严厉查处群众反映强烈问题和影响发展环境突出问题,共处理投诉5件,绩效考勤通报7期。五是按照区政府的要求,全力推进"三单一网"建设工作,出台服务东湖区经济发展16条措施,全局上下转变服务理念、优化服务方式、提升服务水平,市场和质量监管执法开局良好。六是全力做好党风廉政建设社会评价工作,认真开展"大宣传、大走访、大监督"活动,全年"入企进户"宣传1万户,党风廉政建设社会评价群众满意度明显提升。七是不断创新党风廉政教育和廉政文化建设,认真开展党性党风党纪宣传教育活动,加大"把纪律挺在前面"宣传教育工作力度,健全《中国共产党廉洁自律准则》《中国共产党纪律处分条例》学习教育制度,增强干部职工廉洁自律意识,营造崇廉尚洁氛围。

(余效民)

安全生产监督管理

【概况】 2015年,东湖区认真贯彻"安全第一、预防为主、综合治理"的安全生产工作方针,牢固树立安全发展理念,大力开展隐患排查治理工作和安全生产"三项行动",开展安全生产"五进"活动,纵深推进安全单位"六项创建"和安全文化"三个主题载体创建",遏制全区生产经营中重、特大事故的发生,确保全区安全生产态势的平稳。东湖区人民政府荣获"江西省安全监管工作目标管理考核优秀单位"光荣称号。

【整治危化品经营市场】 2015年,在属地管理原则自查的基础上,区安全监察大队围绕六大项检查内容,着重对销售工业使用的危险化学品、剧毒物品经营单位进行重点检查。出动各类检查人员70余人次,检查使用危险化学品的单位47家,危险化学品经营单位(甲证)9家、危险化学品经营单位(乙证)8家、液化气点20家、重大危险源10处。同时,严格按照文件要求对各单位现有化学品使用、储存、经营数量,救援措施、周边情况,并完善监管台账,实现应急救援预案备案率100%。

【烟花爆竹安全专项整治】 2015年,区安监局加大打击力度,对辖区内26家烟花爆竹零售点和非法销售摊点开展巡回检查整治,打击非法销售、消除火灾事故隐患。重点对居民住宅区、校园和农贸市场周边环境进行检查整治,整治民德路、董家窑、贤士湖农贸市场等附近无证销售摊点5家,收缴并集中销毁假冒伪劣烟花爆竹3箱。举办烟花爆竹经销网点负责人安全知识培训班一期,组织培训人员学习安全监管知识,落实经销网点的安全主体责任,确保全区烟花爆竹市场的经营秩序。

【职业危害专项整治】 2015年,区安监局组织职业危害企业负责人、安全管理人员进行专业培训,并在辖区内生产经营企业开展职业危害专项整治暨"打非治违"工作,严格按照上级安监部门的要求,不折不扣地做好企业职业危害防治工作,为员工创造一个安全、清洁的工作环境。全年，全区职业健康卫生场所申报企业11家，1家企业完成职业卫生评估评价工作，9家完成职业卫生检测工作，1家因涉及搬迁搬迁而未进行职业卫生评估评价工作，强化相关的服务工作。

【安全宣传教育】 2015年“安全生产月”活动期间，区安委会办公室组织各相关单位，开展多种形式的安全教育，增强了全民的安全法制观念和自防自救意识和能力。购买各类宣传挂画600份，发放安全知识宣传单2万份。6月13日在步行街名秀广场开展“安全生产月”宣传咨询日活动，发放消防安全自救逃生教育手册500余份、“安全温馨提示18条”1000余份、“南昌市市民安全常识”1000余份和300个安全生产宣传袋，接受群众咨询600余人次。活动期间，组织海源油库、滕王阁幼儿园进行了消防应急演练；分别于6月4日、10月29日在北湖小学、城北学校开展安全教育进校园活动。6月1日至3日、11月2日至6日，组织全区干部、职工、社区居民和学生2500到南昌市安全生产宣传教育警示基地参观学习，普及安全知识。

【安全生产事故情况】 2015年全年，全区发生安全生产事故1起，死亡1人，同比持平；道路交通事故28起，同比上升7.69%，死亡12人，同比持平，经济损失1.86万元，同比下降31.47%，受伤22人，同比上升29.41%；火灾事故122起，社会救援260次，抢救被困人员70人，疏散人员162人，无人员伤亡，直接财产损失835854元，无重、特大火灾事故。

（李玉林）

价格管理

【概况】 2015年，东湖区发改委认真落实中央、省、市各项价格政策，全面加强价格调控监管，不断强化工作措施，锐意创新，开拓进取，认真履职，圆满完成各项工作任务。

【价格监督检查】 3—6月，区发改委按照省、市统一部署开展教育收费专项检查，对全区22所学校、2所幼儿园及行政教育主管部门2013年秋季学期以来所发生收费行为进行专项检查，并配合市价检局对区邮政路小学、东湖区幼儿园执行收费情况进行了检查；8月，开展涉企收费专项检查，重点对房管、国土等相关涉企收费单位的涉企收费行为和涉企收费政策执行情况进行检查；11月，严查医疗机构就诊卡收费政策落实情况，对区属南昌市第八医院、南昌市第二中西医结合医院等开展专题检查，确保“患者首次办理就诊卡医疗机构不得向患者收取费用”等就诊卡收费政策落到实处，切实维护患者权益。

【价格举报情况】 自2015年1月开通12358价格举报信息系统以来，区发改委积极发挥“12358”价格举报网络平台和投诉热线作用，保持“12358”价格举报电话24小时畅通，对群众的价格咨询耐心解答，对受理的价格举报问题快速处理，及时办结回复，化解价格矛盾。2015年10月，妥善解决钟鼓楼农贸市场摊位收费问题，并提醒、告诫业主向场内经营户收取费用的项目和标准进行公示，接受社会监督。2015年，共接到价格举报、投诉、咨询62件，其中，价格咨询35件，化解价格矛盾27件，价格举报件办结率100%。

【抓好明码标价专项巡查工作】 2015年，区发改委组织开展商品和服务明码标价专项巡查活动，组织人员查看东湖区主要商业街和各大商场、超市的明码标价落实情况，对发现的明码标价不规范或未明码标价的现象当场指导纠正，进一步规范市场经营秩序和价格行为；创建明码标价示范点（示范街），充分发挥典型引路、样板示范作用，使广大经营者学有榜样、做有标准，对步行街418户登记在册的商家进行了检查指导，切实抓好明码标价的普及和规范；引导经营者积极推行明码实价，发放《关于商品和服务实行明码标价的规定》《价格违法行为行政处罚规定》等法规政策宣传资料2000多份，进一步增强经营者明码标价意识，努力营造价格自律、诚信经营的良好氛围。

【平价商店建设】 2015年，为进一步规范平价商店的经营行为，促进平价商店可持续发展，区发改委着重提高平价商店建设质量，重点强化对平价商店的监督管理，根据修订后的《南昌市农副产品平价商店考核办法》，采取定期和不定期考核相结合的形式，从稳价惠民、明码标价、日常管理等多方面对全区现有19家平价商店履行责任义务情况进行百分制量化考核，对于评定为优秀、良好和合格的给予适当奖励，对于评定为不合格的予以警告并提出整改要求，拒不整改或整改后仍不符合要求的，予以取消平价商店资格。2015年江西国鸿集团股份有限公司（5家）因考核不合格、经营管理不善退出平价商店。

【涉案物品价格鉴证】 2015年，区发改委坚持围绕“两提升”活动开展工作，共办理涉案物品价格鉴证案件375起，鉴证标的物总金额为242.3万元，为公安机关准确有效地打击犯罪，提高辖区公共安全感，发挥了积极地保障作用。

（吴慧丽　尚　俊）

统计管理

【概况】 2015年，东湖区统计局在区委、区政府的正确领导下，在上级统计部门的全面指导下，坚持以贯彻落实党的十八届三中、四中全会精神为统领，以打造服务型统计为目标，以提高统计数据质量为中心，不断提升统计服务水平，为加快“四区”建设提供强有力的统计保障。

【强化统计分析及预警与监测工作】 2015年，区统计局进一步加强经济运行监测，尤其要加强重点企业、重大项目的统计监测，围绕全区经济发展的热点、难点问题，深化调查研究，及时把握经济运行态势，早做研判和分析，及时、全面地向区委、区政府提供统计预警信息。

【抓牢统计调研分析工作】 2015年，区统计局通过不断加大统计调研工作力度，深入重点行业、企业及特色产业开展专项调研，有效增强了对经济走势判断和预测的准确性与及时性。截至12月底，累计印发《东湖统计动态》11期，《东湖统计月报》11期，各类网站、报刊发表调研文章15篇，被省局、市局网站及两办采用的信息300余篇，全面、客观地反映全区经济社会发展情况，为区委区政府决策提供了有力的依据。

【全面优化统计数据资料】 2015年，区统计局为更好的服务区域经济发展，在以往数据资料的编印基础上，全面升级优化了各类统计数据资料。其中包括：《东湖区经济社会统计年鉴》《东湖区情》《数字看东湖》《东湖统计主要经济指标之一固定资产投资》《东湖统计主要经济指标之二东湖贸易动态》《东湖区主要经济指标之三东湖服务业指标》。通过更加完善的数据图表和详实的文字内容及时为区委、区政府做出经济决策提供有力数据参考。

【做好“三经普”数据的公布及应用】 2015年，区统计局在普查数据处理经过审核验收的基础上，按照上级普查机构的统一部署对经济普查数据进行公布，发表主要数据公报，及主要数据的印刷出版。同时，对经济普查主要数据和结果进行分析研究，为政府和领导决策提供信息、咨询和服务，为制定经济政策和发展规划提供依据。

【完成各项统计调查工作】 2015年，区统计局多措并举，确保各项统计调查任务按时完成。一是开展城乡一体化调查工作。根据全市统一部署，精心谋划，有序推进东湖区城乡一体化调查工作，对全区7个街道9个社区的90户记账户开展城乡住户调查，建立严格的数据质量检查、审核和评估制度。二是开展各类常规及临时性调查。认真做好全国1%人口抽样调查工作，自年初此项调查启动以来，区统计局圆满完成了机构组建、人员落实、业务培训、入户摸底、入户登记等各项工作。此外，扎实开展了文化产业调查、劳动力调查样本轮换、月度劳动力调查等工作。

【加强党风廉政建设】 2015年，区统计局党员领导干部坚持以身作则，履行好岗位职责，带头执行严于律己、廉洁奉公原则。认真贯彻落实中央八项规定，“把纪律挺在前面”有关精神，以及区纪委《违反党的纪律、规矩一般性行为清单》和《违反党的纪律一般行为处理暂行规定》，不断增强党员干部纪律意识、规矩意识，努力营造风清气正的良好工作氛围。

【抓严统计执法工作】 2015年，区统计局严格按照统计法律法规，规范统计执法工作。一是及时发放《告知书》。根据省市统计局的统一布置和安排，部署《江西省统计局统计法律事务告知书》发放工作，确保统计法律事务告知书100%送达到“四上”企业，共发放《告知书》280份，有效地促进统计工作规范统一，减轻基层统计部门负担，有效保障了统计数据质量。二是加大统计执法力度。通过努力，对统计违法行为坚持“零容忍”原则，坚决处理迟报、漏报、拒报报表等问题。截至年底，已对辖区报表单位下达催报单35份，其中立案给予警告处分3例。确保数据报送的及时性、准确性。

（谭伟锋）

审计管理

【概况】 2015年，东湖区审计局认真贯彻党的十八大，十八届三中、四中全会，《国务院关于加强审计工作的意见》和全国、全省审计工作会议精神，围绕区委、区政府中心工作，认真履行审计监督职责，当好公共财政的“卫士”，较好地发挥了审计“免疫系统”功能。全年共完成审计项目及审计单位29个，占全年计划数的121%。工程竣工结算审计为国家节约财政资金支出885万元。向区委、区政府提交审计综合性报告及信息39篇，向被审计部门提出问题整改建议44条。

【延伸区本级预算执行情况的审计】 2015年，区审计局围绕规范预算管理、提高财政资金使用效益为目标，组织力量开展了区本级2014年度财政预算执行情况审计。进一步加大延伸审计力度，在对一级预算单位进行重点审计的基础上，向区财政局、公园街办、百花洲街办等二、三级预算单位2014年度部门预算执行情况进行了延伸，全面掌握财政财务管理状况，为人大加强对预算执行情况的监督和区政府加强预算管理提供依据。

【创新方式强化政府投资建设项目审计】 2015年，区审计局对14个重大投资项目进行了审计，施工单位送审金额为5233万元，审定金额4348万元，核减金额885万元，核减率16.91%。在全市县区审计局中率先制定《东湖区委托中介机构参与政府投资建设项目结算审计管理暂行办法》，完善和规范了建设单位、施工单位以及社会中介在工程建设项目中各自的责任。按照中央关于加强工程建设领域突出问题专项治理工作的总体部署，加大了政府重大投资项目的审计监督力度。

【基建工程跟踪审计纳入正常审计计划】 2015年，区审计局将区综合服务中心及文化活动中心建设项目全过程跟踪审计纳入年初审计计划并及时进行了跟踪审计，审计人员对工程施工前期至结束全过程的控制，相对于传统的工程结算审计更能达到主动控制的目的，有助于降低工程成本、提高工程绩效，确保项目建设廉洁、高效。

【区红十字会会费成为每年审计对象】 2015年，为规范区红十字会会费管理，加大群众对会费使用情况的知情权，红十字会会费收支情况实行每年审计一次。

【强化领导干部离任经济责任审计】 2015年，区审计局对全区9名科级党政领导干部进行了离任经济责任审计。审计实施中将党政领导干部贯彻落实中央“八项规定”和区委相关要求作为重点内容。为加强离任经济责任审计成果运用，在审计的过程中，区审计局十分注重“四个加强”，确保离任经济责任审计突出成效。一是加强与被审计单位的联系。二是加强审前调查。三是加强方案编制。四是加强审计重点。

【完成全市保障性安居工程审计工作】 2015年，区审计局根据国家审计署、江西省审计厅、南昌市审计局工作部署，自1月6日至2月17日，对南昌市青山湖区2014年城镇保障性安居工程（包括廉租住房、公共租赁住房、经济适用住房、限价商品住房和各类棚户区改造）的投资、建设、分配、运营等情况进行了跟踪审计。从审计结果和效果看，审计的免疫系统功能和“审、帮、促”作用得到充分发挥，推动保障性安居工程工作更加健康、有序地运行。

【“稳增长、促改革、调结构、惠民生”审计工作常态化】 2015年，区审计局将“稳增长、促改革、调结构、惠民生”审计工作作为贯穿全年的一项重要工作，为确保此项工作有质有量，区审计局统筹兼顾，将该项工作融入到其他审计工作中一并进行，做到既不落下一项工作，又避免不必要的重复审计工作，提高了工作效益。

（陈曼灵）

城市建设和管理

综　述

2015年，东湖区围绕加快“四区”建设目标，积极发挥城市建设和管理部门的职能，着力提升城市建设质量和城市管理水平，助力建设实力活力魅力东湖。区城建部门转变工作作风，提升工作效能，实行“5+2”“白+黑”“雨+晴”工作方法，加强城市基础设施投资力度，加快园林绿化建设步伐，不断完善城市基础设施功能，提高城市品位。推动城市园林绿化工作跨越式发展，建设了10个街头小游园，完成了12条总计7.7公里道路绿化种植，开展各类绿地的绿化补植工作。利用网络技术，构建基础设施平台，推进了东湖区数字化城市管理建设工作。区环保部门以污染减排为重点，监管与服务并举，依法行政与强化治理并重，城区环境质量状况一直保持优良。通过创新《环保法》宣传形式和内容，开展环保进学校、进社区、进企业活动，在全市率先推广无油烟烧烤一体机。区行政执法部门依法行政、规范执法，认真开展“三乱”专项整治，对辖区内难点、热点地段，采取定人、定岗蹲守。开展市容整治，全年共规范占道经营、无照游商等违法行为76000余起，处罚三乱行为1100多人(店)次；规范渣余土运输管理，全年累计查处各类违法渣土车260多辆；严控违章搭建，组织拆违行动110余次，拆除违章建筑360余处、23600余平方米。区城管部门以全市市容环境“十一大”专项整治和城市管理提质升级“百日会战”为契机，认真开展涉及市容环境卫生的垃圾广告、道路灰沙冲洗、庭院卫生、空中管线等各项整治并取得明显成效。全区主干道，全部实行机械化清扫(冲洗)作业，全年约15万吨(27585车)居民生活垃圾做到了日产日清；购置新型环保渣土运输车29辆；选定扬子洲镇建渣余土消纳场，专门用来消纳全区渣余土建筑垃圾。启用智慧城管信息系统提高城市管理效率，为构建智慧东湖长效机制奠定了基础，在全市城市综合管理“三令制”考核中排名第一。

(区史志办公室)

城市建设

【概况】　2015年，东湖区城建局在区委、区政府的正确领导下，紧紧围绕建设“三宜”特色现代化城市为目标，以“三严三实”专题教育活动为契机，切实转变工作作风，努力提升工作效能，继续实行“5+2”“白+黑”“雨+晴”的工作方法，大力加强城市基础设施投资力度，加快园林绿化建设步伐，不断完善城市基础设施功能，努力提高城市品位，大步推进城市建设各项工作。

【路网建设持续推进】　2015年，区城建局按“片区化”思路强化城市支路网、街区出入通道和疏堵工程建设，投资约6800万元对环湖路、民德路、南福路等10条城区破损道路、“水浸街”实施升级改造，解决城区道路路面破损、结构不合理、积水、照明设施落后等问题。整个工程于12月底完成。

【推广使用园林景观围挡】　2015年，区城建局在全区创造性的推广园林景观围挡代替传统的铁皮围挡。按照统一标准、统一规格、统一式样的要求，对辖区内建筑工地、市政工地进行全面规范，形成了一道靓丽的工地围挡风景线，社会各界对此赞不绝口，省、市主流媒体都对此进行了报道，其它城区兄弟单位专程来区进行参观学习。同时区城建局对辖区范围内施工围挡进行规范性要求，根据新出台的《东湖区关于进一步规范辖区内施工围档管理督查工作措施的通知》，统一建筑工地、拆迁工地的围挡标准，强化围挡的维护管理，确保施工围档使用安全，美化市容环境。

【井盖维护出奇招】 2015 年，区城建局为减少对交通的影响和确保浇筑砼的养护质量，开始实施夜间施工维修，白天搭钢板开放交通的井盖维修方式。为此，专门购置了一批钢板，并在钢板上钻孔，确保可以透气、透水。该办法的实施最大程度的减少了井盖维修对交通的影响及工程质量，得到了市民群众一致好评。

【工程质量管理监督】 2015 年，区城建局全面强化工程质量的监管。加快构建稳定的建筑市场信用管理信息平台，推进信用平台建设在东湖区的覆盖。以日常考核为基础，加强信用平台的动态管理，在工程建设领域中全面推行信用成果的运用，逐步完善各方主体的信用评价体系。全面推动网上招投标，根据省市关于建设工程监理及货物招标的新规定，规范全区监理及工程货物招标市场，进一步落实合同备案制度；通过重点项目推进季度例会、项目建设群以及热点工程上门服务等多种形式，提高建设单位对基建程序和审批流程的认识，加快项目推进；抓好五方主体终身责任制的落实工作，打击违法分包挂靠，规范承发包行为，进一步强化各方主体的质量意识，加强监管和重点核查，全面完成工程质量治理行动。

【交通运输管理稳步推进】 2015 年，区城建局加强对全区道路运输市场的管理，加强交通运输执法队伍建设，充实了运政管理机构，加大了运政执法装备的投入，强化硬件设施建设。严格行政审批，优化运力结构，共受理行政许可 7 件，发放“道路运输证”89 份。加强道路运政执法，搞好运输市场秩序整治，先后开展道路运输行政执法队伍整顿、城区客运市场秩序整治、严厉打击道路非法违法生产经营建设行为专项行动，规范市场治理工作。在行动中，共取缔“黑车”21 辆，纠正和处理各种违法行为 96 起。同时，组织运政人员着重对全区汽车维修市场、驾驶员培训市场进行了针对性整治和规范，普查修理企业 146 家，下达整改通知书 60 份，上路检查车辆 240 多台次。通过治理整治和调整规范，东湖区交通运输执法行为日见规范，执法和服务水平稳步提升，市场秩序持续好转，运力结构调整优化步伐明显加快。

【数字化城市管理工作高效快捷】 2015 年，区城建局进一步创新工作方法，强化责任，稳步推进数字化城市管理建设工作。利用网络技术，构建了基础设施平台，实现了区城建局平台与市、局级平台“无缝对接”。强化数字化城市管理员业务知识和操作技能培训，实行分路段、分责任、包片区的工作机制，落实管理分级责任。从开展数字化城市管理工作后，实现了管理由粗放型、经验式管理向集约型、科技化的转变。全年，共接到城市管理整改问题共计 4952 件，已整改到位 4932 件，整改率为 99.6%。

（周　菁）

城市绿化和管理

【概况】 2015 年，东湖区城市园林绿化工作以加强城市绿化景观建设、提高城市生态环境品质为工作着重点，紧紧围绕打造“绿色家园，生态绿城”的各项目标任务，高标准规划设计、高质量施工建设、精细化养护管理，努力推动城市园林绿化工作跨越式发展。截至年底，拥有园林绿地面积 471.59 公顷，绿化覆盖面积 471.72 公顷，公共绿地面积 280.32 公顷，城区绿化覆盖率 29.74%，人均公园绿地面积 7.17 平方米。新增护栏花架、道路中心隔离带花架、双层组合花箱等多处特色绿化，城区绿化景观优美，花卉搭配合理，层次丰富，景观效应显著。

【道路绿化建设全面完成】 2015 年，按照“绿随路建、有路皆绿、绿美结合”的原则，区城建局完成了一经路、二经路、三经路、一纬路、二纬路、三纬路、四纬路等共 12 条总计 7.7 公里道路绿化种植及公园路、南湖路改造建设。

【公园绿地建设取得新进展】 2015 年，东湖区着眼于提升城市形象，把做好公园绿地建设作为提升城市品位的重要内容,着力做好八一公园荷花试验示范种植基地建设项目,种植马蹄莲、碗莲等10个莲花品种,建设10个街头小游园。后续还将继续引种花卉,配套建成停车场,特色街区等,不断扩大建设规模,为东湖区市民提供又一处旅游度假的理想场所。实施的二经路绿化项目、一经路两侧绿化项目、二经路与阳明路十字景观带绿化项目、贤士湖公园建设项目已完成全部建设任务。共新增公园绿地3.4万平方米。

【多方位推广立体绿化】 2015年,为进一步提升绿化档次,美化人居环境,区城建局在一经路、二经路、豫章路路等主要街道的灯杆共架设立体花钵1558个,在公园路、二经路道路两侧摆放木质花箱157个,在市区主要街道公交站台前摆放石材艺术花钵80个。同时,为了进一步消除裸露地面,在一经路、二经路、公园路等12条主要道路树池、树穴籽播花卉7万平米,累计共栽植摆放各类花卉达30余万株,有效扮靓了城市街景,美化了人居环境。

【绿化补植工作顺利完成】 2015年,区城建局按照"一园一景、一街一品"的要求,大力宣传、全面排查、实施整治、责任到人,积极协调各社区和部分单位,对市区各类绿地需补植的绿化植物种类、数量进行调查统计,全面完成各类绿地的绿化补植工作。全年,共补植乔木0.15万株,灌木10.8万株,花卉0.95万株,草坪0.5万平方米。

【积极做好绿化养护管理工作】 2015年,区城建局坚持"建管并重"的原则,切实提高全区园林绿化的管理水平,按照精细化管理的要求,建立"二十四小时快速反应机制",着力做好绿化植物浇水、施肥、抹芽、除草、防虫、整形修剪,以及枯树死枝清理、绿化带垃圾清运等工作,确保树木的健康生长。

(周 菁)

城市环境保护

【概况】 2015年,东湖区环保局以环境优化促经济发展,以环境美化促民心聚合,以环保成效促社会和谐,以污染减排为重点,监管与服务并举,依法行政与强化治理并重,积极推进生态文明建设,不断强化环境管理,切实改善环境质量。全年,在排污费征收方面、规范审批方面、日常监管方面、提高监测能力方面及自身能力建设方面都取得了突破性进展。

【核发机动车环保标志】 2015年1—12月,东湖区环保局共核发机动车环保检验合格标13190个。

【实施加油站油气回收改造】 2015年,南昌市富昌燃气江投加油站和江西长运青山加油站已完成油气回收装置的安装并验收完毕,开始使用。

【建设项目环境评价工作】 2015年,区环保局共办理许可事项12件,其中报告表、登记表6个,项目验收3个,核发排污许可证3家;审查江西省环保厅南昌市环保看看,局审批项目13个。建设项目环评执行率100%,按期办结率100%,满意率达100%。

【全面畜禽禁养综合整治】 2015年,扬子洲镇畜禽禁养搬迁,全面开展潲水养猪专项整治,全区3.5万头生猪已搬迁、出售3.2万头,搬迁、出售率达95%。基本实现禁养区无反弹,潲水养猪无渠道、餐厨垃圾无养猪市场的整治目标。

【开展固体废物和危险废物大检查】 2015年,区环保局对辖区90余家汽车修理废机油进行摸排,对达不到要求的下达整改通知书,要求相关修理厂到具备废收资质处理的专业公司进行收集。

【开展重点区域水质巡查】 2015年,区环保局出动120余人次对辖区内东、南、北湖、贤士湖、玉带河北支及赣江东湖段的排污口情况进行了40次巡查;出动人员170人次完成了市环保局部署的辖区内锅炉及重金属企业的调查摸底工作;对辖区内40余家医疗单位的医疗废物处理情况进行了全面检查。针对扬子洲装卸码头进行了环保检查,对码头业主进行约谈,要求他们完善环保手续,采取措施防止扬尘,严禁装卸危险化学品。重点企业监管,尤其监控3个制药厂,2个油厂,并加大地下黑工厂排查力度。

【宣传新《环保法》】 2015年,新《环保法》年初正式实施,区环保局以"六五"世界环境日为抓手,不断创新宣传形式和内容,除了在新闻媒体,政府网站做环保宣传，还广泛开展环保进学校、进社区、进企业活动。

【率先推广无油烟烧烤一体机】 2015 年，东湖区为从根本上杜绝烧烤油烟污染，在全市率先将烧烤点正使用的有烟烧烤机全部更换为无烟烧烤机。辖区内的烧烤餐馆更换无油烟烧烤机的 76 家，转变业态的 7 家、进厨房烟道的 2 家，关闭 13 家。

【环境空气质量自动监测子站投入使用】 2015 年，东湖区环境空气质量自动监测子站建成并正式运行，主要负责监测数据审核报送和自动监测子站设备的运行维护工作，为区政府的环境保护提供决策依据。

【开展专项排查】 2015 年，区环保局重点对燃煤锅炉进行排查和整治，对重金属行业、铅酸蓄电池行业、涉汞行业、医疗机构的危险废物进行了专项排查。定期排查辖区内储油库、加油站和油罐车油气回收、钢铁、水泥、电解铝、平板玻璃、船舶行业建成项目及在建项目。同时，排查辖区内危险废物经营单位，

【环境投诉处理情况】 2015 年，区环保局畅通和规范了数字城管、“12369”24 小时环境投诉热线，保证每项工作有计划、有督促、有反馈、有成效。共处理各类投诉案件 267 起，处理率达到 100%。结案率 96%。

【环保大楼正式启用】 12 月，腾蛟路 26 号的东湖区环保监测执法业务大楼正式投入使用。

（谢　宁）

城市环境卫生管理

【概况】 2015 年，东湖区城管局按照市、区开展的全市市容环境“十一大”专项整治和城市管理提质升级“百日会战”的总体部署，调动全系统干部职工，全力以赴投入到整治中去，认真开展了涉及市容环境卫生的垃圾广告整治、道路灰沙冲洗、庭院卫生整治、空中管线整治等各项整治，取得明显成效。

【加强日常市容督查】 2015 年，区城管局遵循“严控区管死、控制区管严、一般区管好”的工作方针，按照“保障重点、顾及全面”的工作思路，抓好全区城市管理日常督查工作，对全区各街道城管办门前责任制、城市管理考核、垃圾广告、“三乱”进行月考核。利用《东湖区“市容环卫”专报》将各街办和贤士湖管理处日常点到、作业人员抽查、车上乱抛统计、临街门前责任制抽查等专项考核的周、月成绩进行计分并予以通报。全年，东湖区在市级城市管理各类专项考核中都取得较好的名次。上半年，全市 14 项城市管理月度单项考核共取得 31 个第一，综合考核居全市第二，第三季度进位全市第一；在 11 月上旬全市城市环境十二大专项整治中，排名全市第一；全市 1—10 月城市综合管理“三令制”考核在 4 个老城区中扣分最少，排名第一。

【加大清扫机械化作业率】 2015 年，东湖区全区 22 条主干道，全部实行机械化清扫（冲洗）作业，机扫（冲洗）面积覆盖率达到 100%；次干道 32 条，机械化清扫（冲洗）面积覆盖率达到 90% 以上，按照精细化管理要求，机械化作业重点突出对路面灰沙带、人行道的冲洗。

【人工清扫精细化管理】 2015 年，东湖区市政道路全部重新纳入辖区街办管理，在环卫清扫保洁日常作业上，实行“道路清扫保洁”精细化管理，按照“扫、洗、运、捡、查”的“五字”原则要求，提升作业质量，优化作业流程，强化作业效能。做到“三控”：控制作业时段，尤其是早晨大扫严格控制在凌晨 5 点开始 7 点结束；控制作业人员，各街办、贤士湖管理处每天按标准配备作业人员上岗，并严格按交接班制交接班，确保“二扫全天保”不缺员、不断岗；控制作业质量，严控清扫作业后的路面、路牙、人行道等环卫作业区域无垃圾、果皮及其他污物。

【生活垃圾确保日产日清】 2015 年，区城管局对垃圾站本体和运输车辆的清洁、维护等实行精细管理，全区 15 座垃圾中转站做到每日闭站后进行一次整体冲洗、清污，常态保持站内及周边的整洁、有序，对垃圾运输车辆定期喷漆翻新，保持整洁美观的车容，有效维护了动态的市容环境。全年约 15 万吨（27585 车）居民生活垃圾做到了日产日清。

【加强渣土清运规范管理】 2015年,区城管局配合做好全区范围内下正街地块、下沙窝地块、榕门路滕王阁周边地块、青山湖西岸地块、香江家具城(长巷村)地块、贤湖村地块等6处旧城改造工地余土清运工作,清运面积近百万平方米。积极配合市城管委对渣余土运输车辆升级改造,购置29辆新型环保渣土运输车辆。选定扬子洲镇建渣余土消纳场,专门用来消纳全区渣余土建筑垃圾。

【引进太阳能果壳箱】 为调动社会力量参与环卫设施建设,2015年区城管局与江西瑞越文化创意有限责任公司达成太阳能广告果壳箱合作投资协议,根据道路长宽及商业网点人流密集度,投放果壳箱数量及款式。截至2015年底,已在沿江北大道、叠山路、八一大道、榕门路等路段铺设了200只果壳箱。

【增加环卫作业设备】 2015年,区城管局根据环卫作业实际需求,各街办城管办分别购置和自制改装小型高压冲洗车共36辆,专门用于清洗人行道灰沙带、果壳箱及临街立面2米以下部位进行清洗,针对人行道和边边角角的灰沙、积垢同步采取"一扫、二洗、三拖"的精细化冲扫,尤其是餐饮门店前的油垢进行洗刷,重点污染区用去污粉进行人工清洗,使路面的保洁质量和洁净度得到了明显提升。

【整治垃圾广告"四字诀"】 2015年,东湖区强化"堵、梳、清、查"四字诀,强化垃圾广告的整治。堵:区城管局、各街办城管办、各街道派出所联合组成"综合抓捕行动队",全区各街办及贤士湖管理处划为5个片区,实施流动巡逻抓捕行动,分别组织一支专门的队伍进行日常巡查。集中力量抓捕广告垃圾喷涂、张贴者,打击广告垃圾印制等窝点,从源头上对垃圾广告进行重点打击、严厉查处。2015年共抓获5人,进行拘留和罚款处罚。疏:区城管局印刷了1万份《关于严禁非法制作、张贴、喷涂、书写广告及散发印刷品广告的通告》、2万份《致居民一封信》由各街办及贤士湖管理处组织社区(村)干部上门入户做好宣传,在社区、庭院设置"便民服务信息张贴栏",满足商务类和居民生活类的小广告的发布需求。全区共设置"便民服务信息张贴栏"1836处,有机玻璃制作的"便民服务信息插卡栏"400余块。清:各街办、贤士湖管理处的城管办对本辖区内张帖、涂写等各类广告垃圾进行清除,组织社区清理开放式社区的庭院、楼道等的广告垃圾,2015年全区共清除广告垃圾12万余条(包括重复张帖、喷涂),垃圾广告得到有效遏制。查:区城管局负责对全区广告垃圾的清理工作进行督查,每天以抽查的方式不定时、不定位的随机抽查15个社区垃圾广告清理情况,每周全区各个社区覆盖一次,发现问题及时督促整改。

【多措并举提升路面洁净度】 2015年,区城管局针对部分路面积存灰沙带、淤积泥沙、飘浮扬尘的重点问题,采取大型冲洗车、小型清洗车、人工配合清扫"三结合"的措施。环卫市场化作业单位洁亚公司每天凌晨0:00—6:00对22条主、次干道交通隔离护栏下、地铁围档周边、路肩石边雨水沟的灰沙带等进行反复洗、扫;各街办城管办对人行道灰沙,尤其是餐饮门店前的油垢进行轮番扫、铲、冲、洗,重点污染区用去污粉进行人工铲除、洗刷。

【剪、扎、包、捆整理空中管线】 2015年,全区各街办、贤士湖管理处投入大量人力、物力,对社区庭院、街巷凌乱弱电等管线进行了全面整理,对强电线路散乱、垂挂等问题进行排查,通过与电信、供电部门沟通,请专业电工进行剪、扎、包、捆等整理线路约14000多米。

【开展社区环境大整治】 2015年,全区各街办、贤士湖管理处每周组织社区工作人员、公益岗位人员、低保户、社区党员、志愿者对社区楼道、庭院等公共区域进行整治。先后清理楼道庭院、房前屋后垃圾杂物、棚顶垃圾、乱吊乱挂等垃圾死角2000余处,清除垃圾杂物3185车(环卫电动清运车或手推垃圾车)。

【蔡社宝视察智慧城管监督指挥中心】 11月9日上午,南昌市人大常委会主任蔡社宝、副主任戴晓明一行视察东湖区智慧城管监督指挥中心,参观了智慧城管展厅及工作大厅,详细了解了智慧城管工作流程,仔细询问了智慧城管在城市管理工作中发挥的作用,并要求东湖区不断开拓城市管理思路,不断提高城市建管水平,不断加强业务学习,为全市城市管理"提质升级"作出表率。

【数字城管监督指挥中心正式运行】 2015年6月，东湖区数字城管监督指挥中心正式投入运行。该中心以“智慧城管”为切入点，通过构建“1+9”的资源共享模式，打造城市公共管理平台。平台采取“一级监督、一级指挥”的顶层设计，以先进、完整、高效、成熟为设计理念，建立包括案卷采集、立案、派遣、处置、反馈、核查结案和综合评价7个步骤，在标准流程基础上创新出符合南昌市东湖区管理需要的“智慧城管管理流程”。区智慧城管信息系统的建成运行，标志着东湖区城市管理告别传统模式，全面迈入数字化、信息化、标准化、精细化的新时代，大大提高了城市管理效率，为构建智慧东湖长效机制奠定了坚实基础。

2015年12月15日，区领导到数字城管监督指挥中心指导工作

【环卫先进受表彰】 2015年，在江西省第20个环卫工人节南昌市级表彰活动中，陈维理、陈友梅获2015年南昌市“城市美容师”称号，李敏、魏剑平、杜小红、万太平、周鹤林、帅海龙、刘智闻等获2015年南昌市“环卫先进工作者”称号，滕王阁街道城管办质检班、大院街道城管办、墩子塘街道城管办获2015年南昌市“环卫先进集体”称号。2015年，江西省第十九个环卫工人节东湖区级表彰活动中，罗润保、张忠良、朱和平、陶春红、罗继明、徐莉、魏国民等获2015年东湖区“城市美容师”称号，缪高群、邓骥忠、邓江、李国新、熊建军、李小平、龚晓燕、吴东发、赵妹等获2015年东湖区“环卫先进工作者”称号，墩子塘卫所、百花洲环卫所、滕王阁环卫所获2015年东湖区“环卫先进集体”称号。

（刘秋燕）

国土资源管理

【概况】 2015年，东湖国土分局紧紧围绕“一个中心，两条主线”的总体思路，以促进东湖区经济社会发展为中心，以提高用地服务保障和分局履职能力为主线，全体干部职工认真履行职责，紧扣全年工作总目标、任务不放松，团结一致，攻坚克难，采取积极有效措施，较好地完成了各项任务，荣获了南昌市第十五届文明单位、土地储备和棚改工作先进单位。分局财政首次列入区级财政预算，国土工作、重点项目第一次编入区“十三五”规划纲要，队伍整体素质有了明显提高，国土地位及影响力明显提升。

【重点推进旧城改造工作】 2015年，区国土分局积极参与推进全区旧城改造工作，组织人员在旧改的土地收储、资金筹措、权属认定、产业用房的审核、土地出让、招商引资等工作中建立了国土定人、定位、定责的“三定”服务体系，实行360度跟踪服务，加快推进旧改土地出让、盘活存量用地，对区域范围内可出让土地（旧城改造地块）和招商引资用地的调查摸底工作以最快的速度业已完成，加快了旧改项目土地出让步伐。

【基本农田核实举证】 2015年，区国土分局在认真落实完成了《2015年度耕地保护目标责任状》的逐级签订工作的前提下，确保全年全区耕地的保有量不少于1.33万亩、基本农田3800亩。针对拟新增6030亩基本农田各图斑的具体情况，从批而未用、重大项目、收储、地籍变更、受污染难以治理等五个方面入手，展开拟新增基本农田的核实举证工作并获通过，国土资源部原拟划定扬子洲新增6030亩基本农田全部调出，为扬子洲的发展预留了空间。

【土地收益创新高】 2015年，区国土分局土地收益收缴工作在全市收益面收窄的情况下，以拓宽征收渠道为出发点，以增强服务意识为抓手，采用内部科室业务关联，外部部门协调合作的联动管理模式，由原来粗放型管理转变为精细化数据管理，加大征收力度，取得良好预期，土地收益同比增长20%，创分局收益收缴历史新高，为分局的发展提供了坚实的经济保障。

【综合地价调整工作】 2015年，区国土分局根据南昌市征地区片综合地价调整工作的要求，在"维护被征地农民合法权益、同地同价、协调平衡、公开听证"的四原则下，按照测算范围、划定区片、测算区片综合地价并对其进行验证和调整、结果听证和修改、确定征地区片价、整理与编制成果的工作步骤的工作步骤，在南昌市率先完成征地区片综合地价调整工作。调整后，贤士湖管理处辖区征地区片综合地价为16.06万元/亩，扬子洲镇辖区及扬子洲农场征地区片综合地价为7.89万元/亩，有力保障被征地农民的合法权益。

【扬子洲国土中心所建设】 2015年，区国土分局扬子洲国土中心所正式在成立后，加快了中心所的建设步伐。在落实中心所建设经费的同时，完成单位注册、法人编制登记等工作，并建立区域土地管理联动机制，落实动态巡查责任，与区政府各职能部门对接顺畅，强化扬子洲镇和扬农的土地管理工作。

【打造高素质的干部队伍】 2015年，区国土分局基层基础建设离不开高素质的干部队伍建设。在优化干部队伍建设上严把理论关、业务关，加大全职人员的培训和轮训，全年参加《江西行政执法证培训》《江西省国土资源执法监察人员培训》《南昌市国土系统业务技术考试》等培训的人员达100余人次，使干部成为工作的"多面手"，破除业务知识单一化，使大家在工作中起着引领和示范作用，服务政府的综合行政能力和协调能力得到进一步提升，行政效能也得到进一步提高。

【不动产登记移交工作】 2015年，为配合不动产登记工作的启动，区国土分局对建局以来收存的地籍档案进行了扫描归档，在为期三个月的档案移交工作中，档案的完整性、准确性、正确性得到了保障，截至年底，共向不动产登记中心移交扫描档案63619宗，保证了不动产登记工作的顺利启动。

【精神文明创建工作】 2015年，区国土分局以创建文明单位活动为契机，不断拓展创建活动的内涵和外延，在组织领导、工作上常抓常新，突出亮点，积极参加各种重大活动。注重道德教育实践活动，开设道德讲堂；注重树文明新风活动，开展勤俭节约、文明祭扫、文明城市创建等活动；注重形式多样的公益活动，开展贫困帮扶、爱护江河等活动；注重丰富文体活动，开展参观教育基地、法律知识竞赛、羽毛球比赛、重大节假日纪念活动等，极大地丰富了精神文明建设的内涵，同时通过建章立制，加大业务培训和教育，提高了国土行政效能，实现了精神文明创建的外延，创建成效显著，被评为"南昌市第十五届文明单位"。

【党风廉政工作】 2015年，区国土分局把严格执行贯彻落实"中央的八项规定"和"三严三实"活动作为工作切入点，全面落实党风廉政建设和纪检监督责任，上下联动，狠抓落实。联系实际部署"三严三实"专题教育各项任务，在深化活动中找问题、破难题，全局党员干部的执行力、破解难题的能力得到进一步提升。在完善长效管理机制的同时，通过对"红包问题专项检查""办公用房自查""党风廉政建设社会评价"等一系列工作的开展，进一步强化了全体干部职工的廉政意识和预防腐败发生的能力，通过全覆盖的预防、自查和监督检查，全年没有发生一起违规、违法事件，营造了风清气正的廉政环境，廉政工作实效得在日常管理工作中得到彰显。

（杨爱武）

城市房产管理

【概况】 2015年，东湖区住房保障和房产管理局在区委、区政府的正确领导下，认真贯彻落实党的十八大精神，团结带领全局干部职工攻坚克难、开拓奋进、主动作为，按照“和谐东房稳定为重，效益东房发展为先”的工作方针，拓展发展空间，围绕“房”字做文章，跳出“房”字求发展，扎实做好稳增长、促改革、调结构、惠民生等各项工作，在住房保障、房产管理、安全生产、房屋征收、开放型经济工作、沟管化粪池养护、房地产开发等各个领域都有新的突破，为东湖区经济社会各项事业的发展做出了应有的贡献。

【住房保障工作】 2015 年，区房管局按照有关精神，切实履职尽责，严守工作流程、严把调查审核关，做好本辖区廉租住房的申报和补贴发放工作。在廉租住房申请受理、审核工作中，做到公平、公正、公开，进行阳光操作；加大与街办、社区对接力度，在第一时间了解和掌握低保家庭的变动情况，对不符合政策要求的家庭及时办理清退手续，使真正符合要求的低收入困难群众得到实惠。经过复核，截至年底，已有 507 户廉租住房中签家庭办理入住手续，为 826 户低保家庭办理了廉租住房租金补贴，累计发放租赁补贴 282 万元，实现“应保尽保”。积极与有关部门对接落实公租房工作。为做好住房保障管理信息系统申报审核工作，共购置 147 台电脑及打印机、扫描仪、读卡器等，派送给东湖辖区内 9 个街办、2 个管理处、1 个镇，并就《南昌市公共租赁住房配租管理暂行办法》进行培训和测试。从 2014 年 12 月 10 日起至 2015 年底，东湖区共受理公共租赁住房申请家庭 6239 户。通过层层审核、三级公示、公开摇号，东湖区 2014 年度（1163 户）和 2015 年度（2108 户）共为 3271 户具备住房保障资格的家庭分配公共租赁住房。

【房产管理】 2015 年，区房管局按照洪府厅〔2007〕122 号文件精神，加强经营性资产管理工作，规范直管非住宅的租赁行为，加大直管非住宅招拍租工作力度，建立与市场经济相适应的店面租赁管理机制，对该局所有经营性店面实行招投标管理，采取公开、公平、公正的竞价方式进行拍租，确保国有资产保值增值；加大直管公房管理力度，对直管公房产权、产籍进行清产核资，完善台账；全年完成租金收缴 1702.59 万元，办理房屋租赁登记备案住宅 1200 户，非住宅 116 户。

【安全生产工作】 2015 年，区房管局坚切实履行安全生产职责，进一步强化安全第一，预防为主的思想观念，加强全局安全生产工作的调度、协调及督导工作。要求各房管所加大力度排查安全隐患，做好辖区危旧房的监管工作，遇恶劣天气及时安排危旧房巡查和 24 小时值班。该局把 D 级危房解危作为落实安全生产工作的重要抓手，截至年底，全区共有直管公房危房 22130.5 平方米，2015 年，对出现险情的民德路 139 号、汤家园 81 号、观音巷 12 号、厚墙路 31 号、西万宜巷 2 号、汤家园 86 号、汤家园 88 号、汤家园 89 号、苏圃路 31 号、包家巷 47 号、党家巷 14 号、大士院 161 号附 1 号、东万宜巷 63 号附 1 号、芭茅二巷 34 号、二七北路 223 号、上营坊 39 号 16 处危房进行了紧急维修加固，排除安全隐患，较好地维护了辖区危旧房的安全，有力预防和遏制重特大安全事故发生。

【房屋征收】 为深入贯彻落实市委、市政府关于旧城改造的重大决策部署，东湖区于 2015 年 4 月、9 月分两轮顺利实施了临江商务区滨江片区、长巷村起凤路和香江家具城、环丘街周边地块、青山湖西岸二期（新增）、贤士二路周边地块、朱德军官教育团地块、四经路（阳明路口）地块、西万宜巷地块等旧改项目。其中第一轮旧改工作，仅用两个多月的时间，完成了临江商务区滨江片区、起凤路和香江家具城两个项目共 43.975 万平方米的征迁任务，无论是征迁速度，还是总面积，均领跑全市。作为东湖区旧城改造的主要实施单位，区房管局充分发挥参谋员与排头兵作用，通过温馨的政策提醒服务、全套的征迁优质服务、积极的贴心解困服务、灵活的操作以及全力做好征迁维稳工作的工作方法和勤调度、严督查、认真计算任务、明奖惩、严守工作纪律的工作举措大力推进征迁工作，确保工作顺利进行。截至 12 月，全区实际完成旧城改造房屋征迁任务 52.705 万平方米、涉及被征迁户 4635 户；其中农房完成征迁任务 39.53 万平方米，涉及被征迁户 2641 户，农房征迁总面积超过历年农房征迁总和，征迁体量、难度均创历史之最。

【行业管理】 2015 年，区房管局继续加强物业行业管理，规范物业管理行为，及时了解最新的政策、法规，并运用到实际工作中，为辖区的物业企业提供业务指导;积极协调业主与物业管理公司之间的矛盾纠纷,通过召开协调会等形式直接参与物业管理纠纷调解,促进物业管理进一步走向规范化;根据洪房字〔2014〕40号文件精神,从2015年1月开始,物业服务企业三级(暂定)资质审批下放至各区,全年发放三级(暂定)资质证书4家,申报核定三级资质、及资质延续初审16家,申报资质变更6家,前期物业招投标1家,成立业主委员会13个。

【开放型经济工作】 2015年,区房管局高度重视经济发展工作。结合房管工作实际,研究制定招商引资和协税护税工作责任制,加大招商引资工作考核和奖惩力度,将招商引资和协税工作目标任务纳入全系统目标管理考核,每月召开经济工作调度会,每季度对局属各经济责任单位进行评比排名,年底进行考核,形成全局齐招商、齐抓税的工作局面;立足房产工作本职,突出抓好以旧城改造为主的招商引资工作,积极主动与省内外客商联系;搞好优质服务,提高服务质量和办事效率,强化效能建设,精简办事程序,真正做到"一条龙服务、一站式办结",切实改善投资软环境。全年,实际利用内资全年任务8050万元,实际完成8850万元,完成率为109.94%;实际利用外资全年任务288万美元,实际完成290万美元,完成率为100.69%;现汇全年任务58万美元,实际完成61万美元,完成率为105.17%;新增税收(一企一策)全年任务40万元,实际完成68.47万元,完成率为171.18%。

【沟管化粪池养护】 2015年,为做好城市管理工作,区房管局全力以赴履行房管部门职责,紧紧围绕"民生工程"和"构建和谐社会"两项工作,切实做好了辖区沟管养护工作,全年共清掏化粪池251座,疏通沟管37615米,更换盖板341块,开挖沟管42处,新增窨井126座,清运污物502车,完成网上报修、啄木鸟报修、社区、居民电话报修等各类沟管、化粪池堵塞、满溢的报修任务达1418处,有效保证全区沟管、化粪池畅通运行,为居民营造了干净整洁的生活居住环境,为东湖区的城市管理工作做出了应有的贡献。

【房地产开发】 2015年,区房管局下属单位东湖区房地产经营公司和江西汇洋实业有限公司合作开发香樟苑项目。该项目位于青山路以南,青山路小区以西,毗邻樟树林文化生活公园(原南昌杨子橡塑管带厂用地);用地面积为14.204亩,共建4栋,总建筑面积为24061.08平方米,其中住宅6562.84平方米,非住宅11361.79平方米,地下面积6136.45平方米。截至年底,项目1号楼完成地下室顶板砼,2、3号楼已完成楼主体砼框架,4号楼完成一层砼框架。

(付　佳)

城市管理行政执法

【概况】 2015年,东湖区执法分局以依法行政、规范执法、打造和谐城管队伍为目标,紧密结合"党的群众路线"教育活动,完成了城市管理行政执法各项工作任务,被中共南昌市委、南昌市人民政府评为"城市管理工作先进单位"。

【不断推进文明单位创建活动】 2015年,区执法分局以"文明单位"创建活动为标准,从长远着想,明确了"三个文明"建设领导小组,完善了各项管理和奖惩机制,并积极参加市执法局、区委区政府和街道、社区的各类评先创优活动。通过开设"文明执法先进中队"等评先活动,极大地调动了广大队员参与精神文明创建的工作热情和积极性。紧紧围绕精神文明建设,以民主评议政风行风等活动为契机,大力开展以依法行政、文明执法为主题的各类教育培训和研讨活动,使广大队员自身素质有了显著提高,也逐步实现了执法理念的转变。同时,通过日常巡查和与社区定点联系等方式,积极深入进社区开展执法活动,及时解决社区执法中遇到的各类问题,推动文明创建工作不断推进。

【开展"三乱"专项整治】 2015年10月,区执法分局牵头成立了区"三乱"整治办,从城管、执法、交警3个部门各抽调2名为成员,建立一支"三乱"整治队伍,专职从事区级层面的"三乱"整治,同时督促指导各街办开展"三乱"整治。在整治过程中,执法队员坚持教育与处罚相结合的原则,以行为规范为切入点,以经济处罚与行为曝光为重点,有效地遏制了影响市容市貌的不文明行为,使整个城区的整洁工作得到有效提升。同时，各中队利用执法巡逻车上车载记录仪，每天不间断在主次干道进行巡逻拍照、处罚处理；针对辖区内难点、热点地段，采取定人、定岗蹲守，确保“三乱”整治措施落到实处。

【深入开展市容整治】 2015年，区执法分局定期组织中队开展专项整治，落实片区责任制。进一步完善了守点与巡查相结合、分头巡查和集中执法相结合的工作方式，对市民反映比较集中、强烈的重点部位、重点路段每周进行2~3次大规模专项分片整治行动。由区执法分局牵头，联合街办共同出击，对违规店主拍照取证，并协助其进行整改。在整治过程中，坚持文明执法的方式，以“注目礼”的方式劝导违规店主，有力遏制了占道经营蔓延现象。全年共规范占道经营、无照游商等违法行为76000余起，处罚三乱行为1100多人(店)次，为南昌市的文明卫生城建设提供了有力的保障。

【整治地铁周边环境】 2015年12月，区执法分局针对新开通的五个地铁站点周边环境秩序进行了系统的摸底排查和情况梳理，对于可能会产生违法商贩聚集的重点区域进行记录，安排人员定点、定时巡查。在巡查整治的同时，为确保乘客进出畅通，执法人员走访地铁周边商户，对店外堆物、店外经营、违规广告牌匾进行查处，并要求店家规范经营，落实“门前三包”责任。对地铁站点周边具体情况，如高峰时段、人流量、可能产生的违法行为的发生规律、违法行为规模等因素进行综合分析、评估研判，合理安排执法力量，日常巡查与动态管控相结合，坚持站点“定人、定岗、定责”管理制度，杜绝流动摊点、占道经营等违章行为的滋生。同时，分局还加大对站点周边非机动车乱停乱放的整治力度，确保道路通畅无阻，维护了地铁站点的秩序。

【规范渣余土运输管理】 2015年，区执法分局以夜间执法中队为主导，组织执法人员对辖区内的工地进行全面摸底排查，建立完善全区施工工地管理档案。12月联合交警部门展开“零点行动”，对辖区内老式的“后八轮”运土车进行全面整治，坚持以宣传教育为先导，加强对运土车司机监督，对车容不整、违规运输、无证运输的运土车辆进行整改和处罚。在整治过程中，分局夜间中队分组出击，在各大渣余土运输较频繁的路段进行设卡检查，并在全辖区内进行全面的机动巡逻，对违规运土车做到严管重罚。全年累计查处各类违法渣土车260多辆，并全部责令整改到位，使市容环境得到了较大程度地改善。

【严控违章搭建】 2015年，区执法分局在控违方面持续高压态势，对规划工作坚持做到“三个及时”，把抓好贤士湖管理处和扬子洲地区控违工作作为分局的头等大事来抓，形成市、区、镇(管理处)三级联动控违格局。在控违工作中坚持以宣传为先，着重加强主次干道、重点部位、敏感地段规划执法工作的监控力度，按照“及时发现、及时报告、及时处置”的工作要求进行处理。建立24小时网格化巡查制度，分片包干，责任到人，不留死角，不留盲点，确保做到违法建设一出现就能立即发现，防止违法建设抢建、偷建、强建，对新出现和复工建设的违法建设坚决予以拆除，确保违法建设得到有效地控制。截至年底，共组织拆违行动110余次，拆除违章建筑360余处、23600余平方米，有效预防和控制了违法搭建行为的出现。

【坚决取缔当街宰羊】 9月以来，区执法分局联合东湖公安，对辖区内的当街宰羊摊点进行了全面取缔。在取缔过程中，分局以摸底、宣传工作为先导，在取缔宰羊摊点的同时对扬子州镇的违规活羊发放点进行关闭清场。对于不听劝阻、不愿整改的违章户，分局联合警方力量进行强制取缔，并加强定点蹲守和机动巡查，防止宰羊摊点潜入背街小巷，确保整治效果得到长期保持。经过连日来的持续整治，全区33处占道宰羊摊点已全部整改到位，大大改善了市容环境。

【全面推广无烟烧烤】 2015年，区执法分局继续推进夜市整治，深化“蓝天行动”。在市城管支队的统一调度下，重点对辖区内永外正街、二七北路、渊明北路、民德路、苏圃路等路段的出店经营，水煮、烧烤等夜市摊点进行集中整治32次，有效改善了辖区环境。在整治的同时，分局对辖区内的烧烤店面全力推广了新型的无烟烧烤炉。分局派员随同市城管支队前往外省考察无烟烧烤技术，撰写了《关于赴山东济南、临沂等城市学习考察夜市烧烤堵疏管理的报告》，在全区转发并推广。

“烧烤进院、炉子进店、油烟进盆”的“三进”工作法在全市先行先试。截至年底，已有98家烧烤店和餐馆实现了无烟化经营，76家烧烤店更换了无烟烤炉，13家烧烤店关闭，7家进行了行业转型，2家改造了厨房烟道，有效减少了烧烤油烟污染，维护了市容环境。

【成立巾帼女子中队】 为契合胜利路步行街开街要求，展现柔性执法的新模式。区执法分局于12月26日正式启动了巾帼女子执法中队的组建工作。巾帼女子中队共有队员10名，平均年龄23岁，经过层层选拔，综合素质较高，并在岗前进行了系统的业务培训和军事训练。在上岗后，该中队以徒步的方式负担起了胜利路步行街的文明执勤任务，积极为群众排忧解难，宣传城市管理法律法规，维护辖区内市容市貌，展示城管队伍“柔性执法”的新形象。截至2015年底，女子中队共整治出店经营480余家、规劝不文明行为560余例、清理乱堆乱放190余处、制止噪声扰民750余次、暂扣喇叭音箱20余个。有力地维护了胜利路步行街的市容环境，为分局打造出了一个全新的执法窗口。

东湖区城市行政执法分局利用新型工地围挡宣传社会主义核心价值观

【全面推广新型围挡】 2015年10月，区执法分局全面启动新式工地围挡，以替代原来有碍观瞻、漏光易燃的老式围挡。这些新型围挡喷绘有公益广告，宣传社会主义核心价值观的相关文字和画面，不做任何商业广告或宣传企业的内容，画面清晰、艳丽、不易破损且环保。挡板采用砌体或者定型板材，定型板材可根据现场不同地形使用多功能转角地脚连接方式，左右结构和接点采用专用螺钉固定与拼接，安装快捷、拆卸与移动方便，便于特殊情况下的疏导，遭破坏后更换迅速。围挡设置了警示标志，要求定时清洗，及时更换破损挡板。全面替换新型围挡后，全区的建设工程围挡美观大方，给广大市民营造出一个干净、整洁、优美、舒适的城市环境。

（姚根林）

城市交通管理

【概况】 2015年，东湖交警大队紧紧围绕“社会矛盾化解、社会管理创新、公正廉洁执法”三项重点工作，在队伍管理、事故预防、交通管理、服务群众方面取得了显著成绩，圆满完成节假日交通安保，文明城市复检、地铁施工建设保畅通等各项工作。全年纠处各类交通违法行为187725起；暂扣违章车465辆，其中涉牌涉证400起，酒驾65起；完成警卫任务636趟；全年共受理道路交通事40385起，道路交通事故四项指数逐年下降。大队被南昌市评为“创建文明城市先进单位”。

【加强重点车辆及驾驶员管理】 2015年，区交警大队扎实有效地开展了客运安全的整治活动。一是掌握基本信息，每月对辖区客运、校车驾驶人违法、记分、审验情况和客货运机动车、校车年检信息进行全面排查，集中清理驾驶人逾期未审验、违法未处理、机动车逾期未年检等违法情况。二是落实逾期未年检车辆分级催办。对单位逾期未年检的非营运车辆，由单位注册地址所属街道、镇职能部门，以电话或上门形式进行催办；对于大中型客车、营运货车以及校车等重点车辆，通过电话、上门等形式开展催办，准确掌握重点车辆逾期未年检原因并制作逾期未年检重点车辆催办台账；对于逾期两年以上未年检单位车辆，由单位注册地址所属外勤中队，上门开展排摸、催办。三是推出重点车辆问题情况通告反馈。针对重点车辆及驾驶人违法信息情况，以及在日常监管中发现的客货运隐患问题，制作《交通安全隐患整改建议书》抄报区运管署，并建议采取停运、责任整改等措施杜绝"病车上路"现象；针对重点车辆问题的整改形成书面反馈。对大队开具的上述抄告单、建议书，由接收单位签字盖章，问题整改落实后书面报备案。全年共催办265辆次，下发抄告单27份，110台客运车辆年检。

【持续开展涉牌涉证等各类交通违法整治】 2015年，区交警大队共开展各种专项整治30余次，重点加强了酒后驾驶、"三超一疲劳"违法行为、涉牌涉证等严重交通违法行为的整治，共查处涉牌涉证违法行为400起，酒驾行为65起。在整治过程中突出2个卡点、3条示范路、1个标兵岗"二经路岗"，5个标准示范岗的管控，利用"301"智能卡口的信息传送，加大对重点交通违法行为的整治力度。

【"五车""六乱"整治成效显著】 2015年，区交警大队对"五车""六乱"整治工作坚持做到"每天有调度、每天有行动、每天有数据、每天有讲评"。每天对前一天的各中队整治数据进行排名通报，促进各中队齐头并进。自全市"保文保卫""五车""六乱"整治开展以来，大队围绕提高见警率和管事率要求，实施目标量化考核，调动民警工作积极性，提高见警率和管事率，路面警力部署已达到90%以上，有力地促进了大队"五车""六乱"交通大整治成效显著。截至11月10日，共查处各类交通违法行为187725起，其中"五车"20283起，"六乱"153360起，辖区"五车""六乱"乱象得到有效地遏制。

【落实回访机制】 2015年，区交警大队建立健全回访当事人的长效工作机制，坚持领导带头回访，死亡交通事故必访。全年共走访、回访交通事故当事人19次，了解和掌握交通事故处理工作的反响以及在相关问题给予帮助，做好了群众解释、宣传、教育工作。同时大队还通过网络诉求渠道，受理市长手机投诉78起，省长信箱52起，市区民生通道15起，南昌交警便民网在线复核195条，领导信箱22条，有问有答103条，所有群众诉求都得到了及时受理和解决。发挥网络舆情员作用，坚持每天关注有关交通整治及其他涉及交通管理的舆情，做到及时发现、及时上报、及时调查、及时回复、及时引导，发贴1500余条，跟贴1.2万余条。

【试点轻微交通事故快速处理"一站式"理赔】 2015年，区交警大队在辖区首先试点开展轻微交通事故快速处理"一站式"理赔工作，加快轻微事故快处工作。同时迅速组织学习培训，确保民警能够掌握事故"快处快赔"机制，能够快速处理、快速撤离，准确认定简易事故责任。自该项服务工作以来，大队共引导300余起交通事故前往一站式服务处理，无一投诉。

【提升现代化交通管理水平】 2015年，区交警大队201分控中心依托指挥调度"三台合一"的先进功能，实行全时空值守，对报警、求助、咨询、民警反馈警情和接受上级指令、下达部署任务等做到准确及时高效。一是发挥视频监控功能作用，实现全天时段关注道路交通变化情况，保证了在可视范围内发生的各类道路交通事件，在第一时间内得到指令，迅速处理。包括对道路可能发生的拥堵迹象，做到了提前预警；对道路上发生的交通事故，做到了及时报警。二是对道路上发生的各类交通违法行为，特别是在遇有道路交通滞阻、悬挂伪造、变造或挪用号牌违法机动车及违法停车等情况，指挥中心都利用可视系统，及时发现，就近调警，快速处置。一年来，大队指挥中心接警40385起，有效抓拍违法行为9800起，协助路面执行警卫任务307次,及时疏通交通堵点183个,处置群体访堵路7次。

【开展互联网交通安全综合服务管理平台推广宣传】 2015年,区交警大队按照《南昌市开展互联网交通安全综合服务管理平台推广应用工作宣传安排》要求,开展为期一年的宣传活动,采取媒体、微信、阵地、窗口等多种形式。一是在大队业务科悬挂横幅2条,在办证窗口送发宣传折页1000余份,鼓励办事群众关注“乐行南昌”微信、微博。二是各中队在辖区道路护栏、机关企业单位、客运场站等公共场所、人流密集场所悬挂横幅21条、张贴海报213份。三是结合交通安全宣传进社区、进单位、进学校、进农村、进家庭的“五进”活动,送发放宣传资料和张贴海报500余份。借助“12·2”全国交通安全日,与区政府职能部门联合开展了胜利广场开展宣传活动。

【做好地铁施工建设的交通组织工作】 2015年,八一大道、豫章路口、八一桥下也陆续围挡开工,整个地铁施工呈现“建设工期紧、施工面积大、占用道路多”的特点,对大队辖区日常交通带来较大的影响。为有效地缓解老城区道路交通严峻形势,确保地铁施工期间道路交通安全与畅通,东湖大队按照上级的部署和要求,科学制定应对方案,切实采取精细化管理手段,全力做好辖区道路交通管理工作。一是开展宣传告知工作,积极借助新闻媒体及早及时发布施工公告,方便南昌市民尤其是施工沿线周边居民提前做好出行计划,合理选择好出行线路。二是完善交通标识、标牌。辖区大队要积极与施工单位对接,确保在施工围挡前交通指示牌设置到位,引导市民提前绕行,争取市民的理解和支持。三是加强日常管理。施工期间,辖区大队要科学部署警力,加强巡逻管理力度,严禁机动车在道路乱停乱放,确保封闭路口路段的行人非机动车通行,不能影响附近居民正常生活。四是合理设置公交站台。交管局要及时向市政府报告,协调市公交公司尽快调整优化线路,保障道路正常通行,最大限度地减少地铁围挡对市民出行带来的不便,确保地铁施工期间道路交通畅通。

【开展交通安全宣讲活动】 3月2日,区交警大队民警深入青山客运站开展交通安全宣传活动。活动现场放置12块交通安全宣传展板,张贴交通安全宣传横幅。展板上,温馨提示语意味深长,事故案例引人深思,交通安全知识贴切实用。在给司机授课中,民警要求驾车司机杜绝“超员、超速、超载、无证、疲劳和酒后驾驶行为”,并针对春运期间恶劣天气,希望司机提高驾驶技能,为春运工作营造良好的安全管理氛围。

【开展交通安全知识进校园活动】 3月6日,区交警大队一中队走进南京西路小学,将交通安全知识送进校园,为南京西路小学的师生们,送去了一堂生动形象的交通安全宣传课。活动现场向学生们介绍了基本的交通安全知识。此次交通安全知识进校园互动,共张贴海报10余张,发放交通安全宣传手册130余份,进一步增强了广大师生的交通安全意识,受到了师生们的一致好评。

【开展交通安全知识讲座】 3月6日下午3时,区交警大队交通安全知识宣讲团应邀走进江西省省委机关,为机关党员干部开展交通事故预防及交通安全法知识普及讲座。讲座上,民警以丰富详实的资料,介绍了当前交通安全法变动的有关情况,并针对当前交通发展趋势和道路交通标识标识的特点,着重从驾驶人的角度,以典型的案例,分析阐述了几种常见的交通违法行为,并结合实例对如何预防避免交通违章提出了建议。

表14 **2015年东湖区域道路交通事故一览表**

项目	次　数(次)			死亡人数(人)			受伤人数(人)			经济损失(元)		
	数量	比2014年增减	增减(%)	数量	比2014年增减	增减(%)	数量	比2014年增减	增减(%)	数量	比2014年增减	增减(%)
东湖区	28	2	7.69	12	0	0	22	5	29.41	19600	-9000	-31.47

(万贻洋)

社会管理和服务

综　述

2015 年，东湖区坚持“以人为本，为民解困、为民服务”宗旨，注重落实民权、改善民生。坚持稳中求进工作总基调，以全面深化改革为动力，把改革创新贯穿于民生工作的各个环节。坚持统筹兼顾，突出重点，消除盲点，增加亮点，努力推动社会管理和社会服务各项工作取得新突破。

2015 年，东湖区投入 16 万元，开展人口计生工作大型宣传活动近 20 次；对辖区内的流动人口进行排查，建立流动人口健康档案（电子、纸质）19493 份；通过全区四级网络覆盖体系，实施“亲情化”服务和网络化办证新模式；为全区 420 名特别扶助人员购买团体人身意外保险 24.36 万元。城镇新增就业人数 10097 人，“4050”人员再就业人数 2012 人，零就业家庭安置率 100%；再就业小额贷款发放 5574 万元。城镇职工养老保险参保缴费人数 25079 人，养老保险征缴 5887 万元；城乡居民社会养老保险参保人数 17889 人，基金征缴 165 万元；城镇基本医疗保险参保人数 172544 人，基金征缴 9840 万元。开展春风行动大型招聘会，为求职者与用人单位达成就业意向搭建供需平台。设立创业就业服务平台，提供创业辅导、企业融资等各类创业就业服务。组织企业团队参加“中国创翼”青年创业创新大赛，15 个参赛创业项目全部获奖。完成企业退休人员基本养老金调待工作，按时足额将增加的城乡居民养老金发放到位。解决区属困难企业职工医疗保障问题，将 7014 名困难职工全部纳入城镇职工医疗保险范围。保障农民工合法权益，受理举报拖欠农民工工资案件 60 起，累计为 100 名农民工追讨工资押金 30 余万元。有序地开展对困难群众的托底救助，全年累计发放城乡低保资金 2154 万元，发放农村五保供养资金 24.2 万元，为尿毒症免费透析 2947 人次救助金额 20 万元，全年发放临时救助金 14.3 万元。投入 600 万元，率先在全省打造建设集医疗和养老为一体的东湖区失能老人照料中心，打响了东湖养老服务品牌。圆满完成第八届村（居）委会换届选举工作，全区民主选举出村（社区）主任 90 名、副主任 138 名，居民自治水平有了提升。在全区 3000 多个楼栋庭院建立自治理事会，形成居民自治、社区服务、物业管理“三方联动”的社区管理模式。通过政府购买服务委托社工服务社开展未成年人社会保护服务工作，受到社会各界广泛关注。

（区史志办公室）

人口和计划生育

【概况】 2015 年，东湖区卫生和计划生育委员会以科学发展观为指导，围绕阳光诚信和谐计生的理念，切实按照中央要求做到“三个不变”，扎实推进人口计生工作。截至 2015 年 9 月，全区总人口 559634 人（含流动人口），已婚育龄妇女 105251 人。全区共出生婴儿 4698 人，出生率为 8.45‰，自增率 4.77‰。出生性别比为 106.69，晚婚率为 89.68%，已婚育龄妇女综合节育率为 87.14%。2015 年，东湖区先后荣获“2015 年全省计划生育工作先进县区”“2015 年全市计划生育工作目标考核二等奖”。

【民生工作】 2015 年，区卫计委坚持把民生工程作为工作重点,将计生“奖、优、保、救、助、养”“六位一体”计生奖励扶助政策惠及计生家庭。年内,对11名符合资格的对象(农村户口,实行计划生育的一女户、二女不再生育家庭的在读高中女孩)发放阳光助学金,每人每年1000元;对87名符合奖励扶助条件的对象,每人每年可获得1200元扶助金,共计104400元;对421人特别扶助对象发放特扶金,其中,独生子女家庭子女伤残的154人,独生子女家庭子女死亡的267人,特别扶助金总计发放301.68万元;向88名贫困计生家庭女孩发放助学金共63200元,向19名高招录取的贫困计生家庭子女一次性发放助学金共31000元;为全区103位无业下岗计生对象发放独子费24720元;为全区200余位低保残疾特困计生对象发放独子费47460元;为3362名辖区内0~6岁儿童办理爱心保险,共计147060元;为1029对计划怀孕的夫妇进行了免费孕前优生检查,建立家庭档案1029份,免费发放朴佳美孕前营养素1033瓶。

【探索网络化办证新模式】 2015年,为切实推进生育服务证制度改革,区卫计委积极推进网络化办证新模式。在工作模式上,一是“互联网+”办证。在线预约系统以网格化技术为依托、通过网络实现传统业务的在线办理,切实方便群众办事为主要目标。二是“大数据”智能服务。在线预约系统以全员人口数据库为核心,将人口网格化系统、群众网上预约信息进行统一融合。在工作措施上,一是依托已有的人口网格化系统、卫生计生公共服务平台、网上预约办证系统、全员人口信息系统的数据资源,探索搭建一个全新的网上预约办证综合平台。二是简化办证程序,提高办证效率。网格化办证实现“三个创新”。一是服务创新。群众直接通过东湖区卫生计生公共服务平台即可查看办证所需事项,办证流程,办证人员通过实时查看公共服务平台传输来的网上预约办证信息,并与人口网格化数据库进行比对,比对无误后,对群众办证申请进行审批,网格员根据人口网格化系统对群众居住地址进行地图定位,做好送证上门的服务工作。二是管理创新。东湖区积极引进“大人口、云服务”的管理理念,转变计生管理工作思路,现在依托人口网格化平台,为前来办事的群众建立计生数据档案,群众可通过公共服务平台与计生工作人员取得联系,享受优质服务,计生工作人员通过群众在网上留下的信息,主动联系群众,将所需材料、流程等信息进行网络在线告知,并对其进行优生优育健康指导。三是业务创新。新形势下的育龄群众以90后等年轻群体为代表,他们熟悉网络环境,善于利用网络、微信、微薄等实时云服务的数据载体,对办证网络化的需求不断提高,东湖区优化传统办证模式,实行现场办证与网上办证相统一、电话跟踪服务与网络实时联系相配合、群众上门取证与主动送证上门相补充的办证管理新模式。

【推行计生药具网格化管理模式】 2015年,为了更好的推进药具网格化,计划生育药具工作不断创新服务方法,区卫计委推行了计生药具网格化管理模式。从开建网格化后,社区、药具各个服务网点免费为群众送药服务,解决居民预约的各类计划生育问题60条,为群众免费发放避孕套3000多只,宣传资料380多份。不断完善网格化服务。为大力跟进计划生育药具优质服务程度,满足广大群众对计划生育药具和服务,面向基层、社区服务上门、方便群众、减少浪费、进步效益的原则,为计生避孕药具“十进”做到“管理无缝隙,服务亲情化”。通过区药具站、街办、社区、辖区发放点这样一个有效的四级网络覆盖体系,实施“亲情化”服务,每个发放点由专人管理,明确责任,发放前做好预约登记,发放后做到服务到位,并立即跟踪问效,以进步了解群众生活质量,公开服务承诺,并及时更新联络电话。全年为十进单位共发放了避孕套36万多只,宣传资料680多份。

【多措并举开展打击“两非”工作】 2015年,区卫计委坚持“明确责任、狠抓落实、一票否决”的工作思路,坚持打防并举,综合治理出生人口性别比暨打击“两非”(“两非”指的是非医学需要的胎儿性别鉴定和选择性别人工终止妊娠)工作,呈现自然稳定均衡发展状态。区委区政府于2015年10月调整了出生人口性别比综合治理工作领导小组,并定期召开会议,研究和解决出生人口性别比治理工作存在的重点和难点,并列入了目标考核内容。同时,加大了考核奖惩力度,列入了一票否决内容,下达打击“两非”工作任务,要求各街道严格按照目标任务抓落实。开展关爱女孩行动以及各种帮扶、救助女孩家庭活动，重视从政策层面和制度层面，建立完善以奖励扶助女孩制度为核心的计划生育利益导向机制。发挥职能部门作用，提升整治打击力度，发现线索，及时查处。自2007年以来，已查处“两非”案件66例，逐步形成查处“两非”一盘棋格局，圆满完成了打击“两非”工作任务。同时建立计生与社会相关部门“多位一体、多项联动、阵地共建、资源共享”的宣传模式。广泛利用了报刊、广播、电视、互联网等大众传媒进行专题报道。在全区广泛宣传和倡导“男女平等”“生男生女一样好”“女儿也是传后人”的新型生育观念，并在部分农贸市场悬挂关爱女孩的宣传画，使宣传教育深入人心。

【扎实做好计生信访工作】 2015年，区卫计委在依法行政的实践中，把做好信访工作作为构建和谐计生、提升整体水平的一项重要措施来抓，信访结案效率明显提高，群众对计生工作的满意度也随之攀升。实行一把手亲自抓、负总责，其他领导班子成员分期接访，负责信访科室具体落实的管理格局。其次，重要案件召开各相关部门会议，实行齐抓共管，形成了上下联动、左右协调、密切配合的信访工作格局。制定《信访案件回访制度》，群众信访案件的调查处理情况做到事事有交待，件件有回馈，全年接待来信来访60多起，全部都及时受理，结案率达到了99%，主动接受参访人监督，增强了执法透明度。推行阳光政务。凡涉及百姓切身利益的惠民政策和办事程序及计划生育利导政策、家庭奖励扶助制度和计划生育家庭特别救助制度等网上、墙上公开，实行居(村)、街道、区三级公示的阳光作业制度，避免暗箱操作，让群众满意。

【四举措开展流动人口动态监测】 2015年，根据省、市人口计生委动态监测有关要求，区卫计委高度重视，认真进行部署动员，抽调责任心强的社区干部担任调查员，通过四大举措，确保流动人口动态监测工作落实到实处。一是领导重视，层层推进。区卫计委组织召开了两次主任办公会议，专门研究流动人口动态监测工作，要求各级领导高度重视、强化责任、加强培训、认真落实。认真组织编制抽样框、选派和培训调查员、现场问卷调查、及时准确在线录入调查问卷等工作，并按照国家人口计生委的统一要求，切实把流动人口动态监测工作抓紧抓实抓出成效。二是组织动员培训，提高业务水平。从街道选调了具有责任心强、工作细致、有一定的组织协调能力的社区干部参与调查，并在计生服务中心举办流动人口动态监测调查问卷培训。参加培训的各社区样本点调查员，共计45人，对如何填写动态监测调查问卷A卷和B卷进行详细地讲解。培训会上还专门解答了调查员提出的疑难问题，以及调查的礼仪方式等。确实提高了调查员的业务水平。三是夯实基础，加强督导。要求流动人口动态监测各样本点必须做好入户调查计划安排，样本点的上户调查要严格落实到具体责任人。同时为了提高工作效率，对工作地址离租住房屋比较远或工作无定点的抽样流动人口询问对象进行了“预约”方式，与调查对象约定时间和地点。各调查人员按预约时间上门，并向调查对象发放“致调查对象一封信”、动态监测宣传品，现场免费解答政策咨询，工作态度热情耐心、认真细致。同时区级还在流动人口上户过程中进行全程督导，发现问题及时协调解决，随时掌握工作进展。四是严格把关，提高问卷质量。此次流动人口动态监测调查中，全区严格按照省、市人口计生委流管处的有关要求落实，对全区22个样本点进行了抽样，每个样本点抽取20名流动人口作为调查对象，上户调查结束后，认真对问卷进行检查、核对，确保填写正确，对存在的问题问卷，做到了及时回访、更正。然后交由区流动人口办公室审核。确保此次动态监测问卷保质保量完成。

【开展流动人口基本公共卫生计生服务均等化工作】 7月5日，区卫计委成立了以区卫计委主任为组长，机关各科室，街办(镇)、管理处计生办负责人组成的流动人口计划生育基本公共卫生计生服务均等化工作领导小组，印发《东湖区流动人口基本公共卫生计生服务均等化工作实施方案》，明确了相关科室职责，纳入了卫生和计划生育党政领导、责任科室考核内容，召开了4次各街道计生办主任、流动人口协管员、社区卫生服务中心主要负责人会议，强调各街道对辖区内的流动人口进行大排查，摸清底数。截至2015年12月31日，流动人口的总数为37303人，建立19493份流动人口健康档案(电子、纸质),占流动人口总数的52.26%。同时将65岁以上老年人免费体检、孕妇产前检查、产后访视等纳入政府为民办实事工作内容,使流动人口与户籍人口享受同等服务。本着“来了,您就是新东湖人”的和谐理念,通过网络、电视、报刊杂志等多种形式,全方位、多渠道、广角度进行宣传。通过大型活动、上门宣传,将宣传品、资料和政策宣传折页发放到群众手中。全区共投入16万元左右,开展大型宣传活动近20次,法律法规咨询1850人次,健康咨询、服务2500人次,流动人口维权咨询330余人,散发流动人口基本公共卫生计生服务均等化宣传单7500余份,发放避孕套4300余盒,卫生计生宣传纪念品2800余份。其中,2015年8月25日开展以“共建和谐东湖 同享幸福生活”——送清凉健康行活动,“新东湖人——携手健康 劳动最美”——大型照片故事展为主要内容的大型流动人口基本公共卫生计生服务均等化活动,在全社会大力倡导权益均等化的卫生计生服务理念。

【举办流动人口婚育证明改革操作培训班】 根据《国家卫生计生委办公厅关于印发流动人口婚育证明电子化改革工作方案的通知》(国卫办流管函【2015】259号)文件和江西省《关于做好流动人口婚育证明电子化改革工作的通知》的文件要求,8月18日,区卫计委在东湖区职工学校举办全区流动人口婚育证明电子化改革操作培训班,全面启动2015年流动人口婚育证明电子化改革工作。培训会上传达了省流动人口婚育证明电子化改革培训班的会议精神,强调开展婚育证明电子化改革的重要性,部署了2015年全区流动人口婚育证明电子化改革的工作任务。着重讲解了流动人口婚育证明电子化改革工作要求、规范以及相关信息系统操作等。区卫计委流管科全体人员和各街道流管员共计30余人参加了此次培训。

【开展计生特殊困难家庭的社会关怀工作】 2015年,根据国家卫计委有关文件精神,区卫计委认真做好新形势下全区计划生育特殊困难家庭社会关怀工作。一是建立计划生育协会志愿者服务组织;二是建立了失独家庭联系人制度(即给每个失独家庭指定1名志愿者作为社会关怀服务联系人,对每户失独家庭实施“3+1”的结对帮扶);三是对全区267个独生子女家庭父母进行走访,走访金额16.02万元,同时为全区420名特别扶助人员购买团体人身意外保险,每人每年保险费用580元,共计投保费用24.36万元。

(傅志慧)

人力资源和社会保障

【概况】 2015年,东湖区紧紧围绕加快“四区”建设、实现打造核心增长极和“四个强起来”的目标,突出重点,消除盲点,增加亮点,努力推动人力资源和社会保障事业发展取得新突破,坚持稳中求进工作总基调,以全面深化改革为动力,把改革创新贯穿于就业、社会保障、人才队伍建设、人事制度改革、工资收入分配和劳动关系调整的各个环节,人力资源和社会保障工作取得了显著成效,先后荣获全省“小额担保贷款绿色通道”建设优秀单位、全省社会保险民生工程目标绩效考核先进单位、全市人力资源和社会保障系统信息工作先进单位、全市外来务工人员趣味运动会二等奖、全市社会保险民生工程目标绩效考核先进单位、全市AA级人力资源市场、全市“十大技能之星”优秀组织奖、全市“洪城杯”技能大赛优秀组织奖等光荣称号。

【就业再就业指标】 2015年,东湖区城镇新增就业人数10097人,完成全年任务的110%;城镇就业率控制在94.5%;“4050”人员再就业人数2012人,完成全年任务的149%;零就业家庭安置率100%;家庭服务业从业人员926人,占全年任务的103%;家庭服务业培训人数615人,占全年任务的103%;创业培训527人,完成全年任务的105%;青年见习任务完成102人,占全年任务的102%;再就业小额贷款发放5574万元,占全年任务的100%以上,小额贷款回收率达99%;孵化基地2个、农民工综合中心、散工超市各建成1个,占全年任务的100%。

【社会保险工作】 2015年,东湖区养老保险工作情况。养老保险:城镇职工养老保险参保缴费人数25079人,养老保险征缴5887万元;退休人数14115人,共支付养老金和丧抚费29303万元。

城乡居民社会养老保险:参保人数17889,基金征缴165万元,待遇领取人数4656,支付金额454万元。医疗保险:城镇基本医疗保险参保人数172544人,完成全年任务的136%,其中,城镇职工基本医疗保险参保17863人,参保缴费8410人,基金征缴2195万元,完成全年任务的100.2%。城镇居民基本医疗保险参保154681人,其中个人缴费145107人,基金征缴7645万元,完成全年任务231.7%。工伤保险参保11321人,完成全年任务的100%,工伤保险基金征缴96万元,完成全年任务的101.1%。生育保险参保4932人,完成全年任务的104.6%,生育保险基金征缴总额99万元,完成全年任务的101%。失业保险参保6200人,完成全年任务的106%,失业保险基金征缴90万元,完成全年任务的81.8%。

【开展"春风行动"大型就业服务活动】 3月2日,以"搭建供需平台 促进转移就业"为主题的2015东湖区春风行动大型招聘会在南昌百货大楼青山路店门前休闲广场隆重举行。此次活动有86家单位入场招聘,共提供6218个岗位,有500余名求职者与用人单位达成就业意向。活动以进一步推动社会主义核心价值观,以"群众就业正能量"为主旨,引导招聘企业诚信用工,引导求职者诚信履职,携手营造诚信就业、文明职场环境。活动现场为各类求职人员提供各类就业服务。活动现场还有电子商务创业展示、职业技能培训、创业(电子商务)培训报名登记,小额贷款、社保、医保、维权等劳动保障政策宣传咨询服务。通过"春风行动"大型招聘的活动形式,为各类服务对象提供一个就业服务对接的平台和就业机会。

【大力推进创业就业服务平台建设】 2015年,东湖区在樟树林的东湖区中小企业服务平台设立创业就业服务平台,服务面积500平方米。主要提供劳动就业信息服务、职业创业培训服务、各类就业创业政策对接及融资服务,切实将劳动就业服务前移到最需要的人群中。该平台以服务企业、促进就业、引导和资助大学生创业服务为主要工作内容。通过政策服务前移的模式,使得原本要在政府部门办理的相关事务现在可以在创业人员的身边得到办理,该平台提供创业辅导、企业融资、人力资源服务、政策对接办理、众创空间、小微孵化等各类创业就业服务。平台运营得到了省、市、区领导的高度重视和肯定。

【参加"中国创翼"创业大赛取得佳绩】 5月26日,农商杯"中国创翼"创业大赛南昌赛区热身赛在华南城隆重举行。区人社局组织15个企业团队的创业人员参加"中国创翼"青年创业创新大赛,参赛队伍数量位列南昌市各县区首位,充分展示了东湖区创业就业服务平台在创业孵化中发挥的巨大作用。东湖区代表队在此次比赛中取得优异成绩,15个创业项目全部获奖,其中一等奖两名,二等奖四名,三等奖九名。

【散工超市为务工人员提供全方位服务】 2015年,区人社局加快关于"散工"就业方式的转型工作,积极加强与省、市劳动保障部门的联系,实现信息资源共享。运用网络资源,将散工超市的职能,以及求职,招工等信息实现网络共享。表现在以下五个方面:一是派工数量逐步提升。完成求职人员登记328人,成功推荐就业632人,共派工2967次,与多家企业达成合作协议。二是开展"衣"往情深赠衣活动,通过开展该活动,不仅给农民工兄弟送去了温暖,彰显了对农民工这一城市建设主力军的热情关注和真诚爱护。三是举办首届东湖区农民工卡拉OK大赛,让农民工兄弟参与其中。四是组织每周五下午免费放映优秀电影,丰富了农民工的精神生活。五是发放"致农民工的一封信",让更多人了解散工超市。

【完成企业退休人员基本养老金调待工作】 2015年,区人社局根据赣人社发〔2015〕16号文精神,为使调待工作落实到位,精心组织、周密安排、召开有关会议、传达文件精神、布置相关工作,对企业退休人员基本信息进行全面认真核对,及时沟通,调度安排好补发资金,做好了正确的舆论导向工作,为企业退休人员耐心解答有关政策,从而保证了调待工作按时顺利完成。全年参加东湖区企业退休人员基本养老金调待人数13632人,人均增加养老金270元,共补发调待养老金2221万元。

【调整未参保城镇大集体企业退休人员等生活补助标准】 2015年,区人社局根据《关于调整未参保城镇大集体企业退休人员等养老生活补助标准的通知》(赣人社发〔2015〕6号)的文件要求,东湖区为切实保障参保人的合法权益,通过召开会议部署动员,已于2015年8月按时足额将补助资金发放到位,其中未参保大集体企业退休人员为27人,平均每人增资20元,共补发金额为4320元,返城未安置知青113人,平均每人增资20元,共补发金额为18080元。

【提高城乡居民养老保险基础养老金标准】
2015年,东湖区按照文件每人80元标准,于3月底前按时足额将增加的城乡居民养老金发放到位,已补发人数为4381人,补发金额为60万元。

【实现扬子洲镇各项社会保险业务平稳过渡】
2015年,东湖区实现扬子洲镇各项社会保险业务平稳顺利过渡。按照洪府字〔2014〕34号文件精神。一是摸清底数,在社会保险管理职能工作整体移交之前,与青山湖区社会保险中心保持密切联系,了解扬子洲镇各类人员参加社会保险基本政策、参保方式、参保人数,退休人数以及社保金发放银行等情况,做到心中有数。二是职能和业务移交,原在青山湖区社会保险管理中心参加各类社会保险的单位和人员,由青山湖区成建制转入东湖区。三是档案资料移交。原在青山湖区社会保险管理中心的扬子洲镇参保业务档案、政策文件档案、信息数据资料等进行移交,并进行认真核对,对历年资料列出清单、登记造册、整理归档。四是办理社会保险关系转移。在核准有关数据,办理管理职能和社会保险业务移交之后,及时按有关政策规定办理新农保村干部、扬子洲农场管理处职工以及被征地农民养老保险关系和基金的转移。五是确保退休人员养老金按时足额发放。与银行做好养老金发放有关对接工作,原则上按照原发放银行发放养老金,如有需要变动银行发放,及时办理退休人员换领存折手续。切实做好了扬子洲镇各项社会保险业务经办管理工作,实现平稳有序过渡。

【规范城乡居保缴费方式】 2015年,区人社局规范城乡居保缴费方式,实行银行代扣代缴。改变过去参保人员以现金方式向村劳动保障协管员缴费,再集中统一向银行进账的不合理缴费方式,通过社保机构与开户银行合作,利用城乡居保信息系统与银行对接,由参保人员开户,实现缴费由银行代扣代缴。截至年底,已在进行参保人员信息采集和社保与银行对接工作。

【提高企业军转干部等人员生活补助标准】
2015年,区人社局根据《关于调整2015年企业军转干部解困标准等有关问题的通知》(赣人社发〔2015〕26号)、《关于提高1953年底前参军、后在企业退休的军转干部和退役士兵生活补助标准的通知》(赣人社发〔2015〕27号)文件精神,认真贯彻执行文件规定,积极组织实施,并协调落实有关资金、按时足额发放到位,其中参加调整的军转干部4人,调整提高金额100元;退役士兵生活补助4人,调整提高金额100元。

【推进区属机关事业单位公费医疗改革】 2015年,东湖区稳妥推进区属机关事业单位公费医疗与城镇职工基本医疗保险衔接,完成了全区机关事业单位4723人的医疗保险参保和社会保障卡制做工作,并确保了区属机关事业单位职工,自2015年1月1日起,按医疗保险政策享受待遇。

【解决区属困难企业职工医疗保障】 2015年,东湖区贯彻落实中共南昌市委、南昌市人民政府《关于深化医药卫生体制改革的实施意见》(洪发〔2009〕25号)文件精神,将区属国有及国有控股已关闭破产改制企业退休人员、连续停产停业一年以上的国有困难企业、城镇困难大集体企业职工共计7014人,全部纳入城镇职工医疗保险范围,保障其基本医疗待遇,做到应保尽保。

【推进工伤保险扩面工作】 2015年,依据《南昌市建筑业参加工伤保险实施办法》要求,东湖区组织开展了以建筑业职工参加工伤保险为重点的工伤保险扩面专项行动,积极配合市里做好动员宣传工作。

【加强基金安全管理】 2015年,区人社局强化社保基金财务管理工作。完善基金预算管理,严格待遇支付和“两定机构”费用拨付的程序,做好了基金的预、决算;启用全省统一的社会保险基金会计科目工作;全面推进A++财务信息系统建设,确保基金报表系统自动取数,逐步实现多表合一。进一步推进财务业务一体化工作。加大基金的监督检查力度,重点加强对骗保、诈保等违规行为的查处力度。

【推进机关事业单位人员参加养老保险前期数据

【录入审核】 2015年，根据《江西省人力资源和社会保障厅关于开展全省机关事业单位养老保险数据采集工作的通知》(赣人社字〔2015〕391号)的文件精神，积极稳妥推进东湖区机关事业单位工作人员参加养老保险前期数据录入审核工作。按照全省机关事业单位养老保险制度改革实施工作电视电话会议部署，根据赣府发〔2015〕52号文件精神，积极推进了机关事业单位养老保险制度改革，把推进机关事业单位工作人员养老保险制度改革作为政府工作中的一件大事列入重要议事日程。成立东湖区机关事业单位养老保险制度改革工作领导小组，分管副区长为组长，人社局、财政局、编办等相关单位主要领导为成员，统筹组织实施全区机关事业单位养老保险制度改革工作。同时召开全区机关事业单位工作人员养老保险数据采集工作会议，严格按照数据采集的对象范围，标准和时间节点，数据采集的程序和要求，开展数据采集工作，截至年底，全区已完成有关申报表格的审批和数据入库工作。

【保障农民工合法权益】 截至2015年12月，东湖区受理举报拖欠农民工工资案件60起，结案率100%，累计为100名农民工追讨工资押金30余万元，维护了劳动者的合法权益。

(喻伟文)

民政事业

【概况】 2015年，东湖区民政局坚持以党的十八大、省市民政工作会议精神为指导，坚持“以人为本，为民解困、为民服务”的宗旨，紧紧围绕社会保障、社会服务和社区治理任务，发挥民政在构建和谐社会中的基础作用，落实民权、改善民生的各项要求。认真抓好国务院《社会救助暂行办法》的贯彻落实，初步形成了社会救助统筹协调机制，基本民生保障水平大幅提升。以项目建设为抓手着力促进养老事业发展，养老服务事业取得新发展。圆满完成第八届村(居)委会换届选举工作，加快社会组织培育发展，基层社会治理迈出新步伐。开展双拥模范城创建活动，全面落实优抚安置政策，双拥优抚安置工作取得新成效。推进丧葬陋俗综合整治和地名标志设置工作，依法开展婚姻登记服务及向流浪乞讨人员“寒冬送温暖”活动，民政公共服务能力明显提升。民政重点工作进展顺利，业务工作协调发展，多项工作取得了新突破。

【开展对困难群众的托底救助】 2015年，区民政局有序推进低保救助、医疗救助、临时救助、特别救助等制度之间的有序衔接。扎实推进申请救助家庭经济状况信息比对工作，全年核查新增低保524户1054人，核查公租房申请家庭8630户15780人，有效促进了社会救助工作公平公正。进一步提高城乡低保救助标准，城乡低保标准分别上调至480元、280元，全年累计发放城乡低保资金2154万元，发放农村五保供养资金24.2万元，确保他们的生活与居民生活水平同步提升。着力加大医疗救助力度，开展重大疾病医疗救助和重大疾病专项救助工作，为尿毒症免费透析2947人次救助金额20万元，全年发放临时救助金14.3万元，编密织牢了民生保障网，提升了民生保障水平。

【着力推进社区社会工作水平】 2015年，东湖区民办社会工作机构初具规模。截至年底，“三位一体”社会工作园地已孵化东湖区郁金香社工服务社、凤凰社工服务所和白玉兰社工坊3家民办社工服务机构，东湖区蒲公英社工服务中心处于筹备建设中。区民政局与江西财经大学、华东交通大学、江西科技示范大学建立了长期政校合作关系，在郁金香社工服务社和白玉兰社工坊成立了社工研究生实习基地，东湖区社工与高校师生良好互动，实现专业理论与社区实践相互融合，相互促进。社工人才队伍日益壮大。全区拥共有社区社工74人，其中社工师18人，助理社工师56人，有社工的社区覆盖率达80%以上。区民政局充分发挥社区基层优势，在拥有社工的社区设置了社工专业岗位，鼓励一线社工在本社区深入开展社会工作实践，帮助陷入困境的人群摆脱困境，恢复正常生活。2015年，东湖区郁金香社工服务社副理事长熊靖明被评为第二届全省优秀社工；白玉兰社工坊理事长付玲等4篇案例获第二届全省社会工作优秀案例。一线社工开展的实务案例在《中国社会工作》《江西民政》《南昌日报》等报刊均有报道。以项目化建设为抓手推动社工机构发展。有3家社工服务机构继续争取政府购买服务的资金支持,申报了2015年度省级福彩金购买社工服务项目——郁金香社会工作服务社“心家园”计划生育特殊家庭援助项目、白玉兰社工坊帮扶困难老人“夕阳微笑”服务项目、凤凰社会工作服务所社区“家长学校”试点项目。

2015年12月3日,东湖区人大常委会组织人大代表到社区视察郁金香社会工作服务社工作情况

【以项目建设推动养老事业发展】 2015年,东湖区投入600万元,对原有的区福利院(总院)进行了整合和修缮,设置失能老人床位,增加完善消防和无障碍设施,率先在全省打造建设集医疗和养老为一体的东湖区失能老人照料中心。进一步丰富养老服务内容,为高龄老人发放生活补贴1354万元,发放养老服务券20万元。发挥社会组织参与养老服务积极性,开展“心家园——关爱失独老人服务项目”为失独老人服务近70人次,飞宏道德综合服务中心热心举办“暖孝德民生心,圆七彩中国梦”重阳节大型助老孝老慈善活动,深受老人欢迎。大力抓好养老机构平安创建,与区消防大队一道,出台专项治理方案,开展安全隐患大排查、举办安全知识培训、开展应急疏散逃生演练,提高老人自防自救能力。8月,央视及省、市电视台等重要媒体对区老龄办与婚纱摄影机构合作开展“老宝贝”免费摄影活动进行报道,社会反响热烈。

【创新方式提高社区治理能力】 2015年,东湖区开展和谐社区创建活动,打造了七里街、公园路、邮政路3个精品社区。围绕基层社会治理创新,圆满完成第八届村(居)委会换届选举工作,全区民主选举出村(社区)主任90名、副主任138名,居民自治水平有了提升,出台方案有力推动家改居工作进程。切实加快社会组织培育发展,组织开展公益创投、实行四类社会组织直接登记、降低社区社会组织准入门槛等一系列措施,实现了社会组织量的提升,全区共登记注册各类社会组织150个,同比新增15个。积极开展社会组织“双争”活动,社会组织协同社会治理的功能日益显现。积极推进社工人才队伍建设,培育“白玉兰”社工坊、支持“凤凰”社工服务所开展“惜缘”幸福家庭建设试点项目,受到市民热情点赞。

【广泛开展楼院自治】 2015年,东湖区广泛开展楼栋庭院自治活动,通过在楼栋庭院说话有代表性、有分量的“理事”,组成楼栋庭院自治理事会,用和谐议事的方式,调解邻里矛盾,解决楼栋庭院内问题,营造了和谐生活环境。全区各社区3000多个楼栋庭院,大部分都建立了自治理事会,实现了楼栋庭院管理居民自己说了算。居民对社区管理有什么意见和建议,既能通过自治理事会及时反映到社区居委会,也可以直接和物业沟通联系,形成了居民自治、社区服务、物业管理‘三方联动’的社区管理模式。

【落实优抚安置政策】 2015年,东湖区健全优抚保障机制,全面落实《军人抚恤优待条例》和《烈士褒扬条例》,继续提高优抚对象抚恤补助标准,进一步解决优抚对象“三难”问题。建立优抚对象联络员制度，选聘106名优抚对象联络员，切实保障优抚对象的权利和待遇。认真做好涉军对象的稳定工作，维护他们的合理正当权利。全年共接待上访人员3批24人次，耐心细致地做好政策的解释工作，认真化解心结，解除心头矛盾。帮助退役人员解决生活、医疗、住房等实际困难，确保了涉军群体稳定。有序做好退役安置工作，全面落实自主就业退役士兵一次性经济补助政策，扶持自主就业退役士兵就业创业。加强退役士兵职业教育和技能培训工作，确保有意愿的退役士兵参训率达到100%、合格率达到95%以上。全年完成255名退役士兵档案接收等安置工作，输送33名退役士兵到承训学校参加免费职业教育和技能培训。

【引入专业力量抢救整理婚姻档案】 2015年，随着民生问题的政策关注度和社会关注度日趋升温，婚姻档案利用率不断攀升。区民政局针对全区婚姻登记档案数量巨大、历史跨度长、保管条件差等客观原因，部分婚姻档案档案纸张脆化、残缺破损现象严重，急需整理抢救的情况。投入76万元健全完善婚姻档案利用体系，引入档案整理抢救专业公司对婚姻档案进行整理抢救，同时把传统纸质档案制作成电子档案，并按阶段向区档案馆档案移交。

【开展地名普查工作】 2015年，东湖区根据省市民政部门实施方案精神，结合区情出台了《东湖区第二次全国地名普查实施方案》，成立东湖区第二次全国地名普查工作领导小组及办公室，召开了东湖区第二次全国地名普查动员大会。各成员单位抽调有责任心、业务过硬、并对历史文化和地名工作比较熟悉的加入到普查队伍中来，区民政局组织多次业务培训，让普查人员熟练掌握业务知识，吃透任务要求。积极参与以“地名情·中国梦”为主题的全国地名普查微视频（微电影）征集活动，精心拍摄了微视频《滕王阁》参加评选，印制4000多份宣传袋及宣传单下发到扬子洲镇、各街办（管理处），并分发至各个社区进行张贴。

【倡导文明殡葬保护生态环境】 2015年，区民政局坚持属地管理，实行镇和街道（管理处）落实、部门联动、从严整治的工作机制，在全区开展文明祭祀、弘扬文明新风活动，成立整治丧葬陋俗工作领导小组，制定活动方案，召开动员部署会，加大宣传力度，营造文明祭祀工作的良好氛围。探索创新工作方式，组织辖区老党员、老干部、老知识分子和居民积极分子带头签订文明祭祀承诺书，成立文明劝说小分队，劝说居民开展文明祭扫远离雾霾。倡导鼓励群众采取骨灰撒江河、骨灰植树、社区追思会、网络祭扫、墓前献花、叠千纸鹤等文明环保健康的祭扫方式寄托哀思。

【关爱未成年人健康成长】 2015年，东湖区通过政府购买服务委托南昌市太阳花社工服务社开展未成年人社会保护服务试点工作。引入“流动图书馆”项目，提供大量图书、杂志、小玩具、3D电视机和投影仪，为孩子们提供温馨舒适的阅读环境，中国网、中新网、中国青年网等主流媒体纷纷报道，社会各界广泛关注。在扬子洲镇前洲村打造了未成年人社会保护工作室，社工活动室、心理咨询室、舞蹈室、图书馆等系列未成年人活动场所。发放成年人生活补助，对家庭特别困难的40名未成年人给予每人500元生活救助，联合慈善及义工组织开展相关慰问、捐助、帮扶活动，帮助他们改善生活、健康成长。

【开展爱心助老冠名活动】 2015年，东湖区在全省率先组织开展爱心助老冠名活动，鼓励爱心企业和个人向老人捐资、捐物以及为老人购买服务。省民营企业家协会慈善基金会、南昌爱之千康贸易有限公司、陈新根等多个爱心企业和爱心人士已经向老人捐资、捐物和购买为老服务价值达100多万元。南昌飞宏老年综合服务中心免费为老年人提供生活用餐、健康体检、道德讲堂等为老服务，营造全社会参与养老服务的浓厚氛围，进一步促进了社会的和谐、平安和稳定。

【宣传进社区助力“平安东湖”创建】 2015年，区居家养老服务中心走村入社，共在13个社区（村）举办了16场综治宣传文艺演出，大范围、广覆盖，并做到平均每周一场汇演。以群众喜闻乐见的文艺汇演形式，寓教于乐，让广大居民在潜移默化中提高对平安创建的知晓度和支持率，有力营造、共营共建、共享平安东湖的舆论氛围。

（邓建平）

教　育

综　述

2015年，东湖区共有九年一贯制学校7所，全日制小学13所，特殊教育学校1所，幼儿园55所，民办教育机构48个（含民办幼儿园22所），青少年宫1所。其中，省级素质教育示范校1所，市级素质教育示范校6所，市名校4所。全区在校中小学生27472人，教学班562个；幼儿园在园人数12350人，教学班441个。全区现有在职教师1588人，其中全国优秀教师3人，省级特级教师4人，省学科带头人19人，市级学科带头人70人，市名师2人。2015年，东湖教育先后获得全国教育信息化创新运用典范区域优秀实践奖、全省中小学“素质教育月”活动先进单位、全市中小学校“美在身边”寻找活动优秀组织奖、全市教育系统关工委工作先进集体、全市中小学校学雷锋志愿服务先进集体等多项荣誉。

东湖区不断推进优质高位均衡发展义务教育力度，加快发展学前教育，做优做强特殊教育，依法规范民办教育，大力建设师资队伍，科学配置教育资源，构建了各级各类教育结构合理科学、相互衔接、协调发展、开放共享的终身教育体系。德育活动“以小见大”，深入推进“东湖美德少年”阳光行动，开展了“小手牵大手，文明度春节”“爱文明南昌城，做美德好少年”暨“开学第一课”“我们的节日”主题教育、“素质教育月”等系列活动；育新

2015年12月25日，东湖区青桥学校举行“走好人生每步棋”德育特色展示活动

学校举行“品”文化德育工作展示活动，青桥学校举行了“走好人生每步棋”德育展示活动。承办南昌市第二届“十佳美德少年”评选活动启动仪式，阳明学校黄天宇获评南昌市“十佳美德少年”，东湖小学宫亦辰等11名同学获评南昌市“美德少年”。学前教育“以公带民”，制定《东湖区学前教育三年行动计划(2014—2016)》，完成谌家坊安置小区幼儿园建设，举行“优化幼儿园一日活动”第四届园本教研节暨培训活动，开展2015年东湖区幼儿园教师专业技能展示活动，在南昌市2015年幼儿教师专业技能展示活动中取得优秀组织奖第一名。特殊教育“以点带面”，在培智学校打造全省首家综合性学前康复中心，已为50多位学前智障儿童进行了免费性救助康复；培智学校特奥队参加美国洛杉矶举办的世界女子举重比赛，获得1金7银的优异成绩。民办教育“以督查促发展”，开展民办学校年检和年审、联合执法工作，促进民办教育规范有序发展。教育教研“以培训促提升”，与北师大举办校长、教导主任、骨干教师、班主任4个高级研修班；举办东湖区中小学教师“班班通”教学资源应用成果展示活动；开展“2015东湖区教育科学‘十二五’教科研课题成果推广”、东湖区中小学教师“班班通”教学资源应用成果展示等活动；“数字东湖”云平台代表江西参加全国教育信息化应用展览。

学前教育

【概况】　2015年，东湖区把学前教育作为基础教育的重要组成部分，积极探索以公办幼儿园为示范、以社会力量兴办幼儿园为主体，公办与民办相结合的多元化办园格局，推进学前教育区域发展。认真落实第二期《东湖区学前教育三年行动计划》，完成谌家坊安置小区幼儿园的建设。全年对辖区内51所幼儿园下拨普惠性幼儿园公用经费补助712万元。不断加强地区学前教育制度管理，通过严格审批、清理整顿等措施，有效地促进学前教育管理的科学化、规范化。积极开展“以园为本教研制度建设”项目实验，率先开展区域联动式教研，构建幼儿园、片区、全区三级教研网络，提升了幼儿教师专业化水平，东湖区教科体局获得2015年南昌市幼儿教师专业技能展示活动优秀组织奖。截至年底，东湖区经教育部门审批注册的合法幼儿园(保育院)有55所，其中教育部门办3所，事业单位办13所，企业单位办7所，街道办7所，民办22所。乡镇中心幼儿园1所，小学附属幼儿园2所。现有幼儿园中，优秀省级示范幼儿园5所，省级示范幼儿园3所，市级示范幼儿园4所，居全省各县区之首。

【全市学前教育检查组到东湖区督查】　1月底，由市财政局、市教育局相关处室人员组成的南昌市第一期学前教育三年建设计划检查组来到东湖区督查学前教育工作。通过查阅资料、实地检查等形式，详细了解了东湖区公办幼儿园建设工作情况，对东湖区学前教育工作给予了充分肯定。

【举行第四届园本教研节暨培训活动】　1月21日至23日，东湖区“优化幼儿园一日活动”第四届园本教研节暨培训活动在江西省直机关保育院隆重举行。来自全区50所幼儿园的160多位园长及骨干教师们参加活动。东湖区“以园为本教研制度建设项目”的三位指导专家莅临现场给予指导。教研节上，省直机关保育院、东湖幼儿园、出新幼儿园等9所样本园围绕大会主题分别作了成果经验介绍。

【制定《东湖区学前教育三年行动计划》】　2月，为贯彻落实国家、省、市中长期教育改革和发展规划纲要精神和《南昌市人民政府关于进一步加快学前教育发展的实施意见》(洪府发〔2013〕44号)，巩固东湖区第一轮学前教育三年行动计划成果，全面推进学前教育科学、优质、均衡发展，区教科体局起草制定了《东湖区学前教育三年行动计划(2014—2016年)》，明确了三年工作目标，提出了“科学规划，优化学前教育资源；加大投入，保障学前教育发展；强化师资，提高幼儿教师素质；加强管理，整体提升办园水平”五项具体举措。

【开展民办幼儿园办学许可证年审工作】　4月上旬，对区教科体局对全区20所民办幼儿园进行办学许可证年检工作，从依法办学、学校建设、办学管理三个方面，审查民办幼儿园的《南昌市社会力量办学年度审查登记表》《2014年度财务审计报告书》等材料。

【开展公办幼儿园年审工作】 5月,区教科体局对全区30所公办幼儿园进行了年审,审查了幼儿园提交的材料,实地督查了幼儿园的依法办园、食堂管理和安全管理工作情况,并根据督查中发现的问题,提出了具体的指导意见。

【参加全市幼儿教师专业技能展示活动】 在南昌市2015年幼儿教师专业技能展示活动中,东湖区选手经过专业知识、说课、讲故事、即兴弹唱、简笔画项目的竞赛,在比赛中共获得25个一等奖,包揽了个人全能竞赛和说课竞赛的全部一等奖。东湖区代表队取得优秀组织奖第一名。

【完成谌家坊安置小区幼儿园校舍建设】 2015年,东湖区完成了谌家坊安置小区幼儿园校舍建设项目。该项目位于谌家坊安置小区,占地面积2亩,建筑面积1000余平方米,可容纳100余名幼儿的公办幼儿园。截至年底,谌家坊安置小区幼儿园已封顶。

义务教育

【概况】 2015年,东湖区以建设教育强区为目标,以促进教育高位优质均衡为主线,深入推进教育事业持续发展。一是切实增强德育实效。深入推进"东湖美德少年"阳光行动,先后开展了纪念中国人民抗日战争暨世界反法西斯战争胜利70周年"开学第一课"活动;"小手拉大手文明齐步走"活动;"少年传承中华传统美德——小小百家讲坛"经典诵读活动;"诵经典·品书香·扬美德"朗诵大赛等德育活动;走进扬子洲镇,开展"庆三八"暨关爱农村留守儿童;"大手牵小手、阳光暑期快乐行"关爱留守儿童志愿服务活动。二是扎实开展文明创建。组织区属学校通过宣传标语、电子屏幕、网络等形式进行广覆盖的宣传,做好材料整理、问卷调查和实地考察等工作,做到"领导高度重视、资料准备充分、宣传氛围浓厚、实地查看到位",确保迎检工作不丢分;先后编印发放了《"创文保卫,小手牵大手,做文明东湖人"致家长的一封信》《致南昌市民的一封信》《"小手牵大手,做文明市民"致家长的一封信》10万余张;组织区属学校进行了三次集中培训,对全区学校、社区、网吧的未成年人思想道德建设工作进行检查考评,对不符合要求的单位要求其限期整改到位,确保了在"国检"中不丢分。三是规范做好扶贫助学。全年向398名贫困学生发放扶贫助学金共计116600元。四是创新培训形式。以骨干培训、全员培训、通识培训、学科培训、专题式培训、菜单式培训等方式,对不同层面教师开展培训;组织学科论坛和校长论坛3次,涉及9个学科15所学校及所有学校的校级领导。

【省、市主流媒体关注东湖区"20分钟优质教育圈"】 1月14日的《南昌日报》和1月19日的《江西日报》分别以《让孩子在家门口享受优质教育》《让孩子在"身边名校"成长》为题,对东湖区着力提升"20分钟优质教育圈"的做法给予了专题报道。东湖区在提升"20分钟优质教育圈"过程中,不断优化教育结构,提高全区义务教育实施水平,通过"建并有序、抓好义务教育硬均衡;捆绑发展、打造教育人才高地;一校一品、让每个学生都出彩"等做法,全力构筑义务教育均衡发展高地,获得了良好的社会反响。

【召开县域义务教育均衡发展评估迎检工作会】 为做好县域义务教育均衡发展督导评估工作,迎接省政府、国家2015年对东湖区义务教育均衡发展工作进行评估验收,使东湖区辖区内市属义务教育学校同东湖区内中小学迎检工作做到无缝对接,3月26日下午,区教育科技体育局在育新学校三楼会议室召开迎检材料现场培训会。会上,市督导室有关负责人对本次迎检的指标体系做了详细的解释说明,区教科体局有关负责人强调了本次迎检工作的重要性,并区分了责任,希望省市直属义务教育各校高度重视资料整理工作,携手同东湖区属各校顺利完成评估验收达标。

【《新华每日电讯》报道王文宪先进事迹】 5月7日,中央级媒体《新华每日电讯》第五版以《一万余封书信见证孩子成长》为题,大篇幅报道了滨江学校法制副校长王文宪警官先进事迹。该报道介绍了王文宪警官从送法进校园、为孩子安全保驾护航,到走进孩子内心、为他们释疑解惑,成为他们人生导师的感人故事。作为滨江学校法制副校长,王警官坚持十五年如一日,先后举办了600多堂法律讲座、撰写讲稿超过10万字,与学生通信1万多封，在孩子们心中播下了法律的种子，成为孩子们心中最值得信任的“王叔叔。”

【市人大调研组到东湖区调研校园周边治理工作】 5月7日，南昌市人大调研组来到东湖区调研学校及周边治安综合治理工作，区人大副主任陈东亮陪同调研。调研组在育新学校初中部召开了专题座谈会。东湖区综治办、教科体局、公安分局、交警大队、执法局、食药监局、文广局、质监局及相关学校、街办等单位参加了此次调研。调研组通过调研，对东湖区校园的安全管理和区相关职能部门联动机制给予了高度评价，同时要求公安、交警、执法等有关职能部门要常抓不懈，建立长效机制，实行常态化管理，共同维护好学校及周边治安环境。

【召开迎接全省县域义务教育均衡发展评估验收工作会】 5月13日下午，区教科体局在三楼会议室召开迎接2015年江西省县域义务教育均衡发展迎评工作部署会，针对5月25日的“省检”督导团检查进行全面部署。区属各校（教研中心）校长、分管校长，共计40余人参加了会议。会议首先反馈了请督导组下校督导情况，总结了近段时间东湖区义务教育均衡发展推进情况，并对东湖区迎省督导组评估进行详细地工作部署。会议对于5月25日东湖区接受江西省义务教育均衡发展合格县市省级评估，提出“九个到位”，要求各校提高认识，统一思想，完善档案资料，美化校园环境，积极营造迎检氛围，充分做好迎检准备，确保顺利通过省级评估。

【区人大代表视察北湖小学校园提升改造工程】 7月10日上午，区人大常委会副主任谢蓉、桂兵及区人大第五、六小组代表视察了北湖小学校园整体提升改造工程进展情况。视察中，区人大代表们深入施工现场仔细查看，并认真听取了北湖小学校长余娇关于北湖小学校园提升改造工程建设情况的简要汇报。代表们纷纷表示：校园提升改造工程是全区重大重点的民生工程，各参建单位要严把质量关，把此项工程做成老百姓的放心工程。

【市关工委调研组到滨江学校开展调研】 10月19日上午，南昌市关工委调研组在区领导唐铭市陪同下，到滨江学校开展青少年阵地建设及“双百工程”活动调研。调研组一行参观了校园文化设施和学校泽才楼各类功能房，并在水韵演播大厅欣赏了“滨江学校水文化”宣传片。听取了“刚柔并济以法育人，水韵滨江泽被未来”的滨江学校“六五”普法工作报告和“2015年东湖区教科体局关工委工作汇报”。市关工委田新芳副主任对东湖区教科体系统关工委工作的开展和取得的成绩给予了充分肯定，并要求东湖区教科体系统要充分发挥关工委作用，加强自身建设，从实际和实效出发，不断提高关工委工作的能力和水平。

【谢为民到东湖区调研】 3月5日上午，南昌市教育局党委书记、局长谢为民在办公室主任唐庆伟的陪同下来到东湖区教科体局调研。东湖区教科体局局长陈光辉就东湖区“三大”活动开展情况、开学准备工作、2015年重点工作、目前存在的主要困难等方面的情况进行了汇报。10月30日，谢为民莅临东湖区滨江学校、滕王阁保育院调研，参观了滨江学校和滕王阁保育院，对滨江学校校园文化特色打造和滕王阁保育院优美、富有教育艺术的校园环境给予了充分的肯定和赞誉，并提出了宝贵意见和殷切期望。

【东湖区接受国家义务教育均衡发展工作督导评估】 12月2日，以国家督学、安徽省教育厅原总督学李明阳为组长的国家义务教育均衡发展督导评估组领导、专家莅临东湖区进行义务教育均衡发展工作督导评估。中共江西省教育工委委员、教育厅副厅长杨慧文，省政府教育督导室主任杨美珍、副主任傅小军、李志军以及南昌市有关部门领导，东湖区相关领导，区直相关职能部门主要领导及区教科体局班子成员等出席汇报会。会议由东湖区委常委、宣传部长夏小兰主持。会上，督导组听取了李云峰区长对东湖区义务教育均衡发展工作的陈述，副区长童茹萍就东湖区义务教育均衡发展工作进行答辩，督导组查阅了义务教育均衡发展工作相关材料，分别与人大代表、政协委员，校长、教师及家长代表进行了座谈，在校际差距、就近入学、择校等方面详细听取了代表们的意见建议，并现场进行问卷调查。座谈会后，督导组分三路到南昌二中、南昌二十八中、南师附小、滨江学校、右营街小学、培智学校、邮政路小学、育新学校、豫章小学9所学校进行实地查看，对校园文化建设、功能设施建设及有关设备使用情况进行检查、指导。

特殊教育

【概况】 培智学校是全省第一所专门为6~18岁智力障碍少年儿童提供从学前教育到职业教育的特殊教育学校。2015年,培智学校构建了一套科学规范、优质高效的管理模式,成为省、市智力障碍儿童康复训练示范中心,江西省首家智障人员教育技能培训中心,江西省特奥训练基地等,连续评为"全国特奥先进单位",现已成为江西省特殊教育示范性窗口学校。

【培智学校王华英入选"中国好人"榜】 由中央文明办主办、中国文明网承办的2014年"我推荐、我评议身边好人"名单揭晓,江西共四人上榜。其中南昌市培智学校的王华英老师当选"敬业奉献"类"中国好人",她用自己的责任、爱心去关爱学生,为智障孩子打开语言之门。王华英多次被评为省、市级"师德标兵""优秀教师",并被评为东湖区首届"十大东湖最美人物"等荣誉称号。1月4日,江西日报、南昌电视台、江西晨报、南昌电台等6家新闻媒体来到培智学校对王华英老师进行采访报道。

【举行"中国好人"王华英事迹报告会】 4月2日下午,区教科体局党委在滨江学校泽才楼三楼报告厅举行第三场"中国好人"王华英事迹报告会。区领导长夏小兰、童萍如出席,区教科体局党委班子成员以及教师代表共300余人参加。报告会上,报告团三位成员的讲诉,事迹朴实、真诚感人,会场不时响起热烈的掌声,让与会人员接受了一次强烈的心灵震撼和深刻的精神洗礼。报告会后,区领导亲切接见报告团成员,并与她们合影留念,对以王华英为代表的特教群体表示慰问,同时感谢她们对特教事业的奉献和付出。

【全国残疾人田径公开赛上再夺金牌】 4月15日至20日,2015年全国残疾人田径公开赛在北京市中国残疾人体育运动管理中心成功举办。南昌市培智学校1名运动员代表江西省参加了本次比赛,并夺得了男子跳远比赛金牌、男子400米第五名的好成绩。

【全国第六届特奥会上拔头筹】 5月11日至17日,全国第六届特奥会在绵阳和成都举行,东湖区培智学校派了22名学生参加了田径、举重、足球、乒乓球项目,获得了29块金牌、10块银牌、6块铜牌,占据江西所取得金牌总数的一半以上,其中邹荣同学获得5块田径金牌、刘青安同学获得3块金牌、1块银牌。

【第十四届世界特奥会上摘金夺银】 2015年7月25日至8月2日,第十四届世界夏季特殊奥林匹克运动会在美国洛杉矶举行。东湖区培智学校李楚楚、詹玲两名优秀运动员入选国家队参加了该届运动会特奥举重项目的比赛,夺得1金7银的好成绩。

【参加全省特教教师技能大赛包揽全能一等奖】 12月19日至20日,东湖区培智学校两名教师代表南昌市参加江西省第四届特殊教育学校教师教学技能竞赛活动。经过层层选拔、激烈角逐,东湖区培智学校甘群、熊林梓两位老师获得两个全能奖的一等奖的好成绩,甘群老师荣获单项一等奖,熊林梓老师荣获二等奖。

民办教育

【概况】 2015年,根据《民办教育促进法》及其实施条例和《江西省民办教育促进条例》规定,东湖区坚持属地管理、有效管理、权责统一、"谁主管谁负责"的原则,贯彻"积极鼓励,大力支持,正确引导,依法管理"的社会力量办学方针,大力发展多元化民办教育,努力消除无证办学行为,满足人民群众对教育的各种不同需求。截至年底,东湖区共有48所民办教育机构,包括26所非学历教育培训机构和22所民办幼儿园。民办非学历教育培训机构中小学学科类、幼儿、中小学英语类培训15所;艺术类培训4所;市民主党派办1所,主要从事中小学文化培训;公益性1所;暂停办学5所。各民办学校依照《中华人民共和国民办教育促进法》等有关法规,依法治教,科学管理,不断优化办学,提升办学水平,积极探索新的办学模式,取得了较好的办学效益,涌现了一批社会口碑好的品牌教育机构,深受家长的好评。

【做好招生简章和广告备案工作】 8月,东湖区教科体局开展2015年民办学校招生简章和广告备案工作,将学校招生简章和广告备案情况作为年度督导评估检查的重要内容和依据,组织各民办教育机构认真学习文件,明确备案要求。

【开展民办教育机构非法集资风险排查活动】 3月中旬,对所管辖的42家民办教育机构开展了非法集资风险自查和排查工作;3月下旬,东湖区教科体局风险排查督查组对少数民办教育机构收费存在的问题提出了整改意见,督促整改。在此次开展的民办教育机构非法集资风险排查活动中,全区42家民办教育机构未发现非法集资行为。

教育教学科研

【概况】 2015年,东湖区教研中心以实施素质教育为目标,紧紧围绕省、市、区教育工作重点,以促进学生全面健康发展为核心,以课堂质量与效益提升为重点,以教师队伍建设为根本,以创新教学研究的内涵与形式为主导,以逐步完善义务教学质量评价体系为杠杆,促进全区义务教育进一步高位优质均衡发展。中心有教职员工17人,其中本科学历14人;中学高级教师8人,小学特高级教师3人,小学高级教师6人;省学科带头人5人,市学科带头人10名。

【全市中小学心理健康教育评选活动喜获佳绩】 2015年,在南昌市2014年“南昌市中小学心理健康教育优质课、典型案例”评选活动中,东湖区教研中心教研员深入课堂,与参赛教师一起精选课题、研究学情;参赛教师精心准备,全力投入,共获得心理健康教育优质课一等奖1个、二等奖1个、三等奖3个,咨询案例一等奖2个、二等奖3个、三等奖5个。

【接受南昌市名师工作室督导督查】 1月12日下午,南昌市教研室名师工作室督导组一行到东湖区视导名师工作室建设工作。督导组一行认真听取了东湖区40多位工作室领衔人的工作汇报,督导了邮政路小学“汪智星工作室”和育新学校“育新学校小学数学工作室”开展情况,并对东湖区的名师工作室组建情况和领衔人开展活动情况给予了高度评价。

【举行第二十五届“骏马杯”竞赛理论考试】 1月22日下午,东湖区第二十五届“骏马杯”竞赛理论考试在滨江学校举行。全区各学科189名青年教师参加了此次考试。考试利用“数字东湖”平台新开发的在线考试功能,每位选手参加网上答题1.5个小时,纸笔考试1.5个小时。

【参加中国珠心算教师初级提高班培训】 1月30日,东湖区教研中心推荐区属6名珠心算老师,参加由省、市珠算协会的组织的赴北京市海淀区参加中国珠心算协会珠心算教师初级提高班培训。

【召开教育教学正职校长座谈会】 3月11日,东湖区教科体局召开区属各校正职校长座谈会。会议讨论双百工程(名校共同体和名师工作室)、社团开设及教学质量监控3个议题。会议提出要重点提高教学质量,适当考虑组建教育集群,在“办学理念、管理机制、教师培训、学生活动”等方面要具有统一性,同时兼顾“各具特色,个性发展”;活动要体现协作性、共赢性、合理性,让教师受益、学生受益。

【组织教师参加全市中小学心理健康教育培训】 3月17日,东湖区组织区属学校的40位教师在南昌市未成年人的心理健康辅导中心参加中小学心理健康教师培训活动。通过培训,强化各学校心理咨询工作建设,提高心理咨询教师的业务水平。

【民盟“烛光行动”上海专家送教讲学公益活动】 3月26日,由东湖区教研中心承办的民盟“烛光行动”上海专家送教讲学公益活动在育新学校隆重举行。区属中学和南昌市共50多个学校近百名教师联合参加了这次送教讲学活动。

【市教研室到东湖区调研书法培训班工作】 4月1日,南昌市教研室小教室主任赵水兰、教研员刘荔到东湖区教科体局调研教师书法培训班开展情况。区教研中心就全区开展书法培训班的师资、参训教师的人员配置、时间安排、课程设置及培训相关的各项制度进行了详细的汇报。赵水兰一行在查阅参训教师书法作业、听完培训主讲老师的授课、与培训辅导老师和参训教师进行交流后,对全区的书法培训工作给予了高度评价,并就进一步做好此项工作提出了意见和建议。

【参加首届全国教育信息化区域应用典范颁奖交流大会】 4月16日至17日,东湖区教科体局参加首届全国教育信息化区域应用典范颁奖交流大会,并向与会者交流了东湖区的教育信息化案例《依托网络平台 促进教研转型》。在此次活动中,东湖区教科体局获得"全国教育信息化创新应用典范区域优秀实践奖"。

【参加中珠协对赣珠心算实验教学调研活动】 4月21日,财政部原副部长,现中国珠算心算协会会长张弘力,中珠协秘书长王妍玲,副秘书长刘芹英一行,在江西省财政厅党组书记、厅长胡强,省财政厅党组成员、副厅长辜华荣等领导的陪同下,到南京路小学进行珠心算实验教学调研活动。南京路小学围绕"在前行的路上不止步"和如何进行珠心算课堂教学,向参会的领导作了汇报。南京路小学开展实验教学的策略以及一系列做法得到与会领导和同行的一致肯定。

【开展小学语文"名师解读"系列活动】 4月21日,东湖区教研中心组织的小学语文"名师解读"系列活动在育新学校的多媒体报告厅拉开序幕。东湖区青年骨干教师聆听了江西省教育厅教研室小学语文教研员徐承芸老师的《如何用教材教》主题讲座。

【参加南昌市教科所"送课下校"活动】 为充分发挥优秀教师的示范引领作用,加强校际间教育教学经验交流,促进东湖区物理教育教学的进一步发展,4月23日,由南昌市教科所组织的"送课下校"活动在育新学校举行,东湖区20多名物理教师积极参加听课、评课和研讨。

【参展全国教育信息化应用展览活动】 5月22至25日,由教育部、联合国教科文组织主办的全国教育信息化应用展览在青岛圆满落幕。国务院副总理刘延东、教育部副部长杜占元、刘利民等领导莅临本届展会并参观展厅。在江西展馆,东湖区展出的"数字东湖"云平台,主要围绕"数据中心""办公平台""好课共享""学业评价"4个模块向来自全国各地的参观人员介绍了东湖区搭建"数字东湖"服务东湖教育的做法和成果。展览期间,江西省教育厅厅长叶仁荪、副厅长肖志华、省电教馆馆长张爱萍、南昌市教育局局长谢为民、市现代教育技术中心主任卢洪之等领导亲临东湖展区指导,东湖区的信息化应用成果和在线教研活动得到了省、市领导的一致好评。

【举办"班班通"教学资源应用成果展示活动】 6月3日,东湖区在教研中心举办中小学教师"班班通"教学资源应用成果展示活动,全区各校23位教师参加了此次活动。此次成果展为进一步提高全区中小学教师信息技术应用水平,促进优质教育资源班班通,提升教学质量奠定了基础,同时选拔出优秀教师参加南昌市第五届中小学教师"班班通"教学资源应用成果展示活动。

【在全省财政珠算科研工作会上做典型发言】 6月16日,全省财政科研、财政学会和珠算协会工作会议在南昌市金悦宾馆召开。东湖区教科体局应邀在此次会议上作题为《稳步推进珠心算教学,联片发展已初见成效》的典型发言。

【组织骨干教育人员参加高级研修班】 7月,东湖区教科体局组织校长、副教导主任、优秀班主任、骨干教师前往北京师范大学,参加为期一周能力提升高级研修班的培训。北京师范大学马克思主义学院聘请全国知名专家学者,对四个层面人员进行培训,提升综合素质和专业技能。东湖区教科体局通过"走出去"的培训方式,积极学习先进地区的教育理念,在学习中摸索适合本区、本校的管理模式和教育技巧,以校长、教师代表走出去学习的模式,引领东湖区打造更响"学在东湖"品牌。

【开展近两年入职的新教师培训活动】 8月18日,东湖区教科体局举办近两年入职的新教师培训活动,培训活动持续6天,培训对象为2013年和2014年入职的新教师,培训内容分通识培训和学科专业培训,培训形式为"专题讲座+案例点评+双向互动"。

【开展2015年入职新教师的岗前培训活动】 8月28日至31日,东湖区教科体局举办2015年入职新教师的岗前培训活动。先后安排了教育教学管理、班主任工作技巧、信息技术能力提升、师生心理素质养成、教师专业成长以及课堂教学等若干专题的讲座。

【中央电教馆专家组调研东湖区教育信息化工作】 9月23日，中央电教馆项目部施枫副主任一行在省电教馆黄利华主任、市现代教育技术中心万亚军副主任的陪同下来到东湖区就“数字东湖”教育云平台应用进行专题调研。专家们听取了区教研中心对“数字东湖”教育云平台的实践经验介绍和微信版手机平台的开发和应用，到邮政路小学进行实地调研，亲身感受信息化数字教育平台支持下给学校教育教学方式带来的变化。在此次调研中，专家们对东湖区教育信息化的创新发展给予充分肯定，对“数字东湖”教育云平台提出了新的要求和期望。

【举行2015年幼儿园教师专业技能展示活动】 10月22至23日，东湖区成功举行了2015年幼儿园教师专业技能展示活动，地区各幼儿园推荐的15名骨干教师参加了此次展示。

【省有关部门到东湖区珠心算实验学校调研】 10月12日上午，江西省财政厅政研室主任、省珠协秘书长陈向明，省珠协副秘书长万平贤、张虹，省教研室副主任喻金水一行，到南京路小学、育新学校和百花洲小学考察调研东湖区珠心算工作。

【参加全省珠心算教育研讨会】 10月24日，东湖区教科体局参加江西省珠心算教育研讨会，省珠算协会秘书长陈向明，副秘书长张红等专家出席会议。会上，东湖区获一等奖5项，二等奖6项，三等奖5项。其中百花洲小学李良老师获优秀论文、教案、教学PPT3项一等奖，东湖幼儿园李力获论文一等奖，豫章小学罗灵燕获教学PPT一等奖。

【吴亚昕获得全国实验教学说课比赛一等奖】 10月31日，东湖区育新学校吴亚昕老师代表江西省参加了在福州举办的“第三届全国中小学实验教学说课比赛”。吴亚昕老师一路过关斩将，经过激烈争夺，最终获得小学科学组一等奖的好成绩，这也是东湖区科学教师第二次获得该奖项。

【杨舸获得全省中小学优秀课例展示活动一等奖】 11月1日，东湖区南京路小学校长杨舸作为南昌市的唯一小学语文教师代表，在2015全省中小学优秀课例展示活动中，以一等奖第一名的好成绩摘得此次优秀教学课例比赛的桂冠。

【王莉获全省“赣教杯”心理健康学科大赛一等奖】 11月3日，东湖区选手、光明学校副校长王莉在全省首届“赣教杯”心理课现场展示活动中，以精湛的教学设计、娴熟的现场表现力、扎实的教学功底脱颖而出，赢得评委们的一致好评，荣获一等奖的好成绩。

【熊丽获第四届全国初中信息技术优质课展评活动二等奖】 11月7日，东湖区光明学校副校长熊丽参加第四届全国初中信息技术优质课展评活动，凭着精彩的现场说课，良好的个人素质荣获第四届全国初中信息技术优质课展评活动二等奖。

【开展第二十六届“骏马杯”教学竞赛活动】 12月10日至25日，东湖区第二十六届“骏马杯”教学竞赛顺利进行。此次竞赛，全区中小学共有18个学科参加。区属学校通过推选个预选两个阶段，再选择优秀选手参加全区竞赛。

【召开第十届六次年会的理事会】 12月23日，东湖区教科体局召开区十届六次年会的理事会。会上通过增选或改选常务理事、理事，讨论年会工作情况，谋划了下一届年会工作思路。区教育学会会长万晓玲希望教育学会要与学校教学常规、办学特色等工作结合起来，积极搭建展示教学成果的各种平台。

【接受市教育技术装备管理使用情况专项督导】 12月24日上午，南昌市教育技术装备管理使用情况专项督导组第三小组在组长邓勤义的带领下，一行4人来到东湖区北湖小学检查指导工作。通过听取汇报、查看资料、实地察看、观摩学生精彩的电脑制作和科技小制作等方式全面了解了该校教育技术装备管理使用情况，对学校教育技术装备管理和使用工作非常满意，同时对学校以后的教育技术装备管理使用工作提出了宝贵意见。

【承办全市省级现代教育技术示范校开放日活动】 12月29日，南昌市省级现代教育技术示范校开放日活动在东湖区育新学校隆重举行，南昌市现代教育技术中心主任卢洪之，书记陈毓梅等出席。活动中，育新学校校长唐志红以《仰望星空 脚踏实地 做有品位的育新人》为题，汇报了学校尚“品”文化建设工作情况,观摩了借助电脑机房、录播教室等现代教育技术开展的特色展示课,对育新学校充分利用现代教育技术开展教育教学工作的做法给予充分肯定。

辖区教育资源

【概况】 东湖区是省会南昌的核心城区,是全省政治、经济、文化、教育、医疗卫生的中心,有着丰富、优质的教育资源。截至2015年底,东湖区辖区内有江西省人民政府和教育部共建的“211工程”重点建设大学南昌大学,江西省本科办学历史最为悠久的普通高等院校江西师范大学和江西中医药大学等3所大学,有8所中学、1所九年一贯制学校和1所直属于南昌市教育局的南昌师范附属实验小学,其中南昌二中、三中、十中、十九中,豫章中学、八一中学、实验中学7所学校均为全省重点中学。

表15 **2015年东湖区域主要大、中、小学校一览表**

名 称	在职教师(人)	在校学生(人)	占地面积(平方米)	电 话	详细地址	备 注
南昌大学医学院	2768	50339	683008	86362613	南昌市八一大道603号	大学
江西师范大学	1700	35000	3001500	88507776	南昌市北京西路437号	大学
江西中医药大学	814	13462	1539436	87118992	南昌市阳明路56号	大学
南昌市第二中学	81	954	50213	86268220	东湖区苏圃路1号	中学
南昌市第三中学	133	1771	47067	86770740(初中)	民德路330号(初中部)	中学
南昌市豫章中学	188	2217	27898	86837595	豫章路125号	中学
南昌市第十中学	174	2034	28457	86801016	阳明路313号	中学
南昌市第十九中学	65	1386	44372	86814455	叠山路233号	中学
南昌市第二十八中学	137	1781	11322	83814153	叠山路55号	中学
南昌市八一中学	257	2569	27641	86813914(初中) 86802343(高中)	叠山路469号(初中部) 三经路41号(高中部)	中学
南昌市实验中学	155	1924	13225	88695093	南京西路166号	中学
南昌市洪城学校	26	231	17969	86226738	福州路28号	九年一贯制
南昌师范附属实验小学	297	11882	80274	86221697	经堂路99号	小学

说明:不含区属学校

(黄亚伟)

科学技术

综　述

2015 年，东湖区科技工作围绕打造“实力东湖、活力东湖、魅力东湖”的目标，紧抓科技创新升级这一主线，推进企业技术创新能力、科技项目管理水平和科技服务效能升级，为加快把南昌打造成为带动全省发展的核心增长极做出努力。新建设了 1 个区级科技示范社区，1 个区级青少年科普教育基地；对区本级 17 个科研项目进行了立项，下拨科技三项经费 140 万元；向省市申报科研项目立项 17 个，争取科技经费 151 万元，促进科技成果转化，提升企业自主创新能力；制作科普宣传图片及展板 120 块，制作低碳科普挂图，编印低碳科普宣传资料 2 万册，下发到全区各区直单位和社区，并在东湖区政府、樟树林文化生活公园和全区中小学校进行了巡展；以东湖区科普安全宣教中心为基地，开设各类科普讲座 75 场，举办各类实践培训 210 余场，共培训 3 万余人次。东湖区教科体局先后被评为“第二十四届中国儿童青少年威盛中国芯 · HTC 计算机表演赛”最佳组织奖和南昌市第五届“创新 · 体验 · 成长”中小学生、幼儿科技节优秀组织奖；扶持、帮助 4 家单位成功申报南昌市第一批“洪城众创空间”。荣获江西省科学技术厅颁发的“2014—2015 年度科技入园先进单位”。

科技管理

【概况】　2015 年，东湖区大力实施“科教兴区”战略，以推动创新为重点，以科技项目为抓手，大力推进科技在经济社会发展的先导、示范和推动作用，支持、鼓励科技创新营造良好的政策环境，为振兴东湖区提供强有力的科技支撑。

【举办科技管理干部业务培训班】　1 月 22 日上午，东湖区科技管理干部业务培训会在座落樟树林文化生活公园的东湖区生产力促进中心举办。东湖区扬子洲镇、各街办分管领导、专干和政府有关部门科技工作管理干部等 50 余人参加了培训会。

【开展高新技术企业培育和认定工作】　为进一步促进全区高新技术企业发展壮大，加快战略性新兴产业和高新技术产业发展，推动东湖区产业结构调整和经济发展方式的转变，东湖区教科体局开展了高新技术企业培育工作，并推荐条件成熟的企业进行南昌市高新技术企业认定，帮助东湖区 7 家企业进入高新技术企业培育计划入库，有 4 家高企顺利获得南昌市科技局高新技术企业认定。截至 2015 年底，东湖区高新技术企业共有 16 家。

【建设东湖众创空间】　东湖区众创空间引进一支专业服务团队为企业创新创业定制了创业培训、公益讲堂、成长孵化营、融资路演会四大主题服务。建设了自媒体网站、微博、微群、微信公众号、QQ 群做为信息发布、服务互动平台。2015 年培育了 4 家企业成功申报了南昌市众创空间。针对南昌市各机构服务功能的局限性与创业者创业难点，策划编辑出版整合政府政策、办公场地、企业服务、公共服务等各方资源，适合南昌本土情况的、帮扶小微企业创业者的工具书——《创新创业指南》，用于集中解决创业者在创业过程中遇到的困难。

科技活动

【概况】 让现代科技服务群众,努力提高群众的生活质量和幸福指数,是城区科技工作重要内容之一。2015年,东湖区不断加强科学普及工作,努力实现科技惠民。认真组织了群众性科技活动,开展了科普之春、科技活动周活动、青少年科技创新月活动、科技管理干部培训等多种形式的科技活动,全区科技氛围不断浓厚,创新水平日益增强。

【举办科技辅导员培训活动】 1月29日至30日,2015年东湖区科技辅导员培训活动在江西省科技馆举行。东湖区属各校、幼儿园科技工作分管领导和科技辅导员近50人参加了活动。培训期间,学员们听取了留美博士、比特实验室创始人曹伟勋作的主题为《构建未来理想教室——物联网与STEM教育》的讲座,实地考察了省科技馆的比特实验室,参加了比特实验课程培训,并进行了实际体验和制作。江西师大理电学院教授、江西省教育学会物理教学专业委员会副理事长、江西省教育学会小学科学教育专业委员会理事长、全国首届教育硕士专业学位优秀指导教师胡银泉为学员们上了一堂生动的《DIY——玩磁铁》讲座。学员们还参加了东湖区第五届“创新·体验·成长”中小学生、幼儿科技节活动项目的培训。

【组队观摩考察上海头奥赛和无锡比特实验室总部】 3月6日至8日,东湖区教科体局组织区属学校、幼儿园科技工作分管领导和科技辅导员30名,前往上海和无锡观摩考察。考察团观摩了在上海市民办金苹果学校举行的第36届世界头脑奥林匹克中国区决赛暨第28届中国上海头脑奥林匹克创新大赛,育新学校参加《经历技术困境》赛荣获二等奖;北湖小学参加《古典……潘多拉魔盒》赛荣获二等奖,《失控的“火车”》赛荣获三等奖。

【举行第五届中小学生、幼儿科技节纸飞机、纸结构竞赛】 4月30日,东湖区第五届“创新·体验·成长”中小学生、幼儿科技节纸飞机、纸结构竞赛在豫章小学二部体艺馆举行,东湖区属9所学校领队、教练和中小学生140人参加了活动。此次竞赛是一项低碳、环保、操作性强的科技教育类比赛,因其入门简单,容易操作,趣味性强,深受广大青少年的喜爱。各校选手们分别参加了冲浪纸飞机留空时间、纸折飞机直线射靶、纸折飞机直线距离和纸结构承重等竞赛。通过竞赛,学生们在动手操作和体验中,了解了纸飞机和纸结构的相关知识,提高了运动能力,培养了创新能力和发散性思维能力,同时丰富和活跃了学生的校园生活。

2015年4月30日,东湖区举行第五届“创新·体验·成长”中小学生、幼儿科技节纸飞机、纸结构竞赛

【举行“下县区、走园区、进厂区(东湖站)”宣讲活动】 4月14日,由南昌市科技局主办,东湖区教

科体局承办的“下县区、走园区、进厂区（东湖站）”宣讲活动在东湖区生产力促进中心举办。东湖辖区62家企业负责人及代表参加了活动。活动期间，东湖区教科体局首先简要介绍了东湖区科技工作及生产力促进中心情况。南昌市科技局副调研员李秋明介绍了南昌市最新的科技政策方针及奖励办法。

【市科技局领导到东湖区生产力促进中心调研】 4月27日，南昌市科技局副局长党钢，高新处处长周琳一行到东湖区生产力促进中心、东湖中小企业服务平台检查指导。党钢一行实地查看了东湖区生产力促进中心、东湖中小企业服务平台的多功能演播大厅和办公区，并对中心的功能设置及布局设计等提出了建设性意见，充分肯定了东湖区科技创新工作，并鼓励东湖区积极开展“众创空间”的探索，为创业创新搭建新平台。

【召开东湖区中小企业协会筹备会】 5月17日，由东湖区政府主办，东湖区中小企业局、东湖区教科体局和东湖区劳动就业服务管理局承办的南昌市东湖区中小企业协会筹备大会在佘山路66号东湖中小企业服务平台二楼大厅举行。东湖区发改委、中小企业局、教科体局和劳动就业服务管理局代表和东湖区近80余家企业参与了此次盛会。大会宣读了东湖区中小企业协会章程，并提名了协会候选理事单位名单。与会代表对东湖区中小企业之间的全面合作畅所欲言，进行了深刻地探讨，大会取得了丰硕的成果。

【举办2015年科技活动周科普宣传咨询活动】 5月19日，2015年东湖区科技活动周科普宣传咨询活动在樟树林文化生活公园休闲广场举行。东湖区人民政府副区长童萍如到社区和居民、学校师生一起参加了活动。活动中，来自东湖区科协、卫生、环保、教科体和生产力促进中心的专家为过往群众和学生代表提供了食品安全、防灾避险、低碳节能、健康生活等热点问题的咨询服务。科技活动周期间，东湖区各系统单位、街道社区和学校围绕“创新创业 科技惠民”的主题，展示一批科技创新成就、大众创业万众创新成果；向社会开放一批科技资源，让公众特别是广大青少年接触科技，体验科技魅力，激发创新创造兴趣；开展专题科普活动，送科技进社区、进校园、进农村、进企业、进军营，促进公众理解科学，增强公众科技意识。

【举办东湖区第五届头脑奥林匹克竞赛】 5月28日，东湖区第五届“创新·体验·成长”中小学生、幼儿科技节头脑奥林匹克竞赛活动在滨江学校举行。东湖区人民政府副区长童萍如出席了活动。育新学校和北湖小学等学校代表东湖区参加10月举行的南昌市科技节头脑奥林匹克竞赛。

2015年5月28日，东湖区第五届头奥赛在南昌市滨江学校举行

【承办第二十四届计算机表演赛江西分赛区决赛】 6月6日，第二十四届中国儿童青少年威盛中国芯·HTC计算机表演赛江西分赛区决赛在南昌市阳明学校隆重举行。中国儿童青少年威盛中国芯计算机表演赛组委会执行主任王晔、江西

分赛区组委会主任金凯元看望了比赛选手，并出席了颁奖典礼。在全国总结赛中，育新学校夏丹老师荣获第一届教师微课大赛一等奖；豫章小学郑雨鑫获小学一组创意绘画涂鸦赛二等奖；小学一组朱浩文、赵诣、刘岱轩，小学二组徐诗钒、陈李佳，初中组戴亦旻、李必成、周露怡均获得全国三等奖。

【承办南昌市第五届中小学生、幼儿科技节幼儿科技竞赛】 6月13日，由南昌市教育局主办，东湖区教育科技体育局、滕王阁保育院承办的南昌市第五届“创新·体验·成长”中小学生、幼儿科技节幼儿科技竞赛在滕王阁保育院落下帷幕。此次幼儿科技节竞赛全市各幼儿园参赛踊跃，共收到390幅幼儿作品参加“我的奇思妙想”科普绘画竞赛；同时来自8个县区选拔的70余名选手参加了“我的精彩讲述”科学故事、纸飞机航母着舰赛、纸飞机直线射靶赛、纸飞机直线距离赛等4个现场竞赛活动。

科技成果与奖励

【概况】 东湖区坚持自主创新、重点跨越、支撑发展、引领未来的科技工作方针，以鄱阳湖生态经济区建设为主线，以科技创新“六个一”工程为抓手，着力提高全区自主创新能力，大力实践科学兴区和人才强区战略，东湖区教科体局先后被评为“第二十四届中国儿童青少年威盛中国芯·HTC计算机表演赛”最佳组织奖和南昌市第五届“创新·体验·成长”中小学生、幼儿科技节优秀组织奖；荣获江西省科学技术厅颁发的“2014—2015年度科技入园先进单位”。

表16 **2015年江西省自然科学奖东湖区获奖项目**

项目名称	完成单位	主要完成人员	获奖等级
炎症性肠病发病机制与发病特点的研究	南昌大学第一附属医院	白爱平 吕农华 郭 媛 陈 江	二等奖
稀土纳米材料的结构调控与性能研究	江西师范大学	钟声亮 徐华兰	三等奖
Tetraspanins蛋白CD151调控血管新生及治疗缺血性心脏病的作用及机制	南昌大学第一附属医院	郑振中 刘正湘	三等奖

表17 **2015年江西省科学技术进步奖东湖区获奖项目**

项目名称	完成单位	主要完成人员	获奖等级
干细胞防治心、肝、肾损伤及移植排斥反应的临床治疗技术	南昌大学第二附属医院 南昌大学第一附属医院	程晓曙 戴育成 王共先 张吉翔 陈国安 吴 彬 李 萍 袁利亚	二等奖
社区海洛因依赖者美沙酮维持治疗使用剂量与效果研究的临床应用	南昌大学第二附属医院 东湖区疾病预防控制中心 江西省疾病预防控制中心	杨玉金 颜兴伟 龚俊平 闵建华 李国恩 余英琴	三等奖
经食管超声心动图技术在心血管疾病诊治中的应用	南昌大学第二附属医院	刘燕娜 李沿江 章春泉 程应樟 徐建军 蔡建华	三等奖
高危复杂冠心病的介入治疗疗效评价研究	江西省人民医院	洪 浪 王 洪 李林锋 尹秋林 陈章强 李 彬	三等奖

续表 17

项目名称	完成单位	主要完成人员	获奖等级
《老年常见病大讲堂》等系列科普图书创作	南昌大学第一附属医院	马云青 蒋泽先 吴冬科 王传骅 汪维红 刘建坤	三等奖
腹腔镜结直肠切除关键技术及临床应用	南昌大学第一附属医院	李太原 张海涛 端木尽忠 江群广 刘东宁 胡家平	三等奖

表 18 **2015 年南昌市科学技术进步奖东湖区获奖项目**

项目名称	完成单位	主要完成人员	获奖等级
原发性闭角型青光眼治疗关键技术的系列研究及临床应用	南昌市第一医院	黄国富 俞方良 李颖洁 张运江 朱 璇 赵雁之 肖国蓓 石 浔	一等奖
以 TF 为靶点的抗肿瘤血管治疗	南昌市第一医院	饶本强 邓 丽 马景胜 陈 诚 曾广正 郭海军	二等奖
围针合薄棉灸关键技术及治疗带状疱疹的临床应用	南昌市第一医院	田海燕 魏丽媛 胡 佳 晁卫红 杨建葆	三等奖

知识产权

【概况】 2015 年,东湖区知识产权工作按照省市知识产权局的部署,大力实施知识产权战略,进一步完善知识产权管理体系,提高企业自主创新能力、加大知识产权执法力度、加强知识产权宣传培训、加速知识产权中介服务体系建设。有效遏制了侵犯知识产权行为,促进了科技创新,规范了市场经济秩序,营造了经济发展的良好环境,消费者和知识产权权利人的合法权益得到保护。2015 年,东湖区专利申请数为 437 件,同比增长 18.4%;专利授权量为 338 件,同比增长 22.5%,为推动东湖区创新型城区建设提供了有力的知识产权支撑。

【专利宣传】 "4·26"世界知识产权活动期间,东湖区知识产权局加大宣传力度,深入街道社区、中小学校,举办"知识产权知识宣讲会",开展知识产权专题巡回展览、培训。编印和发放东湖区知识产权宣传手册、图册 2000 余份,围绕知识产权基础知识、专利文献信息检索与利用等专题进行宣讲,解读国家知识产权战略,江西省专利奖励办法及省、市出台的激励自主创新相关政策。

【打击侵犯知识产权和制售假冒商品违法犯罪活动】 6 月至 10 月,依据《全省打击侵犯知识产权和制售假冒伪劣商品工作领导小组关于印发 2015 年全省打击侵犯知识产权和制售假冒伪劣商品工作要点的通知》精神,东湖区知识产权局积极参加市知识产权专项活动,参加"秋风 2015"专项行动,加入到著作权行政执法监管队伍,参加侵权盗版及非法出版物集中销毁活动和"绿书签"活动等。

【开展国家知识产权示范城市建设工作】 6 月 29 日,东湖区参加国家知识产权示范城市建设工作推进会,作为南昌市知识产权示范城市工作领导小组成员单位,进一步创新知识产权工作机制和管理机制,强化知识产权保护和执法,落实专利资助奖励推进专利申请质量提升,建立健全区域知识产权服务体系,为把南昌市建设成为高标准国家知识产权示范城市提供积极的支持。

【申报南昌市 2015 年度专利实施项目】 11 月 10 日至 20 日,东湖区组织开展了申报南昌市 2015 年度专利实施项目工作。通过走访企业,组织座谈,筛选推荐了江西夏氏春秋环境投资有限公司申报的有较大市场需求和较强市场竞争力，预期有较好的经济效益和社会效益，以及技术含量高、有市场前景并有望形成产业、形成规模效益的专利技术成果转化项目——《一种多通道水质在线分析仪》，获得南昌市科技计划项目立项扶持。

【组织高企参加“互联网 + 知识产权”专利技术对接会】 11月16日，东湖区教科体局组织辖区内10家高企参加江西省科学技术厅和江西省工业和信息化委员会举办的“互联网 + 知识产权”专利技术对接会，深入实施创新驱动战略和知识产权战略，大力推进创新型东湖建设，充分发挥知识产权制度在科技创新升级中的支撑作用。

【开展“我与知识产权”竞答活动】 12月29日，东湖区小学生“我与知识产权”竞答活动在东湖区青少年宫圆满结束。全区20所小学、共计100名小学生参加了竞答活动。八一嘉实希望小学、右营街小学获团体总分一等奖。

（黄亚伟）

防震减灾工作

【概述】 2015年，东湖区防震减灾局围绕《中华人民共和国防震减灾法》，深入落实防震减灾“预、防、救”三大工作体系齐抓共管的工作思路，大力普及防震减灾知识，努力增强全民的防震减灾意识，提高抵御地震的能力，使防震减灾工作稳步推进。

【完善防震减灾组织机构体系】 2015年，区政府将防震减灾工作纳入区政府工作的日程，细化工作职能，将责任层层分解，建立健全长效责任机制，并将防震减灾工作纳入年度考核。各街道、管理处相应完善了防震减灾“三网一员”体系建设，以“防震减灾助理员”队伍建设为基础，逐步健全“地震宏观测报网、地震灾情速报网、地震知识宣传网”的“三网一员”体系架构，形成“横向到边，纵向到底”的群测群防网格管理，推进防震减灾事业向纵深发展，为地震灾害救援志愿者队伍建设夯实基础。同时，组织开展“三网一员”人员培训，强化“三网一员”能力建设。

【组织推广防震减灾科普知识宣传活动】 5月中旬，东湖区在八一公园“生命之家”防震减灾科普基地举行防震减灾科普宣传周主题活动。活动以“科学减灾、依法应对”为主题，面向不同人群，突出重点，开展一系列内容新颖、形式多样科普活动。活动咨询对象500余人次，发放宣传资料2000余份，发放宣传环保袋1000余份。

【组织防震减灾应急演练】 2015年9月，区防震减灾局深入学校、社区开展地震应急避险演练、地震应急预案桌面推演，提高全民防灾意识和应急避险能力，指导中小学校、示范社区开展地震应急演练，指导中小学生、社区群众合理避险，开展防震减灾培训和应急演练疏散等活动，提升群众应急疏散、紧急避险、自救互救能力，最大限度地保护自身安全。

【改造防震减灾示范基地】 截至2015年12月，东湖区共有防震减灾科普宣传教育示范基地15个。其中，国家级科普教育基地1个，即东湖区科普安全教育宣教中心（东湖区科普安全教育中心是国家级防震减灾科普教育基地，集法治教育、科普安全教育于一体的综合性教育基地，内设有地震科普馆、科技活动馆等多互动趣味展厅组成，采用图文并茂、多媒体演示以及地震逃生亲身体验等多种方式宣讲防震减灾知识）；省级示范学校3个，即南昌市东湖小学、南昌市南京路小学、南昌市东湖区扬子洲学校；省级示范社区1个，即东湖区滨江社区；市级示范学校4个，即南昌市育新学校、南昌市光明学校、南昌市阳明学校、南昌市青桥学校；市级示范社区3个，即东湖区墩子塘街道马家池社区、东湖区公园街道上营坊社区、东湖区彭家桥街道光明社区；区级科普示范学校1个，即滨江学校；区级示范社区1个，即百花洲街办南湖社区；区级示范企业1个，即江西盛竹联创农林发展有限公司。

【健全和完善地震宏观观测点】 2015年，区防震减灾局进一步健全和完善地震宏观观测点有关工作，规范日常观测、登记工作，设立了八一公园、南昌市贤士湖公园专业地震宏观观测点，依托东湖区智慧数字城管指挥平台，形成区、街、点为一体的网格体系监控，提升对宏观观测点进行全局性的监测能力。

（习　鹤）

体　　育

综　述

东湖区体育事业以“增强人民体质，提高生活质量，打造体育强区，促进社会发展”为目标，以群众性体育活动和青少年阳光体育活动为主阵地，积极承办国际、国内竞技体育大型赛事，加快体育场地、设施建设，开创了体育事业发展的新局面。2015 年，全区共有已登记、授牌的全民健身站点 70 个，各级社会体育指导员 1135 人，达到每千人拥有社会体育指导员 2.26 人。拨专款为董家窑街办南京西路北社区、彭家桥街办李家庄社区等 22 个社区新安装健身路径器材 22 条 136 件，使全区人均体育场地面积达到 0.967 平方米，实现了健身路径在辖区各街道的全覆盖。全区共有省级体育传统学校 6 所，体育专职教师 86 名。2015 年，东湖区先后荣获江西省县（市区）青少年体育工作总分第一名、2015 年江西省百县青少年“五人制”足球运动会第一名、2015 年江西省百县青少年“三人制”篮球运动会男篮第一名，南昌市中小学生田径比赛第一名。

群众体育

【概况】　2015 年，东湖区以“增强人民体质，提高生活质量，打造体育强区，促进社会发展”为目标，围绕打造“15 分钟健身圈”普及开展群众性体育活动，新增全民健身站点 10 个；培训 110 名三级社会体育指导员，新增二级社会指导员 8 名，一级社会指导员 10 名，截至年底，东湖区共有社会体育指导员 1135 人。根据社区实际需求，政府投入专项资金 20 余万元采购并维修、更换了 136 件健身路径器材，两张室外乒乓球桌；举行了各类群众体育活动并积极参加各级比赛并获奖。

【获全市首届篮球、乒乓球锦标赛最佳组织奖】　1 月 4 日，2015“元旦杯”南昌市首届篮球、乒乓球锦标赛闭幕式在南昌国体中心举行。来自南昌市各县区近 3000 人参加了闭幕式，东湖区最终荣获了乒乓球团体银牌和奖杯及最佳组织奖。

【召开 2015 年全民健身站点工作会】　1 月 30 日，东湖区全民健身站点工作会在东湖区教科体局召开，来自东湖区全民健身站点的 60 余名站点负责人及辅导员参加了此次会议。会议对 2014 年的工作进行了总结，对 2015 年的工作进行了布置，宣读了《关于表彰 2014 年南昌市全民健身活动优秀站点的决定》，并为荣获江西省“优秀全民健身站点”称号的站点颁发了奖牌。

【举行东湖区“新春杯”乒乓球锦标赛】　1 月 20 日至 2 月 11 日，东湖区举行了“新春杯”乒乓球锦标赛，此次比赛分为两个阶段：扬子洲镇政府、各街道、管理处、区直机关工委于 1 月自行开展了第一阶段的预选赛，选拔出 124 名优秀选手参加；第二阶段 2 月 10 日至 11 日在阳明学校乒乓球馆举行的全区决赛。经过激烈竞争，墩子塘街办、扬子洲镇、贤士湖管理处荣获了团体赛前三名。

【举行首届“西岸杯”区直机关干部健步行活动】　2 月 13 日，东湖区首届“西岸杯”区直机关干部健步行活动顺利举行，区政协主席王玮、区委常委、组织部长唐铭市、区人大副主任彭雅琳、区政协副主席冯于水等领导与 80 余名机关干部职工一起参加了此次活动。

【举办2015年三级社会体育指导员培训班】 3月19日，东湖区三级社会体育指导员培训班在东湖区教育科技体育局举办。来自全区各街办、社区的80余名体育骨干和积极分子参加了三级社会体育指导员培训，并向考核成绩合格者颁发了三级社会体育指导员证书。

【举行江西省桥牌进校园授牌仪式】 3月27日上午，江西省“体育·惠民100”全民健身公益活动暨桥牌进校园授牌仪式在南昌市邮政路小学举行。此次活动由江西省体育局（体育总会）主办，南昌市邮政路小学承办，省体育总会秘书长陈跃平、省桥牌协会副秘书长朱文辉、市体育总会秘书长刘久安等领导出席。省体育局领导为“江西省桥牌协会少儿桥牌培训基地”揭牌，标志着全省桥牌进校园工作正式启动。

【举行2015年全民健身活动站点太极展示活动】 3月27日下午，东湖区教科体局、东湖区体育总会在东湖区体育文化休闲广场举行了全民健身活动站点太极展示活动。来自东湖区全民健身活动站点的100余名太极爱好者参加了此次展示活动。展示活动分太极拳、太极器械和集体项目三个组别，南昌电视台、南昌广播电台等主流媒体对此项活动进行了报道。

【省人大调研组到东湖区调研贯彻实施《体育法》情况】 4月10日，省人大教科文卫委副主任委员、法制委委员聂道宏和省体育局副局长周海涛等一行，在市政府副秘书长黄小华、市人大教科文卫委主任委员周国繁、市体育局局长史晓婍、市体育局副局长戴国荣、区人大副主任陈东亮、区政府副区长童萍如等领导陪同下，对东湖区《中华人民共和国体育法》贯彻实施情况进行调研。调研期间，省人大常委会调研组先后在育新学校召开了专题座谈会，座谈会上，市体育局和市教育局等有关部门就南昌市贯彻实施体育法情况作了专题汇报。市政府副秘书长黄小华向调研组介绍了近年来南昌市体育事业发展总体情况。会后，调研组实地查看了东湖区体育文化休闲广场的体育设施建设、群众体育活动开展情况，区教科体局局长陈光辉、党委书记舒小红全面细致地为调研组进行了讲解。省人大调研组对东湖区贯彻落实《中华人民共和国体育法》所做的工作和取得的成绩给予了充分肯定，特别是对全区体育设施不断完善和全民体育健身活动深入开展给予了高度评价。

【参加“五一杯”南昌市首届足球、羽毛球锦标赛】 4月19日至30日，南昌市政府主办，南昌市体育局承办的2015“五一杯”南昌市首届足球、羽毛球锦标赛在南昌国体中心举行。在羽毛球比赛中东湖区代表队获得冠军，其中卢琴获得女子甲组单打冠军，杨雪获女子乙组单打冠军；刘婧、杨雪获得女子双打项目冠军；刘志远、刘婧获得混合双打冠军。足球比赛中，刘震以18粒进球获得最佳射手称号。东湖区教科体局获优秀组织奖。

2015年5月23日，东湖区在八一公园开展全民健身排舞展示活动

【参加2015全国全民健身操舞培训班】 5月16日，2015全国全民健身操舞江西赛区中级教练员、一级裁判员培训班在湾里

一中举行。来自全市100余名健身操教师、健身教练与裁判员参加了此次培训。东湖区健美操老师万晓林和李薇参加了此次培训，并通过考核获得了结业证书。

【举行东湖区全民健身活动站点排舞展示活动】 5月23日上午，东湖区全民健身活动站点排舞展示活动在八一公园百花大舞台举行，来自辖区内13个健身站点、近200名排舞爱好者参加。在此次活动中，东湖区第35号、第1号全民健身活动站点喜获一等奖，第15号、第77号、第57号、第3号站点二等奖，其余七支队伍获得三等奖。

【参加南昌市首届象棋团体赛比赛】 5月23至24日，由南昌市体育总会主办、南昌市象棋协会、湾里区太平镇人民政府联合承办的“太平·心街杯”南昌市首届象棋团体赛在湾里区太平镇举行，来自全市各县区共10个代表队60余名运动员参加此次比赛，东湖区教科体局获得第五名。

【举办东湖区全民健身活动站点体育舞蹈展示比赛】 6月27日，东湖区全民健身活动站点体育舞蹈展示比赛在东湖区二七北路体育文化休闲广场，本次比赛共有11个节目，近百名健身爱好者同台竞技，评出一等奖一个；二等奖三个；三等奖八个。

【参加2015年江西省一级社会体育指导员培训】 6月24日至28日，东湖区组织2名骨干二级社会体育指导员参加了为期五天的2015年江西省一级社会体育指导员培训班，通过了培训考核，被江西省体育局授予一级社会体育指导员称号。

【举办“全民健身日”活动启动仪式】 8月7日上午，东湖区“全民健身日”活动启动仪式在豫章小学二部举行，东湖区各全民健身活动站点的健身团队及东湖区职工代表、百花洲小学教师代表、南京路小学学生代表等近200人参加了本次活动。启动仪式颁布了《关于授予公园社区“韵之美”健身站等9个东湖区全民健身活动站点称号的决定》，在场领导为9个新增全民健身站点授牌并宣布2015年东湖区“全民健身日”活动正式启动。

【参加“全民健身日”全国棋牌项目万人同赛活动】 8月8日，2015年“全民健身日”全国棋牌项目万人同赛江西分会场活动在江西省体育馆举行，东湖区青桥学校110名学生棋类爱好者与来自其他县区共200余人参加此次盛会。

【荣获江西省全民健身大联动展示活动最佳组织奖】 8月8日，2015年江西省全民健身大联动暨南昌市全民健身广场舞展示活动启动仪式在南昌市体育中心隆重举行。东湖区人民政府副区长童萍如、东湖区教育科技体育局党委书记舒小红和来自学校的学生、各健身站点的社会体育指导员及健身爱好者共计60余人参加了此次活动，并荣获此次活动的最佳组织奖。

【举行体育科学讲座】 8月10日上午，东湖区全民健身日系列活动——体育科学讲座，在东湖区教育科技体育局一楼会议室顺利举行，本次讲座邀请了江西省武警医院主任医师申秋萍授讲，来自东湖区各全民健身站点的80余名健身爱好者参加此次讲座。

【第十三届华东协作区国际象棋少年冠军赛暨第九届儿童冠军赛】 8月15日至18日，由华东协作区少儿国际象棋协会、南昌市体育总会、东湖区教育科技体育局主办，东湖青少年宫、江西好棋文化发展有限公司承办，东湖区体育总会、东湖区青少年体育俱乐部、南昌福豪国际象棋俱乐部协办的2015年第十三届华东协作区国际象棋少年冠军赛暨第九届儿童冠军赛在东湖青少年宫举行。此次比赛共有来自上海、江苏、湖北、浙江、广东以及江西南昌、赣州、上饶、九江等地区的31支代表队、202名运动员参加。南昌市东湖区青少年宫则收获男子B组和男子E组两项团体冠军。

【参加南昌市二级社会体育指导员培训】 9月6日至7日，东湖区组织8位三级社会体育指导员参加了为期两天的2015年南昌市二级社会体育指导员培训班，并通过了考核，获得了证书。

【举办全民健身活动站点东湖美广场舞展示活动】 10月25日上午，东湖区全民健身活动站点东湖美广场舞展示活动在滨江学校举行，来自辖区内已登记、授牌的11个全民健身活动站点的近200名广场舞爱好者参加了此次活动。活动中，东湖区第35号、第15号全民健身活动站点获得一等奖，第58号、第1号、第85号、第3号站点获得二等奖,其余5支队伍获得三等奖。

【参加第26届全国城区体育工作研讨会】 10月30日至11月2日,第26届全国城区体育工作研讨会在杭州市体育局举行。国家体育总局群体司巡视员、副司长范广升、全国城区体育研讨会会长张仁盛、浙江省体育局副巡视员兼群体处处长杨平原出席开幕式并讲话,全国城区体育工作研讨会常务理事单位、部分理事单位代表,来自全国52个城区体育部门、体育企业、体育院校及科研单位代表140余人参加了该届研讨会并围绕"群体工作与有关行业融合发展"及"互联网+"常态下的体育场馆运营的主题展开讨论。东湖区教育科技体育局参加该届研讨会并组织了分组讨论会并有22篇论文获奖并获得优秀组织奖。

学校体育

【概况】 2015年,东湖区强力推进学校体育工作,一是保证特色发展,根据"保规模、提技能、出精品"的思路,继续在全区中小学校大力实施"体育艺术2+1项目"工程;二是形成活动常态,组织举办了东湖区各类学校体育比赛;三是促进交流提高,积极南昌市各级各类学校体育活动并获得良好成绩。

【参加南昌市校园足球的系列活动】 2015年,东湖区在广泛开展普及校园足球活动的基础上,组织参加了南昌市校园足球联赛、校园足球官网建设等系列活动,涌现出一批先进单位和先进个人。在校园足球联赛活动中,东湖小学、南京路小学荣获一等奖,邮政路小学、光明学校、豫章小学荣获三等奖;东湖小学同时荣获小学组优秀组织奖;豫章小学、邮政路小学、光明学校荣获公平竞赛奖;阎涛等5人荣获优秀教练员称号;胡嘉琪等10人荣获优秀运动员称号;许飞等2人荣获优秀裁判员称号。

【召开学校体卫艺工作会议】 3月19日下午,东湖区2015年学校体卫艺工作会在区教科体局一楼会议室召开,系统各单位分管校级领导、体育艺术组长、全国城区体育工作研讨会的获奖人员及教研中心音体美教研员共计80余人参加了会议。会上解读了2015年体卫艺工作推进表,为获得2014年度东湖区学校体育先进个人和全国城区体育工作研讨会优秀论文获奖的老师颁发奖状、奖品。

【举办东湖区中小学生棋类比赛】 3月21日,东湖区2015年中小学生棋类比赛在青桥学校举行,此次比赛项目有围棋、中国象棋、国际象棋。来自东湖区20所学校262名学生参加了此次比赛。

【举办东湖区中小学生乒乓球比赛】 3月28日,东湖区中小学生乒乓球比赛在阳明学校举行,来自区属学校7个中学代表队、18个小学代表队共204人参加此次比赛。经过激烈比拼,育新学校、东湖小学、邮政路小学分别获得了小学男子团体前三名;育新学校、南京路小学、东湖小学、分别获得了小学女子团体前三名;育新学校、光明学校、阳明学校、分别获得中学男子团体前三名;育新学校、城北学校、光明学校分别获得中学组女子团体前三名。

【举办东湖区"迪青杯"中小学生羽毛球比赛】 4月18日至19日,2015年东湖区"迪青杯"中小学生羽毛球比赛在阳明学校、豫章小学二部圆满落幕。来自区属19所学校的139名中小学生参加此次比赛。育新学校、阳明学校、滨江学校获得中学团体前三名,育新学校、百花洲小学、阳明学校、邮政路小学、豫章小学、城北学校获得小学团体前六名。

【举办东湖区小学生足球比赛】 4月25日,2015年东湖区小学生校园足球比赛在光明学校举行,共有6所学校参加。南京路小学、东湖小学、豫章小学分别获得一、二、三名。东湖区教育科技体育局领导为获得奖的单位颁发了奖杯。《南昌日报》等媒体对此次比赛进行了报道。

【"棋圣"聂卫平到南昌市豫章小学参观指导】 5月4日,豫章小学有幸迎来了中国"棋圣"聂卫平到学校参观指导。在江西省围棋协会主席郑克强、江西省围棋协会秘书长喻平、东湖区教科体局局长陈光辉、局党委书记舒小红陪同下,聂卫平先后参观了棋类进课堂的普及课和棋类社团的培训课,听取了王玉燕校长有关棋类课程活动的情况介绍,并与小围棋手们亲切交谈,叮嘱他们好好学棋，争取更好的成绩。

【举办东湖区"小飞侠杯"中小学生篮球比赛】 2015年东湖区"小飞侠杯"中小学生篮球赛于5月18日在育新学校篮球馆举行，来自区属19所中小学的46支队伍参加此次比赛。最后育新学校、青桥学校、滨江学校夺得中学男子组前三名；青桥学校、育新学校、扬子洲学校夺得中学女子组前三名；邮政路小学、育新学校、豫章小学夺得小学男子组前三名；城北学校、右营街小学、南京路小学夺得小学女子组前三名。通过此次比赛，普及、推广了青少年篮球运动，提升了东湖学生的综合素质。南昌电视台对此次比赛进行了报道。

【举办东湖区幼儿围棋比赛】 2015年东湖区幼儿围棋比赛于6月13日在东湖幼儿园举行。此次比赛由东湖区教育科技体育局主办，东湖区青少年体育俱乐部、聂卫平围棋教室江西基地承办。

【参加全国校园足球骨干教师及红军小学足球师资培训班】 7月25日，东湖区选派了光明学校江毅刚老师、东湖小学阎涛老师、豫章小学殷悦平老师参加了全国青少年校园足球骨干教师培训。8月12日，东湖小学阎涛老师参加了在北京体育大学举办的全国青少年校园足球红军小学骨干师资国家级专项培训班。

【举办东湖区中小学生田径运动会】 东湖区中小学生田径运动会于9月26日在南昌市八一体育场举行。来自全区7所中学、13所小学的27支代表队，近600余名运动员参加。经过激烈比拼，邮政路、豫章、育新夺得小学组团体前三名，育新、光明、扬子洲获得初中组团体前三名。

【举行南昌市中小学生篮球联赛】 10月9日，2015年南昌市中小学生篮球联赛在东湖区育新学校初中部体育场举行。育新学校、青桥学校代表东湖区参加了中学组的比赛，育新学校和邮政路小学代表东湖区参加了小学组的比赛，育新学校、邮政路小学分别获得了初中组、小学组第二名的优异成绩。

【获全市中小学生田径运动会小学组团体总分第一名】 11月6—9日，2015年南昌市中小学生田径运动会在南昌三中高中部举行，来自各县区、市属学校的68支代表队的1020名运动员参加此次比赛。育新学校、邮政路小学、豫章小学的小运动员代表东湖区在比赛中顽强拼搏，一举夺得小学组团体总分第一名的优异成绩，同时获得县区初中组团体总分第四名。

竞技体育

【概况】 2015年，东湖区竞技体育继续坚持走体教结合的路子，一是抓训练汇聚精英，在区属各校普及体育活动并常年开展校队训练的基础上，通过举行各项区级体育比赛，发现各个项目的体育运动苗子，并组织他们在东湖区少儿业余体校开展专项体育运动训练；二是拼赛事以赛促训，积极组织辖区运动员参与各级各类体育比赛及交流活动并获奖；三是强输送完善梯队，东湖区少儿业余体校常年配合南昌市体校及二体校抓好运动员选材工作，不断完善体育人才梯队，稳步推进业余训练的可持续发展。

【参加南昌市幼儿基本体操培训】 4月2日，2015年南昌市幼儿基本体操培训班在青云谱实验学校举行，东湖区选派东湖幼儿园、出新幼儿园、滕王阁保育院、天乐幼儿园的5名骨干教师与来自其他县区的80余名教师一起参加此次培训，并顺利通过了考核，取得了结业证书。

【参加全国残疾人田径公开赛】 4月15日至20日，2015年全国残疾人田径公开赛在北京市中国残疾人体育运动管理中心举行。共有来自30个省、自治区、直辖市以及新疆生产建设兵团等30支代表队共700余人参赛，南昌市培智学校1名运动员代表江西省参加了本次比赛，夺得了男子跳远比赛金牌、男子400米第五名的好成绩，运动员自强不息、拼搏进取的精神，博得了在场观众的好评。

【参加南昌市三大球教练员培训班】 4月21日至23日，由南昌市体育局主办的南昌市足球、篮球、排球教练员培训业务培训班在南昌市二体校会议室举行，东湖区选派的教练员积极认真地学习了三大球有关新知识点和如何在中小学科学开展足球、篮球、排球活动。

【参加南昌市游泳春季测试赛】 4月25日，南昌市游泳春季测试赛在南昌市体校游泳馆举行，来自南昌市体校、东湖区少儿体校、西湖区少儿体校3支代表队共228名运动员参加测试赛。东湖区运动员程奕皓获得男子丙组50米蝶泳第一名，魏雍罡获得男子丙组50米蝶泳第二名，左诗颖获得女子乙组20米自由泳第二名的好成绩。

【参加南昌市幼儿基本体操比赛】 5月16日，南昌市幼儿基本体操比赛在青云谱区实验学校举行，南昌市东湖区的东湖幼儿园、出新幼儿园、天乐幼儿园、康馨爱幼幼儿园、蓝天碧水幼儿园及来自各县区的51支代表队506名选手参加了比赛，出新幼儿园、东湖幼儿园分别获得呼啦圈操和自编自由操的一等奖。

【参加南昌市棋类项目锦标赛】 5月1日，东湖区教科体局应邀参加2015年南昌市棋类项目(个人)锦标赛暨南昌周边省市棋类项目邀请赛。此届比赛由南昌市体育局、南昌市体育总会主办。邮政路小学代表东湖区教科体局参赛，获得了国际跳棋丙组团体第一名，邮政路小学6名选手分别获得了第一名、第二名、第三名、第六名和第八名。

【参加全国第六届特奥会】 5月11日至17日，全国第六届特奥会于在绵阳和成都同时举行，来自全国31个省(区、市)，新疆生产建设兵团和香港、澳门特别行政区的35个代表团的1261名运动员参加此次特奥会。东湖区培智学校派了22名学生参加了田径、举重、足球、乒乓球项目，获得了29块金牌、10块银牌、6块铜牌，占据江西金牌总数的一半以上，其中邹荣获得5块田径金牌、刘青安获得3块金牌、1块银牌。江西省第二套、第五套、教育电视台、南昌一套、南昌日报等新闻媒体进行了采访报道。

【参加南昌市青少年乒乓球比赛】 6月30日至7月1日，2015年南昌市青少年乒乓球比赛在阳明学校顺利举行，东湖区育新学校、邮政路小学、南京路小学、东湖小学组队参加此次比赛。育新学校荣获团体总分第一名、邮政路小学荣获团体总分第二名、南京路小学荣获团体总分第三名、东湖小学荣获团体总分第五名的好成绩。

【参加江西省第七期体育传统项目学校师资培训班】 7月1日至7日，江西省第七期体育传统项目学校体育教师培训班在江西师范大学青山湖校区举办。东湖区的张余、郭红兵老师和来自全省各体传校的140位教师一起参加此次培训。

【参加南昌市第二届青少年篮球夏令营】 7月8日至13日，南昌市第二届青少年篮球夏令营在南昌国体中心举办。市政府副市长姚燕平出席开营仪式并授旗，市体育局局长史晓婍、市教育局局长谢为民等有关人员出席。东湖区选派了育新学校、邮政路小学的13名篮球队员;3名优秀教练员参加本次活动，育新学校甘睿轩同学代表学员在开营仪式上发言。

【参加“体彩杯”江西省青少年篮球锦标赛】 7月29日，2015年“体彩杯”江西省青少年篮球锦标赛在江西师大体育馆圆满落幕。东湖区育新学校所在的南昌队最终夺得此次比赛乙组冠军。

【参加第十四届世界特奥会】 7月25日至8月2日，第十四届世界夏季特殊奥林匹克运动会在美国洛杉矶举行。中国派出由93名运动员和33名教练及工作人员组成的代表团，参加田径、游泳、足球、篮球、乒乓球、体操、滚球等10个大项69个小项的体育项目。东湖区培智学校李楚楚、詹玲两名优秀运动员入选国家队参加该届运动会特奥举重项目的比赛，夺得1金7银的好成绩，为东湖区竞技体育再添荣誉。

【参加“体彩杯”江西省青少年田径锦标赛】 7月29日至8月1日，东湖区选派的朱英旭、王文梦、谭正阳、罗嗣宁、龚祥五名运动员代表南昌市参加2015年“体彩杯”江西省青少年田径锦标赛，分别在铅球、100米、200米、1500米项目达到江西省优秀运动员称号。

【参加“体彩杯”江西省青少年游泳锦标赛】 8月3日至6日，2015年“体彩杯”江西省青少年游泳锦标赛在江西省赣州市章贡区游泳馆成功举行，来自全省13个代表队642名运动员参加此次比赛。东湖区运动员涂锐阳分别获得男子7岁组50米仰泳、50米仰泳腿第一名和100米自由泳第二名，并评为体育道德风尚运动员。

【参加江西省体育传统项目学校乒乓球比赛】 8月7日，2015年“体彩杯”江西省体育传统项目学校乒乓球比赛于在新余市体育中心隆重举行，26支代表队134名运动员参加此次比赛。东湖区南京路小学运动员参加了四个组别的比赛，荣获本次比赛团体第一名及优秀组织奖。

【参加金高杯2015全国桥牌锦标赛】 8月8日至12日，金高杯2015年全国中学生桥牌锦标赛在大连金州高级中学体育馆举行，东湖区邮政路小学作为江西省少儿桥牌培训基地代表江西队参赛，获得全国桥牌锦标赛三等奖的佳绩，为东湖区争得了荣誉。

【参加NBA巨星霍华德江西球迷见面会】 9月12日，南昌市邮政路小学篮球队在省体育馆与NBA巨星霍华德亲密互动，展示球技，享受篮球带来的快乐。巨星在现场表扬东湖区邮政路小学的中锋温浩成和后卫邓博文两位小球员，并和球队合影留念。

【参加江西省百县青少年“五人制”足球运动会】 10月13日至17日，由江西省体育局、江西省教育厅主办的“体彩杯”2015年江西省百县青少年“五人制”足球运动会在九江市体育中心举行。全省101个县区代表队近千余名运动员参加此次比赛。东湖区代表队在此次比赛中荣获第一名及体育道德风尚奖。

【参加江西省首届百县青少年男子篮球赛】 11月13日至16日，2015年江西省首届百县青少年男子篮球赛于在九江市体育中心举行，全省102个县（市、区）代表队、400多名运动员参赛，共进行了8轮156场精彩角逐。东湖区以八场不败夺得冠军，东湖区多年来坚持青少年篮球普及和赛前训练也为此次夺冠铺下了良好的基础。

【承办2015年中国围棋初级教练员培训班】 由中国围棋协会主办，江西省围棋协会、东湖区教育科技体育局承办的2015年中国围棋初级教练员培训班于12月21日在东湖青少年宫举行。来自全国的50多位教练员参加此次培训。内容主要包括幼儿围棋心理学、围棋教学组织与教学规范、围棋教学理论与实践、围棋历史与文化等四个方面。

辖区体育资源

【概况】 体育场馆建设是提升社会文明和人民群众健身品位的重要工作。2015年，东湖区先后为董家窑街办南京西路北社区、彭家桥街办李家庄社区等22个社区新安装健身路径器材22条136件。为辖区居民开展体育健身运动提供了的良好条件。

表19　**2015年东湖区域主要运动场馆一览表**

名　称	占地面积（平方米）	体育场馆面积（平方米）	电　话	详细地址
天泉水都游泳馆	7000	6000	13177888083	子固路45号
东海羽毛球馆	1200	900	86832525	三经路（女职旁边）
樟树林综合馆	7000	6000	88617518	佘山路66号
天天羽毛球馆	1200	800	88603303	青山南路下沙沟42号
东湖区全民健身中心	1200	800	88502368	洪都北大道480号
江西省体育馆	20000	18620	86294651	福州路28号
上营坊社区国家级社区体育健身俱乐部	300	200	86289426	上营坊1号
彭家桥街道国家级社区体育健身俱乐部	1200	800	88504434	洪都北大道480号
江西省体育场（内场）	22000	20000	86294603	福州路28号
江西省体育场（外场）	22000	20000	86294603	福州路28号

续表 19

名　称	占地面积（平方米）	体育场馆面积（平方米）	电　话	详细地址
江西师大田径场(外场)	22000	20000	88506324	北京西路 437 号
江西师大田径场(内场)	5000	4800	88506324	北京西路 437 号
江西师大篮球场	8000	7200	88506324	北京西路 437 号
江西师大网球场	4000	3600	88506324	北京西路 437 号
省中医学院田径场	22000	20000	86800041	八一大道 461 号
江西财大篮球场	2000	1800	88626900	青山南路 596 号
豫章中学田径场	2200	2000	86837595	豫章路 125 号
育新学校田径场	4200	4000	86215641	北京西路 287 号
育新学校篮球场	1500	1200	86215641	北京西路 287 号
育新学校乒乓球馆	1200	900	86215641	北京西路 287 号
东湖小学田径场	4000	3200	86267380	上营坊 57 号
右营街小学乒乓球馆	600	300	86812612	右营街 120 号
豫章二部综合馆	1600	1300	88634433	起凤路 218 号
豫章二部田径场	4000	3200	88634433	起凤路 218 号
邮政路小学乒乓球馆	300	200	86793430	邮政路 9 号
东湖区体校游泳馆	600	380	88600878	规划七路 87 号
南昌市体校游泳馆	800	550	86233686	福州路 28 号
水上世界游泳馆	1500	1250	13910053758	福州路 93 号
江西少儿体育培训中心游泳馆	600	400	86294605	福州路 28 号
江西师大游泳池	1500	1250	88506324	北京西路 437 号
天奥物业游泳池	500	350	13767407677	五纬路 286 号
中寰物业游泳池	250	180	13707092629	叠山路 532 号
恒兴物业游泳池	100	60	88593339	南京西路 524 号
阳明学校田径场	5000	3200	88502368	洪都北大道 480 号
二七北路东湖区体育文化休闲广场	3000	2400	88634455	二七北路靠近青山南路
豫章街办新星社区室外灯光篮球场	800	600	18979108955	青山南路 72 号
董家窑街办新华社区室外灯光篮球场	800	600	18170901055	佘山路 59 号

（黄亚伟）

文化·旅游

综　述

2015年，东湖区以党的十八届五中全会精神为指导，紧紧围绕区委、区政府的中心工作，大力推进全区公共文化服务体系建设、文化市场体系建设和文化产业创新发展。全年以服务民生为宗旨，文化阵地建设有序推进，区图书馆加入南昌地区公共图书馆联盟，开通读者借阅、馆际互借、文献调拨等功能，实现一个区域内全部成员馆的读者证"一证通行"，馆藏文献通借通还；本着"统一标志标识、统一功能设定、统一设施设备、统一管理制度、统一服务标准"的原则，高标准完成董家窑街道文化活动中心建设，图书室、电子阅览室、书法活动室、美术展览厅、排练厅、健身房一应俱全，成为全省领先的基层文化活动中心；争取资金，完善"十五分钟公共文化服务圈"，为23个社区网点配备了设施设备。

2015年9月至12月，东湖区联合江报传媒集团、深圳华嵘集团共同打造了豫章1号文化科技园项目。豫章1号文化科技园项目于2015年9月正式启动，一期占地20亩，由原江西日报社老办公楼改造而成。园区分五个互动型功能区，即1号众创空间、文化科技融合区、文化创意示范区、文化金融创新区、文化消费体验区。五大功能区融合互动，共同构成了园区独特的"文化+科技+金融"的全产业生态链。截至年底，已有20多家企业落户其中，深圳市福田区文化创意产业协会、深圳市铁汉生态、深圳市红岭创投、王志纲工作室、深圳中世纵横设计公司等都是国内知名的协会、上市公司及行业龙头企业。随着这些协会、企业的入驻，2016年园区产值有望超过3亿元，豫章1号文化科技园也将成为南昌单位面积产值最高的园区、文化园区中的"小巨人"。

东湖区推荐的"贵林社周六公益系列演出"被评为2015年全国文化志愿服务优秀项目。贵林社——南昌人自己的相声社，该社以传播南昌本土传统文化、民间艺术为目标，聚集了大量江西本土艺人。2012年初，在东湖区文化部门的支持和帮助下，贵林社每周六晚在南昌剧场免费为市民演出；2015年东湖区文化馆开始与贵林社强强联合，在八一公园百花大舞台精心组织开展贵林社公益系列演出，这一场场贵林社公益专场，立志于保护传承南昌方言，为社区居民带去一个个充满欢乐和笑声的周末。据统计，3年多来，公益演出共计100多场，每场观众近千人，观众累计达10万人。

区委、区政府在全力推进经济社会快速发展的同时，把促进文化大发展大繁荣作为建设总部经济集聚区、高端商业核心区、南昌文化标志区、城市管理示范区的重要内容，在服务体系建设、品牌活动打造、文化市场管理、文化产业发展、文化遗产保护等方面都取得长足进展，提升了文化软实力。以赶超进取的意识、顽强拼搏的斗志、高效务实的作风，积极创新谋发展，主动作为抓落实，不断推动基层文化发展繁荣，完善公共文化服务体系建设，努力打造"南昌市文化标志区"。

文艺创作

【概况】　2015年，东湖区围绕国家、省、市、区各级各类赛事活动，积极创作，涌现出一批文艺精品。东湖毓秀艺术团创作的舞蹈《火红的红土地》《映山红》《鸿雁》获CUTV中国梦“百姓大舞台 歌舞明星汇”暨中国百城百乡歌舞电视大赛3个金奖;非遗传承人余正连《曲竹湘女》《双蝶图》获中国(潍坊)民间艺术博览会2个金奖;在南昌市“百姓大舞台”市民合唱节获得一等奖、三等奖各1个;参加南昌市首届市民文化艺术节获得1个一等奖、2个优秀奖;在迎新春江西工艺美术优秀作品大赛获得金奖、铜奖各1个;参加中国(深圳)第十一届国际文化产业博览会获得3个铜奖等。

【小品《别人家的孩子》】 12月6日,“你最有戏”小戏小品(曲艺)欢乐汇在江西艺术职业学院剧场举行。由东湖区文化馆组织编排的小品《别人家的孩子》在比赛中荣获二等奖,该小品以主人公自己被父母拿来和“别人家的孩子”比较的经历,揭示当今时代父母之间不符合教育规律的“攀比现象”,引发人们对家庭教育的思考。

【原创舞蹈《斑鸠咕咕叫》】 12月28日至29日,南昌市民艺术节之优秀民间团队展演在省话剧院经典剧场举行。东湖区毓秀艺术团原创舞蹈《斑鸠咕咕叫》以全场最高分夺得金奖,该舞蹈是以江西采茶戏的丑角和彩旦为元素,根据江西民歌《斑鸠调》为基础音乐重新创作的,刻画出一群踏着欢快的脚步、欢歌阿婆的形象,生动地表现了江西的山清水秀。

【豫章绣《芦苇双鹤》】 12月,东湖区组织非遗项目作品参加第四届江西省工艺美术“杜鹃奖”评比。非遗传承人余正连创作的豫章绣作品《芦苇双鹤》获银奖,该作品以摄影作品《芦苇双鹤》为原型,画面简洁纯净,一对双鹤,在芦苇中亲昵起舞的瞬间,生动和谐,体现了动物与自然的和谐。

表20 **2015年东湖区文艺创作及获奖情况**

作品名称	作　者	获奖名称
赣绣作品《曲竹湘女》	余正连	首届中国(潍坊)民间艺术博览会金奖
赣绣作品《栖鸟观果》	余正连	2015年中国(深圳)第十一届国际文化产业博览会铜奖
赣绣作品《双蝶图》	余正连	首届中国(潍坊)民间艺术博览会金奖
赣绣作品《仿董元山水图》	周南英	2015年中国(深圳)第十一届国际文化产业博览会铜奖
赣绣作品《枫叶图》	周南英	2015年中国工艺美术“百花奖”铜奖
赣绣作品《梧桐双兔图》	余正连	2015年迎新春江西工艺美术优秀作品大赛金奖
舞蹈作品《火红的红土地》	东湖毓秀艺术团	CUTV“中国梦 百姓舞台 歌舞民星汇”暨中国百城百乡歌舞电视大赛总决赛金奖
舞蹈作品《映山红》	东湖毓秀艺术团	CUTV“中国梦 百姓舞台 歌舞民星汇”暨中国百城百乡歌舞电视大赛总决赛金奖
合唱《红军阿哥你慢慢走》	同心合唱团	江西省合唱艺术节荣获二等奖
合唱《旗帜》	同心合唱团	南昌市“百姓大舞台”市民合唱节一等奖
合唱《映山红》	东湖爱乐梦之声合唱团	南昌市“百姓大舞台”市民合唱节三等奖
小品《别人家的孩子》	南昌师范附属实验小学	南昌市“你最有戏”欢乐汇比赛中荣获二等奖

续表 20

作品名称	作　者	获奖名称
舞蹈作品《鸿雁》	东湖毓秀艺术团	CUTV“中国梦 百姓舞台 歌舞民星汇”暨中国百城百乡歌舞电视大赛总决赛金奖
舞蹈作品《踏青》	东湖清风艺术团	CUTV“中国梦 百姓舞台 歌舞民星汇”暨中国百城百乡歌舞电视大赛预选赛金奖 南昌市首届市民文化艺术节优秀奖
赣绣作品《红叶鸟》	周南英	获 2015 年迎新春江西工艺美术优秀作品大赛铜奖
赣绣作品《芦苇双鹤》	余正连	获第四届江西省工艺美术“杜鹃奖”银奖
原创舞蹈《斑鸠咕咕叫》	东湖毓秀艺术团	南昌市首届市民文化艺术节一等奖
歌伴舞《南昌·南昌》	东湖区文化馆 东湖新壹天艺术团	南昌市首届市民文化艺术节优秀奖

文化活动

【概况】 2015 年,区文化广电旅游新闻出版局围绕“中国梦”主题,持续开展和打响“和谐社区一家亲”品牌活动。“百花大舞台”、流动舞台车及二七北路文化休闲广场,形成“两静一动”三大群文舞台服务市民的生动局面,举办了“欢歌热舞迎元旦 志愿风采暖心间”春节系列活动、开展庆祝建党 94 周年系列活动、千人共跳广场舞(组织广场舞蹈培训及比赛)、开展了“书香阵阵 幸福生活”全民读书活动、万人共赏精彩戏(每周六在八一公园举办贵林社曲艺演出)、全民“写说唱跳读赏百千万”工程等。全年累计开设音乐、舞蹈、电脑等免费培训 40 余期,培训约 2300 人次。

以党十八届四中、五中全会精神为指导,广泛开展新春文化节、市民音乐会、流动电影放映、非遗传承、展览、流动书屋等惠民活动。全年举办较大型文艺演出上百场,参演演员 15523 余人,观众达 10 万余人。注重满足广大人民群众的文化需求,以广场文化、企业文化、校园文化、社区文化、民族文化和民俗文化为载体,实施送戏、送书、送电影,进社区、进机关、进乡村、进校园、进商场、进军营、进工地的文化“三送七进”惠民工程。

【举办“欢歌热舞迎元旦 志愿风采暖心间”系列活动】 1 月 1 日至 3 月 2 日,为了丰富群众节日文化生活,让百姓度过一个欢乐、祥和、喜庆的新春佳节,区文化馆开展了“欢歌热舞迎元旦 志愿风采暖心间”系列春节活动。其中“欢歌热舞迎元旦 志愿风采暖心间”流动舞台车进社区新春大拜年活动,为社区群众“搭台唱戏”,将群众喜闻乐见的文艺节目送到百姓家门口;“采茶声声戏曲拜年”送戏进村贺新春活动来到扬子洲镇前洲村、七里村等地,让百姓过足戏瘾;东湖区文化志愿者送文化进军营来到江西省军区机关和直属队,与机关干部、直属队官兵及家属联欢同乐,共同表演精彩节目、开展游戏活动;组织舞龙队、民间灯彩队进村进社区为村民群众接龙、接福、接吉祥;“春暖花开新飞越 欢天喜地闹元宵”东湖区文化志愿者与农民工共度元宵享团圆活动;“魅力东湖 璀璨文化”2015 年新春非物质文化遗产展示活动,充分体现了喜庆、欢快、幽默的节日氛围。

【举办市民音乐会】 1 月 1 日,“节日欢歌 情韵东湖”东湖区 2015 新年市民音乐会在八一公园百花大舞台举行。器乐合奏《草原儿女》、黄梅戏《夫妻双双把家还》、独唱《谁不说俺家乡好》、民乐连奏《难忘的 90 年代歌曲》等多种艺术形式的文艺节目,激情澎湃,奏响了 2015 年新春文化的蓬勃生机,营造了浓浓的节日氛围,为市民带来了一场全新的视听盛宴。

【举办“最美图书馆”摄影比赛】 1 月 3 日,为了庆祝元旦佳节，鼓励更多的读者关注图书馆，营造良好读书氛围，区图书馆举办了“最美图书馆”摄影比赛活动。此次摄影比赛以寻觅图书馆之美为中心，发现图书馆的建筑之美、人文之美、文化之美、心灵之美，从而让更多的群众喜欢上图书馆、爱上阅读。

【举办“玉羊迎春·书香生活”新春活动】 2月6日，区图书馆在八一桥举办了“玉羊迎春·书香生活”新春活动。此次新春活动由“迎羊年写春联·书香福浓过大年”春节写春联送春联活动、“让好书苏醒·让知识对流”新年流动书屋以及“迎新年·赏风俗”民风民俗宣传活动三个部分组成。“迎羊年写春联·书香福浓过大年”春节写春联送春联活动，邀请大批的中老年书法爱好者，加入到春联创作活动，免费送给了活动现场的观众，使更多群众感受到节日氛围的同时，得到了实惠与祝福；“让好书苏醒·让知识对流”活动，精选了一批文化、科普、养生、人文等方面的优秀书籍，设置图书推荐流动书屋，向群众宣传多读书的好处和用处；“迎新年·赏风俗”活动，用图文并茂的方式，用绚烂多彩的艺术，介绍中国传统的节日及风俗，有利于发扬传统文化，为传统文化发展壮大提供更多生存土壤。

2015年2月6日，东湖区图书馆举办“迎羊年写春联·书香福浓过大年”春节写春联送春联活动

【举办少儿京剧票友迎新春演出】 1月3日，“梨园小百花 蓓蕾绽芬芳”东湖区2015少儿京剧票友迎新春演出在南昌剧场举行。《霸王别姬》《贵妃醉酒》《凤还巢》等一个个经典京剧唱段，将慷慨悲歌的虞姬、高贵典雅的杨贵妃、聪慧美丽的雪娥等人物表现得活灵活现、惟妙惟肖，600余名京剧票友们共同欣赏了国粹艺术。当天演出的演员均为东湖区青蓝少儿京剧社的学员。东湖区青蓝少儿京剧社作为东湖区文化馆免费开放戏曲培训项目之一，京剧班以推广、传承、普及国粹艺术为宗旨，多次参加东湖区政府组织的公益演出，进社区进学校进农村，活跃百姓的文化生活，让市民群众能够近距离接触京剧、了解京剧、欣赏京剧。

【开展“迎新春 送关爱”文化慰问活动】 2月11日，区图书馆来到东湖区老年人居家中心开展“迎新春 送关爱”文化慰问活动。为老人们送去了200册健康、老年生活、往事回顾等方面的杂志，为他们带去了温暖、送去了精神食粮。志愿者们还给老人们呈现了快板表演《中国梦》、三句半表演《消防知识》、大合唱《我们来至五湖四海》、情景剧《常回家看看》等喜闻乐见的文艺节目，深得老人们喜爱。

【举办迎新春剪纸作品展】 2月12日，区图书馆在该馆三楼报刊阅览室举办了“2015年传承民俗传播艺术——传统剪纸艺术展”。展出的40余幅剪纸艺术作品形式以羊年生肖作品为主，涵盖了新年祈福、新农村建设、民俗风情、戏曲人物等主题。其中《新春》和《祝福2015》等作品传递出喜气洋洋的年味，《五福临门》《三羊开泰》和《门神》等作品表达了群众对美好生活的赞美和向往。

【开展“红红火火过大年”志愿者送温暖活动】 2月11日，2015年“红红火火过大年”志愿者送温暖进乡村活动走进东湖区扬子州镇前洲村。当天，在前洲村的陶氏宗祠剧场里，文化志愿者们为村民献上春联、慰问金，并致以节日的问候，为村民表演了舞蹈《火红的红土地》《父亲的草原母亲的河》以及经典黄梅戏、采茶戏等精彩的文艺节目，给广大村民带来了一场新春的文化盛宴。

2015 年 2 月 11 日，东湖区组织文艺志愿者到扬子洲开展送戏下乡活动

【举行 2015 年春节团拜会】 2 月 16 日，区委、区政府在区政府七楼会议室举行 2015 年春节团拜会，企业代表、民主党派、无党派人士、工商联代表等各界人士欢聚一堂，以简朴而热烈的方式共迎新春佳节。区委书记杨文斌致新年贺词。区长李云峰主持团拜会。闵建波、王玮等区四套班子成员出席。杨文斌首先代表区委、区人大、区政府、区政协，向参加团拜会的各位致以新春的祝福，向在东湖区投资、工作、生活以及支持东湖发展和建设的朋友，表示衷心的感谢。团拜会上，各界人士一同观看了精彩的文艺节目，大家在欢乐祥和的氛围中喜迎新年。

【开展“缅怀先烈 传承美德”清明追思系列活动】 3 月 31 日至 4 月 3 日，方志敏广场开展了“缅怀先烈 传承美德”清明追思系列活动。方志敏的女儿现场讲述烈士家中的传家宝——“一条毛毯”的励志故事。为大家树立正确的人生观、价值观、世界观指明了方向和路径。组织幼儿园小朋友、中小学校学生、社区居民、军人等群体向方志敏烈士雕像敬献花圈、鞠躬，参观方志敏爱国事迹陈列馆，听取烈士 36 年的革命历史，观看方志敏纪录片《革命的理想》等，让参观者的心灵受到一次爱国主义的洗礼。

【举办“祭之以礼 诵之以情”清明节活动】 4 月 1 日，区图书馆在方志敏广场举办了“祭之以礼 吟之以情”清明节活动。活动由“我们的节日——清明节”主题展板、文明祭扫常识宣传、“清明·阅读”流动书屋三个部分组成。活动引导广大读者在“清明节”缅怀先辈、继承传统，增进爱党、爱国、爱社会主义的情感，运用传统节日弘扬优秀文化传统，倡导文明风尚。

【举办“书香阵阵 幸福生活”读好书活动】 4 月 23 日，区图书馆在八一公园百花大舞台开展了东湖书香节之“书香阵阵 幸福生活”读好书活动。其中“品味经典 圆梦中国”经典诵读比赛，组织了学生代表宣读倡议书，并且邀请读者在“让阅读成为习惯，让书香溢满生活”横幅上集体签名。活动中设立了流动书屋，工作人员积极向大家推荐新书好书，希望大家捧起书本，享受读书的快乐，追求知识的真谛，让学识与情感在阅读中不断得到丰厚。

【举办“劳动者之歌”庆五一专场文艺演出】 4 月 30 日，区文化馆开展了东湖区 2015 年“五一”节专场文艺演出。演出邀请广大劳动者和社区居民共同观看，舞蹈《中国美》、越剧《梁山伯与祝英台》、快板舞《洪城新貌》等节目，丰富了广大劳动人民节日的精神文化生活，为广大城市建设者、劳动者带去节日的喜悦和欢乐，营造了欢乐、祥和、喜庆的节日气氛。

【开展六一儿童节专场文艺演出】 5 月 30 日，区文化广电旅游新闻出版局在八一公园百花大舞台举办了“幸福童年 和谐家园”2015 六一儿童节专场文艺演出。舞蹈《快乐童年》《草原姑娘》《笋儿尖尖》《小鸡小鸡》《可爱的大小姐》等节目以及现场游戏,展示了广大少年儿童朝气蓬勃的精神面貌,体现了小朋友多才多艺一面,让孩子们感受到节日的欢乐。

【开展"书香东湖,悦读伴成长"六一儿童节系列活动】 6月1日,区图书馆开展"书香东湖,悦读伴成长"六一儿童节系列活动。活动由"文化暖心 点亮生活"留守、流入儿童捐赠活动,"文化公益 社会责任"冰果少儿趣味英语讲课、"关爱成长 快乐生活"读书亲子游戏活动,"换换书,换换爱,我为图书找新家"图书交换活动以及"书香东湖,爱我中华"流动书屋进校园送书活动组成。通过活动,让每个孩子都能找到自己的亮点,以点带面,使每个孩子的个性得到飞扬,潜能得到充分的发挥,让孩子在游戏中获得更多的快乐,增强了孩子们读好书、好读书的意识。

【开展"书香东湖 浓情端午"端午节系列活动】 6月17日,区图书馆在叠山路西社区举办了"书香东湖 浓情端午"主题系列活动。该活动由"书香东湖 浓情端午"知识竞答、"喜迎端午 粽香邻里"包粽子比赛、"践行社会主义核心价值观"流动书屋进社区、"古籍知识丛谈"普及古籍知识宣传教育活动等系列活动组成。活动传播了传统文化,宣扬了读书的乐趣,为群众送去了快乐。

【开展庆祝建党94周年系列活动】 6月29日,区文化馆、区图书馆在八一公园联合举办"书香东湖 红色中国梦"纪念建党94周年主题系列活动。区文化馆与区老年大学共同开展了"永远跟党走 旗帜更鲜艳"老干部七一风采大赛,比赛有舞蹈、二胡演奏、戏曲、空竹表演等节目,充分展示东湖区老干部、老职工的风采,为七一党的生日献礼;在活动现场设置的流动书屋,区图书馆甄选一批红色书籍,如《毛泽东文集》《邓小平文选》等书籍以及伟人传记、共产党历史、无产阶级革命家著作、党建方面的资料等供现场的观众阅读;开展了优秀书画作品展,书画展以中国梦、歌颂祖国、赞美英雄、热爱生活、热爱家乡为题材,让普通市民也能欣赏到优秀的书画作品,丰富了广大市民的精神文化生活。

【参加南昌市市民合唱节】 6月30日,南昌市"百姓大舞台"市民合唱节在新中源剧场举行,东湖区共有4支合唱团参赛,在所有县区当中参赛队伍最多,整体水平最强,共获得一等奖1个,二等奖1个、三等奖2个。其中,同心合唱团演唱的《旗帜》以全场最高分获得了一等奖,省老年大学合唱团演唱的《在太行山上》获得了二等奖,南昌市老年大学合唱一团和东湖爱乐梦之声合唱团演唱的《映山红》获得了三等奖。

【开展红色教育系列活动】 7月1日,方志敏爱国事迹陈列馆推出了针对党员干部的系列红色教育活动。"重温入党誓词 铭记党的教育""缅怀革命先烈 传承党员先进性""青少年红色教育 传递爱国接力棒"等活动,使广大党员感受到红色文化的魅力,活动共接待各类团队11个,接待党员干部1300余人。

【举办"方志敏专题文献展"】 8月1日至9日,方志敏广场举办了"纪念方志敏烈士就义80周年专题文献展"。此次活动共展出关于方志敏烈士的专题文献、藏品上千件,如1978年《连环画报》刊印的方志敏故事连环画、追寻方志敏足迹的一枚枚旅游门券等。活动期间,不少群众自发地来到方志敏广场观看,重温了方志敏烈士的英雄事迹,引起了大家珍爱和平、建设祖国的共鸣。

【举办纪念抗战胜利70周年群众文艺汇演】 8月14日,"振兴中华路 同圆中国梦"东湖区纪念中国人民抗战胜利暨世界反法西斯战争胜利70周年大型群众文艺汇演在方志敏广场举行。舞蹈《游击队之歌》激昂奔放,绘制出一幅波澜壮阔的中国人民抗日战争画卷,激励中华民族抵御外侮、奋进向上的抗日精神;情景舞蹈《松花江上》触动人心,展现了抗日将士英勇不屈、浴血奋战的民族精神;合唱《在太行山上》百人演唱,阵容强大,群众透过歌声了解历史、缅怀先烈,提振精气神,弘扬正能量。

【开展纪念抗战胜利70周年主题活动】 8月24日至9月30日,区图书馆开展"纪念抗日战争胜利70周年主题活动"。活动由"抗日战争胜利70周年"红色经典书籍专栏、"少年强中国强"读书征文比赛、"红色经典·红色中国梦"电影展播、"纪念抗日战争胜利70周年"图片展组成。活动缅怀了为抗日战争胜利献出生命的革命先烈、民族英雄和在战争中死难的同胞,展现中国人民坚定不移走和平发展道路的崇高愿望,坚持中国道路、弘扬中国精神、凝聚中国力量。

【开展文化交流展演】 9月16日，贵州铜仁市文化交流团来昌文化交流展演活动在东湖区八一公园百花大舞台举行。活动为广大市民带来了具有浓郁地方民族特色的傩戏、苗族歌舞、土家花灯、土家高腔山歌等传统文艺项目展演，让广大市民近距离了解了颇具西南特色的民族风情。

【开展丰富多彩的中秋活动】 9月26日至27日，区图书馆举办了七彩向日葵“国学诵读·快乐成长”亲子阅读比赛、“流动书屋进社区 喜迎中秋书香溢”活动、“品书香爱阅读”知识竞答比赛等活动。活动丰富了市民节日生活，增强市民对民俗文化的认知度，为读者营造一个书香四溢的中秋佳节。

【开展“喜迎国庆佳节”系列活动】 9月30日至10月7日，“为祖国放歌”东湖区庆祝新中国成立66周年市民音乐会、“十一七天乐”之国庆专场文艺演出、戏曲专场展演等演出在八一公园百花大舞台倾情上演。来自东湖区的越剧票友们在八一公园为游园的市民们奉上一场经典的越剧大餐，12个越剧折子戏竞相登场，大气淳朴的袁派代表作《山河恋》，洒脱高亢的徐派代表作《金玉良缘》，朴素大方的范派代表作《梁祝》，温婉柔和的尹派代表作《牡丹亭》，让现场观众啧啧称赞，掌声阵阵。大合唱、民乐合奏、情景歌舞等多种音乐形式，激情澎湃，营造出浓浓的节日氛围，为市民带来了一场全新的视听盛宴。

【开展“感恩国庆”系列活动】 10月1日至7日，区图书馆开展2015年“感恩国庆”系列活动。活动由“红色经典·红色中国梦”电影展播、“感恩国庆·精彩人生”优秀图片展、“感恩国庆·不忘初心”优秀书籍展、“感恩国庆·爱心书屋”农民工图书角组成。该活动进一步提高图书馆公共文化服务能力，提升馆内阅读服务质量和公益文化普及的社会影响力。

【参加中国京剧小票友邀请赛】 11月，区文化馆选送的3名“小票友”童星参加了第五届“和平杯”中国京剧小票友邀请赛决赛。3位小童星在比赛中表现出很高的艺术水准，均摘得全国优秀小票友铜奖，表演节目分别为：《打焦赞》选段（武旦），表演者万俞廷（女）8岁；《白水滩》选段（武生），表演者李沛儒（男）10岁；《红娘》选段（花旦），表演者李欣霖（女）9岁。

【参加南昌市第三届广场舞比赛】 11月，区文化馆选送的毓秀艺术团参赛的广场舞《激情飞扬》参加了在新建区心怡广场举行的南昌市首届市民文化艺术节暨第三届广场舞大赛决赛。该舞蹈以整齐的舞步，精彩的编排，舞出了健康和快乐，跳出了别样的韵律，彰显了东湖人民的蓬勃朝气和青春热情，摘得此次比赛桂冠。

【参加市优秀青年戏曲演员展演】 11月24日，南昌市优秀青年戏曲演员展演在新中原剧场举行。区文化馆选送的胡伟祥、胡佳亮2位演员共同表演的梁祝《楼台会》选段在展演中荣获三等奖。戏中胡伟祥扮演梁山伯、胡佳亮扮演祝英台，2位演员举手投足之间展现出扎实的戏曲功底，以情带声的唱腔受到了评委和观众的好评。

【开展优秀文艺团队展演】 12月4日，“舞动激情 演艺辉煌”东湖区2015年优秀文艺团队展演在八一公园百花大舞台举行。红歌舞汇艺术团的《希望的田野上》、毓秀艺术团的《映山红》、清风艺术团的《踏青》、新壹天艺术团的《生命色彩》等节目精彩绝伦，充满了和谐的美好景象。

【开展“关爱空巢老人，冬季送温暖”活动】 12月7日，区图书馆走进东湖区八一桥街办、社区服务中心，开展“关爱空巢老人，冬季送温暖”活动，为远离图书馆或不便于到馆的老年读者提供了上门服务。此次活动共捐赠文化教育、生活常识、养生保健等各类图书124册，让这批贴近群众生活、内容新颖健康、可读性强的图书，成为了丰富社区老人文化生活的添加剂，让更多的社区群众享受到了读书的快乐。区图书馆还购买了一些生活用品、收音机等赠送给孤寡老人，进一步弘扬了尊老敬老的中华民族传统美德。

【承办江西省首届优秀青年戏曲演员比赛】 12月21日至25日，江西省首届优秀青年戏曲演员展演在东湖区文化活动中心剧场举办。此次展演主要由省内各专业戏曲表演团体（含民营职业院团）的优秀青年演员担纲，剧目及流派不限。要求“唱、念、做、打”并重，全面展现参演选手的艺术才华。此次展演地点设在东湖区文化活动中心，这也是戏曲艺术全面纳入公共文化服务体系的有益尝试。

【参评十大“南昌文化符号”】 12月，“‘最南昌’——寻找‘南昌文化符号’”评选活动的结果揭晓，东湖区推荐的滕王阁、方志敏正式评为十大“南昌文化符号”名单。十大“南昌文化符号”还有：八一起义纪念地、八大山人、万寿宫、小平小道、西山（梅岭）、西汉海昏侯墓、绳金塔、新四军军部旧址。东湖区推荐的百花洲、佑民寺、南昌采茶戏列为“南昌文化符号”提名名单。

文化市场

【概况】 2015年，区文化广电旅游新闻出版局加强对网吧、游艺厅、书店、歌舞娱乐场所等文化市场的监管，强化事中事后监管，做到严把关、严巡查、严整治、严处罚同时，又优化服务、提高服务水平和能力。完善“矮哨兵”监控系统；推出错时制拉网式排查，出动文化市场执法人员3000余人次，检查网吧、娱乐经营场所、图书音像出版经营户17500余户次，全年接到投诉举报35起，立案查处各类违法违规案件68起。查处各种盗版音像制品800余张、盗版违法书刊350余册。开展了东湖区第一届“文明示范网吧”评选活动，对贝斯尼斯等8家网吧“文明示范网吧”授予奖牌并表彰。

【加强节假日网吧市场监管】 围绕春节、元宵节、端午节、中秋节、国庆节等节假日，区文化广电旅游新闻出版局开展网吧整治专项行动，重点检查网吧违规接纳未成年人、安装违规违法游戏以及文化网络监管平台的安装情况。在节假日期间，受理举报案件8起，立案查处各类案件5起，出动文化市场管理和稽查人员1600余人次，检查网吧经营场所400余家次，查处6家次。

【开展“扫黄打非”系列行动】 2015年，区文化广电旅游新闻出版局开展了“净网”“秋风”“剑网”“护苗”四个专项行动重点查缴了下列品种：一是政治性非法反动出版物；二是淫秽色情出版物；三是书刊音像制品非法盗版出版物。全年共进行400余次集中稽查，出动人员900人次，共缴获非法出版光盘800余张，非法出版物和盗版少儿卡通书刊200余册。通过“扫黄打非”系列行动，尊重和有效地保护知识产权，旗帜鲜明地打击了盗版侵权行为，维护了良好的社会主义文化市场秩序。

【开展全国“两会”期间文化市场专项整治】 3月1日至15日，区文化广电旅游新闻出版局开展全国“两会”期间文化市场专项整治，重点检查网吧、图书、歌舞娱乐文化市场经营主体是否依法依规开展经营活动，督促业主做好消防安全工作，防止发生安全责任事故，保障“两会”期间文化市场的安全、稳定、健康。

【开展“文明示范网吧”评选】 3月18日至25日，区文化广电旅游新闻出版局根据网吧的内部环境、安全意识、守法经营、文明经营、管理规范、服务优质6个方面，在全区开展了2014年度“文明示范网吧”评选活动。经严格的评审，评选出贝斯尼斯等8家网吧为“文明示范网吧”给予表彰。

【开展文化市场网吧业主培训】 3月20日，区文化广电旅游新闻出版局联合区治安大队、区消防大队、区网监大队开展了针对文化市场网吧业主的培训大会，辖区内59家网吧业主参加。会上对网吧如何依法依规经营，保障安全，提升服务水平进行了指导和培训，并对相关工作提出了要求，从而不断提高业主的法律、服务、安全意识，保障网吧行业健康、有序地发展。

【开展中高考期间网吧专项治理】 5月20日至6月9日，区文化广电旅游新闻出版局启动为期半个月的“中高考期间网吧市场专项治理行动”工作。加强对校园周边的文化市场重点巡查，突出对考试休息时间、中午及晚上休息时间的全面覆盖，加强对网吧市场的消防安全、经营内容和时间、噪声状况的检查，保障高考期间学生有一个良好的学习、考试、休息环境。

【加强暑期网吧管理】 区文化广电旅游新闻出版局制定《东湖区文化广电旅游新闻出版局2015年暑期，网吧、电子游戏营业场所专项治理实施方案》，召开暑期专项整治动员大会，与辖区内59家网吧经营业主签订了暑期安全稳定责任状,同时加强执法力度,重点检查网吧违规接纳未成年人、安装违规违法游戏以及文化网络监管平台的安装情况。

【开展暑假出版物市场专项治理行动】 7月1日至8月30日,区文化广电旅游新闻出版局重对洪北图书城、文教路、校园周边等重点区域的书店开展了专项整治行动。重点检查书店的证照情况、是否销售盗版、淫秽、暴力、恐怖主义等非法出版物,督促业主做好消防安全隐患排查工作,保障出版物市场的健康以及安全。

【开展圣诞期间娱乐场所专项整治行动】 12月24—25日,区文化广电旅游新闻出版局对辖区文化娱乐场所开展专项整治行动。严厉监管超负荷容纳消费者、违规接纳未成年人、非法点播境外歌曲曲库、从业人员无统一着装、无证经营及经营秩序混乱和娱乐场所噪声扰民等问题。

文物·博物

【概况】 2015年,东湖区认真贯彻"保护为主、抢救第一、合理利用、加强管理"的十六字文物保护方针,认真分析新情况,研究新问题,采取新措施,切实做好文物保护工作。同时根据国家文物局文件精神,对辖区内文物保护单位进行了消防安全检查,排除安全隐患;扎实有效地推进文物保护工作。

【扎实有效地推进文物保护工作】 6月,东湖区对现有朱德旧居、朱德军官教育团旧址、贺龙指挥部旧址、叶挺指挥部旧址4处国家级文物保护单位,杏花楼等3处省级文物保护单位文物保护工作进行检查,检查各类文物保护单位共计200余处,对全区880家国有企、事业单位文物保护工作进行指导,完善各单位在文物保护和利用的工作机制,确保文物得到有效保护和合理利用。

【开展文物单位消防安全专项督察】 7月,根据国家文物局《关于联合开展古城保护中文物违法和消防安全专项督察工作的通知》文件精神,区文化广电旅游新闻出版局和区消防大队统一思想,周密部署,扎实推进,迅速在全区联合组织开展了文物单位消防安全专项督察工作。通过加强沟通、密切合作、强化监管,联合指导各文物单位的消防安全工作,对东湖区现有朱德旧居、朱德军官教育团旧址、贺龙指挥部旧址、叶挺指挥部旧址4处国家级文物保护单位,杏花楼等3处省级文物保护单位,2处市级文物保护单位进行了消防安全联合大检查。

非物质文化遗产

【概况】 2015年,全区的非物质文化遗产得到有效保护传承,开展了第十个"文化遗产日"系列活动,开展"保护成果,全民共享"宣传活动及《江西省非物质文化遗产保护条例》宣传演出。组织东湖区的非遗文化精品豫章绣、南昌刺绣、南昌瓦罐汤、泥塑等非遗作品参加第十一届中国(深圳)国际文化产业博览交易会并获得3铜;组织非遗作品参加第二届湘赣鄂皖非物质文化遗产联展、第四届江西省工艺美术"杜鹃奖"评比获得好评及银奖。

【举办新春非物质文化遗产展示活动】 2月4日,"魅力东湖 璀璨文化"2015年新春非物质文化遗产展示活动在八一公园百花大舞台举行。极具地方特色的非遗项目南昌采茶戏,展示了南昌本土戏曲的魅力。省级非遗名录赣发绣、市级非遗名录豫章绣、市级非遗名录豫章刻瓷、市级非遗名录胎毛笔制作技艺、市级非遗名录南昌民间瓦罐汤制作技艺、区级非遗项目纸浆雕塑的代表性传承人现场展示技艺,市民在一饱眼福的同时,还可以参与非遗体验,感受民间非遗的魅力。

【参加深圳文博会获佳绩】 5月14日至18日,第十一届中国(深圳)国际文化产业博览交易会在深圳国际会展中心举行,东湖区的市级非物质文化遗产项目豫章绣、南昌刺绣、南昌瓦罐汤、以及非遗项目泥塑作为江西代表团的参展项目亮相深圳南昌馆,获得3铜的好成绩。其中豫章绣传承人余正连创作的作品《栖鸟观果》、南昌刺绣传承人周南英创作的作品《仿董源山水图》、南昌雕塑艺术家罗清华创作的作品《禅中泰斗虚云老和尚》3件作品喜获铜奖。同时,豫章绣、南昌刺绣作品通过深圳文博会，产品远销台湾，影响力不断增强。

【开展“我是小小非遗传承人”主题活动】 6月11日，东湖区2015年“小小非遗传承人”主题活动在东湖区文化馆六楼赣发绣艺术展示馆举行。在展览现场，一群中小学生在老师的指导下尝试发绣艺术，进行了发绣技艺体验活动，他们穿针引线，样子有板有眼，亲身体验了一番“针尖上芭蕾”的魅力。学生们还通过赣发绣艺术展示馆参观活动和观看投影放映赣发绣文化宣传片，学习到更多的赣发绣历史文化和传承演变历程，对赣发绣作品有一个感性的认知。

【开展“文化遗产日”非遗系列活动】 6月13日，2015年“文化遗产日”非物质文化遗产系列活动启动仪式在江西省非物质文化遗产樟树林展示馆举办。现场进行了新增国家级非物质文化遗产项目授牌仪式。第四批国家级非物质文化遗产代表性项目名录，江西有中药炮制技艺（樟树中药炮制技艺）、锣鼓艺术（花镲锣鼓）、狮舞（黎川舞白狮）、目连戏（江西目连戏）、道教音乐（龙虎山正一天师道道教音乐）、永修丫丫戏、稻作习俗、绿茶制作技艺（婺源绿茶制作技艺）等24个项目入选，入选数量列全国第二位，至此江西国家级非物质文化遗产项目名录数量增至70项。开展了丰富多彩的采茶戏展演和豫章绣、铜编、草编、泥雕、铜丝编织、豫章瓷刻、字画雕刻等传承人展示活动，激发公众对传统文化的热爱和参与。

【举办《江西省非物质文化遗产保护条例》宣传演出】 9月6日，“文化引领·快乐同行”庆祝《条例》颁布宣传专场演出在东湖区方志敏广场举行。活动借助小品、歌舞等节目形式，普及《条例》相关知识，使其深入人心。《条例》对非物质文化遗产的调查和代表性项目名录、非物质文化遗产的传承与传播、非物质文化遗产的合理利用与发展等作出明确规定，同时明确了各级政府的保障措施和相关法律责任。

【参加第二届湘赣鄂皖非物质文化遗产联展】 10月17日至18日，第二届湘赣鄂皖非物质文化遗产联展在江西非物质文化遗产樟树林展示馆举行。活动期间，湖湘风情、赣鄱雅韵、荆楚文化、皖域文脉汇聚一堂，4个省46个非遗项目通过名录项目图文展板和精品实物展示、互动体验等方式，进行现场演示。观众可以赏玩荆楚大地精妙绝伦的楚式漆器、雕花剪纸，体味苗画、湘绣、布袋人偶的湘湖风情，领略景德镇瓷器、东湖赣发绣、南昌瓷板画的赣地雅韵，感受歙砚、宣纸、徽墨中流淌着的徽州文化，打造了一场传统文化的饕餮盛宴。

旅游管理与服务

【概况】 2015年东湖区整合辖区旅游资源，围绕“四区”建设目标，打造一个文化旅游示范项目，建设一个红色文化旅游教育基地，推介一个名牌旅游商品，规划一批精品旅游线路。全年，全区旅游接待人数约603万人次，同比增长16%；旅游总收入110亿元，同比增长23%，旅游产业吸纳劳动就业人数1万余人。旅游经济呈现出良好的发展态势。

2015年，全区共审批备案登记1个旅行社分社、19个服务网点。

组织开展旅游景区（点）产业发展专项资金申报工作，扬子洲森美生态园获得2014年度旅游产业发展专项资金10万元的补助。滕王阁景区、791艺术街区、樟树林文化生活公园、森美生态园、长城园5个景区（点）共获得2015年度南昌市旅游建设投资项目补助资金127.86万元。

【举办“美丽乡村·我的年味”微摄影大赛】 2月9日至3月28日，区文化广电旅游新闻出版局与南昌日报社合作开展南昌市首届“美丽乡村·我的年味”微摄影大赛活动。组织扬子洲菇事汇庄园、森美生态园等乡村旅游景点报名参加活动，活动还得到南昌晚报、天圆网、天涯论坛、新华网江西频道等上百家媒体的大力支持。

【“菇事汇庄园”举办讲故事活动】 4月下旬，南昌市扬子洲“菇事汇庄园”举办讲故事活动，南昌市农业局、天圆网等单位20位朋友一同前往聆听农业故事。农业故事围绕农业传说、农事趣闻、二十四节气、农耕文化、农食制作等展开。

【排查旅游安全隐患】 4月，区文化广电旅游新闻出版局对辖区滕王阁景区、樟树林文化生活公园、扬子洲生态旅游景区加大安全排查力度，全面排除旅游安全隐患,加强安全维护和运行监管,坚决遏制重特大旅游安全事故发生。

【开展“文化东湖·秀美洲上”活动月活动】 6月12日至7月12日,以番茄与产业、生活与美食相结合的方式,区文化广电旅游新闻出版局与扬子洲镇共同举办了扬子洲旅游精品线路推介会、番茄音乐节、主题摄影大赛、扬子洲特色农产品展销会、乡村大戏台、绿色千人骑行等多项精彩活动,挖掘扬子洲生态文化,提升扬子洲生态旅游品牌知名度。

【举办首届向日葵文化节】 8—9月,江西森美生态园隆重举办了首届向日葵文化节。活动期间园区种植了几万株向日葵,引入的向日葵多达十多个品种,通过FM93.4、南昌电视台、江南都市报、微信公众号等宣传手段,吸引游客6万余名。

【组织参加2015年江西旅游商品博览会】 9月25—27日,东湖区组织豫章赣绣坊的《青花礼品》《松鼠图》、江南绣业的《刺绣项链》、豫章绣《卢燕》、豫章瓷雕《鹰图》、东湖赣发绣(齐白石肖像)共6件优秀旅游商品参加2015年江西旅游商品博览会。

【推荐优秀作品参加中国特色旅游商品评选】 10月,东湖区组织赣发绣《宝宝胎发绣》《婚纱绣/结发夫妻》《孺子亭》和陶瓷(刻画)《双鸟》4件优秀作品参加中国特色旅游商品评选活动。

【开展乡村旅游资源摸底调查工作】 12月,区文化广电旅游新闻出版局与扬子洲镇政府共同开展了乡村旅游资源全面的摸底调查工作,范围主要集中在扬子州镇国家级、省、市级乡村旅游景点。

【提升景区品牌形象】 12月,樟树林文化生活公园被批准为国家AAA级旅游景区,森美生态园被批准为江西省AAA级乡村旅游,菇事汇被命名“南昌市乡村旅游点”。樟树林文化生活公园位于江西省南昌市东湖区余山路66号,是江西首个老工厂(原江西化纤厂)改造而成的文化创意产业园。森美生态园是一家集红豆杉盆景及系列产品展示销售、无土蔬菜栽培、精品花木展示、休闲旅游、科普教育、科普创新体验、农特产品展示销售、观光农家乐为一体的综合性休闲农业园区。

辖区文化资源

【概况】 东湖区有着丰富的文化资源,截至2015年,建有区级、街道文化中心6家,社区文化活动室70家,社区文化室21个,信息资源共享服务点区级分中心1个、基层服务点10个,街道公共电子阅览室5个,社区公共电子阅览室17个,盲文及盲人有声读物阅览

室1个,瓷板画青少年培训基地1个,非物质遗产展示馆5个,农家书屋21个,少儿书吧1个,流动书屋2个,流动电影院1个,市级爱国主义教育基地1个,外来务工人员子女艺术教育培训中心1个。区文化馆为国家一级馆,区图书馆为国家二级馆。辖区有电影院5家,博物馆3家、纪念馆2家。2015年,进一步推进“十五分钟公共文化服务圈”,着力推动基本公共文化服务标准化、均等化,打造完成了建设面积为1500平米的董家窑街道综合文化活动中心,该文化活动中心是全省最大、配置最高的街道文化活动中心。其他文化研究机构、文艺专业团体齐全集聚,辐射带动力强。

东湖辖区文化资源相对集中,八一起义和八一广场旧址、贺龙指挥部、朱德旧居、叶挺指挥部、朱德军官教导团、江西省革命烈士纪念堂等革命遗址,体现了东湖厚重的革命历史文化。省歌舞剧院有限责任公司、省京剧团有限责任公司、省话剧团有限责任公司。南昌市歌舞剧院、南昌市京剧团合并改为南昌市艺术中心。江西艺术剧院、南昌采茶剧院、南昌市百花洲电影院、南昌市樟树林星美国际影城、南昌万达国际电影城等主要影院、艺术剧院,江西省图书馆、南昌市图书馆、区图书馆3个公共图书馆,均在辖区内。随着樟树林生活文化公园、南昌市艺术品交易所、滕王阁古玩城、791艺术街区、豫章一号等文化创意产业的注入,为推动建设科教文卫中心区增强了和谐发展动力。方志敏广场及方志敏爱国事迹陈列馆作为全市乃至全省党风廉政教育基地、爱国主义教育基地和红色旅游新基地进一步发挥作用。

2015年,东湖区民间文艺团队蓬勃发展,继续整合辖区剧团文化资源,脱颖而出了一大批颇

具规模的民间文艺团队：如东湖曼毓艺术团、红歌舞汇艺术团、清风艺术团、东湖区京剧培训中心、梦之声合唱团、东湖八一合唱团、音缘民乐团、雅韵越剧团、南昌鼓艺团、南昌市三八老人康乐联谊会、南友舞集、南昌市夕阳红协会、百花艺术团、新月时装队及东湖群星艺术团等。同时，拥有江西歌舞剧院合唱团等专业合唱团7支，江西省老年大学、南昌市老年大学合唱团等社会性合唱团10余支，江西省直机关合唱团等机关合唱团8个，江西师大合唱团等院校合唱团8支，夕阳红合唱团、红歌舞汇艺术团、百花合唱团等社区群众合唱团6支。这些团队经常代表区参加各类大型文化活动、文艺演出及各级文艺大赛，获得广大观众的好评，社会影响力得到了一定程度的提升。

表21　**2015年东湖区域主要影院、艺术剧院一览表**

名　称	占地面积（平方米）	座位数（个）	电　话	详细地址	备　注
江西省艺术剧院（“南昌·琴岛之夜”剧场）	12200	1200	13767991688	八一大道365号	“南昌·琴岛之夜”剧场按五星级剧院标准精心打造完成，于2013年5月成功首演，演出节目有大型视频秀、大型歌舞、国际水准杂技、搞笑音乐剧、相声、通俗歌曲、摇滚歌舞等，是南昌人和外来人商务、休闲和娱乐的最佳去处。
南昌市百花洲电影院	2398	1000	82153998	中山路65号强威大厦4楼	五星级影院，拥有5个放映厅，特别设置了一个南昌独有的情侣厅
南昌万达国际电影城	4500	1496	86311113	南昌市八一大道333号万达广场4层	五星级标准，7个高标准影厅，包括1个豪华贵宾厅，4个南昌独家的2K数字影厅
中影星美影院	5440	1200	13601179527	佘山路66号樟树林文化生活公园内	南昌第一个IMAX巨幕高清影院，内设8个厅（包括一个16×24米的巨幕影厅），共有1200多个座位
南昌17·5影院（胜利路店）	1500	398	86762539	南昌市东湖区胜利路炫谷步行街三层	内设5个标准银幕放映厅，拥有顶级电影放映设备及超一流的音响设备，立足社区，秉承“以人为本”的服务理念，让居民在家门口体验到星级影院的震撼观影效果。

（林荣斌）

档案事业管理

【概况】　2015年，东湖区档案局深入贯彻落实党的十八大和十八届三中、四中、五中全会精神，以及省、市档案工作会议精神，围绕档案工作年度目标任务，用心履职，完成了各项工作，被南昌市档案局评为“先进单位”称号。

【做好入驻新馆工作】　2015年，区档案局积极跟进档案馆新馆建设，按照国家二级档案馆建筑设计规范，严把质量，完成库房密集架、库房环境智能测控系统等硬件设施的预算、采购、安装等工作，并于年底全面入驻新馆。

【部署档案移交进馆工作】　2015年，为确保全区各单位到期档案能于年底新馆投入使用后顺利移交进馆。区档案局于4月初，印发了《关于做好档案移交进馆工作的通知》，通知要求全区各单位2010年以前形成的、具有永久长期保存价值的各类档案采取分批次移交进馆。

【规范民生领域档案管理】 2015年，为确保全区民生档案能够顺利移交进馆，区档案局抽派业务骨干到所涉单位上门进行业务指导及时答复、解决档案业务问题。其中，7月，与区民政局向区政府争取了95万元资金用于婚姻档案、低保档案等民生档案的规范整理和数字化工作建设，截至年底，通过招标采购服务对10万卷婚姻档案规范化整理及数字化加工。

【督导土地确权档案整理】 2015年，为规范农村土地承包经营权确权登记颁证工作中土地确权档案的收集整理，区档案局与区农办、扬子洲镇沟通对接，对农村土地确权颁证文件材料的形成、收集、整理提出安排专人跟踪督促指导，确保扬子洲镇被列南昌市首批农村土地确权颁证试点单位后所产生的有关档案实现规范化整理和管理。

【完成档案事业统计年报】 2015年，为做好全区2014年度档案统计年报工作，区档案局下发了《关于做好2014年度档案事业统计年报工作的通知》，对年报工作进行布置。全区57个单位全部完成了统计年报工作，完成率达到100%。

【丰富档案资源建设】 3月，区档案局接收了区旧城改造指挥部“2014年东湖区旧城改造”照片三组共125张，并规范整理。6月，从区纪委处接收了2015年及2014年区属经营性房产档案资料进馆，共计9件、684页，并进行整理归档。

【推进机关档案工作规范化管理】 8月底，区档案局在全区范围内印发《关于申报2015年度档案工作等级评估和复查的通知》，部署2015年度档案工作等级评估和复查工作。其中，区企业资产管理服务中心档案管理工作通过评估，晋升为省二级。

【推进国有企业与民营企业档案规范化管理】 2015年，区档案局加强与区资产管理服务中心的联系，指导全区11家国有企业完成《企业文件材料归档范围和档案保管期限表》的报审工作。同时，对全区民营企业进行了摸底统计，指导民营企业规范档案管理。

【搭建全区首个民生档案远程共享平台】 2015年，区档案局在彭家桥街道便民服务中心被列为南昌市档案信息远程共享平台示范点的基础上，进一步推进平台搭建，全程为其提供技术上的指导以及硬件、软件上的支持，年底，建成了全区首个民生档案远程共享平台。

【推进馆藏档案数字化进程】 2015年，区档案局安排专项资金对区人大、区政协、区纪检、区委组织部、区工会等进馆纸质档案进行数字化加工，完成验收录入目录数据共2.1万余条，扫描页数共13.5万余页。

【开展档案法制宣传】 2015年，区档案局以纪念“六九”国际档案日为契机，开展了档案法制进机关、进社区等系列宣传活动。6月9日，在区政府办公大楼内摆放展板，向机关干部宣传档案法律法规；6月10日，在刘将军庙社区以悬挂横幅、设立咨询台、发放宣传资料等形式让群众与档案零距离接触。积极筹备档案法律知识竞赛活动，组织全区档案工作者参与国家档案局举办的“飞狐灵通杯”档案法制知识有奖竞赛活动、“档案——与你相伴”征文活动等。

（吴佩红）

卫　生

综　述

2015年，东湖区的卫生工作以“三个代表”重要思想和科学发展观为指导，坚持以党的卫生工作方针、政策为指针，深入贯彻党的十八届三中、四中、五中全会和习近平总书记系列重要讲话精神，全面落实区委、区政府决策部署和各级卫生工作会议精神，以推动医药卫生体制改革为主线，以建设“总部经济集聚区、高端商业核心区、南昌文化标志区、城市管理示范区”为目标，突出卫生服务能力建设，进一步完善公共卫生服务体系和医疗服务体系，加强重大、重点疾病和突发公共卫生事件防控，强化卫生监督执法工作，着力加强卫生行风建设，提升卫生人才队伍建设，深入推进爱国卫生运动，不断提高全区人民健康水平。

医改惠民成效显著。一是顺利完成各项改革任务。2015年整合原卫生局、原人口和计划生育委员会的职责，成立区卫生和计划生育委员会。完成妇幼保健和计划生育服务职能改革，合并区妇幼保健所、区计划生育服务中心和区药具站，组建成立南昌市东湖区妇幼保健计划生育服务中心，全面优化全区妇幼保健和计划生育资源。2015年完成全区公费医疗改革，实现公费医疗与职工医疗保险的平稳过度。二是基本药物制度管理日趋完善。在全省率先启动非政府办社区卫生服务中心实施基药制度，全区12所社区卫生服务机构所有药品实施零差价销售，群众就医负担不断降低。同时，落实基药补助资金，建立实施基本药物制度以奖代补经费分配制度，完善基本药物制度监测评价长效机制，全区累计投入基药补助资金661.38万元。三是重大疾病免费救治深入开展。开展“光明微笑”工程，“儿童两病”免费救治工程，贫困患者尿毒症免费血透工程，贫困家庭重性精神病免费救治工程、农村贫困家庭妇女“两癌”免费手术工程5项8个病种的工作，共救助患者2575例，切实减轻了患者经济负担。四是基层卫生服务体系不断夯实。建成以公有制社区卫生服务中心为主体，形成以公有制社区卫生服务中心下设社区卫生服务站和社会力量举办的社区卫生服务站为补充的社区卫生服务体系，打造城区“15分钟社区卫生服务圈”，社区卫生服务机构业务用房国有化、固有化建设取得突破，完成董家窑、豫章街道社区卫生服务中心国有化固有化建设。五是基本公共卫生服务均等化水平持续提高。全区累计建立居民电子健康档案45.4万份，规范建档率达92.7%；高血压患者健康管理9504人；糖尿病患者健康管理3432人；重性精神疾病患者健康管理1346人，群众健康意识不断增强。

加强新领导班子自身建设。区卫计委党委领导班子重视理论武装。深入学习党的十八届三中全会以来历次中央、省、市、区委全会和习近平总书记系列重要讲话精神，以及省、市、区关于建设鄱阳湖生态经济区、打造南昌核心增长极、推进青山湖西岸开发等一系列重大战略部署。系统地学习了领导科学、市场经理理论、法律及卫生专业知识等。班子成员系统学习了“三严三实”“两学一做”等重要论述和著作。班子成员既各司其职、独当一面，又积极沟通、团结协作，在合作共事中加深了解，在相互支持中增进团结，促成委领导班子一盘棋。认真贯彻执行民主集中制有关规定，发挥班子成员集体领导作用，对涉及全局的重大问题、中心问题集体商量，会议决定。完善“三重一大”事项集体决策议事规则，推行政务公开，接受区人大、区政协监督等，依法执政，促进决策民主化、科学化、规范化。

2015 年 8 月 25 日，东湖区与云康中山大学达安健康产业集团签署区域智慧协同诊疗服务模式及健康服务业战略合作协议

医政管理

【概况】 2015 年，东湖区医政管理工作坚持以党的群众路线为指导，紧紧围绕全区卫生工作要点和医政妇幼中医工作重点，以进一步深化医药卫生体制改革，规范医疗机构执业，提高医疗服务质量、保障医疗安全为主线，认真落实政府的各项民生工程，深入开展医疗质量万里行、“优质护理工程”、民营医院规范化管理活动，全力做好“光明·微笑”工程、尿毒症患者免费血透救治、“儿童白血病、先天性心脏病”免费救治，继续深入开展好“三好一满意”活动，保障群众看病就医安全。

【规范医疗机构执业】 2015 年，区卫计委严格规范医疗机构、社区卫生服务机构、诊所、卫生所的执业行为，对在人员设施管理方面不符合法律法规要求的单位，责令整改直至停业取缔。4—6 月对辖区 10 家医院、23 所社区卫生服务机构、19 所村卫生所、82 家门诊部和 52 家诊所进行规范执业检查，对存在严重问题的 3 家医疗机构进行停业整顿的处罚。11 月初，对 1 家屡次违规的门诊部进行吊销医疗机构执业许可证的处理。对 56 家机构进行医疗机构执业许可证换证。按规范要求新设南昌美人春医疗美容门诊部、江西康美健康产业股份有限公司和八一大道店中医坐堂诊所 3 家口腔门诊部和 1 家中医门诊部。

【严把医疗从业人员准入】 2015 年，区卫计委严格医疗机构及卫生从业人员的执业行为，实行医师注册、变更网络化管理，受理、办理医师注册、变更共 452 人次，办理护士首次注册、延续注册、换证 612 人次，并进行不定期网络审查，对不符合注册、变更、再注册的从业人员坚决不予准入，牢牢把住医疗服务从业人员的入口。

【重大民生工程管理常态化】 2015 年，对所有符合救治条件的白内障、唇腭裂患者和白血病、先天性心脏病患儿纳入常态化管理，实施免费救治。光明微笑工程全年实施白内障患者实施复明手术 94 例；白血病累计救治 10 例，新增救治 1 例；儿童先天性心脏病累计救治 87 例，新增救治 13 例；贫困重性精神疾病患者免费救治 152 人。对需维持血液透析的尿毒症困难患者（城镇低保、农村五保、城镇“三无”人员、福利院供养孤儿、新增四类优抚对象和低保边缘户）累计实施血液透析免费救治 77 例，新增救治 10 例。以重性精神疾病治疗管理为慢病管理突破口，10 所中心与省精神病院签订 2015 年度双向转诊协作协议和医师对口支援协议，建立省精神病院、社区卫生服务中心等为一体的重性精神疾病监管治疗机制，建立重性精神疾病培训的“绿色通道”。

【妥善处理医疗投诉】 2015 年，妥善处理全区各级各类医疗服务投诉 18 起，人道赔偿 1.25 万元。按程序移送医疗事故鉴定。为患者办理医疗事故鉴定 10 例（受理中华医学会 1 例、省级医院医疗事故鉴定 1 例、市卫生局 2 例、市医学会医疗事故鉴定6例),每一起鉴定均在规定的时限内送达上级医学会。严格做到件件有答复,事事有回音,结案率100%,促进医患关系的进一步和谐。

【推进中医药服务能力建设】 2015年,区卫计委坚持以加强中医药服务体系建设和创社区中医药先进单位为工作重点,加强中医药人才培养和重点中医专科(专病)建设,充分发挥中医药在全区基本医疗服务中的作用。按照创建省级社区卫生服务先进单位的建设标准和要求,全区90%的社区卫生服务中心设置中医科室和中药房、中医药人员配置达35%以上,91%社区卫生服务站开展中医药服务,进一步巩固和提升全区社区卫生服务机构的中医药服务能力,进而强化社区中医药服务体系建设。

【加强对中医坐堂医诊所的监管】 全区作为2007年国家中医药管理局办公室、卫生部办公厅在全国9省市开展药品零售企业设置中医坐堂医诊所试点工作的试点城区之一,已过去8年,坐堂医已转为常态化管理。2015年,区卫计委对设置的9家坐堂医诊所进行多次不定期督导检查,重点抽查机构坐堂中医师开具的处方,有效地防止了中医坐堂医诊所出于经济利益驱动开具"大处方"和误导、诱骗就诊者购买药品等现象的出现。2015年,各中医坐堂医诊所对前来就诊的病人均免收挂号费、诊疗费,共计免费接受医疗诊疗咨询9234人次,每月接诊病人1832人次,全年接诊约21335人次;月均中药饮片销售12.5万元,全年中药饮片销售额达188余万元,各诊所病人数量呈现逐月上升的趋势。中医坐堂医诊所的开设促进了药品零售企业的中药饮片的销售,也增加了药品零售企业的公信力,促使机构规范执业的理念进一步的增强,随意改变或扩大执业范围的现象得以杜绝,确保人民群众的健康安全。

【促进农村卫生健康发展】 2015年,按照《江西省村卫生室(所)建设标准》,区卫计委大力实施村卫生所规范化建设。全区有13所村卫生所实现了"五分开""三统一""五达标",业务用房均在80平方米以上。对辖区11名年满60周岁、从医满20周年的村医每月发放养老生活补贴80元,对承担公共卫生服务的28名村医每人每年1800元的补助经费,对在村卫生所执业的28名村医每人每年补助900元,均按标准发放到位。辖区基本实现城中村"一村一所"的村卫生所管理模式,基本实现村民"小病不出村",达到了政府、百姓和卫生所三方面都满意的目的。

【抓好卫生专业技术人员培训】 2015年,东湖区系统卫生专业人员参加各类专业知识培训1978人次,参加继续教育面授学习852人次,通过双卫网参加网络继续教育学习1102人次。通过请进来的方式,聘请国家、省、市、区级专家学者对系统卫生专业技术人员培训13次,提高了广大卫生工作者的专业素质和业务水平。

社区卫生服务

【概况】 2015年,东湖区社区卫生工作以推进城市基本公共卫生服务均等化、巩固实施国家基本药物制度成效、实施社区家庭医生责任制、推广全科医师签约服务为重点,着力于优化社区卫生服务资源、提高医务人员服务水平、提升社区卫生服务质量,全力守护的居民健康。

【健全绩效考核机制】 通过2007年建立社区公共卫生服务领导小组、技术指导小组、绩效考核小组和督查小组,健全年终"第三方"绩效考核机制核算补助资金机制,全区公共卫生服务工作保持规范、稳步地开展,专项资金管理进一步规范。2015年,对辖区23所开展公共卫生服务项目的机构预拨项目经费1621.6748万元。

【完善卫生服务体系建设】 2015年,东湖区筹资1500万元,争取市财政补助资金1000万元,完成豫章街道、董家窑街道社区卫生服务中心业务用房国有化、固定化。2015年,完成了滕王阁社区卫生服务中心等3所中心的公共卫生科标准建设项目。

【加强社区卫生服务机构建设】 2015年,东湖区依据市编办、市卫生局、财政局、民政局《关于转发〈江西省城市社区卫生服务机构设置和编制标准实施办法〉的通知》(洪编办发〔2010〕32号)文件精神,按照政府举办的社区卫生服务机构编制为公益性事业单位,按其公益性质核定的社区卫生服务机构编制为财政补助事业编制(全区按52

万人口，核定编制数为 442 人）。2015 年度为 10 所社区卫生服务中心办理了事业单位法人证、组织机构代码证换证。

【加强社区卫生服务信息化建设】　按照省、市卫计委的统一部署，全区基层医疗卫生机构管理信息系统项目在 2014 年 3 所中心开通运行的基础上，2015 年 10 所中心均按要求实现平稳运行，通过委托中国移动运行维护信息化服务器的方式，全区实现了规范统一的卫生数据交换平台，社区卫生服务信息化建设进一步提高。

【落实家庭医生责任制】　全区家庭责任医师制自 2012 年初试点以来，辖区社区卫生服务中心签约服务逐渐得到居民的认可。2014 年，全区家庭医师签约服务被列为全省基本公共卫生服务项目联系点主要工作，得到省卫计委的充分认可。2015 年全年累计签约服务 36650 人，各机构建立基层卫生巡诊小组 34 个，接受巡诊服务 15432 人次。建立慢病患者自我管理小组数 24 个，参加自我管理小组慢病患者人数 348 人。对长期卧床、癌症晚期或有特殊需求的老年人 335 人签订居家养老协议，建立家庭病床，通过精心护理减少患者的痛苦，提高其生命质量，维护临终患者的尊严，并减轻患者和家属的精神负担。

【实施基本公共卫生均等化服务】　2015 年，东湖区城乡基本公共卫生服务经费补助标准增加到每人 42 元，按照全区 51.23 万人，每人 5.4 元的标准，2015 年区级财政补助城乡基本公共卫生服务配套资金 276.642 万元。2015 年，按照 51.23 万人的居民基数，全区社区卫生服务机构建立规范基本健康电子档案 45.3591 万份，规范建档率达 92.7%；发现登记高血压 14430 人，规范化管理 9504 人；发现登记糖尿病人 5499，规范管理糖尿病人 3432 人；发现登记重性精神疾病患者人 2015 人，管理患者 1346 人。2015 年向全区 60 岁以上老年人、0～3 岁儿童、孕产妇、妇女等人群，免费进行一卡通服务 21.531 万人次，免费服务金额 295.35 万元。

2015 年 8 月 25 日，东湖区在樟树林文化生活公园开展流动人口基本公共卫生计生服务均等化大型照片故事展活动

【全面落实基本药物制度】 2015年,全区在10所社区卫生服务中心全部实施国家基本药物制度,严格执行了基药网上集中招标采购,做到了药品分库、分架管理。各机构使用的国家基本药物(包括增补目录药物)现已超过512种,基本药物配备率、实施覆盖率100%。全年统一配送药物383.93万元,所有药品(中药饮片除外)实行零差率销售。

【完善医疗应急保障】 2015年,根据区应急办部署,区卫计委成立突发事件抢险医疗救护工作领导小组,抽调局属两家医院骨干医护人员20余人,组成2支突发事件抢险医疗救护应急队,负责辖区突发事件抢险医疗救护工作的诊断、治疗、抢救等工作。

【加强全科医学培训】 2015年,区卫计委按照省市卫生行政部门的安排,依托现有的培训力量和设施,组织辖区社区卫生服务机构医务人员参加省、市、区级组织的社区卫生服务医、护、管理人员培训累计895人次;完成村卫生室培训卫生人员56人次;重性精神疾病医护人员及管理人员培训143人次,大大提升了社区医疗服务质量。

疾病预防控制

【概况】 2015年,东湖区疾病预防控制工作以医改为契机,大力加强自身能力建设,认真履行基本公共卫生服务职责,不断提高疾病预防控制工作的使命感和责任感,努力完成上级下达的重大重点传染病防控、慢性病防控、艾滋病和结核病防治工作,突出卫生应急处置,实施国家扩大免疫规划等重点工作,保障全区人民的健康安全。

【实施国家扩大免疫规划】 2015年,东湖区全年基础免疫接种人数为糖丸3653人、百白破3653人、麻风3546人、乙肝27659人、卡介苗26840人、乙脑3653人、A群流脑3653人、甲肝3875人,接种率分别为99.91%、99.91%、96.20%、99.90%、96.94%、99.91%、99.91%、99.79%;加强免疫接种人数为糖丸3862人、百白破3674人、麻风腮3674人、白破3982人、乙脑为3638人、A+C群流脑4312人,接种率分别为96.05%、99.15%、99.15%、91.26%、95.94%、90.96%。全年新增办证3686人,其中流动儿童办证1220人,共接种142632人次,各项免疫规划接种率全面达标。

【落实新生入托入学查验接种证工作】 2015年,区疾病预防控制中心于6月下旬对全区接种单位、小学和托幼机构进行2015年儿童入托、入学查验接种证工作进行培训,7月开始进行查验工作。2015年入托应查验人数2991人、实查验人数2974人,查验率为99.43%;入学应查验人数4178人、实查验人数4104人,查验率为98.23%。托幼机构应补种420人,实补种401人,补种率为95.47%;小学应补种865人,实补种832人,补种率为96.18%。

【查漏补种脊髓灰质炎疫苗】 2015年,区疾病预防控制中心根据《2014—2015年度江西省部分地区开展脊灰疫苗查漏补种活动实施方案》要求,在全区范围统一开展1~5周岁儿童脊髓灰质炎疫苗查漏补种活动,以最大限度提高人群免疫力,形成免疫屏障。活动中,全区适龄儿童脊髓灰质炎疫苗应种460人,实际补种441人,接种率达95.87%。

【抓好H7N9、H10N8禽流感防控】 2015年,为防控H7N9、H10N8禽流感、埃博拉出血热、手足口病疫情,区疾病预防控制中心成立了H7N9禽流感、埃博拉出血热、手足口病应急处理领导小组,制定防治方案,组织开展卫生应急小组技能培训4次,对辖区医疗机构、学校和托幼机构举办H7N9禽流感、手足口病防控专题培训共计3次,对辖区20余家医疗机构进行专项督导,对外开展各种应急宣传8次,累计对外发放各种宣传资料2万份,接受宣传人数累计1.5万人次,接受电话咨询人数累计4000余次,全区未发生禽流感重大疫情。

【重视传染病疫情管理】 2015年,区疾病预防控制中心共审核传染病卡18326张,乙类9244张,丙类6060张,其他3022张,辖区报告甲乙类传染病1154例,与2014年1122例相比上升了2.85%。发病前五位的疾病分别为肝炎461例(39.04%)、肺结核356例(32.62%)、梅毒201例(16.84%)、淋病75例(4.46%)、HIV30例(4.01%)。

【开展卫生应急处置】 2015年,区疾病预防控制中心组织对辖区医疗机构在疫情网络直报、传染病防控等业务指导100余次,处理各类传染病疫情、卫生应急事件89起,其中重症手足口病疫情61起、食物中毒疫情4起、布鲁氏菌病疫情22起,散发疫情2起。有力地应对了H7N9、H10N8禽流感、手足口病等重大传染病疫情,辖区未发生聚集性重大疫情。

【启动国家级艾滋病综合防治城市示范县区工作】 2015年,根据江西省卫生和计划生育委员会等6个部门《关于进一步推进艾滋病防治工作的通知》(赣卫疾控字〔2014〕4号)和国家卫计委办公厅《关于启动第三轮全国艾滋病综合防治示范区工作的通知》(国卫办疾控函〔2014〕503号)文件精神,东湖区被列为国家城市示范区县区,并于9月启动。第三轮全国艾滋病综合防控示范区工作周期为5年(2014—2018年),项目将进一步推动全区艾滋病综合防控工作,扩大与加强艾滋病综合防控力度,遏制艾滋病在全区的蔓延与传播。

【深化慢病综合防控示范区建设成果】 2015年,区卫计委制定《2015年东湖区慢病综合防控示范区工作方案》,组织召开全区多部门协调会和部门联络员会议,布置了2015年示范区创建的各项工作任务。5月18日,开展中国职业人群"健步走激励"健康干预项目,辖区102名职业人群参加了此次健步走竞赛。历时6个月的第一、二阶段的职业人群健步走活动进展顺利,并以行进里程12865.71公里和个人万步率100%的优异成绩,在此次中国职业人群"健步走激励"干预项目第一、第二阶段中分别赢得二等奖。与多部门合作,大力开展"推广食物营养标签"及示范餐厅、示范食堂的创建工作,在各社区以宣传栏、社区讲座等多种形式倡导控油限盐的健康生活方式。巩固完善9个健康指标自助检测点,逐步扩大自我管理人员队伍及覆盖面,维持慢病自我管理小组,新增9个,总数达到45个。

妇幼卫生保健

【概况】 2015年,东湖区妇幼保健工作始终坚持以保健为中心,以保障生殖健康为目的,实行保健与临床相结合,面向群体,面向基层和预防为主的卫生工作方针,认真贯彻落实"一法、两纲"工作,不断强化母婴安全意识,加强妇幼保健适宜技术推广,确保两个纲要工作的落实。

【加强母婴保健技术执法力度】 2015年,区疾控中心、区卫生监督所、区妇保所相互协作,加大了《母婴保健法》《传染病防治法》的执法力度,对开展母婴保健专项技术服务的机构和从业人员严把准入关,严厉打击未经许可擅自开展母婴保健诊疗工作的非法行医行为,查处1家未经许可擅自开展母婴保健技术服务的机构,并责成区卫生监督所对该机构进行行政处罚;切实加强对医疗废弃物的管理,防止医源性感染和传播疾病,加强冷链建设,增强常规免疫的有效性,达到安全注射标准。结合"降消"检查,加强对产科的监督检查,针对2015年7月南昌华杏医院在南昌市第二周期民营医院"规范化服务"检查不达标的情况,责令其产科停业,减少了开设产科医疗机构存在的安全漏洞。

【加强妇幼保健技术从业人员培训】 2015年,区卫计委组织相关专家为18家开展母婴保健技术服务机构的从业人员进行母婴保健技术服务培训,在培训考核合格的基础上核发583份母婴保健技术服务合格证。全年组织开展母婴保健技术服务机构参加省市区各类培训45人次,进一步提高从业人员的技术水平和服务能力。

【推进育龄妇女免费增补叶酸项目】 2015年,按照市卫生局项目要求,充分利用区妇幼保健所对育龄妇女的规范管理优势,加强育龄妇女免费补服叶酸的力度;同时,借助辖区9所社区卫生服务中心与所辖区街办、居委会在公共卫生服务均等化项目中建立的良好协作关系,在区免费婚前医学检查点、所里的保健门诊等地方发放宣传资料3550余份,向育龄妇女人群免费发放叶酸1609人,发放叶酸3205瓶,全区全年未发生神经管缺陷新生儿病例。

【加强儿童保健管理】 2015年,东湖区7岁以下儿童保健覆盖21970人,保健覆盖率91.01%;3岁以下儿童系统管理10238人,管理率90.83%;5岁以下儿童死亡27人,死亡率5.74‰,其中婴儿死亡22人，死亡率4.68‰，新生儿死亡9人，死亡率1.91‰；新生儿访视4449人，访视率94.62%。体弱儿管理率100%，管理合格率100%；托幼机构管理率98.61%，托幼机构卫生保健制度达标率100%。

【开展妇女保健普查】 2015年，区妇幼保健所抽调骨干力量组成工作组，下社区、学校、单位完成妇女普查普治工作。全年共完成妇女普查16002人，查出妇科病人数11978人，患病率达到74.85%。主要表现为阴道炎23.02%、宫颈炎55.77%，宫颈癌6.25/10万，乳腺癌37.50/10万。

【加强免费婚前医学检查】 2010年5月1日东湖区纳入全省实行免费婚检试点区，妇保所在区婚姻登记处旁设立了“免费婚检处”，建设打造出婚姻登记、免费婚检一站式便捷服务模式，东湖区的婚检率由最初的突降，到现在已呈稳步上升趋势。全区结婚登记8632对，免费婚检5972对，检出疾病总人数638人，其中影响婚育疾病人0人，婚前医学检查率69.18%，疾病检出率10.68%。

【加强孕前优生健康检查】 2015年，东湖区为做好免费孕前优生健康检查项目，降低出生缺陷发生率，提高出生人口素质，进一步推动优生促进工程深入开展，区妇幼保健所联合东湖区计划生育服务中心，为计划怀孕的498对夫妇提供优生健康教育、病史询问、体格检查、临床实验室检查、影像学检查、风险评估、咨询指导、早孕及妊娠结局追踪随访等19项免费孕前优生健康检查服务。

卫生行政执法

【概况】 2015年，区卫计委认真贯彻执行国务院《全面推进依法行政实施纲要》和《南昌市优化投资环境条例》，健全与完善卫生执法制度，进一步增强依法行政、依法监督、为民服务意识，采取日常卫生监督与专项执法检查相结合的方式，紧紧围绕群众关注的热点难点问题，紧扣关键行业、关键环节，积极有序地推进全区公共卫生、医疗卫生、二次供水卫生监督管理工作，有力打击各种违反卫生法律法规行为，维护全区卫生秩序，切实保障人民群众健康权益。

【卫生行政服务效能显著提升】 2015年，东湖区卫生行政许可工作继续按照“两集中、三到位”的原则，履行“首席代表制”“行政委托制”“一审一核制”等制度，推行网上电子审批，实行“一个窗口对外”和“一站式”服务。同时不断更新服务理念，优化审批流程，做到“服务一站式、办事一指南、示范一文本”；执行服务承诺制和限时办结制；对重大产业项目和重点项目开辟绿色通道，实行重点项目全过程跟踪服务；对依法必须由多个部门分别实施的行政许可实行“并联审批”。以精简高效的程序和规范优质的服务赢得办事群众的满意。共受理卫生行政许可申请861件(其中医师护士注册585件，公共场所260件，二次供水14件，放射诊疗2件。)；发放卫生许可证843个(其中公共场所卫生许可证242个，二次供水14个，医师、护士执业注册585个，放射诊疗2个。)；年检284户，其中公共场所204户，二次供水54户，医疗机构25户，放射诊疗1户；核发从业人员健康证4830个。

【开展打击非法行医的专项行动】 2015年，区卫计委全年共出动卫生执法人员563人次，组织打击非法行医专项行动7次，检查医疗机构690户次，成功取缔无证行医点2家，对检查中发现存在无证行医、无证上岗、医疗废物暂存点不符合卫生要求等问题19家医疗机构进行立案查处，有效地打击了无证行医行为。同时提高了医疗质量，保障了医疗安全，对辖区医疗机构实行不良执业行为记分管理，对存在不良执业行为的医疗机构，按《江西省医疗机构不良执业行为记分管理办法(暂行)》规定，进行不良行为的记分，不良执业行为记分管理率达100%。

【开展多项卫生执法整治活动】 2015年，区卫计委按照省、市、区有关要求，开展游泳场馆、抗(抑)菌制剂、医疗美容、住宿场所、学校卫生等13项专项执法检查和专项整治工作。共出动卫生执法人员580人次，立案查处24起违法经营案件；对65家存在问题的公共场所单位下达整改意见书；责令20家无证经营单位办理了卫生许可证。有力地打击了各种违反卫生法律法规行为，消除了公共卫生安全隐患，有效防范突发公共卫生安全事故的发生。

【加强生活饮用水、消毒产品卫生监督管理】 2015年上半年，按照南昌市卫生监督所《关于开展2015年南昌市消毒产品生产企业专项整治工作的通知》的要求，2015年4月东湖卫生监督所联合南昌市卫生监督所，对位于东湖区扬子洲的消毒产品生产企业——白云药业有限公司进行监督检查。针对检查发现该公司存在未开展卫生安全评价及中检环节等问题，下达了整改意见书，责令其整改到位。2015年7月对辖区扬子洲绿洁餐具消毒配送中心进行专项执法检查，重点检查选址布局、工艺流程、卫生制度等相关内容。对该中心存在餐饮具功能分区不合理，独立包装未标明消毒日期及保质期限，批次餐饮具不能出具出厂检验报告等问题，下达整改意见书，责令其限期整改到位。

【实施社区生活饮用水卫生检测示范项目】 2015年，东湖区继续实施中国卫生监督协会“社区卫生监督协管服务生活饮用水卫生检测示范项目”。2015年6月起，依据省市《社区生活饮用水卫生检测示范项目工作实施方案》的内容和要求，每月定期对全区公园街道上营坊社区、大院街道一社区、董家窑豆芽巷社区、彭家桥街道光明社区4个示范社区生活饮用水的常规指标进行检测，并将检测结果在社区公示栏中予以公示。全年共检测81份水样，全部符合国家饮用水卫生标准。

爱国卫生运动

【概况】 2015年，以迎接国家卫生城市、国家文明城市复审为动力，以“保卫”工作为重点，不断强化爱国卫生组织管理工作，扎实开展城区环境卫生整治、病媒生物防制、健康教育等工作，积极改善城区环境卫生面貌，切实保障人民群众身体健康，努力打造美好健康城市。

【夯实爱国卫生组织管理】 2015年，区爱卫办进一步夯实爱国卫生组织管理：一是经费保障。全区外环境的消杀工作市场化，区爱卫办聘请专业的消杀公司负责全区的消杀工作。区财政在保证46万元专项资金的基础上追加投入资金40万元，用于购置“四害”防制药品、器械及开展集中消杀工作等。二是健全机构。2015年，全区及时调整和充实区爱卫会成员，由区长担任区爱卫会主任，各有关职能部门主要负责人任委员，各成员单位分工明确，责任落实。三是区爱卫办有相应的编制和人员，有适应工作需要的办公经费、办公用房、交通工具等。

【开展“创文保卫”工作】 2015年，区爱卫办根据全市“创文保卫”工作需求，一是加强组织机构建设。本着“机构不撤、人员不变、经费不减”的原则，全区调整爱国卫生工作领导小组及病媒生物工作领导小组成员，爱卫组织机构得到加强；同时在爱国卫生工作经费不变的情况下，还增加病媒生物防制工作经费，真正把爱卫各项工作落到实处。二是接受问题，督促整改。区保卫办从市爱卫办取来拍摄有创卫问题的光盘，通报后，立即把问题具体细化到各相关单位，并组织人员检查、督促整改，且每次都整改到位。同时，为做好全国爱卫办对南昌市“国家卫生城市”巩固工作、复审暗访发现问题的整改工作，区保卫办派员下到各社区督促整改10余次，并通过市爱卫办检查组的验收。三是认真开展爱卫月活动。根据《江西省爱国卫生工作条例》和南昌市爱卫会相关文件的要求，区爱卫会于4月开展了以“全民参与爱国卫生，共建共享健康中国”为主题的爱国卫生月活动，向全区共发放爱卫月宣传画1200余张，各街办、社区共出板报、黑板报50余次，使之家喻户晓，人人皆知。

【开展爱国卫生工作检查】 2015年，区爱卫办大力开展爱国卫生工作检查。针对食品生产经营、公共场所经营单位无卫生许可证和健康证、消毒工作不规范、销售直接入品食品无防尘防蝇设施、经营环境脏乱、无环保设施等情况，按照“谁发证，谁主管，谁负责”的原则，开展多次专项整治活动。根据区委区政府的要求，2015年3月组建“城市管理综合执法队伍”，由区各相关部门派出城管、公安、工商、卫生、环保工作人员挂点驻街，负责抓好日常城市综合整治、管理，及时发现和解决城市管理中的问题，对辖区“六小”行业、二次供水设施进行摸底排查，登记造册。区卫生局对辖区公共场所经营单位摸排,发放了300份通知单,要求各经营单位亮证经营、持证上岗;对辖区38家二次供水单位开展专项整治;对辖区医疗机构开展整顿医疗秩序,规范诊疗行为的专项整治行动。建立并完善区、街、居三级健康教育网络,健康教育经费纳入财政预算,做到人员、设备、经费和任务落实。各街道、居委会均配有健康教育专(兼)职人员,同时对教师、志愿者及各行业单位进行分类培训,统一标准模式,同时抓住行业特点,有针对性地开展健康教育活动。2015年,区爱卫办邀请市健康教育专家对辖区学校、公共场所单位、街道社区、医疗机构的健康教育专兼职人员分5批次450余人进行了培训,培训覆盖率达100%;全年对辖区各级医院17家、社区卫生服务中心9个、学校15所、公共场所单位11个、9个街办1个管委会,100多个社区的健康教育工作情况进行督导,督促整改与落实健康教育工作中存在问题。

【全面开展病媒生物防制工作】 2015年,区爱卫办在开展环境卫生综合治理的基础上,从经费落实、明确职责入手,强化培训督导,积极组织引导并稳步推进全区病媒生物防制工作的开展。区财政在保证46万元专项资金的基础上追加投入资金40万元,用于购置"四害"防制药品、器械及开展集中消杀工作等;区爱卫办严格对PCO公司的监管,通过区、街、社区三级督查,督促PCO公司保质保量完成合同任务,并将督查结果与合同经费密切挂钩,保证外环境消杀的明显成效。2015年共发放灭鼠颗粒6万包、灭鼠蜡块40箱、灭蚊片4万盒、灭蟑粉4万瓶;据统计,对区商务局、区城管局、区城建局等相关单位及消杀公司发放消杀药品列卫胜(杀威、高氯剂)85箱、顺式氯氰菊脂85箱、氯菊烯丙菊(优士)20箱、高氯残杀威杀虫乳油30箱、"生久歼飞"高效氯氰菊脂50箱、灭鼠蜡块40箱等,降低了各行业的病媒生物危害程度,有效地控制了全区的"四害"密度。

辖区医疗资源

【概况】 截至2015年底,东湖区卫生计生系统在编在职285人,离退休267人,缺编制115人,临时聘用141人。区属卫生事业单位在编在职专业技术人员189人,其中高级职称21人、中级职称72人、初级及以下职称96人。全区现有卫生机构230个,其中医院11所、中医医院1所、专科防治所1所、社区卫生服务机构24所、门诊部80个、诊所58所、卫生所35所、村卫生所21所、疾病预防控制中心1所、卫生监督所1所、妇幼保健机构1个,卫生技术人员2156人。全区平均每千人拥有区级执业(助理)医师数3人,拥有注册护士1.56人,拥有病床1.4张。

表22 **2015年东湖区域主要医院一览表**

名　称	卫生技术人员(人)	床位数(个)	电　话	详细地址	备　注
南昌大学第一附属医院	2998	3206	88692711	南昌市永外正街17号	省属
南昌大学第二附属医院	1896	2452	86311970	南昌市民德路1号	省属
江西省人民医院	1880	1560	86895515	南昌市爱国路92号	省属
江西省儿童医院	1470	1482	86803758	南昌市阳明路122号	省属
江西省妇幼保健院	1338	923	86226882	南昌市八一大道318号	省属
江西省口腔医院	208	18	86362356	南昌市福州路49号	省属
江西省中医院	1234	1617	86361058	南昌市八一大道445号	省属
南昌市第一人民医院	1547	1226	8862269	南昌市象山北路128号	市属
南昌市洪都中医院	781	600	86781658	南昌市民德路264号	市属
江西省胸科医院	555	550	86784107	南昌市叠山路346号	省属

(陈方武)

镇、街道办事处、管理处概况

扬子洲镇

【简况】 扬子洲地处赣江下游，在南昌市新、老城区的中间，位于北纬28°43′20.5″，东经115°54′59.4″。东与南昌县南新乡接壤，南以赣江南支与南昌城区隔江相望，并以赣江南大桥和洪都大桥相连接，北以赣江北支由赣江北桥和英雄大桥连接红谷滩新区和昌北经济开发区，西与八一大桥、滕王阁毗邻。扬子洲四面环水，是南昌市名符其实的水上绿洲。扬子洲堤内总面积18.2平方千米，加上堤外滩涂水域等面积总计38.6平方千米，现有人口30000余人，居民户9500余户，辖三联、联民、为民、庙后、前洲、新村、滕洲、熊万、上房、莘洲、长村、渔业、南洲、林场、臣港15个村委会，有自然村71个。镇政府驻庙后村，距市中心5000米。2015年是扬子洲全面融入东湖区，各项社会事业同步发展的一年。在区委、区政府和镇党委的正确领导下，全镇上下紧抓区划调整的发展契机，围绕“四区”目标任务，适应新常态，展现新作为，积极应对新形势下的控违任务，新常态下的经济发展，新时期下的民生诉求，镇域经济保持平稳发展，民生福祉不断提升，社会持续和谐稳定。

【抓经济发展促经济指标完成】 2015年，扬子洲镇着力抓经济发展，积极延伸拓展招商引资触角和渠道。一是整合现有资源和政策，引进一批有税收的企业总部注册变更到扬子洲镇，跟进365公司陶瓷展厅、三源色总部等项目。二是组织了4个批次招商小分队出击，先后赴湖南、台湾、广东珠三角和四川等地招商，拜访企业，洽谈项目。三是适度产业转型。依托森美生态园、菇事汇、花海田园等有限的生态旅游资源，借助扬子洲镇洲尚专业合作社联社和扬子洲镇洲尚生态文化旅游公司，整合扬子洲农业资源和旅游资源，提高全镇农产品附加值。成功举办了“文化东湖 · 秀美洲上”活动周暨扬子洲第二届番茄节活动，迎接游客2万余人次，拉动周边经济百余万元，进一步提升了扬子洲在南昌市的知名度。全年地方公共财政预算收入目标任务数为700万元，实际完成1471.4万元，完成比例210.2%，其他主要经济指标均达到预期目标。

【严把城建控违】 2015年，扬子洲镇积极贯彻落实南昌市关于扬子洲镇十年储备决议，将城建控违、土地管理作为当前重中之重工作抓好抓实。一是坚持“以拆促控”原则，发挥市、区、镇、村四级控违机制，整合城建控违办和城管中队控违工作力量，按照行政村划分，实行片区负责制，做到发现一处拆除一处。每日对各自片区反复巡查，不留死角，重点盯查堆有建筑材料的农户，及时发现农户抢建苗头。2015年共组织各项自拆、强拆行动50余次，拆除违法建设307处，拆除违法建设面积约19153平方米，有效地遏制了新增违法建设跟风蔓延的势头。二是坚持疏堵结合，先后出台《扬子洲镇D类危房改造实施方案》《扬子洲镇产业项目准入机制》等文件，有序推动了D类危房改造和产业发展用房需求。截至年底，共通过23户D类危房户，其中22户完成了改建。同时，切实做好公租房申报工作，共有23户住房困难户申报成功。

【推进生态建设】 2015年，扬子洲镇实施了系列环境综合整治行动。一是开展港口岸线码头及交通整治。对饮用水源地一级保护区内的码头逐步关停,向码头企业主发放了一封公开信,对证照不全的码头进行执法检查和限期整改。同时,针对码头物流运输乱象,开展交通联合整治行动。二是制定《扬子洲镇农村清洁工程绩效考核办法》,加强农村环境卫生的治理。成立了农村清洁工作办公室专门负责各村环境卫生的日常考核和督导检查工作,实现全镇农村清洁工程的常态化管理。三是开展农村环境专项整治。争取到市级环保专项资金400万元对上房村、莘洲村、渔业村、林场村、南洲村五个村进行环境连片整治。投入10万元,对扬子洲水厂一级饮用水源地周边环境进行综合治理。

【落实民生实事】 2015年,扬子洲镇围绕重大民生工程和民生项目抓落实。一是鹏举北路竣工通车。扬新西路、扬农路、鹏举中路的维修改造项目正在紧张施工中。二是投入40万元对扬子洲敬老院改造提升工程开工建设,年底已完工。三是投入500万元建设的17个新农村建设示范点全部完工,验收合格;完成5个"双带"重点示范村点、"一村一品"重点示范村等建设工作;对庙后村、前洲村、莘洲村、长村村、渔业村、南洲村6个村7个造林点进行植树造林,栽种树木约计10500余株;完成全镇160艘捕捞船的验证工作。四是创新成立洲尚教育基金理事会,为新录取大学生发放奖学金,为贫困大学生发放助学金。五是筑牢防汛抗旱防线。对扬子洲三条主要排涝渠道进行清草清杂;对全镇九座排涝站及电排总站进行维修和应急处理;储备防汛草袋28800条、编织袋43200条、卵石2880方、块石1440方、土工布4080平方米,全面完成上级下达的防汛物资计划,为扬子洲防汛抗旱工作打牢基础。六是保障各类民生救助。全年,全镇完成城镇居民医疗保险参保29241人,参合率95%。全年共发放各类民政救助资金344万余元,实现城镇新增就业人数400人,转移农村劳动力人数118人,"4050"人员再就业11人,跨省劳务输出100人,发放下岗失业人员及小企业和自主创业小额担保贷款200万余元,实施城乡低保医疗救助94人次,金额25.8万余元,民生幸福指数明显提高。

【落实土地确权工作】 2015年,扬子洲镇全面推进农村土地承包经营权确权登记颁证工作。区镇联动,一是成立土地确权工作领导小组,定时组织召开领导小组会议,研究工作方案,及时应对农户在确权过程中提出的各种问题,做到全镇统一操作规范。各村相应地成立了理事会,及时研究落实有关精神。二是大力宣传。各村深入宣传报道开展农村集体土地确权发证的重要意义、工作目标和相关政策,发放《致农民朋友一封信》7000余份,刷标语40多条,同时要求各村利用电子屏、标语、展板、横幅等形式加大宣传力度。逐村逐户进行政策讲解,使确权发证工作家喻户晓,营造了良好的舆论环境和工作氛围。三是适时组织培训会。组织培训人数460人次。先后2次安排试点的长村村和臣港村业务人员到余江县和湾里区学习考察,交流心得。组织15个村的分管村干部到各村召开现场座谈交流会10多场,通过现场指导、实地观摩等形式,对各村人员业务进行系统培训,详细解读土地确权登记颁证的相关政策、程序,强化村级工作人员的业务能力,确保确权工作高效开展。四是经费保障到位。区委、区政府高度重视此项工作,明确了土地确权的工作经费共计85.7万元。资金由区确权办设立专户、抽调专人进行管理,严格遵照资金使用制定,严格遵照资金使用制度,做到足额拨付,专款专用。通过调查摸底、信息公开、数据核对、田间勾图、公示签字拍照存档、建库建簿、颁发证书等程序完成土地确权工作。此次确权纠正错漏的个人信息,找准混乱的地块位置,理清模糊的四至界线,化解纠缠的历史矛盾,明晰争议的权属问题,建立完备的土地确权信息库,真正做到确实地、赋真权、准登记、颁铁证。2015年扬子洲镇代表南昌市通过了全省农村土地确权工作交叉检查。截至12月底,全镇13个村基本完成土地确权工作,共颁发4100本证书,建库建簿4100户,剩余2个村正在进行扫尾工作。

【狠抓效能建设】 2015年,扬子洲镇狠抓作风建设不放松,时刻将纪律挺在前面。一是推进党风廉政建设社会评价工作。开展形式多样的大走访,通过发放廉政短信、制作发放廉政宣传广告伞、廉政专场演出等系列活动,增强干部廉政自律意识,加大群众监督力度。二是加强党风廉政学习教育。镇领导班子多次集中学习省市违反党风廉政建设的典型案例。23 期《洲尚大讲堂》中党风廉政建设专题讲座就有 8 期，镇党委书记还带头为党员干部上廉政党课，组织党员干部反复学习一个《准则》和两个《条例》。三是严格落实三资管理有关规定，对全镇各村“三资”进行核查，对村级固定资产进行了盘点登记，做到了心中有数，管理有度，防止村级固定资产的流失；通过 GPS 定位，理清各村池塘、滩涂等集体资源的方位和面积，解决以往四至不清、面积不实的问题；完善农村资产资源租赁、出售等相关程序和要求，对于村级资产资源需经三资部门把关后，形成议题，上报镇党政联席会议研究通过后方能进行交易。四是狠抓机关干部效能建设。制定出台《扬子洲镇综合目标管理考评办法》和《扬子洲镇机关部门、干部分类绩效考核实施方案》文件，加强部门和干部的绩效考核，从制度层面强化作风建设。

【维护信访稳定】 2015 年，扬子洲镇落实和完成了各项综治工作任务，维护一方社会稳定。一是精心谋划，统筹推动提升公众安全感和政法单位满意度活动，公众安全感满意度调查排在乡镇(街道)第一。二是招募组建 1800 人的义务巡防员队伍，聘请 20 名综合执法队员，充实执法力量。在 15 个村开展平安创建工作。平安铁路联防联治工作连续 11 年未出现安全事故。三是狠抓综治和信访矛盾纠纷调处。每周开展法制宣传进村活动，用法律手段积极化解信访纠纷，截至 12 月，排查调处突出矛盾纠纷 11 件，调处成功 11 件，其中有效调处缠访闹访事件 4 起，妥善处理重大意外死亡事故 5 起，治安拘留 2 起，调处率达 100%，调处成功率为 100%，全镇社会态势基本稳定。截至 2015 年底，已取得连续六年(2009—2015 年度)零赴京、赴省集体访的佳绩。

【夯实村级组织建设】 2015 年，扬子洲镇按照年初制定的党建责任制目标，围绕中心研究部署党建工作。一是在熊万村开展全市党员科普致富示范村创建项目。二是圆满完成 15 个村村“两委”班子换届工作，实现平稳过度。调整联民村党支部第一书记，派驻联民村基层组织建设整顿工作组，加强后进村整顿工作。三是选派了 5 名机关干部到村挂职锻炼。举办 23 期《洲尚大讲堂》，累计培训干部 3600 人次。三联村党支部书记万屯娘和前洲村党支部书记陶晓弟被评为全省劳动模范，熊万村党支部书记熊长根被评为全省龚全珍式好干部优秀农村党组织书记，为全镇干部树立了三面旗帜。四是完成了农村党员党籍管理和村两委干部档案整理工作。五是认真抓好远程教育工作，三联村、熊万村远程教育工作在全市检查中得到肯定。六是积极开展“连心、强基、模范”活动。向 15 个村选派了书记助理和主任助理。落实连心小分队工作机制，开展走访帮扶工作。

【做好村级组织的“两委”换届选举工作】 2015 年，根据《关于认真做好全区村(社区)党组织和第九届村(居)民委员会选举工作的实施意见》(东办发〔2014〕55 号)要求，扬子洲镇积极筹备，精心组织，周密安排，有计划、有步骤地开展了村“两委”换届选举工作。全镇有 14 个村在 2014 年 12 月 28 日顺利完成党组织换届选举，其中上房村采取“公推直选”方式，其余 13 村采用“两推一选”方式。2015 年 1 月 20 日至 22 日，14 个村顺利完成村委会换届选举，其中为民村、熊万村、渔业村采取“海选提名”方式进行，其余 11 村采取“自荐直选”方式。联民村因故推迟换届选举。经镇党委政府多方努力，通过与联民原村“两委”班子成员谈话交心，走访党员和群众，综合物色书记人选以及加大非法操作选举监督排查力度等措施，联民村在 2015 年 5 月底全面完成村“两委”班子换届工作。此次换届一是增强了扬子洲镇村班子的凝聚力，密切了干群关系。党员、群众普遍认为，自己的意见得到尊重，民主权力得到行驶，心平气顺了，从而积极支持自己信任的村委班子工作，干部和群众的心一下子拉近了。二是扩大了基层民主，提高了村民代表和群众参政议政的积极性。此次将团组织、妇女组织换届工作与两委换届工作一并进行，确保团组织、妇女组织有新鲜血液进驻，同时明确了各村务必确保一名妇女干部进村两委，确保了妇女组织及妇女干部的地位。三是强化了干部责任，促进了农村经济和社会事业的发展。通过选举，使村委班子能够自觉在群众的监督下更好的工作，在新的岗位进一步理清工作思路，认真履行职责，从而促进了村级经济和各项事业的全面发展。

【成功举办扬子洲第二届番茄节】 2015 年 6 月

12日,由中共东湖区委员会、东湖区人民政府、南昌市旅游发展委员会主办,中共扬子洲镇委员会、扬子洲镇人民政府、东湖区文化广电旅游新闻出版局、东湖区农村工作办公室承办,由生活365杂志、象网网站策划推广的扬子洲第二届番茄节正式开幕。番茄节持续一个月,其间开展了各式各样的精彩活动,包括"欢乐番茄节,缤纷洲尚游"精品旅游线路推介会;第二届扬子洲番茄节开幕式;第二届扬子洲番茄节互动舞台;番茄音乐嘉年华;非物质文化遗产传人助阵表演;扬子洲番茄主题摄影大赛;扬子洲乡村大戏台;扬子洲特色农产品展销;环扬子洲绿色千人骑行大赛。根据不完全统计,此次番茄节带动旅游达到25000余人次,其中旅行社团队8000人次,代订自驾游6000人次,社会游客1.1万人次。这为扬子洲的经济增长带来了一个新的突破,为扬子洲的菜农带来了切切实实的实惠。番茄节期间当地农民蔬果销售额约100万元,较去年相比增长了几倍之多,使得当地农民经济收入大幅增长。在餐饮方面,接待人数及收入因此也比较可观,农家乐接待游客量0.8万余人次,营业额约40万元,酒店接待游客量0.5万余人次,营业额约50万元。

【畜禽禁养成果丰硕】 2015年,扬子洲镇党委、政府自我加压,迎难而上,主动顺应时代要求和群众期盼,牢牢把握"四注重,三严格,两到位"(注重组织调度、注重宣传发动、注重示范带动、注重疏堵结合;严格点栏、严格清栏、严格奖惩;清栏补助到位、后续监管到位),在全镇上下开展了声势浩大的畜禽禁养工作。在2015年12月24日成功举办了全市农村"百日整治"现场会,得到了市、区领导的高度肯定。通过区、镇、村三级干部多番努力,全镇31265头生猪已全部完成清栏,共发放了276.96万元补助资金。

表23 **2015年扬子洲镇村民委员会一览表**

村委会名称	主任姓名	户数(户)	总人口(人)	村民小组(个)	办公地址	办公电话
三联村委会	黄祖根	1531	4844	8	扬子洲镇三联村委会	88671863 13576096281
联民村委会	熊顺飞	1266	3802	7	扬子洲镇联民村委会	13870845889
为民村委会	岳国忠	574	1828	6	扬子洲镇为民村委会	86861646 13507917741
庙后村委会	黄　凯	859	2807	5	扬子洲镇庙后村委会	88670517 13517089788
前洲村委会	陶国庆	661	2282	8	扬子洲镇前洲村委会	88670425 13870607158
新村村委会	陶小勇	545	1973	4	扬子洲镇新村村委会	86861045 13607065667
滕洲村委会	陶　辉	498	1670	2	扬子洲镇滕洲村委会	13576931607
熊万村委会	万仁友	330	1161	2	扬子洲镇熊万村委会	13979151878
上房村委会	郭小云	428	1632	8	扬子洲镇上房村委会	13767103607
莘洲村委会	郭小金	284	958	5	扬子洲镇莘洲村委会	88670134 13803516735
长村村委会	郭启年	405	1408	2	扬子洲镇长村村委会	86863426 13576126585

续表 23

村委会名称	主任姓名	户　数（户）	总人口（人）	村民小组（个）	办公地址	办公电话
渔业村委会	郭有根	541	1838	3	扬子洲镇渔业村委会	88695239 13879186400
南洲村委会	徐凤娇	670	2108	4	扬子洲镇南洲村委会	13970098918
林场村委会	陶金国	338	1031	0	扬子洲镇林场村委会	13576260068
臣港村委会	陶　晟	76	209	1	扬子洲镇臣港村委会	88618143 13870618788

（况　葵）

八一桥街道办事处

【简况】 2015 年，八一桥街道办事处辖区面积 0.42 平方千米，共有人口 38152 人，居民户 13061 户，设有 7 个社区居委会。共有直管党员党员 617 人。街道以科学发展观为统领，围绕“四区”建设目标，抓好重点、打造亮点、突破难点，促进了街道各项事业和谐、稳定、快速地发展。

2015 年，街办完成地方公共预算收入 2461 万元；实现利用内资 8398 万元、外资 450 万美元、现汇 90 万美元，分别同比增长 14.2%、15.6%、15.3%；完成新增税收 631 万元，占年任务的 315%；完成固定资产投资 88946 万元，占年任务 100%，社会消费品零售总额同比增长 8.5%；引进 5000 万元以上重点项目 3 个，1000 万元以上项目 10 个。

截至 2015 年底，街办共有低保户 448 户、777 人，享受金额 286073 元。全年新增低保 23 户，停发低保 53 户，变动调整 35 户；大病救助 94 人次，救助金额 221211 元。发放义务兵优待金 36 人次，发放金额 347673.5 元；发放居家养老券 6 人次，发放金额 8100 元；发放高龄补贴 11118 人次，发放金额 989580 元。城镇新增就业人数 533 人，就业率 95%；“4050”人员就业人数 162 人，家政服务业从业人员 74 人；下岗创业技能培训 60 人，家政服务类培训人数 50 人；报送小额贷款 53 笔，共 530 万元；完成城镇居民医保参保 10725 人，城乡居民社会养老保险参保 90 人；办理“就业失业登记证”年检 623 本；建立 1 个青年见习基地，共申报 8 名青年见习学员；办理市属退休人员生存认证 4733 人；办理市属企业退休人员丧抚费 23 人，区属企业退休人员丧抚费 3 人，城镇居民养老保险丧抚费 11 人。

2015 年，街道致力于推进社区特色建设，推行“一居一品”工作。截至 2015 年底，有四星级社区 2 个，三星级社区 4 个，二星级社区 1 个。重视引导社区开展各项活动，全年各社区开展活动共计 320 余次。

【积极构建“党建 +”新模式】 2015 年，街道党工委严格落实基层党建责任制，严抓“党建 +”主体建设。认真履行党建“第一责任人”职责，统筹安排，定期研究。以“党建 + 民生服务”为抓手，各社区轮流举办居家养老主题日活动。党员与高龄、空巢、困难老人进行一对一帮扶，将责任落到实处，走出一条“党政主导、社会参与、服务多元”的居家养老服务新路子。抓好基层党组织共驻共建工作，创新“党建 +”发展模式。结合辖区楼宇华远和平里竣工后企业陆续进驻，在该楼宇建立“楼宇党员之家”，探索一条融驻区单位党建与社区党建于一体的“融合型”党建工作新格局。筹备组建楼宇党组织，建立楼宇党员服务站，充分发挥党员服务站的作用，开展“亮身份、作表率，我为企业添光彩”“党员示范岗”等活动，调动楼宇内企业参与党建工作的积极性，促进楼宇经济有序和谐发展。提高基层党组织服务能力，形成“党建 +”开放性服务格局。以“党建 + 理论武装”为导向，定期集中开展学习党章专题教育等，进一步加强党员干部理论素养。推行“党建 + 示范引领”学习模式，邀请街道、社区老干部讲业务、谈经验；实施帮带制度，每名老干部负责带一名年轻干部；开展“创先争优”，对优秀党员干部进行宣传表彰。完善社区办公场所建设以提高基层党组织服务能力。街办和社区办公用房搬迁之际，设立大士院西区社区党建服务中心。同时，街道积极与帮扶市直挂点单位联系，对裘家厂社区进行资金投入，完善社区办公场所建设，形成以党建为引领的新型服务模式，打造党员学习、居民议事、便民服务的综合服务中心。

【深化招商引资稳税增收】 2015年，街办始终把招商引资作为发展街域经济，壮大本地税源的一项重要工作来抓。在具体做法上实施“二化一提高”，即服务手段进一步优化，经济环境进一步优化，办事效率进一步提高。一是服务手段进一步优化。以“硬件不足补软件”“寓招商于服务之中”为引资策略，把提高入驻率、注册率、贡献率作为主线，进一步完善楼宇服务中心，建立楼宇企业动态档案和台账，对入驻企业从宣传政策、洽谈项目到办理登记注册，实行保姆式的全程服务，对重大项目、重点企业，采取定人、定时、定项目，切实做到为投资者提供热情高效的服务。二是经济环境进一步优化。针对街道辖区面积小、招商资源极度匮乏的现状。对辖区内的楼宇、商务办公用房、商业店面进行了摸底排查，建立相关台账，特别是对出版大厦和华远和平里2号楼，做详实的摸排，充分挖掘辖区资源的潜力；其次利用好区楼宇信息平台，跳出辖区找资源，着力开展招商引资工作。三是办事效率进一步提高。配齐了三一三服务团队，规范了办事流程，发挥商会的桥梁纽带作用和已落户项目的孵化功能，以商引商，以企引企，形成“引进一个、建好一个、带来一批”的联动效应，成功引进江西省扫本地网络科技有限公司、江西五辰实业有限公司、江西鑫晶新型材料有限公司等千万元以上项目并陆续进资，还引进了江西汇达美、江西微迅通科技、江西大业投资、江西晟光投资等5000万元以上项目。为了确保财税任务按月推进，街道采取一系列的措施。一是加大非正常户的清理，特别是占用资源的企业，切实掌握企业运作情况，防止税收外流，对长期无税户，联合工商、税务部门进行清理、置换。及时跟踪了解房屋租赁税缴税大户情况，完成了步步高每月110379.38元、华远和平里25536元、东大肛肠42814.98元、博爱泌尿39418元等企业房产税代征服务工作。二是完善协税队伍，建立协税联动机制。利用协税通系统，实行街道领导包片，干部挂点，社区联动的工作机制，按照目标同向，任务明确，责任相连的原则，要求社区及挂点干部熟悉本辖区经营户情况，对辖区新增经营户、施工工地做到随时掌握，及时跟进服务，杜绝税源的流失，对纳税户定期走访，确保纳税基本户不流失。三是做好税源分析，抓住纳税大户。开展巡查巡管，了解重点异地纳税户5户，分别是南昌市聚成，江西万行领先，报刊传媒，高铁速递，致富快报。展开跟踪服务，积极协调税务部门完成变更手续。一一走访重点税源户25家，了解企业经营情况并拍照记录，切实帮助企业解决实际困难。四是加大新增税收引入力度。动用一切力量，采取街道、社区、辖区单位全员动员的方法，积极引入新增税源。

【成立全省首个社区禁毒图书角】 5月21日上午，江西省首个社区禁毒图书角项目在八一桥街道大士院南区社区正式挂牌启动。参会领导为社区图书馆揭牌，并与居民代表参观了社区图书角。6月26日，省长鹿心社，省委常委、政法委书记周萌，省委常委、市委书记龚建华，副省长、公安厅长郑为文，市委副书记欧阳海泉，副市长、公安局长涂建生等省、市领导一行视察指导大士院南区社区戒毒康复管理工作站工作。工作站设置了工作台、禁毒图书角、心理辅导室等，得到省、市、区领导的高度肯定，为禁毒工作社会化起到了积极的推动作用。

【弘扬社会主义核心价值观】 2015年，街道把培育和弘扬社会主义核心价值观作为凝魂聚气、强基固本的基础工程，积极探索培育和践行社会主义核心价值观的实践路径。注重“育+联”，强化思想；注重“讲+演”，强化宣传；注重“培+联”，打造基地。“七一”党的生日之际，街道与东湖区图书馆联合开展活动，组织辖区党员、干部开展生活会，庆祝党的生日的同时开展政治理论学习。唱红歌、跟党走，学党史、树信念，展历程、颂党恩，受教育、抒情怀，学习中华优秀传统文化和社会主义核心价值观，巩固和深化全国文明城市创建成果，以积极向上的精神风貌为党的生日献上贺礼。

【集中整治露天烧烤】 2015 年，街办为响应全市“蓝天行动”的号召，于 7 月 7 日至 8 月 31 日，集中开展夏季占道经营专项整治，重点整治辖区大士院街、豫章后街等“重灾区”的占道夜市排档、露天烧烤、流动摊点，以实现辖区“干干净净、漂漂亮亮、井然有序、和谐宜居”的目的。街道城市管理综合执法队成立了 20 人的专项整治队伍，并制定每周整治计划，明确每次整治行动的责任人、时间、地点，并按计划组织实施。此次整治采取先教育后处罚的方式，即第一次提醒、第二次下达违章告知单、第三次依法进行处罚。

【“三风”活动扬正气】 2015 年，街道以活动吸引群众、以典型感染群众，大力开展“兴家风、淳民风、正社风”主题活动，积极营造以家风带民风、以民风促社风的浓厚氛围，持之以恒地促进市民文明素质和城市文明程度提升。召开“晒家规家训”活动，组织居民用生动朴素的语言还原事件全过程，讲述自己的家风故事；每月发布“身边好人榜”，广泛挖掘身边好人，寻觅身边的温暖与感动；弘扬志愿服务精神，用实际行动践行“奉献、友爱、互助、进步”的志愿者精神；开展邻里关爱活动，融洽邻里关系，增进居民感情。一系列活动犹如春风化雨，让文明之花绚丽绽放，一股以家风带民风促社风的良好氛围悄然形成，正融入广大群众的工作生活，洗涤心灵，匡正风气。

【联合宣传暖民心】 5 月 29 日是全国计划生育协会会员集中活动日，利用这个契机，街道开展了一场涉及党政廉风建设、综治、法律宣传等多方面的综合宣传活动。现场共有 500 余名群众参与并向群众发放党风廉政建设社会评价一封信和小卡片 400 余份，了解居民想法，解答居民疑问；倡导居民建言献策，以建设和谐平安社区，提升公众安全感；邀请律师为居民现场讲解法律知识，解答法律方面的问题，提高居民法律意识；为居民解答医疗保障、就业、小额贷款等方面的疑问；关爱计生特殊困难家庭，让他们充分感受党和政府的关怀。

【综合治理共筑稳定】 2015 年，街办多措并举，围绕和谐稳定这一基石，不断推进深化平安建设。一是广泛宣传，营造氛围。街道、社区利用横幅、黑板报、展板、电子屏、报刊和广播等多种形式，广泛集中地对政法工作和综治平安建设工作进行宣传报道，充分发挥了新闻媒体主阵地作用，切实做到了广播有声、报纸有文，形成规模声势，营造浓厚舆论氛围。据统计，共悬挂横幅 20 条、出黑板报 7 期、展板 2 块、综治宣传牌 200 块、平安建设宣传牌 1000 块、电子屏 10 块，《南昌政法》上稿 1 篇，《南昌电台》上稿 3 篇，《江西电视台新闻联播》1 篇，《南昌电视台每日新闻》2 篇，《南昌日报》上稿 1 篇，《东湖政法》上稿 4 篇。二是全面入户，提高知晓率。进乡村入民户“三问”（问安于民、问需于民、问计于民）大走访活动。组织所有街道干部、社区干部及片警开展大走访活动，发放《致居民朋友的一封信》和《致“新南昌人”（流动人口）的一封信》共计 32000 余份，收集各类意见十余条。各社区组织的义务宣传队走街窜巷，深入居民家中进行义务宣传，提高居民群众、辖区各单位安全意识。挂点综治责任单位开展平安创建帮扶、宣传工作情况。加强与平安创建市直、区直挂点帮扶单位的沟通联系，南昌市科学技术局、东湖区区委组织部（机关工委）、区老干部局、团区委、区妇联、区财政局等共建单位积极主动到所挂点社区进行入户宣传。组织开展“警民恳谈会”，提高防范知晓率的情况。提高居民群众的防范意识，每季度末，街道、各社区与派出所联合组织召开“警民恳谈会”。三是特色活动，提升满意率。1 月 17 日，区综治办与东湖区图书馆、街道劳保所、街道司法所共同开展以“书香东湖之扬文化、讲廉政、送平安”的迎春活动。会场上发放《携手并肩齐共进 幸福指数稳提升》等社会管理综合治理宣传单千余份，消防安全手册 120 册，搭建的流动书屋为居民送上了文化大餐，并邀请退休职工为辖区居民当场书写对联，表达节日的祝福。3 月 18 日，街道与向荣小学联合在学校多媒体会议室举行了一堂法制宣传教育课，邀请了八一桥派出所社区片警亲自为学生授课，组织学生们观看了警示教育片《生命的回音》。此次以“手拉手、法护航、共建平安校园”为主题教育活动，不仅使在校学生拓宽了法律知识，增强了法治观念，提高了安全防范能力，推进了学校法制安全教育，为创建法制校园、平安校园、和谐校园起到积极的作用。四是部门联动，提升参与率。深入开展法律法规宣传，是维护社会稳定的必然要求，也是构建和谐社会的重要保障,是社会管理综合治理宣传工作的重要内容。街道综治办联合司法所、劳保所、派出所和计生办,开展法制宣传活动。在3月13日、3月18日分别举办了两场户外法律咨询活动,通过发宣传材料、摆放展板、张贴标语、现场咨询等进行宣传,教育广大人民群众学法、知法、守法、引导广大群众依法表达利益诉求,维护自己的合法权益,为社会管理综合治理营造了良好的法制环境,增强了综治工作的舆论氛围。组织开展评选、宣传"平安建设好人"活动,社区建立"好人墙"。街道对此项工作进行了专题布置,7个社区按照工作要求都开展了"平安建设好人"评比活动,各选出10名,并制作了好人墙。

表24 **2015年八一桥街道社区居委员一览表**

居委会名称	主任姓名	户　数(户)	总人口(人)	居民小组(个)	办公地址	办公电话
大士院西区社区	刘晓兖	2636	9877	48	阳明路426号	86819984
大士院南区社区	熊国华	2298	7725	20	大士院四区三栋旁	86819714
大士院北区社区	刘秋仙	2308	8078	22	半步街81号	86819974
叠山路西社区	李玉莲	2663	9019	17	大士院三区15-2-101	86820440
裘家厂社区	范有根	1335	4275	13	裘家厂18栋	86822291
芭茅巷社区	肖云霞	1194	4746	12	裘家厂25栋4单元101	86819136
豫章后街社区	熊　玲	816	2186	26	叠山路521号	86820394

(胡　航)

豫章街道办事处

【简况】 2015年,豫章街道办事处辖区面积3.5平方千米,共计19299户、60609人。辖区单位以党政军机关和学校居多,其中有中共江西省委、江西省军区、江西省公安厅、财政部驻江西专员办、江西省人防等省级党政机关;有南昌十中、豫章中学、八一学校、女子职业学校、豫章小学、省委保育园、军区育儿园等中小学及幼儿园;有中电投江西电力有限公司、南昌盐业公司、江西省人民医院等机关、企事业单位和医院。街办辖11个社区居委会,1个家委会。

2015年,街办在区委、区政府的正确领导下,不断深化作风建设,狠抓经济建设、城市管理、民生事业、社会稳定、社区建设、旧城改造等工作,各方面都取得了新进展,荣获"南昌市创建全国文明城市先进单位"。

2015年,街办实现地方公共财政预算收入2559万元,新增税收570.95万元,实际利用外资完成295万美元,现汇完成59万美元,实际利用内资6325万元,固定资产投资完成103324万元,社会消费品总额完成122331万元。全年,街办整合各方力量,用好税务平台,在辖区内房屋出租税收征收的管理方面有新突破。为切实做好辖区内房屋出租税收的征收工作,街办向所辖的11个社区下发了《豫章街办关于加强房屋出租税收征收的通知》,要求社区在公司注册之前就做好房屋出租税收的代征工作,坚决杜绝漏征漏管情况的发生。街办的房屋出租税收征收工作得到了较大的改观,全年税收服务站税收收入123.66万元。

2015年,街道党工委下设机关支部1个,环卫支部1个,9个社区党委(共35个党支部)及2个社区支部,直管党员1339名。街道党工委积极适应党建工作新常态,通过抓理论学习提高政治素养、抓教育引导提高党性认识、抓业务培训提高履职能力和服务水平、抓制度建设巩固战斗堡垒、抓典型示范发挥先进作用、抓承诺兑现规范组织行为、抓廉政建设筑牢防腐堤坝,切实抓好了党建

"一根线",取得了干部群众的好评。实行基层党建和社区治理有效结合,基层协商民主初见效。街道办事处、社区居委会、社区民警、居民议事会、综合专业组、物业公司或业主委员会组成六方联席会议,形成以社区党委(支部)为核心的"六网络一平台",开展基层协商民主工作121次,协商解决环境卫生、劳动就业、社会保障各类民生问题189个,问题解决率达100%,工作成效得到群众肯定,密切了党群干群关系。

2015年,街办综治信访维稳中心共调处各类纠纷27宗,调处成功率100%。加大稳控力度,做好重点信访人员的稳控工作。7月始全街办干部展开24小时轮班制,全年未发生一起赴京非访情况。开展"我为大家守一天,大家为我守一年"的平安共建活动,努力实现"一户派一人,一年巡一次"的群防群治工作目标。截至年底,在册义务巡逻队员近6000人。坚持开展消防安全网格化排查工作,定期进入社区开展宣传,举行"11·9"宣传月系列活动,传播消防安全文化知识,普及消防安全观念,倡导安全生活方式。邀请消防教官为辖区单位、学校师生、居民群众举办消防演练和火灾逃生技巧培训班4次,辖区居民的自我防护能力明显增强。

2015年,街办共完成城镇新增就业1060人,安置就业困难人员256人。推荐60人参加创业培训,68人参加家庭服务业培训。推荐13名大学毕业生参加见习,9人实现稳定就业。完成再就业小额贷款748万元,再创历史新高,帮助83位下岗失业人员实现创业,带动203人实现就业。

2015年,街办共有低保户368户、623人。其中,新增20户、32人,常补174户,241人。为13户符合条件的低保户和居民申报救助25297元"救急难"款。7—9月,街办采取主动上户服务、分工协作的计卫联手长效运行机制,完善和创新流动人口卫生和计划生育基本公共服务体系,最大限度地满足了辖区流动人口群众对公共卫生和计生服务方面的需求。全年利用各种纪念日活动开展避孕药具知识咨询解答328人次,免费发放各种生育健康小册子1600余份、药具4000余只,提高了广大居民群众的保健意识。

2015年,东濠街社区纳入了东湖区第二轮旧城改造房屋征迁范围。此次旧城改造建设完成后,将优化完善城北片区规划,改善提升城市功能和人居环境。

2015年,为弘扬社会正能量,更好服务广大居民,加快新型社区建设,各社区积极开展文体活动、志愿活动,文明社区建设取得新成效。全年开展志愿服务、"三风"主题活动、文明祭扫、猜灯谜、文艺演出、植树活动、棋牌比赛等"我们的节日"主题活动25余场;组织拔河比赛5次、"全民健身活动"48次,开展"道德讲堂"活动4次、"经典诵读"活动5次。

【小额贷款助力下岗工人创业】 2015年,街办坚持把再就业小额贷款作为一项重要民生工程来抓。为全力做好该项工作,街办劳保所多措并举,全面推进。一是联合各社区的经济专干,利用经济普查之际,对辖区内有工商营业执照的商户进行了调查摸底,给每一位商户都发放了一份自行设计印制的温馨提示,真正做到辖区内所有已创业人员对再就业小额贷款的优惠政策都有所了解。二是结合现代网络技术,劳保所建立了手机微信平台,将再就业小额贷款工作的申办流程及适合对象都放入了微信平台,让居民零距离地了解该项政策。三是严格再就业小额贷款考核机制。提高业小额贷款工作业绩在协管员年度考核中的比重,由原来的40%提高至60%。全年发放再就业小额贷款748万元,刷新历史纪录。

【努力培植"平安细胞"】 2015年,街办按照区创建平安工作要求,多管齐下开创平安创建新局面。一是积极开展平安创建宣传工作。发放"致居民的一封信""致流动人口一封信"20000余份,设立平安好人墙11快,在辖区重要和醒目位置张贴海报、横幅,增长了居民的安全知识,提高了居民平安创建的知晓率和参与热情。二是深入开展"平安社区"创建。由街办牵头,派出所、安监、民政等部门配合,在11个社区全方位多层次的稳步推进该项工作,截至年底,全部社区已初步完成创建工作,社区的治安、自然、人文环境得到明显改善。三是做好"平安市场"工作,积极配合市监部门完成四经路菜场综合市场的创建工作,市场的治安环境、卫生环境和服务水平日益提升。

【提高环卫作业效率】 2015年,街办围绕提高城市环卫作业工作水平积极探索。一是自行改装设计了电动型冲洗车一台,专门用于灰沙带、路面油污的治理。二是加大专项经费投入,增添了部分电动机械化清扫设备(小型电动保洁清洗车),要求小型机械化电动设备使用工作人员必须做到岗前统一培训,规范操作,对辖区内的人行道、路沿石做到每天早晚各一次常规冲洗,突发性道路污染、灰沙带严重地段治理,实行即扫即冲、重点路段重点冲洗。全年,清扫保洁在可行范围内逐步从人工向机械化方向发展,显著地提高了环卫作业的质量和效率,城市管理水平有了新的突破。

【"无缝对接"帮扶刑释人员】 2015 年,街办司法所做到在刑满人员释放当天派人前往狱所,实现对每个刑满释放人员"无缝对接",没有一例漏接,脱管、失管现象出现。对每个从狱所出来的刑释人员,司法所及时登记造册,建立基础台账,签写《刑释解教人员安置帮教协议书》,完善相关手续。及时进行个人谈话教育,全面了解掌握其工作生活状况、社会交往情况及思想动态。对于符合条件的刑释人员帮助申请纳入低保范围,给予救助;对于无一技之长或一时难以找到工作的刑释人员,为其申请办理半年的生活困难补助,逐月发放到其手中。通过帮助,一名又一名的刑释人员实现了从"监狱人"向"社会人"的转变。截至年底,共有五年刑释三年劳教人员 114 人,其中,2015 年新接收刑释人员 11 人。全部建立一人一档,"无缝对接"率达到 100%,重新违法犯罪率为 0%。

【做实"三风"建设】 2015 年,街办以"兴家风、淳民风、正社风"为主题,举办了大量文体娱乐活动,在活动中宣扬了社会正能量。年初,各社区联合举办了 2015 年新春联欢会,社区艺术团体和个人纷纷登台亮相展示才艺,整台晚会节目表演异彩纷呈,优美的红歌歌声,轻快的节奏舞蹈,让整场演出洋溢着节日的喜庆,充实着满满的正能量。传统节日期间,各社区开展了包粽子比赛、拔河比赛、讲传统故事比赛,活跃了社区居民的文化生活,创造健康向上的社区文化氛围。为隆重纪念抗日战争胜利及世界反法西斯战争胜利,让历史的警钟长鸣,让广大居民群众牢记那段不可忘却的历史,洪城社区和省委老干局举办了"兴家风、淳民风、正社风"纪念中国人民抗日战争暨世界反法西斯战争胜利七十周年书画展。

【做好"三经五纬"改造项目配合工作】 2015 年,街办辖区"三经五纬"街区实行街景综合改造。改造工程通过修缮历史遗留的围墙、建筑物以及绿化、路面改造、人行道铺装、路灯改造等,打造古朴典雅的城市街区新形象。改造道路总长 7.7 公里,涉及三经五纬 11 条道路。项目初始,街办积极配合项目改造工程,通过发放告知书、黑板报、电子显示屏等方式积极宣传改造工程的意义,主动上门劝说驻区单位、沿街店面、沿街住户支持配合城建等部门做好店招店面、门窗的统一格调工作。由于改造项目施工给店面生意、单位及居民的出行及生活带来的暂时性不便,部分居民不理解有抵触甚至反对情绪。对这些问题,街办有的放矢,多次派员入户沟通劝说,动之以情、晓之以理,做耐心细致的思想工作,终于让居民接受和配合工作。社区共上门协调的驻区单位有省军区、省委机关后勤服务中心等 17 家,店面 87 家,累计入户 200 余人次。

表 25 **2015 年豫章街道社区居委会一览表**

居委会名称	主任姓名	户数(户)	总人口(人)	居民小组(个)	办公地址	办公电话
滨江社区	谢雪珍	2201	7944	6	上沙窝 95 号	86805856
江药社区	熊飞霞	1049	2541	11	五纬路 38 号	86807372
聆江社区	雷燕祎	1331	3551	22	沿江北大道 1198 号	86813157
上沙窝社区	郎小兰	2200	6944	19	五纬路 218 号	86820814
下沙窝社区	陈　珊	1165	3621	14	五纬路 378 号	86847447
新星社区	肖长凤	1370	3469	26	青山南路 72 号	88624549

续表 25

居委会名称	主任姓名	户　数（户）	总人口（人）	居民小组（个）	办公地址	办公电话
下正街社区	胡桥莲	—	—	—	沿江北大道 361 号	17770053996
东濠街社区	姜文秀	2354	7961	6	爱国路 109 号	86820774
洪城社区	秦海鹰	2613	9101	30	豫章路 50 号	86240055
经纬路社区	刘春英	1799	5152	17	二纬路 1 号	87288604
四经路社区	杨小梅	3217	10325	6	五纬路 43 号	86801440

（黄　帆）

墩子塘街道办事处

【简况】 2015 年，墩子塘街道办事处辖区总面积 0.54 平方千米，户籍人口 4.98 万人。驻辖区中央、省、市事企事业单位 35 个，主要单位有江西省审计厅、江西省胸科医院、江西省儿童医院、南昌市公路运输管理处等。辖区金融业发达，驻有北京银行南昌分行、民生银行南昌分行、捷信小额贷款公司等。辖区教育资源丰富，共有学校 5 所，分别为江西中医学院成教学院、南昌十九中、南昌二十八中、北湖小学、右营街小学。辖 10 个社区居民委员会，其中单位社区 3 个。2015 年，街道坚持以科学发展观为指导，围绕着年初区委、区政府下达的目标任务，团结奋进，开拓进取，扎实工作，各项工作协调有序推进，超额完成了区委、区政府年初下达的各项工作和任务。获得全国民主法制示范社区，全国人口和计划生育基层群众自治示范社区，江西省科普示范单位，江西省防震减灾示范社区，南昌市文明单位、东湖区城管管理先进单位等荣誉称号。

2015 年，街道完成固定资产投资 12 亿元，社会消费品零售总额完成 5100 万元，全面完成全年指标任务。完成一般预算收入 6026 万元，超额完成全年 5998 万元的指标任务。完成新增项目区级所得 249.83 万元，超额完成全年 120 万元的指标任务。实际利用内资 7000 万元，实际利用外资 380 万美元，完成出口创汇 1054 万美元，完成现汇 76 万美元。完成新增私营企业和个体工商户数 652 家，超额完成全年指标任务。

2015 年，街道党工委下设 9 个党总支(委)，共有党员 849 名。其中，直管党员 810 名，参管党员 18 名，协管党员 21 名。围绕构建街道党建工作长效机制，完善《党员干部直接联系服务群众制度》《基层服务型党组织建设规划》等制度。坚持基层党建工作联系点制度，每位科级领导督促指导一个社区、对接一个辖区单位的党建工作开展，每季度召开一次党建工作联席会。积极开展“在职党员进社区”活动，共有来自各级党组织的 256 名在职党员进社区报到，累计开展活动 42 次，参与党员 831 人次，帮助解决问题 200 余个；积极开展“小心愿、大爱心”活动，共征集小心愿 107 个，认领 92 个，实现 71 个。

2015 年，街道持续加大矛盾纠纷、信访排查力度，把工作的落脚点放在收集反馈社情民意、化解矛盾、维护稳定上，坚持群众利益无小事原则，做到件件有着落，事事有回音。全年接待群众来信来访 40 余次，办结率 100%，在全国“两会”和党的十八届五中全会等敏感时刻，加大了对重点人员的稳控力度，确保了无影响较大的群体性事件发生。

2015 年，街办扎实开展计划生育、教育文化体育、卫生保障、文化等其他各项社会事业。社区管理进一步深化，建立了信息收集—协调处理—督查反馈机制，畅通民意诉求，创新推广重大决策听证会、重大事项通报会和民主协商会的“新三会”形式，实行居务公开、办事公开，增强了社区事务的透明度，定期组织居民群众与社区党组织成员对居委会成员的工作进行民主评议，让居民更好地行使自己的知情权、管理权、监督权，激发居民参与社区建设管理的积极性。

【打造社区党建特色品牌】 2015年,街道党工委围绕社区党建工作,积极开展争创"一社区一特色"党建品牌活动。右营街社区开设了"党员温馨谈心室",马家池社区打造了"网格服务直通车",北湖社区推行了"党务听评会",通过落实加强社区党组织规范化建设,做好对党员的教育管理。建立党员档案室,完善党员档案管理制度等举措,使社区真正成为为群众提供高效快捷解决问题的第一平台。截至2015年底,街道为辖区848名党员建立了党员档案,培养吸纳预备党员3名,预备党员转正12名,培养入党积极分子2名。

【多种形式开展普法宣传活动】 2015年,街办非常重视法制宣传工作,结合实际,组织各社区开展各种形式的法律、法规宣传活动和学习培训,全年组织4次大型的普法宣传活动,接待法律咨询80余件,1000余人次,为群众解答各类法律问题200余个。

【民生工程落到实处】 2015年,街办全面完成民生工程指标任务。全年新增就业728人,"4050"人员再就业完成364人,零就业家庭安置率100%;发放小额贷款500余万元;为366位居民办理城镇居民养老保险手续,为781位居民办理城镇居民医保手续;社会救助311户,592人享受低保,发放低保金18.75万余元;为63名贫困群众申请了医疗救助,总金额13.83万余元;为280余户贫困居民提交了公租房申请;为22名生活比较困难的参战人员安排了公益性岗位。

【提升服务公共安全能力】 2015年,街办通过不断健全完善公共安全应急预案体系建设,开展消防安全生产专项检查活动,加大对重点单位、低危旧房的消防安全宣传和排查,使服务公共安全的能力显著提升。全年,特别是春节、两会等期间共进行各项安全检查、整治活动10余次,共查出各类隐患10余处,整改率100%,确保了全年无重大伤亡、火灾、盗窃事故,全面实现了安全生产年的目标。

【加强社区干部队伍建设】 2015年,街办建立和完善了社区干部考核管理制度。认真落实每周一的学习日制度,加大对社区干部的培训力度,重点从政治素养和业务能力着手,进一步树立社区干部为民服务的思想。坚持每年两次对社区干部进行目标综合考核,把那些政治意识强、人品好、有能力、有实绩、有创新、有激情的干部充实到社区重要岗位。

【加强城市管理工作】 2015年,街办总共投入180多万元(其中街道55.26万元、城管办约120万元、社区约25万元)用于城市管理工作。针对原来出店经营严重的苏圃路、环湖路、建德观、右营街、下水巷和肖家路等路段,加强了日常长效长态管理,强化管理考核措施,制定了《墩子塘街道垃圾清运车辆管理使用规定》《墩子塘街道城管执法协管员管理办法》等制度,对全部执法队员实行网格化管理,定时定点定路段巡查、整改及时发现的问题,通过加强管理,上述路段已经处于良好的管理状态。

【居民代表协商解决邻里纠纷】 2015年,街办各社区以构建和谐社区为目标,以搭建邻里、学习、交流、活动、互助为主要内容。本着以"自己的事自己管,大家的事大家办"为出发点,组织居民自己推选由党小组长、楼门组长、党代表等组成居民代表协商解决邻里矛盾纠纷。右营街社区协商解决了马家池206号公共厕所关门过早问题,张家厂社区协商解决了自来水一户一表改造费用问题,北湖社区协商解决了汤家园44号外墙落水管破损渗水改造费用问题。截至2015年底,协商解决了涉及楼道卫生、邻里纠纷、水电煤气等问题60件。通过协商民主活动的开展活动,有效的促进形成了"人人为我,我为人人"的良好社区关系,从而提高社区居民的生活质量,减轻了"现代都市冷漠病"现象,拉近社区与居民彼此间的距离,增强了邻里亲情感和社区认同感。

【马家池社区用心服务未成年人】 2015年,马家池社区积极拓展青少年教育领域,定期邀请专业心理咨询师与全体工作者共同发挥作用,开展各种适合青少年特点的心理辅导讲座、个案咨询以及团体心理辅导,帮助他们解决环境适应、人际关系失调、情绪情感、恋爱观等常见问题。本着"给孩子快乐,为家长解忧"的宗旨,针对现代社会普遍存在的上班族父母没有时间看管孩子写作业或无人辅导等方面的忧虑,社区在连续两年开办"三点半学校"的基础上,不断创新特色亮点,充分利用社区图书室、多功能文化活动室等场地,开辟满足“三点半学校”功能需求的活动场所，设置“课业辅导区”和“综合活动区”两个功能区，为社区外来务工人员小孩和留守儿童提供课外写作业或阅读的安全场所，有效解决学校放学后、家长下班前部分未成年人的失管失教问题，深受群众欢迎。针对不同年龄段青少年的需求和爱好，社区还积极开展读书活动、道德大讲堂活动，让青少年感受道德榜样的力量，讲文明、树新风，促进未成年人身心协调发展。

【右营街社区党建工作亮点纷呈】 2015年，右营街社区党总支部不断创新党建工作思路和工作方式，抓特色、出亮点，提出“天天有服务，满意在社区”，着力打造服务型党组织。通过社区党组织牵头，直管党员、在职党员、协管党员及辖区单位党组织共同参与，为在职党员发放联系卡，为在职党员填写活动反馈表，设立党员示范楼院，党员风采栏，利用社区党员活动中心，开展好“党校”“市民学校”“法制学校”“人口学校”等党建教育活动，发挥辖区党员作用，推动树形象、亮身份、做模范的活动开展。成立党员志愿者服务队，通过开展党员志愿服务、家庭厨艺大赛、“文明祭祀、亲近自然”清明节缅怀革命先烈方志敏——进行爱国主义教育等活动，以多彩的活动让党员闪光，让居民受益。实行为民代办制度，确保居民在任何时候来社区都找得到人，办得成事；通过建立了“民情日记”，通过干部走访入户，载民意、集民情、解民忧、连民心，架起了党组织与群众间的“连心桥”，使基层党组织活力不断增强。

【张家厂社区与爱同行关爱空巢老人】 2015年，张家厂社区为了让空巢老人的生活空间更大，精神世界更精彩，社区以“与爱同行”为主题，根据一年四季的特点以及社区老年人的实际，制定出一份“四季关爱计划”，保证每季有活动、点滴暖人心。其中，“阳春送问候”计划，社区针对辖区内独居老人、空巢老人、高龄老人、残疾老人、卧床老人等不同情况，建立了定期或不定期问候制度，以了解他们的健康、生活情况和生活需求。确保辖区内空巢老人享受到亲情式的照料和经常性的精神慰籍服务，尊老爱老风气日益浓厚。“炎夏送凉爽”计划，有老年人夏季保健知识讲座，有向空巢老人送白糖、绿豆的关爱活动等，让空巢老人在炎炎夏日中感受到社区的关爱，进一步在辖区内形成尊老、爱老、敬老的良好风气，营造一个温馨和谐的社区环境。“金秋送温情”计划，社区结合重阳、中秋、国庆等重大节日，从营造老龄环境、关爱老人生活、丰富老年文化三条主线入手，开展丰富多彩的关爱老人系列活动。“寒冬送温暖”计划，为了让社区孤寡、独居老人过一个热乎乎的寒冬，社区开展“送温暖，送爱心”活动，向老人送被子、送大米、送慰问金，全力营造人人关爱老人、构建和谐社会的浓厚氛围，让老人们真正感受到了“老有所养、老有所乐”。

表26 **2015年墩子塘街道社区居委会一览表**

居委会名称	主任姓名	户　数（户）	总人口（人）	居民小组（个）	办公地址	办公电话
党家巷社区	傅明霞	1162	4213	11	永内谌家巷12号	86808577
张家厂社区	刘巧巧	1575	5534	10	张家厂路38号	86808744
墩子塘社区	—	1056	3547	5	沙坝巷16号	87883675
右营街社区	盛　红	1167	4127	10	右营街84号	86825345
马家池社区	余玉兰	1417	4880	10	马家池街73号	86812169
北湖社区	胡娴兰	2066	7945	12	北湖路3号附2号	86775240
下水巷社区	袁国英	2212	5168	12	下水巷68号	86775994
阳明社区	—	501	1503	2	阳明路156号	87958970
儿医家委会	杨云华	407	1748	1	阳明路122号	86813579
江中家委会	宫兴琴	355	2350	1	阳明路56号	86811394

（周志辉）

百花洲街道办事处

【简况】 2015年，百花洲街道办事处辖区面积0.98平方千米，街道有居民户16952户，人口60187人，设有11个社区居委会和1个家委会。街道围绕年初区委、区政府下达的目标任务，创新进取，扎实工作，各项工作协调有序地推进。先后获得“江西省五好基层关工委先进集体”“南昌市社会救助工作先进街道”“全省档案工作规范化管理二级单位”等荣誉称号，南湖路社区被评为“南昌市科技示范社区”，小金台社区小金台3号先后被评为“南昌市居家护老文明号先进集体”“南丁格尔志愿服务先进集体”等多项荣誉称号。

截至12月底，街道地方公共预算收入完成7618.36万元，完成全年确保目标任务进度的100.77%。新增税收完成3310.35万元，产生区级所得662.68万元，超全年任务数的1655.18%。招商引资新增项目、一企一策新增税收完成区级所得600.04万元，完成全年任务数的300.02%，其中新增项目完成税收区级所得368.61万元，一企一策完成区级所得231.43万元，税收服务站开具区外房产税和新增区内房产税产生区级所得62.64万元，房产税代征手续费完成奖励区级所得38.19万元。固定资产投资157734万元，完成全年任务数105.54%；限额以上批发零售业和住宿餐饮业零售额完成143711万元，同比增长0.99%。实际利用外资465万美元，超额完成全年任务的106.41%；实际利用内资8445万元，完成全年任务的104.91%；现汇进资89万美元，完成全年任务的102.30%。

2015年，街道先后制定出台《百花洲街道关于进一步巩固创建成果、落实长效管理机制的意见》等方案措施，建立健全街道城市管理工作评分机制，逐步推进城市管理工作常态化、制度化。充分发挥社区城市管理工作站作用，卫生专干做到每日两巡、城管办工作人员每周一巡，做到庭院每天一大扫、楼道每周一大扫，确保庭院干净，无垃圾箱满溢、无堆积物、无杂草、无吊挂，楼道干净清爽，无垃圾广告、无堆积物，垃圾清运，发现问题及时解决；各社区周末大扫除组织严密，确保了庭院卫生楼道整洁。

2015年，街道建立以党工委书记为综治委主任、党工委副书记为综治办主任、党组织书记为社区综治机构主要负责人、明确1名负责人主管综治工作的综治工作领导体制。并组建辖区群体突发事件应急处置指挥部，分管领导和派出所所长担任行动处置小组组长。对可能发生大规模聚集、散发上访资料，打大型横幅等违法事件，各行动处置小组所到达的现场位置、工作任务、处置要求和现场纪律予以明确。不定期进行工作预案的演练，确保各行动处置小组熟悉预案，以应对突发事件，提高工作效率。与社区、各有关单位负责人签订“综治目标管理责任书”，把目标管理职责和综治“打、防、建、管、教、改”六个方面任务具体化，明确了责任单位和责任人，落实综治责任。并将综治维稳工作纳入年度考核内容，对领导重视，组织有力，工作扎实，成效显著的社区和单位，给予表扬嘉奖；对态度不明朗，责任不落实，工作不主动，措施不到位的，将视情节予以通报批评、黄牌警告以及实行“一票否决”。

【服务型党组织建设】 2015年，街道围绕社区“两委”换届选举工作，选优配强社区党组织领导班子，优化组织设置，扩大组织覆盖，强化组织功能，完善工作机制，建设守信念、讲奉献、有本领、重品行的基层党组织书记队伍，把一些有知识、有能力、能干事、愿干事的年轻干部提拔到领导岗位，让他们在社区党建工作中担重担、挑大梁。组织带领广大党员、干部为群众提供更多更好服务，全面推进基层服务型党组织建设。截至年底，共新吸收党员20人次（含转正），党员远程教育学习时长180课时，组织街道、社区干部参加远程会议6次。同时，筹备建设党员档案室，对全街道党员档案进行社区分类、材料补齐和建立电子目录等规范化管理。

【完善社会治安防控体系】 2015年，街道加强了社区群防群治六支队伍建设，成立了一支20人的治安巡逻信息员队伍，指导11个社区、1个家委会各建立一支30人的平安志愿者队伍，通过社区警务室加强与派出所民警的协同作战能力。街道利用社区黑板报、宣传手册、辖区LED显示屏、座谈会、法制宣传活动、法律咨询等丰富多彩、行之有效的宣传手段宣传综治工作。社区干部与辖区民警日常对辖区主次干道、小街巷、敏感部位和地段进行全方位巡逻,增强了群众的安全感,促进了警、民、社区一家亲的局面。为配合街道两提升工作的开展,辖区派出所与街道治安志愿者队伍加强路面控制,对中山路、胜利路、象山北路、八一公园等重点路段,实行重点巡逻和管控。在街道与派出所的共同努力下,发案率下降近50%。

【加强经营秩序管理】 2015年,街道加强了辖区经营秩序管理。街道主要领导每天上街巡查城市管理情况,带领城管办人员联合执法10余次、劝退流动摊点700余次,规范出点经营800余次。组织街道工作人员成立3个小组每天对建德观一步行街口、大顺巷、保赤仓等路口夜市摊点值守至每天晚上11:30,效果明显。同时,加强对占道设摊和跨门经营管理,严肃查处非法占道行为。教育劝离流动商贩2000多人次,收缴流动摊担280多个。清除了有损市容广告145700条。多管齐下治理“城市牛皮癣”,聘请了专门的清刷人员,即现即清,避免因清刷而产生再污染,有效遏制了“牛皮癣”泛滥。

【加强安全生产】 2015年,街道组织机关、社区干部巡查辖区单位80余家次,出动巡查人员420余人次,组织了8次较大规模的安全生产综合大检查。先后组织了安全生产培训3期,室外消防演练10次,参加培训、演练人员3200余人次。召开了安全生产会议5次,并印发《百花洲街道2015年“安全生产月”活动实施方案》《百花洲街道关于今冬明春“清剿火灾隐患”工作方案》等有关文件,部署安全生产各项工作。广泛开展“全国安全生产月”活动。利用宣传栏、黑板报、小喇叭等形式,向辖区单位、居民、店面经营业主广泛宣传安全生产法律法规和安全知识。制作黑板报44期,发放宣传资料10000余份。扎实开展“网格化”排查整治。街道安监站努力整合综治办、居委会、治安巡防队、消防协管队伍和志愿者等现有力量,对网格内的小单位、小场所及居民楼院进行全面排查。共排查出各类安全隐患问题322个,下发整改通知书260份,更换楼道灭火器450个。

【完成团组织换届选举工作】 2015年,街道村(社区)级团组织在3月底顺利完成换届选举工作。此次换届选举工作涉及11个社区,共选举产生村(社区)级团组织成员56人,共选举产生新一届团支部书记11名,其中6名团支部书记年龄在28岁以下。新当选的班子在年龄结构、文化程度、政治面貌上都有了新的提高。6月30日,团市委副书记邓培到街道检查工作,对街道团工委工作给予了高度评价。

【提升社会化养老服务水平】 上半年,街道开展并完成了国家社会养老综合信息服务平台建设研究及应用示范工程项目的试点工作,成为全省唯一示范点。该项目是在当前社会老龄化程度不断加剧的情况下,研究如何建设一个以居家养老为基础、社区服务为依托、机构养老为支撑的社会化养老服务体系,实现科技手段与民生工程的结合。同时,街道重点打造了渊明北路社区“白玉兰”社会工作室和邮政路精品社区,通过软件、硬件的维护改造,提升了社区服务水平,推动了社区建设的全面发展。

【落实计划生育特殊家庭社会关怀工作】 5月,街办把计划生育特殊家庭社会关怀工作作为民生工作来抓,利用东湖区郁金香社会工作站、第八医院等单位优势开展系列工作,建立“3+1”(及1名医务人员、1名计生联络员、1名志愿者,1户失独家庭)联系人制度,上户随访4次。2015年1月和6月,街道开展了“迎新年,庆佳节”新春联欢会和“喜迎端午,乐响无穷”活动,受到广大特扶家庭的欢迎。通过各级社会关爱工作的开展,引导计划生育特殊困难家庭摆脱封闭、自闭与孤独状态,建立起与其他计划生育特殊困难家庭之间的信任与互助网络。

【做好流动人员清理登记工作】 2015年,街办对辖区外出人口进行了全面的清理登记,全街道累计流出人口1900多人,办理了《流动人口婚育证明》1900个。截至年底,完成3320人流动人员登记造册,并录入流管信息系统。实现了状元桥和杨家厂社区的动态流动人口的动态监测。

【落实便民惠民工程】 2015年4月,街办根据实际情况选取1处“二次供水”改造和33处化粪池整治项目,投入20多万元经费,9月底完成所有项目,并上门组织居民对工程情况进行评价,居民满意度达到100%。对于新增的化粪池满溢点位能做到社区上报,城管办第一时间组织人员清理,截至10月中旬共处理化粪池满溢问题40余处;完成了对辖区2000年老旧小区的统计上报工作;摸排辖区路灯情况,联系区市政所维修新增路灯58处,确保辖区无路灯死角,方便居民出行。

【加大对城市管理的投入】 2015年,街办城市管理经费投入100余万元。4月,街道城管办从洁亚保洁公司接收保洁工作后,及时调整人员,增加20多名保洁员和6名质量检查员,增加30多台电动三轮车清运垃圾,购买一台三轮快速清洗车和清洗设备、改造两台垃圾车为清洗车,对路面灰沙带进行及时高效清理。做到主次干道保洁及时、垃圾清运及时。高标准完成了省委书记、省长走访抗日老、省文明办各地市县区文明办主任培训班学员考察沿线及点面环境卫生的保障任务。

【开展法制宣传活动】 2015年3月27日,街办联合区消防大队、百花洲派出所举行一场以"讲法治、话平安""打造平安百花洲"为主题的综治集中宣传活动。街道综治办、街道司法所、辖区11个社区共展出22块宣传展板,宣传街道、社区的社会治安综合治理工作经验和本辖区社会治安综合治理工作好做法、好经验,引起居民群众的高度关注。通过这次综治宣传月的集中宣传,使居民群众进一步了解相关法律法规知识,倡导了积极健康向上的生活形式,教育群众认知邪教的危害性,有声势、有特色、有效果地掀起了警示教育的高潮,取得了良好的效果。

【民生工作落到实处】 2015年6月,街办对1391名80岁以上享受高龄补贴的老人进行生存复审并将基本情况录入数字民政系统工作。按照公租房申请资格审核的时间节点,按时按质按量完成了1058户申请公租房家庭的受理及资料审核。开展低保动态管理,对街道辖区454户,756人享受低保对象进行了上户摸底调查,确保应保确保、应退尽退。1—6月,停发19户,新申请9户。1—6月,为45户低保户审核办理了医疗救助和慈善救助。同时春节期间走访孤老低保户10余人。上户调查了621户残疾人家庭。4—5月,对街办331户残疾人家庭开展江西省贫困残疾人基本情况摸底调查登记。

【打造人生阅览室】 2015年2月13日,街办联合志愿者协会、崛美公益发展中心举办了"百花洲崛美,领头羊送福"活动,组织志愿者与空巢老人共贺新春。该活动通过众筹模式来实现人人参与公益活动,发动社会爱心公益人士的力量,呼吁社会弘扬尊老爱幼的传统美德。街道自5月起,与南昌市崛美行动公益发展中心共同实施"百花洲人生阅览室"项目。共收集16名"九老"空巢老人的历史老照片以及老物件和老人的9000字人生回忆文字,制作《我的流金岁月》影集并建立了刘将军庙人生阅览室。

【为身边好人点赞】 2015年4月,建立百花洲街道公众微信平台——"东湖区百花洲街道",经过不断完善,该公众微信号内容涵盖辖区人文景观、各类居民服务咨询、社区日常活动等内容。5月起,街道通过该微信公众号开展百花洲街道开展了第一届"我为身边好人点赞"微信投票评选活动。活动通过对辖区内27名"身边好人"的事迹进行宣传并开展投票,吸引了辖区内外8000余人的关注,极大地弘扬了身边好人好事,为"兴家风、淳民风、正社风"主题活动增添了亮丽一笔。活动评选出百花洲第一届"十佳身边好人"。6月17日,百花洲街道在刘将军庙社区广场举办"我为身边好人点赞"现场活动,组织辖区居民现场为27名身边好人点赞并颁发好人证书。线上与线下活动相结合的模式,将网络媒体的互动性与现场活动的真实感融合在一起,为弘扬"身边好人"这一传统主题创新了宣传形式,吸引了群众广泛参与并获得了较好的反响,也让现场居民深受感动。

【"微心愿"圆梦环卫工人】 2015年6月,街办通过公众微信号联合南昌市微爱公益发展中心发起关爱环卫工人"微公益"活动,向辖区内的环卫工人征集总共10个"微心愿","微心愿"出炉48小时之内全部被认领一空,全部"微心愿"全部圆梦。小小的活动蕴含不小的意义,"微心愿"活动让环卫工人们感受到社会的温暖。街道还联合区委宣传部以"文明+"为主题,开展了一系列公益活动,使东湖城区爱心涌动。

【文化活动丰富多彩】 2015年,街办结合重大节日,开展丰富多彩的文化活动。1月,开展了街道文化活动中心建设工作，通过资源共建方式，打造了小金台70号（三、四楼）、毛家园26号、大顺巷1号等三处活动场所，文化活动中心面积达400余平方米，设有文化培训教室、电子阅览室、图书阅览室、多功能文体活动厅等功能室，平时可供居民免费自由活动；春节期间，举办了"欢乐庆新年和谐兴街道"文体比赛活动；清明节期间，街道联合东湖区文化广电旅游新闻出版局、东湖区志愿服务联合会和共青团东湖区委主办了"绿色缅先贤 共铸中国梦"清明公祭暨诗歌吟诵会活动，组织居民以一束鲜花，一段寄语的文明祭祀方式，表达自己对故人的一份哀思；6月6日，街道开展了"七彩向日葵工程"启动仪式，让孩子们通过分享书籍、分享阅读、分享快乐等活动，传递正能量，让爱传承；6月30日，举办"迎七一·党在我心中"大型文艺晚会，展示广大党员、群众在中国共产党领导下的精神风貌，进一步满足社区居民的精神文化需求，丰富了街道的人文气息。

表27　**2015年百花洲街道社区居委会一览表**

居委会名称	主任姓名	户　数（户）	总人口（人）	居民小组（个）	办公地址	办公电话
火神庙社区	陈金香	1570	5423	13	火井巷9号	86782154
白马庙社区	刘　纯	2214	8032	16	繁荣巷24号	86795717
包家巷社区	简　红	1156	4322	11	杨家厂93号	86781244
桂旺巷社区	胡雪燕	1261	4315	11	桂旺巷14号	86781174
小金台社区	唐惠萍	1205	5008	12	小金台路70号	86781944
刘将军庙社区	胡华丽	1242	4190	21	东湖书院7号	86736533
杨家厂社区	黄莉春	1650	7849	13	杨家厂社区26号	86782794
邮政路社区	赵　红	1012	4012	13	邮政路1号	86774549
状元桥社区	黄小燕	1881	5086	91	毛家园26号	86783724
渊明北路社区	王玉兰	2275	6754	26	上水路26号	86735194
南湖路社区	张　泉	1486	5196	326	南湖路6号	86776423

（熊成锴）

公园街道办事处

【简况】 2015年，公园街道办事处辖区面积0.62平方千米，辖区共有居民9294户，户籍人口35318人。下辖上营坊、环湖路、戴家巷、经堂巷和民德路5个社区居委会，以及省妇保、省冶金设计院、江西宾馆3个家属委员会。驻区内有省外办、省建行、江西宾馆、江西饭店、省二附院、省妇保、市警备区、佑民寺（市佛协）、朱德军官教导团、市博物馆、百货大楼、华润万家、南师附小、南昌二中、南昌卫校、东湖区四套班子机关等单位39家。街道党工委下辖20个基层党组织，其中1个上营坊社区党委、4个社区党总支、15个党支部，共有直管党员697人。

2015年，在区委、区政府的正确领导下，街道深入学习十八大，十八届三中、四中全会，以及省、市、区重要会议精神，以努力实现区委、区政府提出的"三大跨越""四个一流"，全方位开创"四区"建设目标，全面建设"品质示范公园"，巩固和拓展党的群众路线教育实践活动成果，切实改变工作作风，提高服务群众能力，推动街道各项工作不断向前发展。

2015年，街办始终坚持以经济建设为中心，一心一意谋发展，集中精力抓建设，全面超额完成各项经济目标任务，国民经济迈上新台阶，街道区域综合经济实力显著增强。开放型经济实际利用外资、现汇进资、实际利用内资等三项考核指标均按时间进度进行,达到并超过年初预定的目标。同时在项目考核上,引进了千万元以上实体经济项目10个,其中5000万元以上重点项目2个。累计完成1000万元以上重大项目7个,共计金额13500万元,现汇进资已完成100万美元,实际利用外资已完成460万美元,实际利用内资已完成8100余万元。引进了志阳(中国)科技有限公司、江西省南商实业有限公司、江西富利能源有限公司、江西全快供应链管理有限公司、江西邻社区供应链管理有限公司、江西福瑞至环保产业有限公司、江西华赣肝病中医研究院有限公司、南昌市鸿印传媒有限公司等公司。财税指标完成地方公共财政预算收入7932万元,另外,完成新增税收任务285万元,超额完成全年200万元税收任务,一企一策完成区级所得318万元,固定资产投资完成149555万元,社会消费品零售额完成当年增长8.50%指标数。招商引资工作紧紧围绕实现进资、产生税收等关键环节,与兄弟单位积极对接跟踪,积极争取驻区企业、职能部门的支持配合,固投、社消的在地统计基本做到了"应统尽统",基本按序时进度完成了考核任务。产业发展指标完成新增服务业上限企业3户,完成了全年预定指标。

【服务群众紧接地气】 2015年,街办积极开展扶贫济困工作,切实做到应保尽保、应退尽退,确保街道城市低保工作公开、公平、公正。全年共新增低保5户,停发8户,调整8户,共有低保户199户331人。其中一般常补对象101户,非常补对象98户,对辖区内80岁以上老人进行补贴发放,做到动态管理,2015年新增51人,终止24人。按照突出重点、分类救助的原则,全年共有151人享受医疗救助,发放救助金额173403.41元。其中有9户低保户享受了救急难、1户享受了临时应急补充救助政策。公租房申请人320户参与南昌市统一摇号,58户获南昌市中心城区公共租赁住房配租资格。全面完成社会保障各项工作任务,其中:完成城镇新增就业人数562人,完成"4050"人员就业数93人,完成小额贷款500万元,完成率102%;完成家庭服务业就业人数60人,完成率100%;完成创业培训人数60人,完成任务数120%;完成家庭服务业人员培训50人,完成任务数100%;居民医保完成5000人,完成率100%;高校毕业生见习人数为10人,完成率100%。

【婚育新风进万家】 2015年,街办以宣传贯彻"一法三规一条例"为主要内容,大力推行流动人口婚育证明电子化工作,实行婚育证明网上传输、由"人在路上跑"变为"事在网上办",有效解决"人在证途"的难题,解决了流动人口"办证难"的问题。全年为17户独生子女家庭(其中伤残9户16人,失独8户16人)落实了特别扶助政策,为全街325户0至6周岁独生子女家庭办理了爱心保险,开展关爱女孩行动和一次性助学活动,资助对象3人,共资助3200元。为800余名育龄妇女服务进行免费查环、查孕、查病服务,开展"关爱妇女生殖健康"活动。加强对流动人口的计划生育服务管理工作,全年共清查流动人口3487人(其中流入人口2630人,流出857人),社区卫生服务中心的医务人员上门上户为50%流入人口建立健康档案,提高了流动人口的健康意识。全年社会抚养费征收6人共123000元,PIS信息采集率达100%,录入准确率100%,变更及时率100%。

【确保社会和谐稳定】 2015年,街办紧紧围绕"平安幸福公园"目标,采取有力措施,确保辖区社会稳定。一是加大矛盾纠纷的排查调处力度,全年共排查受理各类矛盾纠纷156起,调解成功156起,其中疑难案件12件,调解率100%,没有发生大型规模性纠纷,较好地维护了社会稳定。二是全面开展社会治安综合治理,协助公安机并严厉打击违法犯罪,开展禁毒进社区、进居民、进校园活动,举办禁毒讲座,发放宣传资料500多份。三是深入各个社区,对辖区内的危存在安全隐患的"三合一"场所进行全面调查,共排查出安全隐患5处。在各主要路口新增安装视频监控探头,将监控区域覆盖辖区内主要路段、社区、重点单位,既有效地震慑了"两抢"案件的发生,又为打击违法犯罪提供有力证据。四是做好了信访重点人员信访稳控工作,明确包案领导和稳控责任人,认真做到一人一案一策,随时掌握相关动态,信访件答复4件,回复率达100%。五是推进平安建设活动深入开展,切实增强群众安全感,大力开展“五到位”服务，提升居民群众安全感和满意度，全面提升街道、社区窗口服务水平，促进了街道、社区和居民群众关系更加和谐。继续深入开展了平安街道、平安单位、平安社区等基层“平安十项创建”活动，建立了2242份安全居民档案，553份店面档案，张贴了1500张平安视频采集区宣传画，悬挂了23条宣传标语，制作了5面好人墙，宣传了50名好人事迹，传播了正能量。入户发放了《平安手册》、致居民群众一封信1万份，让东湖平安建设成果家喻户晓，街道的安全感满意度测评前三季度连续三次在全区排行第四，有效地调动了居民群众参与平安建设，自觉维护辖区稳定的积极性。六是积极开展预防青少年违法犯罪工作，开设“三点半课堂”，解除双职工家庭后顾之忧，组织构建了由社区综治工作负责人、55名治安信息员、635名治安志愿者等成立的巡逻队伍，有力地维护了公园辖区社会和谐稳定。经过各方共同努力，公园街道获得了2015年度全区社会治安综合治理目标管理综合先进单位称号，戴家巷社区获全国无邪教创建示范社区和“零发案”社区称号。

【人居环境大有改善】 2015年，街办组建城市管理建新型架构，调整了公园街道城管办组成人员，组建了46人公园街道城市管理综合执法队，购置了对讲机、制服、巡逻车等设备，为一线环卫人员配发了安全工作服。采用个人承包和社区承包两种模式推进社区环卫市场化工作，强化路面清扫保洁、居民区生活垃圾转运、小区庭院清扫保洁，社区环卫工作长效化管控得到较大改善，背街小巷和居民区的卫生环境管控取得成效。组织挂点单位人员、街道挂点干部、社区干部和社区义工队伍、党员义工队伍积极参与社区卫生环境专项整治工作。据不完全统计，共清理杂物80余处、清运垃圾160余车、清理垃圾广告20000余条，粉刷面积约10000平方米，街道辖区内化粪池改造项目已全面完工，新增路灯47盏、维修路灯39盏，重新制作便民信息栏计27块。利用辖区内商铺LED电子显示屏、宣传栏、黑板、标语及调查问卷等多种方式，营造“创森”宣传工作的浓厚氛围，不断提高“创森”的知晓率和支持率。开展专项治理改善市容面貌，集中开展“二牌”和“蓝天行动”专项整治行动，共清理“二牌”120余块，打造“二牌”整治示范街戴家路，至2015年9月底，辖区内9家烧烤店已全部更换无烟烧烤炉。开展城市管理“百日会战”专项工作，对夜市烧烤、施工工地、垃圾广告、道路灰沙带、庭院卫生、空中管线等六大“顽疾”进行集中整治取得明显效果。数字城管做到每周一大查，每天一小查，发现一处，督促整改一处。数字城管网从4月1日起共处理案件7150例，整改率达到99.99%。智慧东湖网自6月1日起共处理案件8058条。通过社区自查共查找问题数1896处，及时整改1823处，整改率达到96%，为街道城市管理打下了坚定的基础。综合执法队查处各类占道经营、流动摊贩、出店经营等各类违反市容法规的行为。其中共查处游商380起，摊贩375起，出店56起。在春节及元宵节期间，对佑民寺门口实行交通管制，谢绝游客、香客自带各类香烛、冥纸进入寺庙，并宣传文明敬香、敬无烟香等政策，使佑民寺周边环境、秩序大为改观，受到居民群众的赞扬。

【开展基层协商民主】 2015年，街办在组织社区开展基层协商民主工作中，结合社区基层实际情况，加强组织、机构、人员的配备，广泛收集社区内人民最关心、反映最强烈、最攸关群众切身利益的事项和议题，围绕社区难事、急事、烦心事、闹心事、身边事，以寻求社区居民意见的最大公约数为方向，严格按照基层民主协商的章程和规则，带领社区党组织，组织社区居民群众、驻区单位与相关单位间建立协商渠道，总结出七大种协商民主类型。助推基层民主政治建设、助推基层社区建设和助推和社会和谐。指导社区居委员会深入开展基层协商民主工作，引导居民群众自我教育、自我管理、自我服务的水平提升，全面深化城市社区建设。通过基层协商民主工作的开展，丰富基层协商民主内容和形式，发挥居民小组、社区群团组织和社会组织、物业组织等在基层协商民主的作用，以完善社区服务设施为载体，建立新型社区管理体制和服务机制，把社区建设成为管理民主、服务完善、文明祥和的社会生活共同体，促使社区在维护社会和谐稳定、为群众创造安居乐业良好环境上发挥基础作用。全年共组织开展基层协商民主13次，其中上营坊社区通过合作型协商民主，开设“三点半课堂”，引入南昌公益组织心灵家园和社区“五老”志愿人员参与社区建设，填补家长管理真空,既促进了社区文化与志愿服务发展,又有效减少家长对孩子的担忧,是社区协商民主为民服务的一次大胆尝试。戴家巷社区开展对话型民主协商,组建党员义工服务队,解决每个群众关心的环境卫生脏、乱、差问题。

【在全区率先完成房屋征收工作】 2015 年上半年,街办完成了香江家具城地块共计 100 户的征收任务,总面积近 8000 平方米,在全区开展的征收工作进度环比中连续三次荣获区旧城改造指挥部颁发的“流动红旗”奖,并率先完成了 100 户的征收工作任务。下半年,街道的征收工作任务分为两块。一是本辖区内的朱德军官教导团道路建设地块,涉及被征收户共计 49 户,征收总面积为 2350 平方米,工作中克服了该地块房产双学区房(南师附小、南昌二十八中)以及方便就医、出行等居民反应强烈的种种问题,通过耐心、细致地讲解宣传,在全区下半年的各个启动的征收点位中,第一个完成了全部的征收工作任务。二是新货村地块的 17 栋农房。完成了 17 栋房屋性质的认定和房屋附属物的测量、取证和登记,以及 17 栋房屋户属人口的摸底造册等工作。

【戴家巷社区创建无邪教示范社区】 2015 年以来,街办所辖戴家巷社区将社区公共安全管理工作放在首位,组建了一支 100 余人的党员、义工队伍,配合派出所共同维护公共安全将治安巡逻常态化,定期组织党员、义工队伍进行治安巡逻。近几年,社区将反邪教纳入社区综合治理工作,以“崇尚科学、关爱家庭、珍惜生命、反对邪教”为主题,以创建“无邪教社区”为契机,组织开展了一系列丰富多彩、主题鲜明、富有警示意义的宣传教育活动,收到了良好的社会效果。社区先后荣获市里的“零发案社区”、市里的“十大和谐社区”等十几项荣誉称号。社区在街道与共建单位的支持下,充分合理利用资源及经费,制作反邪教宣传专栏,在社区警务民防教育基地新增反邪教篇,现形成防盗篇、防抢篇、防火篇、安全篇、反邪教篇的平安警示教育阵地、成为广大居民、青少年参观学习的交流场所。在流动性多的活动室场所设立了反邪教警钟专窗;成立了工作站,反邪教工作制度牌上墙;在科普图书角建立反邪教图书柜,拥有科普类的书籍达 100 多册,并在室外设置了反邪教警示教育园地和《崇尚科学反对邪教》墙绘,营造了“创无邪家园建美丽社区”的良好氛围。与此同时,社区还注重对信息员与专管员的业务培训,积极主动参与街道每年开展两次以上的反邪教知识学习会与讨论会,社区干部与信息员、专管员每年参加上级组织反邪教知识培训,社区干部必须每年通过一次的培训考试,考试的分数作为反邪教工作的考核分。通过学习与培训,不断充实信息员、专管员的理论知识,提高工作能力。社区党支部充分发挥离退休党员余热,使其成为宣传员、信息员,他们利用反邪教宣传栏,书写反邪教知识,精心制作反邪教图片,张贴反邪教宣传园地 4 期,家庭拒绝邪教承诺 6 条,结合社区反邪教工作,图文并茂,及时更新,有效地推开社区宣传窗口。社区连续 3 年开展反邪教暑期实践活动。如开展“反对邪教 · 构建和谐家园”讲座、“扬正气、正民气、反邪教”一系列丰富多彩、喜闻乐见,让广大群众深知邪教的危害,促使他们自觉远离邪教。志愿者组织青少年儿童从思想品德、反邪教知识、科普知识教育等各方面接受教育,通过教育辅导,将反邪教知识融入到小朋友的心中。社区还不定期举办反邪教知识趣味竞猜活动,使居民在娱乐中了解反邪教知识的危害性,更好地普及居民对反邪教知识的认知率,为创无邪家园建设美丽社区打下坚实的基础。

【上营坊社区完善社区居民服务功能和平台】 2015 年,上营坊社区将“网格化党支部”“上营坊社区——三点半课堂”“宁天云公益律师工作室”三个项目作为打造升级版上营坊社区为民服务平台的三大亮点工程。一是社区“网格党支部”项目。社区网格党支部是依托社区网格化管理的基础功能和数据,把党支部与社区网格相结合相对应,充分发挥基层党组织和广大党员的先锋模范作用。以党建工作作为社区工作的重要抓手,以建立“网格党支部”作为社区工作践行党的“群众路线”“群众观点”的重要内容,以打造“网格党支部”先进集体的作为打造全国优秀示范社区的主要领导力量。以便于组织学习、便于开展活动、便于管理服务为原则,在社区 11 个网格的基础上,每个网格成立一个网格党支部。网格化管理模式的实行缩小了服务面积,扩大了服务密度,真正实现了党组织核心作用更加突出、党员先锋模范作用更加有效、党群关系更加密切、社区建设更加文明和谐的工作目标。已经按照社区原有社会管理网格区划，主要依照社区党员住所地，把社区党员划分为11个社区网格党支部。党员已按所在支部登记造册。各网格党支部书记已经确定，各支部已经顺利开展相关工作。二是社区“青年空间——三点半课堂”项目。为解决广大低幼阶段未成年人的课后辅导托管及安全问题，为广大未成年人提供一个课堂之外的学习知识、完成作业、温习复习功课、开展文体活动、丰富课后业余生活、提高自身综合素质、培养和掌握全面能力的身边课堂。社区在团省委、团市委、团区委共同发起共同建设“青年空间——三点半课堂”项目，专门为低幼阶段未成年人提供课后辅导、心理培训及咨询，开展业余文体、集体活动的未成年人课后托管场所，由南昌心灵家园、江西师范大学、江西财经大学等组织单位志愿者，义务为25名困难家庭和流动人口子女的提供课后托管和学业辅导。该项目已于2015年3月顺利投入运行。社区免费提供社区二楼会议室作为项目实施场地，并承担项目运营期间所有费用。南昌绿色心门负责课堂的具体运营，包括招生、教学、配备相应师资。三是社区“宁天云公益律师工作室”项目。为了切实落实依法治国的基本方略，满足人民群众日常生活中日益增长的对知法学法用法的需求，社区居民退休律师宁天云十几年投身于社区公共事务和公益事业，为广大市民和社区居民提供免费法律咨询，普及法律常识，宣扬法律精神和理念，解决市民日常生活中碰到的各种法律问题。为了更好地发挥社区老党员老干部作用，社区于2015年专门为宁天云提供免费法律咨询和专门法律服务的工作室，使其为民服务的公益事业有一个常设平台，能最大限度地方便广大市民进行相关法律咨询服务。该项目计划、预算已经通过上级部门批准实施。项目所有软硬件设施已经准备到位，已于2015年10月投入为民服务工作当中。

表28　**2015年公园街道社区居委会一览表**

居委会名称	主任姓名	户数（户）	总人口（人）	居民小组（个）	办公地址	办公电话
上营坊社区	胡建英	2538	8729	12	上营坊67号	86289426
环湖路社区	曹永会	1802	7306	7	环湖路57号	86392910
经堂巷社区	郭朝峰	2040	8596	9	苏圃路317号	86395091
戴家巷社区	涂永红	1486	5570	9	戴家巷64号	86297442
民德路社区	陈卫民	1428	5117	7	民德路149号	86289204

（顾　筠）

大院街道办事处

【简况】　2015年，大院街道办事处在区委、区政府的正确领导下，以科学发展观为指导，围绕“基础工作抓规范、重点工作抓创新、整体工作抓推进”的工作思路，开拓创新，锐意进取，全街经济社会各项工作都取得较好成绩。

2015年，街办完成公共财政预算收入9106万元，新增税收完成数384.49万元，固定资产投资159780万元，限额以上消费品零售总额171702.1万元，新增限额以上服务业单位1个，新增市级重大重点项目库服务业项目2个，实际利用外资完成452万美元，现汇进资91万美元，实际利用内资8325万元。

2015年，街办针对在保低保户通过数字民政系统平台实现了三级联网，优化了新增低保户的申办流程，提高了在保低保户的管理效率。医疗救助工作方面全年共救助16人次，发放救助金额158979元。同时，还发放了临时救助和应急补充救助等社会救助项目。社会救助工作，坚持了应保尽保，应退尽退，分类实施，阳光操作，依法管理的工作原则，2015年度被评为南昌市级社会救助工作先进单位。

2015年，街办完成城镇新增就业880人，完成160%;城镇就业率94.5%;“4050”人员就业240人,完成267%;零就业家庭安置率100%;家庭服务业从业人员60人,完成100%;家庭服务人员培训59人,完成118%;创业培训60人,完成120%;职业见习人数12人,完成120%;发放小额贷款540万元,完成106%,贷款到期回收率100%,退休人员签到率达到97%。

2015年,街办从加强环卫保洁、加大市容环境整治、加强队伍建设、完善规章制度、广泛宣传发动等方面入手,切实推进长效管理。建立严格的责任分解和责任追究机制,量化考核。每个社区每月100分,参照市区“三令制”考核扣分标准、数字城管、啄木鸟、市区领导督导等方面扣分情况进行相应扣分,扣除的分值对应扣减经费,将每天各种督查扣分和周检查相结合、月排名、季兑现、年算账,对各社区分等次进行奖惩,街道挂点各社区领导、机关干部和社区干部同奖同罚,达到奖勤罚懒、奖优罚劣、长效管理的目的。

【创建城市管理微信群】 2015年,街办将党的基层组织建设与创新城市管理服务体系紧密结合,以整合为核心,全面推进平台、人员、信息等资源优化配置,充分发挥志愿服务、社团组织、社会组织积极作用,打造院二社区无死角全覆盖扁平化城市管理新模式,创建了城市管理工作微信群。上至街道书记主任、街道党工委班子全体成员,下至每个社区干部、城管办质检员、督察员和社区热心市民监督员都加入了院二社区城市管理综合工作微信群。每天利用城市管理微信工作群发现问题处理问题,每天对群里问题进行梳理,每月对城管问题发生率、整改率进行统计排名,作为考核的依据之一,确保城市管理微信工作群的问题整改率达100%。

【平安创建显成效】 2015年,街办以宣传发动为先导,以干群参与为主体,掀起全街平安建设新高潮。每月召开一次综治委会议,研究部署下一步综治工作,重点研判街道在平安创建、公众安全感提升等方面存在的问题和薄弱环节,并提出整改方案;每季度召开一次街道平安建设干部职工宣传大会,提高干部职工对平安建设的知晓率和参与率。强化措施,巩固治安防范体系建设,依靠群众力量来提升公众安全感和满意度。全年,共成立社区平安志愿者队伍6支,共计120多人;组织干部职工、平安志愿者入户宣传全年累计480余人次;小喇叭喊话、带红袖套大妈大叔随处可见,路面见警率和见群率明显提高,同时,以开展“民主协商会”的形式,广泛听取辖区居民对平安创建的意见和建议,通过社区网格化信息采集、街道矛盾纠纷云平台调处,成功化解各类民事纠纷共计12起,突出矛盾1起,受到居民群众一致好评。结合发放《致居民朋友的一封信》,以“见缝插针”式的把综治宣传融入到党风廉政建设宣传、流动人口登记与服务管理宣传、计生政策宣传、民政宣传等各个服务领域。充分利用辖区LED显示屏播放、横幅标语悬挂、群众来访办事、创建活动开展等有效载体,把综治宣传渗入到每一户居民心中。对省府大院内退休老干部、老党员提出好的意见和建议积极予以采纳,发挥他们在群众中的领头羊的作用,鼓励广大居民朋友参与到平安建设中来,并收到一定成效。

【新建劳动保障所办公场所】 2015年,街办将位于二七北路185号东晖育才苑小区6号楼的107室和213室作为新的街道社保所办公场所,面积共计150平方米。经过两个多月完成建设,于11月27日正式对外办公。

【点亮微心愿】 2015年9月22日,街办党员志愿者服务联盟与江西省发改委党员志愿者共20余人,在公园社区举办了一场“心连心,点亮微心愿”志愿服务活动。省发改委志愿者带来了电风扇、电热水壶、书包、文具和字典、羽毛球拍等物品。通过“微心愿”认领活动,党员志愿者奉献了自己的爱心,收获到一份快乐。困难居民感受到了浓浓的社会大家庭的关爱和温暖,促进了党员和群众的关系更加紧密,更加和谐。

【志愿者联盟不断发展壮大】 2015年,街办党员志愿者联盟成立以来,按照自愿参加、自我发展、自我完善的思路,将党的基层组织建设与创新社会管理服务体系紧密结合,大力发展志愿服务体系,扩大党员志愿服务的社会影响力和公众认同感,形成了“基层党组织+专业社会组织+社团组织+民生服务”的党建区域化管理新格局。结合优势资源,组建服务队伍。联盟各单位根据自身优势对31项公益项目进行了认领,联盟内各成员单位以行动树形象，以服务促凝聚。省人大、省政府办公厅、省高院、省发改委、省人社厅、省体育局、省统计局、团省委、省妇联、省文联等单位在辖区开展了“大院清洁日”治脏治乱专项活动、免费修理小家电、免费体检、送春联、政策宣传等志愿活动共计46次。联盟志愿者开展了陪空巢老人闹元宵、带空巢老人游安义、亲情灶台等形式多样的关爱空巢老人活动，在社会上引起反响，使得更多的社会爱心人士加入到志愿者队伍，弘扬了中华民族尊老爱幼、助人为乐的美德。为构建“志愿先锋、和谐大院”，通过店面置换方式，腾挪出300余平方米办公用房用于街道公益发展中心及崛美公益项目日常办公，促进了政府行政管理与社会组织自我管理有效衔接和良性互动。帮助完成了公益发展中心筹建，广泛面向社会招募并培训项目公益大使、社会志愿者，组织志愿者开展社区基础数据的入户调查收集工作，建立了社会服务平台。

【推进基层协商民主】 2015年，街办所辖院二社区坚持以“自我管理、自我教育、自我服务、自我监督、居务公开”为原则，积极探索社区居民自治民主建设与管理工作新途径，大力推进基层协商民主，充分发挥居民自治功能。社区基层协商民主民情理事会组织机构成员主要是由德高望重的居民或支持社区工作、热心公益事业的老党员组成。居民理事会议由社区党组织领导，居委会组织，理事会主导，居民、驻区单位（社会团体）平等参与，居民理事会议采取不定期召开的方式，有三分之一以上理事会成员、五分之一以上18周岁以上居民、五分之一以上户主或者三分之一以上的居民小组提议，可以决定召开会议，讨论、决策社区的重大事务。

【大院社区邮协开展纪念抗战胜利70周年活动】 为进一步弘扬爱国主义民族精神，9月2日大院邮协开展一次隆重的集邮讲座和邮展，辖区内广大青少年及邮迷朋友约100人参加。活动现场协会会长向集邮爱好者介绍了抗战主题邮票。在学习集邮知识的同时，缅怀先烈、不忘历史，以一种特殊的方式来纪念抗战胜利70周年。

表29 **2015年大院街道社区居委会一览表**

居委会名称	主任姓名	户　数（户）	总人口（人）	居民小组（个）	办公地址	办公电话
院一社区	孙　慧	1230	5320	8	北京西路69号45栋	86274814
院二社区	张秋莲	1359	6996	6	大院17栋西	86263304
公园社区	周　亮	1512	5520	7	育新路20号	86268473
二七北路社区	王月英	1119	3357	3	南昌市东湖区二七北185号东辉育才苑六号楼1楼	86371715
广场北路社区	史雪琴	1079	4059	6	广场北路社区249号5栋和6栋之间	86227554
体苑社区	朱建兰	1098	4195	21	福州路28号7栋	86222680

（陆丽娜）

董家窑街道办事处

【简况】 2015年，董家窑街道办事处辖区总面积5.3平方千米，户籍人口8.6万人。驻区省、市企事业单位80余个，有江西省旅游局、江西省盐务局、江西省动物疾病预防控制中心、江西省信访局、南大一附院、南昌市实验中学、国美电器、七星商务酒店等机关、医院、学校、大型企业、酒店等。辖21个社区居民委员会，其中单位社区4个。街办坚持以经济工作为中心，以社会稳定为前提，扎实开展各项工作。

截至2015年底，街办有基层党组织24个，有党员2788名。其中,直管党员1788名,参管党员545名,协管党员455名。全年投入党建经费14.3万元。主要落实好了金家山社区和南京西路北社区两处办公用房的装修,成立了江西亿家和物业管理有限公司党支部和江西卓凡实业有限公司联合党支部两个非公经济党组织,建立了面积为30平方米左右的党员综合档案室。完成了2015年缴纳党费工作,进一步完善了社区"两委"班子成员人事档案建设工作。

2015年,街办完成地方公共预算收入5318万元,占全年计划100%;实际利用内资6900万元,占年计划的100%;实际利用外资322万美元,占全年计划的100%;现汇进资72万美元,占年计划的112.5%;省外5000万元以上项目1个,1000万元以上项目4个;完成固定资产投资187240万元,占全年计划的100%;完成社会消费品零售总额321145.9万元,占全年任务的100%;完成新增税收区级所得530万元,占年任务的265%。

2015年,街办辖区内香江家俱城地块旧城改造项目、滨江片区和铁路西货场旧城改造项目自5月正式征收令下达后,到7月底全部完成房屋征迁任务。

2015年,街办城市管理工作成效显著。一方面组织力量,每周利用周末半天时间,对居民楼道、庭院长期难点的卫生死角集中清理,每月1次对社区的环卫工作进行考核评比,对检查排名靠前的社区发放流动红旗。另一方面,充分调动综合执法队伍的力量,不定期进行出店经营、流动摊点的综合整治,督促辖区32家烧烤店安装了无油烟烧烤机,实现无烟烧烤;对楼道庭院垃圾广告进行全面粉刷清理,设置便民信息栏1000余个。此外,利用数字城管平台,日均处理问题110余个,对各项问题实行动态管理。关注民生,在青山南路"石化佳苑"小区沿线设立了疏堵结合点,解决了80多户占道摊点经营问题,排查辖区化粪池问题,成功改造4个,清掏疏通6个。

2015年,街办积极推进各项民生工程并取得实效。走访贫困群众50余户,发放慰问金、物品1万余元。上报新增低保30户,停发30户,调整24户。为322人次发放医疗救助款349518元。审核公租房资格820余户。为14名困难低保户发放了棉被,为25位符合享受残疾人机动轮椅车燃油补贴人员发放6500元燃油补贴,为142人发放重度贫困残疾补贴,共8.52万元。上报6名低保户重病家庭享受南昌市慈善资助每户5000元,上报1名低保户重病家庭享受区慈善资助,1000元/户。办理全民免费火化费报销8人。办理高龄补贴2369人,享受生活补助"两参"人员数46人,发放义务兵优待金人数39人。登记流动人口733人,其中流入688人,已婚育龄妇女190人,流出人口45人,已婚育龄妇女29人,办理流动人口婚育证45人。办理一胎生育服务证360人,单独再生二胎生育服务证220人,独生子女证62人。全年征收社会抚养费共计8例(全额征收6例),征收到账金额共计308011万元。

【豆芽巷社区开展包粽子活动】 6月18日下午,豆芽巷社区在社区文化活动广场开展"浓浓端午情、社区邻里一家亲"迎端午节包粽子活动。活动现场,省直机关工委党员志愿者、居民之间切磋起包粽子的技艺,比比谁包的快,包的好。老人们则对身旁的年轻人讲述着端午节的由来,大家在其乐融融的氛围之中增进邻里情,感悟中华民族博大精深的文化。志愿者将包好的粽子送到辖区的空巢老人、困难家庭、老党员、低保户、和孤儿家中,将劳动的成果分享传递给他们,让这些特殊家庭也能感受到节日的气氛和社区大家庭的关爱。

【南京西路南社区开展警民恳谈会】 11月27日上午,南京西路南社区在社区居委会召开了警民恳谈会,社区民警、社区干部、社区义务巡逻队成员及社区居民代表齐聚一堂,针对辖区内的治安情况,面对面交流。恳谈会上,社区民警李刚向居民介绍上一年度社区警务工作情况汇报,提醒居民注意日常的安全防范工作。社区居民就辖区内存在的问题提出意见和建议,为平安和谐社区建设出谋划策。通过警民恳谈会,拉近了居民与民警之间的距离,加深了警民之间的情感联系,为平安和谐社区建设打下了坚实的群众基础。

【老党员自办展览纪念抗战英烈】 8月26日,青阳社区老党员谭翠兰为纪念中国人民抗日战争暨世界反法西斯战争胜利70周年,在阳明东路街头,展出了20多年来自费收集购买的抗战纪念品。一系列老物件、宣传画和自制标语组成的展览活动吸引了过往路人的注意，唤起了市民对抗战英烈的怀念。

【举行全国高血压日健康知识讲座】 10月8日，贤士花园第一社区特邀医生为社区中老年人进行了“高血压”知识讲座，近40名中老年居民参加了此次讲座。通过健康教育讲座，高血压防治知识得到有效普及，受到居民的欢迎。

【新华社区开展九九重阳瑶湖踏青活动】 10月16日，新华社区组织社区老党员、老居民40余人到瑶湖森林公园进行踏青健步活动。参加活动的居民，年龄最大的90多岁。活动中，老人们相互交流、欢歌笑语。活动的开展不仅锻炼了身体，还增进了友谊，并且增强了社区的凝聚力和向心力。

【普法维权宣传进社区】 11月20日下午，江西财大金融系志愿服务团队来到贤士花园第一社区，在辖区为居民、沿街店面及外来流动人口开展现场维权普法教育宣传活动。学生志愿者与社区干部兵分三个小组分别对来往居民、店面的外来务工人员、经营户们讲解维权普法知识，志愿者们通过发放宣传单，讲解消费者权益保护知识帮助广大社区居民和外来务工人员树立维权意识，解决纠纷难题，同时让大家了解法律与维权的知识，提高法律素质，增强守法的自觉性。志愿者维权普法进社区活动，不仅向居民进行了普法维权知识宣传，更促进了邻里的和谐与融合。

【开展应急救援志愿服务活动】 12月4日上午，豆芽巷社区联合区红十字会开展应急救援志愿服务活动。活动旨在弘扬“奉献、友爱、互助、进步”的志愿者精神，社区积极倡导志愿服务精神，努力营造“有困难找志愿者，有时间做志愿者”的良好氛围。活动结合日常生活实际，生动、直观地将心肺复苏等现场急救知识进行了详细讲解和操作，居民们的学习热情高涨。通过现场互动演练，提高了居民应急救援救护及现场自救互救能力。

表30 **2015年董家窑街道社区居委会一览表**

居委会名称	主任姓名	户 数（户）	总人口（人）	居民小组（个）	办公地址	办公电话
贤士一路社区	熊兰勇	1455	4656	9	贤士一路7号	88624544
贤士二路社区	朱月娥	2218	7248	4	贤士二路133号	88612514
贤士花园第一社区	卢向阳	1652	5550	16	贤士湖住宅区133栋旁	88675632
贤士花园第二社区	殷　红	2147	6870	4	贤士湖住宅区41栋	88611520
南京西路南社区	邱昌莲	2096	7374	6	福州路317号	86292475
南京西路北社区	徐　平	2971	9769	17	永外正街266号	88624744
殷家巷社区	殷中民	1254	3260	6	二七北路618号	88596770
南永和路社区	陈　冬	1310	4581	5	青山南路85号	88634424
青阳社区	刘文勇	1406	4318	3	南永和路21号	88621851
青桥社区	徐小丽	1210	4057	3	青山南路249号	88634455
青山南路社区	张晓茜	1861	5587	5	佘山路98号	88624914
金家山社区	熊旭华	1961	5962	5	青山南路400号	88624944
朱家湖社区	何园珍	3065	10289	12	赣桥南路138号	88651758
豆芽巷社区	王小文	2615	7800	12	朱湖路108号	88625044
五纬路社区	余康凤	2162	6486	10	沿江北大道1377号	88624844
新华社区	江韶琴	816	1795	10	佘山路59号	88636125
锦苑春天社区	方丽娟	1276	3820	7	起凤路317号	86716457

（刘文勇）

彭家桥街道办事处

【简况】 2015年,彭家桥街道办事处辖区总面积约6.8平方千米,户籍人口6.7794万人。驻区中央、省、市事企事业单位28个,有12个社区居民委员会,1个师大家委会。截至年底,街道党工委辖基层党组织79个,其中党委12个,总支部3个,支部62个,非公有经济党组织2个,街道直管党员共952名。

2015年,街办在区委、区政府的正确领导下,按照年初确定的奋斗目标,以加快发展为要务,以项目建设为抓手,推动全街道经济又好又快发展,各项工作取得了较好的成绩,分别荣获了全国综合减灾示范社区、南昌市关工委工作先进单位、全省科普示范社区等荣誉称号。

2015年,街办经济工作紧盯经济指标,细化工作措施,迎难而上,知难而进,全力做好经济工作。全面完成了区委、区政府下达的各项经济指标任务。财税方面:完成地方公共财政预算收入6105.40万元,新增税收区级所得504.08万元。开放型经济及统计指标方面:完成实际利用外资327万美元,现汇进资69万美元,实际利用内资6950万元。完成固定资产投产17.8303亿元。完成社会消费品零售额完成50.1002亿元。重点项目省外5000万项目全年任务数1个,完成1个,1000万元以上项目全年任务数3个,完成5个。楼宇经济方面,完成税收7657.58万元。

2015年,街办各项民生工程稳步推进。截至12月底,全街道共有低保户159户244人,新增低保对象8户8人,停发低保对象8户21人累计发放保障金932839元,医疗救助19人次,发放医疗救助金57844元。1—12月高龄老人生活补贴新增人数为158人,死亡人数为86人,截至12月街道总发放人数为909人,累计发放金额916390元。城乡困难群众,发放4床棉被、2床毛毯,春节期间民政代管人员发放慰问品40份,2015年1—12月发放居家养老券7人,合计13050元。10月市慈善救助尿毒症低保户1人5000元,区慈善救助大病低保户2人1000元。各社区对低保对象和重点优抚对象普遍进行了一次走访,街道领导陪同区领导走访:低保1户(文北社区)、双拥军属1户(湖滨南路社区),走访了总后南昌教导队部队。对两参人员和烈属,在乡复员退伍军人等26户重点优抚对象发放每人400元慰问金。走访25户残疾人,每人200元。向街道退休代管人员发放春节慰问品7份,向无军籍人员发放春节慰问品33份。开展春节和八一期间的优抚对象座谈会,向辖区内所有的优抚对象发放了慰问品,共计发放7800多元,并发放了光荣之家的对联及年画。在八一期间走访慰问了部队和1名烈属,送上慰问金,并对烈属、两参人员定抚定补人员共25人,每人发放150元共计3750元的慰问金,把党和政府的关心和关怀送到他们手中。

【做好“财园信贷通”融资工作】 2015年,街办按照《东湖区“财园信贷通”融资工作方案》要求,积极开展宣传、发动工作,共发放了500份宣传册及500份《致企业的一封信》,采取上户发放、口头宣讲、上墙张贴等多种宣传形式。截至年底,全街道小额贷款达910万元,完成全年任务数的171%,位列全区第一。

【助力大学生创业就业】 2015年,街办着力破解大学生就业难题,打造大学生见习基地优秀企业12家,为未就业大学生开拓了见习通道。

【计生工作寓管理于服务之中】 2015年,街办把开展优质服务作为转变工作思路,改进工作方法的重要工作来抓,建立和完善宣传教育、科学管理、综合服务“三位一体”的工作机制,实现寓管理于服务之中。始终坚持宣传教育为先导,不断改进宣传模式,全面开展“温馨宣传,贴心服务,连心教育”,把面对面上门宣传作为重点,开展“四个一”活动,即说一句知心话,送一份宣传品,办一件实心事,解一个难心题。将计生宣传服务和创建新型生育文化结合起来,充分利用各种有利时机,开展多种形式的计生集中宣传教育活动。全年给辖区内的特扶家庭送去慰问品20余份,开展世界艾滋病日活动2场次,流动人口关爱活动4次,组织社区干部业务学习培训4次。完成流动人口外省协查84例,省内协查及通报85例,婚育证明查验100%完成;办理一胎生育服务证198个。办理独生子女证33个,再生一胎证94个。全年组织辖区内的无业下岗育龄妇女进行了环孕检及生殖保健检查，共完成657例。为辖区居民做好单独二孩的政策进行宣传及解释工作，并根据居民的不同情况指导他们办理相关的证明材料，宣传社会抚养征收活动4场，优生优育79例。

【共青团中央向上向善分享会走进光明社区】 6月16日，共青团中央“全国向上向善好青年”分享团走进东湖区光明社区。活动旨在教育引导团员积极践行社会主义核心价值观，形成“向上向善”的鲜明导向，在推动实现中国梦中成就个人梦想。分享会作为团市委巩固“文明创建”成果、深化“兴家风、淳民风、正社风”主题活动的重要举措，为提升市民文明素质、优化人文环境履职，实现南昌“四个强起来”提供了良好的发展环境。

【党建工作有创新】 2015年，街办党工委按照“出精品、铸亮点、创品牌”的思路，狠抓光明社区先进典型提质升级，打造社区“三风”活动、道德讲堂等新的亮点工作，深入开展“三环三风三服务、三大工程暖人心”主题活动。着力深化“三环式”党建品牌，指导社区成立“大党委”，构建以党委自身建设为“内环”，与驻区单位党组织共驻共建为“中环”，与周边单位、村党组织互帮互助为“外环”的“三环”党建模式；开展“兴家风、淳民风、正社风”“三风”进社区活动；推行便民服务、自我服务、志愿服务“三服务”；以省委“连心、强基、模范”三大工程为抓手，以“三环”广连心，以“党建+”促强基，以“三风”树模范，成功把支部建在群众团体上，以组织领导团体，以团体吸引群众，组建群众团队16个，成立群团党支部10个，打造了“五星学社”“五彩课堂”“玩具接力坊”“二五七”爱心银行等一系列特色亮点工作，成立了“李恒敏书法工作室”“张则林爱心帮忙团”等品牌志愿服务团队，年内光明社区先后9次迎接省市领导检查，市政协主席周关到光明社区现场观摩“三风”活动时对社区建设给予了高度评价。2015年，街道强化党建工作，不断提升基层党组织凝聚力、战斗力，顺利迎接了省委组织部全省基层党建工作调研督查，街道党建工作受到省委组织部领导好评。

【青山湖西岸二期房屋征收工作顺利推进】 2015年，街办辖区青山湖西岸二期旧城改造项目实施。街道主要承担分片指挥部职能，片区征迁总任务数118户，截至年底，已搬空56户，完成比例为47.46%；正式兑付74户，完成比例为62.71%，整个征迁工作平稳推进。

【社区服务活动】 2015年，街办着力强化社区服务意识，积极破解难题，社区服务活动呈现诸多亮点。举办了“再就业援助月活动”“春风行动”等多场专项活动。于2月10日在文教路社区举办农民工趣味运动会。于5月29日在观欣社区开展眼义诊活动。于6月10日在观欣社区开展以“粽香传递邻里情”为主题的包粽子比赛活动，该活动在《南昌晚报》中予以报道。于6月26日在观欣社区会议室内举办了一场以日常生活安全为主题的暑期安全教育知识讲座活动，此活动在南昌电视台一套“新闻说报”中予以了报道。于9月25日在观欣社区举办重阳节关爱老人活动，南昌晚报予以了报道。文教路北社区携手省环保厅开展了扶贫助困活动。湖滨南路社区携手省农商银行举办了庆祝抗战胜利70周年文艺晚会。七里街社区携手市地税局打造了平安小区。观欣社区携手区教科体局新建了小区健身运动场。一系列服务活动的开展，产生了良好的社会反响，得到广大社区居民的称赞。

【城市管理有成效】 2015年，街办坚持按照“干干净净、漂漂亮亮、井然有序、和谐宜居”的要求，不断强化城市管理工作。一是规范日常保洁。制定《社区城市管理工作站考核办法》，落实“门前三包”，建立末位问责制，重点做好了辖区市容市貌和赣昌水产批发市场专项整治，环境卫生秩序得到根本上的改变。二是积极宣传造势。利用街道城市管理公众号及时报道工作动态，2月起制作《品质东湖从我做起》《清洁东湖从我做起》两部动画宣传片进行宣传，为整治工作深入推进奠定了舆论基础。三是用好数字城管。坚持专人负责派遣、专人负责处理，确保信息畅通、指挥高效、反应快速、处置迅捷，数字城管案卷总数12500余条，各月结案率均达到100%。四是狠抓重点整治。扎实开展“蓝天行动”，每月定时检查督促辖区内烧烤店烧烤器具全部更换为无烟烧烤炉。五是扎实开展楼道垃圾广告清理工作。2015年，楼道粉刷面积为8000平方米，清理广告垃圾8680条，新增统一规范的“便民信息张贴栏”便民服务栏220块。

【平安创建有实效】 2015年,街办深化平安创建工作,不断提高居民的公众安全感。加大了平安小区创建力度,通过居民参与巡逻、召开发赃大会等活动,进一步提高“两提升”的知晓率和参与率,第一、二季度公众安全感满意度调查街道在全区排名第一。加大矛盾纠纷排查调处力度,矛盾调处成功率达到100%。加大重点人员稳控力度,突出重要时节,采取专人盯防、全时布防的办法狠抓维稳工作。全年街道未发生非正常上访现象。

【蔡社宝视察街道人大工作】 11月9日上午,南昌市人大常委会主任蔡社宝,副主任罗慧芬、申少平、李福如,秘书长徐永立以及市相关部门负责人一行莅临街道视察工作。蔡社宝到街道人大工作站查看了具体工作情况,并在街道人大代表接待群众点进行视察,听取了2015年以来街道各项工作开展情况汇报,对街道的各项工作予以肯定,同时指出,人大常委会历来重视街道群众工作的基础建设,将按照市委统一部署,继续加强工作监督,促进基础建设为广大群众提供更好的办事环境。高迪生对蔡社宝和市人大常委会长期以来关心街道人大工作表示衷心感谢,并保证在今后的工作中,更加主动接受监督,视监督为支持、视监督为爱护、视监督为帮助、视监督为关心,在接受监督的自觉性、广泛性、长效性、实效性上下功夫,确保街道不断取得新进步。

表31　**2015年彭家桥街道社区居委会一览表**

居委会名称	主任姓名	户　数（户）	总人口（人）	居民小组（个）	办公地址	办公电话
光明社区	刘云娟	1658	5472	9	青山支路26号	88607629
七里街社区	邓永华	1600	3212	6	中大南路28号	88682381
文教路社区	罗雁	1582	7380	7	文教路356号	88504910
福州路北社区	熊淑清	2326	6978	16	洪文教路274号	88502294
文教路北社区	刘小芳	1980	5940	7	阳明东路719号隆兴小区内	88537809
建新社区	邱红莲	1545	4868	6	福州路456号	88567565
李家庄社区	施兰英	1450	3620	12	洪都北大道1211号	88622894
湖滨南路社区	赵华兰	1700	5166	5	洪都北大道488号	88556507
江中花园社区	谢清华	1953	5368	8	洪都北大道488号	88611662
北京西路社区	张天华	1400	7200	5	北京西路485号	88503503
青山北路社区	袁世辉	502	1625	4	青山北路100号南硅宿舍内	88626915
新祺周社区	司军莲	802	2600	4	南昌北郊新祺周	83068207
江西师大家委会	史元华	847	3320	1	北京西路437号	88506964

（潘雯婷）

滕王阁街道办事处

【简况】 2015 年,滕王阁街道办事处位于辖区面积为 0.98 平方千米。辖 9 个社区居委会,居民小组 116 个,居民住户 12216 户,总人口为 37169 人,流动人口数 2062 人。

2015 年以来,在区委、区政府的坚强领导下,街道坚持以党的十八大精神为指导,积极适应“新常态”,结合街道地处老城区中心的实际,围绕全年目标,从健全机制入手、从狠抓措施着眼,从严干部管理着力,各项工作有序推进,特色亮点工作可圈可点,保持了街域内经济社会持续稳定发展的良好态势。

2015 年,街办全年地方公共财政预算收入实际完成 5350.89 万元,新增项目税收完成 260 万元,新增一企一策税收完成 400 万元。税务服务站完成 223.07 万元。新增税源企业 12 家。全年实际利用外资 437 万美元,现汇进资完成 87 万美元,实际利用内资 8050 万人民币。

2015 年,街道紧紧围绕“平安滕阁”目标,采取有力措施,确保社会稳定。全年共排查矛盾纠纷 22 起,成功调处 22 起。接访 23 次;受理网上信访件 22 件,调查回复网上信访件 22 件。与 51 个辖区单位和 9 个社区签订了综治责任状。完成居民安全档案 9489 户,完成率 96%,店铺安全档案 648 户,完成率 96%。细致做好人民调解工作。全年发放《人民调解法》等宣传资料共 560 册。建立了规范的人民调解委员会 10 个,落实调解员 22 人,做到了调解组织,调解员在各社区全覆盖。抓好矛盾调处和社区矫正工作。辖区内 10 名社区矫正人员,无脱管漏管现象发生。大力开展景区特色法制宣传工作。在滕王阁景区共开展《旅游法》《人民调解法》《刑法》《江西省法律援助条例》等法律法规宣传活动 6 次。

2015 年,街办坚持以“创文明城市,保卫生城市”为载体,以治理“环境卫生脏、街面秩序乱”为抓手,强化保洁常态化管理。强化督促排查,要求保洁员统一着装上岗,实行严格的定人、定岗、定时、定路段管理,完善健全了整套清扫保洁工作日常考核制度和奖惩制度。落实主次干道严控区,控制区每月定期考核评比,确保市场化工作全面到位。

2015 年,街办坚持以拓宽社会化服务满足居民需求为导向,着力提升居民群众幸福感和满意度和保障覆盖面。积极开展扶贫济困工作。截至 2015 年底,街办共有低保户 374 户,共计 616 人,全年共发放低保金额 223 万余元;申请医疗救助 32 人次,共发放金额 24.8 万元;申请高龄补贴人数 68 人次,发放金额 43.5 万元。发放高龄老人补贴 10953 人次,发放金额 99.3 万元。重服务,确实计生各项工作落实。全年出生人口统计 305 人,新增流动人口 307 人,并对辖区 356 位流动人口进行查验证服务,建档率 95%。全年组织辖区 618 位育龄群众参加环孕检检查,组织 56 对新婚夫妇参加国家免费孕前优生优育检查。充分发挥促进就业的政策效应。全年新增就业 908 人,家庭服务从业人员 77 人,“4050”人员再就业数 222 人,零就业家庭就业安置率 100%,推荐各类人员参加技能培训 37 人,发放小额贷款金额 108 万元。城镇居民医保参保人数完成 8173 人,完成率 100%,两个合同三个台账覆盖率 100%。

【建立社区主任书记述职述廉制度】 2015 年,街道建立了社区主任书记述职述廉制度,全年对 18 名社区主任书记进行了考核,实行党建工作项目化目标管理。进一步强化了社区党组织书记履行党建责任意识,每个社区党组织按照“跳起摸高、争创一流”的要求,年初定标的、定措施、定责任,年终按单验收成绩。年度党建工作实现了目标清楚、任务明确、责任到位。

【改善社区办公条件】 2015 年,街办加大了党建建设方面投入,特别是保障社区用房上,先后投入 100 多万元,为李家巷社区购置了办公用房,同时,结合区行政机构办公用房调整,对民巷社区办公用房进行了调整,努力推进社区办公用房提档升级。

【创新党员服务形式】 2015 年,街办结合社区群众文化活动,设立党员活动日,通过参与社区活动,使党员切实融入到社区。结合街道开展的“综治进景区”“法律进景区”“安全进景区”“文化进景区”“文明进景区”五进活动,以社区党员服务站为基础,以楼栋党小组,单位在职党员为主体,在街道社会维稳、困难救助、治安巡逻、民事调解、文明创建、文化活动等多种平台上广泛设立党员志愿服务岗位,党员挂牌服务,亮出党员身份,使党员的先锋模范作用深入到社区精神文明建设的具体活动中,深入到化解社区各类矛盾的具体过程中,深入到居民群众自治管理的具体实践中。形成以社区党员服务站为阵地、以党员为主体、以党员服务平台为纽带、以为民办实事为抓手的社区党建工作新模式,切实增强党员的服务意识。扎实开展基层民主协商活动,全年 9 个社区共召开基层民主协商会 18 次,为居民解决实际问题 18 个。

【多项举措维护社会稳定】 2015 年,街办采取多项举措,进一步维护社会稳定。做好重要敏感时期安全稳定维护,制定了安全稳定方案和应急预案,落实 24 小时值班制度。加大对人防、物防、技防建设力度。继续加强辖区非机动车停放点建设。在原有 9 个非机动车停放点的基础上,新建了 2 个点位,实现了社区全覆盖。对辖区内的社会视频资源进行了摸底排查,通过积极协调接入天网系统,新增摄像头点位 45 个。

【推进义务巡逻队伍建设】 2015 年,街道在滕王阁周边三个社区推行义务巡逻,每条街巷设一个治安观察哨,每一个楼栋设置一名治安信息员,并制定了相应的奖励办法。建立"一栋一员一哨"防控网络。社区招募了一批以老党员、退休干部为代表的义务巡逻员,街道为义务巡逻队伍采购了一批巡逻装备,并于 2015 年 7 月举行了启动仪式。

【提升辖区内公众安全感】 2015 年,街办组织街道、社区干部开展提升公众安全感入户宣传工作。上门入户发放《居民安全手册》等资料 9000 余份,《致居民的一封信》和《致新南昌人(流动人口)的一封信》共计 22000 份。动员驻地单位利用 LED 显示屏滚动播放宣传标语,各社区定期更新黑板报的安全感方面的宣传内容,并在每个社区设立反邪教宣传专栏。

【人民调解工作卓有成效】 2015 年,街办共发放《人民调解法》等宣传资料共 560 册。建立规范的人民调解委员会 10 个,落实调解员 22 人,做到了调解组织,调解员在各社区全覆盖。充分发挥调解员的作用,确实把矛盾纠纷化解在基层。全年共调处矛盾纠纷 52 起,其中简易纠纷 41 起,疑难纠纷 11 起,调解成功率达 100%。

【推行"社区娘舅"工作】 4 月,街办举办了"社区娘舅"启动仪式,9 个社区聘请的 9 位律师全部到位,全年共举办法治讲座 4 次,开展法律咨询活动 5 次,调整各类矛盾纠纷 12 起。

【加强门前责任制落实】 2015 年,街办为配合滕王阁景区扩建工程,加强了景区相关街道的门前责任制落实与管理。每周定时开展综合治理整治活动,累计出动整治人员 1360 人次,发放执法单据 280 张,整治摊点 400 余个,依法收缴各类整治成果 23 件。清理和整治辖区内重点的章江路社区、民巷社区、李家巷社区、射步亭社区反弹的堆积杂物共计约 350 处,重点整治严控区、控制区路段的广告垃圾的清理约 50 余万条。出店经营的状况得到了有效地控制。

【健康教育活动丰富多彩】 2015 年,街办全年共组织开展各项健康教育活动 7 次,评选出南昌市第二中西结合医院和南昌市华润万家两家"无吸烟单位"和 45 户"无吸烟家庭",发放健康教育专栏 58 期,发放张贴慢病宣传栏 54 张及各类资料 3000 份,向居民和单位共发放春季鼠药 2600 份,发放灭四害宣传单 2000 份。

【上门服务温暖老人心】 2015 年,街办在发放高龄老人补贴年审工作过程中,考虑到老人年事已高、行动不便,组建了专项工作小分队,通过上门年检、发照片或视频年检、社区开具证明等方式,为 68 名高龄老人年检提供尽可能的方便,受到老人及其家属的一致认可。

【扎实开展就业保障服务】 2015 年,街办组织辖区居民和企业参加省、市组织开展的招聘和宣传活动,开展了"百企送岗送温暖进社区"周期性招聘活动。与市、区两级人力资源和社保部门合作,构建滕王阁企校联盟创业就业服务平台,在南昌大学经济技术学院开展了应届大学生创业培训活动。主动与辖区内企业对接,完成了东方豪景、南昌衍文传媒有限公司、江西天泉康体实业有限公司青年职业见习基地的申请审批。

【推进流动人口基本公共服务均等化服务工作】 2015年，东湖区流动人口卫生计生均等化服务工作试点得到有效推进。其中滕王阁街办制作发放宣传折页5000份，宣传横幅12条，宣传展板10块，进一步提高群众对此项工作的知晓率，春节期间，街道计生办、计生协会针对春节期间外出务工人员返乡过节的有利时机，分别在在章江路集贸市场、地铁1号线施工工地开展“春节期间流动人口宣传服务活动”。向流动人口育龄人群免费发放计划生育宣传资料800多份，避孕套4000余只，外用避孕药具120余份，计生小礼品500余份，接受群众咨询计划生育优生优育、政策法规知识100余人次，免费为广大返乡的育龄群众发放计生宣传品、避孕药具，并为外出务工的流动人口办理《流动人口婚育证明》，将政策宣传融入浓浓的春意中，切实让返乡外出人口感受到一份温暖，让在的异乡人感受到一份亲情。7月下旬至8月中旬，街道计生办组织各社区根据本社区特点在流动人口集中地方开展宣传服务活动。上坡社区在地铁1号线建设工地开展的“流动服务流动情，民心工程暖民心”宣传服务活动，榕门路社区在中寰丽景封闭小区开展宣传服务活动。

【多途径强化街道自身作风建设】 2015年，街办坚持通过比作风看表现、比实干看效能、比创新看能力，进一步提升街道上下精气神和执行力。年初，召开了街道年度工作和特色工作务虚会，街道领导和科室负责人带头析形势、谈思路、找办法、定目标。进一步统一每个人的思想。抓学习。通过抓学习，增长见识，洞悉城市发展地趋势和规律，解决好发展眼光的问题；学习先进城市的管理经验，解决好发展思路问题，学习相关业务知识，工作流程和新的专业知识，解决好发展能力问题。在街道设立滕阁讲堂，利用每天晨会，坚持每天一小课，每月一大课。通过学习促进思想转变，通过思想转变促进班子创新意识、责任意识和服务意识强化。强监督。通过完善各项考核制度，推动作风建设长效化、常态化。街办坚持在每周一例会上，从街道领导开始，相关科室和社区，逐人汇报每周工作情况，通过晒成绩、晾问题，亮明各科室和重点工作的成绩单，强化监督检查，推进效能建设，确保了工作任务得到贯彻落实。

【社区文化建设有声有色】 为2015年，街办进一步推进社区全面建设，提升社区文明建设水平，各社区文化活动开展有声有色，各社区根据自身优势，充分利用辖区内资源，全年举办文艺活动40余场次，并开展了“我们的节日”、志愿者服务、助残扶困、关爱老人、健康教育、道德讲堂、技能培训、免费义诊等多种形式的特色活动，收益人群超过1万人次，极大地丰富了居民群众的文化生活，提升了居民文明素质，彰显了社区文化特色。民巷社区开展了寻找“最美母亲、最美妻子、最美媳妇”评选表彰活动，在居民中弘扬中华民族传统美德，注重文明家园的培养和传承。上凤凰坡社区第七届邻里节，组织居民中的低龄老人与高龄空巢老人结成互帮对子，让辖区内的低龄老人来关心帮助高龄老人，并在现场签订了“邻里互助”协议书，体现了邻里乡亲的友情，促进了社区居民和睦相处。榕门路社区开展的寻找百岁老人活动，进一步弘扬中华民族敬老爱老的传统美德，让全社会都来关心支持老年群体，营造一个尊老敬老助老的良好社会氛围。射步亭社区在扁担巷市民广场，举办了助残日活动。活动围绕“关心帮助残疾人，实现美好中国梦”这一主题，开展了一系列的扶残、助残活动。省残疾人职业培训中心、市第二中西医结合医院、滕王阁劳动和社会保障事务所和社区志愿人员搭起了咨询和服务台，为残疾朋友和社区居民提供了免费咨询和服务活动。宣传增进了社区群众对残疾朋友家庭生活现状的了解，为志愿者们提供了便捷的助残服务契入点。也进一步浓厚了社区助残扶弱的社会氛围。

表32 **2015年滕王阁街道社区居委会一览表**

居委会名称	主任姓名	户数（户）	总人口（人）	居民小组（个）	办公地址	办公电话
子固路社区	李 洁	1417	4001	14	射步亭4号	86700261

续表 32

居委会名称	主任姓名	户　数（户）	总人口（人）	居民小组（个）	办公地址	办公电话
榕门路社区	魏　瑛	1197	2967	21	榕门路 1 号	86700264
滕王阁社区	蔡晶晶	1174	3984	11	石厂街 66 号	86700704
铁街社区	涂冬妹	1036	2841	7	铁街 36 号	86632874
上凤凰坡社区	周梅兰	1174	3969	12	上凤凰坡 8 号	86633454
民巷社区	章　华	1576	5540	20	民巷 12 号	86792314
章江路社区	汪纪文	1440	4356	4	下凤凰坡 1 号	86700694
射步亭社区	胡　梅	1868	6475	11	李家路 23 号	86706174
李家巷社区	曾丽娟	1334	3036	14	观音巷 22 号	86706044

（唐文清）

贤士湖管理处

【简况】 2015 年，贤士湖管理处在区委、区政府的领导下，坚持抓经济、促发展，抓民生、保稳定，顺利实施农房征迁等重点、难点工作，较好地完成了区委、区政府布置的各项工作。

2015 年，管理处经济工作成绩喜人，位列东湖区经济发展考核街道组前列。其中，完成地方公共财政预算 1430.07 万元，占年计划的 100.14%；完成固定资产投资 106444 万元，占年计划的 104.57%；社消总额完成 104018 万元，增速 18.51%；完成限额以上零售额 33182 万元，增速 50.36%；实际利用外资完成 326 万美元；实际利用内资完成 7500 万元；新增税收 917.42 万元，占年计划的 458.71%。

2015 年，管理处以强化民生保障为支撑，夯实发展基础。坚持民生第一基石理念，把发展经济的终极目的充分体现到提高群众的生活质量和水平上来，全面提升村民的幸福指数和满意度。配合区人劳局继续开展管理处 6 个村 5795 人“被征地农民养老保险”的保费收缴工作，圆满地完成了 2014 年度 7130 人的的“城镇居民基本医疗保险”的续保工作。完成 43 户住房困难户的公租房申报工作。坚持以村为主、分类指导、全面推进的原则，采取建设整治与管理并举的措施，一方面认真做好市容卫生的长效管理工作，另一方面针对有些自然村基础差、底子薄、杂物多、下水道不畅，脏、乱、差等情况突出，环卫设施严重缺乏的问题，制定了周密的整治计划，并落实到位。市容环境面貌有较大改善，村民生活质量有较大提高。以广丰工作站为依托，以优生优育为目标，为本地和流动人口育龄妇女、儿童提供优质服务。切实做好农村低保、大病救助等弱势群众帮扶工作，帮助他们解决实际困难。

2015 年，管理处在全处树立了“发展是第一要务、稳定是第一责任”的意识，深入开展社会矛盾大排查、大调处活动，加强源头预防和治理。着眼于从苗头上发现问题、从源头上解决问题，深入开展大排查、大调处活动，最大限度地把矛盾化解在基层，解决在萌芽状态。特别是在农房拆迁工作过程中，通过区、处、村的三级联动，通过工作人员耐心细致地面对面地交流与沟通，有力地缓解了因拆迁而造成的不稳定因素，并为拆迁工作稳步推进奠定了良好基石。2015 年，贤士湖管理处实现在安全生产、消防等工作方面无事故、零伤亡的优异成绩。

【全力实施农房征迁工作】 2015 年，管理处承担的旧改农房征迁工作任务繁重，其中第一轮“城中村”改造项目涉及长巷、贤湖 2 个村 6 个地块、10 个自然村，涉及集体土地面积约 621.44 亩、农房面积约 50.3 万平方米，实现了一次性征迁面积超历年农房征迁面积总和，成为全区，乃至全市有史以来最大规模的农房征迁。此次农房征迁特点是面积大、范围广、情况杂、政策严、时间紧、诉求多。为保障房屋征迁工作“和谐有序”进行，真正把这项“民生工程、发展工程、和谐工程、创新工程”办成“百姓满意”工程。在区委、区政府和区旧改指挥部正确领导下，管理处会同14个区直部门组织290余名处、村、组干部成立了28个动迁组，由区委、人大、政府、政协15名县级指挥长带队，分6个动迁片区实施征迁工作。仅用90天的时间，就基本完成了50万平方米房屋的预定征迁任务。

【党建工作常抓不懈】 2015年，管理处党工委狠抓党建工作。一是固本强基。做好了村“两委”换届工作，配齐配强了6个行政村的“两委”班子。同时，规范了村级组织内设机构的设置和管理。推动开展了选派优秀干部到村任职工作，并制订了具体管理办法。二是建章立制。及时调整了管理处党建工作领导小组，制订了年度党建工作计划和工作制度，量化目标，明确责任，细化措施，有力的保障了基层党建工作的有序开展。三是形成合力。坚持每季度召开一次党建工作会或村书记议事会，先后13次到基层一线调研，探索因地制宜推进党建工作的新思路、好举措。开展了“连心”工程，加强对困难党员、群众的帮扶和走访慰问，并形成制度，以实际行动拉近与村民群众距离的同时，也实现了党建工作“从群众中来，到群众中去”的目标。四是立足长远。重视加强了党员发展工作和“党员之家”建设，加大经费投入，储备后备力量，增强党员归属感。全年用于党建工作经费投入达到20余万元，同比增长150%，发展党员18名，同比增长20%。五是勇于创新。积极推动非公企业党组织建设，深入非公企业调研，掌握非公企业党员分布现状，适时成立非公企业党组织。

【成立辖区首个非公企业党组织】 2015年，管理处党工委大力推动非公企业党组织建设。10月26日，成立了辖区首个非公企业党组织—倍康中西医结合门诊部有限公司党支部，实现了管理处在非公企业党建方面的“零突破”。该支部现有在册党员3名，其中男党员2名，女党员1名，由倍康公司总经理张浩担任党支部书记，管理处党工委指派游海担任该支部指导员。

【强化党风廉政建设】 2015年，管理处党工委坚持每季度主持召开一期党工委中心组学习活动，向处班子成员、村党政主要负责人推荐优秀读本，坚持“三会一课”制度，书记亲自上党课，并要求“上行下效”，管理处“爱读书、读好书”的学风正在形成。始终坚持把反腐倡廉放在更加突出的位置，每季度组织一次党风廉政教育学习活动和警示教育活动，经常性组织开展“三严三实”“中央八项规定”“一准则两条例”的学习，使党员干部积极顺应新常态。

【开展赴廉政教育基地参观学习活动】 2015年12月28日，管理处党工委组织领导班子成员、机关支部所有党员和各村党政主要领导赴豫章监狱廉政教育基地实地参观学习。学习活动分为三部分：一是廉政教育基地讲解员介绍近些年全省查处的一些职务犯罪案件；二是观看豫章监狱的介绍；三是听取服刑人员忏悔。通过参观学习，使党员干部党风廉政意识进一步加强，“三严三实”活动取得实效。

【突出“先锋创绩”引领推动作用】 2015年，管理处在征迁工作中设立了先锋党员岗，处、村党员干部带头坚持24小时值班制度，昼巡夜查，对违章建筑“零容忍”，一旦发现坚决予以拆除。特别是在征迁过程中，每个项目启动，都以“党员带头签约、带头搬家、带头交房”为切入点，以党员示范效应带动周边群众效仿，在广大征迁户起到了很好的引领作用。在关键节点管理处又成立党员突击队，处理征迁过程中出现的信访、稳定等问题，确保了征迁工作的平稳顺利推进。没有发生重大因征迁引发的信访事件。同时也涌现出了一批先进典型人物，帮助处、村两级党组织在实战中考验、锤炼干部，为村“两委”干部和处中层干部储备了后备力量。

【狠抓产业用地升级改造】 在2015年“双拆”工作中，贤湖村拆除了二七北路临街店面约6900平方米，村集体收入锐减。2014年，贤湖村在区委、区政府的大力支持下，启动二七北路两块产业用地的升级改造，建设洪茂大厦和贤湖大厦，其中：洪茂大厦总占地面积10.3亩，建筑面积约2.8万平方米，共22层，地下2层。投资约1.1亿元；贤湖大厦总占地面积4.1亩，建筑面积约1.7万平方米，共17层，地下2层，投资6000万元。项目建成后，一方面为村集体经济的持续增长提供条件，另一方面也有助于二七北路经济格局的调整。截至2015年底，两大项目已完成规划设计工作。

【不断强化人民调解和社区矫正、法律援助工作】2015年，管理处司法所深入村委摸排调查，及时发现并且处理纠纷，并做好回访工作。全年完成疑难案件17个，简易案件83个，实行"教育与管理相结合"的原则，切实提高社区矫正工作的管理效果。协调有关部门解决6名安帮对象的劳动工作问题。将法律援助与法律宣传密切结合在一起，完成非诉讼代理5件，解答法律咨询101次。充分发挥永溪村的农民工法律援助站的作用，并在南昌市首家开展农民工法制夜校活动，在永溪村这个流动人口密集地切实为农民工法律疑难提供了帮助，创新了社会治理与矛盾调处机制。

【加强矛盾纠纷排查】 2015年，管理处承担香江及起凤路和滨江片区农房改造工作。拆迁任务比往年更重，考虑到农房征收过程中会出现老百姓不理解和上访现象，专门成立了征收维稳领导小组和维稳信访突击队、落实责任、实行四包"包动迁、包稳定、包签约、包安全"处村大力加强矛盾排查，加强信访问题的解决，严格制定排班制度，实行全天候都有人值守，保持24小时通讯不间断，很好地维护了拆迁期间辖区安全稳定，全年未发生一起赴京访现象。

表33　2015年贤士湖管理处村民委员会一览表

村委会名称	主任姓名	户　数（户）	总人口（人）	村民小组（个）	办公地址	办公电话
长巷村	谌天伟	708	1906	7	青山南路448号	88623771
公园村	殷国平	187	527	3	神州路251号	86217365
七里村	陶国强	944	2660	10	青山北路916号	88623255
贤湖村	魏黎明	161	536	0	二七北路636号	88635673
永和村	王荣华	423	790	0	永外正街352号	88636058
永溪村	殷润强	341	1321	4	文教北路684号	88502682

（熊　瑛）

扬农管理处

【简况】 2015年，扬农管理处围绕"以土地控制储备为基础、以民生改善为主线、以环境创优为保障、建设生态宜居、平安和谐、优美幸福扬农"的工作思路，各项工作有序、扎实推进，成效显著。

【推进企业改造升级】 2015年，针对所属企业江西德成制药公司原承包人历年来拖欠承包费、霸占承包场地不清场、药品批文延续申报及新版GMP认证无法进行的问题，管理处通过寻求法律途径、协商调解等方式，历经大半年的时间，妥善解决了承包费拖欠、移交清场等承包经营问题，避免了德成制药药品批文无法维护致过期及场地闲置造成的损失。严格按照国有资产管理规定的相关要求，积极对外招商引资，引入实力强大、专业优势明显的南昌白云制药有限公司对德成制药承包经营，做好了药品批文的续批申报工作，2015年底前完成启动新版GMP认证工作，让企业能够依据市场规律得到更长足的发展，以达到国有资产保值增值的目标，实现国有资产利益最大化。

【垦区危房改造】 2011年，危房改造任务为256套，规划异地新建3栋11层小高层，同时配套一所6班幼儿园，总建筑面积约2.8万平方。2015年，管理处已全部办结该项目的报建手续，通过公开招投标于2015年1月开工建设。截至年底，1号楼主体已封顶，2号楼已建至5层，3号楼完成基础开挖。同时电梯的公开招投标工作已完成，为后期电梯安装工作做好了充分准备。2015年危房改造项目已完成项目立项批复、选址意见书、可研环评批复、用地划拨批准书、地质勘测、设计招投标等工作。

【控违拆违】 2015年,管理处严格执行扬子洲地区土地控制政策,推进科学储备,通过丈量、登记、拍照、建档等工作完善了房屋信息档案,全面掌握了辖区现有房屋信息。为做到守土有责,严控各类违法建设及违章搭建,扬农管理处积极创新宝塔式管理模式,建立了一支由党政主要领导负总责、纪检监督、班子成员挂点、机关干部参与、社区干部包片的五级责任体系,将辖区房屋、土地分片包干,每位领导挂点2~3个片区,每一片区由3~4名干部负责片区内的日常巡查、违建上报、拆除到位工作,形成了宝塔式管理网络。同时,为了增强责任意识和主动意识,2015年初出台《扬农管理处控违拆违工作实施方案》,有奖有罚,将坚持属地管理与坚持责任追究原则融汇其中,建立了一级抓一级、层层抓落实的工作责任制。通过明确责任,控违拆违,工作效率显著提高,形成了违法建设一有苗头,就能第一时间被发现,第一时间被制止,第一时间被拆除的良好局面。2015年以来,发现违建26起,经说服自行拆除20起,组织执法队伍强制拆除6起。

【新农村建设】 2015年,管理处共批罗家舍、万家洲头2个新农村建设工作,按照点位设计标准,新修水泥道路5条,其中万家洲头新农村建设点修建了2条,长527米,罗家舍新农村建设点修建道路3条,长753米,5条道路共计1280米。修建下排水沟6条,拆除杂棚7处,为6户居民按装了自来水,切实解决了群众行路难、喝水难等问题,极大地方便了居民生活,得到了群众的一致好评。

【"千万树木进千村"活动】 2015年,作为全市"千万树木进千村"活动点之一,管理处按照全市"千万树木进千村"的活动安排,对辖区内的三大队新村、绿洲佳苑新村、四大队一组、四大队二组等4个区域的绿化苗木选址并进行了全面统筹规划。栽植过程中严格按照文件栽植绿化苗木标准和要求,并坚持"严管林、慎用钱、质为先"的方针,一手抓造林、一手抓管护,保障栽植绿化工作保质保量完成。自4月15日开始栽植以来,共栽植绿化苗木6227株,通过近4个月的管护,绿化苗木生产良好,10月底已通过了市林业局的验收,林木保存率为100%,成活率达90%。

【畜禽禁养专项整治】 2015年,为进一步落实市、区关于开展畜禽禁养专项整治工作要求,管理处分组成3个工作队,实行分管领导、部门负责人、社区领导组成的三级联动机制,对辖区内的畜禽养殖业的数量、规模、位置等进行了深入调查。每个工作组负责3户养殖户,一包到底。管理处生猪养殖户9户,生猪共计3243头,其中能繁母猪197头。通过宣传、动员、劝说等方式,养殖场全部清栏关闭,完成了辖区畜禽禁养工作。

【"脏乱差"集中整治"百日行动"】 2015年,管理处按照"干干净净、漂漂亮亮、井然有序、和谐宜居"要求,以整治环境脏、建房乱、设施差为重点,通过宣传动员,制定方案,成立机构,明确职责,加强保洁队伍建设,组织全体机关、社区工作人员利用每周五下午的时间,定期开展卫生环境大扫除工作,集中对辖区内道路沿线、房前屋后、岸边水面等地段的暴露垃圾、漂浮物进行清理,对影响环境面貌的残墙断壁、废弃屋棚等进行拆除,真正让群众感受实实在在的变化。自"脏乱差"集中整治百日活动工作开展以来,按照"一天一巡查、一天一反馈"的工作机制,对各类脏乱差问题做到边查边改、边整边改、立行立改,先后多次组织全体机关干部、社区人员对扬农路及下属两个社区进行集中整治活动,清理卫生死角30多处,清理楼栋乱堆乱放50余处,清理垃圾200多车,清理垃圾广告3000余条,切实推进各项问题整治到位。同时落实环卫长效管理制度,制定《扬农管理处环境卫生管理方案》,加强环卫保洁管理,做到垃圾日产日清,辖区内的环境得到较大提升。

【防汛抗旱】 2015年,本着立足预防、主动防范的原则,管理处把洪涝干旱灾害的预防管理放在防灾减灾工作的中心环节,制定了防汛抗旱应急方案,建立健全防汛抗旱组织指挥机构,明确职责,落实防汛24小时值班巡查制度,按照区防汛办任务要求,提前配备草袋2350条,编织袋3300条,卵石170立方米,块石80立方米,土工布360平方米,铅丝50千克,钢管500千克,3千瓦发电机组1台,救生衣30件等防汛储备物质。在汛期来临之前,组织队伍对部分堤坡松动、渗水等问题进行了2次除险加固,及时消除了安全隐患。同时组织实施了一大队养鱼池农田农业水渠排涝清淤疏通工程,新修排水沟4条。

【平安创建】 2015年,管理处深入推进平安创建工作。建立了一支由综治办、和谐平安服务队、社区主任、党员代表及居民组成的40人的群防队伍。针对全处重点区域、重点路段,以多样化巡防模式,不间断地开展义务巡防工作,截至2015年底,共排查出不稳定因素18起,并全部得到化解。同时,向辖区居民宣传"我为人人守一夜、人人为我守一年"的工作理念,引导居民自愿加入到群防群治工作中来。现已有120多位居民以配戴红袖章、手持荧光棍积极参与义务巡逻,此举不但得到了广大居民的称赞,而且有效降低了辖区偷、盗、抢案件的发案率。扬农管理处将绿苑社区定为平安创建工作示范点,建设"零发案"小区,组织物业管理人员到兄弟社区参观学习,借鉴好的管理经验,做好小区安全工作;加强小区车辆停放管理,建设了一个260平方米的非机动车停放点,并在绿苑小区内安装高清电子监控探头26个,同时建立电子监控室,明确专人24小时值守,有效减少了各类案件的发生;针对消防安全问题,管理处投入大量资金,购置各类消防设施,放置在辖区每户居民家中,并多次邀请东湖区消防大队干警来辖区,现场为居民介绍常规消防设施的使用和现场演示灭火器的正确使用方法,让居民对日常防患火灾出现以及火灾出现后如何自救有了更直观的认识。

【党风廉政建设】 2015年,管理处坚持党要管党、从严治党的方针,加强以保持党同人民群众血肉联系为重点的作风建设,坚持标本兼治、惩防并举、综合治理,以创新的精神,规范的机制,求实的态度,扎实的作风,深入开展党风廉政建设和反腐败工作,认真贯彻落实党风廉政建设社会评价工作,加快推动党风廉政长效机制建设,认真分析梳理在党风廉政建设方面群众反映强烈的突出问题,查找工作中存在的薄弱环节,建立问题台账,逐一整改解决。多次在周二集中学习日上组织机关、社区干部学习《中国共产党廉洁自律准则》《中国共产党纪律处分条例》。严明责任、严格监督、严肃纪律,确保党工委各项决策部署有效落实,努力实现干部清正、政府清廉、政治清明。严格执行党章和党内法规,坚持用制度管权管事管人,坚决把"权力关进制度的笼子",不断拓宽和畅通信访举报渠道,现已公布举报电话及举报邮箱,保障人民知情权、参与权、表达权和监督权。不断健全完善制度措施,严肃查处违纪违法行为,同时不断加强群众监督和舆论监督。

【建立微信公众号和微信群】 2015年,管理处大力运用新媒体,以微信公众平台为载体,推出微信公众号"东湖区扬农管理处"便民服务平台。主要功能有:发布单位最新资讯、便民指南,宣传单位形象,与群众交流沟通,提供在线咨询、投诉、建议等服务。"东湖区扬农管理处"微信公众平台会在第一时间向社会以图文形式推送处党工委的工作动态,政务信息,新闻发布,公众学习。同时群众也可通过平台直接留言,了解办事流程,咨询惠民政策、法律法规等方面的疑难问题。同时,还提供在线咨询、投诉、建议等服务。借助新型媒体拉近与群众之间的距离,第一时间为群众答疑解惑,不仅拓宽了为民服务的渠道,也使该处党工委更加全面透彻地了解和掌握民情民意,收集群众意见、建议和诉求,服务扬农的建设与发展。为了使群众更好地参与扬农建设、方便居民与工作人员沟通,扬农管理处建立了微信群。群成员们可以通过微信,使用文字、语音、图片和视频与工作人员进行全方位的远程沟通。小小的微信群不仅帮助居民足不出户地解决问题,也为爱心传递提供平台。

表34 **2015年扬农管理处社区居委会一览表**

居委会名称	主任姓名	户　数(户)	总人口(人)	居民小组(个)	办公地址	办公电话
德成社区	陶爱节	185	576	7	扬农路871号	88677052
绿苑社区	陶勇杰	260	650	6	扬农路1029号	88670500

(钟倩婷)

人　物

先进个人

【概况】　2015 年，东湖区大力弘扬“四有”东湖精神，适应新常态，展现新作为，围绕“总部经济集聚区、高端商业核心区、南昌文化标志区和城市管理示范区”建设，创新思路，开拓进取，积极开展“创先争优”活动，把提升干部职工的素养和能力作为推动经济社会发展前提条件，主动适应经济发展新常态，积极应对复杂严峻新形势，抓改革谋发展，惠民生保稳定，经济社会发展“含金量”更高，发展质效持续攀升。全区各条战线在“当好主力军、建功十二五”，为实现中国梦、东湖梦而奋斗的热潮中，涌现出了一批劳动模范、先进典型，发挥着引领示范作用，成为全区学习的榜样。

（区史志办公室）

【劳动模范】　2015 年，东湖区广大干部职工认真贯彻党的路线、方针、政策和区党代会精神，充分发扬中国工人阶级艰苦奋斗、开拓创新、顽强拼搏、求真务实、无私奉献的主人翁精神，为全区经济持续、快速、健康发展和社会全面进步作出了突出贡献。东湖区总工会以庆祝中华全国总工会成立九十周年为契机，积极做好“江西省劳动模范”评选推荐上报工作。9 月 29 日，吴卫兵（南昌市东湖区人民法院刑事审判庭庭长）、罗杰（南昌市公安局交通管理局东湖大队中队长）、汪智星（南昌市邮政路小学副教导主任）、郑小惠（南昌市东湖区文化广电旅游新闻出版局综治办主任）、刘秋生（南昌市东湖区园林绿化管理所养护队队长）、缪高群（南昌市东湖区公园街道城市管理办公室质检员）、陶晓弟（南昌市东湖区扬子洲镇前洲村党支部书记）、万屯娘（江西久鸿庄园食品有限公司技术员）8 人被评为江西省“劳动模范”和“先进工作者”称号。

（林如霞）

【“三八”红旗手】　2015 年，东湖区倡导广大妇女学习先进精神，弘扬刻苦学习、岗位建功的创先争优精神和自尊、自信、自立、自强的时代女性精神，区妇联积极做好“三八”红旗手评选推荐上报工作。2015 年 3 月，余玉兰（墩子塘街道马家池社区书记、主任）、刘纯（百花洲街道邮政路社区书记、主任）、朱春燕（豫章街道妇联干部）、余松（大院街道党政办主任）、熊若丹（滕王阁街道计生办负责人）、邱丽萍（董家窑街道经济办干部）、陈瑛（墩子塘房管所党支部书记）、黄海英（区法院审判员）、龙昆（区文化广电旅游新闻出版局工会主席）、李莉（东湖公安分局指挥室副主任）10 人被中共东湖区委授予东湖区“三八”红旗手称号。2016 年 3 月，东湖区社会福利院谢捷、邮政路小学胡金香被南昌市妇联评为 2015 年度“三八”红旗手。

（刘　达）

表 35　**2015 年东湖区获省部级及以上单位表彰的先进个人**

姓　名	工作单位	奖项名称	颁奖部门	颁奖时间
刘国华	东湖区人民法院	全国法院网络宣传工作先进个人	中国法院网、人民法院报社	2015－01

续表35

姓　名	工作单位	奖项名称	颁奖部门	颁奖时间
饶建忠	东湖区人民法院	全国法院司法警察先进个人	最高人民法院	2015－06
缪高群	公园街道办事处	江西省劳动模范	中共江西省委、江西省人民政府	2015－09
汪智星	南昌市邮政路小学	江西省劳动模范	中共江西省委、江西省人民政府	2015－09
郑小惠	东湖区文化广电旅游新闻出版局	江西省劳动模范	中共江西省委、江西省人民政府	2015－09
刘秋生	东湖区园林绿化管理所	江西省劳动模范	中共江西省委、江西省人民政府	2015－09
万屯娘	扬子洲镇三联村	江西省劳动模范	中共江西省委、江西省人民政府	2015－09
陶晓弟	扬子洲镇前洲村	江西省劳动模范	中共江西省委、江西省人民政府	2015－09
罗　杰	东湖交警大队	江西省先进工作者	中共江西省委、江西省人民政府	2015－09
吴卫兵	东湖区人民法院	江西省先进工作者	中共江西省委、江西省人民政府	2015－09
谌宇杰	东湖区人武部	新闻宣传报道二等奖	江西省军区政治部	2015－12
王文宪	南昌市滨江学校	2011—2015年全国法制宣传教育模范个人	中央宣传部、国家司法部、全国普法办公室	2016－05

表36　**2015年东湖区获市厅级单位表彰的先进个人**

姓　名	工作单位	奖项名称	颁奖部门	颁奖时间
涂永红	公园街道戴家巷社区	江西省民族工作先进个人	江西省民族宗教局	2015－03
王宏瑞 罗陆海	东湖区人民法院	《"轻案快办"机制改革中涉案财物处置问题探究——以N地区改革试点为主要样本》论文荣获全国法院系统第二十六届学术讨论会三等奖	江西省高级人民法院	2015－03
刘继东	东湖公安分局	全省公安机关"利剑"行动成绩突出个人	江西省公安厅	2015－04
帅　雷	东湖公安分局	全省公安机关信访工作成绩突出个人	江西省公安厅	2015－04
杨文斌	中共东湖区委	创建全国文明城市先进个人	中共南昌市委、南昌市人民政府	2015－06
李云峰	东湖区人民政府	创建全国文明城市先进个人	中共南昌市委、南昌市人民政府	2015－06
罗毛则	中共东湖区委	创建全国文明城市先进个人	中共南昌市委、南昌市人民政府	2015－06
唐铭市	东湖区委组织部	创建全国文明城市先进个人	中共南昌市委、南昌市人民政府	2015－06
张东林	东湖区人民政府	创建全国文明城市先进个人	中共南昌市委、南昌市人民政府	2015－06
陈东亮	东湖区人大	创建全国文明城市先进个人	中共南昌市委、南昌市人民政府	2015－06
桂　兵	东湖区人大	创建全国文明城市先进个人	中共南昌市委、南昌市人民政府	2015－06
童萍如	东湖区人民政府	创建全国文明城市先进个人	中共南昌市委、南昌市人民政府	2015－06
胡中平	东湖区政协	创建全国文明城市先进个人	中共南昌市委、南昌市人民政府	2015－06
郑洪健	东湖区政协	创建全国文明城市先进个人	中共南昌市委、南昌市人民政府	2015－06

续表 36

姓　名	工作单位	奖项名称	颁奖部门	颁奖时间
宋　晓	八一桥街道办事处	创建全国文明城市先进个人	中共南昌市委、南昌市人民政府	2015－06
车向阳	八一桥街道办事处	创建全国文明城市先进个人	中共南昌市委、南昌市人民政府	2015－06
万黎明	豫章街道办事处	创建全国文明城市先进个人	中共南昌市委、南昌市人民政府	2015－06
王　勇	豫章街道办事处	创建全国文明城市先进个人	中共南昌市委、南昌市人民政府	2015－06
徐立君	墩子塘街道办事处	创建全国文明城市先进个人	中共南昌市委、南昌市人民政府	2015－06
刘巧巧	墩子塘街道张家厂社区	创建全国文明城市先进个人	中共南昌市委、南昌市人民政府	2015－06
付振海	百花洲街道办事处	创建全国文明城市先进个人	中共南昌市委、南昌市人民政府	2015－06
刘成忠	百花洲街道办事处	创建全国文明城市先进个人	中共南昌市委、南昌市人民政府	2015－06
傅　军	公园街道办事处	创建全国文明城市先进个人	中共南昌市委、南昌市人民政府	2015－06
涂永红	公园街道戴家巷社区	创建全国文明城市先进个人	中共南昌市委、南昌市人民政府	2015－06
汤晓辉	彭家桥街道办事处	创建全国文明城市先进个人	中共南昌市委、南昌市人民政府	2015－06
刘云娟	彭家桥街道光明社区	创建全国文明城市先进个人	中共南昌市委、南昌市人民政府	2015－06
熊炯文	滕王阁街道办事处	创建全国文明城市先进个人	中共南昌市委、南昌市人民政府	2015－06
张清秀	滕王阁街道办事处	创建全国文明城市先进个人	中共南昌市委、南昌市人民政府	2015－06
韩晓明	贤士湖管理处	创建全国文明城市先进个人	中共南昌市委、南昌市人民政府	2015－06
万军亮	贤士湖管理处执法中队	创建全国文明城市先进个人	中共南昌市委、南昌市人民政府	2015－06
杨　斌	东湖区委办公室	创建全国文明城市先进个人	中共南昌市委、南昌市人民政府	2015－06
李明儿	东湖区人大	创建全国文明城市先进个人	中共南昌市委、南昌市人民政府	2015－06
杨　峰	八一桥街道办事处	创建全国文明城市先进个人	中共南昌市委、南昌市人民政府	2015－06
谢建平	东湖区政协	创建全国文明城市先进个人	中共南昌市委、南昌市人民政府	2015－06
罗长水	东湖区委政法委	创建全国文明城市先进个人	中共南昌市委、南昌市人民政府	2015－06
丁　凯	东湖区委宣传部	创建全国文明城市先进个人	中共南昌市委、南昌市人民政府	2015－06
黄　悦	共青团东湖区委	创建全国文明城市先进个人	中共南昌市委、南昌市人民政府	2015－06
王　奇	—	创建全国文明城市先进个人	中共南昌市委、南昌市人民政府	2015－06
刘志慧	南昌市城北学校	创建全国文明城市先进个人	中共南昌市委、南昌市人民政府	2015－06
何卫强	东湖区教科体局	创建全国文明城市先进个人	中共南昌市委、南昌市人民政府	2015－06
叶华康	东湖区司法局	创建全国文明城市先进个人	中共南昌市委、南昌市人民政府	2015－06
邓震国	东湖区财政局	创建全国文明城市先进个人	中共南昌市委、南昌市人民政府	2015－06
陈　峰	东湖区审计局	创建全国文明城市先进个人	中共南昌市委、南昌市人民政府	2015－06
徐　伟	东湖区城建局	创建全国文明城市先进个人	中共南昌市委、南昌市人民政府	2015－06
欧阳慧文	东湖区园林所	创建全国文明城市先进个人	中共南昌市委、南昌市人民政府	2015－06
曾纪勇	东湖区城管局	创建全国文明城市先进个人	中共南昌市委、南昌市人民政府	2015－06
熊平华	贤士湖管理处贤湖村	创建全国文明城市先进个人	中共南昌市委、南昌市人民政府	2015－06
朱志德	—	创建全国文明城市先进个人	中共南昌市委、南昌市人民政府	2015－06

续表36

姓　名	工作单位	奖项名称	颁奖部门	颁奖时间
周运坤	东湖行政执法分局	创建全国文明城市先进个人	中共南昌市委、南昌市人民政府	2015－06
邬玉明	东湖行政执法分局	创建全国文明城市先进个人	中共南昌市委、南昌市人民政府	2015－06
熊　斌	百花洲街道执法中队	创建全国文明城市先进个人	中共南昌市委、南昌市人民政府	2015－06
谢　俊	东湖区市场物业管理站	创建全国文明城市先进个人	中共南昌市委、南昌市人民政府	2015－06
胡　薇	东湖区文化广电旅游新闻出版局	创建全国文明城市先进个人	中共南昌市委、南昌市人民政府	2015－06
汤　珣	南京路小学	创建全国文明城市先进个人	中共南昌市委、南昌市人民政府	2015－06
廖　军	东湖区统计局	创建全国文明城市先进个人	中共南昌市委、南昌市人民政府	2015－06
李小平	东湖区市场和质量监督管理局	创建全国文明城市先进个人	中共南昌市委、南昌市人民政府	2015－06
何　勇	百花洲派出所	创建全国文明城市先进个人	中共南昌市委、南昌市人民政府	2015－06
刘文俊	东湖区创建办	创建全国文明城市先进个人	中共南昌市委、南昌市人民政府	2015－06
江　婵	东湖区委台办	创建全国文明城市先进个人	中共南昌市委、南昌市人民政府	2015－06
江　晶	东湖区创建办	创建全国文明城市先进个人	中共南昌市委、南昌市人民政府	2015－06
余　坚	中共东湖区纪委	创建全国文明城市先进个人	中共南昌市委、南昌市人民政府	2015－06
王　萍	东湖区商务局	创建全国文明城市先进个人	中共南昌市委、南昌市人民政府	2015－06
张　勇	大院街道办事处	创建全国文明城市先进个人	中共南昌市委、南昌市人民政府	2015－06
陆丽娜	大院街道办事处	创建全国文明城市先进个人	中共南昌市委、南昌市人民政府	2015－06
徐根明	董家窑街道办事处	创建全国文明城市先进个人	中共南昌市委、南昌市人民政府	2015－06
张道龙	董家窑街道执法中队	创建全国文明城市先进个人	中共南昌市委、南昌市人民政府	2015－06
熊国华	八一桥街道大士院南区社区	创建全国文明城市文明市民	中共南昌市委、南昌市人民政府	2015－06
聂　华	八一桥街道办事处	创建全国文明城市文明市民	中共南昌市委、南昌市人民政府	2015－06
龚圣彪	—	创建全国文明城市文明市民	中共南昌市委、南昌市人民政府	2015－06
万小平	—	创建全国文明城市文明市民	中共南昌市委、南昌市人民政府	2015－06
章金媛	百花洲街道社区	创建全国文明城市文明市民	中共南昌市委、南昌市人民政府	2015－06
饶坚勇	百花洲街道火神庙社区	创建全国文明城市文明市民	中共南昌市委、南昌市人民政府	2015－06
张小兰	公园街道上营坊社区	创建全国文明城市文明市民	中共南昌市委、南昌市人民政府	2015－06
殷中民	董家窑街道殷家巷社区	创建全国文明城市文明市民	中共南昌市委、南昌市人民政府	2015－06
徐　平	董家窑街道南北社区	创建全国文明城市文明市民	中共南昌市委、南昌市人民政府	2015－06
李小春	墩子塘街道办事处	创建全国文明城市文明市民	中共南昌市委、南昌市人民政府	2015－06
施兰英	彭家桥街道李家庄社区	创建全国文明城市文明市民	中共南昌市委、南昌市人民政府	2015－06

续表 36

姓　名	工作单位	奖项名称	颁奖部门	颁奖时间
姜红玲	彭家桥街道建新社区	创建全国文明城市文明市民	中共南昌市委、南昌市人民政府	2015－06
章　华	滕王阁街道民巷社区	创建全国文明城市文明市民	中共南昌市委、南昌市人民政府	2015－06
汤庆华	贤士湖管理处永溪村	创建全国文明城市文明市民	中共南昌市委、南昌市人民政府	2015－06
王月英	大院街道二七北路社区	创建全国文明城市文明市民	中共南昌市委、南昌市人民政府	2015－06
张良国	东湖公安分局	个人一等功	江西省公安厅	2015－07
粟文戈	东湖公安分局	个人嘉奖	江西省公安厅	2015－07
雷润华	东湖公安分局	个人二等功	江西省公安厅、江西省人力资源和社会保障厅	2015－07
王志明	东湖公安分局	个人二等功	江西省公安厅、江西省人力资源和社会保障厅	2015－07
熊　敏	大院街道办事处	全市优秀党务工作者	中共南昌市委	2015－07
熊长根	扬子洲镇熊万村	全市优秀党务工作者	中共南昌市委	2015－07
胡　昊	东湖区人民法院	人民法院工作三十年“荣誉天平奖章”	江西省高级人民法院	2015－09
王长虹	东湖区人民法院	人民法院工作三十年“荣誉天平奖章”	江西省高级人民法院	2015－09
杨　明	东湖区人民法院	人民法院工作三十年“荣誉天平奖章”	江西省高级人民法院	2015－09
龚端阳	东湖区人民检察院	全省检察机关篮球赛第一名	江西省人民检察院	2015－11
张海峰	东湖区人民检察院	全省检察机关篮球赛第一名	江西省人民检察院	2015－11
甘　娜	东湖区人民检察院	全省检察机关羽毛球团体赛第二名	江西省人民检察院	2015－11
熊长根	扬子洲镇熊万村	龚全珍式好干部——全省优秀村党组织书记	江西省委组织部	2015－11
陈世红	东湖区地税局	全省地税系统摄影比赛三等奖	江西省地税局	2015－12
喻国泰	中共东湖区纪委	“轨道交通 2 号线”动迁工作先进个人	中共南昌市委、南昌市人民政府	2015－12
林正通	东湖区人武部	三等功	南昌市警备区	2015－12
方红军	东湖区人武部	嘉奖	南昌市警备区	2015－12
陈耀武	东湖区史志办公室	2014—2015 年度全省党史系统先进工作者	中共江西省委党史研究室	2016－01
杨明宇	东湖公安分局	全省特级优秀人民警察	江西省公安厅、江西省人力资源和社会保障厅	2016－01
吴有根	南昌市国土资源局东湖分局	全省国土资源管理系统推进依法行政先进个人	江西省国土资源厅	2016－01
杨玉章	东湖公安分局	个人二等功	江西省公安厅、江西省人力资源和社会保障厅	2016－02

续表 36

姓　名	工作单位	奖项名称	颁奖部门	颁奖时间
邵建金	东湖公安消防大队	2015 年度优秀领导干部	江西省公安厅	2016－02
吴　鹏	东湖公安消防大队	2015 年度优秀领导干部	江西省公安厅	2016－02
程顺利	东湖公安消防大队	2015 年度全省消防部队优秀共产党员	江西省公安厅	2016－02
谭小毛	扬子洲镇城市管理中心	创建国家森林城市"先进个人"	中共南昌市委、南昌市人民政府	2016－02
程　航	东湖区文化广电旅游新闻出版局	创建国家森林城市"先进个人"	中共南昌市委、南昌市人民政府	2016－03
吴有根	南昌市国土资源局东湖分局	江西省第二次全国土地调查先进工作者	江西省人力资源和社会保障厅、江西省国土资源厅	2016－04
胡　猛	东湖区司法局	2011—2015 年全省法制宣传教育先进个人	江西省普法教育工作领导小组办公室	2016－05
余玉兰	墩子塘街道马家池社区	2011—2015 年全省法制宣传教育先进个人	江西省普法教育工作领导小组办公室	2016－05
车丽娟	共青团东湖区委	2015 年全省优秀共青团干部	共青团江西省委	2016－05
戴启洪	东湖区人民法院	2014—2015 年度全省优秀法官	江西省高级人民法院	2016－07

表 37　**2015 年东湖区委、区政府表彰的先进个人**

姓　名	工作单位	奖项名称	颁奖部门	颁奖时间
邓亚萍	东湖区地税局	全区行政审批服务系统优秀窗口工作人员	东湖区人民政府	2015－02
余玉兰	墩子塘街道马家池社区	三八红旗手	中共东湖区委	2015－03
刘　纯	百花洲街道邮政路社区	三八红旗手	中共东湖区委	2015－03
朱春燕	豫章街道办事处	三八红旗手	中共东湖区委	2015－03
余　松	大院街道党政办	三八红旗手	中共东湖区委	2015－03
熊若丹	滕王阁街道计生办	三八红旗手	中共东湖区委	2015－03
邱丽萍	董家窑街道办事处	三八红旗手	中共东湖区委	2015－03
陈　瑛	墩子塘房管所	三八红旗手	中共东湖区委	2015－03
黄海英	东湖区人民法院	三八红旗手	中共东湖区委	2015－03
龙　昆	东湖区文广局	三八红旗手	中共东湖区委	2015－03
李　莉	东湖公安分局	三八红旗手	中共东湖区委	2015－03
陈海明	东湖区区直机关团总支	优秀共青团干部	中共东湖区委	2015－04
邓薇薇	南昌市青桥学校团总支	优秀共青团干部	中共东湖区委	2015－04
胡　阳	百花洲街道团工委	优秀共青团干部	中共东湖区委	2015－04

续表37

姓　名	工作单位	奖项名称	颁奖部门	颁奖时间
谢　萍	大院街道团工委	优秀共青团干部	中共东湖区委	2015－04
吴集智	东湖公安分局团委	优秀共青团干部	中共东湖区委	2015－04
钟美娟	东湖区民政局	优秀共青团员	中共东湖区委	2015－04
王　婷	东湖区财政局	优秀共青团员	中共东湖区委	2015－04
涂超敏	东湖区文广局	优秀共青团员	中共东湖区委	2015－04
胡　航	八一桥街道党政办	优秀共青团员	中共东湖区委	2015－04
万　琳	贤士湖管理处	优秀共青团员	中共东湖区委	2015－04
罗　旖	南昌市卫生学校学生团工委	优秀共青团员	中共东湖区委	2015－04
罗茜芮	南昌市豫章小学	优秀共青团员	中共东湖区委	2015－04
陈　洁	东湖幼儿园	优秀共青团员	中共东湖区委	2015－04
齐晓彤	东湖区疾控中心	优秀共青团员	中共东湖区委	2015－04
程文静	墩子塘街道党家巷社区	优秀共青团员	中共东湖区委	2015－04
陶伟明	扬子洲镇人民政府	优秀共产党员	中共东湖区委	2015－06
郭　军	扬子洲镇信访维稳中心	优秀共产党员	中共东湖区委	2015－06
陶晓弟	扬子洲镇前洲村	优秀共产党员	中共东湖区委	2015－06
万屯娘	扬子洲镇三联村	优秀共产党员	中共东湖区委	2015－06
黄军辉	八一桥街道办事处	优秀共产党员	中共东湖区委	2015－06
熊　玲	八一桥街道豫章后街社区	优秀共产党员	中共东湖区委	2015－06
盛　红	墩子塘街道右营街社区	优秀共产党员	中共东湖区委	2015－06
杨淑莲	墩子塘街道北湖社区	优秀共产党员	中共东湖区委	2015－06
温晓卫	百花洲街道办事处	优秀共产党员	中共东湖区委	2015－06
熊　斌	东湖区执法局百花洲中队	优秀共产党员	中共东湖区委	2015－06
唐惠萍	百花洲街道小金台社区	优秀共产党员	中共东湖区委	2015－06
朱斯华	公园街道城管办	优秀共产党员	中共东湖区委	2015－06
郭朝峰	公园街道经堂巷社区	优秀共产党员	中共东湖区委	2015－06
姜　平	公园街道戴家巷社区	优秀共产党员	中共东湖区委	2015－06
黄芝义	彭家桥街道党工委	优秀共产党员	中共东湖区委	2015－06
黄春兰	彭家桥街道计生办	优秀共产党员	中共东湖区委	2015－06
罗　雁	彭家桥街道文教路社区	优秀共产党员	中共东湖区委	2015－06

续表 37

姓　名	工作单位	奖项名称	颁奖部门	颁奖时间
楼英军	滕王阁街道党工委	优秀共产党员	中共东湖区委	2015－06
周梅兰	滕王阁街道上凤凰坡社区	优秀共产党员	中共东湖区委	2015－06
魏际红	扬农管理处	优秀共产党员	中共东湖区委	2015－06
肖黎超	东湖区人大选任联工委	优秀共产党员	中共东湖区委	2015－06
谢建平	东湖区政协办公室	优秀共产党员	中共东湖区委	2015－06
李　旸	中共东湖区委宣传部	优秀共产党员	中共东湖区委	2015－06
陶　辉	东湖区信访局	优秀共产党员	中共东湖区委	2015－06
卜　斌	东湖区财政局	优秀共产党员	中共东湖区委	2015－06
黄　瓅	南昌市百花洲小学	优秀共产党员	中共东湖区委	2015－06
刚赫达	东湖区教科体局	优秀共产党员	中共东湖区委	2015－06
李　剑	南昌市东湖小学	优秀共产党员	中共东湖区委	2015－06
毛振德	东湖区民政局	优秀共产党员	中共东湖区委	2015－06
陈立新	东湖区医保局	优秀共产党员	中共东湖区委	2015－06
刘芳芳	东湖区环保局	优秀共产党员	中共东湖区委	2015－06
黄洪珍	八一公园管理处	优秀共产党员	中共东湖区委	2015－06
胡　兵	东湖区市政所养护队	优秀共产党员	中共东湖区委	2015－06
李小平	东湖区城管局	优秀共产党员	中共东湖区委	2015－06
魏　琴	东湖区垃圾渣土清运管理所	优秀共产党员	中共东湖区委	2015－06
高小勇	东湖行政执法分局	优秀共产党员	中共东湖区委	2015－06
徐顺姣	东湖区房管局	优秀共产党员	中共东湖区委	2015－06
何　强	东湖区房屋征收办	优秀共产党员	中共东湖区委	2015－06
熊小豹	东湖区商务局	优秀共产党员	中共东湖区委	2015－06
郑小惠	东湖区文广局	优秀共产党员	中共东湖区委	2015－06
傅志慧	东湖区卫计委	优秀共产党员	中共东湖区委	2015－06
邹　婷	东湖区妇幼保健所	优秀共产党员	中共东湖区委	2015－06
魏善银	东湖区百货总店	优秀共产党员	中共东湖区委	2015－06
刘文荣	东湖公安分局	优秀共产党员	中共东湖区委	2015－06
黎爱辉	东湖公安分局	优秀共产党员	中共东湖区委	2015－06
曹红杰	东湖公安分局	优秀共产党员	中共东湖区委	2015－06
刘新华	东湖区市场和质量监督管理局	优秀共产党员	中共东湖区委	2015－06
刘　微	东湖区食品化妆品监督所	优秀共产党员	中共东湖区委	2015－06

续表 37

姓　名	工作单位	奖项名称	颁奖部门	颁奖时间
方俊伟	大院街道城管办	优秀共产党员	中共东湖区委	2015－06
袁　萍	大院街道广场北路社区	优秀共产党员	中共东湖区委	2015－06
张秋莲	大院街道院二社区	优秀共产党员	中共东湖区委	2015－06
刘志坚	董家窑街道办事处	优秀共产党员	中共东湖区委	2015－06
廖新宇	董家窑街道办事处	优秀共产党员	中共东湖区委	2015－06
王小文	董家窑街道豆芽巷社区	优秀共产党员	中共东湖区委	2015－06
徐　平	董家窑街道南京西路北社区	优秀共产党员	中共东湖区委	2015－06
万黎明	豫豫章街道办事处	优秀共产党员	中共东湖区委	2015－06
杨小梅	豫章街道四经路社区	优秀共产党员	中共东湖区委	2015－06
熊治平	贤士湖管理处长巷村	优秀共产党员	中共东湖区委	2015－06
魏黎明	贤士湖管理处贤湖村	优秀共产党员	中共东湖区委	2015－06
许　青	东湖区发改委	优秀共产党员	中共东湖区委	2015－06
周海波	扬子洲镇党政办	优秀党务工作者	中共东湖区委	2015－06
郭长保	扬子洲镇长村村	优秀党务工作者	中共东湖区委	2015－06
刘行曦	八一桥街道党政办	优秀党务工作者	中共东湖区委	2015－06
周志辉	墩子塘街道党政办	优秀党务工作者	中共东湖区委	2015－06
龚选民	百花洲街道党工委	优秀党务工作者	中共东湖区委	2015－06
陈卫民	公园街道民德路社区	优秀党务工作者	中共东湖区委	2015－06
袁丽娟	董家窑街道金家山社区	优秀党务工作者	中共东湖区委	2015－06
邓丽珍	彭家桥街道李家庄社区	优秀党务工作者	中共东湖区委	2015－06
熊豫闻	扬农管理处	优秀党务工作者	中共东湖区委	2015－06
万　宇	东湖区委组织部	优秀党务工作者	中共东湖区委	2015－06
甘　娜	东湖区人民检察院	优秀党务工作者	中共东湖区委	2015－06
徐玲玲	东湖幼儿园	优秀党务工作者	中共东湖区委	2015－06
徐　亮	南昌市第二按摩医院	优秀党务工作者	中共东湖区委	2015－06
杨小兰	东湖区社保局	优秀党务工作者	中共东湖区委	2015－06
余　欢	东湖区环保局	优秀党务工作者	中共东湖区委	2015－06
周　菁	东湖区城建局	优秀党务工作者	中共东湖区委	2015－06
蒋建军	东湖区垃圾清运队	优秀党务工作者	中共东湖区委	2015－06
高慧青	东湖区房管局	优秀党务工作者	中共东湖区委	2015－06

续表37

姓　名	工作单位	奖项名称	颁奖部门	颁奖时间
曾　涛	东湖区物业站	优秀党务工作者	中共东湖区委	2015－06
罗慧敏	东湖区图书馆	优秀党务工作者	中共东湖区委	2015－06
余　芃	南昌市第二中西医结合医院	优秀党务工作者	中共东湖区委	2015－06
梁国荣	东湖区企资中心	优秀党务工作者	中共东湖区委	2015－06
廖海晖	东湖公安分局墩子塘派出所	优秀党务工作者	中共东湖区委	2015－06
徐　耀	东湖区市场和质量监督管理局	优秀党务工作者	中共东湖区委	2015－06
罗　峻	东湖区发改委	优秀党务工作者	中共东湖区委	2015－06
游　海	贤士湖管理处	优秀党务工作者	中共东湖区委	2015－06
王　娟	滕王阁街道党政办	优秀党务工作者	中共东湖区委	2015－06
余　松	大院街道办事处	优秀党务工作者	中共东湖区委	2015－06
李　春	董家窑街道办事处	优秀党务工作者	中共东湖区委	2015－06
王炳振	豫章街道办事处	优秀党务工作者	中共东湖区委	2015－06
余达臻	余江县市场监督管理局	见义勇为先进分子	东湖区人民政府	2015－12
杨　斌	东湖区委办公室	2015年度全区社会治安综合治理目标管理先进单位综治责任人、综治办主任嘉奖	中共东湖区委、东湖区人民政府	2016－03
肖自强	东湖区委办公室	2015年度全区社会治安综合治理目标管理先进单位综治责任人、综治办主任嘉奖	中共东湖区委、东湖区人民政府	2016－03
罗　琴	东湖区委办公室	2015年度全区社会治安综合治理目标管理先进单位综治责任人、综治办主任嘉奖	中共东湖区委、东湖区人民政府	2016－03
李青峰	东湖区环保局	2015年度全区社会治安综合治理目标管理先进单位综治责任人、综治办主任嘉奖	中共东湖区委、东湖区人民政府	2016－03
丁兆龙	东湖区环保局	2015年度全区社会治安综合治理目标管理先进单位综治责任人、综治办主任嘉奖	中共东湖区委、东湖区人民政府	2016－03
黎　明	东湖区环保局	2015年度全区社会治安综合治理目标管理先进单位综治责任人、综治办主任嘉奖	中共东湖区委、东湖区人民政府	2016－03
唐　浩	东湖区信访局	2015年度全区社会治安综合治理目标管理先进单位综治责任人、综治办主任嘉奖	中共东湖区委、东湖区人民政府	2016－03
王　鑫	东湖区信访局	2015年度全区社会治安综合治理目标管理先进单位综治责任人、综治办主任嘉奖	中共东湖区委、东湖区人民政府	2016－03

续表 37

姓　名	工作单位	奖项名称	颁奖部门	颁奖时间
刘　浙	东湖区信访局	2015年度全区社会治安综合治理目标管理先进单位综治责任人、综治办主任嘉奖	中共东湖区委、东湖区人民政府	2016－03
万云初	东湖区人大常委会	2015年度全区社会治安综合治理目标管理先进单位综治责任人、综治办主任嘉奖	中共东湖区委、东湖区人民政府	2016－03
何承恩	东湖区人大常委会	2015年度全区社会治安综合治理目标管理先进单位综治责任人、综治办主任嘉奖	中共东湖区委、东湖区人民政府	2016－03
郑琛林	东湖区人大常委会	2015年度全区社会治安综合治理目标管理先进单位综治责任人、综治办主任嘉奖	中共东湖区委、东湖区人民政府	2016－03
李永兴	东湖区总工会	2015年度全区社会治安综合治理目标管理先进单位综治责任人、综治办主任嘉奖	中共东湖区委、东湖区人民政府	2016－03
林如霞	东湖区总工会	2015年度全区社会治安综合治理目标管理先进单位综治责任人、综治办主任嘉奖	中共东湖区委、东湖区人民政府	2016－03
胡涛湘	东湖区工商联	2015年度全区社会治安综合治理目标管理先进单位综治责任人、综治办主任嘉奖	中共东湖区委、东湖区人民政府	2016－03
熊　莺	东湖区工商联	2015年度全区社会治安综合治理目标管理先进单位综治责任人、综治办主任嘉奖	中共东湖区委、东湖区人民政府	2016－03
熊雅琴	东湖区工商联	2015年度全区社会治安综合治理目标管理先进单位综治责任人、综治办主任嘉奖	中共东湖区委、东湖区人民政府	2016－03
郭小玲	东湖区商务局	2015年度全区社会治安综合治理目标管理先进单位综治责任人、综治办主任嘉奖	中共东湖区委、东湖区人民政府	2016－03
熊智文	东湖区商务局	2015年度全区社会治安综合治理目标管理先进单位综治责任人、综治办主任嘉奖	中共东湖区委、东湖区人民政府	2016－03
郁　蕾	东湖区商务局	2015年度全区社会治安综合治理目标管理先进单位综治责任人、综治办主任嘉奖	中共东湖区委、东湖区人民政府	2016－03
涂　勇	大院街道办事处	2015年度全区社会治安综合治理目标管理先进单位综治责任人、综治办主任嘉奖	中共东湖区委、东湖区人民政府	2016－03
喻　菡	大院街道办事处	2015年度全区社会治安综合治理目标管理先进单位综治责任人、综治办主任嘉奖	中共东湖区委、东湖区人民政府	2016－03

续表 37

姓　名	工作单位	奖项名称	颁奖部门	颁奖时间
陶　鹏	大院街道办事处	2015 年度全区社会治安综合治理目标管理先进单位综治责任人、综治办主任嘉奖	中共东湖区委、东湖区人民政府	2016 - 03
熊明华	大院街道办事处	2015 年度全区社会治安综合治理目标管理先进单位综治责任人、综治办主任嘉奖	中共东湖区委、东湖区人民政府	2016 - 03
罗咏琴	东湖区司法局	2015 年度全区社会治安综合治理目标管理先进单位综治责任人、综治办主任嘉奖	中共东湖区委、东湖区人民政府	2016 - 03
李　乓	东湖区司法局	2015 年度全区社会治安综合治理目标管理先进单位综治责任人、综治办主任嘉奖	中共东湖区委、东湖区人民政府	2016 - 03
曾晓芳	东湖区司法局	2015 年度全区社会治安综合治理目标管理先进单位综治责任人、综治办主任嘉奖	中共东湖区委、东湖区人民政府	2016 - 03
周春雷	东湖区城市管理局	2015 年度全区社会治安综合治理目标管理先进单位综治责任人、综治办主任嘉奖	中共东湖区委、东湖区人民政府	2016 - 03
程小浪	东湖区城市管理局	2015 年度全区社会治安综合治理目标管理先进单位综治责任人、综治办主任嘉奖	中共东湖区委、东湖区人民政府	2016 - 03
张小伟	东湖区城市管理局	2015 年度全区社会治安综合治理目标管理先进单位综治责任人、综治办主任嘉奖	中共东湖区委、东湖区人民政府	2016 - 03
查秋滚	东湖区政府办公室	2015 年度全区社会治安综合治理目标管理先进单位综治责任人、综治办主任嘉奖	中共东湖区委、东湖区人民政府	2016 - 03
张祎星	东湖区政府办公室	2015 年度全区社会治安综合治理目标管理先进单位综治责任人、综治办主任嘉奖	中共东湖区委、东湖区人民政府	2016 - 03
刘志昇	东湖区政府办公室	2015 年度全区社会治安综合治理目标管理先进单位综治责任人、综治办主任嘉奖	中共东湖区委、东湖区人民政府	2016 - 03
周　凯	东湖区房管局	2015 年度全区社会治安综合治理目标管理先进单位综治责任人、综治办主任嘉奖	中共东湖区委、东湖区人民政府	2016 - 03
蔡春辉	东湖区房管局	2015 年度全区社会治安综合治理目标管理先进单位综治责任人、综治办主任嘉奖	中共东湖区委、东湖区人民政府	2016 - 03
汪　强	东湖区房管局	2015 年度全区社会治安综合治理目标管理先进单位综治责任人、综治办主任嘉奖	中共东湖区委、东湖区人民政府	2016 - 03

续表 37

姓　名	工作单位	奖项名称	颁奖部门	颁奖时间
万　华	董家窑街道办事处	2015 年度全区社会治安综合治理目标管理先进单位综治责任人、综治办主任嘉奖	中共东湖区委、东湖区人民政府	2016－03
张　群	董家窑街道办事处	2015 年度全区社会治安综合治理目标管理先进单位综治责任人、综治办主任嘉奖	中共东湖区委、东湖区人民政府	2016－03
刘志坚	董家窑街道办事处	2015 年度全区社会治安综合治理目标管理先进单位综治责任人、综治办主任嘉奖	中共东湖区委、东湖区人民政府	2016－03
胡　威	董家窑街道办事处	2015 年度全区社会治安综合治理目标管理先进单位综治责任人、综治办主任嘉奖	中共东湖区委、东湖区人民政府	2016－03
周兰香	东湖区人民检察院	2015 年度全区社会治安综合治理目标管理先进单位综治责任人、综治办主任嘉奖	中共东湖区委、东湖区人民政府	2016－03
武志敏	东湖区人民检察院	2015 年度全区社会治安综合治理目标管理先进单位综治责任人、综治办主任嘉奖	中共东湖区委、东湖区人民政府	2016－03
付剑文	东湖区公安消防大队	2015 年度全区社会治安综合治理目标管理先进单位综治责任人、综治办主任嘉奖	中共东湖区委、东湖区人民政府	2016－03
邵建金	东湖区公安消防大队	2015 年度全区社会治安综合治理目标管理先进单位综治责任人、综治办主任嘉奖	中共东湖区委、东湖区人民政府	2016－03
周小辉	东湖区公安消防大队	2015 年度全区社会治安综合治理目标管理先进单位综治责任人、综治办主任嘉奖	中共东湖区委、东湖区人民政府	2016－03
王　玮	东湖区公安消防大队	2015 年度全区社会治安综合治理目标管理先进单位综治责任人、综治办主任嘉奖	中共东湖区委、东湖区人民政府	2016－03
万　勇	东湖区财政局	2015 年度全区社会治安综合治理目标管理先进单位综治责任人、综治办主任嘉奖	中共东湖区委、东湖区人民政府	2016－03
焦旭晖	东湖区财政局	2015 年度全区社会治安综合治理目标管理先进单位综治责任人、综治办主任嘉奖	中共东湖区委、东湖区人民政府	2016－03
卜　斌	东湖区财政局	2015 年度全区社会治安综合治理目标管理先进单位综治责任人、综治办主任嘉奖	中共东湖区委、东湖区人民政府	2016－03
黄天祥	东湖区委统战部	2015 年度全区社会治安综合治理目标管理先进单位综治责任人、综治办主任嘉奖	中共东湖区委、东湖区人民政府	2016－03

续表 37

姓　名	工作单位	奖项名称	颁奖部门	颁奖时间
吴大鹏	东湖区委统战部	2015 年度全区社会治安综合治理目标管理先进单位综治责任人、综治办主任嘉奖	中共东湖区委、东湖区人民政府	2016－03
黄东辉	东湖区执法局	2015 年度全区社会治安综合治理目标管理先进单位综治责任人、综治办主任嘉奖	中共东湖区委、东湖区人民政府	2016－03
熊林梁	东湖区执法局	2015 年度全区社会治安综合治理目标管理先进单位综治责任人、综治办主任嘉奖	中共东湖区委、东湖区人民政府	2016－03
王长福	东湖区执法局	2015 年度全区社会治安综合治理目标管理先进单位综治责任人、综治办主任嘉奖	中共东湖区委、东湖区人民政府	2016－03
姚根林	东湖区执法局	2015 年度全区社会治安综合治理目标管理先进单位综治责任人、综治办主任嘉奖	中共东湖区委、东湖区人民政府	2016－03
车丽娟	共青团东湖区委	2015 年度全区社会治安综合治理目标管理先进单位综治责任人、综治办主任嘉奖	中共东湖区委、东湖区人民政府	2016－03
于　凡	共青团东湖区委	2015 年度全区社会治安综合治理目标管理先进单位综治责任人、综治办主任嘉奖	中共东湖区委、东湖区人民政府	2016－03
涂小斌	东湖区人民法院	2015 年度全区社会治安综合治理目标管理先进单位综治责任人、综治办主任嘉奖	中共东湖区委、东湖区人民政府	2016－03
王　磊	东湖区人民法院	2015 年度全区社会治安综合治理目标管理先进单位综治责任人、综治办主任嘉奖	中共东湖区委、东湖区人民政府	2016－03
易年忠	东湖区发改委	2015 年度全区社会治安综合治理目标管理先进单位综治责任人、综治办主任嘉奖	中共东湖区委、东湖区人民政府	2016－03
熊　伟	东湖区发改委	2015 年度全区社会治安综合治理目标管理先进单位综治责任人、综治办主任嘉奖	中共东湖区委、东湖区人民政府	2016－03
唐清风	东湖区发改委	2015 年度全区社会治安综合治理目标管理先进单位综治责任人、综治办主任嘉奖	中共东湖区委、东湖区人民政府	2016－03
郭保庚	扬子洲镇	2015 年度全区社会治安综合治理目标管理先进单位综治责任人、综治办主任嘉奖	中共东湖区委、东湖区人民政府	2016－03
唐榕星	扬子洲镇	2015 年度全区社会治安综合治理目标管理先进单位综治责任人、综治办主任嘉奖	中共东湖区委、东湖区人民政府	2016－03

续表 37

姓　名	工作单位	奖项名称	颁奖部门	颁奖时间
徐文平	扬子洲镇	2015 年度全区社会治安综合治理目标管理先进单位综治责任人、综治办主任嘉奖	中共东湖区委、东湖区人民政府	2016－03
黄卫国	扬子洲镇	2015 年度全区社会治安综合治理目标管理先进单位综治责任人、综治办主任嘉奖	中共东湖区委、东湖区人民政府	2016－03
宋　晓	八一桥街道办事处	2015 年度全区社会治安综合治理目标管理先进单位综治责任人、综治办主任嘉奖	中共东湖区委、东湖区人民政府	2016－03
杨　峰	八一桥街道办事处	2015 年度全区社会治安综合治理目标管理先进单位综治责任人、综治办主任嘉奖	中共东湖区委、东湖区人民政府	2016－03
吴　彪	八一桥街道办事处	2015 年度全区社会治安综合治理目标管理先进单位综治责任人、综治办主任嘉奖	中共东湖区委、东湖区人民政府	2016－03
聂　华	八一桥街道办事处	2015 年度全区社会治安综合治理目标管理先进单位综治责任人、综治办主任嘉奖	中共东湖区委、东湖区人民政府	2016－03
付振海	百花洲街道办事处	2015 年度全区社会治安综合治理目标管理先进单位综治责任人、综治办主任嘉奖	中共东湖区委、东湖区人民政府	2016－03
黄　征	百花洲街道办事处	2015 年度全区社会治安综合治理目标管理先进单位综治责任人、综治办主任嘉奖	中共东湖区委、东湖区人民政府	2016－03
龚选民	百花洲街道办事处	2015 年度全区社会治安综合治理目标管理先进单位综治责任人、综治办主任嘉奖	中共东湖区委、东湖区人民政府	2016－03
李伟军	百花洲街道办事处	2015 年度全区社会治安综合治理目标管理先进单位综治责任人、综治办主任嘉奖	中共东湖区委、东湖区人民政府	2016－03
陈海龙	公园街道办事处	2015 年度全区社会治安综合治理目标管理先进单位综治责任人、综治办主任嘉奖	中共东湖区委、东湖区人民政府	2016－03
傅　军	公园街道办事处	2015 年度全区社会治安综合治理目标管理先进单位综治责任人、综治办主任嘉奖	中共东湖区委、东湖区人民政府	2016－03
曾武兵	公园街道办事处	2015 年度全区社会治安综合治理目标管理先进单位综治责任人、综治办主任嘉奖	中共东湖区委、东湖区人民政府	2016－03
杨新凯	公园街道办事处	2015 年度全区社会治安综合治理目标管理先进单位综治责任人、综治办主任嘉奖	中共东湖区委、东湖区人民政府	2016－03

续表37

姓　名	工作单位	奖项名称	颁奖部门	颁奖时间
张　勇	彭家桥街道办事处	2015年度全区社会治安综合治理目标管理先进单位综治责任人、综治办主任嘉奖	中共东湖区委、东湖区人民政府	2016－03
李良清	彭家桥街道办事处	2015年度全区社会治安综合治理目标管理先进单位综治责任人、综治办主任嘉奖	中共东湖区委、东湖区人民政府	2016－03
王　超	彭家桥街道办事处	2015年度全区社会治安综合治理目标管理先进单位综治责任人、综治办主任嘉奖	中共东湖区委、东湖区人民政府	2016－03
彭　梵	彭家桥街道办事处	2015年度全区社会治安综合治理目标管理先进单位综治责任人、综治办主任嘉奖	中共东湖区委、东湖区人民政府	2016－03
廖永明	东湖公安分局	2015年度全区社会治安综合治理目标管理先进单位综治责任人、综治办主任嘉奖	中共东湖区委、东湖区人民政府	2016－03
程江伟	东湖公安分局	2015年度全区社会治安综合治理目标管理先进单位综治责任人、综治办主任嘉奖	中共东湖区委、东湖区人民政府	2016－03
曹昇华	东湖公安分局	2015年度全区社会治安综合治理目标管理先进单位综治责任人、综治办主任嘉奖	中共东湖区委、东湖区人民政府	2016－03
谈　浔	东湖区委政法委	2015年度全区社会治安综合治理目标管理先进单位综治责任人、综治办主任嘉奖	中共东湖区委、东湖区人民政府	2016－03
徐　龙	东湖区委政法委	2015年度全区社会治安综合治理目标管理先进单位综治责任人、综治办主任嘉奖	中共东湖区委、东湖区人民政府	2016－03
谭阿莉	东湖区民政局	2015年度全区社会治安综合治理目标管理先进单位综治责任人、综治办主任嘉奖	中共东湖区委、东湖区人民政府	2016－03
黄招华	东湖区民政局	2015年度全区社会治安综合治理目标管理先进单位综治责任人、综治办主任嘉奖	中共东湖区委、东湖区人民政府	2016－03
毛振德	东湖区民政局	2015年度全区社会治安综合治理目标管理先进单位综治责任人、综治办主任嘉奖	中共东湖区委、东湖区人民政府	2016－03
熊春平	东湖区残联	2015年度全区社会治安综合治理目标管理先进单位综治责任人、综治办主任嘉奖	中共东湖区委、东湖区人民政府	2016－03
闵师泓	东湖区残联	2015年度全区社会治安综合治理目标管理先进单位综治责任人、综治办主任嘉奖	中共东湖区委、东湖区人民政府	2016－03

续表 37

姓　名	工作单位	奖项名称	颁奖部门	颁奖时间
左　斌	东湖区残联	2015 年度全区社会治安综合治理目标管理先进单位综治责任人、综治办主任嘉奖	中共东湖区委、东湖区人民政府	2016－03
钟　华	东湖区卫计委	2015 年度全区社会治安综合治理目标管理先进单位综治责任人、综治办主任嘉奖	中共东湖区委、东湖区人民政府	2016－03
张竞岚	东湖区卫计委	2015 年度全区社会治安综合治理目标管理先进单位综治责任人、综治办主任嘉奖	中共东湖区委、东湖区人民政府	2016－03
姜　翎	东湖区卫计委	2015 年度全区社会治安综合治理目标管理先进单位综治责任人、综治办主任嘉奖	中共东湖区委、东湖区人民政府	2016－03
王君健	东湖区市场监管局	2015 年度全区社会治安综合治理目标管理先进单位综治责任人、综治办主任嘉奖	中共东湖区委、东湖区人民政府	2016－03
邓雪玲	东湖区市场监管局	2015 年度全区社会治安综合治理目标管理先进单位综治责任人、综治办主任嘉奖	中共东湖区委、东湖区人民政府	2016－03
罗　明	东湖区市场监管局	2015 年度全区社会治安综合治理目标管理先进单位综治责任人、综治办主任嘉奖	中共东湖区委、东湖区人民政府	2016－03
王　斌	东湖区市场监管局	2015 年度全区社会治安综合治理目标管理先进单位综治责任人、综治办主任嘉奖	中共东湖区委、东湖区人民政府	2016－03
张志忠	东湖区农办	2015 年度全区社会治安综合治理目标管理先进单位综治责任人、综治办主任嘉奖	中共东湖区委、东湖区人民政府	2016－03
张国保	东湖区农办	2015 年度全区社会治安综合治理目标管理先进单位综治责任人、综治办主任嘉奖	中共东湖区委、东湖区人民政府	2016－03
周卉冰	东湖区农办	2015 年度全区社会治安综合治理目标管理先进单位综治责任人、综治办主任嘉奖	中共东湖区委、东湖区人民政府	2016－03
万里涛	东湖区人社局	2015 年度全区社会治安综合治理目标管理先进单位综治责任人、综治办主任嘉奖	中共东湖区委、东湖区人民政府	2016－03
陈　虎	东湖区人社局	2015 年度全区社会治安综合治理目标管理先进单位综治责任人、综治办主任嘉奖	中共东湖区委、东湖区人民政府	2016－03
李　翔	东湖区人社局	2015 年度全区社会治安综合治理目标管理先进单位综治责任人、综治办主任嘉奖	中共东湖区委、东湖区人民政府	2016－03

续表37

姓　名	工作单位	奖项名称	颁奖部门	颁奖时间
魏桂文	东湖区编委办	2015年度全区社会治安综合治理目标管理先进单位综治责任人、综治办主任嘉奖	中共东湖区委、东湖区人民政府	2016－03
杨俊英	东湖区编委办	2015年度全区社会治安综合治理目标管理先进单位综治责任人、综治办主任嘉奖	中共东湖区委、东湖区人民政府	2016－03
熊光超	东湖区编委办	2015年度全区社会治安综合治理目标管理先进单位综治责任人、综治办主任嘉奖	中共东湖区委、东湖区人民政府	2016－03
胡　薇	东湖区文广局	2015年度全区社会治安综合治理目标管理先进单位综治责任人、综治办主任嘉奖	中共东湖区委、东湖区人民政府	2016－03
刘斯韵	东湖区文广局	2015年度全区社会治安综合治理目标管理先进单位综治责任人、综治办主任嘉奖	中共东湖区委、东湖区人民政府	2016－03
涂超敏	东湖区文广局	2015年度全区社会治安综合治理目标管理先进单位综治责任人、综治办主任嘉奖	中共东湖区委、东湖区人民政府	2016－03
廖　军	东湖区统计局	2015年度全区社会治安综合治理目标管理先进单位综治责任人、综治办主任嘉奖	中共东湖区委、东湖区人民政府	2016－03
李平富	东湖区统计局	2015年度全区社会治安综合治理目标管理先进单位综治责任人、综治办主任嘉奖	中共东湖区委、东湖区人民政府	2016－03
李　锋	东湖区统计局	2015年度全区社会治安综合治理目标管理先进单位综治责任人、综治办主任嘉奖	中共东湖区委、东湖区人民政府	2016－03
赵英姿	东湖区机管局	2015年度全区社会治安综合治理目标管理先进单位综治责任人、综治办主任嘉奖	中共东湖区委、东湖区人民政府	2016－03
陶腾卫	东湖区机管局	2015年度全区社会治安综合治理目标管理先进单位综治责任人、综治办主任嘉奖	中共东湖区委、东湖区人民政府	2016－03
刘　恋	东湖区机管局	2015年度全区社会治安综合治理目标管理先进单位综治责任人、综治办主任嘉奖	中共东湖区委、东湖区人民政府	2016－03
张　焰	东湖区行政服务中心管委会	2015年度全区社会治安综合治理目标管理先进单位综治责任人、综治办主任嘉奖	中共东湖区委、东湖区人民政府	2016－03
左　悦	东湖区行政服务中心管委会	2015年度全区社会治安综合治理目标管理先进单位综治责任人、综治办主任嘉奖	中共东湖区委、东湖区人民政府	2016－03

续表 37

姓　名	工作单位	奖项名称	颁奖部门	颁奖时间
徐名宏	东湖区政协	2015 年度全区社会治安综合治理目标管理先进单位综治责任人、综治办主任嘉奖	中共东湖区委、东湖区人民政府	2016－03
刘　婷	东湖区政协	2015 年度全区社会治安综合治理目标管理先进单位综治责任人、综治办主任嘉奖	中共东湖区委、东湖区人民政府	2016－03
罗智锋	东湖区政协	2015 年度全区社会治安综合治理目标管理先进单位综治责任人、综治办主任嘉奖	中共东湖区委、东湖区人民政府	2016－03
谌卫东	东湖区纪委	2015 年度全区社会治安综合治理目标管理先进单位综治责任人、综治办主任嘉奖	中共东湖区委、东湖区人民政府	2016－03
欧阳麒麟	东湖区纪委	2015 年度全区社会治安综合治理目标管理先进单位综治责任人、综治办主任嘉奖	中共东湖区委、东湖区人民政府	2016－03
陈　川	东湖区纪委	2015 年度全区社会治安综合治理目标管理先进单位综治责任人、综治办主任嘉奖	中共东湖区委、东湖区人民政府	2016－03
毛　青	东湖区委组织部	2015 年度全区社会治安综合治理目标管理先进单位综治责任人、综治办主任嘉奖	中共东湖区委、东湖区人民政府	2016－03
万　雯	东湖区委组织部	2015 年度全区社会治安综合治理目标管理先进单位综治责任人、综治办主任嘉奖	中共东湖区委、东湖区人民政府	2016－03
万　宇	东湖区委组织部	2015 年度全区社会治安综合治理目标管理先进单位综治责任人、综治办主任嘉奖	中共东湖区委、东湖区人民政府	2016－03
冯玉成	东湖区委宣传部	2015 年度全区社会治安综合治理目标管理先进单位综治责任人、综治办主任嘉奖	中共东湖区委、东湖区人民政府	2016－03
黄　君	东湖区委宣传部	2015 年度全区社会治安综合治理目标管理先进单位综治责任人、综治办主任嘉奖	中共东湖区委、东湖区人民政府	2016－03
苏　昱	东湖区委宣传部	2015 年度全区社会治安综合治理目标管理先进单位综治责任人、综治办主任嘉奖	中共东湖区委、东湖区人民政府	2016－03
万晓荣	东湖区城建局	2015 年度全区社会治安综合治理目标管理先进单位综治责任人、综治办主任嘉奖	中共东湖区委、东湖区人民政府	2016－03
费永华	东湖区城建局	2015 年度全区社会治安综合治理目标管理先进单位综治责任人、综治办主任嘉奖	中共东湖区委、东湖区人民政府	2016－03

续表37

姓　名	工作单位	奖项名称	颁奖部门	颁奖时间
周　菁	东湖区城建局	2015年度全区社会治安综合治理目标管理先进单位综治责任人、综治办主任嘉奖	中共东湖区委、东湖区人民政府	2016－03
吴彬文	东湖区地税局	2015年度全区社会治安综合治理目标管理先进单位综治责任人、综治办主任嘉奖	中共东湖区委、东湖区人民政府	2016－03
况克冰	东湖区地税局	2015年度全区社会治安综合治理目标管理先进单位综治责任人、综治办主任嘉奖	中共东湖区委、东湖区人民政府	2016－03
严荣伟	东湖区地税局	2015年度全区社会治安综合治理目标管理先进单位综治责任人、综治办主任嘉奖	中共东湖区委、东湖区人民政府	2016－03
徐　勇	东湖区地税局	2015年度全区社会治安综合治理目标管理先进单位综治责任人、综治办主任嘉奖	中共东湖区委、东湖区人民政府	2016－03
帅盛武	东湖区国税局	2015年度全区社会治安综合治理目标管理先进单位综治责任人、综治办主任嘉奖	中共东湖区委、东湖区人民政府	2016－03
丁　杰	东湖区国税局	2015年度全区社会治安综合治理目标管理先进单位综治责任人、综治办主任嘉奖	中共东湖区委、东湖区人民政府	2016－03
黄国华	东湖区国税局	2015年度全区社会治安综合治理目标管理先进单位综治责任人、综治办主任嘉奖	中共东湖区委、东湖区人民政府	2016－03
谢三龙	贤士湖管理处公园村	2015年度全区社会治安综合治理先进工作者	中共东湖区委、东湖区人民政府	2016－03
汤赛丁	贤士湖管理处	2015年度全区社会治安综合治理先进工作者	中共东湖区委、东湖区人民政府	2016－03
王　毅	墩子塘街道综合办	2015年度全区社会治安综合治理先进工作者	中共东湖区委、东湖区人民政府	2016－03
胡淑兰	墩子塘街道北湖社区	2015年度全区社会治安综合治理先进工作者	中共东湖区委、东湖区人民政府	2016－03
梅华清	南昌市北湖小学	2015年度全区社会治安综合治理先进工作者	中共东湖区委、东湖区人民政府	2016－03
郭　丹	墩子塘街道张家厂社区	2015年度全区社会治安综合治理先进工作者	中共东湖区委、东湖区人民政府	2016－03
王　磊	东湖区人民法院	2015年度全区社会治安综合治理先进工作者	中共东湖区委、东湖区人民政府	2016－03
罗陆海	东湖区人民法院	2015年度全区社会治安综合治理先进工作者	中共东湖区委、东湖区人民政府	2016－03
周兰彬	东湖区人民法院	2015年度全区社会治安综合治理先进工作者	中共东湖区委、东湖区人民政府	2016－03

续表 37

姓　名	工作单位	奖项名称	颁奖部门	颁奖时间
周　菁	东湖区城建局	2015 年度全区社会治安综合治理先进工作者	中共东湖区委、东湖区人民政府	2016 - 03
熊豫闻	扬农管理处	2015 年度全区社会治安综合治理先进工作者	中共东湖区委、东湖区人民政府	2016 - 03
陶美波	扬农管理处	2015 年度全区社会治安综合治理先进工作者	中共东湖区委、东湖区人民政府	2016 - 03
徐玉兰	扬子洲镇人民政府	2015 年度全区社会治安综合治理先进工作者	中共东湖区委、东湖区人民政府	2016 - 03
郭志良	扬子洲镇上房村	2015 年度全区社会治安综合治理先进工作者	中共东湖区委、东湖区人民政府	2016 - 03
郭朝金	扬子洲镇莘洲村	2015 年度全区社会治安综合治理先进工作者	中共东湖区委、东湖区人民政府	2016 - 03
陶表明	扬子洲镇南洲村	2015 年度全区社会治安综合治理先进工作者	中共东湖区委、东湖区人民政府	2016 - 03
何　涛	东湖区人民检察院	2015 年度全区社会治安综合治理先进工作者	中共东湖区委、东湖区人民政府	2016 - 03
张　婧	东湖区人民检察院	2015 年度全区社会治安综合治理先进工作者	中共东湖区委、东湖区人民政府	2016 - 03
况太兴	东湖区人民检察院	2015 年度全区社会治安综合治理先进工作者	中共东湖区委、东湖区人民政府	2016 - 03
毛振德	东湖区民政局	2015 年度全区社会治安综合治理先进工作者	中共东湖区委、东湖区人民政府	2016 - 03
黎　明	东湖区环保局	2015 年度全区社会治安综合治理先进工作者	中共东湖区委、东湖区人民政府	2016 - 03
张义春	公园街道办事处	2015 年度全区社会治安综合治理先进工作者	中共东湖区委、东湖区人民政府	2016 - 03
王一麟	公园街道办事处	2015 年度全区社会治安综合治理先进工作者	中共东湖区委、东湖区人民政府	2016 - 03
张秋莲	大院街道院二社区	2015 年度全区社会治安综合治理先进工作者	中共东湖区委、东湖区人民政府	2016 - 03
万芳华	大院街道广场北路社区	2015 年度全区社会治安综合治理先进工作者	中共东湖区委、东湖区人民政府	2016 - 03
魏艳茹	大院街道院一社区	2015 年度全区社会治安综合治理先进工作者	中共东湖区委、东湖区人民政府	2016 - 03
李惠根	东湖公安分局大院派出所	2015 年度全区社会治安综合治理先进工作者	中共东湖区委、东湖区人民政府	2016 - 03
李　乓	东湖区司法局	2015 年度全区社会治安综合治理先进工作者	中共东湖区委、东湖区人民政府	2016 - 03

续表 37

姓　名	工作单位	奖项名称	颁奖部门	颁奖时间
曾晓芳	东湖区司法局	2015 年度全区社会治安综合治理先进工作者	中共东湖区委、东湖区人民政府	2016－03
涂超敏	东湖区文化旅游稽查大队	2015 年度全区社会治安综合治理先进工作者	中共东湖区委、东湖区人民政府	2016－03
徐　盛	东湖区公安消防大队	2015 年度全区社会治安综合治理先进工作者	中共东湖区委、东湖区人民政府	2016－03
王　勤	豫章街道综治办	2015 年度全区社会治安综合治理先进工作者	中共东湖区委、东湖区人民政府	2016－03
单博文	豫章街道办事处	2015 年度全区社会治安综合治理先进工作者	中共东湖区委、东湖区人民政府	2016－03
罗建国	豫章街道办事处	2015 年度全区社会治安综合治理先进工作者	中共东湖区委、东湖区人民政府	2016－03
谢建红	豫章街道上沙窝社区	2015 年度全区社会治安综合治理先进工作者	中共东湖区委、东湖区人民政府	2016－03
聂　华	八一桥街道综治办	2015 年度全区社会治安综合治理先进工作者	中共东湖区委、东湖区人民政府	2016－03
刘　勤	八一桥街道综治办	2015 年度全区社会治安综合治理先进工作者	中共东湖区委、东湖区人民政府	2016－03
蔡志强	八一桥街道豫章后街社区	2015 年度全区社会治安综合治理先进工作者	中共东湖区委、东湖区人民政府	2016－03
张　泉	百花洲街道南湖路社区	2015 年度全区社会治安综合治理先进工作者	中共东湖区委、东湖区人民政府	2016－03
唐惠萍	百花洲街道小金台社区	2015 年度全区社会治安综合治理先进工作者	中共东湖区委、东湖区人民政府	2016－03
罗　立	百花洲街道杨家厂社区	2015 年度全区社会治安综合治理先进工作者	中共东湖区委、东湖区人民政府	2016－03
刘志坚	董家窑街道办事处	2015 年度全区社会治安综合治理先进工作者	中共东湖区委、东湖区人民政府	2016－03
胡　威	董家窑街道综治办	2015 年度全区社会治安综合治理先进工作者	中共东湖区委、东湖区人民政府	2016－03
殷　红	董家窑街道贤士花园第二社区	2015 年度全区社会治安综合治理先进工作者	中共东湖区委、东湖区人民政府	2016－03
张艳红	董家窑街道朱家湖社区	2015 年度全区社会治安综合治理先进工作者	中共东湖区委、东湖区人民政府	2016－03
彭　梵	彭家桥街道综治办	2015 年度全区社会治安综合治理先进工作者	中共东湖区委、东湖区人民政府	2016－03
唐　辉	七里街派出所	2015 年度全区社会治安综合治理先进工作者	中共东湖区委、东湖区人民政府	2016－03

续表 37

姓　名	工作单位	奖项名称	颁奖部门	颁奖时间
肖特群	南昌发电厂消防安保中心	2015 年度全区社会治安综合治理先进工作者	中共东湖区委、东湖区人民政府	2016－03
张　勇	彭家桥街道光明社区	2015 年度全区社会治安综合治理先进工作者	中共东湖区委、东湖区人民政府	2016－03
陈春林	滕王阁街道综治办	2015 年度全区社会治安综合治理先进工作者	中共东湖区委、东湖区人民政府	2016－03
蔡晶晶	滕王阁街道滕王阁社区	2015 年度全区社会治安综合治理先进工作者	中共东湖区委、东湖区人民政府	2016－03
邱　峻	滕王阁街道射步亭社区	2015 年度全区社会治安综合治理先进工作者	中共东湖区委、东湖区人民政府	2016－03
何卫强	东湖区教育科技体育局综治办	2015 年度全区社会治安综合治理先进工作者	中共东湖区委、东湖区人民政府	2016－03
陈丽芬	东湖区人力资源和社会保障局	2015 年度全区社会治安综合治理先进工作者	中共东湖区委、东湖区人民政府	2016－03
李　翔	东湖区人力资源和社会保障局综治办	2015 年度全区社会治安综合治理先进工作者	中共东湖区委、东湖区人民政府	2016－03
程小浪	东湖区城市管理局	2015 年度全区社会治安综合治理先进工作者	中共东湖区委、东湖区人民政府	2016－03
康　英	东湖区住房保障和房产管理局综治办	2015 年度全区社会治安综合治理先进工作者	中共东湖区委、东湖区人民政府	2016－03
熊智文	东湖区商务局	2015 年度全区社会治安综合治理先进工作者	中共东湖区委、东湖区人民政府	2016－03
姜　翎	东湖区卫计委办公室	2015 年度全区社会治安综合治理先进工作者	中共东湖区委、东湖区人民政府	2016－03
张丽琴	东湖区企业资产管理服务中心	2015 年度全区社会治安综合治理先进工作者	中共东湖区委、东湖区人民政府	2016－03
胡　清	东湖公安分局大院派出所	2015 年度全区社会治安综合治理先进工作者	中共东湖区委、东湖区人民政府	2016－03
闵　军	东湖公安分局彭家桥派出所	2015 年度全区社会治安综合治理先进工作者	中共东湖区委、东湖区人民政府	2016－03
康宜强	东湖公安分局刑侦大队八中队	2015 年度全区社会治安综合治理先进工作者	中共东湖区委、东湖区人民政府	2016－03
胡其刚	东湖公安分局八一桥派出所	2015 年度全区社会治安综合治理先进工作者	中共东湖区委、东湖区人民政府	2016－03
吴　凯	东湖公安分局豫章派出所	2015 年度全区社会治安综合治理先进工作者	中共东湖区委、东湖区人民政府	2016－03
余剑旅	东湖公安分局百花洲派出所	2015 年度全区社会治安综合治理先进工作者	中共东湖区委、东湖区人民政府	2016－03

续表 37

姓 名	工作单位	奖项名称	颁奖部门	颁奖时间
赵流华	东湖公安分局墩子塘派出所	2015 年度全区社会治安综合治理先进工作者	中共东湖区委、东湖区人民政府	2016－03
黄东辉	东湖区执法局	2015 年度全区社会治安综合治理先进工作者	中共东湖区委、东湖区人民政府	2016－03
万军亮	东湖区执法局	2015 年度全区社会治安综合治理先进工作者	中共东湖区委、东湖区人民政府	2016－03
谢 炯	南昌市公安局交通管理局东湖大队	2015 年度全区社会治安综合治理先进工作者	中共东湖区委、东湖区人民政府	2016－03
刘 斌	南昌市公安局交通管理局东湖大队	2015 年度全区社会治安综合治理先进工作者	中共东湖区委、东湖区人民政府	2016－03
徐立君	墩子塘街办城管办	2015 年度城市管理工作标兵	中共东湖区委、东湖区人民政府	2016－04
傅筱琴	东湖区执法局	2015 年度城市管理工作标兵	中共东湖区委、东湖区人民政府	2016－04
杨茂奇	东湖区执法局	2015 年度城市管理工作标兵	中共东湖区委、东湖区人民政府	2016－04
雷良华	东湖区执法局	2015 年度城市管理工作标兵	中共东湖区委、东湖区人民政府	2016－04
周春铁	东湖区执法局	2015 年度城市管理工作标兵	中共东湖区委、东湖区人民政府	2016－04
陶 勇	东湖区执法局	2015 年度城市管理工作标兵	中共东湖区委、东湖区人民政府	2016－04
熊 斌	东湖区执法局	2015 年度城市管理工作标兵	中共东湖区委、东湖区人民政府	2016－04
熊林梁	东湖区执法局	2015 年度城市管理工作标兵	中共东湖区委、东湖区人民政府	2016－04
谢 俊	东湖区市场物业管理站	2015 年度城市管理工作标兵	中共东湖区委、东湖区人民政府	2016－04
唐榕星	扬子洲镇人民政府	2015 年度城市管理工作标兵	中共东湖区委、东湖区人民政府	2016－04
傅 军	公园街道办事处	2015 年度城市管理工作标兵	中共东湖区委、东湖区人民政府	2016－04
黄 征	百花洲街道办事处	2015 年度城市管理工作标兵	中共东湖区委、东湖区人民政府	2016－04
张 群	董家窑街道办事处	2015 年度城市管理工作标兵	中共东湖区委、东湖区人民政府	2016－04
刘文俊	东湖区创建办	2015 年度城市管理工作标兵	中共东湖区委、东湖区人民政府	2016－04
万晓荣	东湖区城建局	2015 年度城市管理工作标兵	中共东湖区委、东湖区人民政府	2016－04
周春雷	东湖区城管局	2015 年度城市管理工作标兵	中共东湖区委、东湖区人民政府	2016－04
费永华	东湖区城建局	2015 年度城市管理工作标兵	中共东湖区委、东湖区人民政府	2016－04
曾纪勇	东湖区城管局	2015 年度城市管理工作标兵	中共东湖区委、东湖区人民政府	2016－04
万黎明	豫章街办城管办	2015 年度城市管理工作标兵	中共东湖区委、东湖区人民政府	2016－04
刘成忠	百花洲街办城管办	2015 年度城市管理工作标兵	中共东湖区委、东湖区人民政府	2016－04
邱志奇	大院街办城管办	2015 年度城市管理工作标兵	中共东湖区委、东湖区人民政府	2016－04
徐根明	董家窑街办城管办	2015 年度城市管理工作标兵	中共东湖区委、东湖区人民政府	2016－04
喻 剑	东湖交警大队	2015 年度城市管理工作标兵	中共东湖区委、东湖区人民政府	2016－04
熊见隆	东湖交警大队四中队	2015 年度城市管理工作标兵	中共东湖区委、东湖区人民政府	2016－04

续表 37

姓　名	工作单位	奖项名称	颁奖部门	颁奖时间
王红兵	贤士湖管理处七里村	2015 年度城市管理先进个人	中共东湖区委、东湖区人民政府	2016－04
涂　文	贤士湖管理处综合执法队	2015 年度城市管理先进个人	中共东湖区委、东湖区人民政府	2016－04
李志宏	贤士湖管理处城管办	2015 年度城市管理先进个人	中共东湖区委、东湖区人民政府	2016－04
韩晓明	贤士湖管理处城管办	2015 年度城市管理先进个人	中共东湖区委、东湖区人民政府	2016－04
周鹤林	贤士湖管理处	2015 年度城市管理先进个人	中共东湖区委、东湖区人民政府	2016－04
施兰英	彭家桥街道李家庄社区	2015 年度城市管理先进个人	中共东湖区委、东湖区人民政府	2016－04
李春英	彭家桥街道光明社区	2015 年度城市管理先进个人	中共东湖区委、东湖区人民政府	2016－04
吴声骥	彭家桥街办综合执法队	2015 年度城市管理先进个人	中共东湖区委、东湖区人民政府	2016－04
熊承刚	彭家桥街办综合执法队	2015 年度城市管理先进个人	中共东湖区委、东湖区人民政府	2016－04
闵凤霞	彭家桥街办综合执法队	2015 年度城市管理先进个人	中共东湖区委、东湖区人民政府	2016－04
胡　浩	彭家桥街办综合执法队	2015 年度城市管理先进个人	中共东湖区委、东湖区人民政府	2016－04
徐月美	彭家桥街办城管办	2015 年度城市管理先进个人	中共东湖区委、东湖区人民政府	2016－04
吁米福	彭家桥街办城管办	2015 年度城市管理先进个人	中共东湖区委、东湖区人民政府	2016－04
熊　云	彭家桥街办城管办	2015 年度城市管理先进个人	中共东湖区委、东湖区人民政府	2016－04
张年和	彭家桥街办城管办	2015 年度城市管理先进个人	中共东湖区委、东湖区人民政府	2016－04
邹　晖	墩子塘街办城管办	2015 年度城市管理先进个人	中共东湖区委、东湖区人民政府	2016－04
魏华荣	墩子塘街办综合执法队	2015 年度城市管理先进个人	中共东湖区委、东湖区人民政府	2016－04
陈锦帅	墩子塘街办城管办	2015 年度城市管理先进个人	中共东湖区委、东湖区人民政府	2016－04
熊新明	墩子塘街办综合执法队	2015 年度城市管理先进个人	中共东湖区委、东湖区人民政府	2016－04
刘　峰	墩子塘街办综合执法队	2015 年度城市管理先进个人	中共东湖区委、东湖区人民政府	2016－04
胡　涛	墩子塘街办城管办	2015 年度城市管理先进个人	中共东湖区委、东湖区人民政府	2016－04
陈　敏	墩子塘街办城管办	2015 年度城市管理先进个人	中共东湖区委、东湖区人民政府	2016－04
盛　红	墩子塘街道右营街社区	2015 年度城市管理先进个人	中共东湖区委、东湖区人民政府	2016－04
余玉兰	墩子塘街道马家池社区	2015 年度城市管理先进个人	中共东湖区委、东湖区人民政府	2016－04
郭　敏	墩子塘街办城管办	2015 年度城市管理先进个人	中共东湖区委、东湖区人民政府	2016－04
杨小梅	豫章街道四经路社区	2015 年度城市管理先进个人	中共东湖区委、东湖区人民政府	2016－04

续表 37

姓　名	工作单位	奖项名称	颁奖部门	颁奖时间
程　义	豫章街办城管办	2015 年度城市管理先进个人	中共东湖区委、东湖区人民政府	2016－04
邹金萍	豫章街办城管办	2015 年度城市管理先进个人	中共东湖区委、东湖区人民政府	2016－04
张宜华	豫章街办城管办	2015 年度城市管理先进个人	中共东湖区委、东湖区人民政府	2016－04
何承红	豫章街办城管办	2015 年度城市管理先进个人	中共东湖区委、东湖区人民政府	2016－04
王　勇	豫章街办综合执法队	2015 年度城市管理先进个人	中共东湖区委、东湖区人民政府	2016－04
罗福春	豫章街办综合执法队	2015 年度城市管理先进个人	中共东湖区委、东湖区人民政府	2016－04
王小江	豫章街办综合执法队	2015 年度城市管理先进个人	中共东湖区委、东湖区人民政府	2016－04
郎小兰	豫章街道上沙窝社区	2015 年度城市管理先进个人	中共东湖区委、东湖区人民政府	2016－04
姜世文	豫章街道经纬社区	2015 年度城市管理先进个人	中共东湖区委、东湖区人民政府	2016－04
熊智文	东湖区商务局	2015 年度城市管理先进个人	中共东湖区委、东湖区人民政府	2016－04
杜芳泽	东湖区商务局	2015 年度城市管理先进个人	中共东湖区委、东湖区人民政府	2016－04
谭小毛	扬子洲镇城市管理中心	2015 年度城市管理先进个人	中共东湖区委、东湖区人民政府	2016－04
徐颖慧	扬子洲镇城市管理中心	2015 年度城市管理先进个人	中共东湖区委、东湖区人民政府	2016－04
黄明霖	扬子洲镇为民村	2015 年度城市管理先进个人	中共东湖区委、东湖区人民政府	2016－04
黄　建	扬子洲镇庙后村	2015 年度城市管理先进个人	中共东湖区委、东湖区人民政府	2016－04
陶祖明	扬子洲镇前洲村	2015 年度城市管理先进个人	中共东湖区委、东湖区人民政府	2016－04
郭　敏	扬子洲镇上房村	2015 年度城市管理先进个人	中共东湖区委、东湖区人民政府	2016－04
岳凯旋	扬子洲镇三联村	2015 年度城市管理先进个人	中共东湖区委、东湖区人民政府	2016－04
陶平平	扬子洲镇南洲村	2015 年度城市管理先进个人	中共东湖区委、东湖区人民政府	2016－04
蔡美华	扬子洲镇熊万村	2015 年度城市管理先进个人	中共东湖区委、东湖区人民政府	2016－04
陶　茂	扬子洲镇新村村	2015 年度城市管理先进个人	中共东湖区委、东湖区人民政府	2016－04
郭国荣	扬农管理处	2015 年度城市管理先进个人	中共东湖区委、东湖区人民政府	2016－04
雷菊保	扬农管理处	2015 年度城市管理先进个人	中共东湖区委、东湖区人民政府	2016－04
成淑梅	扬农管理处	2015 年度城市管理先进个人	中共东湖区委、东湖区人民政府	2016－04
郭慧根	扬农管理处	2015 年度城市管理先进个人	中共东湖区委、东湖区人民政府	2016－04
岳远明	扬农管理处	2015 年度城市管理先进个人	中共东湖区委、东湖区人民政府	2016－04
吴　鹏	东湖区公安消防大队	2015 年度城市管理先进个人	中共东湖区委、东湖区人民政府	2016－04
王　玮	东湖区公安消防大队	2015 年度城市管理先进个人	中共东湖区委、东湖区人民政府	2016－04
邓震国	东湖区财政局	2015 年度城市管理先进个人	中共东湖区委、东湖区人民政府	2016－04
程淑芳	东湖区执法局	2015 年度城市管理先进个人	中共东湖区委、东湖区人民政府	2016－04
黄雅莉	东湖区执法局	2015 年度城市管理先进个人	中共东湖区委、东湖区人民政府	2016－04
万军亮	东湖区执法局	2015 年度城市管理先进个人	中共东湖区委、东湖区人民政府	2016－04
郭湾湾	东湖区执法局	2015 年度城市管理先进个人	中共东湖区委、东湖区人民政府	2016－04
徐建荣	东湖区执法局	2015 年度城市管理先进个人	中共东湖区委、东湖区人民政府	2016－04

续表 37

姓　名	工作单位	奖项名称	颁奖部门	颁奖时间
陈怀伯	东湖区执法局	2015 年度城市管理先进个人	中共东湖区委、东湖区人民政府	2016－04
胡　杰	东湖区执法局	2015 年度城市管理先进个人	中共东湖区委、东湖区人民政府	2016－04
王　衡	东湖区执法局	2015 年度城市管理先进个人	中共东湖区委、东湖区人民政府	2016－04
高小勇	东湖区执法局	2015 年度城市管理先进个人	中共东湖区委、东湖区人民政府	2016－04
徐东华	东湖区执法局	2015 年度城市管理先进个人	中共东湖区委、东湖区人民政府	2016－04
宋　晓	八一桥街道办事处	2015 年度城市管理先进个人	中共东湖区委、东湖区人民政府	2016－04
付茂根	八一桥街办城管办	2015 年度城市管理先进个人	中共东湖区委、东湖区人民政府	2016－04
范文芳	八一桥街办城管办	2015 年度城市管理先进个人	中共东湖区委、东湖区人民政府	2016－04
范有根	八一桥街道裘家厂社区	2015 年度城市管理先进个人	中共东湖区委、东湖区人民政府	2016－04
熊　玲	八一桥街道豫章后街社区	2015 年度城市管理先进个人	中共东湖区委、东湖区人民政府	2016－04
刘秋仙	八一桥街办大士院北区社区	2015 年度城市管理先进个人	中共东湖区委、东湖区人民政府	2016－04
刘晓究	八一桥街道大士院西区社区	2015 年度城市管理先进个人	中共东湖区委、东湖区人民政府	2016－04
谢珍莲	八一桥街道芭茅巷社区	2015 年度城市管理先进个人	中共东湖区委、东湖区人民政府	2016－04
李鸣群	八一桥街道叠山路西社区	2015 年度城市管理先进个人	中共东湖区委、东湖区人民政府	2016－04
江　琳	八一桥街道大士院南区社区	2015 年度城市管理先进个人	中共东湖区委、东湖区人民政府	2016－04
付振海	百花洲街道办事处	2015 年度城市管理先进个人	中共东湖区委、东湖区人民政府	2016－04
龚选民	百花洲街道办事处	2015 年度城市管理先进个人	中共东湖区委、东湖区人民政府	2016－04
陈维理	百花洲街办城管办	2015 年度城市管理先进个人	中共东湖区委、东湖区人民政府	2016－04
吴　毅	百花洲街办城管办	2015 年度城市管理先进个人	中共东湖区委、东湖区人民政府	2016－04
史红兵	百花洲街办城管办	2015 年度城市管理先进个人	中共东湖区委、东湖区人民政府	2016－04
胡福香	百花洲街办城管办	2015 年度城市管理先进个人	中共东湖区委、东湖区人民政府	2016－04
曹凡军	百花洲街办城管办	2015 年度城市管理先进个人	中共东湖区委、东湖区人民政府	2016－04
王锋明	百花洲街办综合执法队	2015 年度城市管理先进个人	中共东湖区委、东湖区人民政府	2016－04
唐惠萍	百花洲街道小金台社区	2015 年度城市管理先进个人	中共东湖区委、东湖区人民政府	2016－04
张　泉	百花洲街道南湖路社区	2015 年度城市管理先进个人	中共东湖区委、东湖区人民政府	2016－04
朱斯华	公园街办城管办	2015 年度城市管理先进个人	中共东湖区委、东湖区人民政府	2016－04
陈新红	公园街办城管办	2015 年度城市管理先进个人	中共东湖区委、东湖区人民政府	2016－04

续表 37

姓　名	工作单位	奖项名称	颁奖部门	颁奖时间
杨　俊	公园街办城管办	2015 年度城市管理先进个人	中共东湖区委、东湖区人民政府	2016 - 04
陈友梅	公园街办城管办	2015 年度城市管理先进个人	中共东湖区委、东湖区人民政府	2016 - 04
胥北根	公园街办综合执法队	2015 年度城市管理先进个人	中共东湖区委、东湖区人民政府	2016 - 04
邹卫兵	公园街办综合执法队	2015 年度城市管理先进个人	中共东湖区委、东湖区人民政府	2016 - 04
涂永红	公园街道戴家巷社区	2015 年度城市管理先进个人	中共东湖区委、东湖区人民政府	2016 - 04
郭超峰	公园街道经堂巷社区	2015 年度城市管理先进个人	中共东湖区委、东湖区人民政府	2016 - 04
涂利群	公园街道环湖路社区	2015 年度城市管理先进个人	中共东湖区委、东湖区人民政府	2016 - 04
彭　颖	公园街道戴家巷社区	2015 年度城市管理先进个人	中共东湖区委、东湖区人民政府	2016 - 04
方俊伟	大院街办城管办	2015 年度城市管理先进个人	中共东湖区委、东湖区人民政府	2016 - 04
胡红双	大院街办城管办	2015 年度城市管理先进个人	中共东湖区委、东湖区人民政府	2016 - 04
汤细多	大院街办城管办	2015 年度城市管理先进个人	中共东湖区委、东湖区人民政府	2016 - 04
朱亚辉	大院街办综合执法队	2015 年度城市管理先进个人	中共东湖区委、东湖区人民政府	2016 - 04
胡群芳	大院街道院一社区	2015 年度城市管理先进个人	中共东湖区委、东湖区人民政府	2016 - 04
胡梅娇	大院街道院二社区	2015 年度城市管理先进个人	中共东湖区委、东湖区人民政府	2016 - 04
吴　红	大院街道公园社区	2015 年度城市管理先进个人	中共东湖区委、东湖区人民政府	2016 - 04
肖　忠	大院街道体苑社区	2015 年度城市管理先进个人	中共东湖区委、东湖区人民政府	2016 - 04
王　丽	大院街道广北社区	2015 年度城市管理先进个人	中共东湖区委、东湖区人民政府	2016 - 04
雷筱慧	大院街道二七北路社区	2015 年度城市管理先进个人	中共东湖区委、东湖区人民政府	2016 - 04
胡浩波	董家窑街办城管办	2015 年度城市管理先进个人	中共东湖区委、东湖区人民政府	2016 - 04
邓浪萍	董家窑街办城管办	2015 年度城市管理先进个人	中共东湖区委、东湖区人民政府	2016 - 04
罗润保	董家窑街办城管办	2015 年度城市管理先进个人	中共东湖区委、东湖区人民政府	2016 - 04
宗　俊	董家窑街办综合执法队	2015 年度城市管理先进个人	中共东湖区委、东湖区人民政府	2016 - 04
龚继俊	董家窑街办综合执法队	2015 年度城市管理先进个人	中共东湖区委、东湖区人民政府	2016 - 04
陈建国	董家窑街办综合执法队	2015 年度城市管理先进个人	中共东湖区委、东湖区人民政府	2016 - 04
刘文勇	董家窑街道青阳社区	2015 年度城市管理先进个人	中共东湖区委、东湖区人民政府	2016 - 04
邱昌莲	董家窑街道南南社区	2015 年度城市管理先进个人	中共东湖区委、东湖区人民政府	2016 - 04
卢向阳	董家窑街道贤士花园一社区	2015 年度城市管理先进个人	中共东湖区委、东湖区人民政府	2016 - 04
熊兰勇	董家窑街道紫金城社区	2015 年度城市管理先进个人	中共东湖区委、东湖区人民政府	2016 - 04
熊炯文	滕王阁街办城管办	2015 年度城市管理先进个人	中共东湖区委、东湖区人民政府	2016 - 04
张清秀	滕王阁街办城管办	2015 年度城市管理先进个人	中共东湖区委、东湖区人民政府	2016 - 04

续表 37

姓　名	工作单位	奖项名称	颁奖部门	颁奖时间
张国兰	滕王阁街办城管办	2015 年度城市管理先进个人	中共东湖区委、东湖区人民政府	2016 - 04
万玉珍	滕王阁街办城管办	2015 年度城市管理先进个人	中共东湖区委、东湖区人民政府	2016 - 04
蒋关勇	滕王阁街办综合执法队	2015 年度城市管理先进个人	中共东湖区委、东湖区人民政府	2016 - 04
宗　文	滕王阁街办综合执法队	2015 年度城市管理先进个人	中共东湖区委、东湖区人民政府	2016 - 04
魏　瑛	滕王阁街道榕门路社区	2015 年度城市管理先进个人	中共东湖区委、东湖区人民政府	2016 - 04
涂冬妹	滕王阁街道铁街社区	2015 年度城市管理先进个人	中共东湖区委、东湖区人民政府	2016 - 04
冯日顺	滕王阁街道办事处	2015 年度城市管理先进个人	中共东湖区委、东湖区人民政府	2016 - 04
聂水珍	滕王阁街道办事处	2015 年度城市管理先进个人	中共东湖区委、东湖区人民政府	2016 - 04
黄锦珩	东湖区纪委	2015 年度城市管理先进个人	中共东湖区委、东湖区人民政府	2016 - 04
丁　凯	东湖区文明办	2015 年度城市管理先进个人	中共东湖区委、东湖区人民政府	2016 - 04
郑琛林	东湖区人大办公室	2015 年度城市管理先进个人	中共东湖区委、东湖区人民政府	2016 - 04
谢建平	东湖区政协办公室	2015 年度城市管理先进个人	中共东湖区委、东湖区人民政府	2016 - 04
刘小松	东湖区政府办公室	2015 年度城市管理先进个人	中共东湖区委、东湖区人民政府	2016 - 04
毛振德	东湖区民政局	2015 年度城市管理先进个人	中共东湖区委、东湖区人民政府	2016 - 04
王小琏	东湖区教科体局	2015 年度城市管理先进个人	中共东湖区委、东湖区人民政府	2016 - 04
许惠鑫	东湖区环保局	2015 年度城市管理先进个人	中共东湖区委、东湖区人民政府	2016 - 04
熊文强	东湖区环保局监察大队	2015 年度城市管理先进个人	中共东湖区委、东湖区人民政府	2016 - 04
杨丽琼	东湖区环保局监察大队	2015 年度城市管理先进个人	中共东湖区委、东湖区人民政府	2016 - 04
李闽昌	东湖区环保局执法大队	2015 年度城市管理先进个人	中共东湖区委、东湖区人民政府	2016 - 04
黎　明	东湖区环保局办公室	2015 年度城市管理先进个人	中共东湖区委、东湖区人民政府	2016 - 04
郭正凯	八一公园管理处	2015 年度城市管理先进个人	中共东湖区委、东湖区人民政府	2016 - 04
徐　玮	八一公园管理处	2015 年度城市管理先进个人	中共东湖区委、东湖区人民政府	2016 - 04
龚国平	东湖区城建局审批科	2015 年度城市管理先进个人	中共东湖区委、东湖区人民政府	2016 - 04
徐　伟	东湖区城建局管理科	2015 年度城市管理先进个人	中共东湖区委、东湖区人民政府	2016 - 04
周必春	东湖区城建局管理科	2015 年度城市管理先进个人	中共东湖区委、东湖区人民政府	2016 - 04
陈　明	东湖区市政所	2015 年度城市管理先进个人	中共东湖区委、东湖区人民政府	2016 - 04
周知姿	东湖区市政所养护队	2015 年度城市管理先进个人	中共东湖区委、东湖区人民政府	2016 - 04
李美荣	东湖区市政所路灯管理科	2015 年度城市管理先进个人	中共东湖区委、东湖区人民政府	2016 - 04
钱建彬	东湖区园林所养护队	2015 年度城市管理先进个人	中共东湖区委、东湖区人民政府	2016 - 04

续表 37

姓　名	工作单位	奖项名称	颁奖部门	颁奖时间
江　峰	东湖区园林所养护队	2015 年度城市管理先进个人	中共东湖区委、东湖区人民政府	2016－04
汤晓辉	彭家桥街办城管办	2015 年度城市管理先进个人	中共东湖区委、东湖区人民政府	2016－04
潘晓凯	东湖区城管局综合规划科	2015 年度城市管理先进个人	中共东湖区委、东湖区人民政府	2016－04
周　烨	东湖区城管局市容渣土科	2015 年度城市管理先进个人	中共东湖区委、东湖区人民政府	2016－04
章洪海	东湖区城管局垃圾清运队	2015 年度城市管理先进个人	中共东湖区委、东湖区人民政府	2016－04
邹沛沛	东湖区城管局垃圾清运队	2015 年度城市管理先进个人	中共东湖区委、东湖区人民政府	2016－04
李小平	东湖区城管局清扫队	2015 年度城市管理先进个人	中共东湖区委、东湖区人民政府	2016－04
李建军	东湖区城管局市容督查队	2015 年度城市管理先进个人	中共东湖区委、东湖区人民政府	2016－04
文　辉	东湖区城管局市容督查队	2015 年度城市管理先进个人	中共东湖区委、东湖区人民政府	2016－04
任　洁	东湖区城管局环卫车辆修理厂	2015 年度城市管理先进个人	中共东湖区委、东湖区人民政府	2016－04
魏　琴	东湖区垃圾渣土清运管理所	2015 年度城市管理先进个人	中共东湖区委、东湖区人民政府	2016－04
殷伟年	东湖区房管局	2015 年度城市管理先进个人	中共东湖区委、东湖区人民政府	2016－04
邹赣华	东湖区房管局生产科	2015 年度城市管理先进个人	中共东湖区委、东湖区人民政府	2016－04
万　俊	东湖区房屋维修维护公司	2015 年度城市管理先进个人	中共东湖区委、东湖区人民政府	2016－04
朱先龙	东湖区房屋维修维护公司	2015 年度城市管理先进个人	中共东湖区委、东湖区人民政府	2016－04
黄　军	东湖区房屋建筑综合工程公司	2015 年度城市管理先进个人	中共东湖区委、东湖区人民政府	2016－04
刘奎胜	东湖区市场监管局	2015 年度城市管理先进个人	中共东湖区委、东湖区人民政府	2016－04
元　建	四经路农贸市场物业办	2015 年度城市管理先进个人	中共东湖区委、东湖区人民政府	2016－04
王　芳	贤士花园农贸市场物业办	2015 年度城市管理先进个人	中共东湖区委、东湖区人民政府	2016－04
钟志华	墩子塘农贸市场物业办	2015 年度城市管理先进个人	中共东湖区委、东湖区人民政府	2016－04
邓　辉	东湖公安分局治安大队四中队	2015 年度城市管理先进个人	中共东湖区委、东湖区人民政府	2016－04
吕孝新	东湖公安分局治安大队一中队	2015 年度城市管理先进个人	中共东湖区委、东湖区人民政府	2016－04

续表 37

姓　名	工作单位	奖项名称	颁奖部门	颁奖时间
万小华	东湖交警大队一中队	2015 年度城市管理先进个人	中共东湖区委、东湖区人民政府	2016－04
金鹏翔	东湖交警大队一中队	2015 年度城市管理先进个人	中共东湖区委、东湖区人民政府	2016－04
尹仁明	东湖交警大队二中队	2015 年度城市管理先进个人	中共东湖区委、东湖区人民政府	2016－04
李园丰	东湖交警大队三中队	2015 年度城市管理先进个人	中共东湖区委、东湖区人民政府	2016－04
涂　新	东湖交警大队三中队	2015 年度城市管理先进个人	中共东湖区委、东湖区人民政府	2016－04
黄　俊	东湖交警大队四中队	2015 年度城市管理先进个人	中共东湖区委、东湖区人民政府	2016－04
叶　铭	东湖交警大队五中队	2015 年度城市管理先进个人	中共东湖区委、东湖区人民政府	2016－04
汤　强	东湖交警大队八中队	2015 年度城市管理先进个人	中共东湖区委、东湖区人民政府	2016－04
杨象桂	东湖区创建办	2015 年度城市管理先进个人	中共东湖区委、东湖区人民政府	2016－04
江　晶	东湖区创建办	2015 年度城市管理先进个人	中共东湖区委、东湖区人民政府	2016－04
肖　敏	东湖区创建办	2015 年度城市管理先进个人	中共东湖区委、东湖区人民政府	2016－04
刘芳芳	东湖区环保局	2015 年度计划生育工作先进个人	中共东湖区委、东湖区人民政府	2016－06
章　鸣	东湖区商务局	2015 年度计划生育工作先进个人	中共东湖区委、东湖区人民政府	2016－06
万晓玲	董家窑街道办事处	2015 年度计划生育工作先进个人	中共东湖区委、东湖区人民政府	2016－06
谌　洁	扬农管理处	2015 年度计划生育工作先进个人	中共东湖区委、东湖区人民政府	2016－06
邱　惠	扬农管理处	2015 年度计划生育工作先进个人	中共东湖区委、东湖区人民政府	2016－06
应红俊	墩子塘街道计生办	2015 年度计划生育工作先进个人	中共东湖区委、东湖区人民政府	2016－06
袁国英	墩子塘街道下水巷社区	2015 年度计划生育工作先进个人	中共东湖区委、东湖区人民政府	2016－06
王笑青	墩子塘街道墩子塘社区	2015 年度计划生育工作先进个人	中共东湖区委、东湖区人民政府	2016－06
陈国平	贤士湖管理处永溪村	2015 年度计划生育工作先进个人	中共东湖区委、东湖区人民政府	2016－06
殷依萍	贤士湖管理处	2015 年度计划生育工作先进个人	中共东湖区委、东湖区人民政府	2016－06
陶国强	贤士湖管理处	2015 年度计划生育工作先进个人	中共东湖区委、东湖区人民政府	2016－06
刘越红	东湖区房管局	2015 年度计划生育工作先进个人	中共东湖区委、东湖区人民政府	2016－06
黄洪珍	东湖区城建局	2015 年度计划生育工作先进个人	中共东湖区委、东湖区人民政府	2016－06

续表 37

姓　名	工作单位	奖项名称	颁奖部门	颁奖时间
龙　昆	东湖区文广局	2015 年度计划生育工作先进个人	中共东湖区委、东湖区人民政府	2016－06
李赣萍	东湖区企资中心	2015 年度计划生育工作先进个人	中共东湖区委、东湖区人民政府	2016－06
汪　健	东湖公安分局	2015 年度计划生育工作先进个人	中共东湖区委、东湖区人民政府	2016－06
喻伟文	东湖区人社局	2015 年度计划生育工作先进个人	中共东湖区委、东湖区人民政府	2016－06
万丽君	东湖区城管局	2015 年度计划生育工作先进个人	中共东湖区委、东湖区人民政府	2016－06
孙　冲	东湖区市场监管局	2015 年度计划生育工作先进个人	中共东湖区委、东湖区人民政府	2016－06
程　莉	东湖区教科体局	2015 年度计划生育工作先进个人	中共东湖区委、东湖区人民政府	2016－06
梁　红	东湖区民政局	2015 年度计划生育工作先进个人	中共东湖区委、东湖区人民政府	2016－06
章　鸣	东湖区发改委	2015 年度计划生育工作先进个人	中共东湖区委、东湖区人民政府	2016－06
熊　琳	东湖区卫计委	2015 年度计划生育工作先进个人	中共东湖区委、东湖区人民政府	2016－06
蔡　静	东湖区卫计委	2015 年度计划生育工作先进个人	中共东湖区委、东湖区人民政府	2016－06
陈华锋	东湖区卫计委	2015 年度计划生育工作先进个人	中共东湖区委、东湖区人民政府	2016－06
熊金斌	东湖区卫计委	2015 年度计划生育工作先进个人	中共东湖区委、东湖区人民政府	2016－06
王红美	东湖区卫计委	2015 年度计划生育工作先进个人	中共东湖区委、东湖区人民政府	2016－06
李姝梅	东湖区卫计委	2015 年度计划生育工作先进个人	中共东湖区委、东湖区人民政府	2016－06
熊若丹	滕王阁街道办事处	2015 年度计划生育工作先进个人	中共东湖区委、东湖区人民政府	2016－06
汪纪文	滕王阁街道办事处	2015 年度计划生育工作先进个人	中共东湖区委、东湖区人民政府	2016－06
郑　群	滕王阁街道办事处	2015 年度计划生育工作先进个人	中共东湖区委、东湖区人民政府	2016－06

续表 37

姓　名	工作单位	奖项名称	颁奖部门	颁奖时间
徐莉娜	滕王阁街道办事处	2015 年度计划生育工作先进个人	中共东湖区委、东湖区人民政府	2016－06
万　芳	滕王阁街道办事处	2015 年度计划生育工作先进个人	中共东湖区委、东湖区人民政府	2016－06
徐慧丰	滕王阁街道办事处	2015 年度计划生育工作先进个人	中共东湖区委、东湖区人民政府	2016－06
杨惠芬	滕王阁街道办事处	2015 年度计划生育工作先进个人	中共东湖区委、东湖区人民政府	2016－06
章海涛	公园街道办事处	2015 年度计划生育工作先进个人	中共东湖区委、东湖区人民政府	2016－06
吴　松	公园街道办事处	2015 年度计划生育工作先进个人	中共东湖区委、东湖区人民政府	2016－06
张桂香	公园街道办事处	2015 年度计划生育工作先进个人	中共东湖区委、东湖区人民政府	2016－06
徐　燕	彭家桥街道办事处	2015 年度计划生育工作先进个人	中共东湖区委、东湖区人民政府	2016－06
邓永华	彭家桥街道办事处	2015 年度计划生育工作先进个人	中共东湖区委、东湖区人民政府	2016－06
邱红莲	彭家桥街道办事处	2015 年度计划生育工作先进个人	中共东湖区委、东湖区人民政府	2016－06
邓　英	彭家桥街道办事处	2015 年度计划生育工作先进个人	中共东湖区委、东湖区人民政府	2016－06
刘云娟	彭家桥街道办事处	2015 年度计划生育工作先进个人	中共东湖区委、东湖区人民政府	2016－06
姜治国	八一桥街道办事处	2015 年度计划生育工作先进个人	中共东湖区委、东湖区人民政府	2016－06
向正花	八一桥街道办事处	2015 年度计划生育工作先进个人	中共东湖区委、东湖区人民政府	2016－06
陈国英	八一桥街道办事处	2015 年度计划生育工作先进个人	中共东湖区委、东湖区人民政府	2016－06
吴金凤	八一桥街道办事处	2015 年度计划生育工作先进个人	中共东湖区委、东湖区人民政府	2016－06
黄　征	百花洲街道办事处	2015 年度计划生育工作先进个人	中共东湖区委、东湖区人民政府	2016－06
刘　璟	百花洲街道办事处	2015 年度计划生育工作先进个人	中共东湖区委、东湖区人民政府	2016－06

续表 37

姓　名	工作单位	奖项名称	颁奖部门	颁奖时间
涂　肖	百花洲街道办事处	2015 年度计划生育工作先进个人	中共东湖区委、东湖区人民政府	2016－06
袁露霞	百花洲街道办事处	2015 年度计划生育工作先进个人	中共东湖区委、东湖区人民政府	2016－06
刘金兰	百花洲街道办事处	2015 年度计划生育工作先进个人	中共东湖区委、东湖区人民政府	2016－06
朱南茜	百花洲街道办事处	2015 年度计划生育工作先进个人	中共东湖区委、东湖区人民政府	2016－06
涂　勇	大院街道办事处	2015 年度计划生育工作先进个人	中共东湖区委、东湖区人民政府	2016－06
涂赛兰	大院街道办事处	2015 年度计划生育工作先进个人	中共东湖区委、东湖区人民政府	2016－06
袁　萍	大院街道办事处	2015 年度计划生育工作先进个人	中共东湖区委、东湖区人民政府	2016－06
涂小芳	大院街道办事处	2015 年度计划生育工作先进个人	中共东湖区委、东湖区人民政府	2016－06
高白芸	大院街道办事处	2015 年度计划生育工作先进个人	中共东湖区委、东湖区人民政府	2016－06
黄学文	扬子洲镇人民政府	2015 年度计划生育工作先进个人	中共东湖区委、东湖区人民政府	2016－06
章志红	扬子洲镇人民政府	2015 年度计划生育工作先进个人	中共东湖区委、东湖区人民政府	2016－06
涂小花	扬子洲镇人民政府	2015 年度计划生育工作先进个人	中共东湖区委、东湖区人民政府	2016－06
郭邓花	扬子洲镇人民政府	2015 年度计划生育工作先进个人	中共东湖区委、东湖区人民政府	2016－06
何文云	扬子洲镇人民政府	2015 年度计划生育工作先进个人	中共东湖区委、东湖区人民政府	2016－06
冷招龙	扬子洲镇人民政府	2015 年度计划生育工作先进个人	中共东湖区委、东湖区人民政府	2016－06

(区史志办公室)

专业技术人员

【概况】 2015 年,东湖区围绕加快“四区”建设目标,努力推动人力资源和专业技术人才队伍建设取得新突破。针对各专业技术职务系列的专业特点,坚持以业绩为主要依据,以品德、知识、能力等为重要条件,落实德才兼备原则,认真开展专业技术人才职称评定工作。有 24 名专业技术人员晋升为副高级职称。

(区史志办公室)

表 38

2015 年东湖区晋升为副高级职称人员

姓　名	学　历	毕业学校	工作单位	晋升职称	评定时间
熊　艳	本科	江西师范大学	南昌市滨江学校	中学高级	2015－11
李　飞	本科	江西教育学院	南昌市滨江学校	中学高级	2015－11
黄顺龙	大专	中国电视师范学院	南昌市东湖区扬子洲学校	中学高级	2015－11
黄红梅	大专	江西师范大学	南昌市东湖区扬子洲学校	中学高级	2015－11
胡梅兰	本科	江西师范大学	南昌市东湖区扬子洲学校	中学高级	2015－11
刚赫达	本科	江西师范大学	南昌市城北学校	中学高级	2015－11
李金华	本科	江西师范大学	南昌市青桥学校	中学高级	2015－11
马　正	本科	江西师范大学	南昌市育新学校	中学高级	2015－11
武　杰	本科	江西科技师范学院	南昌市育新学校	中学高级	2015－11
王玉燕	本科	江西师范大学	南昌市豫章小学	小学特高级	2015－11
杨芳芳	本科	南昌教育学院	南昌市豫章小学	小学特高级	2015－11
肖淑华	本科	江西师范大学	南昌市培智学校	小学特高级	2015－11
万雪辉	本科	江西广播电视大学	南昌市滨江学校	小学特高级	2015－11
熊淑萍	本科	江西科技师范学院	南昌市滨江学校	小学特高级	2015－11
万庆红	本科	江西师范大学	南昌市滨江学校	小学特高级	2015－11
何丽君	本科	江西科技师范学院	南昌市东湖幼儿园	小学特高级	2015－11
徐剑兰	本科	江西师范大学	南昌市向荣小学	小学特高级	2015－11
章玉玲	本科	南昌大学	南昌市右营街小学	小学特高级	2015－11
罗　琳	本科	江西师范大学	南昌市城北学校	小学特高级	2015－11
熊　婷	本科	中央广播电视大学	南昌市邮政路小学	小学特高级	2015－11
钱继芳	本科	江西师范大学	南昌市育新学校	小学特高级	2015－11
付小俊	本科	中央广播电视大学	南昌市育新学校	小学特高级	2015－11
程　晔	本科	中央广播电视大学	南昌市出新幼儿园	小学特高级	2015－11
秦小荣	大专	江西大学	东湖区八一嘉实希望小学	小学特高级	2015－11

（喻伟文）

重要文献

南昌市东湖区人大常委会工作报告

（2016年1月13日在东湖区第十五届人民代表大会第六次会议上）

东湖区人大常委会主任　闵建波

各位代表：

我受区人大常委会委托，向大会报告工作，请予审议。

2015年工作回顾

2015年，区人大常委会在中共东湖区委的领导下，认真贯彻落实党的十八大和十八届三中、四中、五中全会精神，深入学习习近平总书记系列重要讲话，围绕促进改革发展，回应社会关切，推进民主法治，依法履行法定职能，为全面建设实力活力魅力东湖提供了强有力的保障。全年共召开常委会会议7次，听取审议专项报告28个，组织执法检查、专题调研4次，开展专题询问1项，作出决定、决议8项，任免国家机关工作人员150人次，加强了计划预算监督和规范性文件备案审查工作，较好地完成了区十五届人大五次会议确定的各项目标任务。

一、突出重点，强化监督，推动经济社会平稳健康发展

常委会始终将贯彻区委重大决策部署作为重中之重，综合运用多种法定监督形式，加大监督力度，促进经济、社会健康发展。

助力提高经济运行质量。常委会听取了区人民政府2015年上半年经济运行工作情况的报告，对“十二五”规划纲要完成情况开展了专项调研，提出了深化经济运行精细化分析和预测，坚持改革创新驱动，加快推进重大重点项目建设，大力发展总部经济和电子商务产业，优化产业结构等意见和建议，确保我区“十二五”规划圆满收官。不断深化和拓展财政资金的审查监督，依法听取并审议计划、预算执行和审计工作报告，对2014年度决算和2015年区级预算调整的方案进行了重点审查，加大对涉及民生公共资金和重点项目建设资金的监督力度，确保了财政资金的使用效率和依法规范的运行。

助力推动经济转型升级。常委会认真贯彻区委实施“四区”建设的部署，组织开展了重大重点项目建设、创新产业、商业街区打造等工作的监督，推动打造东湖经济的“升级版”。听取并审议开放型经济、国税、地税等工作的报告，并组织6个调研小组对全区23个重大重点项目开工建设情况开展了调研，针对项目建设中出现的开工率不足，前期规划、审批、对接工作滞后，部分项目建设资金短缺等问题，深入企业、部门寻找成因，提出加强协调服务意识、强化产业集聚发展导向等12条具体建议，推进了重大重点项目的加速建设、早见成效。开展“十三五”编制工作情况调研，听取区“十三五”规划编制工作报告，提出了创新规划编制理念，立足长远，谋划未来的发展，增强规划的前瞻性、针对性和可操作性等意见和建议,促进我区经济质量、速度和效益等多重目标的合理提升。

二、关注焦点,履职尽责,推动改革成果惠及人民群众

常委会始终把维护群众根本利益作为一切工作的出发点和落脚点,努力使人大各项工作更好地反映民意,贴近民生,推动改革发展的成果更多地惠及百姓。

回应群众关切。思民安。围绕食品药品安全、养老保障与服务等问题,听取和审议区财政局、区民政局、区人社局、区药监局等职能部门专项工作报告,并开展专题询问,委员及部分区人大代表围绕我区养老服务工作现状、居家养老服务中心、服务站的功能定位、社保基金安全和保值增值、基层食品安全监管、"六小"长效管理等群众关心的热点、难点问题提问。区相关职能部门的负责同志到会应询。区政府及相关责任部门不回避难题,不否认不足,不推诿塞责,认真客观作答,针对"难题"既深入查摆原因,又探讨解决之策,每次回答都代表了政府部门依法行政、改进工作和抓好整改落实的郑重承诺,也体现出了政府部门对法律、对人民的一种责任。促民需。持续跟踪监督民生实事的落实,听取并审议了区人民政府民生工程完成情况的报告。在开展的"优化出行服务,提升通行效率"为主题的"道路交通安全行"活动中,常委会共收集、整理65条意见建议。组织部分委员代表视察了一批群众关注的豫章路断头路打通、三经五纬道路改造、背街小巷亮化、集贸市场改造等民生项目,推动了项目的顺利完成。为民康。加大生态保护工作监督力度,开展了以"饮用水水源地保护"为主题的"鄱湖明珠·中国水都"活动,组织市、区两级人大代表及相关职能部门对扬子洲货运码头及中心沟渠污染情况开展了视察,通过看现场、听汇报、开座谈会等形式,提出了有关治污意见和建议。对扬子洲控储及环境保护工作进行视察调研,代表们提出的加强对扬子洲拆违控违工作,被政府采纳并正在逐步实施。听取并审议区疾控和卫生防疫工作情况报告,提出了加大专业人才培养,增强突发事件应急处理能力等意见建议,为群众身体健康提供服务保障。便民利。听取并审议了区计生委单独二孩政策服务工作情况的报告,提出了扎实稳妥做好政策的解读和舆论的引导,优化办事流程、简化办理手续等建议,营造政策实施的有利环境。

关注社会和谐。监督公正司法。为进一步了解我区司法工作,常委会组织部分代表参加法院案件庭审评比活动,对涉案执行款发放和立案工作开展现场监督。听取了"法、检"两院半年工作情况报告,听取并审议了区人民法院民事审判工作、区人民检察院反贪污贿赂工作报告,并监督审议意见的落实。区人民法院认真践行"以当事人为本"的司法理念,保障当事人合法权益,加强法官司法能力和作风建设,努力实现"案结事了";区人民检察院着力查处行政审批、执法司法、工程建设、征地拆迁等重点领域的职务犯罪,进一步加强了与其他司法机关和行政执法部门的协作配合,形成了惩治和预防职务犯罪的整体合力。加大了对法院审判、执行工作和检察院法律监督工作的力度,进一步提升司法公信力,让人民群众切实感受到司法程序的公平正义。规范备案文件审查。举办规范性文件备案审查工作培训班,组织区人大及部分"一府两院"责任单位赴九江市人大及武宁县人大学习交流工作经验,对全区21个单位进行了规范性文件检查,共查阅了500多份公文,重点对群众关注的"一府两院"的规范性文件的合法性进行了审查,上报了市人大7份规范性文件。加强信访监督。全年共受理群众来信来访15批20人次,立案处理7件,劝返8件,办结率100%,重访缠访减少,真正做到了件件有着落,事事有回音。

三、完善机制,强化服务,推进人大代表依法履职能力

常委会始终坚持代表主体地位,积极搭建联络平台,强化服务保障。广大代表积极投身改革发展的"主战场",唱响议政督政的"好声音",当好人民群众的"代言人",代表的作用进一步发挥。

提高意见、建议办理质量。区十五届人大五次会议期间,共收到代表意见、建议68件,均如期办理完毕。在收到的68件意见、建议中,A类建议51件,占建议总数的75%,B类建议15件,占建议总数的22%,其余2件超出区政府职能范围的建议,已向代表做好解释工作,并正在督促区政府有关部门与上级部门积极沟通,努力妥善解决。

坚持重点建议由常委会领导牵头督办制度,组织部分人大代表就市容环境整治、养老及医疗保障等4条重点B类建议进行“回头看”督办,对部分承办单位在办理建议过程中出现的与人大代表沟通不够、答复内容针对性不强、重书面轻落实等现象提出了办理建议,推动了办理工作从“答复型”向“落实型”转变。

推进代表联络站(室)建设。建立健全常委会联系代表、代表联系群众、发挥代表主体作用的“两联系、一发挥”制度。继续推动代表联系群众工作站(室)的建设和运行,目前,已建成工作站12个,工作室22个,代表工作基本形成了组织体系,在开展的“弘扬法治精神 共建法治东湖”代表行活动中,以此平台共开展了5次代表专题调研,38次代表接待日活动,走访困难选民265人次,社区居民反映强烈的生活、就学、就医等87件民生问题得到了有效解决。各代表小组也积极发挥工作站(室)作用,开展各具特色的走访活动,如大院街道代表小组开展的书法家送“福”进万家和“关爱空巢老人”活动;公园街道代表小组开展的为辖区困难户和下岗工人送温暖活动;百花洲街道代表小组组织民营企业家开展的重阳节敬老活动;董家窑街道代表小组开展的“关爱老年人”义诊活动等,打通人大代表联系服务群众的“最后一公里”,使群众表达民意的渠道更加通畅,代表的履职意识、群众广泛参与的积极性得到进一步提高。

深化代表闭会期间履职活动。推进代表向选民述职活动。实施代表履职登记制度,完善考评机制,开展代表履职交流和培训工作。常委会坚持每季度举办一期法律法规知识讲座,每次都邀请中央党校和省、市人大专家对《宪法》《代表法》《监督法》《预算法》《规范性文件备案审查条例》等进行专题辅导,全年共培训代表500多人次。为检验学习培训效果,还组织对参加培训的对象进行法律知识考试。积极组织选派人员参加省、市人大举办的各类培训学习和南昌市举办的《宪法》知识电视大奖赛,通过这些学习形式使代表履职水平和业务素质进一步提升。坚持以主题活动为载体,针对群众普遍关注的食品药品安全、水环境保护、交通安全、集贸市场改造、校园提升工程、胜利路地下商业街打造和重大重点项目建设等内容,组织代表进行了视察调研活动。组织开展对《江西省实施〈中华人民共和国老年人权益保障法〉办法)》《江西省工会劳动法律监督条例》《南昌市轨道交通条例》《南昌市养犬管理条例》《电动车管理条例》等法案修订和条例草案意见的征集活动,通过座谈会,广泛征求有关单位、代表和群众的意见,集聚代表的智慧和力量,为推进科学立法、民主立法奠定基础。进一步扩大代表对常委会工作的参与,利用信函、短信等方式向代表通报“一府两院”和全区党风政风、廉政建设、公众安全感方面的情况,保障代表知情知政。

四、奋发有为,提升能力,推动常委会和人大机关建设

为深入贯彻省、市人大工作会议精神,区委召开了全区人大工作会议,对今后一个时期的人大工作作出了全面部署,出台了《关于与时俱进推进人大工作发展的意见》,为做好新时期全区各级人大工作提供了根本遵循和制度保障,激励了广大代表和人大干部立足岗位,勤勉工作,敢于担当。

提升自身建设水平。常委会领导班子按照区委部署,认真开展“三严三实”专题教育活动,带头参加集中学习、专题党课、查摆整改等各项工作,推动常委会机关对照严和实的要求,深刻剖析“不严不实”问题,实行销号管理,合力打造“对党忠诚、个人干净、敢于担当”的人大干部队伍。组织机关干部参与区委中心工作,深入挂点项目和街道、社区调查研究,帮助基层解决一些实际问题,推动“项目建设”“创文保卫”“旧城改造”的任务全面完成,真正让干部在第一线砥砺品质、发挥作用。夯实人大基层基础工作,不断推进街道人大工作委员会建设。常委会指导基层人大开展联系代表工作,完善基层人大工作制度,带领代表深入选区听民声、察民情、集民意,使人大工作更“接地气”,审议工作更有质量,监督工作更有分量。增进兄弟城区相互联系和交流,10月组团参加了西湖区人大举办的“友好论坛”活动,撰写的《强化基层人大监督职能、推进依法治区进程》的论文在会上进行了交流,有力地宣传了我区依法治区工作的生动实践。注重人大工作的信息宣传,去年在全国、省、市报刊杂志上发表文章130篇,受到上级的好评。

强化人大机关管理。注重营造学习的良好氛

围，坚持每周一集体学习制度，力求政治理论学通，法律法规学懂，业务知识学精。进一步完善机关日常管理制度，倡导勤俭美德，使机关办文、办会、办事全部纳入高效规范的轨道。倡导团结互助，完善团队管理，在常委会开展执法检查、代表视察等重大活动时，对机关各委办力量进行整合，形成工作合力，机关的服务质量有了新的提高。

各位代表，过去的一年，常委会取得的成绩得益于区委的正确领导，是“一府两院”协同配合，全体代表辛勤努力，全区人民群众大力支持的结果。在此，我代表区人大常委会表示衷心感谢！

回顾一年的工作，我们也清醒地认识到，常委会工作还需要进一步改进和加强：人大监督的实效性有待增强，监督的约束作用还没有完全发挥，对人大代表的服务工作有待改进，代表主体作用的发挥还有较大提升空间，常委会组成人员的履职能力和区人大机关的服务保障水平还需要进一步提高。这些问题，我们将认真研究，切实改进。

2016 年的主要任务

2016 年是实施“十三五”规划的开局之年，区人大常委会工作的总体要求是：在中共东湖区委领导下，深入贯彻习近平总书记治国理政战略思想体系，全面落实区委十一届十二次全会总部署，坚持党的领导、人民当家作主、依法治国有机统一，紧紧围绕“四区”建设目标任务，依法履职，服务大局，强化法治，推动人民代表大会制度和人大工作与时俱进、完善发展，为开创人大工作新局面作出应有的贡献。

一、增强监督实效，推动经济社会发展和依法治区有新进展

常委会要坚持以解决问题为导向，以群众利益为出发点，综合运用听取审议专项工作报告、执法检查、专题调研、询问等方式加大监督力度，积极回应社会关切。

*一是加强重点领域监督。*紧扣改革发展主题，加强对政府有关事项的工作监督，着重听取并审议开放型经济、重大重点项目建设等工作情况的专项报告。加强对国民经济和社会发展计划的动态监督，听取并审议计划、预算执行和审计工作报告，依法作出决定决议。加强对政府全口径预决算的审查监督，深化部门预算、编制、执行、决算全过程的监督，对审计发现的突出问题整改情况进行跟踪监督。督促区人民政府准确把握经济发展新常态，着力解决制约改革发展的各种障碍，保持经济平稳增长。

*二是开展民生领域的专项调研。*坚持以民本至上为出发点，听取并审议区人民政府为民办实事工作、生态保护情况、慢病防治、义务教育均衡发展、“菜篮子”安全等方面的工作报告，进一步提升群众的幸福指数。开展未成年人保护条例执法检查，对安全生产、校园周边网吧等文化经营场所等开展专项视察，推动相关问题的解决。

*三是推进依法治区建设。*听取并审议区人民政府“六五”普法工作情况报告和开展“七五”普法规划的相关工作，坚定不移地做全面推进依法治区的参与者、推动者、实践者，增强宪法意识，维护宪法权威。通过开展一系列的普法宣传活动，切实将法治教育融入到机关干部和群众当中。监督和支持政府进一步转变职能，依法行政。监督和支持“法、检”两院积极推进司法体制改革。听取并审议区人民法院立案工作情况报告、区人民检察院公诉工作情况报告，及“两院”半年工作情况报告，推动提高公正司法水平，促进社会公平正义。开展好“代表接待日”活动，做好群众来信来访工作，支持区人大代表参与全民守法普法活动，进一步提升全区人民的社会安全感和满意度。

*四是依法做好规范性文件备案审查工作。*认真组织学习江西省关于规范性文件备案审查条例，进一步建立健全规范性文件备案审查机制和程序，强化备案审查能力建设，在第一季度向常委会报告 2015 年开展规范性文件备案审查工作情况，督促“一府两院”制定规范性文件依法报送区人大常委会备案审查制度。

二、强化代表履职，力求在发挥代表作用上有新举措

人大代表是国家权力机关组成人员，代表人民的利益和意志，依法参加行使国家权力。区人大代表要依法执行代表职务，带头遵守宪法和法律，自觉接受人民群众的监督。人大常委会将继续围绕发挥代表主体作用，加强和改进代表工作。

*一是提高代表履职能力。*注重代表培训内容的多元化，采取“走出去、请进来”等多种方式，有针对性地开展代表履职技能培训。认真做好建议

的办理和督办，积极帮助、指导代表提出高质量的意见和建议，完善办理工作机制，明确办理工作责任，严格办理时限，把工作重点放在建议办理措施的跟踪落实上，开展“回头看”，通过常委会领导重点督办、代表小组集体评议、组织代表调研等方式，切实提高代表建议的办结率和满意率。

二是发挥代表履职作用。落实“双联”制度，规范代表联系群众工作站（室）履职平台建设，推进代表进站（室）接待选民活动制度化，按照代表任期内至少向原选区报告一次履职情况的原则，继续推进代表向选民述职工作。组织代表听取和审议“一府两院”半年工作通报，更多地邀请代表列席常委会会议、吸收代表参加各种视察、执法检查、专题调研等活动，扩大代表对常委会工作的参与，保障代表知情知政。适时召开区代表小组工作座谈，总结推广经验，提高代表小组活动质量。

三是丰富闭会期间代表活动。不断深化和丰富代表活动内容，创新代表活动形式，着力提高代表活动实效。常委会将依托代表联系群众工作站（室）履职平台，开展“助力打造核心增长极代表行”主题活动，开展以“水景观建设”为主题的“鄱湖明珠 中国水都”、以“促和谐交通，塑省城形象”为主题的“道路交通安全行”等系列主题活动，坚持把代表活动与人大常委会的工作结合起来，充分发挥代表的专业特长优势，提高人大监督工作实效，为常委会依法审议专项报告、作出决议决定提供依据，畅通社情民意反映和表达渠道。

四是做好代表换届选举工作。区、镇人大代表将进行换届选举，这是全区人民政治生活中的一件大事。常委会将在区委领导下，把实现党委意图与体现人民意志相结合、充分发扬民主与严格依法办事相结合，把好代表入口关，确保人大换届选举工作顺利进行。

三、强化效能意识，力求在自身建设上有新成效

常委会将一以贯之的加强自身建设。对照省委、市委、区委《关于与时俱进创新发展人大工作的意见》和中发〔2015〕18号文件要求，进一步健全完善人大机构和编制建设，加强机关自身建设，提高人大工作服务水平。

一是加强作风建设。紧紧围绕区委重大决策部署，深入基层，对群众关心的热点难点问题开展专题调研。认真执行中央八项规定和省、市、区委改进作风的要求，巩固发展“三严三实”教育实践活动成果，抓好整改措施的落实，自觉践行人大工作为民的宗旨。

二是加强制度建设。进一步完善常委会讨论决定重大事项规定，细化工作程序。建立健全调查研究工作制度，继续完善代表履职制度，建立经人大常委会选举决定任命的国家工作人员就职向《宪法》宣誓制度等，使常委会监督工作更加规范。

三是加强机关建设。加强学习型机关建设，坚持每季度至少安排一次法律法规知识学习培训，适时邀请法学专家给常委会组成人员授课，改进常委会集体学习制度，拓展学习内容，提高学习成效，掀起学法用法热潮。进一步加强干部队伍建设，努力建设一支廉洁、勤政、务实、高效的机关队伍。加强与兄弟县区人大常委会工作联系，深入开展工作交流，密切工作协同联动，共同推动地方人大工作与时俱进。加强和改进人大调研、信访、宣传工作，把握规律，开拓创新，务求实效。

各位代表，同志们，全面深化改革，推进人民代表大会制度与时俱进，我们重任在肩；全面推进依法治区，建设法治东湖，我们责无旁贷。让我们更加紧密地团结在以习近平同志为总书记的党中央周围，在区委的领导下，依法履职，勇于担当，为加快推进“四区”东湖建设，共筑南昌“四强梦”而努力奋斗！

（区人大常委会办公室）

中国人民政治协商会议
南昌市东湖区第八届委员会常务委员会工作报告

（2016年1月11日在政协东湖区第八届委员会第六次会议上）

敖晓焕

各位委员、各位同志：

我受政协东湖区第八届委员会常务委员会的委托，向大会报告工作，请予审议，并请列席会议的同志提出意见。

2015年工作回顾

一年来，区政协常委会在中共东湖区委的坚强领导下，在区政府的大力支持下，高举中国特色社会主义伟大旗帜，深入贯彻落实中共十八大，十八届三中、十八届四中全会精神，紧紧围绕区委十一届十次全体（扩大）会议确定的奋斗目标和工作任务，牢牢把握团结和民主两大主题，大力弘扬“四有”东湖精神，适应新常态，展现新作为，切实履行政治协商、民主监督、参政议政职能，为推动东湖构建总部经济集聚区、高端商业核心区、南昌文化标志区和城市管理示范区的“四区”发展进程做出了积极贡献。

一、紧扣中心，服务发展更有力

区政协始终注重发挥协商民主重要渠道和专门协商机构的作用，把推进东湖经济社会发展作为履行职能的第一要务，紧扣中心，倾力履职，努力做到协商中献计、参政中建言、议政中出力，聚焦发展服务大局。

*认真开展民主协商谋发展。*一年来，区政协召开了1次大会和5次常委会，认真开展会议协商，为东湖发展建良言，谋实策。在区政协八届五次会议上，委员们就全区发展改革的重大问题，尤其是“一府两院”和区国民经济和社会发展计划执行报告、财政报告坦诚直言，畅所欲言，在交流中将区委、区政府的决策部署汇聚为各界共识，并积极咨政建言，提出了许多有价值、有分量、有见地的意见和建议。常委会先后听取了全区重大重点项目建设、旧城改造、招商引资和财税等工作通报，积极民主协商。区政协各专委会分别召开了对口联系会，与全区党政部门深入对口协商，有针对性建言献策。如为推进依法治区进程，区政协通过调研、视察各种形式参政议政，确保协商商到点子上，议政议到实在处。常委会就新常态下如何做好青少年的法制教育工作进行了专题民主协商，常委们和区法院、东湖公安分局、区教科体局、区文广局等职能部门负责同志热烈交流讨论，对如何推进我区青少年法治宣传教育工作出点子，提建议；区政协社会法制委员会调研形成了《加强法治文化建设，大力推进依法治区》报告，提出了加强法制宣传教育阵地建设等建议；针对社会关注的反腐倡廉工作，区政协主席会议成员和部分常委到区检察院案件管理中心和办案区实地查看，专题听取了区检察院的反贪污贿赂工作和检察工作通报，建言推动法治东湖建设。一年来，委员们在民主协商中所提的一些好建议意见以信息、社情民意等形式报送至区委、区政府，得到党委政府的肯定，一些建议意见在工作中得到采纳和落实。

*扎实进行调研视察促发展。*区政协认真研究把握区委、区政府中心工作目标和具体部署，在调研视察课题的选择上贴近发展，努力使调研视察重点体现区委所思、政府所想、发展所需。一年来，各专委会发挥各自优势分别撰写了《东湖区优势产业发展的几点建议》《关于加强扬子洲发展休闲旅游产业的建议》《关于东湖区慢性病综合防控的调研报告》和《关于我区全民健身计划实施情况的调研报告》等调研视察报告，涉及全区经济发展和社会民生等多方面，从不同角度对如何推进我区“四区”建设进程提出了意见建议，较好发挥了咨政建言作用。主席会议视察了全区部分重大重点项目和惠民便民利民工程建设工作，专委会开展了区中小企业公共服务平台建设和文化产业发展等视察。在调研视察中，委员们

认真察,仔细看,针对问题和相关部门面对面深入交流、交换意见,促进了工作开展。区委、区政府对区政协的参政议政工作予以充分肯定。区委书记杨文斌在报送的《东湖区政协2015年调研视察报告汇编》批示,区政协的六篇调研视察报告涉及经济、文化、社会建设等方方面面,基于实际,源于实践,理念、思路、方法清晰,为人民政协参政议政、民主监督提供了较好范例。区委副书记、区长李云峰批示,今年以来,区政协围绕区委、区政府中心工作,对东湖产业发展、项目推进等重点领域、重点工作进行了深入细致的调研和分析,这些调研报告观点鲜明,建议中肯,举措得当,有很强的可操作性、针对性,为区政府提供了良策和依据。

全力参与中心工作助发展。区政协始终坚持服从服务全区发展大局,直接参与党政中心工作,在发展一线奋发作为,争做贡献。一年来,区政协班子与区委、区政府同心合力,挂点全区重点工程建设,推动所联系重点项目的有序推进;为党委政府分忧解难,参与社会治安综合治理工作和解决信访突出问题、赴京访问题,维护社会稳定和谐;积极建言城市管理工作,提升城区建管水平;包片负责旧城改造房屋征收工作,改善群众居住环境,推进城市建设。在第一轮旧城改造房屋征收工作中,区政协领导参与包片负责国有土地464户、集体土地455栋房屋征收工作,占全区征收任务总数的33.4%,包片的长巷村起凤路和香江家俱城旧城改造项目第二片区在全区第一个完成片区征收任务。

二、关注民生,民主监督更有为

常委会将民主监督视为促发展、惠民生的有力推手,组织委员深入调查研究,关注民生民情,积极提案和反映社情民意,主动为区委、区政府问政于民、问计于民搭建桥梁,促进民生持续改善、城区科学发展。

改进民主监督工作。重视视察作用。以委员视察为主要渠道,重点对群众关心的热点难点问题进行民主监督。一年来先后对我区垦区危旧房改造、街道便民服务中心、文化活动中心和社区卫生服务中心等民生工程建设情况进行了视察,督促相关部门按照区委、区政府的目标要求抓进度、保质量,推动项目建设,提升百姓福祉。如8月6日晚,区政协主席会议成员和部分区政协常委对我区背街小巷路灯安装工程、夜市烧烤摊点专项整治工作等惠民便民利民工程进行了专题视察,区政府领导全程陪同视察,亲自讲解,详细介绍工程进展情况,热情征求委员意见。委员们在视察中建议要加大惠民便民利民工程推进力度,不仅做美前台,更要做靓背面和做精角落,让群众生活舒心、放心、开心,展示魅力东湖良好风貌,得到了区政府的采纳和落实。坚持工作通报制度,推进监督工作。一年来,区政府和东湖公安分局、区司法局等区直单位部门分别向区政协常委会通报了全区上半年经济发展、提升公众安全感、公安满意度工作和法治东湖建设等工作。结合工作评议开展民主监督。选派委员作为行风监督员和行风评议代表,把推动民生工程的落实作为监督重点,积极参与政府部门组织的政风行风评议和专项监督检查,有力促进了相关工作的开展。如选派委员民主监督了我区2015年度公共租赁住房房源分配摇号活动。在5月4日全国立案登记制实施后的首个工作日,到区法院民主监督立案登记制实施情况。向全体委员发放了区委、区政府《致东湖区政协委员的一封信》,鼓励委员积极参与党风廉政建设社会评价和公众安全感测评等工作。

强化提案办理落实。对21个提案承办单位,区政协通过主席、副主席督办重点提案,组织开展面对面协商、视察督办等有效形式,进一步探索现场督办、跟踪督办、联合督办等有效途径,推动落实。区政协八届23次常委会对区发改委、区民政局和区人社局等3个单位的提案办理工作进行了民主评议,增强提案办理的实效。区政协八届五次会议以来的75件提案均在规定时限内办理完毕,委员对办理结果的满意率为100%。尤其是对占比41%涉及百姓民生的31件提案,区政协提案办公室会同区政府办公室重点督查,促使一些群众普遍关注的问题得以解决。如对委员提出的《胶带捆菜,埋下隐患》提案,承办单位区商务局迅速对我区5家销售蔬菜的大型超市逐一实地调查,向各大商场超市下发了《关于规范胶带捆菜的通知》,约谈了部分超市负责人,加强监管,确保规范蔬菜包扎方式,促进我区蔬菜销售的安全化、规范化和标准化,保证了市民采购菜品的安全和质量。

积极反映社情民意。区政协把收集和反映社情民意作为经常性工作来抓，紧扣党委政府重视和居民群众关注的热点问题，鼓励各参加单位和委员多撰写群众反映强烈的社情民意信息，帮助党委政府更好地体察民情、了解民意、集中民智。民盟东湖总支撰写的《关于出台特教教师职称评比新政策的建议》被省政协、市政协《建言献策》采用，民进东湖总支撰写的《结合旧城改造，打造特色街区》和民建东湖总支撰写的《充分挖掘我市中医药资源，打造中医药文化产业平台》被市政协《社情民意》采用，社情民意《关于加强我区志愿服务制度化建设的建议》得到区领导的批示肯定，要求相关部门抓好落实。

三、促进和谐，团结民主更紧密

常委会坚持团结和民主两大主题，充分发挥政协包容性强、联系广泛的优势，加强与各党派、团体和社会各界人士的合作共事，团结汇聚各方面力量，积极营造民主团结、和衷共济的社会氛围，为建设和谐东湖凝心聚力。

做好团结联谊工作。常委会以政协例会为平台、调研视察为载体，加强与各民主党派、工商联和无党派人士的团结合作，努力营造民主和谐的履职环境。大力支持各民主党派、工商联和无党派人士参与全区重大方针政策的协商讨论和政协的调研视察活动，坚持不定期走访各民主党派、工商联、无党派代表人士，征求意见建议，共同研究政协工作中的重要事项，支持他们在工作中平等议事，更好地履行职能，增进参加政协的各党派团体在共同政治基础上的团结合作。拓宽交往联谊渠道。积极配合做好省、市政协在我区开展的文化产业发展、城市长效管理调研视察和考察等活动。加强与外地政协的联系与交流，先后接待了湖南、河南和重庆等地政协组织来我区考察。组织委员参加了全国部分城区政协工作研讨会第二十八次会议，加强交流，开阔视野。

推进“三风”主题活动。在区委、区政府的高度重视下，按照市政协要求，我区以提升市民文明素质和幸福指数、构建和谐东湖为目标，高位推进“兴家风、淳民风、正社风”主题履职活动。区政协办公室和区委宣传部周密组织，对年度安排的37项活动逐项落实，按时推进。全区各街道、社区、区直单位和部门开展了形式多样、内容丰富的活动，推动家风相连成民风，民风相融汇社风。如百花洲街道开展了为期半个月的“我为身边好人点赞”微信投票评选活动，评选出街道第一届“十佳好人”。彭家桥街道光明社区每周一次的道德讲堂传承倡导中华孝谦传统美德。110个社区都刊出了“三风”主题黑板报或宣传栏，开展了“好家风、好家训”展示活动。区文广局举办了“三风”文艺专场演出，区志愿服务联合会和区城管局联合开展了“微爱环卫”系列志愿服务活动等。我区的“三风”活动得到了省、市领导的关心和指导。省政协主席黄跃金、市政协主席周关先后率省、市政协班子到我区检查指导“三风”活动开展情况。省委常委、市委书记龚建华和市委副书记、市长郭安到光明社区查看了社区“三风”活动进展情况。全市“三风”活动现场会的120余位代表参观了光明社区，区政协作为城区代表在全市“三风”活动现场会上做经验交流发言。

四、改进作风，自身建设更加强

区政协主动适应新形势新要求，不断深化党的群众路线教育实践活动成果，一手强化委员的主体意识、履职意识，一手抓机关转变作风，改进服务，紧抓自身建设不放松，为履行职能奠定了坚实基础。

加强政协班子建设。在去年深入开展党的群众路线教育实践活动基础上，区政协班子用半年多时间扎实开展了“三严三实”主题教育。区政协党组书记带头讲党课，为专题教育开好局；班子成员先后9次召开专题学习研讨，坚定理想信念；认真开好了专题民主生活会和组织生活会，深入查摆问题，严格进行党性分析，认真开展批评和自我批评；坚持边学边查边改，切实抓好了整改落实和立规执纪，班子的凝聚力和战斗力得到进一步巩固和加强。

加强委员队伍建设。常委会把学习作为推动政协工作的重要途径，通过赠阅《光华时报》、每月寄送《东湖政协信息》、编印学习专刊、调研视察和学习座谈等形式，强化委员学习意识，提高委员履职能力。同时努力为委员履行职能创造条件，鼓励引导委员履职有为，岗位建功，为东湖发展添砖加瓦。委员们走进社区，结合自身实际开展“委员进社区”活动和“送文明、送卫生、送温暖”志愿服务活动。如教体、科技和农业界别委员活动小组组织委员开展了科普宣传进社区活动，工商联界别委员开展了端午节送温暖活动，各街道委员联络小组也组织委员开展节日慰问活动，对部分社区（村）的近百户困难家庭进行走访看望，较好发挥了委员在本职工作中的带头作用、政协工作中的主体作用和界别群众中的代表作用。

加强机关作风建设。区政协在机关干部中大力弘扬勤政敬业之风、求实创新之风、团结和谐之风和公正廉洁之风，不断增强机关干部的大局意识、责任意识、协作意识和服务意识，努力造就一支“政治坚定、作风优良、学识丰富、业务熟练”的高素质政协干部队伍。机关认真贯彻落实厉行节约、反对浪费等规定，持之以恒反对“四风”，强化管理，抓细抓小，不断提高服务水平，努力建设学习型、节约型、服务型机关。

各位委员，各位同志，2015 年，区政协常委会做了一些工作，也取得了一定成绩。这是区委正确领导、区政府大力支持的结果，是全区各单位部门和社会各界积极配合、协力相助的结果，也是区政协各参加单位和广大委员扎实履职的结果。12 月 25 号，区委召开了政协工作会议，区委书记杨文斌、区长李云峰同志对区政协的工作给予了充分肯定，对如何进一步推进区政协工作提出了明确要求。区委还下发了《中共东湖区委关于充分发挥人民政协协商民主重要作用的实施意见》，凸显了区委、区政府对区政协工作的一贯重视、支持和关心。在此，我代表区政协常委会一并表示衷心的感谢！

在肯定成绩的同时，我们也清醒地认识到，工作中还存在不足，主要表现为民主协商的机制有待进一步健全，民主监督的实效有待进一步加强，委员履职的主动性有待进一步提高等。这些均需在今后工作中予以改进。

2016 年工作

2016 年，区政协常委会工作的总体要求是：高举中国特色社会主义伟大旗帜，全面贯彻党的十八大和十八届三中、四中、五中全会精神，以科学发展观为指导，深入贯彻习近平总书记系列重要讲话精神，坚持发展是第一要务，充分发挥政协职能作用，做到建言献策促发展，调研视察有深度，民主监督见实效，机关建设上水平，为东湖“四区”建设进程做出积极贡献。

一、深入学习，坚持正确方向，夯实政协工作的思想基础

区政协各参加单位和全体委员要认真学习、深刻领会、坚决贯彻党的十八大和十八届三中、四中、五中全会精神特别是习近平总书记重要讲话精神，进一步增强与党中央保持高度一致的自觉性和坚定性，始终在思想上政治上行动上同以习近平同志为总书记的党中央保持高度一致，坚定不移维护中央权威。认真学习《中共东湖区委关于充分发挥人民政协协商民主重要作用的实施意见》文件精神，充分认识人民政协的性质、地位和作用，坚持党的领导，增强区政协各参加单位和委员的履职意识，不断提高民主协商水平，服务东湖发展。认真学习贯彻中央、省委、市委和中共东湖区委十一届十二次全体（扩大）会议精神，紧紧围绕党的重大决策和部署履行职能、开展工作，确保党的路线方针政策和省、市、区委的重要部署在政协工作中得到全面贯彻落实。

二、服务发展，推进协商民主，为打造实力东湖、活力东湖、魅力东湖建言献策

坚持把推动科学发展作为政协履职的第一要务，发挥协商民主重要渠道和专门协商机构的作用，始终聚焦于发展，坚持帮忙不添乱、到位不越位，服务东湖改革发展大局。围绕“四区”建设目标，发挥政协联系广泛的优势，选择具有综合性、全局性、前瞻性的课题，组织开展专题调研和协商议政活动，为科学制定、落实“十三五”规划提供咨询和论证，积极建言献策。健全完善协商民主工作制度，更加有序地组织专题协商、对口协商、界别协商和提案办理协商，为推进全区项目建设、招商引资工作和推动产业升级等议政出力，为区委、区政府科学民主决策提供参考。

三、以人为本，关注民生民情，为建设和谐东湖汇聚力量

牢固树立以人为本、履职为民的理念，把实现好、维护好、发展好最广大人民群众的根本利益作为政协全部工作的出发点和落脚点。以“兴家风、淳民风、正社风”主题履职活动为平台，采取调研、视察、反映社情民意等多种形式，更加关注解决人民群众学有所教、病有所医、老有所养、住有所居等民生方面的问题，为百姓解难事，办实事。以全区旧城改造征迁和提升城市建管水平工作为切入点，继续深化民主监督工作，推进阳光、高效、服务政府建设，提升政府为民服务水平。

坚持把发扬民主、增进团结、协调关系、化解矛盾作为履行职能的重要着力点，积极为党派团体和各族各界人士搭建参政议政平台，营造更加浓厚的团结民主氛围。加强与社会各界的联系，着力促进政党关系、民族关系、宗教关系、阶层关系、海内外同胞关系的团结与和谐。积极广泛开展联谊活动，最大限度调动和凝聚各界人士的智慧和力量，为东湖发展凝心聚力，汇聚力量。

四、服务委员，发挥主体作用，推进自身建设

继续巩固党的群众路线教育实践活动成效，不断加强政协自身建设。加强委员学习，进一步增强委员政治理论素养，努力提高委员的议政能力和水平。发挥委员主体作用，引导区政协各参加单位和委员积极参与改革、推进发展、维护稳定。组织开展“委员进社区”活动，引导委员更多地参与社会公益事业，关心帮助困难群众和弱势群体。积极配合、认真做好委员换届提名推荐工作，提升委员协商整体素质。加强专委会建设，强化专委会与有关部门、党派界别间的协作联动，形成工作合力。进一步转变机关作风，改进工作，提高服务大局、服务基层和服务委员的水平。

各位委员、同志们，一元复始，万象更新。今年是“十三五”规划实施的开局之年，也是我区加快“四区”建设的奋进之年，东湖的美好明天在召唤着我们前行，让我们更加紧密地团结在以习近平为总书记的党中央周围，紧紧围绕区委、区政府确定的“四区”奋斗目标和工作任务，发扬“四有”东湖精神，勇于开创，奋力前行，为构建实力雄厚、活力动感、魅力彰显的新东湖，为“十三五”发展开好局、起好步做出新的更大贡献。

（区政协办公室）

南昌市东湖区人民法院工作报告

（2016 年 1 月 13 日在东湖区十五届人民代表大会第六次会议上）

东湖区人民法院院长　钟　瑛

各位代表：

现在，我代表东湖区人民法院向大会报告工作，请予审议，并请列席会议的同志提出意见。

2015 年工作回顾

2015 年，是东湖法院历年来审执任务最为繁重的一年，也是全体东法干警团结一致、倾情付出的一年。一年来，面对立案登记制后案件数量井喷式增长、执行工作压力巨大、执法环境更加严峻的现状，我院在区委的坚强领导下，在区人大及其常委会和上级法院的监督、指导下，在区政府、政协及社会各界的关心支持下，紧紧围绕“让人民群众在每一个司法案件中都感受到公平正义”的目标，忠实履行审判职责，全面加强自身建设，各项工作取得了新进展。全年共受理各类案件 9334 件，同比增长 74.2%，审执结 7405 件，同比增长 48.2%。10 月 20 日，中央政治局委员、中央政法委书记孟建柱在我院调研时，对我院积极化解案多人少矛盾、高效化解纠纷的系列做法予以了肯定。

一、忠实履行审判职责，社会公平正义有力维护

充分发挥司法服务和保障功能，自觉将审判工作融入党委政府的中心工作，切实增强服务大局的前瞻性、针对性。

*主动服务大局发展，促进“繁荣东湖”建设。*对接“四区”建设目标，为南区老城大改造、北区扬子洲大规划提供法律支撑，积极做好派员进驻扬子洲法庭的系列准备工作，审结涉及“拆违拆临、建绿透绿”、胜利路步行街改造、中山路地铁

建设等重点项目案件30余件。密切关注金融政策调整对房地产市场的影响，审结商品房开发、房屋买卖、建设工程施工等案件437件，维护了房地产市场正常秩序。积极参与社会综合治理，开展“法院公众开放日”“送法进社区、校园”等各类普法活动十余次，大力提升公众法治素养。贯彻区委区政府“连心、强基、模范”三大工程的具体部署，法院连心小分队坚持每月不定期到村开展帮扶工作，在百姓和政府间架起了一座连心桥。

依法惩治刑事犯罪，促进“平安东湖”建设。共受理刑事案件907件1172人，同比增长53.7%，审结889件1149人。开展打击涉毒专项审判活动，审结毒品犯罪案件177件190人，全部判处监禁刑，同时通过加大罚金、没收财产等附加刑的适用，限制涉毒罪犯再犯能力。严厉打击“两抢一盗”等多发性侵财犯罪，审结相关案件403件480人，90%以上罪犯被判处监禁刑，有力保障了人民群众财产安全。积极参与反腐败斗争，对职务犯罪保持高压态势，审结职务犯罪案件13件13人。依法维护社会管理和市场经济秩序，审结了系列事关群众切身利益、社会广泛关注的案件，如对黄天宇等11人贩卖151份“幽灵户口”案，判处全案被告人4年至6个月不等有期徒刑；对在全国造成重大社会影响的“6.7高考替考案”，在不到一个月的审限内在全省率先作出判决，通过及时审判回应社会关切。

有效化解民商纠纷，促进“和谐东湖”建设。共受理各类民商事案件5875件，同比增长70.3%，审结4397件。调解、撤诉结案1530件，调撤率50.8%。积极化解经济下行压力下的各类矛盾纠纷，高度重视金融秩序的维护和合法借贷利益的保护，审结金融借款案件1104件、民间借贷案件473件。妥善审理涉及物业服务、劳动争议等涉众型纠纷485件，有效避免了群体性事件的发生。主动与公安交警、保险、医疗等部门沟通，积极推进诉调对接机制，审结道交、医疗案件428件。

妥善解决行政争议，促进“法治东湖”建设。共受理行政诉讼案件117件，同比增长138.7%，审结82件，其中经协调撤诉结案20件。维护行政行为的严肃性和执行力，审查行政非诉案件49件，全部裁定准予强制执行；认真贯彻新《行政诉讼法》要求，努力推动行政首长出庭应诉，今年已有3名行政首长到庭应诉；依法受理了首例要求审查规范性文件的行政诉讼。

二、积极回应群众期待，便民利民举措不断完善

把司法为民作为法院工作的立足点，不断拓展司法为民新途径，切实解决群众困难。

立案信访渠道更加便捷通畅。严格落实立案登记制改革要求，保障群众诉权，5月1日以来，共立案6689件，同比增长98%；强化诉讼服务中心建设，通过自制《诉讼材料收据》《一次性补充材料告知书》等文书样本，规范立案登记流程，添置立案排队叫号机等设备，为群众提供舒适有序的立案服务；推进涉诉信访改革，建立网上申诉信访平台，通过院长信箱、微博等信息化平台处理申诉信访13件；开通远程视频接访系统，方便当事人向最高人民法院反映诉求。

执行难问题得到有效缓解。共受理各类执行案件2386件，同比增长142.2%，执结1988件，执行到位金额2.07亿元。扩大财产查控类型，将股权纳入执行财产范围；丰富财产查控手段，由“点对点”省内查控升级到“总对总”全国联网查控；购入“无人机”设备辅助开展“专项执行”活动；加大执行财产强制拍卖力度，拍卖房产、汽车等财产23次，实现拍卖款2316万元；强化信用惩戒，将1938人纳入全国法院失信被执行人名单，限制其乘飞机、软卧、高铁一等座以上动车等交通工具，在网络、报纸及闹市区大屏幕曝光老赖184人；依法惩治拒执行为，限制出境6人，决定司法拘留89人，向公安机关移送涉嫌拒执罪线索8人。

涉民生利益得到更好保障。充分发挥司法保障民生的重要功能，审结危害食品安全案件9件，如五纬路、右营街等地的五家摊位出售“毒包子系列案”，依法对5家店主判处了刑罚，有效防止了有毒包子流向市民餐桌。审结非法吸收公众存款等涉众经济犯罪案件39件，如江西胜强投资咨询有限公司非法吸收资金一案，依法判处被告人常栋栋有期徒刑三年缓刑四年，判处被告人李鹏辉有期徒刑二年缓刑三年，并对两个被告人各处罚金人民币10万元，为489名被害人挽回经济损失2056万元。完善“圆桌审判”方式，判处未成年罪犯49人，落实未成年人犯罪记录封存制度，帮助失足青少年回归社会。完善司法救助制度，简化救助程序，为29名困难群众依法减、免、缓交诉讼费20.53万元，为特困刑事被害人、执行申请人、涉诉信访人落实救助金47.58万元。

三、稳妥推进司法改革，审判工作质效明显提升

通过改革创新，努力破解工作中的难题，推进审判工作全面发展。

完善办案机制。适用轻案快办机制审结轻微刑案238件，其中59件采用“远程视频庭审”方式，开庭不再提押被告人，大大减少了办案时间和警力投入。创造性地推出“门诊式庭审”处理金融借款和民间借贷案件，庭审中法官像医生门诊看病一样，快速进行实质性庭审，裁判文书实行标准化说理和条文引用，缩短庭审和文书制作周期，提高庭审质效。实行集约化办案，将原先分散在各庭室的诉讼保全、财产执行进行集中办理；注重案件繁简分流，对交通事故案件、小额速裁案件、刑事简易程序案件指定专人办理，确保快立快审快结。

规范权力运行。厘清院长、庭长、主审法官的职责权限，部分程序性事项的法律文书直接由主审法官签发；实行网上办案，通过数字法院系统实现全部案件材料在内网上流转，诉讼过程全程留痕；试行当事人庭前诚信宣誓制度，着力推进庭审实质化；配备执法记录仪进行即时监督，规范执行行为。

深化司法公开。推进审务公开，案件审理过程中全程同步生成电子卷宗进行存档，立、审、执等重要司法环节全部置于当事人和社会公众的监督下；推进裁判文书上网，公布生效裁判文书1029份，符合条件的生效文书上网率100%；推进司法民主，完成人民陪审员“倍增计划”，陪审员增至120名。

四、落实从严治院方针，队伍司法能力显著增强

立足正规化、专业化、职业化要求，努力造就一支高素质的司法队伍。

持之以恒开展思想政治教育。深入开展“三严三实”主题教育和向邹碧华学习活动，巩固群众路线活动成果；组织干警重走小平小道，参观南昌八一起义纪念馆，传承红色基因，坚定干警理想信念。

坚持不懈开展司法能力教育。以全省法院“司法行为规范年”活动为契机，大力提升干警专业素养，组织了16名法官到国家法官学院参加培训，严格干部考核管理，激励干警争先创绩，涌现出了全省先进工作者吴卫兵等先进典型。

锲而不舍开展反腐倡廉教育。落实廉政建设责任制，将办案程序、司法行为、庭审礼仪等纳入纪检监察范围，全年组织审务督察7次，随案发放廉政监督卡过万份，开展岗前廉政谈话13人，干警精神面貌和日常风纪均有改善。

坚定不移落实人才兴院战略。合理配置法官、司法辅助人员及综合保障人员的编制职数，根据案件类型和法官专业特长科学调配审判资源，促进审判专业化；试行综合部门法官挂庭办案，缓解审判压力，力争实现人力资源效益最大化；通过遴选招录了5名高素质的法官充实到办案一线，聘任书记员13名，队伍进一步壮大。

五、自觉接受各方监督，司法民主建设深入推进

树立主动接受监督意识，自觉接受人大、政协、社会各界的监督，进一步加强和改进工作。

自觉接受人大监督和政协民主监督，坚持重大部署、重点工作和重要问题及时向区委、人大汇报，全年邀请人大代表、政协委员、辖区群众、律师和学生代表等参观法院、旁听庭审500余人次，向人大常委会作半年工作报告和民商事审判专项报告各1次，邀请代表、委员见证涉民生案件执行款发放1次，参与法院工作座谈3次，协助各级人大开展专项调研和监督检查3次，办理代表建议3条、督办转办案件6件，办复率100%。依法接受检察机关法律监督，查纠审判过程中存在的问题，确保程序和裁判公正。主动接受社会监督，加大司法宣传力度，全年累计在网站、微博等平台发布各类调研、宣传、信息1631条，主动接受舆论审视，倒逼法官强化公正意识。

各位代表，过去的一年，区法院在党委的坚强领导，人大的有力监督，政府、政协和社会各界大力支持下，取得了一些成绩和进步，先后荣获“全国司法新闻宣传工作成绩突出法院”“全省法院信息工作先进集体”“全市优秀法院”等集体和个人荣誉共计34项。这其中深深地凝聚着各位代表和委员的智慧与心血。在此,我谨代表区法院和全体干警表示衷心的感谢和崇高的敬意!

当然,我们也清醒地认识到,法院工作还存在一些问题和不足。主要是:案多人少矛盾十分突出;个别案件质效还有待提高;有些法官的司法能力和司法作风有待改进;执行工作任务依然艰巨繁重;司法职业保障尚需加强,特别是面临司法体制改革,一些法官思想浮动问题不容忽视。上述问题,我们都将采取有效措施认真加以应对。

2016 年工作打算

2016 年是贯彻执行"十三五"规划的开局之年,也是全面深化改革的重要一年。区法院将以党的十八届四中、五中全会精神以及习近平总书记系列重要讲话为指导,认真落实党委部署,充分发挥审判职能,深化司法改革,落实司法为民,维护司法公正,为东湖发展、社会稳定和民生安全提供有力的司法保障和良好的法律服务。

一、在强化司法公正上下功夫,维护和谐稳定发展大局。把握经济发展新常态对法院工作提出的新要求,不断提高服务大局水平。严惩盗、抢、毒等多发性刑事案件,加大对侵犯知识产权,危害食品安全犯罪活动的打击力度,优化社会环境,增强群众安全感。加强对房地产、金融借款、民间借贷等案件的司法应对,及时总结在审判过程中发现的新情况新问题新趋势,为党委政府决策做好参谋和助手。

二、在落实司法改革上下功夫,推动管理体制科学转变。落实各级党委关于司法改革的系列重大举措,认真做好人员分类管理、法官员额制、办案质量终身负责制等机制改革的准备工作。对需要顶层设计的,做到耐心等待,绝不抢跑;对鼓励先行先试的,做到充分论证,积极探索。

三、在推进司法公开上下功夫,建立一站式公开服务平台。按照上级法院统一部署,建立南昌法院综合服务管理平台,设置网上诉讼服务中心和投诉咨询等五个一级栏目。公众通过该平台,可直接获取开庭、执行等审务信息,并实现网上立案、材料收转、在线证据交换、网上阅卷、申请旁听等功能。开通 12368 诉讼服务热线,满足群众多元诉讼需求。扩大远程视频庭审适用范围,尝试启用庭审网络直播,推动开放、动态、透明、便民的阳光司法建设。

四、在改进司法作风上下功夫,打通服务群众"最后一公里"。深化"三严三实"主题教育工作成果,持之以恒抓好司法作风建设,在服务群众"最后一公里"上出实招、办实事、求实效。继续推进诉讼服务中心建设与管理,推动案件繁简分流,派员进驻扬子洲法庭驻庭办案,减轻群众诉累;畅通申诉信访渠道,提高远程视频接访系统利用率,快速高效化解信访案件;加大司法救助工作力度,完善执行救助运行机制,促进社会和谐。

五、在规范司法队伍上下功夫,提升干警工作生活能力。坚持政治建院,确保队伍严守政治纪律和政治规矩,政治方向不偏。继续加强队伍专业化建设,适应司法改革新要求,着力提升法官的庭审驾驭、信息化应用和沟通协调能力。深入推进党风廉政建设,不断提升队伍拒腐防变能力。开展丰富多彩的文体活动,缓解干警的工作压力和心理疲劳,促进队伍团结,激发队伍活力。

各位代表,新要求开启了新征程,新形势还须有新作为。在新的一年里,我们将以更加坚定的信心、更加清晰的思路、更加务实的举措,努力开创法院工作新局面,为推动全区发展和法治东湖建设做出新的更大贡献!

附:部分用语说明(仅供参考)

1. 拆违拆临、建绿透绿:2015 年 9 月起,南昌市在全市范围内开展"拆违拆临、建绿透绿"专项工作过程中,产生了一批店面租赁纠纷。2014 年至今,我院先后受理此类纠纷 30 余件,如危某诉江西省药品检验检测研究所、熊某、涂某返还店面转让款案。我院在审理该案过程中,考虑到租赁合同不能履行的原因不是当事人的违约行为引发,而因店面拆除所造成的经济损失又客观存在,没有简单就案判案,而是在严格遵守法律原则的前提下,结合公平原则,组织当事人进行调解,最终使矛盾纠纷得到了妥善化解。

2. "6·7"高考替考案:该案系 2015 年高考期间发生的在全国范围内造成重大社会影响的案件。2015 年上半年,马清波等人在招揽到需要高考替考的家长并收取 2 万元~3 万元定金后,组织多名枪手在南昌为 10 余名考生实施替考,其中在南昌十中考点有 6 名替考的外籍考生。2015

年6月7日，南昌市公安局东湖分局接到举报称南昌十中存在高考替考情况，公安机关随后侦破此案。我院经审理于2015年8月28日作出刑事判决，以招收学生徇私舞弊罪，判处被告人陈剑鹏有期徒刑一年；判处被告人蒋婷拘役六个月，缓刑一年；判处被告人熊锐拘役六个月，缓刑一年；已追缴的被告人陈剑鹏违法所得人民币三千元上交国库。

3. 幽灵户口案：被告人黄天宇从他人处购买户口迁移证并加盖伪造的户口专用章，通过金星、陈昌春、杨言闯等人将151个虚假户籍信息落户在江西、河北，甄茂忠、金星、陈昌春、杨言闯等十被告人为自己或介绍他人购买了该虚假户籍。2014年12月24日，我院以伪造、买卖国家机关证件、印章罪判处黄天宇有期徒刑四年，以买卖国家机关证件罪判处甄茂忠、陈昌春等十名被告人有期徒刑六个月至三年不等刑期。

4. 行政首长出庭应诉：在司法实践中告官不见官的情形很普遍，有些行政机关聘请律师出庭，甚至工作人员都不出现，不利于行政纠纷的解决，因而新《行政诉讼法》第三条第三款规定："被诉行政机关负责人应当出庭应诉。不能出庭的，应当委托行政机关相应的工作人员出庭。"但自新行政诉讼法实施以来，行政首长出庭应诉的比例仍然很低，今年我院审结的行政诉讼案件中，只有3名行政首长到庭应诉。

5. 首例要求审查规范性文件的行政诉讼：即原告南昌市洪发白蚁防治有限公司诉被告南昌市住房保障和房产管理局、南昌市财政局、南昌市物价局滥用权力限制竞争一案。原告洪发白蚁公司于2008年5月22成立，经营范围为白蚁防治、城市害虫防治、消杀工具批发、零售等。市房管局、市财政局及市物价局于2010年6月18日联合发布了《关于规范我市城市房屋建筑白蚁预防费用收费管理有关问题的通知》。原告认为，根据上述文件的第三条规定，新建各类房屋建筑必须实施白蚁预防处理，房地产开发企业或建设单位应与市白蚁防治研究所签订《白蚁预防合同》，并按相关文件的规定缴纳白蚁预防费。第六条规定，房地产开发企业办理商品房销（预）售手续时，必须出具该项目的《白蚁预防合同》和白蚁预防证明文件，市房管部门应当查验相关材料，未出具相关材料的，由市房管部门责令整改。这些规定的内容排除或限制了2015年3月5日后南昌市白蚁防治市场的竞争，故诉至我院，请求确认三被告的上述行为违法，并由被告承担本案的诉讼费用。

6. "点对点""总对总"查控系统："点对点"查控是指通过计算机信息网络，法院与本省范围内的各大金融机构进行对接，从而实现执行人员在办公室即可对被执行人银行存款、经营状况进行查询控制的系统。根据最高人民法院、中国银行业监督管理委员会2015年11月13日发布的《人民法院、银行业金融机构网络执行查控工作规范》（法［2015］321号）文件精神，最高人民法院与各大金融机构总行建立了"总对总"网络执行查控系统后，与原有"点对点"查控模式同时运行，各级法院可将查控数据和电子法律文书通过"总对总"系统向全国金融机构发送，金融机构完成协助查控事项后，查控结果数据及电子回执再通过该系统实时向执行法院反馈。

7. 毒包子案：2015年6月，南昌市食品药品监督管理局东

湖分局在进行执法检查时，发现有包子店内有"剑石"牌香甜泡打粉，遂随机抽检五家包子店生产、销售的包子。抽检的包子中均含有不同程度的铝残留量，而早在2014年5月14日，国家卫生计生委等5个部委出台了《关于调整含铝食品添加剂使用规定的公告》，规定小麦粉及其制品生产中不得使用硫酸铝钾和硫酸铝铵，该公告自2014年7月1日已经开始施行。2015年12月2日，我院依法宣判了一批"毒包子"案，五家包子店店主因在销售的包子馒头中添加含铝泡打粉，以生产、销售有毒、有害食品罪，分别被判处有期徒刑六个月至一年，缓刑一年至一年八个月，并处罚金人民币2万元~3万元不等的刑罚。

8. 远程视频庭审：是一种信息化网络辅助的同步庭审形式，利用音频视频系统让位于不同地点的人员同时参与庭审。庭审的所有程序与普通庭审相同，可以实现庭审过程中即时对话、证据演示及文书打印。目前我院仅将该项技术应用于轻微刑事案件，被告人不出看守所即可参与法院庭审，大大减少了法警到看守所提押被告人、办理提押手续、往返奔波等时间，有效提升了庭审效率，节约了司法资源。

9. 庭前诚信宣誓制度:有的案件当事人陈述对案件处理至关重要,但有的当事人会以有委托代理人等借口拒不出庭,即使出庭,也不愿意接受法官询问,甚至作虚假陈述,影响案件的公正处理。为此,最高人民法院关于适用《中华人民共和国民事诉讼法》的解释第一百一十条规定,人民法院认为有必要的,可以要求当事人本人到庭,就案件有关事实接受询问。在询问当事人之前,可以要求其签署保证书。为引导当事人诚信参与诉讼,我院要求一些对案件处理影响重大的当事人在开庭陈述之前签署保证书并进行宣誓,保证书载明据实陈述、如有虚假陈述愿意接受处罚等内容。

10. 人民陪审员倍增计划:2015 年 5 月,最高人民法院要求在两年时间内实现人民陪审员数量翻番,推行“倍增计划”。目前,我院已顺利完成该项工作。

11. 人员分类管理改革:指将法院工作人员区分为审判人员、审判辅助人员和司法行政人员,按照各自职业性质和特点进行分类管理。

12. 法官员额制:指在现有法官基数基础上,按一定条件在一定比例以下择优选任配置法官,未进入员额的则不再担任法官职务,而转为审判辅助人员或司法行政人员。

(区人民法院)

南昌市东湖区人民检察院工作报告

(2016 年 1 月 13 日在东湖区第十五届人民代表大会第六次会议上)

东湖区人民检察院代检察长　杜迎春

各位代表:

现在,我代表东湖区人民检察院向大会报告工作,请予审议,并请各位政协委员和列席会议的同志提出意见。

2015 年工作回顾

2015 年,在区委和市检察院的正确领导下,在区人大及其常委会的依法监督下,在区政府、区政协和社会各界的关心支持下,我院认真贯彻落实党的十八大和十八届三中、四中、五中全会精神,深入学习习近平总书记系列重要讲话,紧紧围绕区委中心工作,全面履行法律监督职责,深入推进平安东湖、法治东湖建设,各项检察工作取得了新的发展。

一、强化责任担当,优化服务方式,全力保障发展大局

立足检察职能,采取有力措施,为促进改革发展、增进民生福祉提供坚强的法治保障。

大力服务区域经济发展。不断增强服务经济大局的主动性,通过查办职务犯罪、预防调查、预防建议等方式,保护项目建设资金安全,净化投资环境;实行检察工作重心下移、检力下沉,把法律监督触角延伸到商户、企业,组织干警定期走访,主动了解企业需求,提供无偿法律服务;密切关注经济社会转型发展过程中出现的新问题,专门成立金融办案组,实行批捕、起诉、研究、预防“四位一体”的办案模式,办理了全市首例利用“P2P”网络借贷平台,非法吸收公众存款达 4602 万元,致使 536 人受害的案件。在打击犯罪的同时,采取有针对性的预防犯罪措施,使辖区金融犯罪逐步得到遏制,类案发案数量同比下降 85.5%。

依法保障民生社会事业。针对食品、药品安全领域和重点行业存在的突出问题,联合区市场监管局开展“危害食品药品安全犯罪专项立案监督活动”,依法监督行政执法机关移送涉嫌生产、销售不符合安全标准的食品案 8 件 8 人,依法审查起诉了七家非法掺入有毒有害添加剂的包子店经营者。6 月初,我院发出检察建议,督促相关行政执法部门对辖区内百余户早餐摊点进行全覆盖摸底排查,并依法查处违法行为 32 起,没收违法食品及添加剂50公斤，其中21家餐饮业主被移送公安机关处理。

深入参与社会综合治理。对办理的普通刑事案件和职务犯罪案件进行深入调研，总结案件特点，预测发案趋势，提出风险防范对策。依托红谷滩、扬子洲两个派驻检察室，对九龙湖管理处、红角洲管理处、生米镇和扬子洲镇的惠农扶贫资金项目开展检查并发出检察建议，完善了涉农资金使用监督机制。加强与法院协调配合，邀请政法机关、交通系统、社区代表等党政、社会各界人士参与了7次庭审观摩活动，进一步强化了普法教育。以检校共建为平台，共走访了辖区14所中、小学校和大、中专院校，为1000余名学生开设了法制课堂，努力从源头上预防和减少未成年人犯罪。

二、坚持宽严相济，强化监督质效，维护社会和谐稳定

始终坚持以执法办案为中心，把维护社会稳定作为第一责任，忠实履行各项职能，不断加大法律监督工作力度。

依法严厉打击各类刑事犯罪。共受理审查逮捕案件954件1183人，分别同比上升47%和44.3%，经审查批准(决定)逮捕831件995人，分别同比上升64.2%和54.3%。受理移送审查起诉案件1093件1440人，分别同比上升62.2%和63.6%，审结并提起公诉942件1201人，分别同比分别上升46.9%和59.9%。在公安机关开展的“百城禁毒”和“侵财类案件专项整治”等行动中，灵活运用轻微刑事案件快速办理等机制，共批准逮捕此类犯罪694人，审查起诉580人。坚持把群众反映强烈的严重暴力犯罪、黑恶势力犯罪、“两抢一盗”等多发性侵财犯罪作为打击重点，共批捕故意杀人、抢劫、绑架、爆炸、投毒等严重暴力犯罪140人，审查起诉108人，批捕敲诈、抢夺、盗窃、诈骗等侵犯财产类犯罪518人，审查起诉550人。

积极修复社会关系。认真贯彻落实宽严相济刑事司法政策，对犯罪情节轻微、社会危害性不大的犯罪，依法慎捕少诉，共决定不批准逮捕181人、不起诉98人。积极推行不捕、不诉“双向释法说理”机制，不断提高司法公信力，预防和减少矛盾纠纷。进一步完善执法办案风险评估预警、检调对接、刑事和解、内部协作配合等工作机制，全年共处理、排查信访案件156人次，确保涉检非正常赴省进京零上访。

全面强化诉讼监督职能。加强对侦查活动和刑事审判活动的监督，共办理立案监督案件12件12人，监督撤案6件，依法追诉漏犯41人、漏罪27起，依法提请抗诉3件，均得到市院支持，法院已审结并改判2件。加强对民事行政诉讼活动的监督，共受理各类民事行政监督案件22件，并协助市检察院办理案件11件，其中提请省检察院抗诉案件3件；加强对刑罚执行活动的监督，协同区司法局召开了全区社区矫正服刑人员整顿大会，共开展强制医疗执行监督2件2人，开展羁押必要性审查6件6人，开展特赦检察监督7件7人，开展指定居所监视居住执行监督1件1人，保障了刑罚的正确执行。

三、坚持惩防并举，转变司法理念，推进反腐倡廉建设

积极回应人民群众对反腐倡廉的新期待，坚持有腐必惩、有贪必肃，不断提高查办和预防职务犯罪水平，深入推进反腐败斗争。

严肃查办职务犯罪案件。始终保持查办职务犯罪的高压态势，坚决查办发生在重点领域、关键环节和群众身边的职务犯罪。共依法立案侦查贪污贿赂、渎职侵权等职务犯罪案件11件22人，其中贪污贿赂案件8件12人、渎职侵权案件3件10人，涉案金额达百万元以上案件14人。如，依法查办了江西水运集团有限公司原董事长余良星贪污37万元、受贿212万元、共同挪用公款910万元案；中机国际招标公司江西业务部原主任徐斌、业务员付兆佳共同挪用公款900万元案；省建设厅信息中心吴兆强非法为百余人办理二级建造师资格证书滥用职权案；以及引发各界广为关注的南昌“6·7”高考替考舞弊案。其中，东湖区高招办原主任陈剑鹏等3人招收学生徇私舞弊案经本院提起公诉，法院一审均已作有罪判决。通过办案，既严厉打击了职务犯罪，又及时回应了人民群众对反腐倡廉的期待。

全面优化职务犯罪侦查模式。坚持“抓系统、系统抓”，积极在查办窝串案上下功夫，注重从个案线索入手，深挖关联犯罪，扩大办案效果，共查办窝串案6件15人，分别占立案总数的

31.6%和立案总人数的45.5%。积极选派干警参与上级检察院和纪检部门的专案工作,圆满完成了组织交办的各项工作任务。构建侦诉一体化模式,重大案件提请公诉部门提前介入,引导、监督、规范侦查行为,专门制定了《案件质量评查实施细则》,进一步规范办案工作区建设,严格遵守各项办案规定,有效保证了案件质量。

全力构建多层次社会化预防体系。积极开展“环境保护领域职务犯罪专项预防活动”,与区环保局、红谷滩新区城建局等单位举办专题预防工作联席会议,建立协作配合、情况通报、信息共享工作机制。积极开展行贿犯罪档案查询工作,通过在窗口部门设立“一站式”快捷通道、调整查询时间等方式,为相关公司企业提供便捷服务,共提供行贿犯罪档案查询9917次。积极开展各类警示教育、法制教育活动21次。结合办案,撰写犯罪预防分析报告,做到防患未然,警钟长鸣。如,对辖区银行系统专题开展贿赂犯罪分析,撰写了《银行系统职务犯罪案件预防调查报告》,得到了辖区银行业的一致好评。

四、牢记“三严三实”,践行为民宗旨,打造民生检察工作品牌

不断强化宗旨意识和群众观念,从人民群众的新要求新期待出发加强和改进工作,检察工作更加贴近群众、服务民生。

继续深化检务公开工作。积极打造新媒体阵地,组建了“互联网+微团队”,在全市检察机关率先开通官方微博、微信公众平台,共发送网络法律服务资讯200余条,拥有两微“粉丝”1700余人。积极开展案件信息公开工作,累计公开重要案件信息17条、法律文书359份、案件程序性信息802件。密切代表委员联络工作,主动邀请代表委员和特约检察员座谈交流、旁听庭审、评查案件质量、参与涉检信访案件听证会,不断提高执法办案透明度。今年11月,我院“仲大姐民生服务热线”和“朝阳工作室”两项品牌工作还接受了部分在昌全国及省人大代表的专题视察,并获得好评。

积极拓宽服务群众新途径。积极探索保障律师合法权益的有益途径,通过加大硬件设施投入,实现了大量案件从纸质卷宗到电子卷宗的转化,为律师阅卷铺就了一条无障碍绿色通道,真正解决了律师阅卷难的问题。大力开展“群众满意大走访活动”,共“摆摊设点”提供法律咨询服务16次,发放宣传册、宣传品11000份,发送法律服务短信1百万条。在延续去年每周五举办“社区版”检察开放日活动的基础上,创新开展了律师专场、中小学生专场、社区矫正人员专场和村治保主任专场检察开放日活动。联合区文广局,在八一公园的“百花洲大舞台”举办了主题为“携手同奏法治曲,共筑和谐中国梦”的文艺演出。在“连心”帮扶工作中,为扬子州镇上房村争取到14万元的村级公路维修专项资金,解决了村民出行和农产品运输困难。扎实开展“干群心连心、点亮微心愿”主题实践活动,与22户困难家庭结成对子,点亮了“微心愿”,切实解决群众实际困难。

主动维护未成年人合法权益。大力推进未成年人刑事检察工作,依托“朝阳爱国主义教育基地”,对4批次40余名涉罪未成年人进行了爱国主义教育。精心打造色调温暖,环境温馨的“朝阳工作室”,有效缓解涉罪未成年人的紧张情绪和心理压力,共审查逮捕未成年犯罪嫌疑人47人,不批准逮捕21人,共审查起诉未成年犯罪嫌疑人50人,不起诉7人。在办案过程中,为所有涉罪未成年人均提供了法律援助服务,并进行了诉前引导和案后帮教,取得了良好的社会效果,如,我院对17岁的小女孩“小远”的帮教工作被检察日报等多家新闻媒体报道。

五、强化自身监督,规范司法行为,全面加强队伍建设

坚持教育、管理、监督并重,从严治检和从优待检并举,不断提高检察队伍建设水平。

强化思想政治建设。对照“三严三实”要求,反复深入剖析和整改“四风”方面存在的问题,不断加强班子建设。通过组织干警参观新四军纪念馆、举办检察官宣誓、听取专题报告等系列活动,不断提高干警的思想政治水平和职业道德素养。选举成立了新一届党支部、团支部和工会组织,大力开展专题培训、廉政教育、文体娱乐等活动,构建东湖特色检察文化,成功承办了全市检察机关文化建设现场会。

强化素质能力建设。坚持外派学习与自主培训、专家授课与业务骨干指导、技能竞赛与岗位实践相结合,全年开展专项业务和岗位技能培训十

余次。有针对性地选派干警到上级院跟班学习锻炼,推行 AB 岗跨岗锻炼工作制度,提升队伍综合素质。积极选派青年干警参加全市政法系统和上级检察机关举办的各类业务技能竞赛,3 名干警在全市公诉人检察业务竞赛中获奖,1 名干警获评全市检察业务尖子。加大人才引进力度,面向全省法检系统公开选调了 3 名干警,为检察事业发展补充了新生力量。在区委的大力支持下,选任了 5 名中层干部,为青年干警提供了干事创业的平台。

强化司法作风和规范化建设。牢固树立“监督者更要接受监督”的理念,坚持把检察工作置于社会各界的监督之下,主动向区人大常委会作了反贪工作专题汇报和半年工作汇报,广泛听取了公安、法院、司法等单位领导及特约检察员、律师代表对检察机关的意见建议。认真抓好“两个责任”的落实,层层签订目标责任书,把警示教育与正风肃纪相结合,全面贯彻从严治检要求。扎实部署开展规范司法行为专项整治活动,共发放征求意见函 230 份,收集整理各类建议 17 条,坚持以问题为导向,主动梳理和排查不规范问题,并逐一对照整改,完善和修订了各项规章制度 30 余项,建立起规范有序、权责清晰的制度运行机制。

各位代表,2015 年是东湖区检察院收获颇丰的一年,我们圆满完成了各项工作任务,工作更上一个台阶,被江西省人民检察院荣记集体二等功,荣获全省优秀检察工作品牌荣誉称号,12 名干警受到市级以上荣誉表彰。这些成绩的取得,是区委正确领导、人大有力监督和政府、政协及社会各界大力支持的结果,在此,我代表区检察院向各位代表,向所有关心支持检察工作的领导和同志们表示衷心的感谢!

回顾过去一年的工作,我们还存在一些问题和困难,主要表现在:一是在当前刑事案件总量持续增长和案件复杂程度持续加大的情况下,案多人少的问题比较突出;二是诉讼监督工作还较为薄弱,监督能力还需大力提升;三是检察工作科技化水平不高;四是队伍专业化、职业化建设任重道远,高素质的复合型、专家型人才培养工作有待进一步加强。对此,我们将高度重视、积极应对、逐步解决,努力推动检察工作不断平稳健康发展。

2016 年主要工作安排

2016 年,是“十三五”规划的开局之年,也是我区加快构建“四区”建设的关键之年,区检察院的总体工作思路是:深入贯彻落实党的十八大和十八届三中、四中、五中全会精神,以促进社会公平正义、增进人民福祉为出发点和落脚点,忠实履行法律监督职责,全面深化检察改革,大力提升司法能力和执法公信力,争当全市检察机关科学发展排头兵,为东湖经济社会平稳健康发展提供强有力的司法保障。

第一,更加注重服务大局,充分发挥检察环节职能作用。自觉把检察工作摆到全面深化改革的全局中谋划和推进,围绕建设“总部经济集聚区、高端商业核心区、南昌文化标志区、城市管理示范区”的工作思路,积极探索服务全区工作大局的渠道和办法。严厉打击各类危害社会稳定的刑事犯罪,依法打击金融诈骗、非法集资等破坏社会主义市场经济秩序的犯罪活动,加强对生态环境保护执法活动的监督。同时,积极依托执法办案,深刻剖析案件背后的社会治理问题,从法治视角提出对策建议,为全面深化改革和全区发展大局保驾护航。

第二,更加注重反腐倡廉,大力营造清明政务新环境。始终保持打击职务犯罪的高压态势,深入推进侦查一体化、信息化、规范化建设,切实推动新形势下办案理念、办案技术和办案方式的改进优化,全面提升职务犯罪侦查科学化水平。进一步深化惩防一体化建设,积极推进源头预防,继续深化重点预防,注重开展特色预防,突出抓好专项预防、系统预防和同步预防,努力提高预防工作的针对性和实效性。

第三,更加注重强化监督,全力书写公平正义新篇章。深入贯彻中央关于全面推进依法治国的重大决策部署,切实履行诉讼监督职能,加强对刑事立案、侦查、审判和刑罚执行活动的监督,构建多元化监督体系,积极回应人民群众对公正司法的新期待,切实做到敢于监督、善于监督、依法监督、规范监督,不断提升司法公信力和亲和力。

第四,更加注重改革创新,着力提升社会治理新水平。坚持以改革求发展,以创新求进步,坚持高点定位、科学务实,以单项检察工作创亮点,推动整体工作上水平。推进涉法涉诉信访、“两法衔接”等机制建设,深化检务公开改革,提高检察工作效能和活力。扎实推动检调对接工作创新发展,积极稳妥化解社会矛盾,全面维护人民群众合法权益,维护社会和谐稳定。

第五,更加注重固本强基,努力塑造检察干警新形象。大力巩固群众路线教育实践活动成果,坚守检察职业道德。积极推进全员培训和岗位练兵,提升干警业务素质。扎实开展规范司法行为专项整治工作,全面加强司法规范化建设。认真落实好“两个责任”和廉洁从检各项规定,切实加大检察机关内部监督力度,确保自身正、自身净、自身硬。建立健全与社会各界常态化联络机制,主动接受外部监督,努力打造一支信念坚定、执法为民、敢于担当、清正廉洁的高素质检察队伍。

各位代表,新的一年承载着新的任务,蕴含着新的希望。东湖区检察院将在区委的正确领导下,更加自觉地接受人大、政协和社会各界的监督,认真执行本次大会的决议,准确把握检察工作面临的新形势、新任务、新要求,将过往的成绩作为新起点,以新姿态、新举措、新作为和更加优异的新成绩,为全方位开创“四区”建设崭新局面做出新的更大的贡献!

(区人民检察院)

关于东湖区2015年国民经济和社会发展计划执行情况及2016年国民经济和社会发展计划草案的报告

(2016年1月12日在东湖区第十五届人民代表大会第六次会议上)

东湖区发改委主任　易年忠

各位代表:

受区人民政府委托,现向大会作书面报告东湖区2015年国民经济和社会发展计划执行情况及2016年国民经济和社会发展计划草案,请各位代表审议,并请各位政协委员和列席人员提出意见。

一、2015年东湖区国民经济和社会发展计划执行情况

2015年,经济发展形势极为复杂,各项任务艰巨繁重。全区上下紧紧围绕省委“16字”方针和市委“20字”总体任务,适应新常态、抢抓新机遇、展现新作为,全力推进“四区”建设,全区经济社会实现持续健康较好发展。具体呈现以下四个方面的特点:

(一)经济发展稳中求进,质量效应同步提升

一是主要指标总体完成。2015年,东湖顶住了经济下行压力,预计全年实现地区生产总值378.75亿元、固定资产投资160.69亿元,分别同比增长8%、17%,均高于年初计划。二是财政总收入再攀新高,2015年达到57.31亿元,地方一般公共预算收入达到12.32亿元,按省口径分别同比增长10.2%、11.92%(市口径同比分别增长6.7%、10.1%),税收收入占财政总收入比重达到93.38%。三是对外开放上新台阶,全年共落户内资项目216个,外资项目7个,其中亿元项目13个,比去年增加了5个;5000万元以上项目55个,比去年增加了28个。预计全年完成实际利用外资1.29亿美元、内资35.68亿元、出口创汇5.4亿美元。

(二)产业品质加速提升,发展质量提档增效

一是产业发展势头良好。产业结构进一步优化,第三产业占比高达91.2%。围绕六大产业主攻方向,精准发力,“六大产业”实现税收收入19.24亿元。楼宇总部经济,突破9.88亿元。全年落户总部经济23家,目标楼宇贡献率同比提高7.3%;“互联网+”战略推进卓有成效,全区电商年交易额突破48亿元,“阿里巴巴南昌产业带项目”上线运营一个月,实现线上企业497家,交易额达到5500余万元;“豫章1号”文化科技园正式

运营，开辟文化产业“双创”基地。二是重点项目加快推进。年初确定的45个总投资达280.5亿元的重大重点项目建设，开工率达到70%。市级重大项目胜利路步行街改造(一期)工程主体完工，呈现全新面貌；新湖滨西路、中金国际交易中心项目建设稳步推进；谌家坊安置房等项目顺利完工；三经五纬路街区改造完成工程量90%；中山路街景改造正加紧施工，将于春节前完工；华远和平里、开元名都大酒店等一批续建类项目今年全面投入运营。三是产业集聚持续加速。“5+2”产业政策持续升温，产业项目加速集聚。全球最大的办公空间解决方案供应商——雷格斯集团、投资40亿元的南昌浦发市政公用投资管理中心、广州海印集团江西总部正式落户，江西航投总部等一批区域性总部正在洽谈跟进；投资50亿元的青山湖西岸新城市综合体正在积极筹备；江西金融租赁有限公司、汉辰融资租赁等非银金融机构相继落户，引导金融服务业错位发展。

(三)城市活力日益增强，发展后劲持续迸发

一是旧改征迁成效明显。2015年共实施了临江商务区滨江片区、起凤路—香江家具城等10个旧改项目，占地面积1198.18亩，征迁面积72.15万平方米，涉及征迁户数6705户，农房征迁总面积超过历年综合，旧改工作成效得到市领导充分肯定，东湖经验在全市推广。二是城市管理争先进位。在全市引领城市管理“五个率先”：率先建设“智慧城管”平台、率先出台城市管理长效常态具体措施60条、率先打造首个无烟烧烤区、率先启动城市管理提质升效“百日会战”、率先建立首个城市管理微信平台。三是城市配套更加优化。打通豫章路、新公园路等2条断头路，实施福州路、扬子洲鹏举路等道路改善工程，启动朱德军官教导团、贤士二路等道路延伸工程，新货村停车场竣工投入使用。四是改革动能逐渐释放。行政审批制度改革稳步推进，精简行政审批事项42项，精简率接近20%；“三单一网”建设工作如期完成，权利清单、责任清单、企业投资项目管理清单如期公布，政务服务网正式上线。

(四)社会事业协同进步，民生改善成效显著

2015年用于保障和改善民生资金达11.34亿元，约占地方一般公共财政预算支出的62.35%，覆盖了就业、社保、救助、医疗、教育、住房、生活等各个方面共54件民生实事。“惠民便民利民”项目全面实施，新装路灯2276盏，在全市率先完成背街小巷路灯亮化全覆盖；完成钟鼓楼等5家农贸市场升级改造，在全市农贸市场考核中获9次第一；完成69处化粪池改造、13个积水点整治、8个街头小游园建设及提升工程；完成贤士湖管理处等2个便民服务中心建设。就业保障体系日趋完善，预计全年城镇新增就业人数9200人，实现零就业家庭安置率100%；发放小额担保贷款5659万元；城乡低保标准分别上调至480元和280元，全年累计发放低保资金2154万元；住房保障持续推进。全年完成2108户公租房配租，发放廉租住房补贴282万元。医疗服务不断提升，完成豫章街道等2个街道社区卫生服务中心业务用房的国有化、固定化建设；基本公共卫生服务人均补助标准提高到42元，全年累计补助2158万元。教育事业优先保障，投入6800万元，完成爱国路小学等6所校园的提升改造及信息化建设；以优异成绩迎接了国家义务教育均衡发展督导评估组的检查，公众对我区义务教育均衡发展满意度达到93.5%。社会保障事业不断深化。开展城乡居保缴费新方式，“足不出村、安全便捷”实现银行代扣代缴和支取养老金模式。顺利完成了连续11年的企业退休人员养老金待遇调整工作，人均增加养老金270元。将扬子洲镇原参加“新农合”的居民2.5万人，全部纳入全区城镇居民基本医疗保险范围，做到同城同待遇。稳妥推进完成全区机关事业单位公费医疗与城镇职工基本医疗保险衔接工作。文化事业繁荣发展，高标准建设董家窑街道文化活动中心；积极开展纪念中国人民抗日战争暨世界反法西斯战争胜利70周年等一系列群众文化活动80余场；樟树林文化生活公园成功创建国家AAA级旅游景区；贵林社“周六剧场”获文化部文化志愿服务优秀项目。扬子洲地区发展步伐加快，鹏举路、扬农路等路段启动维修改造；完成19个新农村点建设任务；开展农村“脏乱差”集中整治“百日行动”，工作成效得到市里高度肯定。社会稳定局面进一步巩固，荣获“全国法治县(区)创建活动先进单位”，马家池社区荣获“全国民主法治示范社区”；“百城禁毒会战”“两抢一盗”“利剑”等专项行动获全国、省市先进；启动消防安全“防火墙”工程；

严格落实安全生产责任制;强化食品药品安全日常监管;实现全年重特大事故零发生,公众安全感提升进位。

面对国内外经济环境趋紧,经济下行压力加大的形势,我区取得上述成绩来之不易。在肯定成绩的同时,我们也要清醒地看到,东湖在推动发展升级上还面临不少的难题和挑战,特别是当前,县域经济竞争日趋激烈,东湖部分经济指标增速压力前所未有;东湖区发展格局也正面临重大变化和调整,区位边缘化、产业空心化等不利因素,仍然是困扰我区经济发展的突出问题,必须引起高度重视并加以认真解决。

二、2016 年东湖区国民经济和社会发展计划

2016 年是“十三五”规划的开局之年,也是落实“四个强起来”总要求、“二十字”总任务的奋进之年,更是加快“四区”构建、实现绿色崛起的跨越之年。2016 年工作的总体要求是:全面贯彻落实党的十八大,十八届三中、四中、五中全会和省市区全会精神,以五大发展理念为引领,紧紧围绕市委“二十字”总任务,保持战略定力、发展定力、实干定力,加快推进“四区”建设,着力构建实力雄厚、活力动感、魅力彰显的新东湖,努力为“十三五”发展开好局、起好步。

2016 年东湖区经济和社会发展主要指标预期目标是:

——地区生产总值增长 7.5%;

——财政总收入增长 8%;

——地方一般公共预算收入增长 10%;

——社会消费品零售总额增长 6%;

——500 万元以上固定资产投资增长 15%;

——实际利用外资增长 10%;

——实际利用内资增长 8%;

——出口创汇增长 2%。

为完成上述目标任务,今年我们重点做好以下四个方面工作:

(一)聚焦产业发展,增添发展后劲

一是突出招商引资。着力招大引强,力争在引进世界 500 强、国内 200 强或央企、行业龙头企业上取得新突破,签约一批技术含量高、投资规模大、带动能力强的重大项目。促进合作开发,积极盘活紫金城 25 万平米商业面积,重塑欧洲风情商业小镇小城。探索“中介招商”,充分发挥产业链顶端企业、商业协会、知名中介等商脉作用,以商招商。二是抓好项目建设。提升项目的拉动力,2016 年实施产业发展、城市建管、旧城改造、社会民生 4 大类共 56 个项目,总投资 274.2 亿元,预计全年完成投资 26.98 亿元。加快推进豫章 1 号文化科技园项目后续建设,打造集项目孵化、股权投资、业务互动为一体的文化产业生态链。发挥“互联网+”示范引领,做大做强“阿里巴巴·南昌产业带”,力争上线企业突破 1000 家,打造立足东湖、辐射全省的“空中工业园”。三是释放旧改红利。加大近两年完成的旧改地块的招商工作,年内积极跟进 32 万平米体量的绿地项目、投资 50 亿元的西岸新城市综合体项目、投资 5 亿元的新疆商会项目、投资 50 亿港币的恒隆地产项目顺利落户、开工建设。

(二)聚焦城市建管,提升东湖形象

一是加速旧改征迁。坚持“大改”“小改”双措并举的原则,实施好省政府 1、2 号地块、滕王阁广场二期、叠山路周边、青山湖西岸南昌发电厂、硅酸盐厂等 7 个旧改项目的征迁任务,涉及总面积 1335 亩,户数 9131 户。二是完善城市功能。加强基础设施建设,加快推进青山湖西岸地块路网建设;高标准实施道路综合改造、道路延伸、街头小游园和停车场建设;完成中山路等道路的街景改造;对 8 个基础设施相对落后的社区进行综合整治;适时启动建德观、百花洲周边综合改造,进一步提升人文景观。三是抓好城市管理。健全智慧城管体系,强化指挥中心功能,加强部门之间的协同互动,深入推进“智慧东湖”建设;启动构建“12345 政府服务热线”平台,进一步提升城市管理集合服务能力。完善城管硬件设施,在紫金城、中大路新建压缩式垃圾站和联体公厕;在八一大道等 6 条道路设置新型太阳能广告式果壳箱。加强城市综合管理,整合创建办力量,新设立城市综合管理协调领导小组办公室;理顺城管机制,加强执法分局队伍建设;开展畅通城区道路交通专项整治活动;狠抓临街门前责任制,整治出店经营、占道摊点等“顽疾”;提升城市管理“长效常态”水平。

(三)聚焦改革创新,增添发展活力

一是推进改革创新。全面实行“准财政”实施办法,稳步推进“核定收支、比例分成、结余留用、超支不补”的财政管理制度，激发街办发展区域经济、做大财政的积极性。加快投融资体制改革，积极推广政府与社会资本合作“PPP”运作模式。继续推进行政审批制度改革，及时做好承接事项的落实工作；深入推进“三单一网”建设；推进商事登记制度改革；落实机关事业单位养老保险和公务用车改革；做好扬子洲地区开发建设的顶层设计；充分激发经济持续增长的内生动力。二是加速创业创新。培育创新主体，重点培育电子商务、商贸服务、旅游休闲、金融服务等创新创业主体，引导中小企业走专业化、特色化发展之路，为大众创业、万众创新开辟“绿色通道”。完善扶持措施，加大政策倾斜，将小额担保贷款调整为创业担保贷款，为企业提供创业资金；充分发挥东湖区金融服务中心功能，帮助中小微企业对接金融机构和资本市场；编印《东湖创业创新指南》，搭建创投指南服务网站，开通微博、微信服务，为创业创新者提供更加优质的服务。推进平台建设，夯实以东湖中小企业公共服务平台为核心，多个创客空间支撑的新型孵化体系，构建低成本、便利化、开放式的众创平台，营造互助互扶的众扶生态。三是优化发展环境。着力打造廉洁高效的政务环境，加快形成快速高效、部门联动、运转协调的政府工作机制；建设法治政府，推进依法决策，打造诚实守信的市场环境，严厉查处侵害投资者和群众利益的不良行为，不断提升社会公信力和群众满意度。

（四）聚焦民生福祉，提升幸福指数

一是推进社会事业。完善教育网点，适时启动紫金学校建设，完成普惠性幼儿园建设；继续开展校长、教师轮岗工作，推进义务教育优质资源全覆盖；完善东湖众创空间架构，形成“1 + X”集约辐射模式；扩大全民健身活动受益面，夯实“15 分钟健身圈”。健全公共文化服务网络，在全市率先构建高标准、广覆盖、多层次文化服务共享体系；完成大院、墩子塘、八一桥、滕王阁等 4 个街道综合文化活动中心的标准化、均等化建设；打造公园街道等 5 个“五星级”街道便民服务中心；将区文化馆新馆打造成为全省首个智能文化馆和全省首个区级公共文化服务配送中心；积极推动豫章绣、婴儿胎发礼仪、豫章刻瓷申报省级非物质文化遗产项目。抓好疾病防控，认真做好艾滋病、结核病等重大传染病防控工作。促进人口均衡发展，加快落实二胎政策。二是推进社会保障。实施更加积极的就业创业政策，加强就业岗位开发和职业技能培训，突出解决好高校毕业生和城镇困难群体就业问题，扩大校园创业孵化基地，实现大学生创业梦想。不断扩大社会保险覆盖面，加强社会保险费征缴，加大社保民生工程政策落实力度；贯彻落实城乡养老保险衔接暂行办法，完善社会保险经办管理服务体系。加强居家养老服务，建成拥有 140 张床位的专业失能老人照料中心；重点建设七里街社区、永溪村、滕州村居家养老服务站，打造信息化养老服务品牌。进一步规范社会救助体系。全面推行住房保障管理新机制，做到应保尽保；加快推进七里村等旧改安置房建设。三是推进均衡发展。坚持新增财力向民生领域倾斜，继续实施“惠民便民利民”工程，切实办好年度民生实事。推进精准扶贫，重点做好城乡低保、农村五保的“兜底”工作，确保生活水平同步提升；进一步健全“救急难”机制，提升社会救助水平。加快扬子洲地区发展步伐，积极落实控储期间各项扶持政策；协调推进总体规划、控制性详规等编制工作；推进扬子洲农田水利建设和新农村点建设；启动码头综合整治工作；完成扬农、扬新等路段改造工程；巩固畜禽禁养专项整治成果；强化水环境治理；探索富民强村新路径。

各位代表，2016 年是东湖区厚积薄发迈入新的发展历程的重要时期，我们坚信在市委、市政府和区委的坚强领导下，在区人大、区政协的监督指导下，全区干部上下一心、锐意进取、实在实干，我区一定能抒写出经济社会发展的完美篇章。

以上报告，请予审议。

（区发改委）

关于东湖区2015年财政总预算执行情况和2016年财政总预算(草案)的报告

(2016年1月12日在东湖区第十五届人民代表大会第六次会议上)

东湖区财政局局长　万　勇

各位代表:

我受东湖区人民政府委托,向大会报告2015年区级财政总预算执行情况和2016年区级财政总预算(草案),请予审议,并请各位政协委员和列席会议的同志提出宝贵意见。

一、2015年区级财政总预算执行情况

(一)关于对区级财政收支预算指标进行调整的说明

1. 收入预算调整情况

市财政局核定我区2015年第一批新增地方政府债券为1000万元,区级地方政府债券转贷收入相应调增1000万元。经报区人大常委会批准,2015年,全区收入计划数由121110万元调整为122110万元,调增收入预算1000万元。

2. 支出预算调整情况

由于收入预算调整,相应地增加了区级可用财力,经报区人大常委会批准。2015年,全区支出计划数由年初预算的113300万元调整为114300万元,调增支出预算1000万元。按照中央、省和市有关规定,此次下达给我区的政府债券转贷资金具体用于智慧城市建设。

(二)财政预算收入执行情况

2015年,全区实现财政总收入按省口径统计为454623万元,同比增长10.2%;按市口径统计为573091万元,同比增长6.7%。

2015年,全区实现一般公共预算收入为123220万元,按省口径统计,同比增长11.92%;按市口径统计,同比增长10.1%,其中:由国税部门组织的收入为25640万元,同比增长10.89%,由地税部门组织的收入为79253万元,同比增长8.48%,由财政部门组织的收入为18327万元,同比增长31.68%。

各主要收入项目完成情况是:

税收收入102265万元,同比增长9.15%;

非税收入20955万元,同比增长27.74%。

(三)财政预算支出执行情况

2015年,全区完成一般公共预算支出181826万元(含扬子洲镇),同比增长16.8%。

其中,区本级累计完成财政支出179749万元,占调整支出预算114300万元的157.26%,同比增长17.52%,按支出来源划分:区本级当年预算安排支出114300万元,上级财政各项专项补助支出41728万元,上年结转支出5677万元,区本级专项追加拨款支出18044万元。

区本级各主要支出项目情况是:

一般公共服务支出26599万元,同比增长15.89%,主要是区本级拨款增加。

国防支出235万元,同比下降35.26%,主要是上年度拨付了兵器室建设专项经费。

公共安全支出22072万元,同比增长11.79%,主要是区本级拨款增加。

教育支出30859万元,同比增长14.73%,主要是上级专项转移支付资金增加。

科学技术支出1891万元,同比增长1.2%。

文化体育与传媒支出1329万元,同比增长10.87%,主要是上级专项转移支付资金增加。

社会保障和就业支出33383万元,同比增长29.64%,主要是上级专项转移支付资金增加。

医疗卫生与计划生育支出18003万元,同比增长26.51%,主要是上级专项转移支付资金增加。

节能环保支出1065万元,同比下降11.28%,主要是上年度拨付了我区环境监测监察业务用房购置及装修专项经费。

城乡社区支出24207万元,同比下降13.4%,主要是上年度拨付了我区社区环境综合整治工程建设资金等。

农林水支出 2228 万元，同比增长 593.73%，主要是上级专项转移支付资金增加。

资源勘探信息等支出 2457 万元，同比增长 16.18%，主要是上级专项转移支付资金增加。

商业服务业等支出 2380 万元，同比下降 28.97%，主要是上级专项转移支付资金减少。

金融支出 100 万元，同比增长 1900%，主要是上级专项转移支付资金增加。

国土海洋气象等支出 552 万元，同比增长 211.24%，主要是区本级拨款增加。

住房保障支出 1561 万元，同比增长 54.23%，主要是区本级拨款增加。

其他支出 10081 万元，同比增长 225.1%，主要是区本级拨款增加。

基金支出 747 万元，同比增长 4.15%。

（四）财政预算收支平衡情况

根据年终报表预测，2015 年我区实现了财政收支平衡，略有结余。具体平衡情况待市财政局审核批复我区 2015 年财政收支结算后，再向区人大常委会作专题报告。

二、2015 年财政预算执行的主要工作

回顾 2015 年，全区财政工作在稳固财源、保障民生及深化改革等领域成果丰硕、亮点纷呈，具体主要呈现在以下三个方面：

（一）主动作为，助推经济发展，全力以赴调结构稳增长

2015 年，在各经济责任单位的通力协作下，我区财政收入总量始终稳居全省第一方阵，组织收入措施扎实有力。一是加强财源培植力度。通过落实各项财税扶持政策，引导辖区优质企业向产业聚集化发展，激发创业创新活力，为东湖搭建创新驱动发展新格局添薪助力。二是严格财税制度考核。进一步加大财税考核奖惩力度，充分调动各单位发展经济和促进财税增收的积极性，有力增强了组织财税收入的针对性和征管实效。三是力促联合办税机制。率先在全市建立了国地税联合办税和委托代征机制，为夯实辖区重点税源管控奠定了基础。2015 年，全区税收收入占财政总收入的比重达到 93.38%，继续稳居全市前列。四是健全涉税信息平台。逐步加强了多部门、多行业涉税信息的交换传递，涉税信息共享水平得到全面提升。五是稳步推进非税改革。扎实开展非税收缴项目的梳理管控，各项非税收入均能按规定及时缴库。2015 年，全区预算外资金收入为 15832 万元、支出为 13956 万元。

（二）突出重点，优化支出结构，千方百计惠民生促发展

2015 年，我区进一步将政策支持和财力保障的重点向民生领域倾斜，全力确保“惠民、便民、利民”项目优质高效推进。全年全区用于保障和改善民生投入资金 11.34 亿元，约占全区一般公共预算支出的 62.35%。一是加大社保体系建设投入。积极落实社会保障体系建设的资金需求，强化对社会弱势群体的扶助力度。2015 年，财政累计投入社会保障和就业支出 3.34 亿元，同比增长 29.64%。二是促进教育事业蓬勃发展。继续开展校园提升改造及信息化建设工程，不断提高信息技术在教育管理中的应用水平。2015 年，财政对教育事业经费投入 3.09 亿元，同比增长 14.73%。三是全力维护社会和谐稳定。继续加大对政法部门的保障力度，为全区维稳工作提供了必要的经费支持，公众安全感、群众满意度得到稳步提升。2015 年，财政对公共安全投入 2.21 亿元，同比增长 11.79%。四是提升基本公卫服务水平。全面推进公共卫生服务均等化，努力为城乡居民健康提供有力的保障。2015 年，投入医疗卫生与计划生育支出 1.8 亿元，同比增长 26.51%。

（三）深化改革，严肃财经纪律，坚定不移践行科学理财

2015 年，我区严格按照中央、省和市关于加快推进财政体制改革的相关要求和部署，着力完善制度建设，全面规范资金管理，财政运行效能得到进一步提高。一是稳步推进国库集中支付改革。加快推进“金财工程”建设，不断提高直接支付比重，全区 168 家预算单位全部纳入了国库集中支付管理。2015 年，全区各单位通过零余额账户采用公务卡结算方式累计办理业务 13795 笔，金额为 1748 万元，同比增长 15%。二是盘活财政存量资金。根据上级部门要求，集中分类清理部门结余结转资金，加强部门结余结转资金管理。2015 年，收回 2012 年及以前年度财政存量资金 2555 万元，二次分配支出主要用于救灾等专项资金。三是强化“三公”经费预算管理。坚决贯彻

落实中央“八项规定”和厉行节约的各项要求,严格控制一般性支出,2015年区本级“三公”经费预算3245万元,同比2014年“三公”经费预算下降了143万元(不含区划调整后新划入的扬子洲镇及扬农管理处)。四是加大政府采购服务力度。积极探索在公共服务、基础设施等领域引入政府与社会资本合作(PPP)模式,激活和释放经济发展的内生动力。2015年,全区政府采购实际金额为4262万元,节约资金583万元,节约率12.03%。五是加强政府投资项目评审管理。加强对中介机构审结项目的复核力度,不断提升评审水平。2015年,全区共完成工程预算评审业务36件,评审定案金额6981万元,核减率为13.16%。六是积极探索预算绩效评价。有序推进重点领域、民生项目和基本建设项目绩效评价工作试点,将绩效评价工作结果作为部门预算和财政收支计划安排的重要依据,促进绩效管理与预算管理的有机结合。

三、2016年区级财政总预算草案

根据国家和省市对财政工作提出的新要求,结合我区财政工作实际,2016年全区财政工作总体思路是:按照全面深化财税体制改革的总体要求,围绕区委、区政府确定的工作重点和上级部门制定的工作目标,依法完善收入征管,大力培育新兴财源,更加注重提高收入质量,努力做大做优财政蛋糕;坚持厉行节约,盘活存量资金,更加注重优化支出结构,集中财力保障和改善民生;推进财税各项工作改革,健全完善政府预算管理体系,更加注重预算执行监管和绩效评价,努力实现速度与质量效益相统一、改革与经济稳定相协调的有序发展。

遵循以上指导思想,综合考虑全区经济形势和各项收支增减因素,按照收入预算实事求是、积极稳妥、留有余地,支出预算统筹兼顾、突出重点、有保有压的原则,2016年区级财政预算拟作如下安排:

全区财政总收入计划安排619000万元,同比增长8%。其中:地方一般公共预算收入计划安排135550万元,同比增长10%,由税务部门组织的收入120550万元,由财政部门组织的收入15000万元。

按我市现行财政体制测算,2016年地方一般公共预算收入为135550万元,加上省市财政提前下达项目补助资金20940万元,以及上级各项补助、转移支付补助(不含上级一次性专项追加补助)16285万元,剔除上解上级支出25080万元,2016年区级可用财力合计为147695万元。本着“量入为出,收支平衡,略有节余”的原则,2016年地方一般公共预算支出计划安排146540万元。

需要说明的是,根据上级要求,今年将上级提前下达给我区2016年项目补助资金20940万元列入区级收支预算,若剔除该新增因素,今年区本级支出预算安排为125600万元。

各主要支出项目安排是:

一般公共服务支出18700万元;

国防支出1705万元;

公共安全支出19821万元;

教育支出26107万元;

科学技术支出1733万元,其中科技三项经费1660万元;

文化体育与传媒支出675万元;

社会保障和就业支出25725万元;

医疗卫生与计划生育支出10499万元;

节能环保支出524万元;

城乡社区支出21215万元;

农林水支出800万元;

资源勘探信息等支出798万元;

国土海洋气象等支出38万元;

住房保障支出2450万元;

预备费3700万元;

其他支出12050万元。

四、紧扣目标,大胆开拓,确保完成2016年财政工作任务

2016年,全区财政工作将紧紧围绕区委、区政府决策部署,切实履行好各项财政职能,全面提升财政资金使用效益,努力为全区经济社会发展提供更为坚实的财力保障。

(一)夯实财源根基,促进经济发展与财税增收良性循环

一是加快推进结构转型。围绕全区“六大产业”主攻方向,不断加大财税扶持力度,以供给侧结构性改革增强经济发展内生动力,加快培育壮大更多新的经济增长点。二是全力服务企业发展。进一步优化“大众创业、万众创新”的发展环

境,发挥财税政策导向作用,“量身定做”为中小微企业提供更加精细化、更有针对性的帮助,为我区财力的可持续增长提供强力支撑。三是稳步建立综合治税体系。不断完善区级综合治税信息平台的建设,全面提升联合办税和委托代征的水平,应收尽收,颗粒归仓。

(二)坚持民生为本,确保城区建设与群众“获得感”同步提高

一是积极推进预算编制改革。遵循“预算一个盘子,支出一个口子”的管理要求,以科学的定额标准体系和严格的项目预算管理程序,完善基本支出定额标准,规范专项资金分配办法,不断提高预算编制的准确性和有效性。二是合理调控预算支出项目。在保障正常运转和重点支出的同时,通过强化资金审核、财政监管、政府采购等环节,从严控制一般性预算支出追加,将有限的财政资金真正用到“刀刃”上。三是优先保障和改善民生。继续加大对社保就业、医疗卫生、城市建管等各方面财政资金的整合力度,努力为健全完善城乡居民社会保障体系、提升公共卫生服务均等化水平、推动“智慧东湖”社会管理创新模式等关乎民生、体现民意的社会事业保驾护航。

(三)深化改革创新,推进依法理财与科学管理相辅相成

一是扎实推进财政资金统筹管理。积极盘活各领域财政沉淀资金,并计划将闲置、沉淀的财政资金集中用于稳增长、调结构、惠民生的重点领域和关键环节,提高资金使用效率。二是继续深化预算管理改革。跟踪了解中期财政规划管理工作,稳步推进全区“三公”经费预决算公开及部门预算信息公开,进一步提高预算执行的透明度。三是加大政府采购服务力度。扩大政府购买服务试点范围,运用政府和社会资本合作(PPP)模式推进民生领域投资建设和运营管理,撬动社会力量支持经济社会发展。四是加大专项资金清理整合力度。开展“小金库”专项治理“回头看”、政府采购排查等财经纪律专项检查,严厉查处违法违规行为,维护财经秩序。五是健全财政涉农资金管理。按照资金分配规范、使用范围明晰、管理监督严格、职责效能统一的要求,进一步完善财政涉农资金管理制度,为财政涉农资金安全高效运行提供制度保障。六是推进公务用车制度改革。严格遵循公务交通补贴标准,合理配置公务用车资源,保障公务出行,降低行政成本,采取切实有效措施加快改革步伐。七是完善预算绩效评价管理。继续做好政府投资评审工作,扩大预算绩效管理范围,建立健全第三方评价机制,加强绩效评价结果运用。八是规范地方政府性债务管理。完善我区债务管理机制,在风险可控、留有余地的前提下最大限度发挥财政资金的杠杆作用,切实防范财政金融债务风险。

各位代表,2016年是“十三五”规划的开局之年,更是我区全面深化财税改革的攻坚之年,站在新的历史起点上,财政工作责任重大,使命光荣。我们将在区委、区政府的正确领导下,在区人大及其常委会的监督指导下,认真贯彻本次人代会的各项决议,创新实干,依法理财,全力以赴完成今年财政各项工作任务,为构建实力雄厚、活力动感、魅力彰显的新东湖做出应有的贡献!

(区财政局)

2015年东湖区国民经济和社会发展统计公报

2015年,在区委区政府的正确领导下,全区上下坚持稳中求进的总基调,以融入南昌打造“核心增长极”和“四个强起来”为动力,朝着“四区建设”的目标努力,开拓创新,积极作为,全区经济持续稳步增长,呈现出结构改善、质量提高、可持续发展的良好局面。

一、综合

经济总量:据初步核算,全区地区生产总值达384.57亿元,按可比价计算,同比增长9.1%。其中:第一产业实现增加值1.20亿元,同比下降1.2%;第二产业实现增加值34.59亿元,同比增长10.8%,第三产业实现增加值348.78亿元,同比增长9.0%。三次产业比重为:0.31∶8.99∶

90.69。人均生产总值79689元,增长7.09%。

非公经济:在全区生产总值中,非公有制经济实现增加值169.77亿元,增长9.1%,占全区生产总值的比重达44.1%。

财政收入:全年实现财政总收入57.31亿元,同比增长6.7%,其中:地方一般公共预算收入12.32亿元,同比增长10.1%,税收收入10.23亿元,同比增长9.15%,非税收入2.10亿元,同比增长27.74%。

全年地方一般公共预算支出18.18亿元,同比增长16.8%。其中,教育类支出3.09亿元,增长14.73%;社会保障和就业支出3.34亿元,同比增长29.64%;医疗卫生支出1.80亿元,增长26.51%。

物价水平:全年居民消费价格总指数(CPI)比上年上涨1.6%。其中:食品上涨3.8%,烟酒上涨2.7%,衣着上涨4.2%,家庭设备用品及维修服务上涨1.4%,医疗保健及个人用品下降0.2%,交通和通讯下降1.2%,娱乐教育文化用品及服务上涨0.7%,居住下降1.1%。商品零售价格总指数上涨0.5%。

二、固定资产投资

投资总量:2015年,全年实现固定资产投资160.25亿元,同比增长16.7%,其中:房地产投资8.49亿元,同比增长9.2%。全年城镇投资施工项目392个。其中,新开工项目379个;计划投资亿元以上项目8个,比上年同期多2个。

投资结构:2015年,城镇以上固定资产投资中第一产业完成0.58亿元,第二产业完成19.79亿元,第三产业完成139.88亿元。三次产业投资比例为0.4:12.3:87.3。

三、国内贸易

消费品市场:全年社会消费品零售总额251.88亿元,同比增长4%。按行业分:批发业零售额28.83亿元,同比增长5.77%;零售业零售额191.65亿元,同比增长2.37%;住宿业零售额3.48亿元,同比增长5.64%;餐饮业零售额27.92亿元,同比增长14.31%。按数据结构分:限额以上企业实现零售额98.54亿元,同比下降1.4%。

商品交易市场:2015年末,全区共有亿元市场4个,实现成交额48.68亿元,较上年同期下降5.93%。

四、建筑业

建筑业:2015年全区资质以上建筑业企业63家,其中有工作量企业60家。实现建筑业总产值125.49亿元,其中:建筑工程产值达56.01亿元,安装工程产值达16.45亿元;实现建筑业增加值25.2亿元。全区建筑业从业人员16383人,建筑业企业签订合同额197.25亿元,房屋建筑施工面积为199.59万平方米。

五、对外经济

对外贸易:据海关统计,2015年内资企业(含中央、省市属公司)实现进出口总额54362万美元,同比增长4.0%。

招商引资:2015年,全区合同外资8712万美元,实际利用外资15175万美元,现汇比例28.22%,新批外商投资项目7个。全年实际利用内资35.44亿元,同比增长17.9%。

六、教育和卫生

教育:2015年:全区登记注册幼儿园53所,幼儿数12350人,专任教师916名。小学13所,九年一贯制学校7所,其中小学招生3712人,在校小学生23391人,毕业生3686人,专任教师1276名;初中招生1172人,在校中学生3916人,毕业生1384人,专任教师285名。特殊教育学校1所,在校学生165人,专任教师21人。

卫生:截至2015年末,全区共有各类医疗机构231家,其中一级医院10家(区属一级医院2家),社区卫生服务机构24家,乡镇卫生院1家,门诊部84家,个体诊所56家,村卫生所19家,其他医疗机构37家。拥有执业医师1198人,注册护士998人,万人拥有医护人员41.95人。拥有病床330张,万人拥有病床6.3张。年内未发生重大公共卫生事件和疾病流行,全区报告传染病1154例,传染病发病率为196.67/十万,计划免疫单苗接种率和儿童“五苗”接种率均达90%以上。

七、人口和人民生活

人口:2015年末,全区总户数147030户,总人口479265人,其中:男性239375人;女性239890。非农业人口451685人,农业人口27580人。出生人口4698人,出生率为8.45‰,自增率为4.77‰,计划生育率为91.4%,出生婴儿性别比为106.69,综合节育率为87.14%,晚婚率89.68%。

人民生活：城镇居民人均可支配收入33079元，同比增长9.3%；区属在岗职工年平均工资为53284元，同比增长14.98%。

八、城市建设和环境保护

城市建设：全年共清掏窨井15188座次，维修窨井1158座，更换井构件2041套（件），新建窨井993座，维修各类路面58729平方米，维修补栽路沿石28201米，机械疏通下水道90015米，清运余土淤泥356立方米。辖区小街巷安装路灯2699套。

园林绿化：2015年全年栽种乔木2557株，灌木253728株，年末拥有园林绿地面积470.96公顷，绿化覆盖面积471.09公顷，公共绿地面积280.47公顷，城区绿化覆盖率29.62%，人均公园绿地面积7.16平方米。

环境保护：全年环境空气质量优良天数315天，优良率86.31%，空气综合质量指数4.83，工业废水达标率100%，集中式饮用水源水质达标率100%，区域环境噪声监测面积13.1平方千米，全年等效声级53.12分贝。实施道路交通噪声监测的交通干线为16条，测点为49个。交通噪声均值69.7分贝，工业固废综合利用率达到100%。

说　明：

1. 本公报所列各项产值绝对数按当年价格计算，增长速度按可比价格计算。

2. 人民生活为全市统一抽样调查数

3. 人口数据情况中，除出生人口、出生率、自增率等计生数据由区计生委提供外，其他数据由东湖公安分局提供。

4. 建筑业为四季度快报数。

5. 公报中数据为初步统计数，正式统计数据以《南昌市东湖区经济社会统计年鉴（2015）》为准。

（区统计局）

东湖区国民经济和社会发展第十三个五年规划纲要

第一篇　新常态下发展序曲

第一章　适应新常态，明确新方向

“十二五”期间，东湖区深入贯彻落实中央十八大以来全面深化改革、转变经济增长方式等新要求，以全面建成小康社会为总目标，聚焦城市建管、产业升级、社会民生，积极应对宏观经济下行压力，全力上项目、稳增长、调结构、增后劲、惠民生、促和谐，不断提升城乡、社会、政务生态环境，推动经济社会稳步发展，全面完成了“十二五”规划确定的各项目标任务，共同书写了东湖持续快速健康发展的崭新篇章，为“十三五”经济社会发展奠定了坚实基础。

第一节　发展基础

——经济总量持续壮大。五年来，始终坚持发展第一要务，主要经济指标增幅总体高于省市平均水平，稳居全省第一方阵地位。地区生产总值由290.76亿元增长到378.75亿元（2014年开始统计口径变化），年均增长9.69%；固定资产投资由64.98亿元增长到160.7亿元，年均增长21.2%；财政总收入由20.42亿元增长到57.31亿元，年均增长16.15%；地方一般公共预算收入由6.4亿元增长到12.32亿元，年均增长13.63%。

——发展质量持续提高。五年来，始终坚持致力于转变经济发展方式，扩大有效需求，产业结构调整成效明显，第三产业产值占地区生产总值的比重达91.12%。现代服务业加速发展，成为南昌市荣获“全省金融服务业集聚区”的唯一城区；胜利路步行街被中国商街委认定为“中国著名商业街”，实现江西省国家级商业街零的突破；樟树林文化生活公园被誉为“退二进三的典型和文化创意产业园的典范”。

——改革开放持续深入。五年来，始终坚持以改革开放为动力，发展活力彰显。户籍制度“一元化”改革列为全市户改先进典型进行推广；

部门改革顺利完成,实现工商、质监和食品药品监管“三合一”,卫生、计生“二合一”;行政审批制度改革全面开展,改革红利逐渐释放。对外开放水平显著提升,“十二五”期间招商引资项目近600个,其中千万级项目438个,5000万元以上项目108个,亿元以上项目35个。

——城市品位持续提升。五年来,始终坚持高标准规划、高品位设计、高质量建设、高效能管理,城市建设迈上新台阶。旧改“双拆”全面实施,共完成房屋征迁193.1万平米,“双拆”面积7.32万平米,完成土地收储2000余亩,均创东湖历史新高。基础设施更趋完善,顺利实施“百路大战”,对300余栋房屋实施街景改造。坚持建管并重,累计投入城市管理和市容提质资金3.01亿元,在全省率先推进环卫作业市场化。2014年9月,扬子洲地区整建制划归,发展空间成倍扩大,形成了“有城有乡、有湖有江、有农有商”的一江两岸格局。

——群众生活持续改善。五年来,始终坚持共建共享,关注民生,为民办实事,人民生活水平日益提升。全区城镇居民可支配收入继续保持较快增长,2015年达到32271元,是“十一五”期末的1.7倍。累计投入资金约37.72亿元,240件民生实事得到全面落实。新增就业5.59万余人,城镇就业率达94.8%,零就业家庭安置率100%;教育净投入达9亿元;医疗卫生投入3.4亿元;城镇基本医疗保险参保5.96万人;累计发放城乡低保金1.14亿元;累计发放廉租住房补贴2808万元和实物配租3522户。

——社会事业持续进步。五年来,始终把均衡化发展作为重要准则,做到学有优教、病有良医、老有好养、住有宜居。在全省率先打造“民生五圈”,即“10分钟便民服务圈”“15分钟公共文化服务圈”“15分钟卫生服务圈”“15分钟体育健身圈”“20分钟优质教育圈”。南昌瓷板画列入国家级非物质文化遗产保护项目。在全省率先开展信息化养老服务工作;建立全省首个餐饮服务食品安全快检室;打造全省首个五星级的示范集贸市场—新公园路集贸市场;在全市较早实现被征地农民养老保险全覆盖。

五年来,全区先后荣获全国民政工作先进区三连冠、全国文化先进县(区)、全国和谐社区建设示范城区、全国推进义务教育均衡发展先进区、全国计生优质服务先进区、全国群众体育先进单位等国家级荣誉20余项、省级荣誉40余项。此外,积极支持老干部、工会、团委、妇联、科协、工商联、残联、红十字会等开展工作,史志、档案、人防、机关事务、民族宗教、外事侨务等工作均取得新的进步。

第二节　发展环境

“十三五”时期,在国际形势新变化和国内发展“新常态”背景之下,我区将面临全面深化改革、着力创新驱动、加快转型发展的重大战略机遇,同时也面临严峻的现实挑战,机遇与挑战并存。

(一)面临的宏观形势

——世界经济仍处于金融危机延伸期,国际国内面临新环境。全球利益格局的战略博弈更加复杂,外部环境的不稳定性和不确定性增加。新兴经济体与我国产业的同构竞争加剧,正在引发影响深远的产业变革。全球经济治理体系发生重大变化,多边贸易体制步履艰难,新一轮国际贸易主导权争夺加剧,正在改变世界贸易规则和体系,我国经贸发展的外部环境将相应出现全新变化。

——我国经济发展进入新常态,对转方式调结构提出新要求。未来一个时期,我国经济“三期叠加”的影响仍将持续,经济社会发展中出现许多新特征、新趋势、新挑战。一是经济增长速度从高速向中高速转变,各类隐性风险可能显性化。二是经济发展方式将从规模速度型粗放增长向质量效率型集约增长转变,产业结构升级调整势在必行。三是经济增长的动力逐步向创新驱动转变,寻找和培育发展新的发展动力迫在眉睫。

——生态文明建设进入新高度,对打造绿色经济提供新指导。中共中央、国务院印发了《关于加快推进生态文明建设的意见》及中共江西省委、江西省人民政府出台了《关于建设生态文明先行示范区的实施意见》,提出创新生态文明建设体制机制,经济社会发展走出一条绿色低碳发展新道路。

(二)当前存在的主要问题

“十二五”时期,尽管我区在经济社会等领域取得可喜成就,但仍要清醒地看到,发展不平衡、不协调、不持续的问题仍较突出，传统比较优势正在减弱，约束性条件和结构性矛盾对经济快速增长的制约不断加大，实现进位赶超、跨越发展还面临着不少困难和挑战。

——区域竞争压力加剧。“招大引优”难度增大，产业优势不突出、集群效应不明显，面临的竞争态势越来越严峻，特色、高端产业发展缺乏区域影响力。

——要素设施瓶颈制约明显。一是土地要素需求强烈，存量空间释放有限，增量空间供给不足，发展空间出现严重缺口；二是投入基础设施建设、产业发展、科技创新等方面的资金要素不足，经济增长缺乏新的重大引擎；三是政策要素倾斜不够，我区的金融业、商贸业等支柱产业正在外迁，一些传统纳税大户严重流失。

——转型发展任务艰巨。生态文明建设与“绿色化”“两型化”发展理念逐渐成为时代发展主题，在资源环境约束加剧和生产要素成本上升的双重压力下，优化产业结构、提升经济品质、转型创新发展的任务艰巨。

——城市功能有待完善。城市功能分区不尽合理，城市规划与建设不够协调，服务功能尚需完善，交通拥堵及空气污染等问题日益加重，美丽东湖、魅力东湖的打造任重而道远。

——和谐发展压力凸显。转型阶段，社会结构深刻变动，公共服务供给还不能满足群众迅速增长的多样化、多层次需求，不同利益群体之间的利益诉求与博弈冲突加剧，社会矛盾容易激化。

（三）面临的发展机遇

尽管国际国内形势发生了巨大变化，我区经济发展也面临着不少问题和挑战，但我们也要充满信心地看到，经过“十二五”的发展，我区经济总量迈上新台阶，产业转型升级态势良好，“四区一体”目标有序推进，为“十三五”发展奠定了扎实的基础。总体来看，我区仍然处于大有可为、大有作为的战略机遇期。

——面临深度开放的新机遇。东湖区在南昌市乃至全省，拥有得天独厚的区位优势，随着长江经济带、“一带一路”战略的推进，昌九一体化进入攻坚期，南昌核心增长极打造已经起势，旧城改造进入土地出让和项目建设期、扬子洲整体划规等历史机遇，东湖区在新一轮深度开放中，必将迎来更多机遇。

——面临产业升级的新机遇。近年来，“创新发展”继续引领全球技术创新的方向，云计算、大数据、移动互联网、物联网等将不断拓展新的应用领域与模式。新兴产业将成为“十三五”经济的新增长点。当前，东湖区电子商务、新型金融、文化旅游、健康养老等战略性新兴产业已经快速起步。

——面临文化繁荣发展的新机遇。东湖区文化资源非常丰富，“红绿古特”四色文化在全市首屈一指。“十三五”期间，做好以“红色为底蕴、历史为主题、生态为特色”的文化文章，推动文化产业和文化事业繁荣发展，把文化产业打造成为带动东湖区经济发展的重要支撑。

——面临着改革红利释放的新机遇。十八届三中全会通过了《中共中央关于全面深化改革若干重大题目的决定》，把经济体制改革作为深化改革的重点。东湖区贯彻落实国家、省市推进简政放权、转变政府职能的工作要求，从“给群众端菜”向“让群众点菜”转变，深入推进行政审批制度改革，有序推进投融资体制改革，真正使各类市场主体的活力竞相迸发。

专栏一："十二五"时期东湖区经济社会发展指标完成表

类别	指标名称	2010 年	2015 年	完成进度	指标类型
经济规模	地区生产总值(GDP)(亿元)	290.76	378.75	达到进度	预期性
	财政总收入(亿元)	20.42	57.31	达到进度	预期性
	地方一般公共财政预算收入(亿元)	6.4	12.32	达到进度	预期性
	全社会固定资产投资(亿元)	64.98	160.7	达到进度	预期性
	社会消费品零售总额(亿元)	206.05	190	基本达到进度	预期性
	实际利用外资(亿美元)	0.99	1.29	达到进度	预期性

续表

类别	指标名称	2010 年	2015 年	完成进度	指标类型
经济规模	实际利用内资（亿元）	14.33	35.68	达到进度	预期性
	出口总额（亿美元）	2.37	5.4	达到进度	预期性
经济结构	产业结构（第三产业占比%）	95	91.12	基本达到进度	预期性
	财政总收入占 GDP 比重（%）	7.5	15.13	达到进度	预期性
	税收占财政总收入的比重（%）	88.63	93.38	达到进度	预期性
人民生活	人口自然增长率（‰）	〈7	3.83	达到进度	约束性
	城镇居民人均可支配收入（元）	19000	33271	达到进度	预期性
	累计新增就业人数（万人）	4.5	5.85	达到进度	预期性
资源环境	城市绿化覆盖率（%）	29.3	29.62	达到进度	预期性
	单位生产总值能耗累计下降（%）	15	16	达到进度	约束性

注：1. 地区生产总值的统计口径2014年发生了变化；2. 社会消费品零售总额的统计口径发生了变化，由原来的在地统计口径改为法人统计口径；3. 由于扬子洲化规的原因，产业结构中第三产业占比下降

第二章 “十三五”时期的发展思路和战略目标

“十三五”时期，面对内外环境发生的一系列重要变化，我们应该加快调整发展思路，主动适应新常态，明确我区经济社会发展的发展思路和战略目标，实现经济社会发展新跨越。

第一节 指导思想

高举中国特色社会主义伟大旗帜，以马克思列宁主义、毛泽东思想、邓小平理论、“三个代表”重要思想和科学发展观为指导，深入贯彻习近平总书记系列重要讲话精神，全面落实省委“发展升级、小康提速、绿色崛起、实干兴赣”十六字方针和市委“抢占制高点、聚焦增长极、提升首位度、共筑‘四强’梦”二十字总体任务，紧紧围绕打造“实力东湖、活力东湖、魅力东湖”要求，奋力开创“四区一体”建设新局面，确保“十三五”时期率先在全市全面建成小康社会。

率先全面建成小康社会，深化“四区一体”建设新境界，必须在今后发展中做到“三个坚持”：

——坚持推进“四个全面”战略布局。全面建成小康社会是根本目标，全面深化改革、全面依法治国和全面从严治党是三大保证。必须坚决破除一切影响科学发展的体制机制障碍，释放改革新红利，激发发展新动力，赢得竞争新优势；必须坚定走中国特色社会主义法治道路，加快推进法治东湖、法治政府、法治社会一体建设；必须坚持贯彻全面从严治党要求，不断增强党的创造力、凝聚力和战斗力，提高党执政能力和执政水平。

——坚持践行“五大发展理念”。“创新、协调、绿色、开放、共享”五大理念是把握发展机遇、破解发展难题、厚植发展优势、赢得发展主动的重大战略抉择，是“十三五”乃至更长时期我国发展思路、方向和着力点的集中体现。必须牢固树立“五大”发展理念，把创新摆在发展全局核心位置，加大统筹协调发展力度，深入推进生态文明建设，发展更高层次开放型经济，使全体人民在共建共享中有更多获得感，不断开创发展新境界。

——坚持区域融合发展。按照“全区联动”原则，以“大规划”的理念，推进区域融合发展，正确处理好旧城改造与新城建设关系。以复兴理念引领旧城改造，在妥善处理拆、改、留关系中推动旧城有序改造、功能升级、文化传承，加快实现城市活力复兴、经济实力复兴和历史文化复兴；以科学规划引领新城建设，按照世界标杆低碳生态之岛目标，谋划和启动扬子洲片区的开发建设，推动新老融合、两岸共辉。

第二节 发展定位

紧紧围绕率先在全市全面建成小康社会的总

目标不动摇，主动适应新常态、引领新常态，以科学发展观为主题，以全面打造核心增长极为主线，以全面深化改革为动力，把改革创新、对外开放、法治建设贯穿于经济社会发展全过程，抢抓“一带一路”国家战略机遇和长江经济带建设体系，着力在“产业发展、城市建管、辐射带动、作风建设”四个方面下苦功夫、花大力气，更加注重提升发展质量和发展效益，更加注重生态文明建设，更加注重保障和改善民生，更加注重加强和创新社会治理，更加注重城乡一体化和区域协调发展，更加注重低碳绿色和特色发展，不断提升“总部经济集聚区、高端商业核心区、南昌文化标志区、城市管理示范区”的城市发展目标新境界。

——深化构建总部经济集聚区新境界。以楼宇(总部)经济建设为重点，力争未来5年实现百栋楼宇、百亿投资、百亿税收、千家企业、万人就业的综合型现代总部经济集聚区。

——深化构建高端商业核心区新境界。力争未来5年形成高端商业核心区，打造一批高端百货、主题百货和专题卖场，形成全省大规模的高端品牌集群，延续东湖千年“商脉”。

——深化构建南昌文化标志区新境界。本着“内挖外拓、护旧创新”原则，力争用5年时间，将东湖打造成南昌历史文化集中展示区和南昌创意文化产业的集聚区，进一步确立文化产业的支柱性产业地位，打响东湖文化名片。

——深化构建城市管理示范区新境界。按照“国家标准、南昌示范、制度科学、长效管理”目标要求，坚持“聚合资源、分步实施、有序过渡、全面提升”原则，积极推进智能化管理，构建好集城市管理信息中心、监督中心、指挥中心“三位一体”的城市管理综合平台，实现公安、交管、城管、执法等单位资源共享、联动执法，打造“智慧东湖”。

第三节　发展目标

抢建新节点、再创新高地，打造“实力东湖、活力东湖、魅力东湖”，是市委准确把脉东湖提出的任务要求，也是“四区一体”建设的战略指向，“十三五”时期必须持之以恒地坚持好、贯彻好。

——实力东湖。深入研究都市经济发展规律，转变经济发展理念，坚持走“资源节约型、环境友好型”发展之路，聚焦总部(楼宇)经济、现代商贸商务业、金融服务业、互联网产业、文化创意旅游产业、健康养老服务业六大主导产业，以重大项目驱动产业升级，不断开创总量指标持续攀升、速度指标全市领先、质量指标大幅上扬、特色优势指标争先进位的良好势头，“东湖实力”更加雄厚。

——活力东湖。发扬改革创新精神，以体制机制创新为突破，激发体制机制活力，在招商引资、项目建设、城市管理、民生事业、正风肃纪等方面大胆试、大胆闯，打造充满生机和活力的新东湖，推动工作推进机制、行政问责机制、全面改革机制基本成熟和定型，完备规范有效的制度体系基本形成，发展活力持续迸发，干事创业氛围不断浓厚，“东湖活力”更加充沛。

——魅力东湖。科学管控城市空间立体性、平面协调性、风貌整体性、文脉延续性，着眼优化城市布局、提升功能品质，坚持“为民所建、为民所用”原则，每年实施一批“惠民便民利民”工程和重大市政建设工程，不断提升城市通透性和微循环能力，加快形成以人为本、职能高效、相互衔接、低碳绿色、弹性适应的现代公共设施体系和运行管理体系。以“智慧城市”试点为契机，以“干干净净、漂漂亮亮、井然有序、和谐宜居”为目标，遵循“市级决策统筹、区级管治主体、街镇落实执行、社区自治自理、全民积极参与”的城市管理体制，实施城市管理提质升级，全面提升城市精细化管理水平，使城市外观更美洁、功能更完善、内涵更丰富、品质更高雅，“东湖魅力”更加彰显。

综合考虑“四区一体”建设和在全市率先全面建成小康社会战略目标，力争在综合实力、产业升级、城市品质、改革开放、民生福祉、社会治理六个方面实现新突破、取得新成效。

——综合实力迈上新台阶。在提高发展平衡性、包容性、可持续性基础上，保持地区生产总值年均增长高于全国、全省平均水平；在提前实现人均生产总值和城乡居民收入比2010年翻一番、率先全面建成小康社会基础上，人民生活水平全面提升，城市环境舒适度显著改善，群众获得感和幸福感不断增强。

——产业升级实现新突破。适应经济发展新常态，加快供给侧改革，实施服务业升级行动，推动生产性服务业向专业化和价值链高端延伸、生活性服务业向精细化和高品质转变。大力发展现代商贸、“互联网+”、信息服务等新型服务业,重点培育健康养老、现代金融、文化创意等新兴业态,形成区域优势产业集群。

——城市品质获得新提升。城市功能与空间布局进一步优化,生产空间集约高效、生活空间宜居适度、生态空间山清水秀融合有致,城市发展持续性、宜居性显著提升。“两型社会”建设深入推进,绿色、循环、低碳发展理念进一步树立,绿色生产生活方式广泛推广,生态文明指数处于全省全市前列,城市环境更舒适,形态更美化;“智慧城市”初具雏形,现代化信息基础设施体系基本形成,城市运行更智能,内涵更优化;文明创建拓展提升,文明理念深入人心、文明风尚人人推崇,市民素质和社会文明程度明显提高;人文基础夯实巩固,文化内涵深度挖掘,文脉节点有序打通,文化基因完整留存,历史文化名区基本成型,城市发展的人文支撑更加有力。

——改革开放拓展新局面。改革动力之轮持续运转,重点领域和关键环节改革取得实质性成效,综合配套改革协调推进,体制机制进一步完善,干事创业的环境氛围日益浓厚;内联外融向纵深拓展,“引进来”和“走出去”双向联动的大开放格局基本形成,招商队伍更专业、招商机制更完善、招商格局更优化,开放型经济指标内外比、纵横比稳步前移,项目更具引爆性、引领性和带动性。

——民生福祉注入新内涵。民生投入持续增加,民生保障更加有力,民生福祉内涵不断丰富,人民生活水平和质量普遍提高,就业、教育、文化、社保、医疗、住房等公共服务体系更加健全,民生领域全国争先、全省率先、全市领先的地位继续巩固。

——社会治理取得新进展。党委领导、政府主导、社会协同、公众参与、法治保障的社会治理体制不断完善,群众安全感和满意度稳步提升。中国梦和社会主义核心价值观更加深入人心,城市文明持续提升;文化事业更加繁荣,人民民主更加健全,法治政府基本建成,司法公信力明显增强,社会秩序更加安定、人民生活更加幸福。

第四节　发展战略

紧密围绕提升“四区一体”新境界,打造实力东湖、活力东湖、魅力东湖,率先在全市全面建成小康社会总目标,贯彻“创新、协调、绿色、开放、共享”五大发展理念,确立五大发展战略。

(一)坚定不移实施产业结构优化升级战略,着力推动产业融合发展。经济新常态下,产业结构转型升级是实现跨越式发展的唯一出路。要始终坚持产业立区、产业强区,按照“面上谋势、点上落子”的要求,加快产业结构调整,传统产业优化升级,现代服务业突破发展,全区产业向精细和高品质目标迈进,为产业文明、城市文明、生态文明融合共进奠定坚实基础。

(二)坚定不移实施现代都市战略,着力提升城区功能品质。以科学发展观为统领,以新型城市化为主导,坚持先导化、网络化、扁平化和特色化等基本策略,加大投入、加快建设,通过完善功能体系、优化空间格局、提升基础设施、营造品质特色,实现布局优化、功能完备、设施高效、管理智能、品位高雅的新型城市化目标,全面提升城市功能品质。

(三)坚定不移实施改革创新驱动战略,着力释放经济发展活力。坚持改革创新是引领发展第一动力的理念,健全、完善现有各项发展制度,以深化改革和创新机制促进发展,加快形成更具活力的发展环境;发挥科技创新在全面创新中的引领作用,推动大众创业、万众创新,激发全社会的创新活力和创造潜能。

(四)坚定不移实施生态创优战略,着力实现健康永续发展。紧紧抓住建设生态文明先行示范区的历史机遇,坚持绿色强区、绿色惠民,把生态文明建设融入经济社会发展各方面和全过程,努力成为人与自然和谐发展的生态文明城市典范。

(五)坚定不移实施共享协调发展战略,着力提升民生幸福指数。按照人人参与、人人尽力、人人享有的要求,坚守底线、突出重点、完善制度、引导预期,注重机会公平,保障基本民生,协调利益主体,着力解决人民群众最关心最直接最现实的利益问题,让人民群众共享改革发展成果。

第五节　空间布局

按照“整体规划、分步实施、滚动发展”城市发展思路,按照“南优北拓西连东扩”城市发展路径,着力拓展城市发展空间,扩容提质,着力构建集商业商务、健康服务、文化创意、旅游休闲等于一体的核心城区发展新模式。

“南优北拓西连东扩”发展路径：

——南优：以滕王阁景区和百花洲景区融合发展为引领，以省政府搬迁地块置换、旧城改造、地铁商圈等为契机，优化八一广场—中山路—滕王阁核心商圈，集聚人流、物流、商机，提升现有商业氛围，改善居民生活设施，精塑核心城区品质。

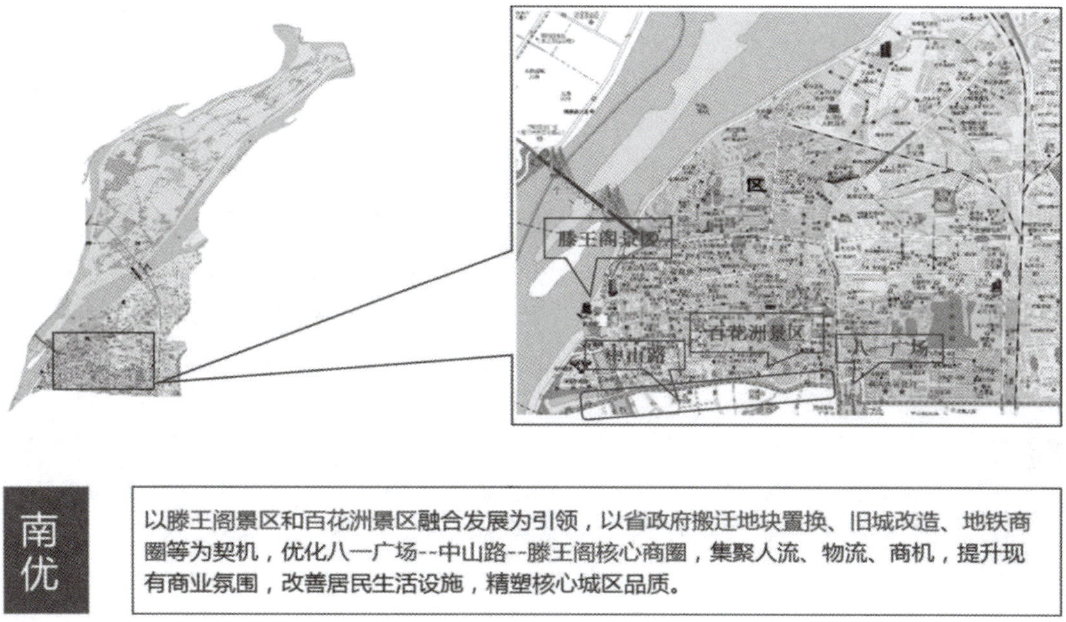

图 1.1：城市发展路径

——北拓：2016—2019 年，做好扬子洲地区总体规划、基础设施建设、生态工程建设和居民安置等相关工作。2019—2020 年，全面启动扬子洲的开发，拓展东湖区城市发展空间。

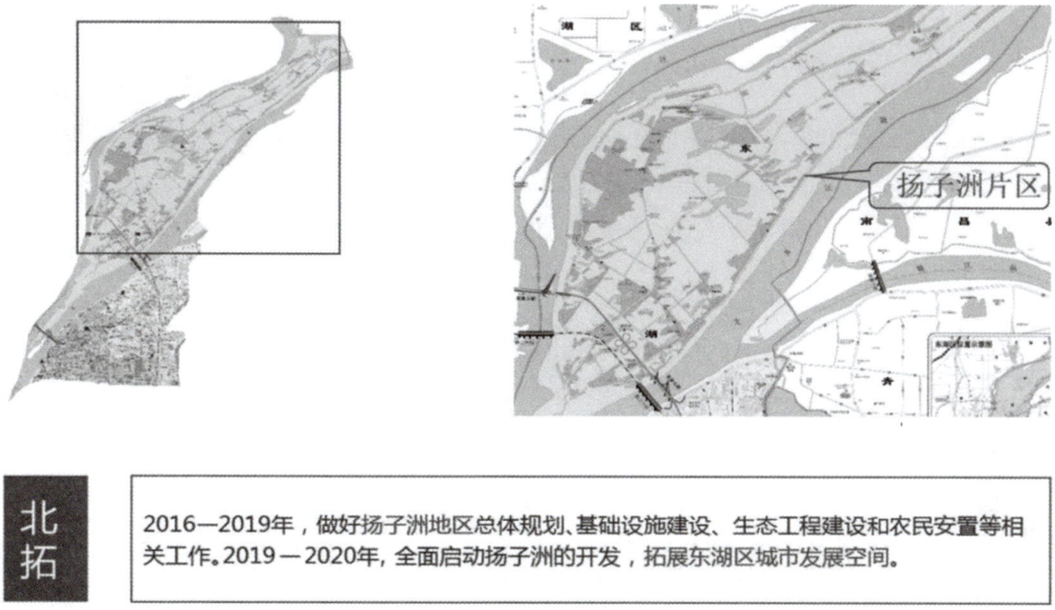

图 1.2：城市发展路径

——西连:连接沿江北大道、滕王阁、紫金城、青山湖西岸,打造沿江总部经济带,提升现有商业品质,与红谷滩形成一江两岸的产业发展格局。

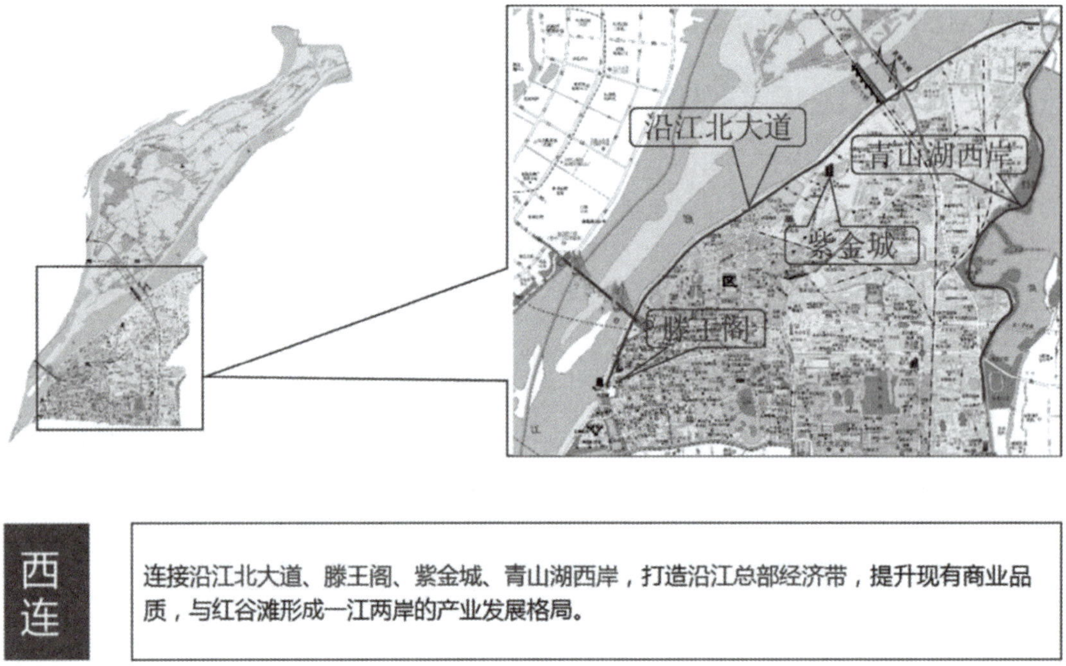

图1.3:城市发展路径

——东扩:全面开发建设青山湖西岸地块,着力打造南昌市总部集聚区和高端商务区,带动洪都大道、青山路商圈的提升。

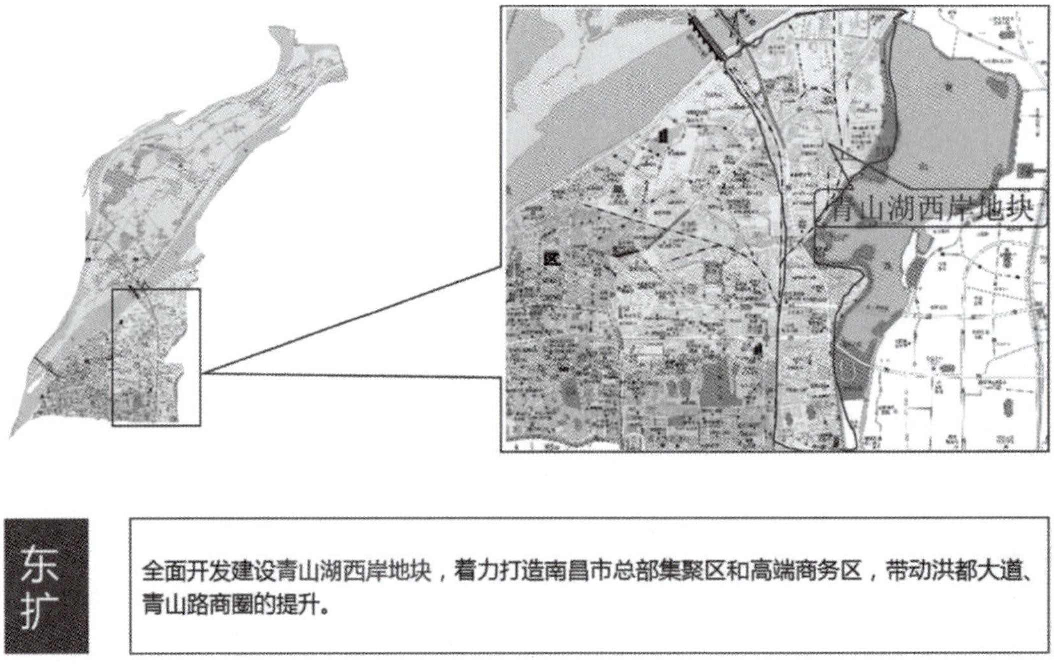

图1.4:城市发展路径

专栏二："十三五"时期东湖区经济社会发展主要指标

类别	指标名称	2015 年	2020 年	年均增长	属性
经济总量	地区生产总值(亿元)	378.72	543.74	7.5%	预期性
	财政总收入(亿元)	57.31	76.69	6%	预期性
	地方财政一般预算收入(亿元)	12.32	16.49	6%	预期性
	500 万元以上固定资产投资(亿元)	160.7	259.4	10%	预期性
	社会消费品零售总额(亿元)	190	230	5%	预期性
	实际利用外资(亿美元)	1.29	2.08	10%	预期性
	实际利用内资(亿元)	35.68	52.43	8%	预期性
	出口创汇(亿美元)	5.4	5.96	2%	预期性
基础设施	旧城改造(万平方米)	193	350	-	预期性
	道路建设/改造(条)	20	25	-	预期性
人民生活	居民年人均可支配收入(元)	32271	51867	9%	预期性
	累计新增就业人数(万人)	5.85	5.9	-	预期性
资源环境	万元 GDP 能耗累计下降(%)	15	10	-	约束性
	城市绿化覆盖率(%)	29.62	30.62	-	预期性

第二篇　实施产业升级战略，推动产业融合发展

第三章　产业升级精准定位

以科学发展观为指导，坚持现代服务业与传统服务业双轮驱动的原则，充分发挥中心城区优势，按照"高端、高效、高辐射"的产业发展方向，以旧城改造计划为结合点，精准定位，规范提升传统服务业、创新发展现代服务业，优化行业结构、提升技术结构、改善组织结构，全面提高服务业发展水平，将东湖区打造成南昌市服务业发展高地。

第一节　规范提升传统服务业

作为南昌市的核心区域，东湖区的商贸百货、医疗卫生等传统服务业高度集聚，要进一步提升传统服务业，必须加快解放思想、更新观念，坚持市场化、产业化、社会化的方向，从体制机制、政策法规、资金投入和改善环境等多方面采取措施。

——推进传统服务业的市场化。进一步打破垄断，规范准入条件。在明确行业要求和经营资质的前提下，放宽进入管制，扩大非公有制经济比重，扩大服务企业经营范围促进传统服务企业质量和规模的提升。通过体制机制创新，促进专业化分工，带动服务外部化，从供给与需求两方面激活传统服务业发展的内在动力。

——推进传统服务业的产业化。加快推进适宜产业化经营领域的服务业产业化进程。在产业融合中找到新的增长点，加快发展生产性服务业以及生活性服务业。要营造良好的产业生态环境，通过紧密的产业关联、共享的资源要素、丰富的社会资本、有效的竞合机制，充分发挥外部性优势，培育和促进服务业集群的形成与发展，形成产业共同进化机制。

——推进传统服务业的社会化。特别是一些原由财政负担的事业型、福利性服务单位转向企业化、产业化和社会化，需要付出一些改革成本，

在资金、税收、用地等多方面予以支持加快推进转型过程。

第二节　创新发展现代服务业

现代服务业是城市核心竞争力的一个集中体现,要紧紧抓住产业转型升级契机,进一步挖掘潜力、整合资源、突出重点,加快培育互联网、现代金融、文化创意旅游、健康养老等现代服务业,引导现代服务业创新发展。

——营造良好环境。要准确把握现代服务业市场化的发展方向,根据国家的政策精神,按照“非禁即入”原则,最大限度为现代服务业“松绑”。要进一步发挥政策导向作用,制定我区现代服务业的扶持政策,营造现代服务业发展的良好环境。

——强化规划引导。要加强顶层设计,科学编制现代服务业发展规划。强化规划的引导作用,遵循错位发展、互补共赢的原则,使相关产业链条在一定区域内聚集,形成各有特色又相互关联的现代服务业集群。

——多渠道增加投入。发挥政府的引导和推动作用,推动重点行业、重大项目的发展,吸引更多的社会资金投入。大力扶持符合条件的服务业企业进入资本市场筹措资金,同时要积极向省市争取服务业政策和资金,支持重大项目开发建设。

第四章　产业升级持续发力

服务业具有人力资本高、技术含量高和附加值高等特点,促进服务业加快发展,是减少经济发展中能源资源消耗、环境污染和加快转变增长方式的迫切需要,也是有效增加就业、扩大消费需求的重大举措。

第一节　产业布局

根据东湖区现有产业基础,以及未来产业发展定位,确立“3 圈 2 轴 1 带 6 业支撑”服务业产业布局:

——3 圈:以滕王阁文化旅游核心区、八一广场高端商贸集聚区、青山湖西岸现代服务业总部集聚区构筑三角状的极化空间,为各自所在的空间组团提供产业支撑。

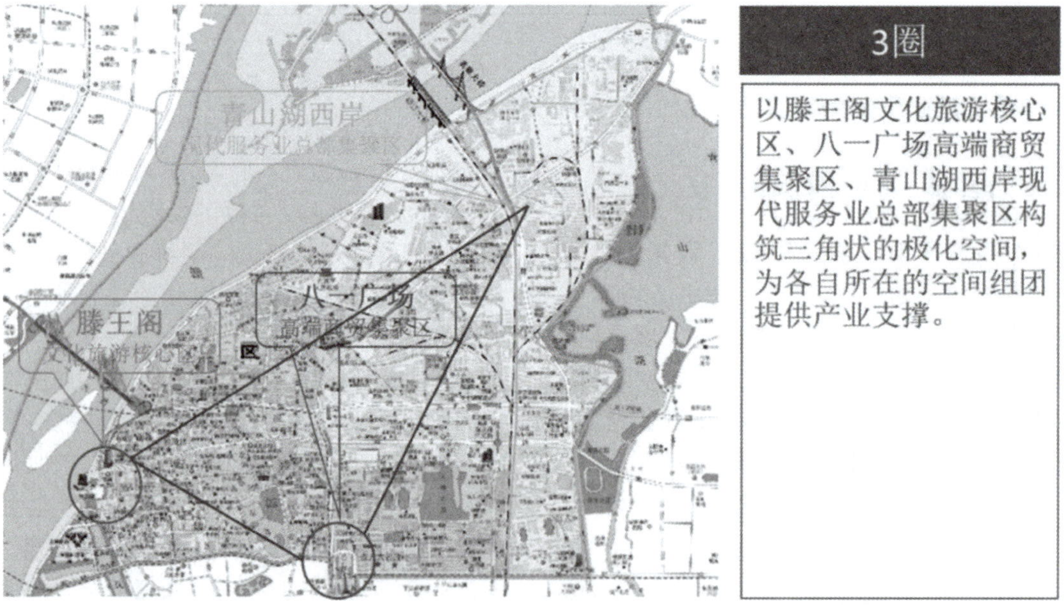

图 2.1:产业布局

——2 轴:青山路—八一大道纵向发展轴联通城中、城北 2 个百亿商圈、以阳明路—阳明东路横向发展轴打造商务服务业、金融服务业、电子商务业产业带;以这两条轴线为纽带,连接区域各重要的经济增长节点。

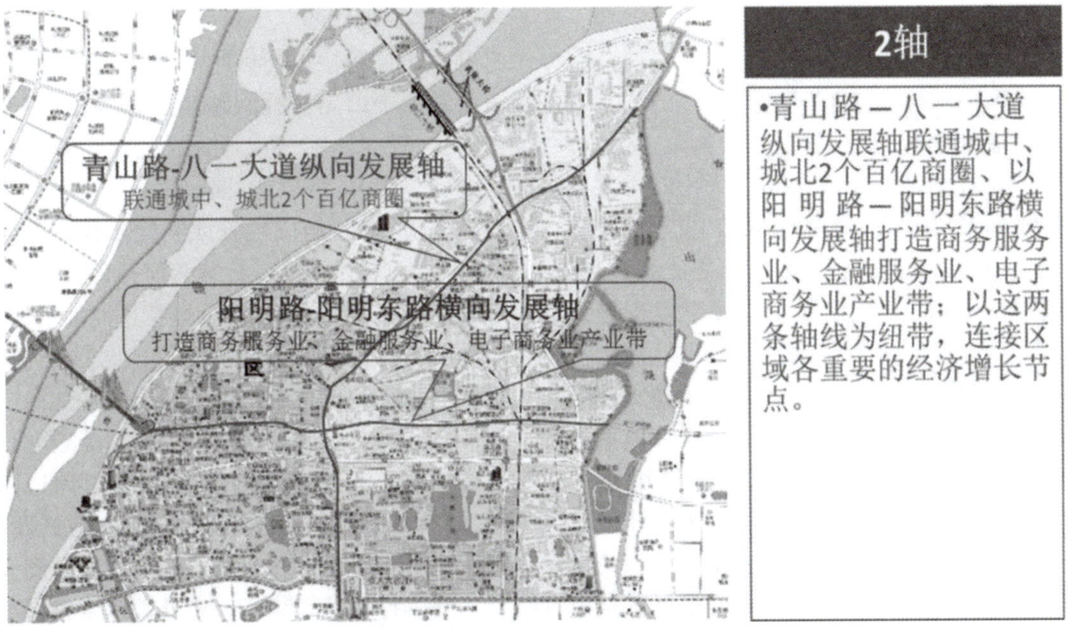

图 2.2：产业布局

——1 带：沿江总部经济带，通过沿江北大道，连通滕王阁、紫金城、青山湖西岸，打造东湖区总部经济的支撑纽带。

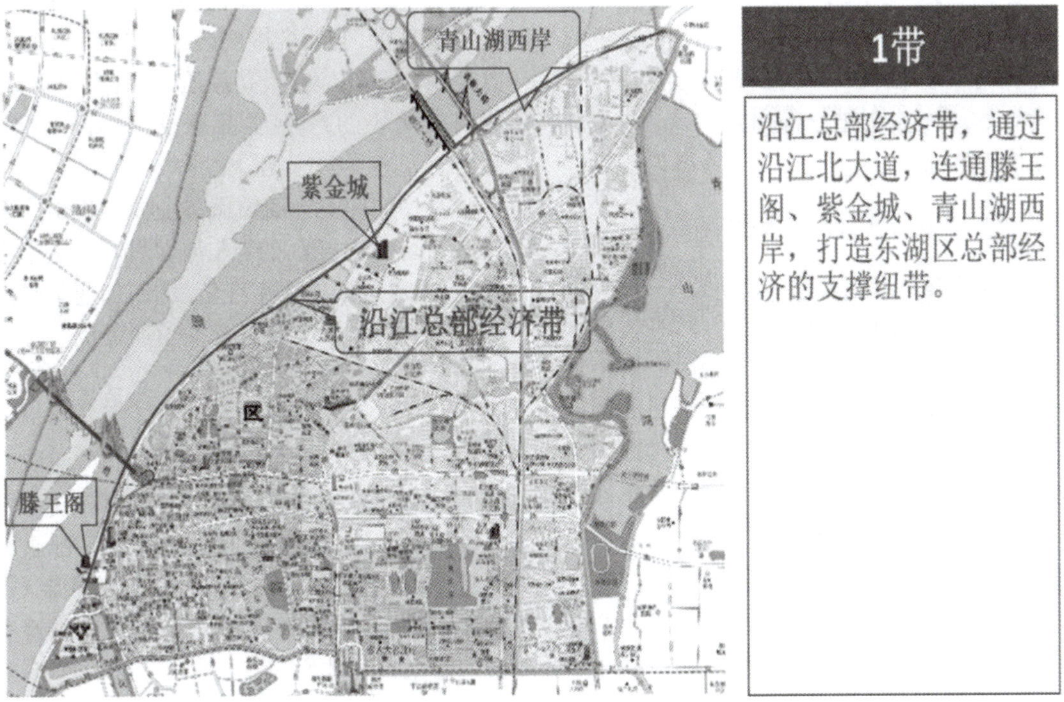

图 2.3：产业布局

——6 业支撑：全力打造总部（楼宇）经济、现代商贸商务、金融服务、互联网信息、文化创意旅游、健康养老六大服务产业,争创服务业产业“百花齐放”新局面。

第二节　全力发展总部(楼宇)经济

按照“企业总部集中、高端要素集聚、服务体系发达、产业效应突出、创新氛围活跃”的发展方向,坚持将旧城改造腾出的黄金区域,重点向发展总部(楼宇)经济倾斜,优先支持商务楼宇建设,并由点状单一的商务楼宇开发向楼宇集群开发转变。

——重点打造总部经济带。集中把滕王阁至青山湖西岸沿江一线,打造成总部经济带。重点实施青山湖西岸地块开发,打造“新城市综合体”,引导总部企业集聚。大力引进国内外大集团总部的地区总部、研究设计中心、采购营销总部进驻东湖,通过生产与服务之间的联系将东湖触角伸向更多领域,通过总部经济的聚集赋予中心城区多边服务功能。

——多点发展楼宇经济。全面提档升级,采取政策扶持、社会力量参与等方式,加快改造一批传统楼宇、提高物业管理水平、完善基础配套设施,提升楼宇品质。争取“十三五”期间每年挖掘提升 10 万平米的存量楼宇,每年培植 1 栋税收“亿元楼宇”、10 栋税收“千万元楼宇”,实现点带联动,放大集聚效应,促进总部(楼宇)经济“聚合裂变,辐射延伸”。

第三节　提升发展现代商贸商务业

以“旧改转型”“地铁经济”带动效应为契机,加速提升传统商贸向现代商贸转型,打造一批高端百货、主题百货和专题卖场,将东湖区打造为高端商业核心区;积蓄现代服务业能级,实现商贸商务业、文化创意产业、软件信息业融合发展,构建高增值、宽辐射、广就业的商务服务业产业体系。

——推进高端商贸集群发展。全力推进“胜利路步行街街景改造及地下商业街区”项目,对胜利路步行街地上地下整体改造,配合地铁 1 号线地下商城、省府地块商业提升改造、八一广场—福州路地下商业街等重大项目,引领八一广场—中山路商圈立体化改造。利用区政府搬迁、二七隧道和地铁 3 号线建设为契机,通过“中金国际交易中心”项目、紫金城商业改造等重大项目辐射带动,拉动青山路、三经路、紫金城区域发展,撬动青山路“百亿商圈”。

——打造特色街区。一是打造主题商业街,重点发展中山路—胜利路精品购物区,主题是时尚购物、餐饮休闲;榕门路民俗文化特色街,主题是古玩字画、民俗风情;福州路—二七北路南段时尚娱乐街,主题是特色餐饮和娱乐休闲。二是打造特色商业街区,重点打造蓝海特色商业街区、三经五纬特色商业街区、紫金城特色商业街区。

——打造地铁商圈。地铁 1 号线已经贯通,2、3 号线正在加速建设,十三五时期也将全面实现贯通。要充分放大地铁站作为人流、物流、商机聚集地的经济效应,科学规划出入口周边商业开发、加大推进地下商业街建设,打造地铁商圈,提升地铁沿线地块的商业价值和财税贡献度。

——打造品牌节庆。充分发挥全省唯一的购物节品牌——“东湖·百花洲”购物节的节庆效应,吸引各大百货商场、艺术街区、沿街商户等商家参与,营造浓厚的购物节氛围,同时发展线上交易平台,打造购物、餐饮、文化、休闲为一体的品牌节庆。

——充分释放旧改红利。充分把握旧城改造的黄金时机,全面推进旧改地块的商业改造,高起点规划、高品位设计、高品质招商,力争 2020 年完成旧改地块的产业项目建设,提升东湖区商贸品质。

——加速引导商贸服务业要素集聚。充分发挥东湖区中心城区的“人流、物流、信息流”的资源优势,通过推进楼宇经济发展,加速集聚广告策划、市场营销、中介服务等商贸服务业。

第四节　错位发展金融服务业

错位发展金融服务业,构建配套互补、创新型的金融产业发展格局。强化金融服务功能,积极促进银企合作,增强金融业对其他各行业发展的促进作用。引进和支持社会资本进入金融领域,发展普惠、规范的新型金融产品,完善支持实体经济的金融市场体系。

——构建金融服务圈。发挥省级金融服务业集聚区的平台效应,大力扶持金融服务业发展。积极引进和鼓励外地金融机构拓展业务,吸引更多的国内外金融机构落户,形成以银行业与多种金融机构并存、互为补充的金融体系，基本建成“叠山路—八一大道—阳明路”金融服务圈。

——培育金融新业态。东湖区应坚持与红谷滩金融商务区错位互补、协同发展，构建一江两岸的金融业态格局。大力培育金融新业态，鼓励互联网与金融行业的融合创新，积极引导金融电子商务、网上金融超市等金融衍生机构、中介机构落户。

——提升金融服务度。坚持“小微化、普惠化”发展定位，全面提升东湖区金融服务业的普惠度和群众满意度。一方面支持东湖区内担保公司、小额贷款公司持续健康发展，鼓励投资基金和政府参股担保公司，投资东湖区的小微企业，利用“金融服务平台”服务于中小微企业；另一方面，规范民间借贷、民间融资机构的管理，提升金融机构对居民生活服务度，使东湖区居民享受金融服务业发展的成果。

第五节 创新发展互联网产业

抓住“互联网+”发展机遇，充分利用东湖优势，从“互联网+产业”方面入手，加快推动产业融合发展。

——发展“互联网+商贸”。重点规划布局打造以阳明路与南京西路为主轴的电商产业核心地带。扶持一批起点高、发展快的电子商务项目，培养和输出电商专业人才，形成全省的电商人才、电商企业集聚区域。

——发展“互联网+金融”。实现金融与科技的深度融合，与“互联网+行动”对接。注重全面提升互联网金融服务能力和普惠水平，鼓励互联网与金融行业的融合创新。充分利用互联网金融在运作效率、覆盖小微、用户积累等方面明显的优势来满足居民更多的生活需求。打造功能健全、高效便捷、安全可靠，居民可以通过平台任意订购互联网金融产品的互联网金融超市，

——发展“互联网+教育”。顺应“互联网+”时代的需求，从教育的核心需求出发，开发和使用互联网技术，进一步完善开放灵活的教育资源公共服务平台，引进优质数字化教学资源，开发网络学习课程，形成完善的互联网教育产业。

——发展“互联网+医疗”。促进卫生信息共享和服务协同，顺应医疗信息化建设发展新趋势，逐步建设现代化医疗体系。通过在线医疗服务的平台，精准配置医生和患者，实现以患者为核心的模式，优化医疗资源配置和使用，提升医疗效率。通过互联网，医生实行多点执业，促进医师合理流动。

第六节 重点发展文化创意旅游产业

十三五期间，本着“内挖、外拓、护旧、创新”原则，将东湖打造成“南昌历史文化集中展示区和南昌创意文化产业的集聚区”。力争到2020年，全区文化产业增加值较2015年实现翻番，占地区生产总值的比重达5%以上，确立其支柱性产业地位，打响东湖文化品牌。

——精细化布局文化产业。全力跟进滕王阁旅游景区改造，将滕王阁核心区域打造成再现千年南昌历史，集传承文脉、旅游娱乐、商业购物、文艺表演及休闲游憩等功能于一体的历史文化风貌区；全面改造百花洲景区，将百花洲、建德观、佑民寺、杏花楼等历史文化建筑，整合打造成集历史文化、民俗风情、城市特色于一体的文化景区；巩固非遗生产性保护基地，将非物质文化遗产及其资源转化为生产力和产品；探索文化创意产业的深入发展，将791艺术街区打造成工艺美术生产、展示和交易的文化艺术街区；以豫章1号文化科技园、樟树林文化生活公园等园区为载体，加大孵化、合作等模式的推广力度，吸引一批高技术、高创意的创业创新者，打造独一无二的“梦想空间”；整合八一广场—福州路地下商业街、省体育馆、人民公园、千花畔等资源，将福州路打造时尚娱乐街区。

——精品化开发“四色”文化。开发红色文化产业，大力传承“英雄基因”，重点建设一批革命文化纪念场地，延续革命圣地特色，打造都市爱国主义教育和红色旅游新基地；系统策划和开发一批有影响力、号召力的红色文化产品。开发古色文化产业。以滕王阁、百花洲、佑民寺、建德观、杏花楼、东南北湖等古色资源为核心，挖掘历史文化背景，开发古色历史文化产业；开发绿色文化创意产业。积极响应绿色崛起的发展战略，把绿色创意文化产业作为发展重点，打造一批文化创新人才培养基地、文化创意产业基地。开发特色非物质文化遗产产业。结合南昌瓷板画、赣发绣等

非遗文化等资源,逐步形成非物质遗产与文化旅游的深度融合,增添东湖文化吸引力。

——实现商旅文融合发展。以南昌打造旅游强市为战略机遇,发挥东湖区“红、绿、古、特”四色资源优势,采取“政府推动、市场主导、企业参与、社会支持”的方式,加大对旅游产业的培育和发展力度,引进培育壮大一批示范带动作用强的旅游服务型龙头企业和品牌项目,完善旅游景点条件和旅游配套功能建设,形成要素齐全、功能完备、设施精良、服务优质的旅游产业链。

——品牌化建设创意园区。以文化创意园区建设为重点,联合高校和科研院,打造一批文化创新平台和成果转化基地。孵化本土小微型文化科技企业,打造完整的具有项目孵化、股权投资、业务互动功能的产业生态链,形成“创意设计、研发设计、策划创意和消费创意”四大创意产业发展体系,加速打造省市级文化创意集聚区。

第七节　加快发展健康养老服务业

在切实保障人民群众基本医疗卫生服务和养老需求的基础上,不断满足人民群众多层次、多样化的健康养老服务需求。打造一批知名健康养老服务产业品牌,成为全市乃至全省的健康养老服务业发展样板区。

——多举措发展健康服务业。放宽市场准入,鼓励社会资本以多种形式投资健康服务业,使社会力量成为健康服务业的“劲旅”;支持发展与基本医疗保险相衔接的商业健康保险,委托商业保险机构开展医疗保障经办服务,使“健康网”更加牢固;加快医疗、药品、器械、中医药等重点产业发展;实现辖区体检中心、私立医院等医疗机构改革升级,逐步打造智慧医疗产业体系;加大体育产业的培育力度,引导社会资本开发符合时代需求的体育项目、体育产业。

——全面培育养老产业发展。注重规划引导,对全区的养老服务设施建设场地作出全面布局,把养老建设用地纳入城市土地开发规划当中,确保养老机构场地落到实处。增强政策保障,出台有关养老服务体系建设的扶持政策,引导和鼓励各类社会资本投资养老产业。加大投入力度,鼓励和支持老年生活服务、医疗康复、老年用品等养老服务配套产业发展。

专栏三:“十三五”时期产业发展工作重点内容一览表

产业	发展举措
总部(楼宇)经济	1. 集中把滕王阁至青山湖西岸沿江一线,打造成总部经济带,重点实施青山湖西岸地块开发。 2. 全面提档升级,加快改造一批传统楼宇。
现代商贸商务业	1. 全力推进八一广场—中山路．青山路两大“百亿商圈”改造;2. 2020 年底全面完成旧改地块的产业项目建设,全面提升东湖区商贸品质。3. “东湖·百花洲”购物节品牌节庆。4. 引导商贸服务业要素集聚。
金融服务业	1. 构建“叠山路—八一大道—阳明路”金融服务圈;2. 培育金融新业态;3. 提升金融服务度。
互联网产业	1. 打造以阳明路与南京西路为主轴的电商产业核心地带;2. 培育“互联网＋产业”。
文化创意旅游业	1. 精细化布局文化产业。2. 发展特色”四色文化;3. 实现商旅文融合发展;4. 建设文化创意园区。
健康养老服务业	1. 多举措发展健康服务业;2. 全面培育养老产业发展。

第三篇　实施现代都市战略,着力提升城市功能品质

第五章　做好主城区改造文章

根据主城区功能定位、资源状况和产业布局等实际情况,将主城区划分为不同的功能区,推动各功能区形成优势互补、融合互动、多点支撑、竞合发展的格局。同时加速对危旧房、棚户区进行改造,加速城中村的城市化建设,提升城市品质。

第一节　优化主城区布局

——商务集聚区。加快以洪都大道、阳明路、八一大道区域为主的中心商务区建设，重点发展高端楼宇、办公园区等。引进国内外知名企业设立区域性总部、功能性基地和研发中心，实现服务企业集中分布、集群发展，集合利用空间和要素，形成大容量就业的集聚区。

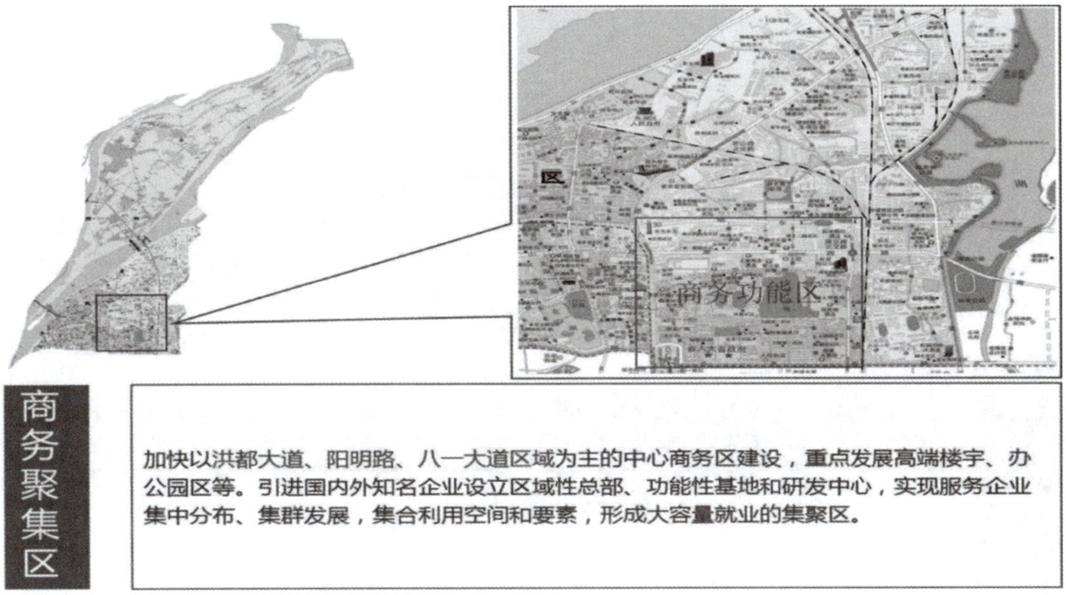

图3:商务功能区

——文化创意区。多点建设文化创意园区，以加快文化创意产业与其他产业融合发展为出发点，大力发展动漫游戏业、设计服务业、现代传媒业等文化创意产业，不断催生新兴文化产品和文化企业。加强文化交流，通过举办文化创意产业论坛和文化创意产业博览会等方式，提高东湖知名度，使文化创业成为东湖区对外贸易的新增长点。

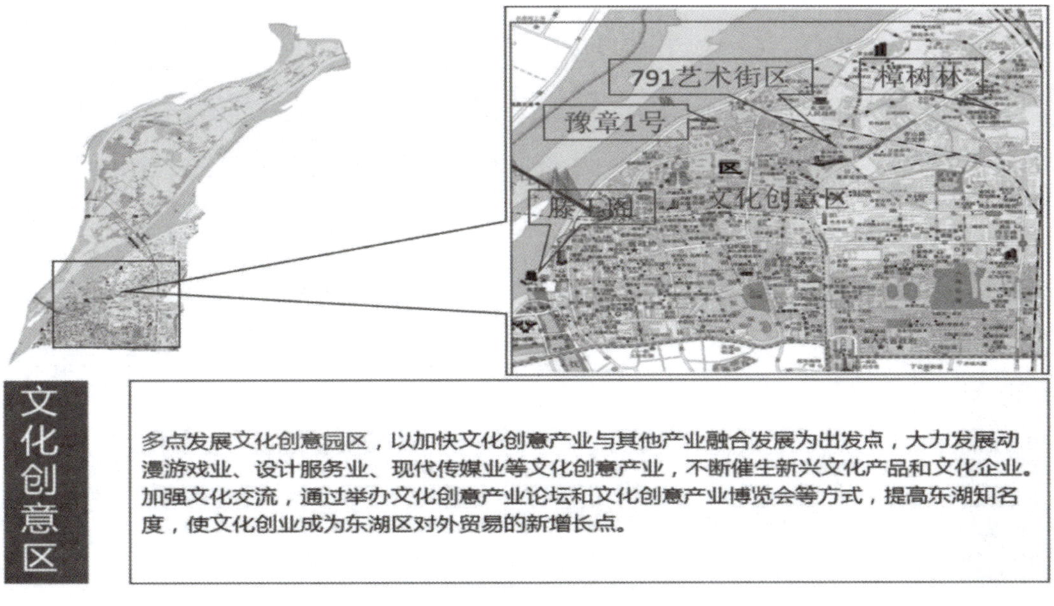

图4:文化创意区

——商业购物区。主要以八一广场、中山路、胜利路、青山南路等主要路段为主,发展大型商业综合体,打造精品购物、休闲娱乐、特色餐饮一站式消费。加快地下步行交通设施建设,完善地下商场配套设施。

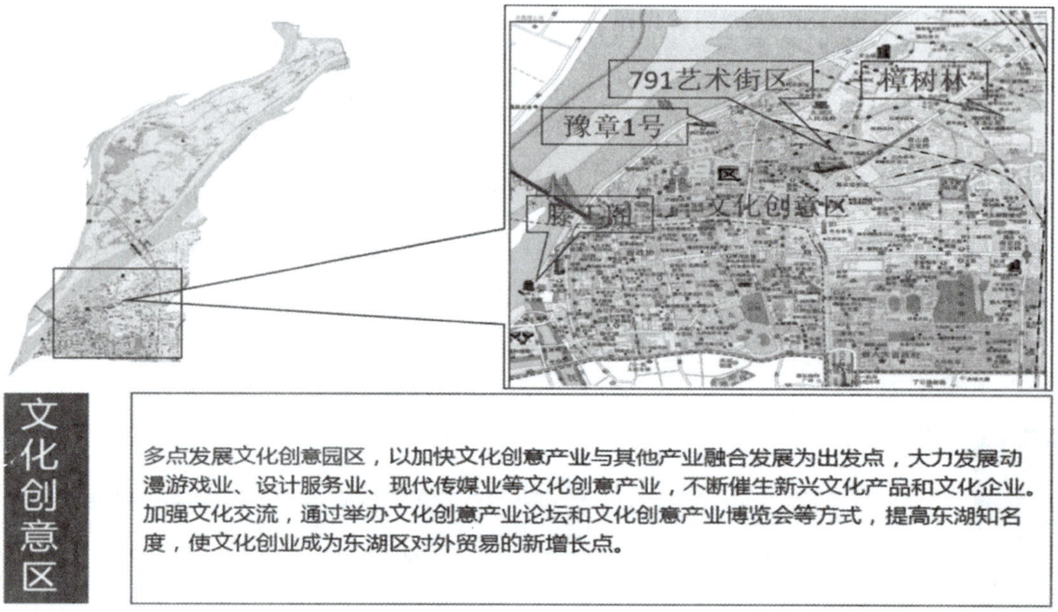

图5:商业购物区

——旅游休闲区。以滕王阁为核心区域,辐射中山路、福州路、沿江路等区域,重点发展"四色"文化旅游。引进培育一批示范带动作用强的服务业龙头企业和品牌项目,联合开发旅游资源。升级全区"吃、住、行、游、购、娱"六要素配套设施建设,改变传统旅游粗放发展模式,提高旅游产业的级别,打造特色旅游休闲区。

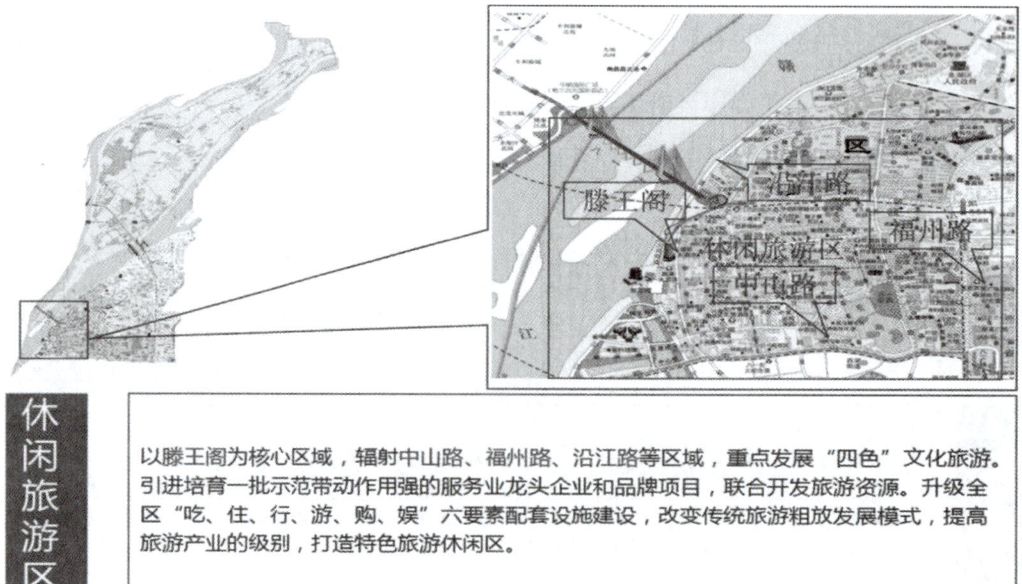

图6:旅游休闲区

——新城市综合体。依托青山湖西岸，打造新城市综合体。优化滨江、滨湖两条景观带规划区内生态基础建设，整合青山北路都市主轴和中大路工业文化景观轴，协调发展文化休闲核心区、滨江景观居住区、运动休闲居住区和滨湖娱乐休闲区，实现地区经济的特色发展。

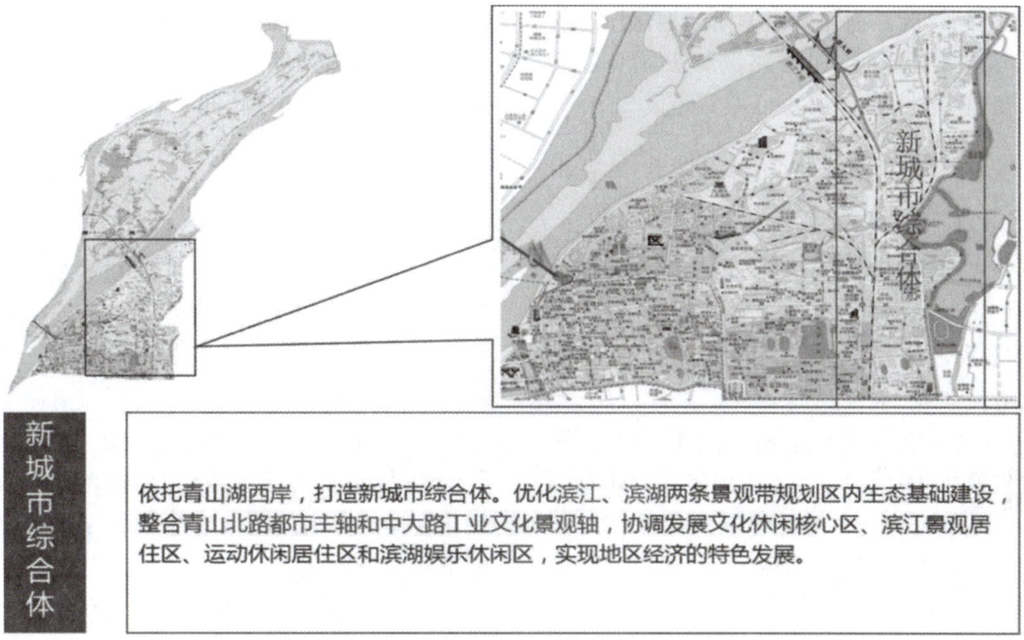

图7：新城市综合体

第二节　加速旧城改造

——加速危旧房、棚户区改造。按照“先危后旧、先急后缓、先易后难”原则，采取“政府提供条件，居民自主选择”和“成熟一片，启动一片”的方式，进行危旧房、棚户区改造。进一步推动老城区功能升级，有效改善人居环境，实现“百姓别棚户、旧城换新颜”的生动局面。

——加速街区改造。按照“市级统筹、各区为主、市民参与”的原则，与“拆、改、提、留”相结合，以“线带面，面带片”进行综合整治。采用“街头绿化”方式增加绿化面积，加强特色街区改造，完成中山路沿线建筑外墙立面综合整治、北京西路时尚风格街景改造。每年实施一条道路的街景改造工程，包括外立面、电网下地、地下管廊等。建设东起胜利路，穿越子固路、棕帽巷，西至榕门路直至滕王阁的仿古商业步行街。

——加速城中村改造。按照“统一政策，规划先行，因地制宜，分类指导，改造旧村，建设新区，安置优先，改善环境”原则，坚持以政府投入为主，市场运作为辅，吸引更多投资主体参与城中村改造和商业开发，逐步把城中村改造成花园式的新型社区。对于位于核心区或者重要地段的城中村，鼓励发展大型商业、商务办公和文化创意等现代服务业。在推动城中村城市化进程中，既要提高土地利用效益，又让村民得到更多实惠，逐步改善城中村的发展环境，使城中村与整个城市协调、互动发展。

第六章　做好基础设施“升级”文章

加强城区基础设施建设，进一步完善社会服务设施，努力满足人民群众日益增长的社会公共产品需求，力争部分指标进入全国先进行列。

第一节　升级现代交通基础设施

——升级道路交通系统。优化道路交通系统，构建便捷、低碳的现代交通服务体系。优化调整交通信号控制系统，提高交通运行效率，完善智能交通管制体系；改善城区对外交通节点，增强城区交通体系整体性；依托交通线网和站点，通过“抽密补疏”公交线路，发展公交深入社区，全面推行公交优先。

——升级道路交通网络。加快城区道路改造,优化道路级配比例。新建城区主干道、次干道,改造现有支路;构建和加强微循环系统建设,完善内部路网设施。加强生命消防通道建设和管理,确保消防通道畅通;加快建设滕王阁至后墙路、青山湖西岸湖滨西路等重点项目建设。

第二节 升级公共配套基础设施

——升级公共服务设施。继续深入完善区、街道、社区三级公共文化网络。大力推进街道文化活动中心项目的建设,建设好街道综合文化站,文化活动场所和图书馆,推进文化设施自动化、数字化、网络化建设;规范和完善卫生服务设施,全面完成社区卫生服务中心建设,改造提升区属医院、卫生监督所、疾控中心等卫生设施。对体育场馆(地)进行升级改造。加快建设东湖区体育综合场馆,建成具备足球、羽毛球、乒乓球、篮球、网球、游泳、健身等功能的综合性体育场馆。

——升级城市功能设施。推进地下综合管网、排涝泵站、排涝河道等基础设施建设改造,完善城市排水与暴雨外洪内涝防治体系,提高城市应对极端天气能力。加快建设城市停车场和立体车库,新建大中型商业设施必须配建货物装卸作业区和停车场,新建办公区和住宅小区要配建地下停车场。适应城市建设和旅游休闲产业发展需求,按照适度超前的原则,加快旅游景点的停车系统建设。

——升级居民生活配套设施。加大"惠民便民利民"工程项目的实施力度,重点做好与居民日常生活息息相关的"点滴小事"。全面实施道路建绿透绿、背街小巷道路亮化、社区化粪池改造、道路积水点改造、街头小游园改造、二次供水改造等民生项目。

第七章 做好城市管理"质效"文章

按照"国家标准、南昌示范、制度科学、长效管理"目标要求,坚持"人民城市为人民"理念,转变政府主导城市管理模式,让社会力量参与城市管理,推动城市管理由"治标"向"治本"过渡,从根本上提高城市管理的科学化、现代化和制度化水平,真正实现城市共治共管、共建共享,让广大人民群众生活更方便、更舒心、更美好。

第一节 精细化长效管理

深入贯彻《东湖区城市管理长效常态具体措施60条》,进一步构建城市管理"责任明确、收集快捷、交办及时、反应迅速、处置高效"的工作体系,做到管理目标的精细化。

——推行领导层级负责制。形成"一把手"抓、抓"一把手"格局。各有关职能部门坚持"一把手"挂帅,发现问题及时整改。

——加大投入力度。继续加大投入,购置新型垃圾运输车、机扫车、洗路车,在全区各主次干道及社区内部添置新型果皮箱、垃圾桶等等,建设更多垃圾转运站。

——构建齐抓共管机制。形成街道与部门共同创建的合力,突出重点,集中整治,攻克影响精细化管理的突出问题。建管并重,连片改造,实现精细管理长效化。

——治城育人。强化宣传发动,使精细化管理理念成为市民群众的共识、成为管理执法人员的共识、成为驻区企业的共识。

第二节 信息化智慧管理

大数据模式有效集成信息资源,为城市管理理念的转变,提供强大的技术支撑,为智慧城市管理提供有效的数据支撑。

——完善智慧城管平台建设。加快打造"天网""地网""人网"三网合一的"智慧城管"东湖模式,整合多方力量,扩大社会参与,最大限度实现行政资源、市场资源、社会资源等有机整合,使城市管理更高效、更精细、更可持续。

——加大智慧社区建设。加大智慧社区的建设力度,让智慧社区成为东湖社区管理的新亮点。加快社区信息化建设,实现电子政务网与社区信息网的联接,推进社区基本信息的共享,满足社区居民多种生活需求。

——加大智慧治安建设。社区公共事件进行全景动态监控,通过视频监控系统、环境感知系统、网格化系统和应急联动响应系统,实现日常事件的可视化、责任化的跟踪管理,以及突发公共事件应急方案的协同会商和综合决策,实现信息协调联动,达到快速接警处警、应急资源优化调度,最终实现统一指挥、联合行动。

第三节　大众化参与管理

坚持从群众中来，到群众中去，充分调动广大民众参与城市管理的积极性。让居民参与到与其自身利益戚戚相关的城市管理之中，让居民充分感受到被尊重，个人价值得到肯定，享受到参与城市管理的乐趣。

——健全参与机制。确保公共政策充分体现民意。城市管理中遇到的难题要通过公众参与、部门协同等措施，积极听取民意，创新加以解决。

——搭建沟通桥梁。通过利用网格化技术和管理方式，收集社情民意，监督社区服务，调动各方资源，与镇街网格构建纵向互动、横向联动的交流网络。通过微信、论坛、在线交流、邮件等信息化交流方式，形成社区管理新模式。

——加强社区自治。以构建和谐社区为目标，以加强社区服务体系建设为基础，统筹发展社区服务和管理，推进社区居民自治，发挥社区建设在基层社会服务和管理中的基础性作用，不断提升社区管理功能水平。

——发挥平台作用。通过微博、微信等网络公众平台，可以将公共安全法律法规、社区组织政策、城市应急预案等城市管理的宣传材料有效的向社区居民传达，引导社区居民关注城市管理，积极参与城市管理。

第八章　做好扬子洲地区“转型”文章

扬子洲地区地处南昌城北，其四面皆为赣江环绕，是京九铁路沿线著名的水上绿洲，具有较好的生态环境，也是中心城区唯一未被开发的“处女地”。“十三五”时期，一方面是扬子洲十年控规的储备后期，一方面也是扬子洲地区启动建设的重要时期，要充分发挥扬子洲的潜能，做好扬子洲地区“转型”文章。

第一节　科学规划，描绘宏伟蓝图

按照建设世界标杆低碳生态之岛目标，以“生态优先、文化内涵、产城融合、智慧活力”为方向，做好扬子洲整体规划，谋划扬子洲的片区开发，将扬子洲打造成世界级动感时尚的城市品牌——“扬子洲头·赣江之星”。

——科学规划，设计合理空间布局。引入高水平的国际策划团队，站在世界视野的高度，做好扬子洲区域空间布局的整体规划，统筹推进概念性规划、控制性规划、土地利用规划。

——合理定位，明确产业发展方向。扬子洲具有优越的地理位置和良好的生态条件，明确将现代服务业作为产业发展方向，重点发展高端商贸商务、现代金融、文化创意、科技研发、旅游休闲、养生疗养、会展会议等绿色低碳产业。

——借鉴国内经验，完善城市功能。充分发挥扬子洲自然生态优势，参照借鉴浙江桐庐慢生活休闲区发展理念，长沙橘子洲滨水区景观设计以及厦门鼓浪屿旅游开发思路，完善扬子洲文化、休闲、旅游、生态、娱乐、服务等城市功能，打造国际领先的低碳生态之岛。

第二节　基础先行，保障百姓民生

在扬子洲地区储备期内，一方面要继续落实储备期南昌市相关政策，另一方面要结合扬子洲实际，陆续启动相关民生保障工程及配套基础设施建设工程。

——完善交通道路设施。适时启动英雄大桥互通立交续建工程，按照城市景观大道标准设计启动圩堤改造工程，打造环岛景观路、路堤风光带。按照南昌市整体规划，统筹实施二七隧道、经航大桥和高新大桥建设，避免采取高架方式，保护区域的完整性；争取将扬子洲地区纳入轨道交通规划；逐步推动主干道提升改造工程，提升路网标准。

——完善功能配套设施。落实扬子洲圩堤加固改造工程，统筹规划全区防洪排涝工程，完善水利配套设施，加强桥梁、堤围、池塘和河道建设，提高扬子洲防洪、抗洪能力。适时启动扬子洲水、电、气路升级改造项目。采取自建饮水工程和城市水厂管网延伸等办法，实现日供水 20 万吨，并建立对扬子洲水厂赣江饮用水源水质保护机制和常态化监测机制，全面解决扬子洲居民用水安全问题。完善扬子洲电网改造升级和配电网建设改造，统一规划、设计、实施地下管廊建设，实现强电下地，同时建设一座 22 万伏的变电站，保障居民用电供给。启动扬子洲天然气输气管网建设，实现天然气全覆盖。

——完善公共基础设施。加快完善公共服务配套,着力配置及建设好扬子洲地区教育、医疗卫生、便民服务、文化等公共服务资源,基本形成普惠性、均等化、覆盖广的公共服务体系。对扬子洲学校进行校园环境提升改造,启动扬农管理处中心幼儿园建设,引进优质师资,提升教育品质。加强扬子洲卫生服务网络建设,加快筹建东湖区扬子洲医院(二级),完善扬农管理处卫生医疗综合服务中心建设,重点支持扬子洲镇卫生院、村卫生室建设,巩固和发展新型农村合作医疗制度。启动扬子洲便民服务中心建设,加快建设扬子洲乡镇综合文化站、扬农管理处社区文化中心建设,尽快形成完备的公共文化服务体系。

——落实集中安置点规划。按照“八通八有两集中”的标准,结合扬子洲地区的整体规划,整合土地资源,先行启动扬子洲地区集中安置点的规划建设。采取集中连片办法,对拆迁安置户及现有的无房户、住房困难户、危房户等进行统筹安置,并预留未来扬子洲整体开发建设所需安置地块,避免二次拆迁。

——依法依章拆违控违。加快制定并出台储备期控违疏堵结合的办法和举措。对扬子洲地区现有的无房户、住房困难户、危房户出台疏导政策,配合市政府相关部门出台相关程序,以保民生、解民困。同时要明确扬子洲地区未来拆迁安置的补偿政策框架。

——加强环境综合治理。巩固提升扬子洲的生态优势,统筹推进扬子洲地区水与人、水与绿、水与镇的融合,加快建成天蓝、地绿、水净的美丽扬子洲。大力开展环境综合治理,建立镇村(社区)两级环境监管网格体系和网格化管理机制。完善垃圾中转站等相关基础设施。做好河道治理工作。加强水土保持,防止水土流失。加强扬子洲港口岸线码头综合整治。提高农业环保作业水平,发展绿色农业产业。

专栏四:“十三五”时期城市建管工作重点内容一览表

建设内容	重点举措
旧城复兴	1. 实现功能分区。打造总部商务、文化创意、商业购物、旅游休闲、新城市综合体六大城市功能区 2. 加速旧城改造:加速危旧房、棚户区改造。加速街景街区改造。加速城中村改造。
新城开发	按照建设世界标杆的低碳生态之岛目标,做好扬子洲整体规划,逐步启动扬子洲地区的基础设施建设。
基础设施	1. 升级现代交通基础设施 2. 升级居民生活配套设施 3. 升级公共基础设施。
城市管理	1. 精细化长效治理。2. 信息化智慧治理 3. 大众化参与治理。

第四篇 实施创新驱动战略,着力释放经济发展活力

第九章 激发体制机制活力

改革是发展的不竭动力,“十三五”期间,东湖区将正确处理政府、市场、社会的关系,坚持先行先试、大胆创新,用改革的办法破解难题,用改革的思路打开局面。将以经济体制改革为重点,加快推进各领域体制改革,形成强大改革合力。

第一节 深化行政管理体制改革

行政管理体制改革是促进经济发展方式转变的重要动力,改革的重点工作落脚于转变政府职能,推动政府职能向创造良好发展环境、提供优质公共服务、维护社会公平正义转变,建设职能科学、结构优化、廉洁高效、人民满意的服务型政府。

——推进简政放权。减少政府对微观经济活动的干预,进一步清理和规范行政审批事项。及时做好国务院和省市政府决定取消和调整的审批事项的落实工作。搭建行政审批信息管理服务平台,完善电子政务和网上审批,优化审批流程,提高审批效率。推行行政审批制度化、标准化和信息化建设,做到审批项目名称公开、设立依据公开、申请条件公开、审批程序公开、审批时限公开、收费标准公开以及需提交申请材料的目录和示范文本公开等“七公开”原则。同时建立重大项目

绿色通道以及行政审批项目的事中事后监管制度，做到放管结合。

——推进政务公开。履行权责清单制度，将政府部门行使的行政职权，包括每项职权的设定依据、实施主体、履权责任等，以清单形式编制并向社会公布，接受群众监督，做到“清单之外无职权”“法定职责必须为”“法无授权不可为”和“有权必有责”，加快形成职权法定、权责统一、权威高效、依法保障的政府职能体系，实现政府权力在“阳光”下运行。

——推进服务型政府建设。提升政府工作人员的公仆意识与服务意识，杜绝“门难进，脸难看，事难办”现象，把人民满不满意，高不高兴，答不答应作为衡量政府工作的标准；完善科学民主决策机制，健全政府与企业、市民的信息沟通与反馈机制，扩大政府决策的公众参与程度；提升公共服务的供给能力，加大公共财政对教育、医疗、社会保障等公益性社会服务的投入力度。

第二节　推进所有制改革

以解放生产力、发展生产力为根本目标，以坚持公有制为主体，多种所有制共同发展为基本原则，进一步深入所有制改革，充分激发经济持续增长的内生动力。

——推进国企改革和探索混合所有制经济发展路径。进一步推进区属工业企业的改革改制，最大限度地吸引社会资本通过参股、控股、资产收购等多种形式，参与国有企业的改制重组，组建一批适应市场的混合所有制企业，提升国有企业的保值增值能力与市场竞争力。

——加大对非公有制经济的支持服务力度。完善面向非公有制企业的信息服务平台，为企业提供政策、市场、人力资源等信息服务。完善创业服务体系，为企业提供创业辅导、信息咨询、技术支持、人员培训等服务。拓宽非公有制经济主体的融资渠道，帮扶非公有资本发展壮大；进一步放宽非公有制经济的市场准入范围，鼓励非公有资本进入公共事业、基础设施、社会事业、金融服务业等领域。进一步建立健全现代市场体系，充分发挥市场配置资源的决定性作用。

第三节　加快投融资体制改革

进一步盘活现有投融资资源，加快投融资体制改革和创新，支持民间资本进入可以市场化运作的基础设施和市政公用事业领域，努力形成政府、企业、社会多元化投融资体制和机制。

——最大限度地发挥社会资本在投融资过程中作用。破除体制障碍，打破不合理的垄断和市场壁垒，营造权利公平、机会公平、规则公平的投资环境，鼓励社会资本在交通、能源、金融、市政基础设施、医疗、教育、文化、养老、旅游、体育、保障性安居工程及棚户区改造、生态环保等领域的投资。

——建立健全政府和社会资本的合作机制。加快构建全方位、多层次的投融资体系，发挥财政资金撬动功能，积极探索通过政府与社会资本合作（PPP）、建设—运营—移交（BOT）、建设—拥有—运营—移交（BOOT）、资产证券化、融资租赁、政府补贴及政府购买服务等方式进行项目的投资建设或运营，化解政府融资债务风险。推动政府投融资平台的建设，完善政府投资信息发布制度，探索设立政府建设专项基金。

第四节　深化社会领域改革

有序推进各项社会事业改革，着力保障和改善民生，解决好人民最关心、最直接、最现实的利益问题，是实现经济社会协调发展的必然要求。

——进一步深化医药卫生体制改革。坚持“保基本、强基层、建机制”要求，健全覆盖城乡居民的基本医疗卫生计生制度，实行医疗、医保、医药联动，提高医疗卫生计生服务能力水平。完善基本药物制度，健全药品供应保障机制。加强医疗质量监管，完善纠纷协调机制，构建和谐医患关系。优化医疗卫生资源，促进医疗资源向基层流动，健全医疗服务体系，提高基本公共卫生服务均等化水平。

——进一步深化科学教育体制综合改革。积极实施中小学网点布局规划调整工程、学校标准化建设工程、优质资源共享工程、教师素质提高工程、教育质量提升工程、弱势群体关爱工程等“六大工程”，高水平高质量普及九年义务教育。加大科技经费的投入、加强对知识产权的保护力度。大力创建生产力促进中心、创业园、孵化器等科技服务平台。

——进一步深化生态体制改革。巩固“创文

保卫”成果,积极探索长效、常态的环卫管理机制,推动环卫作业市场化改革。逐步完善生态补偿机制。建立突发环境污染事件应急反应机制。开展全民环保科普宣传,提高群众爱护环境的自觉性。

第十章　突出开放创新驱动

积极抓住国家省市重大发展战略机遇,大力实施全面开放战略,以全球化视野拓展市场空间、配置资源要素,促进市场深度开放、内外一体开放、进出双向开放,提升我区的影响力、带动力。坚持创新是引领发展第一动力的理念,发挥科技创新在全面创新中的引领作用,推动大众创业、万众创新,激发全社会的创新活力和创造潜能。

第一节　打造开放高地

——推动城区全面开放。积极主动与国内主要城市合作,构建开放大通道;组织引导龙头企业积极开拓“一带一路”沿线地区的市场,支持企业在沿线地区建设国际营销网络和售后服务体系;深化旅游、文化、生态、科技、教育、卫生等领域的合作交流。

——促进高水平“请进来”。把招商引资作为壮大产业的根本途径。创新招商理念,招商项目要充分符合产业定位、符合区域发展方向、符合产业集群发展的。完善招商方式,坚持以商招商、专业招商、中介招商、商会招商,针对重点客商和重点项目打造个性化招商方案。提升招商层次,主动承接长三角、珠三角服务业转移,聚焦世界500强、国内200强、行业龙头企业和上市公司,着力引进一批有品牌、有品质的企业和一批重大项目。

——积极推动“走出去”。以产业优势互补合作为重点,重点扶持具有一定规模实力、品牌优势和市场基础的企业深度融入“一带一路”、长江经济带、鄱阳湖生态经济圈、南昌大都市经济圈等国家和省级战略,主动参与区域竞合发展,不断推进经贸合作、人文交流。

第二节　发挥科技创新引领

——提升科技创新发展环境。完善政府对基础性、战略性、前沿性的关键、共性技术研究的支持机制。鼓励科技人员兴办领办科技型民营企业和以科技成果入股,促进科技成果的资本化、产业化。落实普惠性财税支持政策,为科技创新企业提供综合金融服务。

——建设开放型创新体系。强化企业创新主体地位,推进创新链、资金链有机衔接,促进科技与经济深度融合,创新成果与产业紧密对接,全面提升科技创新对经济增长和产业升级的贡献度。构建以政府为引导、企业为主体、产学研相结合的技术创新体系。

第三节　强化人才支撑

——坚守人才高地目标。坚持实施人才强区战略,全面深化人才工作改革,做好“识才、育才、引才、用才”文章,使我区人才队伍适应经济社会发展需要。加快落实技术带头人培养计划、青年才俊培育计划、优势科技创新团队建设计划,打造一支高水平的科技人才队伍。积极引进各类企事业单位和高等院校在我区建立工程技术(研究)中心、企业技术中心、重点实验室等。

——探索人才管理改革。把握人才成长规律,完善有利于创新创业的人才发展体系。大力扶持各类创业孵化基地和小微企业创业园发展。积极引导社会资金投资大学生创业企业,建立人才、企业、学校紧密结合的机制。建立特殊人才“绿色通道”机制。

第四节　打造“双创”东湖模式

——培育创新创业主体。多方培育创新创业主体,是实施创新驱动战略的重要先决条件。“十三五”期间,东湖区将从供给侧着手,进一步降低门槛,开辟“大众创新,万众创业”绿色通道,以建设多层次的创新创业平台、建设创新创业友好型社会的“双建”工作为抓手,重点培育现代商贸、电子商务、文化旅游等产业的创业主体,实现消费产品供给创新,努力开创我区百花齐放、万流奔涌的创业创新格局,打造创新创业东湖模式。

——优化创新创业环境。一是优化创新创业的政策环境,降低创新创业门槛,采取一站式窗口、网上申报、多证联办等措施为创业企业提供便利,对涉及民生的创新创业项目开辟审批“绿色通道”,切实降低创业成本;二是优化创新创业的服务环境。积极开展“暖企行动”，完善“企声通道”，加强政府领导与区内创业企业家的沟通，建立多渠道的政企对话机制。将了解、掌握创业企业日常经营中遇到的困难与诉求作为常态化工作，排除企业的后顾之忧；三是优化创新创业的融资环境。全力搭建多元化的投融资体系，多层次多渠道地引导金融机构加大对中小微企业的资金投放力度，破解中小微企业融资难问题。

——打造创新创业东湖模式。依托“互联网+”等新技术模式，加快推动“众创、众包、众扶、众筹”等创新创业新支撑平台发展，形成大众参与、各方协同的创新创业新格局。让创新创业群体聚集效应不断显现，创新创业带动作用不断增强，逐步形成满足大众创新创业需求、具有较强专业化服务能力、形式多样、充满活力的创新创业东湖模式。

专栏五：“十三五”期改革创新工作重点内容一览表

深化行政管理体制改革：1.简政放权；2.政务公开；3.建设服务型政府。 推进所有制改革：1.推进国企改革和探索混合所有制经济发展路径；2.加大对非公有制经济的指导协调和支持服务力度。 加快投融资体制改革：1.最大限度地发挥社会资本在投融资过程中作用。2.建立健全政府和社会资本的合作机制。 深化社会领域改革：1.坚持基本医疗卫生制度改革；2.深化科学教育体制综合改革；3. 深化生态体制改革。 提升大开放水平：1. 加快高水平“请进来”；2. 鼓励高品质“走出去”；3. 打造开放高地。 推动大众创业万众创新：1. 多方培育创新创业主体 . 2. 精心构筑多元化创新创业环境 . 3. 打造创新创业东湖模式。

第五篇　实施生态创优战略，着力实现健康永续发展

绿色是人民对美好生活追求的重要体现，良好的生态环境是最公平的公共产品，是最普惠的民生福祉。坚持绿色强区、绿色惠民，更加突出发展的生态导向，把生态文明建设融入经济社会发展全过程和各方面，着力实现城市健康持续发展。

第十一章　节约和高效利用资源

大力发展绿色经济，坚持存量绿色化改造和增量绿色化构建并举，着力构建科技含量高、资源消耗低、环境污染少的产业结构和生产方式。加大节能力度和范围，提高资源利用效率。积极开展生态文明创建活动，进一步普及绿色政绩观、绿色生产观、绿色消费观，引导人民群众崇尚节约、低碳生活，形成尊重自然、保护生态的良好社会氛围。

第一节　大力发展绿色经济

——构建绿色产业体系。严禁不宜产业和项目落地，加快构建以现代服务业为主要内容的绿色产业体系。采用先进适用节能低碳技术改造提升传统服务业，推动服务主体绿色化、服务过程清洁化，依托良好的资源优势，着力发展生态旅游、健康养老等服务业，构建集约高效的绿色服务业体系。

——大力发展循环经济。实施循环发展引领计划，推进生产和生活系统循环链接。加强建筑垃圾等大宗废弃物资源化利用，加快建设城市餐厨废弃资源化利用和无害化处理系统。利用秸秆还田、气化，实现农业废弃物的高效利用。

——推广绿色农业。大力发展以精品粮种植、特色经济作物基地、蔬菜基地等为重点的高效生态农业，以生态观光旅游为重点的农业生态旅游。推广发展绿色新兴农业，减少农药、化肥的使用，降低农业污染。加强农村自然生态湿地和人工湿地建设，特别是在新农村建设中大力推广，充分发挥示范引领作用。

第二节　提高资源利用效率

——加大节能力度。实行资源消耗总量和强度双控行动，大力推进公共机构节能和全民节能行动计划，推进重点行业能效提升和节能减排升级改造，实施重点用能单位“百千万”行动和节能

自愿活动,严格开展节能评估和节能审计,严格执行建筑节能标准。

——提高土地利用率。实行集约节约利用土地,加强土地利用的规划管控、市场调节、标准控制和考核监管,推进建设用地多功能开发、地上地下立体开发利用。

——推进资源循环回收利用。加强生活垃圾分类回收与再生资源回收的衔接,加快形成资源回收利用的社区环保系统,将资源回收和社区建设、物业管理、社区服务和再就业有机地结合起来。实行最严格的水资源管理制度,鼓励水资源循环利用,鼓励全民节水和企业中水回用,推广农业喷滴管等生产设施,开节水农业建设。

第三节　培育和倡导绿色文化

——培育绿色理念。提高思想认识,摒弃传统的发展思维和发展模式,坚持绿色发展理念,在发展思路上彻底转变重开发、轻节约,重速度、轻效益,重外延发展、轻内涵发展的倾向。强化组织领导,抓好绿色发展的谋划和落实。加强部门间的合作,建立有效的协调工作机制。注重规划先行,深入贯彻落实国家和省市绿色发展的有关政策,推动我区的绿色发展再上新台阶。

——倡导绿色生活。广泛开展低碳生活行动,积极倡导健康、节俭、环保的低碳生活方式。倡导绿色消费,力戒奢侈消费。深入开展反过度包装、反食品浪费、反过度消费行为。倡导绿色出行,培养市民的低碳出行意识,实行公共交通优先,鼓励自行车出行。倡导绿色家居,鼓励消费者购买和使用节能环保产品、节能省地住宅。

第十二章　切实加强环境保护

加快构建政府、企业、社会共治的环境治理体系,深入实施"净空、净水、净土"工程,进一步提高环境质量。完善生态保护制度建设,加强政策引导和机制保障,逐步形成责权清晰、多元参与、激励约束并重、系统完整的生态文明制度体系。

第一节　大力加强环境治理

——加强生活污染治理。巩固治脏专项行动的成果,加大生活污染治理,规划配套和建设相应的污水和垃圾处理设施,摸索和建立行之有效的城乡生活垃圾处理模式。

——加强大气污染治理。加大施工扬尘、城市扬尘监管,推进挥发性有机物排放总量控制。大力开展机动车尾气污染防治,有效降低污染物排放。城区大气环境质量严格控制在二类区标准。

——加强水污染治理。进一步彰显我区"清水"和"亲水"两大水环境声誉,辖区水体在更高水平上保持水体丰沛、水质达标、水生态优越的治理标准。完成东南北湖、贤士湖、玉带河等水环境综合整治,全面整治废水排污口,加强农村面源污染防治。修复城市河道水网,打造水文化特色街道、特色社区等历史传承着力点,创建优美宜居城乡水域环境。

——加强土壤、噪声污染治理。强化医药化工企业生产、危险废物处置、污泥利用、电子拆解、肥料农药农膜等使用的环境监管,切断土壤污染来源,减少二次污染。优先保护农用地土壤环境,落实现有畜禽养殖场污染减排措施。推进重点路段的降噪工程,建设环境噪声达标区,增创安静居住小区,加强对重点噪声敏感建筑物的保护。规范夜景亮化照明,适度限制新建建筑大面积使用玻璃幕墙,有效控制光污染。

——加大环保执法和监督力度,加强主动执法,对检查中发现的问题及时采取措施,扭转被动执法的局面。强化对对重点行业和重要污染源的监测和监察力度。对整改不到位、治理不到位、顶风作案、违规排污的企业坚决予以处理,改变"守法成本高,违法成本低"的不利局画。建立环境预警、环境应急响应、环境修复等防范体系,制定完善相关预案,建立健全环境应急工作体系。

第二节　健全制度保障体系

——加强建设绿色东湖的政策引导。探索以城市公共基础设施的低碳化为主要建设途径的发展模式,确保城区环境朝着低碳方向发展,特别是扬子洲片区的开发一定要按照建设世界低碳之岛标准高起点规划。安排相应的环保支出预算,建立财政预算支持环保建设的长效机制,保证足够的环境保护资金来源,鼓励节能环保产品使用和消费,把节能产品列入政府优先采购的范围。

——完善生态创优战略政策保障。实施最严

格的环境责任制，使环境问责成为常态。建立减排项目台账，确保完成全市分配的污染减排任务。探索建立财政、信贷和投资等鼓励性经济制度体系，优化环保项目的审批流程，把环保项目作为“保”的重点，减少审批环节，缩短审批时间。积极探索生态补偿机制和生态考核制度，加大对节能减排监测、指标和考核体系建设。

专栏六：“十三五”时期生态建设工作重点内容一览表

节约和高效利用资源：1. 大力发展以现代服务业为主的绿色经济；2. 大力实施节能减排和循环经济，提高资源利用效率；3. 培育和倡导绿色文化，引导生产和生活方式绿色化。

切实加强环境保护：1. 大力加强生活、大气、水、土壤等环境治理；2. 健全环保制度保障体系。

第六篇 实施共享协调发展战略，着力提升民生幸福指数

第十三章 提供均衡优质公共服务

按照人人参与、人人尽力、人人享有的要求，坚守底线、突出重点、完善制度，注重机会公平，保障基本民生，着力解决人民群众最关心最直接最现实的利益问题，让人民群众共享改革发展成果。“十三五”期间，确保民生保障更加有力，民生福祉内涵不断丰富，人民生活水平和质量普遍提高，就业、教育、文化、社保、医疗、住房等公共服务体系更加健全，民生领域全国争先、全省率先、全市领先的地位继续巩固。

第一节 完善就业服务体系

以“优化就业、服务民生”为出发点，把促进就业摆在更加突出的位置，创新性的开展工作，从整体上推动就业工作迈上新台阶。构建高质量的就业服务体系，实施更加积极的就业政策，注重提高就业质量，实现更加充分就业；健全劳动者自主就业、市场调节就业、政府促进就业的体制机制，建立面向人人的创业服务平台；加强就业托底保障，强化对困难人员的就业援助。

——合理开发公益性岗位。根据政策给予岗位补贴。切实帮扶就业困难人员就业，切实帮助就业困难的4050、零就业家庭、符合相关条件的残疾人、享受城市居民最低生活保障人员、因承包土地被征用而失去土地的人员、“双困”高校毕业生实现就业。

——积极实施创业扶持政策。创业是更高层次的就业，通过创业实现和带动就业。解决外来务工人员困难，完善“散工劳务超市”功能，把他们纳入就业、培训、维权等一条龙服务体系之内。继续着力加大小额贷款发放力度，提高扶持金额，加快审批流程，发掘扶持一批具有代表性的创业明星，树立创业榜样。扩大校园创业孵化基地，进一步统筹解决好大学生自谋职业和自主创业的需求。

——打造高校就业综合服务中心。创新高校毕业生就业模式，打造高校就业综合服务中心，实现政校企三方合作促进就业，实施离校未就业高校毕业生就业促进计划。

第二节 健全社会保障体系

“十三五”期间，深入贯彻落实更加公平、更加可持续的社会保障制度，加快健全基本养老保险制度，完善基本医疗保险制度，加快发展多层次的社会保障，有效提高社会综合保障水平。

——做好全民参保计划。将符合条件的各类群体纳入社会保险制度，重点做好城乡居民、农民工、非公有制经济组织从业人员、被征地农民的参保工作。着力解决历史遗留问题，将区属困难企业在职职工、退休职工，全部纳入城镇职工医疗保险范围。做好社会保险扩面征缴工作，确保各项社会保险待遇按时按规定支付。

——加大社会保障力度。整合新农合制度与城镇居民基本医疗保险制度，全面推进大病医疗保险工作，改革医保支付方式；提高失业保险覆盖范围和统筹层次，加快工伤保险省级统筹；健全住房保障和供应体系，改进保障方式，提高保障质量；发展职业年金、企业年金、商业养老保险；继续做好被征地农民养老保险接续工作。落实《社会

保险法》实施前未参保人员的参保缴费及待遇审核支付工作;全面推行“助保贷款”政策;全面实施“社会保险信息惠民工程。

——推进社会救助体系建设。大力发展社会救助,健全以城乡低保、农村五保供养、城乡医疗救助、灾害救助为基础,以教育、住房、就业、法律等专项救助为辅助,以临时救助和慈善救助为补充的新型社会救助体系。建立健全区、街、社区、志愿者联动的救助网络系统。大力发展社会福利和慈善事业,发挥慈善在社会救助保障体系的重要补充作用。支持残疾人事业发展,建设完善扶残助残服务体系。

第三节　大力发展教育事业

大力推进教育事业,始终把教育摆在优先发展的战略位置,巩固教育强区地位,不断唱响“学在东湖”教育品牌。

——形成均衡优质义务教育。实施素质教育,把增强学生社会责任感、创新精神、实践能力、道德品质和法治观念贯穿教育全过程;促进教育公平,优化教育资源,加强师德师风建设,提高教师教育教学水平;推行校长轮岗、教师交流制度,推进城乡学校协同发展;积极探索学科课程建设,注重学校内涵式发展,全面提升教育教学质量;建立和完善校长、教师、班主任激励机制,打造一批名校、名师。

——加快推进学前教育发展。加大政府对学前教育的投入力度,扩大学前教育公办资源,完成普惠性幼儿园项目建设,制定完善学前教育管理制度,鼓励支持社会力量和民间资本提供幼儿园教育服务,建立政府主导、社会参与、公办民办并举的办园体制,缓解“入园难”“入园贵”问题。

——关心和支持特殊教育。加大对特殊教育的投入力度,积极创造条件接收残疾少年儿童入学,不断扩大随班就读和普通学校特教班规模,开展学前教育康复训练和融合教育研究,加大对家庭经济困难残疾学生的资助力度,全面提高残疾少年儿童义务教育普及水平,提高残疾学生的综合素质。

——打造教育科研人才梯队。积极创造条件培养、引领教研员岗位成才,成为各学科领军人。开展区名师、区名校长、区名校、区名科、区优秀备课组评选活动,力争在“十三五”期间,实现全区学科骨干以上教师占教师总人数25%的目标。

——推进教育现代化建设。全面实施校园环境提升改造工程项目,逐步完成紫金中学、天骥学校和中大学校的建设,推进对扬子洲地区校园环境的改造提升,推进育新学校等名校的拓展辐射作用。把教育现代化纳入全区信息化发展整体战略,超前部署教育信息网络。到2020年,基本建成覆盖各级各类学校的数字化教育服务体系,促进教育内容、教学手段和方法现代化。

第四节　完善养老服务体系

逐步建成以居家为基础、社区为依托、机构为支撑、信息为辅助,功能完善、服务优良、覆盖全区的养老服务体系。

——全面推进机构养老服务。重点推进供养型、养护型、医护型养老机构建设,保障老年人特别是失能老人对机构养老服务的需要,缓解机构养老供需矛盾。

——统筹推进养老服务设施建设。加强养老服务设施与社区卫生、文化、体育等设施的功能衔接,各类具有为老年人服务功能的设施要向老年人开放。在制定城市总体规划、控制性详细规划时,须按照人均用地不少于0.1平方米的标准,规划设置养老服务设施。

——完善养老服务队伍建设。全面提升养老护理人员素质,大力发展为老志愿服务队伍。依托高校、职业院校和大型养老机构等设立养老护理员培训基地,实施“养老护理员素质提升工程”。

第五节　全面提升卫计事业

以改革和创新的精神,进一步统筹城乡卫生计生事业发展,优化卫生计生资源配置,创新体制机制,提升服务能力,确保“十三五”时期,构建起与全面建成小康社会相适应的医疗卫生和计生服务体系。

——健全医疗服务体系。扎实推进基层医疗卫生服务体系建设。完善以社区卫生服务为基础的城市卫生服务体系。继续加强社区卫生服务机构建设,巩固完善社区居民15分钟医疗卫生服务圈。建立家庭责任医师团队制度,强化社区卫生服务功能。建立健全区域内院前急救网络，完善应急医疗救治体系。

——积极引导多元化办医。鼓励和引导社会资本举办医疗机构，优化医疗卫生资源布局，提高服务供给能力，形成投资主体多元化、投资方式多样化的办医新格局，满足人民群众多层次、多元化的医疗服务需求。

——健全公共卫生服务体系。继续完善疾病预防控制体系，打造数字化疾病预防控制体系建设；建设与加强数字化卫生监督体系；建立比较完整的职业病防治体系，完善职业病监测和职业健康风险评估体系；健全精神卫生防治体系；加强妇幼保健服务体系。健全卫生应急体系，建立突发公共卫生事件危险因素和可利用卫生应急资源信息管理系统。

——完善人口发展战略。进一步深化生育制度改革，坚持计划生育基本国策，全面实施一对夫妇可生育两个孩子的政策。在提高生殖健康、妇幼健康、托幼等公共服务水平，帮扶存在特殊困难的计划生育家庭。积极开展应对人口老龄化行动。

第六节　繁荣发展文化事业

大力推进我区公共文化服务体系建设、文化市场体系建设，深入挖掘东湖文化底蕴，推动基层文化大发展大繁荣，为东湖经济社会发展提供强大的精神动力和文化支撑。

——提升公共文化机构的服务能力。继续完善街道、社区的文化活动中心建设，完善设施条件，进一步扩大区图书馆的藏书量，文化馆、图书馆免费开放，推进自动化、数字化、网络化建设。

——开展公益性公共文化活动。建立健全文化馆、图书馆、青少年活动场所共建共享新机制，推动机关、学校、企业、小区等内部文化设施对外开放，实现资源共享。加强对农民工、未成年人、老年人等社会群体的文化服务。加大对文化创作的投入，引导和鼓励广大文艺工作者创作一批反映时代特征、体现东湖特色的精品力作。广泛开展公共文化活动，巩固“和谐社区一家亲”“东湖大讲堂”等公共文化活动品牌。

——加强文化遗产保护。加强各类文物古迹和非物质文化遗产的发掘、保护和利用。加大文物普法及宣传力度。加强非物质文化遗产档案数据库和展馆建设，建立区级非物质文化遗产名录。鼓励传承人(团体)进行传习活动，加强对非物质文化遗产知识产权的保护。

——扩大文化多元供给。加快媒体数字化建设，推动传统媒体和新兴媒体融合发展；鼓励和支持民间资本进入文化产业领域，扩大文化的多元供给；加强文化资源整合和深度开发，鼓励引导社会力量发展文化产业，提高文化产业规模化、集约化、专业化水平。

——加强文化市场管理。坚持“一手抓繁荣，一手抓管理”的方针，积极培育健康、有序、繁荣的社会主义文化市场。加大对文化市场的服务与监管，不断健全和完善市场管理机制。形成门类齐全、秩序规范、经营和消费层次多元化的文化市场格局。坚持不懈地开展“扫黄打非”行动，严厉打击各种扰乱市场的行为，确保文化、旅游、出版市场繁荣有序。

第七节　提升市场监管能力

“十三五”期间，建立起与东湖区社会发展相适应的现代市场监管体系，形成政府领导、部门负责、行业自律、舆论监督、公众参与相结合的市场监管新格局。发挥市场在资源配置中的基础性作用，鼓励公众参与，实现协同善治；让市民共享市场监管体系建设的成果。

——深化市场准入制度改革。建立与商事登记改革相适应的后续监管制度和措施，积极探索重点监管、科技监管、分类分级监管的有效途径和模式。

——推进监管体系建设。推进质量监管体系建设，推进完善质量分类监管和信用监管制度，健全质量信用奖惩机制；推进食品、药品安全监管体系建设，重点建设东湖区食品药品安全检验检测中心，实现食品药品安全监管的全覆盖；推进市场竞争秩序监管体系建设，加强反不正当竞争执法监管，打击、防范破坏竞争规则、扰乱竞争秩序的不正当竞争行为。

——稳步实施商标品牌战略。围绕重点产业、战略性新兴产业、现代产业集群和重点骨干企业，加大品牌培育、扶持和服务力度，大力实施名牌培育质量提升工程，带动质量水平和品牌经济跨越式发展。

——推进消费维权体系建设。加快构建政府监管、行业自律、社会监督、公众参与、司法保障的消费维权和社会监督体系,推进一个投诉举报平台、一个社会维权和监督工作网络、一套消费维权和经济活动监督协作机制建设。

第八节 稳步提升体育水平

扩大全民健身活动受益面,努力培养高素质人才,促进学生健康、全面发展,加大体育健身场地、场馆建设力度,稳步提高东湖区居民身体素质。

——在群众体育方面。做好全民健身进社区工作。在继续挖掘辖区内各社区晨、晚练点建设的基础上,丰富全民健身体育项目,加强各站点的骨干培训、讲座,组织多样化的体育健身项目竞赛,破解全民健身项目单一的发展难题。

——在竞技体育方面。继续保持东湖区在全市的体育强区地位。积极申办全国、省、市各级各项体育比赛。利用少年儿童业余体校训练机制,向省市体校、体传校和专业运动队培养输送优秀体育运动后备人才。

——在学校体育方面。本着全员参与、人人锻炼、增强体质的原则,全面实施《学生体质健康监测评价办法》,组织区属各校结合实际实施各具特色的《体育、艺术2+1》方案,将《每天锻炼一小时》落到实处,培养学生坚持锻炼的习惯,增强终身体育的意识,切实提高我区学生身体素质。

——在体育场馆设施方面。统筹安排和优化配置公共体育设施建设的数量、种类、规模以及布局,争取2020年实现辖区健身路径器材安装率100%。谋划扬子洲地区体育产业布局,助力建设东湖区大型体育综合场馆,为辖区群众开展体育锻炼夯实硬件基础。

第十四章 共建协调发展和谐东湖

统筹不同区域的设施、产业、人口布局;统筹资源要素配置;统筹社会保障体系建设和社会事业发展,形成新老城区之间、主城区和扬子洲地区之间产业相互融合、社会协调发展、差距显著缩小、人与自然和谐共存的经济社会一体化发展格局。

第一节 推进区域协调发展

——统筹新老城区协调发展。加强新老城区之间公共服务和市政基础设施的对接,实现公共服务设施的共享和基础设施的联通,提高扬子洲地区居民生活质量;缩小新老城区差距,给予扬子洲地区居民平等就业机会,消除新老城区在医保、社保等方面的差别,并在制度上予以保障;统筹社会管理体系和社会保障体系,进一步推动户籍制度改革,积极探索建立城乡统一的户籍管理制度,实现新老城区发展政策与制度上的公平。

——统筹城中村协调发展。加快实施推行“村改居”政策,在推动城中村城市化进程中,既要提高土地利用效益,又让村民得到更多实惠,逐步改善城中村的发展环境,使城中村与整个城市协调互动发展,逐步把城中村改造成花园式的新型社区。

第二节 推进军民融合发展

推进双拥优抚体系建设,巩固双拥模范成果,协调军地开展具有时代特色的军民共建活动,全面落实各项优抚政策,巩固重点优抚对象抚恤补助标准自然增长机制,继续巩固优抚政策落实成果,促进全区经济社会的协调发展和驻区部队的全面建设。

——深化军民融合发展理念。按照富国与强军统一、平时与战时对接的思路,强化融合理念,突出融合重点,创新融合机制,整合融合资源,优化融合环境,挖掘融合潜力,提升融合质量,实现驻军部队和民兵预备役工作相结合,双向对接、同步推进、协调发展。

——加强军民融合需求对接。加强城市基础设施建设与国防要求的对接,城市在旧城改造和基础设施配套建设时,要统筹考虑项目的军事需求和国防功能。

——全面落实双拥优抚政策。以双拥创建为龙头,巩固扩大“省级双拥模范县(区)”创建成果,积极开展“爱心献功臣”活动,着力解决重点优抚对象的“三难”问题,全面落实各项双拥优抚政策。

专栏七："十三五"时期社会民生工作重点内容一览表

就业和社会保障：1.大力开发公益性岗位，切实帮扶就业困难人员就业和再就业；2.实施积极的创业扶持政；3.实施高校毕业生就业促进计划；4. 加大社会保障力度，不断扩大社会保险覆盖面。

教育事业：1.加快发展学前教育；2.做优做精特殊教育；3.鼓励推进民办教育；4.加快教育信息基础设施建设；

养老服务：1.巩固发展机构养老服务，重点推进供养型、养护型、医护型养老机构建设；2.统筹推进养老服务设施建设；3.支持社会力量发展养老服务。

卫生计生事业：1.健全公共卫生服务体系；2.健全卫生应急体系、医疗服务体系和医疗保障体系；3.促进基本公共卫生服务均等化，引导多元化办医；4.完善人口发展战略，积极应对计划生育政策和人口老龄化问题。

文化事业：1.构建公共文化服务网络，开展公益性公共文化活动；2.加强文化遗产保护，加强各类文物古迹和非物质文化遗产的发掘、抢救、保护和利用和文物普法及宣传力度。

市场监管：1.深化市场准入制度改革；2.推进食品、药品安全监管体系建设；3.稳步实施商标品牌战略；4.推进消费维权体系建设和检测评估体系建设；

第七篇　继往开来，开启东湖新辉煌

第十五章　依法治区，开创和谐发展新局面

厉行法治是社会主义法治国家建设的内在要求，必须运用法治思维和法治方式推动发展，营造公平公正的法治环境与和谐稳定的社会环境。

第一节　法治东湖

普遍建立法律顾问制度，把公共法律服务纳入公共服务发展规划，推进法律服务向基层延伸，推动城乡法律服务均等化，扩大公共法律服务覆盖面，推进法治社会建设。

——全面建设法治政府。严格执行权责清单制度，做到清单之外无职权、法定职责必须为、法无授权不可为和有权必有责。健全完善依法行政决策及决策风险评估机制，实行重大行政决策终身责任追究制度和决策违法倒查机制。

——依法规范行政行为。严格限制国家公职人员自由裁量权，一切审批权、检查权、监督权、监察权、稽查权、审计权等政府性权力都必须纳入制度的笼子，接受社会监督和第三方评估。规范行政执法行为，全面落实行政执法公开、亮证、告知、听证、理由说明等程序性规定。

——保证司法阳光公正。积极稳妥推进司法体制改革，加强司法规范化建设，确保审判权、检察权依法独立公正行使。坚决执行领导干部干预司法活动、插手具体案件处理的记录、通报和责任追究制度，落实行政机关负责人出庭应诉制度，落实司法人员履行法定职责保护机制。进一步优化司法职权配置，推进严格司法。加强人权司法保障，健全人民群众参与司法机制，努力让人民群众在每一个司法案件中感受到公平正义。依法保障诉讼过程中当事人和其他诉讼参与人的知情权、陈述权、辩护辩论权、申请权、申诉权。

——完善法律援助制度。降低法律援助门槛，扩大法律援助范围，将就业、就学、就医、社会保障等与民生紧密相关的事项纳入法律援助补充事项范围，实现应援则援。探索将聘不起律师的申诉人纳入法律援助范围，积极做好刑事案件速裁程序试点法律援助相关工作，健全通知辩护工作机制，畅通刑事法律援助申请渠道。在各级法院普遍设立法律援助站点，落实司法救助与法律援助衔接措施。加强军人军属法律援助。

——深入开展普法教育。围绕发挥法治宣传服务经济社会发展、服务民生改善，促进社会和谐稳定的作用，科学规划、精心制定"七五"普法规划纲要，切实增强"七五"普法规划的针对性和操作性。营造好人人学法、懂法、遵法、守法的良好氛围。

第二节　诚信东湖

充分发挥法律规范作用，强化社会规则意识、市场意识、契约精神。完善守法诚信褒奖机制和违法失信行为惩戒机制，营造诚信光荣、失信可耻的社会氛围。

——加强政府诚信建设。政务诚信是社会信用体系建设的关键,各类政务行为主体的诚信水平,对其他社会主体诚信建设发挥着重要的表率和导向作用。发挥政府诚信建设示范作用。政府各部门首先要加强自身诚信建设,以政府的诚信施政,带动全社会诚信意识的树立和诚信水平的提高。在行政许可、政府采购、招标投标、劳动就业、社会保障、干部选拔任用和管理监督、申请政府资金支持等领域,率先使用信用信息和信用产品,培育信用服务市场发展。严格履行政府承诺,把政务履约和守诺服务纳入政府绩效评价体系,把发展规划和政府工作报告关于经济社会发展目标落实情况以及为百姓办实事的践诺情况作为评价政府诚信水平的重要内容,推动各部门逐步建立健全政务和行政承诺考核制度。各部门对依法作出的政策承诺和签订的各类合同要认真履约和兑现。建立公务员诚信档案,依法依规将公务员个人有关事项报告、廉政记录、年度考核结果、相关违法违纪违约行为等信用信息纳入档案,将公务员诚信记录作为干部考核、任用和奖惩的重要依据。深入开展公务员诚信、守法和道德教育,加强法律知识和信用知识学习,编制公务员诚信手册,增强公务员法律和诚信意识,建立一支守法守信、高效廉洁的公务员队伍。

——全面推进社会诚信建设。社会诚信是社会信用体系建设的基础,社会成员之间只有以诚相待、以信为本,才会形成和谐友爱的人际关系,才能促进社会文明进步,实现社会和谐稳定和长治久安。加强医药卫生领域信用建设,培育诚信执业、诚信采购、诚信诊疗、诚信收费、诚信医保理念,坚持合理检查、合理用药、合理治疗、合理收费等诚信医疗服务准则,建立诚信医疗服务体系。加强社会领域信用建设。在救灾、救助、养老、社会保险、慈善、彩票等方面,建立全面的诚信制度,打击各类诈捐骗捐等失信行为。建立健全社会救助、保障性住房等民生政策实施中的申请、审核、退出等各环节的诚信制度,将失信和违规的个人纳入信用黑名单。加强社会组织诚信建设。把诚信建设内容纳入各类社会组织章程,强化社会组织诚信自律,提高社会组织公信力。发挥行业协会(商会)在行业信用建设中的作用,加强会员诚信宣传教育和培训。

第三节　平安东湖

要依法预防化解社会矛盾,建立健全依法维护群众利益机制;依法解决信访突出问题,引导群众通过法律途径解决诉求;依法推进社会治安综合治理,加快构建立体化社会治安防控体系;依法加强社会组织管理,引导社会组织依照法律和章程开展活动;依法加强互联网管理,加快推进网络空间法治化。

——构建信访工作新格局。坚持和完善区领导接访制度,把信访纳入法治化轨道,保障合理合法诉求依照法律规定和程序能得到合理合法的结果,依法惩处非法信访行为。进一步拓展群众利益诉求表达渠道,着力搭建"信、访、电、网"四位一体的诉求表达平台。强化对行政机关信访事项办理的全程跟踪问效,并自觉接受社会、群众、舆论的监督和评判。全面推行依法逐级走访,实行越级上访不予受理告知制度,引导群众依法有序反映诉求。建立健全区、社区联动的大接访机制,推动源头预防矛盾、就地化解纠纷,使"依法信访、依法处访"成为我区信访工作常态。

——健全协调保障机制。健全畅通有序的诉求表达、心理干预、权益保障机制,促进合理诉求及时解决,及时疏导情绪、化解矛盾、保障权益。加强调解队伍建设,完善人民调解、行政调解、司法调解联动机制。改革信访工作制度,用法律手段解决涉法涉诉信访问题。支持工会、共青团、妇联、科协等人民团体充分发挥桥梁纽带作用,更好反映群众呼声,维护群众合法权益。依法管理民族宗教事务,促进民族团结进步和宗教关系和谐稳定。

——加强公共安全管理。牢固树立安全发展理念,加强平安东湖建设,建立具有时代特色的公共安全网;强化反恐防暴工作,提高预警、防范、打击能力;推进突发事件应急体系建设,提高气象等防灾减灾能力;加强公共设施和消防应急救援体系建设,提升城市整体抗御灾害能力;持续加强安全生产,严格落实安全生产责任制,实行党政同责、一岗双责、失职追责,强化企业的主体责任,逐步推进安全生产隐患排查体系和生产安全标准化建设。

——强化网络舆情监管。加强网络安全保障

和管理能力建设，建设安全、和谐、绿色互联网；推进网络阵地建设，强化舆论正面引导，及时掌控和妥善处置涉稳舆情，严厉打击各类网络违法犯罪活动。

第十六章 健全保障机制，推进规划实施

全面建成小康社会，关键在党、关键在人、关键在实干，各级干部必须对此有清醒的认识，进一步提高领导发展能力和水平，为十三五规划的全面实施提供坚强保证。

第一节 加强制度保障

——加强党的建设和组织领导。加强区委、区政府及各部门、各街道(乡镇)对规划实施的组织和领导，制定具体实施计划、办法，做好规划的组织实施工作。发挥各级党组织在经济社会发展中的引领作用，加强基层党组织建设，优化基层党组织的服务方式和服务意识；坚持党管干部原则，提高专业岗位配置领导干部的专业化水平。

——落实绩效考核和责任追究制度。制定科学考评制度和评价指标体系，将规划目标和具体任务分解到各个主管部门，相关指标纳入各级党政领导班子和干部考核评价体系。完善激励机制和约束机制。

第二节 加强政策保障

——争取和推动重大项目建设。推进产业发展、城市管理、基础设施、区域发展等方面的项目积极申报，重点争取固定资产投资项目、投资补助建设项目。开发储备重大项目，适应国家、省市级政策变化，主动对接各层级规划战略，根据自身特色做好项目谋划。健全项目推进机制，以重大项目建设为主要抓手，采用政府引导、市场主导的多渠道投融资模式推进项目建设，强化考核制度，确保项目按进度建设。

——探索产业政策创新。加大财政支持服务业发展力度，积极推进第三产业资金整合，创新第三产业专项资金分配机制，改革和打破部门壁垒，对重点区域、重点建设项目实施资金捆绑使用，考核整合进行。

第三节 加强要素保障

——优化政府投资方向。加强政府引导类基金的管理，按照全区空间布局，引导政府资金向重点区域、重点行业、重点企业、重点项目流动，发挥财政资金的撬动作用。重点支持增强城区基础设施建设和主导产业建设。

——强化资金保障。争取落实国家支持承接产业转移、产业结构调整、激励自主创新等方面的税收优惠政策；争取降低各类项目，特别是民生工程的配套比例，争取国家、省级补助或贴息。采取优惠政策吸引金融资本、民间资本、国内外资本的广泛进入，在生态环保、民生基础设施、医疗教育等公益性项目上试点 PPP 模式。

第四节 健全实施机制

本规划提出的预期性指标和产业发展、结构调整等任务，主要依靠市场主体的自主行为实现。要通过完善市场机制和利益导向机制，创造良好的政策环境、体制环境和法制环境，打破市场分割和行业垄断，激发市场主体的积极性和创造性。本规划确定的各项指标和任务，是政府对全区人民的承诺。各项指标要分解落实到有关部门，全力完成。加快制定并完善有利于推动科学发展、加快转变经济发展方式的绩效评价考核体系和具体考核办法，弱化对经济增长速度指标的评价考核，强化对目标任务完成情况的综合评价考核。加强年度计划与本规划的衔接，年度计划报告要分析本规划的实施进展情况，特别是约束性指标的完成情况。完善监测评估制度，强化对规划实施情况的跟踪分析。要加强对规划相关领域实施情况的评估，自觉接受人大、政协对规划执行情况的监督检查。在规划实施的中期阶段，由区人民政府组织开展评估，并将中期评估报告提交区人大常务委员会审议。需要对本规划进行修订时，报区人大常务委员会批准。

专栏八:“十三五”期间重大重点投资项目计划表(节选)

一、产业发展项目

1. 阿里巴巴南昌产业带项目:阿里巴巴南昌产业带将围绕我市的电子信息、汽车零部件、食品、新材料、服装、生物医药、机电等产业打造一个面向全国、全球市场的网络批发销售平台。

2. 豫章1号文化科技园项目:以江西省日报社旧址豫章路1号为基础,打造文化科技园。园区将分两期建设,一期占地20亩,以豫章路1号江报老大院为主体;二期将扩展至50余亩,整体运营江报老印务中心、阳明路江报新闻大厦。

3. 南昌中金国际交易中心项目:项目地上总建筑面积约168634平方米,占地37.421亩,主要围绕黄金及衍生产品交易为中心,打造一座集黄金交易、国际奢侈品专卖、星级酒店、AAAAA级写字楼和高档住宅为一体的“高端商业消费MALL”。

4. 胜利路步行街街景改造及地下商业街区项目:依托胜利路商圈,将对胜利路步行街地上地下整体改造,提升传统商业步行街的档次和业态。一期项目北起阳明路与胜利路交叉口,南至中山路与胜利路步行街交叉路口,长约1300米,宽约16~20米,建筑面积约38000平方米;二期项目叠山路地下商业、配建停车场工程:西起棕帽街与叠山路交叉口,东至象山路与叠山路交叉口,长约650米。

5. 新疆江西商会总部大厦:在我区青山湖西岸项目地块中(原省物资储运公司地块,面积25亩)投资约5亿元开发建设新疆赣商回乡创业总部经济基地大楼(体量预计6万平方米),为给在新疆的赣商企业家返乡创业创造条件,搭建平台,积极引导在疆企业返乡兴业落户该总部大楼,同时推动地方区域经济发展。

6. 政府旧大楼改造提升项目:拟对政府搬迁后的旧大楼进行整体改造提升,打造总部产业园。

7. 青山湖西岸新城市综合体项目:项目总投资50亿元,占地面积256亩。一期项目建设地块位于青山北路南北地块,占地面积约160亩,拟建设新城市综合体,建筑面积约40万平方米。

8. 青山湖西岸物流产业总部大厦:青山北路以西占地面积70.68亩,容积率3.2,拟建物流产业总部大楼面积约4.5万平方米。

9. 滕王阁东广场文化旅游项目:项目范围东至胜利路、西接滕王阁景区东大门,打通后墙路,将滕王阁东门与胜利路步行街连线,打造集观光揽胜、娱乐休闲、旅游购物三大功能为一体的休闲仿古商业街。

10. 下沙窝旧改地块文化产业综合体项目:东至规划路,南至下沙窝路,西至第二粮库西侧,北至江西省森林工业局用地边线。占地面积:37亩,拟建文化旅游产业项目。

11. 殷家巷旧改地块商业综合体项目:四至范围为北至南京西路以南,西至二七北路以东,东至京九铁路以西,南至福州路以北,该地块占地27.36亩。

12. 下正街旧改地商业改造项目:可建设用地面积61.7亩,规划容积率5.0,打造高端商务楼宇。

13. 滨江片区总部经济带项目:拟在征迁后原临江商务区滨江片区、香江家具城、起凤路等地块新建城市综合体,引入世界500强、国内200强、大型央企等总部企业落户,打造滨江片区总部经济带。

14. 交通银行及周边地块商业改造提升项目:胜利路中段胜利路以东109号—145号、电政路以西8号—28号地域规划范围内,占地面积6.4亩,完成楼宇建设。

15. 省政府一号地块商业改造项目:在省政府一号地块市量身打造一个大型国际级高档综合体项目,城市地标性建筑。建设体量18万平方米,其中15万平方米的高端购物商场、3万平方米甲级写字楼及酒店式公寓,引进世界五百强等知名企业、品牌300以上个,商业部分物业全部长期自持。

16. 东盟大宗商品交易中心产业园项目:依靠中国—东盟商品交易所的战略资源,组建独立延伸覆盖江西大宗商品交易平台,打通江西与周边省份与东盟国家之间的国际贸易、结算,拟采用公司(股份)制方式设立,拟成立中国—东盟(江西)大宗商品交易中心。

17. 紫金城商业改造项目:计划对现紫金城项目商业及写字楼部分进行提升改造,含九鼎创业园项目,打造含金融总部、中小企业创业园及体验式商业为一体的综合商业。

18. 八一广场—福州路地下商业街项目:初步规划东西横穿八一广场约210米,南北在广场北路道路部分跨度约200米,西侧与地铁站点连通,贯通至东与省府一号地商业开发区域,地下用地约22000平方米;福州路地下商业街项目位于福州路段的街心花园及部分福州路地下,西侧与规划地铁2号线连通,初步规划地下一层建设商业约18000平方米,地下二层建设车库约11000平方米。

19. 航投总部大厦项目:江西航空投资有限公司由江西省铁路投资集团公司发起并控股,江西省财政投资集团公司、南昌旅游集团有限公司、江西省鄱阳湖融资租赁有限公司参股组建的省管国有企业,注册资本金4亿元。

20. 临江商务区滨江片区旧改地块商业提升项目:熊邓片区征迁总占地面积约75.2亩;沙滩、魏村片区征迁总占地面积约75.95亩;下沙沟片区征迁总占地面积约56亩;滨江片区征迁总占地面积约149.8亩。

21. 长巷村(起凤路)和香江家俱城旧改地块商业改造项目:香江片区征迁总占地面积约206.32亩,其中约120亩土地进行招拍挂,拟建设商业项目。

二、城市建管项目

22. 青山湖西岸湖滨西路项目:湖滨西路改造工程。

23. 青山湖西岸地块路网建设工程项目:青山北路等青山湖西岸地块的路网建设工程。

24. 扬子洲基础设施提升改造项目:含主要路网、互通立交、路堤、变电站、强电下地、自来水升级、地下管廊、污水处理、天然气等基础配套设施。

25. 百花洲周边环境综合整治项目:百花洲路、建德观、南湖路、北湖路、环湖路等三湖周边街景综合整治:道路综合改造(含强弱电下地);区域内外墙立面综合整治;区域内部分拆迁;若干文化景点建设,拟采用PPP模式。

26. 街景改造项目:每年实施1~5条道路的街景改造工程,包括外立面、电网下地、地下管廊等。

27. 停车场建设项目:新建或改造5~10个立体/地下停车场。

28. 道路改造项目:每年实施5条道路改造,包括电网下地。

29. 小游园建设项目:每年新建/改造5个小游园。

30. 社区环境综合整治:每年整治10个社区点位。

31. 智慧东湖项目:包括智慧城管、智慧治安、智慧社区、智慧教育等。

三、社会民生项目

32. 街道文化活动中心:根据《南昌市街道综合文化活动中心标准化建设实施方案》要求,全面完成全区所有街道、管理处文化活动中心的标准化建设。

33. 街道便民服务中心:全面完成全区所有街道、管理处便民服务中心建设,包括各功能房调整,装修装饰及配备相关文化设备,软件和硬件设施。

34. 社区卫生服务中心:完成大院和彭家桥街道社区卫生服务中心业务用房国有化固有化建设。

35. 扬子洲安置房建设项目:扬子洲居民安置房整体建设项目。

36. 青山湖西岸七里村还建房项目:总建筑面积约65万平米,其中地上建筑面积约50万平米,地下车库约15万平米。

37. 香江—起凤路安置房项目:总建筑面积15.88万平米,其中地上建筑面积12.42万平米,地下车库3.46万平米。

38. 临江商务区滨江片区旧城改造地块安置房项目:住宅33.13万平方米,产业用房4.38万平方米。

39. 农贸市场新建/改造项目:按照便民、利民、惠民原则,在青山湖西岸、二七路沿线等拆迁地块规划建设一批农贸市场。

40. 校园环境提升改造项目:扬子洲学校、育新学校初中部等学校完成环境提升改造。

41. 学校建设项目:完成紫金中学、天骥学校、中大学校等学校的建设。

42. 普惠性幼儿园建设项目:每年完成一所公办幼儿园建设。

43. 区疾控检验中心大楼改扩建项目:项目规划用地2000平方米,总建筑面积5880平方米,其中办公区为3520平方米,实验区为2360平方米。

44. 东湖区体育综合场馆:项目占地面积32000平方米,拟建成具备足球、羽毛球、乒乓球、篮球、网球、游泳、健身等综合性功能体育场馆。

45. 垃圾转运站项目:建设城市管理清洁屋及垃圾清洁设备安装,运输车辆购置。

46. 食品药品检验检测中心即食品快速检测站项目:根据《东湖区市场和质量监督管理局三定方案》和省食安办、省食品药品监管局年度《食品药品安全工作考核评价细则》,建立东湖区食品药品检验检测中心,并在各街道、镇、管理处辖区内建立共11个食品快速检测站。

(区发改委)

2015年中共东湖区委颁发的文件目录

表39　**2015年中共东湖区委颁发的文件目录**

文件标题	文件号
中共东湖区委关于进一步健全区委中心组理论学习制度的意见	东发〔2015〕1号
关于表彰2014年度武装工作先进单位、先进个人的决定	东发〔2015〕2号
关于表彰东湖区三八红旗手、三八红旗集体和平安家庭师范户的决定	东发〔2015〕3号
关于印发《中共东湖区委常委会2015年工作要点》的通知	东发〔2015〕4号
中共东湖区委、东湖区人民政府关于印发《东湖区2015年第一轮房屋征迁工作实施方案》的通知	东发〔2015〕5号
中共东湖区委、东湖区人民政府关于表彰2014年度全区社会治安综合治理目标管理先进单位、先进集体及先进工作者的决定	东发〔2015〕6号
中共东湖区委、东湖区人民政府关于嘉奖2014年度全区社会治安综合治理目标管理先进单位综治责任人及综治办主任的决定	东发〔2015〕7号
关于表彰东湖区五四红旗团委(团支部)、优秀共青团干部、优秀共青团员的决定	东发〔2015〕8号
中共东湖区委、东湖区人民政府印发《关于贯彻落实市委十届十一次全会精神的实施意见》的通知	东发〔2015〕9号
关于表彰2014年度全区综合目标管理考核先进单位的决定	东发〔2015〕10号
关于表彰2014年度人口和计划生育工作先进单位和先进个人的决定	东发〔2015〕11号
关于印发《东湖区举行中国人民抗日战争暨世界反法西斯战争70周年纪念活动方案》的通知	东发〔2015〕12号
关于与时俱进推进人大工作发展的意见	东发〔2015〕13号
关于加强新形势下全区少先队员工作的实施意见	东发〔2015〕14号
关于表彰全区先进基层党组织、优秀共产党员和优秀党务工作者的决定	东发〔2015〕15号
中共东湖区委印发《关于在全区启动廉政巡查工作的方案》的通知	东发〔2015〕16号
关于印发《东湖区2015年第二轮房屋征迁工作实施方案》的通知	东发〔2015〕17号
关于进一步深化“三转”把纪律挺在前面先行先试工作方案	东发〔2015〕18号
中共东湖区委关于充分发挥人民政协协商民主重要作用的实施意见	东发〔2015〕19号
关于成立东湖区第十五届人民代表大会第五次会议临时党委和各代表团成立临时党支部的决定	东字〔2015〕1号
关于调整区委书记、副书记、常委分工的通知	东字〔2015〕2号
关于印发《李泉新同志在进驻东湖区动员会上的讲话》和《杨文斌同志在省委第三巡视组巡视东湖区工作动员会上的主持讲话》的通知	东字〔2015〕3号
关于成立、撤销部分区直部门党组织的通知	东字〔2015〕4号
关于调整区委党建工作领导小组组成人员的通知	东字〔2015〕5号
关于同意给予梁文瑶开除党籍处分的批复	东字〔2015〕6号
关于同意给予陈光辉行政降级处分的批复	东字〔2015〕7号
关于同意召开东湖区工商联(总商会)第五次会员代表大会的批复	东字〔2015〕8号

续表 39

文　件　标　题	文　件　号
中共东湖区委关于开展《中国共产党廉洁自律准则》《中国共产党纪律处分条例》学习宣传活动的通知	东字〔2015〕9 号

（李怡璇）

2015 年东湖区人民政府颁发的文件目录

表 40　**2015 年东湖区人民政府颁发的文件目录**

文　件　标　题	文　件　号
关于印发东湖区创建全省双拥模范区“七连冠”工作实施方案的通知	东府发〔2015〕1 号
关于印发东湖区第九轮行政审批制度改革若干问题的决定	东府发〔2015〕2 号
关于修改《东湖区社区用房建设使用和管理办法》的通知	东府发〔2015〕3 号
关于印发 2015 年推进简政放权放管结合转变政府职能工作方案的通知	东府发〔2015〕4 号
关于印发《东湖区落实〈南昌市贯彻“国务院关于进一步加强新时期爱国卫生工作的意见”的实施意见〉的通知》	东府发〔2015〕5 号
关于印发《2015 年东湖区第一批 PPP 项目实施方案》的通知	东府发〔2015〕6 号
关于印发东湖区突发事件总体应急预案（修订）的通知	东府发〔2015〕7 号
关于授予余达臻同志“见义勇为先进分子”荣誉称号的决定	东府发〔2015〕8 号
关于做好 2014 年冬季退役士兵安置工作的意见	东府发〔2015〕9 号
关于陈曙、黄国农同志职务任免的通知	东府字〔2015〕1 号
关于调整区政府领导同志分工的通知	东府字〔2015〕2 号
关于傅子松等同志职务任命的通知	东府字〔2015〕3 号
关于钱继芳等同志正式任职的通知	东府字〔2015〕4 号
关于余华军等同志职务任免的通知	东府字〔2015〕5 号
关于调整区政府领导同志分工的通知	东府字〔2015〕6 号
关于同意变更江西师大、戴家巷及贤士二路道路延伸、青山湖西岸二期（新增）、地铁 3 号线、沿江快速路旧城改造房屋征收分指挥部的批复	东府字〔2015〕7 号
关于熊金辉等同志职务任免的通知	东府字〔2015〕8 号
关于刘文俊等同志职务任免的通知	东府字〔2015〕9 号
关于杨峰等同志职务任免的通知	东府字〔2015〕10 号

（梅剑峰）